Aichberger Sozialgesetzbuch

– Ergänzungsband –

Gesetzliche Krankenversicherung Soziale Pflegeversicherung

Einordnungsanweisung für die 43. Ergänzungslieferung Januar 2021

(Anschluss an die 42. Ergänzungslieferung Juli 2020)

Die Angaben beziehen sich auf die Ordnungsnummern (fette Zahlen)

Herauszunehmen:	Zahl der Blätter	**Einzufügen:**	Zahl der Blätter
Titelblatt, Geleitwort	2	Titelblatt, Geleitwort[1]	2
455 1–10	6	**455** 1–10	6
456 1–32	17	**456** 1–38	19
465 1–34	17	**465** 1–34	17
49/50	1	49/50	1
67–100	17	67–100	17
470 1–4	2	**470** 1–4	2
19–**472** 20	14	19–**472** 22	15
480 1–**490** 12a	25	**480** 1–**490** 12a	25
490 21–**501** 2	2	**490** 21–**501** 2a	3
501 17–**515** 16	39	**501** 17–**515** 16a	33
515 29–**530** 4	34	**515** 29–**530** 4	18
533 1/2	1	**532** 1–**533** 16	12
536 1–**537** 6a	57	**536** 1–**537** 6a	9
Ersatzlos herauszunehmen:			
538 1/2	1		
Übertrag:	235	Übertrag:	179

[1] Aus technischen Gründen liegt das Geleitwort am Anfang der Lieferung. Bitte ordnen Sie es wie gewohnt nach dem Titelblatt ein.

Herauszunehmen:	Zahl der Blätter	**Einzufügen:**	Zahl der Blätter
Übertrag:	235	Übertrag:	179
542 1–10	5	**542** 1–22	11
		Nach **543** 2 *neu einzufügen:*	
		545 1-6	3
		Nach **555** 28 *neu einzufügen:*	
		555a 1/2	1
563 1–8	4	**563** 1–8a	5
564 1–**565** 2	5	**564** 1–**565** 2	5
565 17/18	1	**565** 17–18a	2
566 1/2	1	**566** 1/2	1
11–16	4	11–16a	5
27–36	6	27–40	7
		Nach **583** 8 *neu einzufügen:*	
		640 1/2	1
673 1/2	1	**673** 1/2	1
11/12	1	11/12	1
675 1–8	4	**675** 1–8	4
680 1–16	8	**680** 1–16	8
692 1–6	3	**692** 1–6	3
708 1–8	4	**708** 1–8	4
718 1–8	4	**718** 1–10	5
732 1/2	1	**732** 1/2	1
11–14	2	11–14	2
760 1–4	2	**760** 1–4	2
820 1/2	1	**820** 1/2	1
9/10	1	9/10	1
823 1–22	11	**823** 1–24	12
853 1–**901** 4	5	**853** 1–**901** 4	6
901 13–**910** 2	5	**901** 13–**910** 2	5
918 1–4	2	**918** 1/2	1
Ersatzlos herauszunehmen:			
1218 1–**1219/1** 10	32		
1430 1–4	2	**1430** 1–4a	3
Insgesamt herauszunehmen:	350	Insgesamt einzufügen:	280

Geleitwort zur 43. Ergänzungslieferung

Die 43. Ergänzungslieferung schließt an die 42. Ergänzungslieferung an und bringt die Nrn. 455–1650 Ihrer Textsammlung auf den Stand vom 1. Januar 2021.

Neu aufgenommen wurden die Richtlinie zur Versorgung der hüftgelenknahen Fermurfraktur (QSFFx-RL) (Nr. **532**), der Beschluss über Maßnahmen zur Qualitätssicherung der Anwendung von CAR-T-Zellen bei B-Zell-Neoplasien (Nr. **533**), die Qualitätssicherungs-Richtlinie zur Liposuktion bei Lipödem Stadium III/QS-RL Liposuktion (Nr. **545**) u. a.

Neugefasst wurden die Qualitätsbeurteilungs-Richtlinie Radiologie/QBR-RL (Nr. **510**), die Qualitätsbeurteilungs-Richtlinie Kernspintomographie/QBK-RL (Nr. **520**) und die Qualitätsbeurteilungs-Richtlinie Arthroskopie/QBA-RL (Nr. **530**).

Bestandteil dieser Lieferung sind auch Änderungen in den Hilfsmittel-Richtlinien (Nr. **455**), der Heilmittel-Richtlinie (Nr. **456**), der Kinder-Richtlinie (Nr. **465**), der Krebsfrüherkennungs-Richtlinie (Nr. **470**), der Krankentransport-Richtlinie (Nr. **480**), der Mutterschafts-Richtlinien (Nr. **490**), der Richtlinie Methoden vertragsärztliche Versorgung (Nr. **501**), der Häusliche Krankenpflege-Richtlinie (Nr. **515**) u. a.

Aichberger

Sozialgesetzbuch

– Ergänzungsband –

Gesetzliche Krankenversicherung
Soziale Pflegeversicherung

Textsammlung

Herausgegeben von

Dr. Klaus Engelmann

Vorsitzender Richter am Bundessozialgericht a. D.

Stand: 1. Januar 2021
(43. Ergänzungslieferung)

C.H.BECK

Dieses Titelblatt stammt aus der 43. Ergänzungslieferung Januar 2021,
die an die 42. Ergänzungslieferung Januar 2021 anschließt.
ISBN 978 3 406 76563 6

Redaktioneller Hinweis: Paragraphenüberschriften in eckigen Klammern sind nicht amtlich. Sie sind ebenso wie die Fußnoten urheber- und wettbewerbsrechtlich geschützt.

www.beck.de

Gesamtwerk ISBN 978 3 406 43542 3 ergänzt bis 978 3 406 76563 6

Wilhelmstraße 9, 80801 München
Druck: Druckerei C. H. Beck Nördlingen
(Adresse wie Verlag)

CO_2 neutral
chbeck.de/nachhaltig

Gedruckt auf säurefreiem, alterungsbeständigem Papier
(hergestellt aus chlorfrei gebleichtem Zellstoff)

455. Richtlinie des Gemeinsamen Bundesausschusses über die Verordnung von Hilfsmitteln in der vertragsärztlichen Versorgung (Hilfsmittel-Richtlinie/HilfsM-RL)

In der Fassung vom 21. Dezember 2011/15. März 2012

(BAnz. AT vom 10.4.2012, S. 1; Inkrafttreten: 1.4.2012)

Geändert durch Beschl. des G-BA vom 17.7.2014 (BAnz. AT 28.10.2014 B3; Inkrafttreten: 29.10.2014), durch Beschl. des G-BA vom 17.12.2015 (BAnz. AT vom 23.3.2016 B1; Inkrafttreten: 24.3.2016), durch Beschl. des G-BA vom 24.11.2016 (BAnz. AT vom 16.2.2017 B3; Inkrafttreten: 17.2.2017), durch Beschl. des G-BA vom 19.7.2018 (BAnz. AT vom 2.10.2018 B2; Inkrafttreten: 3.10.2018), durch Beschl. des G-BA vom 20.7.2017 (BAnz. AT vom 12.9.2019 B4; Inkrafttreten: 13.9.2019); durch Beschl. des G-BA vom 22.11.2019 (BAnz. AT vom 14.2.2020 B2; Inkrafttreten: 15.2.2020), durch Beschl. des G-BA vom 27.3.2020 (BAnz. AT vom 7.4.2020 B3; Inkrafttreten: 9.3.2020), durch Beschl. des G-BA vom 28.5.2020 (BAnz. AT vom 12.6.2020 B3; Inkrafttreten: 1.6.2020) und durch Beschl. des G-BA vom 17.9.2020 (BAnz. AT vom 30.9.2020 B2; Inkrafttreten: 1.10.2020)

Inhaltsübersicht

A. Allgemeines

§ 1 Ziel der Richtlinie. (1) Die vom Gemeinsamen Bundesausschuss gemäß § 92 Absatz 1 Satz 2 Nummer 6 des Fünften Buches Sozialgesetzbuch (SGB V)[1] beschlossene Richtlinie dient der Sicherung einer nach den Regeln der ärztlichen Kunst und unter Berücksichtigung des allgemein anerkannten Standes der medizinischen Erkenntnisse ausreichenden, zweckmäßigen und wirtschaftlichen Versorgung der Versicherten mit Hilfsmitteln.

(2) Die Richtlinie ist für die Versicherten, die Krankenkassen, die an der vertragsärztlichen Versorgung teilnehmenden Ärztinnen und Ärzte und ärztlich geleiteten Einrichtungen sowie die Leistungserbringer verbindlich.

§ 2 Begriffsbestimmungen. [1]Hilfsmittel sind sächliche Mittel oder technische Produkte, die individuell gefertigt oder als serienmäßig hergestellte Ware in unverändertem Zustand oder als Basisprodukt mit entsprechender handwerklicher Zurichtung, Ergänzung bzw. Abänderung von den Leistungserbringern abgegeben werden. [2]Dazu können auch solche sächlichen Mittel oder technischen Produkte zählen, die dazu dienen, Arzneimittel oder andere Therapeutika, die zur inneren Anwendung bestimmt sind, in den Körper zu bringen (z. B. bestimmte Spritzen oder Inhalationsgeräte). [3]Gemäß den gesetzlichen Bestimmungen gehören zu den Hilfsmitteln
– Sehhilfen (siehe Abschnitt B),
– Hörhilfen (siehe Abschnitt C),
– Körperersatzstücke,
– orthopädische und
– andere Hilfsmittel.

[4]Zu den Hilfsmitteln zählen auch Zubehörteile, ohne die die Basisprodukte nicht oder nicht zweckentsprechend betrieben werden können. [5]Der Anspruch umfasst auch die notwendige Änderung, Instandsetzung und Ersatzbeschaffung von Hilfsmitteln, die Ausbildung in ihrem Gebrauch und, soweit zum Schutz der Versicherten vor unvertretbaren gesundheitlichen Risiken erforderlich, die nach dem Stand der Technik zur Erhaltung der Funktionsfähigkeit und der technischen Sicherheit notwendigen Wartungen und technischen Kontrollen.

§ 3 Versorgungsanspruch. (1) [1]Hilfsmittel können zu Lasten der Krankenkassen verordnet werden, wenn sie im Einzelfall erforderlich sind, um
– den Erfolg der Krankenbehandlung zu sichern,
– einer drohenden Behinderung vorzubeugen oder
– eine Behinderung bei der Befriedigung von Grundbedürfnissen des täglichen Lebens auszugleichen,
– eine Schwächung der Gesundheit, die in absehbarer Zeit voraussichtlich zu einer Krankheit führen würde, zu beseitigen,
– einer Gefährdung der gesundheitlichen Entwicklung eines Kindes entgegenzuwirken,
– Krankheiten zu verhüten oder deren Verschlimmerung zu vermeiden,
– Pflegebedürftigkeit zu vermeiden,

---

[1] **Aichberger, Sozialgesetzbuch, Nr. 5.**

soweit die Hilfsmittel nicht als allgemeine Gebrauchsgegenstände des täglichen Lebens anzusehen oder durch Rechtsverordnung nach § 34 Absatz 4 SGB V[1)] ausgeschlossen sind. [2]Bei der Verordnung von Hilfsmitteln sind die in § 26 Absatz 1 des Neunten Buches Sozialgesetzbuch (SGB IX)[2)] genannten Rehabilitationsziele zu beachten, soweit eine Zuständigkeit der gesetzlichen Krankenversicherung besteht.

(2) Hilfsmittel können zu Lasten der Krankenkassen nur verordnet werden, sofern sie von der Leistungspflicht der gesetzlichen Krankenversicherung umfasst sind.

(3) Hilfsmittel können nicht zu Lasten der Krankenkassen verordnet werden, wenn es sich um
– Leistungen der gesetzlichen Unfallversicherung oder
– Leistungen nach dem Bundesversorgungsgesetz
handelt.

§ 4 Hilfsmittelverzeichnis. (1) [1]Der Spitzenverband Bund der Krankenkassen erstellt gemäß § 139 SGB V[1)] ein systematisch strukturiertes Hilfsmittelverzeichnis, in dem von der Leistungspflicht umfasste Hilfsmittel aufgeführt sind. [2]Das Hilfsmittelverzeichnis ist nicht abschließend.

(2) [1]Das Hilfsmittelverzeichnis gliedert sich in Produktgruppen. [2]In jeder Produktgruppe wird eine systematische Unterteilung in Anwendungsorte, Untergruppen und Produktarten vorgenommen. [3]Einzelprodukte sind unter den Produktarten subsumiert. [4]Hilfsmittel ähnlicher oder gleicher Funktion bzw. medizinischer Zweckbestimmung sind jeweils in einer Produktart subsumiert. [5]Für jede Produktart ist ein Indikationsrahmen angegeben.

(3) Zur systematischen Gliederung des Hilfsmittelverzeichnisses dient als Ordnungskriterium eine zehnstellige Positionsnummer: z. B.

18. 46. 03. 0. XXX

18.	Produktgruppe (Kranken-/Behindertenfahrzeuge)
46.	Anwendungsort (Innenraum)
03.	Untergruppe (Duschrollstühle)
0.	Produktart (Duschrollstühle mit Greifreifen)
XXX	Einzelprodukt mit Produktnamen und Herstellerangabe

(4) Die Krankenkassen, ihre Verbände und Arbeitsgemeinschaften stellen in den Verträgen nach § 127 SGB V sicher, dass bei der Abgabe von Hilfsmitteln die im Hilfsmittelverzeichnis nach § 139 SGB V festgelegten Qualitätsanforderungen an die Produkte und die zusätzlich zu erbringenden Leistungen beachtet werden.

§ 5 Maßgaben der Krankenkassen. (1) Hilfsmittel können durch die Krankenkassen auch leihweise überlassen werden.

(2) Die Krankenkasse kann die Übernahme der Leistung davon abhängig machen, dass sich die oder der Versicherte das Hilfsmittel anpassen und/oder sich in seinem Gebrauch ausbilden lässt.

---

1) Aichberger, Sozialgesetzbuch, Nr. 5.
2) Aichberger, Sozialgesetzbuch, Nr. 9.

(3) Die Krankenkasse kann in geeigneten Fällen vor Bewilligung eines Hilfsmittels durch den Medizinischen Dienst der Krankenversicherung prüfen lassen, ob das Hilfsmittel erforderlich ist.

§ 6 Allgemeine Verordnungsgrundsätze. (1) [1]Die Vertragsärztinnen und Vertragsärzte treffen die Verordnung von Hilfsmitteln nach pflichtgemäßem Ermessen innerhalb des durch das Gesetz und diese Richtlinie bestimmten Rahmens, um den Versicherten eine nach den Regeln der ärztlichen Kunst und dem allgemein anerkannten Stand der medizinischen Erkenntnisse ausreichende, zweckmäßige und wirtschaftliche Versorgung mit Hilfsmitteln zukommen zu lassen. [2]Die Vertragsärztinnen und Vertragsärzte stellen sicher, dass für sie tätig werdende Ärztinnen und Ärzte diese Richtlinie kennen und beachten.

(2) Die Verordnung von Hilfsmitteln kann nur erfolgen, wenn sich die behandelnde Vertragsärztin oder der behandelnde Vertragsarzt von dem Zustand der oder des Versicherten überzeugt und sich erforderlichenfalls über die persönlichen Lebensumstände informiert hat oder wenn ihr oder ihm diese aus der laufenden Behandlung bekannt sind.

(3) [1]Die Notwendigkeit für die Verordnung von Hilfsmitteln (konkrete Indikation) ergibt sich nicht allein aus der Diagnose. [2]Unter Gesamtbetrachtung (ICF) der funktionellen/strukturellen Schädigungen, der Beeinträchtigungen der Aktivitäten (Fähigkeitsstörungen), der noch verbliebenen Aktivitäten und einer störungsbildabhängigen Diagnostik sind

- der Bedarf,
- die Fähigkeit zur Nutzung,
- die Prognose und
- das Ziel

einer Hilfsmittelversorgung auf der Grundlage realistischer, für die Versicherte oder den Versicherten alltagsrelevanter Anforderungen zu ermitteln. [3]Dabei sind die individuellen Kontextfaktoren in Bezug auf Person und Umwelt als Voraussetzung für das angestrebte Behandlungsziel (§ 3 Absatz 1) zu berücksichtigen.

(4) [1]Bei der Verordnung von Hilfsmitteln sind die Grundsätze von Notwendigkeit und Wirtschaftlichkeit zu beachten. [2]Vor der Verordnung von Hilfsmitteln sollen die Vertragsärztinnen und Vertragsärzte unter anderem prüfen, ob entsprechend dem Gebot der Wirtschaftlichkeit das angestrebte Behandlungsziel durch andere Maßnahmen erreicht werden kann.

(5) [1]Von gleichartig wirkenden Hilfsmitteln ist im Rahmen der Indikationsstellung das nach Art und Umfang dem Gebot der Wirtschaftlichkeit entsprechende zu verordnen. [2]Das Hilfsmittelverzeichnis dient hierbei als Orientierungs- und Auslegungshilfe und bietet einen für Vergleichszwecke geeigneten Überblick. [3]Eine gleichzeitige Verordnung mehrerer Hilfsmittel für denselben Anwendungsbereich kann nur sinnvoll sein, wenn durch sie eine therapeutisch zweckmäßige Synergie bewirkt wird.

(6) [1]Zwischen mehreren gleichermaßen geeigneten und wirtschaftlichen Hilfsmitteln haben die Versicherten die Wahl. [2]Wünschen der Versicherten soll bei der Verordnung und Auswahl der Hilfsmittel entsprochen werden, soweit sie angemessen sind. [3]Wählen Versicherte Hilfsmittel oder zusätzliche Leistungen, die über das Maß des Notwendigen hinausgehen, haben sie die Mehrkosten und dadurch bedingte höhere Folgekosten selbst zu tragen.

(7) Eine Wiederverordnung von Hilfsmitteln ist ausgeschlossen, wenn die Gebrauchsfähigkeit des bisher verwendeten Mittels durch Änderung oder Instandsetzung erhalten werden kann.

(8) [1] Eine Mehrfachausstattung mit Hilfsmitteln kann nur dann verordnet werden, wenn dies aus medizinischen, hygienischen oder sicherheitstechnischen Gründen notwendig oder aufgrund der besonderen Beanspruchung durch die oder den Versicherten zweckmäßig und wirtschaftlich ist. [2] Als Mehrfachausstattung sind funktionsgleiche Mittel anzusehen. [3] Hinweise hierzu ergeben sich aus dem Hilfsmittelverzeichnis.

(9) Die Verordnung von Maßanfertigungen ist nicht zulässig, wenn die Versorgung mit Fertigartikeln (Konfektion oder Maßkonfektion) denselben Zweck erfüllt.

(10) Die Entwicklung und damit zusammenhängende Erprobung von Hilfsmitteln zu Lasten der Krankenversicherung ist unzulässig.

(11) Die Verordnung eines Hilfsmittels ist ausgeschlossen, wenn es Bestandteil einer neuen, nicht anerkannten Behandlungsmethode ist.

§ 6a Verordnung von Hilfsmitteln im Rahmen des Entlassmanagements. (1) [1] Soweit es für die Versorgung der oder des Versicherten unmittelbar nach der Entlassung aus dem Krankenhaus erforderlich ist, kann das Krankenhaus (die Krankenhausärztin oder der Krankenhausarzt) im Rahmen des Entlassmanagements wie eine Vertragsärztin oder ein Vertragsarzt Hilfsmittel für einen Zeitraum von bis zu sieben Kalendertagen nach der Entlassung entsprechend dieser Richtlinie verordnen. [2] Die Verordnung von zum Verbrauch bestimmten Hilfsmitteln ist so zu bemessen, dass ein Versorgungszeitraum von bis zu sieben Kalendertagen nach Entlassung nicht überschritten wird. [3] Ist keine dieser Bemessungsvorgabe entsprechende Versorgungseinheit im Markt verfügbar, kann von den im Markt verfügbaren die der Bemessungsvorgabe am nächsten kommende größere Versorgungseinheit vom Hilfsmittelleistungserbringer in Abstimmung mit der Krankenkasse abgegeben werden. [4] Besteht die Erforderlichkeit einer Verordnung durch die Krankenhausärztin oder den Krankenhausarzt im Rahmen des Entlassmanagements nach Satz 1 bei nicht zum Verbrauch bestimmten Hilfsmitteln für länger als sieben Kalendertage, so gilt insoweit die Begrenzung der Versorgungsdauer nach Satz 1 nicht. [5] Von einer unmittelbaren Erforderlichkeit nach Satz 1 ist in der Regel nicht auszugehen bei Hilfsmitteln, die einer individuellen Anfertigung und einer ärztlichen Nachkontrolle nach der Entlassung bedürfen und zur dauerhaften Versorgung vorgesehen sind; Ausnahmen sind zu begründen. [6] Ergänzend zu den Angaben nach § 7 muss auf der Verordnung das (voraussichtliche) Entlassungsdatum sowie eine Kennzeichnung für „Entlassmanagement“ angegeben werden.

(2) Die Verordnung verliert abweichend von § 8 Absatz 2 sieben Kalendertage nach der Entlassung aus dem Krankenhaus ihre Gültigkeit, wenn die Hilfsmittelversorgung nicht innerhalb dieses Zeitraumes aufgenommen wurde.

(3) [1] Die Krankenhausärztin oder der Krankenhausarzt hat in geeigneter Weise im Rahmen des Entlassmanagements rechtzeitig die weiterbehandelnde Vertragsärztin oder den weiterbehandelnden Vertragsarzt über die getätigten Verordnungen zu informieren. [2] § 11 Absatz 4 SGB V[1)] bleibt unberührt. [3] Die

---

[1)] **Aichberger, Sozialgesetzbuch, Nr. 5.**

Maßnahmen nach § 8 Absatz 1 und § 9 erfolgen in der Regel an oder durch die Vertragsärztin oder den Vertragsarzt.

(4) Die Regelungen der Absätze 1 bis 3 gelten entsprechend für die stationsäquivalente pychiatrische Behandlung sowie für Ärztinnen und Ärzte in Einrichtungen der medizinischen Rehabilitation bei Leistungen nach § 40 Absatz 2 und § 41 SGB V.

§ 6b Verordnung von Hilfsmitteln mit einem Sicherheitsmechanismus. (1) Hilfsmittel, die eine dritte Person durch einen Sicherheitsmechanismus vor Nadelstichverletzungen schützen, sind aufgrund der bei diesen Verletzungen bestehenden oder stets anzunehmenden Infektionsgefahr verordnungsfähig, wenn die medizinische Notwendigkeit für die Versorgung mit dem Hilfsmittel besteht und die oder der Versicherte bei den in Absatz 2 genannten Tätigkeiten oder mit diesen vergleichbaren Tätigkeiten selbst nicht zur Anwendung des Hilfsmittels in der Lage ist und es hierfür der Tätigkeit einer dritten Person bedarf.

(2) Tätigkeiten, bei denen eine Infektionsgefährdung Dritter durch eine Nadelstichverletzung angenommen werden kann, sind Folgende:
- Blutentnahmen zur Gewinnung von Kapillarblut,
- subkutane Injektionen,
- subkutane Infusionen,
- perkutane Punktion eines Portsystems zur Infusion sowie
- Setzen eines subkutanen Sensors.

§ 7 Inhalt der Verordnung. (1) [1]Die Vertragsärztinnen und Vertragsärzte sind gehalten, die Verordnung von Hilfsmitteln sorgfältig und leserlich auszustellen. [2]Die Verordnungen sind auf den vereinbarten Vordruckmustern vorzunehmen. [3]Die Vordrucke müssen vollständig ausgefüllt werden. [4]Die Verwendung von Stempeln, Aufklebern u. Ä. ist nicht zulässig.

(2) [1]In der Verordnung ist das Hilfsmittel so eindeutig wie möglich zu bezeichnen, ferner sind alle für die individuelle Versorgung oder Therapie erforderlichen Einzelangaben zu machen. [2]Die Vertragsärztin oder der Vertragsarzt soll deshalb unter Nennung der Diagnose und des Datums insbesondere
- die Bezeichnung des Hilfsmittels nach Maßgabe des Hilfsmittelverzeichnisses (soweit dort aufgeführt),
- die Anzahl,
- erforderlichenfalls Hinweise (z. B. über Zweckbestimmung, Art der Herstellung, Material, Abmessungen), die eine funktionsgerechte Anfertigung, Zurichtung oder Abänderung durch den Leistungserbringer gewährleisten und
- erforderlichenfalls ergänzende Hinweise auf spezifische Bedarfe entsprechend der Gesamtbetrachtung nach § 6 Absatz 3 Satz 2

angeben. [3]Ggf. sind die notwendigen Angaben der Verordnung gesondert beizufügen.

(3) [1]Bei der Verordnung eines Hilfsmittels, das im Hilfsmittelverzeichnis aufgeführt ist, kann entweder die Produktart entsprechend dem Hilfsmittelverzeichnis genannt oder die 7-stellige Positionsnummer angegeben werden. [2]Das Einzelprodukt (bezeichnet durch die 10-stellige Positionsnummer) wird grundsätzlich vom Leistungserbringer nach Maßgabe der mit den Krankenkassen abgeschlossenen Verträge zur wirtschaftlichen Versorgung mit der oder dem Versi-

cherten ausgewählt. [3] Hält es die verordnende Ärztin oder der verordnende Arzt für erforderlich, ein spezielles Hilfsmittel einzusetzen, so bleibt es ihr oder ihm freigestellt, in diesen Fällen unter Verwendung der 10-stelligen Positionsnummer eine spezifische Einzelproduktverordnung durchzuführen. [4] Eine entsprechende Begründung ist erforderlich. [5] Satz 4 gilt für die Verordnung von Hilfsmitteln, die nicht im Hilfsmittelverzeichnis aufgeführt sind, entsprechend.

(4) Änderungen und Ergänzungen der Verordnung von Hilfsmitteln bedürfen einer erneuten Arztunterschrift mit Datumsangabe.

(5) Für die Verordnung von Sehhilfen (Abschnitt B) und Hörhilfen (Abschnitt C) gelten Besonderheiten.

§ 8 Abgabe von Hilfsmitteln. (1) [1] Ergibt sich bei der Anpassung/Abgabe des Hilfsmittels, dass mit dem verordneten Hilfsmittel voraussichtlich das Versorgungsziel nicht erreicht werden kann oder dass die oder der Versicherte in vorab nicht einschätzbarer Weise auf das Hilfsmittel reagiert, hat der Leistungserbringer darüber unverzüglich die Vertragsärztin oder den Vertragsarzt, die oder der die Verordnung ausgestellt hat, zu informieren und ggf. die Versorgung zu unterbrechen. [2] Die Vertragsärztin oder der Vertragsarzt prüft, ob eine Änderung oder Ergänzung der Hilfsmittelverordnung notwendig ist.

(2) [1] Wird die Hilfsmittelversorgung nicht innerhalb von 28 Kalendertagen nach Ausstellung der Verordnung aufgenommen, verliert die Verordnung ihre Gültigkeit. [2] Wenn der Leistungsantrag innerhalb dieses Zeitraums bei der Krankenkasse eingeht, gilt die Frist als gewahrt.

§ 9 Ärztliche Abnahme von Hilfsmitteln. Die Vertragsärztin oder der Vertragsarzt soll prüfen, ob das abgegebene Hilfsmittel ihrer oder seiner Verordnung entspricht und den vorgesehenen Zweck erfüllt, insbesondere dann, wenn es individuell angefertigt oder zugerichtet wurde.

§ 10 Informationspflichten. (1) Die Vertragsärztin oder der Vertragsarzt und die Krankenkasse sollen die Versicherten – soweit nötig im Einzelfall – auf die in dieser Richtlinie genannten Regelungen hinweisen.

(2) Sollen Hilfsmittel als Leistung zur medizinischen Rehabilitation verordnet werden, beraten die Vertragsärztin oder der Vertragsarzt sowie die Krankenkasse die Versicherten über Leistungen zur Teilhabe und weisen auf die Möglichkeit der trägerübergreifenden Beratung hin.

§ 11 Information der Vertragsärztinnen und Vertragsärzte. (1) Die Kassenärztliche Bundesvereinigung und die Deutsche Krankenhausgesellschaft können zur Verordnungsfähigkeit von Hilfsmitteln Auskünfte beim Spitzenverband Bund der Krankenkassen einholen.

(2) Die Kassenärztliche Bundesvereinigung, die Deutsche Krankenhausgesellschaft und der Spitzenverband Bund der Krankenkassen können einvernehmlich allen an der vertragsärztlichen Versorgung teilnehmenden Ärztinnen und Ärzten und allen Krankenkassen Hinweise zur Verordnungsfähigkeit von Hilfsmitteln geben.

§ 11a Sonderregelungen im Zusammenhang mit der COVID-19-Epidemie. (1) [1] Vor dem Hintergrund der Herausforderungen zur Bewältigung des epidemischen Ausbruchgeschehens kann aufgrund des SARS-CoV-2-Virus der Gemeinsame Bundesausschuss durch gesonderten Beschluss auf Grundlage von § 9 Absatz 2a seiner Geschäftsordnung (GO) folgende räumlich begrenzte und zeitlich befristete Ausnahme von den Regelungen dieser Richtlinie zulassen, wenn sie in Abhängigkeit von der Art des Ausbruchgeschehens zur Eindämmung und Bewältigung der Infektionen oder zum Schutz der Einrichtungen der Krankenversorgung vor Überlastung notwendig und erforderlich ist: Folgeverordnungen für zum Verbrauch bestimmte Hilfsmittel sowie Zubehörteile oder Ersatzbeschaffungen für Hilfsmittel, die nicht zum Verbrauch bestimmt sind, mit Ausnahme für Seh- und Hörhilfen, können auch nach telefonischer Anamnese ausgestellt und von der Vertragsärztin oder vom Vertragsarzt postalisch an die oder den Versicherten übermittelt werden, sofern bereits zuvor aufgrund der selben Erkrankung eine unmittelbare persönliche Untersuchung durch die verordnende Vertragsärztin oder den verordnenden Vertragsarzt erfolgt ist. [2] Diese Ausnahmeregelung gilt, sofern die Verordnung von einer Vertragsärztin oder einem Vertragsarzt mit Sitz in einem der jeweils durch gesonderten Ausnahmebeschluss auf Grundlage von § 9 Absatz 2a GO festgelegten Gebiete ausgestellt wurde oder sich der Wohnort der oder des Versicherten innerhalb eines dieser Gebiete befindet.

(2) Wenn und solange der Deutsche Bundestag gemäß § 5 Absatz 1 des Infektionsschutzgesetzes eine epidemische Lage von nationaler Tragweite festgestellt hat, gilt die Regelung nach § 6a mit folgenden Maßgaben:

1. Die 7-Kalendertage-Frist wird auf eine 14-Kalendertage-Frist erweitert.
2. Die unmittelbare Erforderlichkeit kann sich auch aus dem Umstand einer Vermeidung des zusätzlichen Aufsuchens einer Arztpraxis ergeben.

B. Sehhilfen

§ 12 Verordnungsfähigkeit von Sehhilfen. (1) Eine Sehhilfe zur Verbesserung der Sehschärfe (§§ 13 bis 16) ist verordnungsfähig

- bei Versicherten bis zur Vollendung des 18. Lebensjahres,
- bei Versicherten, die das 18. Lebensjahr vollendet haben, wenn sie nach ICD 10-GM 2017 aufgrund ihrer Sehbeeinträchtigung oder Blindheit bei bestmöglicher Brillenkorrektur auf beiden Augen eine Sehbeeinträchtigung mindestens der Stufe 1 aufweisen. Diese liegt vor, wenn die Sehschärfe (Visus) bei bestmöglicher Korrektur mit einer Brillenversorgung auf dem besseren Auge < 0,3 beträgt oder das beidäugige Gesichtsfeld < 10 Grad bei zentraler Fixation ist. Die Sehschärfenbestimmung hat beidseits mit bester Fernkorrektur mit Brillengläsern zu erfolgen.
- bei Versicherten, die das 18. Lebensjahr vollendet haben, wenn sie auf mindestens einem Auge einen ver- ordneten Fern-Korrekturausgleich für einen Refraktionsfehler von > 6,25 Dioptrien bei Myopie oder Hyperopie oder von > 4,25 Dioptrien bei Astigmatismus aufweisen. Grundlage für die Verordnungsfähigkeit ist der verordnete Fernwert im stärksten Hauptschnitt. Auch bei Kontaklinsenverordnungen ist die benötigte Fernrefraktion mit Brille maßgeblich.

(2) [1] Die Abgabe von therapeutischen Sehhilfen zu Lasten der gesetzlichen Krankenversicherung setzt eine Verordnung durch eine Fachärztin oder einen Facharzt für Augenheilkunde auf der Grundlage einer vorhergehenden Diagnostik und Therapieentscheidung voraus. [2] Bei welchen Indikationen therapeutische Sehhilfen zur Behandlung von Augenverletzungen oder Augenerkrankungen verordnungsfähig sind, wird in dieser Richtlinie in § 17 definiert.

(3) [1]Die erstmalige Abgabe von Sehhilfen zur Verbesserung der Sehschärfe zu Lasten der gesetzlichen Krankenversicherung setzt eine Verordnung durch eine Fachärztin oder einen Facharzt für Augenheilkunde voraus, da eine Abklärung der Ursache des Sehfehlers vor einer Erstversorgung medizinisch geboten ist. [2]Die Verordnung erfolgt auf dem dafür vereinbarten Vordruck. [3]Dieser ist aufgrund ärztlich erhobener Befunde auszufüllen. [4]Eine ärztliche Verordnung bei einer Folgeversorgung ist notwendig, soweit eine erneute ärztliche Diagnose oder Therapieentscheidung medizinisch geboten ist. [5]Dies gilt insbesondere in den folgenden Fällen bei:

a) Kindern und Jugendlichen bis zur Vollendung des 14. Lebensjahres,
b) Versicherten, die nach ICD 10-GM 2017 aufgrund ihrer Sehbeeinträchtigung oder Blindheit bei bestmöglicher Brillenkorrektur auf beiden Augen eine Sehbeeinträchtigung mindestens der Stufe 1 aufweisen entsprechend § 12 Absatz 1 zweiter Spiegelstrich.

[6]Für Ersatzbeschaffungen von Sehhilfen zur Verbesserung der Sehschärfe bei Verlust oder Bruch innerhalb von drei Monaten nach einer Verordnung ist für die Fälle nach a) und b) keine ärztliche Verordnung erforderlich.

(4) [1]Eine Folgeverordnung von sehschärfenverbessernden Sehhilfen setzt eine Neubestimmung der erforderlichen Brillenglaskorrektionsstärke voraus. [2]Unbeschadet einer Ersatzbeschaffung bei Verlust oder Defekt besteht nach Vollendung des 14. Lebensjahres ein Anspruch auf Neuversorgung nur, wenn sich die Refraktionswerte um mindestens 0,5 Dioptrien (dpt) geändert haben; eine Änderung der Refraktionswerte um 0,5 dpt liegt auch dann vor, wenn der Refraktionswert für das eine Auge um 0,25 dpt zugenommen und der für das andere Auge um 0,25 dpt abgenommen hat.

(5) Eine Folgeverordnung von vergrößernden Sehhilfen gleicher Zielsetzung setzt eine signifikante Änderung des Vergrößerungsbedarfs nach Neuermittlung mit allgemein anerkannten Bestimmungsmethoden voraus.

§ 13 Sehhilfen zur Verbesserung der Sehschärfe. (1) Als Sehhilfen zur Verbesserung der Sehschärfe sind verordnungsfähig:
– Brillengläser (siehe § 14)
– Kontaktlinsen (siehe § 15)
– vergrößernde Sehhilfen (siehe § 16).

(2) [1]In erster Linie kommt die Verordnung von Brillengläsern gleichen Brillenglastyps (siehe § 14) in Betracht. [2]Die Regelversorgung stellen mineralische Brillengläser dar. [3]Kunststoffbrillengläser, Kontaktlinsen (siehe § 15) und vergrößernde Sehhilfen (siehe § 16) dürfen nur in medizinisch zwingend erforderlichen Ausnahmefällen verordnet werden. [4]Brillengläser zum Gewichtsausgleich sind als Einstärkengläser gleichen Brillenglastyps zu verordnen.

§ 14 Brillengläser zur Verbesserung der Sehschärfe. (1) [1]Die Versorgung mit Brillengläsern erfolgt grundsätzlich als beidäugige Versorgung. [2]Sind Brillengläser zur Fern- und Nahkorrektur erforderlich, können wahlweise auch Mehrstärkengläser (Bifokal-/Trifokal-/Multifokalgläser) verordnet werden, ggf. mit Planglasanteil für einen Korrekturbereich, sofern die Notwendigkeit zum ständigen Tragen von Brillengläsern eine solche Ausstattung erforderlich macht. [3]Eine zusätzliche Verordnung von Einstärkengläsern für den Zwischenbereich ist hierbei nicht möglich. [4]Für Kinder mit Pseudophakie oder Aphakie können bifokale Gläser mit extra großem Nahteil verordnet werden.

(2) Lichtschutzgläser, d. h. Gläser mit einer Transmission ≤ 75%, sind verordnungsfähig bei:

a) umschriebenen Transparenzverlusten (Trübungen) im Bereich der brechenden Medien, die zu Lichtstreuungen führen (z. B. Hornhautnarben, Linsentrübungen, Glaskörpertrübungen),

b) chronisch-rezidivierenden Reizzuständen der vorderen und mittleren Augenabschnitte, die medikamentös nicht behebbar sind (z. B. Keratokonjunktivitis, Iritis, Cyclitis),

c) entstellenden Veränderungen im Bereich der Lider und ihrer Umgebung (z. B. Lidkolobom, Lagophthalmus, Narbenzug) und Behinderung des Tränenflusses,

d) Blendung bedingenden entzündlichen oder degenerativen Erkrankungen der Netzhaut/Aderhaut oder der Sehnerven,

e) totaler Farbenblindheit,

f) unerträglichen Blendungserscheinungen bei praktischer Blindheit,

g) intrakraniellen Erkrankungen, bei denen nach ärztlicher Erfahrung eine pathologische Lichtempfindlichkeit besteht (z. B. Hirnverletzungen, Hirntumoren).

(3) Kunststoffgläser mit einem Brechungsindex von n < 1,6 sind verordnungsfähig bei:

a) Kindern bis zur Vollendung des 14. Lebensjahres, unabhängig von der Gläserstärke,

b) Kindern und Jugendlichen für den Schulsport bis zur Vollendung der allgemeinen Schulpflicht (ggf. zusätzlich),

c) Gläserstärken ab +6,0/−8,0 dpt im stärksten Hauptschnitt aus Gewichtsgründen (bei Mehrstärkengläsern ist der Fernteil maßgeblich),

d) Brechkraftunterschied der Gläser ab 3,0 dpt zwecks Minderung des Gewichtsunterschieds,

e) Versicherten mit chronischem Druckekzem der Nase, mit Fehlbildungen oder Missbildungen des Gesichts, insbesondere im Nasen- und Ohrenbereich, wenn trotz anatomisch geeigneter Brillenfassungswahl und bei Verwendung mineralischer Gläser ein befriedigender Sitz der Brille nicht gewährleistet ist.

(4) [1] Verordnungsfähig sind hochbrechende mineralische Brillengläser mit einem Brechungsindex n ≥ 1,6 und n ≤ 1,7 bei Myopie/Hyperopie ≥ 10 dpt im stärksten Hauptschnitt. [2] Bei Mehrstärkengläsern ist der Fernteil maßgeblich. [3] Verordnungsfähig sind hochbrechende Kunststoffgläser mit einem Brechungsindex n ≥ 1,6 und n ≤ 1,67 bei Myopie/Hyperopie ≥ 10 dpt im stärksten Hauptschnitt. [4] Bei Mehrstärkengläsern ist der Fernteil maßgeblich.

(5) Nicht verordnungsfähig sind:

1. fototrope (farbveränderliche) Gläser,
2. hochbrechende Lentikulargläser,
3. hochbrechende mineralische Gläser mit einem Brechungsindex n > 1,7,
4. hochbrechende Kunststoffgläser mit einem Brechungsindex n > 1,67,
5. entspiegelte Gläser,
6. polarisierende Gläser,
7. Gläser mit härtender Oberflächenbeschichtung,

8. Gläser mit asphärischem Schliff, ausgenommen Kunststoff-Lentikulargläser ≥ +12 dpt,
9. mineralische oder organische Lentikulargläser, ausgenommen bei Myopie/Hyperopie ≥ 12 dpt,
10. Brillengläser und Zurichtungen an der Brille für die Bedingungen an Arbeitsplätzen, zur Verhütung von Unfallschäden (Ausnahme siehe § 17 Absatz 1 Nummer 16) und/oder für den Freizeitbereich,
11. Brillengläser für Sportbrillen (Ausnahme Schulsportbrille im Rahmen der allgemeinen Schulpflicht siehe Absatz 3 Buchstabe b),
12. Brillengläser für eine sogenannte „Zweitbrille", deren Korrektionsstärken bereits vorhandenen Gläsern entsprechen (Mehrfachverordnung). Das gilt auch für Brillengläser, die für eine Reservebrille (z. B. aus Gründen der Verkehrssicherheit) benötigt werden,
13. Brillenfassungen.

§ 15 Kontaktlinsen zur Verbesserung der Sehschärfe. (1) [1]Bei erfüllter Kontaktlinsenindikation zur Verbesserung der Sehschärfe (Absatz 3) ist primär eine beidäugige Versorgung anzustreben, sofern medizinisch zweckmäßig. [2]Verordnungsfähig sind ausschließlich Einstärken-Kontaktlinsen. [3]Formstabile Kontaktlinsen stellen die Regelversorgung dar.

(2) [1]Die Verordnung weicher Kontaktlinsen zur Verbesserung der Sehschärfe bedarf einer besonderen Begründung. [2]Ein ausreichender Trageversuch mit formstabilen Linsen muss erfolglos durchgeführt worden sein.

(3) Kontaktlinsen zur Verbesserung der Sehschärfe können nur bei nachstehend aufgeführten Indikationen verordnet werden:
1. Myopie ≥ 8,0 dpt,
2. Hyperopie ≥ 8,0 dpt,
3. irregulärer Astigmatismus, wenn damit eine um mindestens 0,2 logMAR (2 Visus-Stufen) verbesserte Sehstärke gegenüber Brillengläsern erreicht wird,
4. Astigmatismus rectus und inversus ≥ 3,0 dpt,
5. Astigmatismus obliquus (Achslage 45° +/– 30°, bzw. 135° +/– 30°) ≥ 2 dpt,
6. Keratokonus,
7. Aphakie,
8. Aniseikonie > 7% (die Aniseikoniemessung ist nach einer allgemein anerkannten reproduzierbaren Bestimmungsmethode durchzuführen und zu dokumentieren),
9. Anisometropie ≥ 2,0 dpt.

(4) Weichlinsen als Austauschsysteme zur Verbesserung der Sehschärfe für die begrenzte unterbrochene – im Einzelfall bei Handhabungsproblemen auch ununterbrochene – (7- bis 30-tägige) Tragedauer sind nur dann verordnungsfähig, wenn formstabile Linsen nicht getragen werden können und wenn konventionelle Weichlinsen trotz sachgerechter Pflege mit konventionellen Reinigungsverfahren aufgrund nicht entfernbarer Eiweißablagerungen in hoher Frequenz verworfen werden müssen.

(5) [1]Da Kontaktlinsen aus medizinischen Gründen nicht regelhaft ununterbrochen getragen werden sollen, ist bei den nach den Absätzen 3 und 4 verordneten Kontaktlinsen die zusätzliche Verordnung von Brillengläsern mög-

lich. [2]Bei Alterssichtigkeit sind zusätzlich zu Kontaktlinsen Einstärkenbrillengläser für den Nahbereich verordnungsfähig.

(6) Nicht verordnungsfähig sind:

1. Kontaktlinsen als postoperative Versorgung (auch als Verbandlinse/Verbandschale) nach nicht zu Lasten der GKV erbringbaren Eingriffen,
2. Kontaktlinsen in farbiger Ausführung zur Veränderung oder Verstärkung der körpereigenen Farbe der Iris (Ausnahme Irislinse gemäß § 17 Absatz 1 Nummer 11 und § 17 Absatz 2),
3. sogenannte One-Day-Linsen,
4. multifokale/Mehrstärken-Kontaktlinsen,
5. Kontaktlinsen mit Lichtschutz und sonstigen Kantenfiltern,
6. Reinigungs- und Pflegemittel.

§ 16 Vergrößernde Sehhilfen zur Verbesserung der Sehschärfe.

(1) Die Verordnung von vergrößernden Sehhilfen darf nur von Fachärztinnen und Fachärzten für Augenheilkunde vorgenommen werden, die in der Lage sind, selbst die Notwendigkeit und Art der benötigten Sehhilfen zu bestimmen, ggf. in Zusammenarbeit mit entsprechend ausgestatteten Augenoptikerinnen und Augenoptikern.

(2) [1]Abhängig vom augenärztlicherseits reproduzierbar nach einer allgemein anerkannten Bestimmungsmethode (z. B. Nahsehprobentafel zur Ermittlung des Vergrößerungsbedarfs) ermittelten und dokumentierten Vergrößerungsbedarf sind optische und elektronisch vergrößernde Sehhilfen verordnungsfähig. [2]Bei der Verordnung ist den individuellen Sehanforderungen im Rahmen der elementaren Grundbedürfnisse des täglichen Lebens Rechnung zu tragen. [3]Es ist durch die Fachärztin oder einen Facharzt für Augenheilkunde festzustellen, ob die oder der Versicherte in der Lage ist, die vergrößernde Sehhilfe zielführend einzusetzen.

(3) [1]Optisch vergrößernde Sehhilfen für die Nähe sind bei einem Vergrößerungsbedarf ≥ 1,5-fach vorrangig verordnungsfähig als Hellfeldlupe, Hand-/Standlupe, ggf. mit Beleuchtung oder Brillengläser mit Lupenwirkung (Lupengläser). [2]In begründeten Einzelfällen können Fernrohrlupenbrillensysteme (z.B. nach Galilei, Kepler) ggf. einschließlich Systemträger verordnet werden.

(4) Elektronisch vergrößernde Sehhilfen für die Nähe sind als mobile oder nicht mobile Systeme in der Regel verordnungsfähig bei einem Vergrößerungsbedarf ≥ 6-fach.

(5) Optisch vergrößernde Sehhilfen für die Ferne sind verordnungsfähig als Handfernrohre/Monokulare (fokussierbar).

(6) Nicht verordnungsfähig sind:

– Fernrohrlupenbrillensysteme (z.B. nach Galilei, Kepler) für die Zwischendistanz (Raumkorrektur) oder die Ferne,
– separate Lichtquellen (z.B. zur Kontrasterhöhung oder zur Ausleuchtung des Lesegutes),
– Fresnellinsen aller Art.

§ 17 Therapeutische Sehhilfen. (1) Therapeutische Sehhilfen zur Behandlung einer Augenverletzung oder Augenerkrankung sind in folgenden Fällen bei bestehender medizinischer Notwendigkeit verordnungsfähig:

456. Richtlinie des Gemeinsamen Bundesausschusses über die Verordnung von Heilmitteln in der vertragsärztlichen Versorgung (Heilmittel-Richtlinie/HeilM-RL)

in der Fassung vom 20. Januar 2011/19. Mai 2011

(BAnz. 2011 Nr. 96 vom 30.6.2011, S. 2247; Inkrafttreten: 1.7.2011)

Geändert durch Beschl. der G-BA vom 19.5.2011 (BAnz. Nr. 96 vom 30.6.2011, S. 2312; Inkrafttreten: 19.5.2011), durch Beschl. des G-BA vom 22.1.2015 und 17.12.2015 (BAnz. AT vom 6.1.2016 B2; Inkrafttreten: 17.12.2015), durch Beschl. des G-BA vom 17.12.2015 und 19.5.2016 (BAnz. AT vom 3.8.2016 B3; Inkrafttreten: 4.8.2016), durch Beschl. des G-BA vom 19.5.2016 (BAnz. AT vom 10.8.2016 B2; Inkrafttreten: 1.1.2017), durch Beschl. des G-BA vom 16.3.2017 (BAnz. AT vom 29.5.2017 B7; Inkrafttreten: 30.5.2017), durch Beschl. des G-BA vom 16.3.2017 (BAnz. AT vom 9.6.2017 B5; Inkrafttreten: 1.1.2018), durch Beschl. des G-BA vom 21.9.2017 (BAnz. AT vom 23.11.2017 B1; Inkrafttreten: 1.1.2018), durch Beschl. des G-BA vom 19.9.2019 (BAnz. AT vom 31.12.2019 B7; Inkrafttreten: 1.1.2020), durch Beschl. des G-BA vom 27.3.2020 (BAnz. AT vom 7.4.2020 B3; Inkrafttreten: 9.3.2020), durch Beschl. des G-BA vom 28.5.2020 (BAnz. AT vom 12.6.2020 B3; Inkrafttreten: 1.6.2020), durch Beschl. des G-BA vom 20.3.2020 (BAnz. AT vom 5.6.2020 B2; Inkrafttreten: 6.6.2020), durch Beschl. des G-BA vom 20.2.2020 (BAnz. AT vom 20.5.2020 B2; Inkrafttreten: 1.7.2020), durch Beschl. des G-BA vom 17.9.2020 (BAnz. AT vom 30.9.2020 B2; Inkrafttreten: 1.10.2020) und durch Beschl. des G-BA vom 15.10.2020 (BAnz. AT vom 17.12.2020 B7; Inkrafttreten: 1.1.2021)

Inhalt

Erster Teil – Richtlinientext

Erster Teil. Richtlinientext

A. Allgemeine Grundsätze

§ 1 Grundlagen. (1) [1]Die vom Gemeinsamen Bundesausschuss gemäß § 92 Absatz 1 Satz 2 Nummer 6 und Absatz 6 in Verbindung mit § 138 des Fünften Buches Sozialgesetzbuch (SGB V)[1)] beschlossene Richtlinie dient der Sicherung einer nach den Regeln der ärztlichen Kunst und unter Berücksichtigung des allgemein anerkannten Standes der medizinischen Erkenntnisse ausreichenden, zweckmäßigen und wirtschaftlichen Versorgung der Versicherten mit Heilmitteln. [2]Sie regelt die Verordnung von

[1)] **Aichberger, Sozialgesetzbuch, Nr. 5.**

a) Heilmitteln durch Vertragsärztinnen und Vertragsärzte sowie
b) Ergotherapie nach Maßgabe des § 35 Absatz 4 durch an der vertragsärztlichen Versorgung teilnehmende
   - Psychologische Psychotherapeutinnen oder Psychologische Psychotherapeuten sowie
   - Kinder- und Jugendlichenpsychotherapeutinnen oder Kinder- und Jugendlichenpsychotherapeuten. („Vertragspsychotherapeutinnen und Vertragspsychotherapeuten")

[3]Die unter Buchstabe a und b genannten Berufsgruppen werden nachfolgend auch als „Verordnerinnen und Verordner" bezeichnet.

(2) Den besonderen Belangen psychisch kranker, behinderter oder von Behinderung bedrohter sowie chronisch kranker Menschen ist bei der Versorgung mit Heilmitteln Rechnung zu tragen.

(3) [1]Die Richtlinie ist für die Träger des Gemeinsamen Bundesausschusses, deren Mitglieder und Mitgliedskassen, für die Versicherten, für die an der vertragsärztlichen Versorgung teilnehmenden Ärztinnen und Ärzte, Psychotherapeutinnen und Psychotherapeuten, ärztlich geleiteten Einrichtungen sowie die weiteren Leistungserbringer verbindlich. [2]Die Richtlinie gilt nicht für die Verordnung von Heilmitteln durch Vertragszahnärztinnen und Vertragszahnärzte.

(4) Die Kassenärztliche Bundesvereinigung und der GKV-Spitzenverband wirken auf eine einheitliche Anwendung dieser Richtlinie und auf eine enge Zusammenarbeit zwischen der Verordnerin oder dem Verordner und der ausführenden Therapeutin oder dem ausführenden Therapeuten hin.

(5) Die Abgabe von Heilmitteln ist Aufgabe der gemäß § 124 SGB V zugelassenen Leistungserbringer.

(6) In den Verträgen nach § 125 SGB V wird der in dieser Richtlinie beschriebene Leistungsrahmen nicht überschritten.

(7) Der GKV-Spitzenverband stellt die nach § 125 SGB V vereinbarten Preise der einzelnen Leistungspositionen in einem elektronisch verarbeitbaren Format bereit.

(8) Verordnerinnen oder Verordner sowie Krankenkassen haben darauf hinzuwirken, dass die Versicherten eigenverantwortlich durch gesundheitsbewusste Lebensführung, durch frühzeitige Beteiligung an Vorsorge- und aktive Mitwirkung an Behandlungsmaßnahmen dazu beitragen, Krankheiten zu verhindern und deren Verlauf und Folgen zu mildern.

(9) Verordnerinnen oder Verordner sowie Krankenkassen haben die Versicherten darüber aufzuklären, welche Leistungen nicht zu Lasten der Gesetzlichen Krankenversicherung verordnet und abgegeben werden können.

(10) Die Regelungen dieser Richtlinie gelten entsprechend für Verordnungen in elektronischer Form, soweit im Folgenden nichts Abweichendes bestimmt ist.

§ 1a Jährliche ICD Anpassung. Der Unterausschuss Veranlasste Leistungen nimmt die durch die jährliche Aktualisierung der Internationalen statistischen Klassifikation der Krankheiten und verwandter Gesundheitsprobleme (ICD) des Deutschen Instituts für Medizinische Dokumentation und Information erforderlichen ICD Anpassungen in der der Richtlinie vor, soweit gemäß

1. Kapitel § 4 Absatz 2 Satz 2 der Verfahrensordnung des Gemeinsamen Bundesausschusses (VerfO) der Kerngehalt der Richtlinie nicht berührt wird.

§ 2 Heilmittel. (1) [1] Heilmittel sind persönlich zu erbringende medizinische Leistungen. [2] Heilmittel sind

– die einzelnen Maßnahmen der Physiotherapie (§§ 18 bis 25),
– die einzelnen Maßnahmen der Podologischen Therapie (§ 28 Absatz 4 Nummer 1 bis 3),
– die einzelnen Maßnahmen der Stimm-, Sprech-, Sprach- und Schlucktherapie (§§ 31 bis 33a),
– die einzelnen Maßnahmen der Ergotherapie (§§ 36 bis 40) und
– die Ernährungstherapie (§ 43).

(2) [1] Die Richtlinie regelt die Verordnung von Heilmitteln im Rahmen der vertragsärztlichen Versorgung. [2] Die Verordnung von kurortsspezifischen beziehungsweise ortsspezifischen Heilmitteln sowie Heilmitteln im Rahmen von Leistungen der medizinischen Vorsorge nach § 23 Absatz 2 und 4, § 24 SGB V und Rehabilitation nach §§ 40, 41 SGB V ist nicht Gegenstand dieser Richtlinie.

§ 2a Sonderregelung im Zusammenhang mit der COVID-19-Epidemie. (1) [1] Vor dem Hintergrund der Herausforderungen zur Bewältigung des epidemischen Ausbruchgeschehens aufgrund des SARS-CoV-2-Virus kann der Gemeinsame Bundesausschuss durch gesonderten Beschluss auf Grundlage von § 9 Absatz 2a seiner Geschäftsordnung (GO) folgende räumlich begrenzte und zeitlich befristete Ausnahmen von den Regelungen dieser Richtlinie zulassen, wenn sie in Abhängigkeit von der Art des Ausbruchgeschehens zur Eindämmung und Bewältigung der Infektionen oder zum Schutz der Einrichtungen der Krankenversorgung vor Überlastung notwendig und erforderlich sind:

1. Erneute Verordnungen können auch nach telefonischer Anamnese ausgestellt und von der Verordnerin oder vom Verordner postalisch an die oder den Versicherten übermittelt werden, sofern bereits zuvor aufgrund derselben Erkrankung eine unmittelbare persönliche Untersuchung und Verordnung durch die Verordnerin oder den Verordner erfolgt ist. Diese Regelung gilt nur für Verordnungen, die innerhalb der jeweiligen zeitlichen Befristung der Ausnahme ausgestellt werden. Diese Ausnahmeregelung gilt, sofern die Verordnung von einer Verordnerin oder einem Verordner mit Sitz in einem der jeweils durch gesonderten Ausnahmebeschluss auf Grundlage von § 9 Absatz 2a GO festgelegten Gebiete ausgestellt wurde oder sich der Wohnort der oder des Versicherten innerhalb eines dieser Gebiete befindet.
2. Die Regelung nach § 16 Absatz 3, wonach Verordnungen ihre Gültigkeit verlieren, wenn die Behandlung länger als 14 Kalendertage unterbrochen wird, wird für den Zeitraum ausgesetzt, für den der regionale Ausnahmebeschluss auf Grundlage von § 9 Absatz 2a GO gilt. Nach dem Ende des Geltungszeitraums des regionalen Ausnahmebeschlusses beginnt die 14-Tage-Frist erneut.
3. Sofern die Behandlungen aus therapeutischer Sicht auch im Rahmen einer telemedizinischen Leistung (Videobehandlung) stattfinden können, ist dies, in Abweichung zu den Regelungen in § 11 zum Ort der Leistungserbrin-

gung, unter Einsatz datenschutzkonformer Anwendungen und mit Einwilligung der Patientin oder des Patienten für die nachfolgend aufgeführten Heilmittel möglich, sofern eine persönliche Leistungserbringung aufgrund der aktuellen Pandemielage nicht erfolgen kann und die Leistung insbesondere zur Vermeidung einer Verschlimmerung der Gesundheit erforderlich ist:

– Stimm-, Sprech-, Sprachtherapie mit Ausnahme der Schlucktherapie,
– Ergotherapie,
– Physiotherapie für die Übungsbehandlung gemäß § 19 Absatz 3 Nummer 1a, für die allgemeine Krankengymnastik (KG und KG-Atemtherapie) gemäß § 19 Absatz 3 Nummer 3a sowie für die Krankengymnastik-Mukoviszidose gemäß § 19 Absatz 3 Nummer 3c,
– Ernährungstherapie.

[2] Diese Ausnahmeregelungen nach Nummer 2 und 3 gelten, sofern die Praxis der zugelassenen Heilmittelerbringerin oder des zugelassenen Heilmittelerbringers, in der die Heilmittelbehandlung erfolgt, in einem der jeweils durch gesonderten Ausnahmebeschluss auf Grundlage von § 9 Absatz 2a GO festgelegten Gebiete liegt oder sich der Wohnort der oder des Versicherten innerhalb eines dieser Gebiete befindet.

(2) Wenn und solange der Deutsche Bundestag gemäß § 5 Absatz 1 des Infektionsschutzgesetzes eine epidemische Lage von nationaler Tragweite festgestellt hat, gilt die Regelung nach § 16a mit folgenden Maßgaben:

1. Die 7-Kalendertage-Frist wird auf eine 14-Kalendertage-Frist sowie die 12 Kalendertage-Frist auf eine 21-Kalendertage-Frist erweitert.
2. Die unmittelbare Erforderlichkeit kann sich auch aus dem Umstand einer Vermeidung des zusätzlichen Aufsuchens einer ärztlichen oder psychotherapeutischen Praxis ergeben.

B. Grundsätze der Heilmittelverordnung

§ 3 Voraussetzungen der Verordnung. (1) [1] Die Abgabe von Heilmitteln zu Lasten der gesetzlichen Krankenkassen setzt eine Verordnung durch eine Vertragsärztin, einen Vertragsarzt oder bei Abgabe von Ergotherapie eine Verordnung nach Maßgabe des § 35 Absatz 4 durch die dort genannten Berufsgruppen voraus. [2] Die Therapeutin oder der Therapeut, die oder der die verordnete Leistung erbringt, ist grundsätzlich an die Verordnung gebunden, es sei denn im Rahmen dieser Richtlinie ist etwas anderes bestimmt.

(2) Heilmittel können zu Lasten der Krankenkassen nur verordnet werden, wenn sie notwendig sind, um

– eine Krankheit zu heilen, ihre Verschlimmerung zu verhüten oder Krankheitsbeschwerden zu lindern,
– eine Schwächung der Gesundheit, die in absehbarer Zeit voraussichtlich zu einer Krankheit führen würde, zu beseitigen,
– einer Gefährdung der gesundheitlichen Entwicklung eines Kindes entgegenzuwirken, oder
– Pflegebedürftigkeit zu vermeiden oder zu mindern.

(3) [1] Die Verordnung von Heilmitteln kann nur erfolgen, wenn sich die Verordnerin oder der Verordner von dem Zustand der oder des Versicherten überzeugt, diesen dokumentiert und sich erforderlichenfalls bei der oder dem

Versicherten über die persönlichen Lebensumstände (Kontextfaktoren) sowie über bisherige Heilmittelverordnungen informiert hat oder wenn ihr oder ihm diese aus der laufenden Behandlung bekannt sind. [2]Die Versicherte oder der Versicherte soll die Verordnerin oder den Verordner im Rahmen ihrer beziehungsweise seiner Möglichkeiten über vorherige Verordnungen informieren.

(4) [1]Heilmittel sind nur nach Maßgabe dieser Richtlinie verordnungsfähig. [2]Der indikationsbezogene Katalog verordnungsfähiger Heilmittel nach § 92 Absatz 6 SGB V[1)] (im Folgenden Heilmittelkatalog genannt) ist Bestandteil dieser Richtlinie.

(5) Die Indikation für die Verordnung von Heilmitteln ergibt sich nicht aus der Diagnose allein, sondern aus der Gesamtbetrachtung der funktionellen oder strukturellen Schädigungen und der Beeinträchtigung der Aktivitäten einschließlich der person- und umweltbezogenen Kontextfaktoren.

(6) Die Verordnerinnen und Verordner stellen sicher, dass für sie tätig werdende Vertreterinnen und Vertreter, Assistentinnen und Assistenten sowie angestellte Ärztinnen und Ärzte oder Psychotherapeutinnen und Psychotherapeuten diese Richtlinie kennen und beachten.

§ 4 Heilmittelkatalog. (1) [1]Der Katalog verordnungsfähiger Heilmittel nach § 92 Absatz 6 SGB V ist „Zweiter Teil" dieser Richtlinie. [2]Der Katalog wird dem allgemein anerkannten Stand der medizinischen Erkenntnisse entsprechend in regelmäßigen Abständen ergänzt oder aktualisiert.

(2) Im Heilmittelkatalog sind Einzeldiagnosen zu Diagnosegruppen zusammengefasst, die abgebildeten Beispieldiagnosen sind hierbei nicht abschließend. [2]Den Diagnosegruppen sind die jeweiligen Leitsymptomatiken in Form von funktionellen oder strukturellen Schädigungen, die verordnungsfähigen Heilmittel sowie die Verordnungsmengen und Empfehlungen zur Therapiefrequenz zugeordnet.

(3) [1]Der Heilmittelkatalog führt nur die möglichen Indikationen für eine sachgerechte Heilmitteltherapie auf. [2]Kontraindikationen wurden bewusst nicht aufgeführt. [3]Bei der Verordnung hat die Verordnerin oder der Verordner im Einzelfall vorhandene Kontraindikationen zu berücksichtigen.

(4) [1]Neue Heilmittel oder zugelassene Heilmittel nach Maßgabe dieser Richtlinie zur Behandlung nicht im Heilmittelkatalog genannter Indikationen dürfen nur verordnet oder gewährt werden, wenn der Gemeinsame Bundesausschuss zuvor in dieser Richtlinie den therapeutischen Nutzen anerkannt und Empfehlungen für die Sicherung der Qualität bei der Leistungserbringung abgegeben hat. [2]Das Verfahren richtet sich nach der Verfahrensordnung des Gemeinsamen Bundesausschusses (VerfO).[2)]

§ 5 Nichtverordnungsfähige Heilmittel. [1]In der Anlage 1 zu dieser Richtlinie ist die Übersicht über
- Maßnahmen, deren therapeutischer Nutzen nach Maßgabe der VerfO nicht nachgewiesen ist,
- Indikationen, bei denen der Einsatz von Maßnahmen, deren therapeutischer Nutzen nachgewiesen ist, nicht anerkannt ist und

---

[1)] **Aichberger, Sozialgesetzbuch, Nr. 5.**
[2)] Nr. **390.**

– Maßnahmen, die der persönlichen Lebensführung zuzuordnen sind,

gelistet. [2] Diese sind im Rahmen der Gesetzlichen Krankenversicherung (GKV) nicht verordnungsfähig. [3] Die Übersicht wird in regelmäßigen Abständen dem Stand der medizinischen Erkenntnisse folgend ergänzt oder aktualisiert.

§ 6 Verordnungsausschlüsse. (1) [1] Beim Vorliegen von geringfügigen Gesundheitsstörungen dürfen Heilmittel nicht anstelle der nach § 34 Absatz 1 SGB V[1)] von der Verordnung ausgeschlossenen Arzneimittel ersatzweise verordnet werden. [2] Dies gilt insbesondere für Maßnahmen der Physiotherapie zur Anwendung bei Erkältungskrankheiten.

(2) [1] Maßnahmen, die nicht aufgrund der in § 3 Absatz 2 genannten Voraussetzungen veranlasst und durchgeführt werden, dürfen nicht zu Lasten der GKV verordnet und durchgeführt werden. [2] Dies gilt auch, wenn die Maßnahmen von nach § 124 SGB V zugelassenen Heilmittelerbringerinnen und Heilmittelerbringern durchgeführt werden. [3] Weiterhin dürfen Heilmittel bei Kindern nicht verordnet werden, wenn an sich pädagogische, heilpädagogische oder sonderpädagogische Maßnahmen zur Beeinflussung der vorliegenden Schädigungen geboten sind (insbesondere Leistungen nach den §§ 46 und 79 des SGB IX).[2)] [4] Sind solche Maßnahmen nicht durchführbar, dürfen Heilmittel nicht an deren Stelle verordnet werden. [5] Neben pädagogischen, heilpädagogischen oder sonderpädagogischen Maßnahmen dürfen Heilmittel nur bei entsprechender medizinischer Indikation außerhalb dieser Maßnahmen verordnet werden.

(3) Heilmittel dürfen nicht verordnet werden, soweit diese im Rahmen der Frühförderung nach den § 46 Absatz 1 und 2 und § 79 SGB IX in Verbindung mit der Frühförderungsverordnung vom 24. Juni 2003, geändert am 23. Dezember 2016, als therapeutische Leistungen bereits erbracht werden.

§ 6a Diagnostik durch die Verordnerin oder den Verordner. (1) [1] Vor der erstmaligen Verordnung von Heilmitteln ist eine Eingangsdiagnostik notwendig. [2] Bei der Eingangsdiagnostik sind diagnostische Maßnahmen durchzuführen, zu veranlassen oder zeitnah erhobene Fremdbefunde heranzuziehen, um einen exakten Befund zu funktionellen oder strukturellen Schädigungen zu erhalten.

(2) [1] Vor weiteren Verordnungen ist zu prüfen, ob eine erneute schädigungsabhängige Erhebung des aktuellen Befundes erforderlich ist. [2] Dabei können auch Fremdbefunde berücksichtigt werden. [3] Weitere Befundergebnisse sollen auf dem Verordnungsvordruck angegeben werden, sofern sie für die Heilmitteltherapie relevant sind.

(3) [1] Bei Nichterreichen des angestrebten individuellen Therapiezieles sollte das weitere therapeutische Vorgehen überprüft werden. [2] Erforderlichenfalls sind andere ärztliche, psychotherapeutische oder rehabilitative Maßnahmen durch die Verordnerin oder den Verordner einzuleiten oder die Beendigung oder Fortsetzung der Heilmitteltherapie in Betracht zu ziehen.

(4) Spezifische Ausführungen zur ärztlichen Diagnostik finden sich zur podologischen Therapie in § 29, zur Stimm- Sprech-, Sprach- und Schlucktherapie in § 34 und zur Ernährungstherapie in § 44.

[1)] **Aichberger, Sozialgesetzbuch, Nr. 5.**
[2)] **Aichberger, Sozialgesetzbuch, Nr. 9.**

§ 7 Verordnungsfall, orientierende Behandlungsmenge, Höchstmenge je Verordnung. (1) [1]Ein Verordnungsfall umfasst alle Heilmittelbehandlungen für eine Patientin oder einen Patienten auf Grund derselben Diagnose (d.h. die ersten drei Stellen des ICD-10-GM-Codes sind identisch) und derselben Diagnosegruppe nach Heilmittelkatalog. [2]Dies gilt auch, wenn sich innerhalb des Verordnungsfalles die Leitsymptomatik ändert oder unterschiedliche Heilmittel zum Einsatz kommen. [3]Im Rahmen eines Verordnungsfalles können mehrere Verordnungen getätigt werden. [4]Treten im zeitlichen Zusammenhang mehrere voneinander unabhängige Diagnosen derselben oder unterschiedlicher Diagnosegruppe(n) auf, kann dies weitere Verordnungsfälle auslösen, für die jeweils separate Verordnungen auszustellen sind. [5]Ein neuer Verordnungsfall tritt ein, wenn seit dem Datum der letzten Verordnung ein Zeitraum von 6 Monaten vergangen ist, in dem keine weitere Verordnung für diesen Verordnungsfall ausgestellt wurde.

(2) [1]Die orientierende Behandlungsmenge definiert die Summe der Behandlungseinheiten, mit der das angestrebte Therapieziel in der Regel erreicht werden kann. [2]Wird neben vorrangigen Heilmitteln auch ein ergänzendes Heilmittel verordnet, sind die Behandlungseinheiten des ergänzenden Heilmittels bei der Bemessung der orientierenden Behandlungsmenge nach Satz 1 nicht zu berücksichtigen. [3]Die orientierende Behandlungsmenge ergibt sich indikationsbezogen aus dem Heilmittelkatalog. [4]Abweichend hiervon sind für die Podologische Therapie und für Maßnahmen der Ernährungstherapie keine orientierenden Behandlungsmengen festgelegt.

(3) Der Verordnungsfall und die orientierende Behandlungsmenge beziehen sich auf die jeweilige Verordnerin oder den jeweiligen Verordner.

(4) [1]Konnte das angestrebte Therapieziel mit der orientierenden Behandlungsmenge nicht erreicht werden, sind weitere darüber hinausgehende Verordnungen möglich, die demselben Verordnungsfall zuzuordnen sind. [2]Dies gilt unabhängig davon, ob es sich um eine kontinuierliche Behandlung, um Rezidive oder neue Erkrankungsphasen handelt. [3]In diesem Fall sind die individuellen medizinischen Gründe in die Patientendokumentation der Verordnerin oder des Verordners zu übernehmen.

(5) [1]Im Heilmittelkatalog ist zudem die zulässige Höchstmenge an Behandlungseinheiten je Verordnung festgelegt. [2]Sofern neben dem vorrangigen Heilmittel ein ergänzendes Heilmittel verordnet wird, richtet sich die Höchstmenge des ergänzenden Heilmittels nach den verordneten Behandlungseinheiten des vorrangigen Heilmittels. [3]Wenn die Verordnungsmenge auf unterschiedliche vorrangige Heilmittel aufgeteilt wurde, richtet sich die Höchstmenge je Verordnung des ergänzenden Heilmittels nach der Summe der verordneten Behandlungseinheiten der vorrangigen Heilmittel.

(6) [1]Abweichend von Absatz 5 gilt für Versicherte mit einem langfristigen Heilmittelbedarf nach § 8, dass die notwendigen Heilmittel je Verordnung für eine Behandlungsdauer von bis zu 12 Wochen verordnet werden können. [2]Dies gilt ebenso für Verordnungen aufgrund von ICD-10-Codes, in Verbindung mit der entsprechenden Diagnosegruppe, die einen besonderen Verordnungsbedarf nach § 106b Absatz 2 Satz 4 SGB V begründen. [3]Sofern dieser einer Altersbeschränkung unterliegt, ist das Alter der Versicherten ebenfalls maßgeblich bei der Bemessung der Höchstverordnungsmenge je Verordnung. [4]Die Anzahl der zu verordnenden Behandlungseinheiten ist dabei in Abhängigkeit von der Therapiefrequenz zu bemessen. [5]Sofern eine Frequenzspanne auf der Verordnung an-

gegeben wird, ist der höchste Wert für die Bemessung der maximalen Verordnungsmenge maßgeblich. [6]Die orientierende Behandlungsmenge gemäß Heilmittelkatalog ist nicht zu berücksichtigen. [7]Soweit verordnete Behandlungseinheiten innerhalb des 12 Wochen Zeitraums nicht vollständig erbracht wurden, behält die Verordnung unter Berücksichtigung des § 16 Absatz 4 ihre Gültigkeit.

§ 8 Langfristiger Heilmittelbedarf. (1) Langfristiger Heilmittelbedarf im Sinne von § 32 Absatz 1a SGB V liegt vor, wenn sich aus der Begründung der Verordnerin oder des Verordners die Schwere und Langfristigkeit der funktionellen oder strukturellen Schädigungen, der Beeinträchtigungen der Aktivitäten und der nachvollziehbare Therapiebedarf einer oder eines Versicherten ergeben.

(2) [1]Bei den in der Anlage 2 gelisteten Diagnosen in Verbindung mit der jeweils aufgeführten Diagnosegruppe des Heilmittelkatalogs ist vom Vorliegen eines langfristigen Heilmittelbedarfs im Sinne von § 32 Absatz 1a SGB V auszugehen. [2]Ein Antrags- und Genehmigungsverfahren findet nicht statt.

(3) [1]Bei schweren dauerhaften funktionellen oder strukturellen Schädigungen, die mit denen der Anlage 2 vergleichbar und nicht auf dieser gelistet sind, entscheidet die Krankenkasse auf Antrag der oder des Versicherten, ob ein langfristiger Heilmittelbedarf im Sinne von § 32 Absatz 1a SGB V vorliegt und die notwendigen Heilmittel langfristig genehmigt werden können.

(4) [1]Entscheidungen nach Absatz 3 trifft die Krankenkasse auf der Grundlage

- des Antrags der oder des Versicherten,
- der Kopie einer gültigen und gemäß § 13 Absatz 1 Satz 2 vollständig ausgefüllten Verordnung; Die Original-Verordnung bleibt bei der oder dem Versicherten und
- soweit erforderlich unter Einbeziehung des Medizinischen Dienstes der Krankenversicherung (MDK) gemäß § 275 Absatz 1 SGB V.

(5) [1]Bei Entscheidungen über Anträge nach Absatz 3 gilt § 3 Absatz 5 entsprechend. [2]Eine vergleichbare schwere dauerhafte funktionelle oder strukturelle Schädigung liegt dann vor, wenn die bei der Antragstellerin oder dem Antragsteller bestehenden funktionellen oder strukturellen Schädigungen vergleichbar mit der Schwere und Dauerhaftigkeit der Schädigungen sind, wie sie bei Diagnosen aus der Anlage 2 zu erwarten sind. [3]Eine Schwere und Langfristigkeit im Sinne von Absatz 3 kann sich auch aus der Summe mehrerer einzelner funktioneller oder struktureller Schädigungen und Beeinträchtigungen der individuellen Aktivitäten ergeben, die für sich allein die Kriterien nicht erfüllen, sich aus deren Gesamtbetrachtung jedoch ein Therapiebedarf ergibt, der hinsichtlich Dauer und Umfang auch bei Diagnosen der Anlage 2 zu erwarten ist. [4]Bei Entscheidungen nach den Sätzen 2 und 3 ist von einer Dauerhaftigkeit oder Langfristigkeit auszugehen, wenn ein Therapiebedarf mit Heilmitteln von mindestens einem Jahr medizinisch notwendig ist. [5]Sofern es bei der Entscheidung nach den Sätzen 2 und 3 zusätzlichen medizinischen Sachverstands bedarf, hat die Krankenkasse den MDK einzubeziehen. [6]Dabei sind der Therapiebedarf, die Therapiefähigkeit, die Therapieziele und die Therapieprognose der oder des Versicherten in Verbindung mit dem verordneten Heilmittel zu berücksichtigen. [7]Eine Genehmigung des langfristigen Heilmittelbedarfs nach Absatz 3 darf nicht allein deswegen versagt werden, weil sich das Heilmittel oder die Behandlungsfrequenz im Genehmigungszeitraum innerhalb der Diagnosegruppe der dem Antrag zugrunde liegenden Verordnungen ändern kann.

(6) Eine vergleichbare schwere dauerhafte funktionelle oder strukturelle Schädigung kann ausgeschlossen werden bei Erkrankungen mit prognostisch kurzzeitigem Behandlungsbedarf.

(7) [1]Die Genehmigung nach Absatz 3 kann unbefristet erfolgen. [2]Eine eventuelle Befristung kann mehrere Jahre umfassen, darf aber ein Jahr nicht unterschreiten. [3]Im Genehmigungsbescheid müssen zumindest die therapierelevante Diagnose und die Diagnosegruppe oder die Diagnosegruppen angegeben werden.

§ 9 Wirtschaftlichkeit. (1) [1]Vor jeder Verordnung von Heilmitteln soll die Verordnerin oder der Verordner prüfen, ob entsprechend dem Gebot der Wirtschaftlichkeit das angestrebte Behandlungsziel auch
- durch eigenverantwortliche Maßnahmen der Patientin oder des Patienten (z. B. nach Erlernen eines Eigenübungsprogramms, durch allgemeine sportliche Betätigung oder Änderung der Lebensführung),
- durch eine Hilfsmittelversorgung oder
- durch Verordnung eines Arzneimittels

unter Abwägung der jeweiligen Therapierisiken qualitativ gleichwertig und kostengünstiger erreicht werden kann. [2]Dann haben diese Maßnahmen Vorrang gegenüber einer Heilmittelverordnung.

(2) [1]Die Verordnungsmenge richtet sich nach dem medizinischen Erfordernis des Einzelfalls. [2]Nicht bei jeder funktionellen oder strukturellen Schädigung ist es erforderlich, die Höchstmenge an Behandlungseinheiten je Verordnung beziehungsweise die orientierende Behandlungsmenge auszuschöpfen.

§ 10 Einzelbehandlung, Gruppenbehandlung. [1]Heilmittel können, sofern in den Abschnitten D bis H nichts anderes bestimmt ist, als Einzel- oder Gruppentherapie verordnet werden. [2]Sofern Einzeltherapie medizinisch nicht zwingend geboten ist, ist wegen gruppendynamisch gewünschter Effekte oder im Sinne des Wirtschaftlichkeitsgebots Gruppentherapie zu verordnen.

§ 11 Ort der Leistungserbringung. (1) [1]Heilmittel können, sofern nichts anderes bestimmt ist,
- als Behandlung in der Praxis der Therapeutin oder des Therapeuten (Einzel- oder Gruppentherapie) oder
- als Behandlung in der häuslichen Umgebung der Patientin oder des Patienten als Hausbesuch durch die Therapeutin oder den Therapeuten gemäß Satz 2 verordnet werden. [2]Die Verordnung eines Hausbesuchs ist nur dann zulässig, wenn die Patientin oder der Patient aus medizinischen Gründen die Therapeutin oder den Therapeuten nicht aufsuchen kann oder wenn sie aus medizinischen Gründen zwingend notwendig ist. [3]Die Behandlung in einer Einrichtung (z. B. tagesstrukturierende Födereinrichtung) allein ist keine ausreichende Begründung für die Verordnung eines Hausbesuchs.

(2) [1]Die Behandlung von Kindern und Jugendlichen bis zum vollendeten 18. Lebensjahr, ggf. darüber hinaus bis zum Abschluss der bereits begonnenen schulischen Ausbildung, ist ausnahmsweise ohne Verordnung eines Hausbesuches außerhalb der Praxis möglich, soweit die Versicherten ganztägig eine auf deren Förderung ausgerichtete Tageseinrichtung besuchen und die Behandlung in dieser Einrichtung stattfindet. [2]Dies können auch Regelkindergärten (Kindertagesstätten) oder Regelschulen sein. [3]Voraussetzung dafür ist, dass sich aus

der Verordnung der Heilmittelbehandlung eine besondere Schwere und Langfristigkeit der funktionellen oder strukturellen Schädigungen sowie der Beeinträchtigungen der Aktivitäten ergibt. [4]Dies soll in der Regel bei einem behördlich festgestellten Förderstatus angenommen werden. [5]§ 6 Absatz 2 darf dem nicht entgegenstehen.

§ 12 Auswahl der Heilmittel. (1) [1]Die Auswahl der Heilmittel (Art, Menge und Frequenz) hängt bei gegebener Indikation nach § 3 Absatz 5 ab von:
– der Ausprägung und Schwere der Erkrankung,
– den daraus resultierenden funktionellen oder strukturellen Schädigungen,
– Beeinträchtigungen der Aktivitäten und
– den angestrebten Therapiezielen.

[2]Dabei sind die individuellen Kontextfaktoren zu berücksichtigen. [3]Die konkreten Behandlungsziele zu den jeweiligen Heilmitteln werden in den Abschnitten D bis H der Richtlinie erläutert. [4]Die Frequenzempfehlung gemäß Heilmittelkatalog dient der Verordnerin oder dem Verordner zur Orientierung, er oder sie kann hiervon in medizinisch begründeten Fällen ohne zusätzliche Dokumentation auf der Verordnung abweichen.

(2) [1]Bei Maßnahmen der Physiotherapie und der Ergotherapie können die Verordnungseinheiten je Verordnung auf maximal drei unterschiedliche vorrangige Heilmittel aufgeteilt werden, soweit der Heilmittelkatalog in der Diagnosegruppe mehrere vorrangige Heilmittel vorsieht. [2]In der Stimm-, Sprech-, Sprach- und Schlucktherapie können maximal drei verschiedene Behandlungszeiten oder Einzel- und Gruppenbehandlungen miteinander kombiniert werden. [3]Die Aufteilung der Verordnungseinheiten ist auf einem Verordnungsvordruck zu spezifizieren.

(3) [1]Soweit medizinisch erforderlich kann zu „vorrangigen Heilmitteln" maximal ein im Heilmittelkatalog genanntes „ergänzendes Heilmittel" verordnet werden. [2]Abweichend hiervon können Elektrotherapie oder Elektrostimulation oder die Ultraschall-Wärmetherapie auch isoliert verordnet werden, soweit der Heilmittelkatalog diese Maßnahmen indikationsbezogen als ergänzende Heilmittel vorsieht. [3]Mehr als ein ergänzendes Heilmittel kann nicht isoliert verordnet werden.

(4) „Standardisierte Heilmittelkombinationen" dürfen nur verordnet werden, wenn
– die Patientin oder der Patient bei komplexen Schädigungsbildern einer intensiveren Heilmittelbehandlung bedarf und die therapeutisch erforderliche Kombination von drei oder mehr Maßnahmen synergistisch sinnvoll ist,
– die Erbringung dieser Maßnahmen in einem direkten zeitlichen und örtlichen Zusammenhang erfolgt und
– die Patientin oder der Patient aus medizinischer Sicht geeignet ist.

(5) Die gleichzeitige Verordnung einer „standardisierten Heilmittelkombination" der Physiotherapie mit einem weiteren Einzelheilmittel der Physiotherapie ist nicht zulässig.

(6) [1]Die Verordnungsmenge von einer „standardisierten Heilmittelkombination" und Maßnahmen der Massagetherapie nach § 18 Absatz 2 Nummer 1 bis 6 sind auf jeweils 12 Einheiten je Verordnungsfall begrenzt, sofern im Heilmittelkatalog nichts Abweichendes bestimmt ist. [2]Das gilt auch für den Fall, dass das angestrebte Therapieziel gemäß § 7 Absatz 4 nicht erreicht werden konnte.

(7) [1] Die gleichzeitige Verordnung von Heilmitteln aus den verschiedenen Abschnitten des Heilmittelkataloges (z. B. gleichzeitige Verordnung von Maßnahmen der Physiotherapie und Maßnahmen der Stimm-, Sprech-, Sprach- und Schlucktherapie) ist bei entsprechender Indikation zulässig. [2] Dabei sind jeweils getrennte Verordnungsvordrucke zu verwenden.

(8) [1] Je Tag soll nur eine Behandlung erbracht werden. [2] Eine Behandlung umfasst in der Regel ein vorrangiges Heilmittel und sofern verordnet ein ergänzendes Heilmittel. [3] Ausnahmen regelt der Heilmittelkatalog. [4] In medizinisch begründeten Ausnahmefällen kann dasselbe Heilmittel auch als zusammenhängende Behandlung (Doppelbehandlung) verordnet und erbracht werden. [5] Dies gilt nicht für ergänzende Heilmittel, standardisierte Heilmittelkombinationen und Podologie. [6] Durch die Verordnung von Doppelbehandlungen erhöht sich die gemäß Heilmittel-Richtlinie zulässige Höchstmenge an Behandlungseinheiten je Verordnung sowie die orientierende Behandlungsmenge nicht. [7] Abweichend von den Regelungen dieses Absatzes gilt im Bereich der Ernährungstherapie gemäß § 42 Absatz 2 Satz 6, dass auch mehrere Einheiten pro Tag erbracht werden können, sofern dies therapeutisch notwendig ist.

(9) [1] Erscheint der Erfolg der Heilmitteltherapie fraglich, ist zu prüfen, ob der Behandlungserfolg durch andere therapeutische Maßnahmen zu erreichen ist. [2] Dabei ist auch die Indikation für eine Leistung zur medizinischen Rehabilitation zu prüfen.

§ 13 Verordnungsvordruck. (1) [1] Die Verordnung erfolgt ausschließlich auf dem gemäß § 87 Absatz 1 Satz 2 SGB V vereinbarten Vordruck. [2] Der Vordruck muss nach Maßgabe des Absatzes 2 vollständig ausgefüllt werden. [3] Änderungen und Ergänzungen der Heilmittelverordnung bedürfen einer erneuten Unterschrift der Verordnerin oder des Verordners mit Datumsangabe. [4] Ausnahmen hiervon sind in § 16 Absatz 3 und Absatz 6 geregelt und in Anlage 3 dieser Richtlinie dargestellt.

(2) [1] In der Heilmittelverordnung sind die Heilmittel nach Maßgabe des vereinbarten Vordrucks eindeutig zu bezeichnen. [2] Ferner sind alle für die individuelle Therapie erforderlichen Einzelangaben zu machen. [3] Anzugeben sind insbesondere

a) Angaben zum Personalienfeld,
b) Heilmittelbereich,
c) Hausbesuch (ja oder nein),
d) Therapiebericht,
e) gegebenenfalls Kennzeichnung eines dringlichen Behandlungsbedarfs,
f) Anzahl der Behandlungseinheiten,
g) Heilmittel gemäß dem Katalog,
h) gegebenenfalls ergänzende Angaben zum Heilmittel (z.B. KG-ZNS [Bobath] oder „Doppelbehandlung"),
i) Therapiefrequenz (Angabe auch als Frequenzspanne möglich),
j) Diagnosegruppe,
k) Konkrete behandlungsrelevante Diagnose(n). Die Diagnose ist grundsätzlich als ICD-10-Code anzugeben. Der standardmäßig in den elektronischen Programmen nach § 73 Absatz 10 SGB V hinterlegte ICD-10-Klartext kann ergänzt oder durch einen Freitext ersetzt werden.

l) Leitsymptomatik nach Heilmittelkatalog. Diese ist entweder nach buchstabenkodierter Leitsymptomatik a), b), c) oder als Klartext anzugeben. Es handelt sich hierbei um indikationsbezogene Regelbeispiele für Schädigungen von Körperfunktionen und Körperstrukturen, bei denen Heilmittel verordnungsfähig sind. Alternativ kann eine patienten-individuelle Leitsymptomatik, die für die Heilmittelbehandlung der Patientin oder des Patienten handlungsleitend ist, als Freitext angegeben werden. Voraussetzung ist, dass die patientenindividuelle Leitsymptomatik der jeweiligen Diagnosegruppe zugeordnet werden kann und mit den im Heilmittelkatalog aufgeführten Regelbeispielen a), b) oder c) vergleichbar ist. Es können auch mehrere Leitsymptomatiken angegeben werden. Zusätzlich können auf der Verordnung Therapieziele angegeben werden.

m) erforderlichenfalls spezifische für die Heilmitteltherapie relevante Befunde.

§ 13a Verordnung mit erweiterter Versorgungsverantwortung von Heilmittelerbringern („Blankoverordnung"). (1) Bei Verordnungen aufgrund von Indikationen nach § 125a SGB V kann auf folgende Angaben nach § 13 Absatz 2 verzichtet werden:

f) Anzahl der Behandlungseinheiten,

g) Heilmittel gemäß dem Katalog,

h) gegebenenfalls ergänzende Angaben zum Heilmittel (z.B. „KG-ZNS [Bobath]" oder „Doppelbehandlung"),

i) Therapiefrequenz (Angabe auch als Frequenzspanne möglich).

(2) [1] Wenn die Heilmittel-Behandlung nicht gemäß den vorgegebenen Zeiträumen nach § 15 begonnen wird, verliert die Verordnung ihre Gültigkeit. [2] Verordnungen nach Absatz 1 sind bei Maßnahmen der Physiotherapie, der Ergotherapie, der Stimm-, Sprech-, Sprach- und Schlucktherapie sowie der Ernährungstherapie maximal 16 Wochen, bei Maßnahmen der Podologischen Therapie maximal 40 Wochen, ab Verordnungsdatum gültig.

(3) Sofern wichtige medizinische Gründe vorliegen, die gegen eine Auswahl der Heilmittel gemäß Heilmittelkatalog, der Dauer und Frequenz der Therapie durch die Therapeutin oder den Therapeuten sprechen, sind auch bei Indikationen nach § 125a SGB V alle Angaben nach § 13 Absatz 2 zu machen.

§ 13b Übergangsregelung. [1] Vor dem 1. Januar 2021 ausgestellte Heilmittelverordnungen behalten auch über den 1. Januar 2021 hinaus ihre Gültigkeit. [2] Verordnete Therapien können auch über den 1. Januar 2021 hinaus durchgeführt werden. [3] Verordnungen, die ab dem 1. Januar 2021 ausgestellt werden, gelten als neuer Verordnungsfall nach § 7 der Richtlinie. [5] Die bisherige Zählung der Verordnungsmengen der Regelfallsystematik wird ab diesem Zeitpunkt nicht fortgeführt.

C. Zusammenarbeit zwischen Verordnerinnen und Verordnern sowie Heilmittelerbringerinnen und Heilmittelerbringern

§ 14 Grundlagen. [1] Eine ausreichende, zweckmäßige und wirtschaftliche Versorgung mit Heilmitteln, die das Maß des Notwendigen nicht überschreitet, ist nur zu gewährleisten, wenn die Verordnerinnen und Verordner mit den ausführenden Therapeutinnen und Therapeuten eng zusammenwirken. [2]Dies setzt voraus, dass zwischen den Verordnerinnen und Verordnern, die bei der Auswahl der Heilmittel definierte Therapieziele zur Grundlage ihrer Verordnung gemacht haben, und den Therapeutinnen oder Therapeuten, die die sachgerechte und qualifizierte Durchführung der verordneten Maßnahme gewährleisten, eine Kooperation sichergestellt ist. [3]Dies gilt insbesondere für den Beginn und die Durchführung der Heilmittelbehandlung.

§ 15 Beginn der Heilmittelbehandlung. (1) [1]Die Behandlung hat innerhalb von 28 Kalendertagen nach Verordnung zu beginnen. [2]Liegt ein dringlicher Behandlungsbedarf vor, hat die Behandlung spätestens innerhalb von 14 Kalendertagen zu beginnen. [3]Dies ist auf der Verordnung kenntlich zu machen.

(2) Kann die Heilmittelbehandlung in den genannten Zeiträumen nach Absatz 1 nicht aufgenommen werden, verliert die Verordnung ihre Gültigkeit.

§ 16 Durchführung der Heilmittelbehandlung. (1) Die Behandlung kann nur durchgeführt werden, wenn auf dem Verordnungsvordruck die erforderlichen Angaben gemäß § 13 Absatz 2 enthalten oder die Voraussetzungen des § 13a Absatz 1 erfüllt sind.

(2) Die Anlage 3 dieser Richtlinie stellt die Regelungen der §§ 13 und 16, für welche Änderungen oder Korrekturen eine erneute Unterschrift der Verordnerin oder des Verordners mit Datumsangabe, eine Abstimmung mit oder eine Information der Verordnerin oder des Verordners oder keine Korrektur durch die Therapeutin oder den Therapeuten erforderlich sind, in einer Übersicht zusammen.

(3) [1]Die Angaben zur Therapiefrequenz auf der Verordnung sind für die Therapeutin oder den Therapeuten bindend. [2]Eine Abweichung davon ist nur zulässig, wenn zuvor zwischen der Verordnerin oder dem Verordner und der Therapeutin oder dem Therapeuten ein abweichendes Vorgehen verabredet wurde. [3]Die einvernehmliche Änderung ist von der Therapeutin oder dem Therapeuten auf dem Verordnungsvordruck zu dokumentieren. [4]Die Sätze 1 bis 3 gelten nicht für die Verordnung von Maßnahmen der Ernährungstherapie.

(4) [1]Wird die Behandlung länger als 14 Kalendertage ohne angemessene Begründung unterbrochen, verliert die Verordnung ihre Gültigkeit. [2]Begründete Unterbrechungen sind von der Therapeutin oder dem Therapeuten auf der Verordnung zu dokumentieren. [3]Dabei muss sichergestellt sein, dass das Therapieziel nicht gefährdet wird. [4]Das Nähere hierzu regeln die Vertragspartner nach § 125 SGB V. [5]Abweichend von Satz 1 und 2 führen Behandlungsunterbrechungen bei Maßnahmen der Podologischen Therapie sowie der Ernährungstherapie nicht zur Ungültigkeit der Verordnung.

(5) [1]Ergibt sich bei der Durchführung der Behandlung, dass mit dem verordneten Heilmittel oder den verordneten Heilmitteln voraussichtlich das Therapieziel nicht erreicht werden kann oder dass die Patientin oder der Patient in vorab nicht einschätzbarer Weise auf die Behandlung reagiert, hat die Therapeutin oder der Therapeut darüber unverzüglich die Verordnerin oder den Verordner zu informieren und die Behandlung zu unterbrechen. [2]Die Verordnerin oder der Verordner entscheidet über eine Änderung oder Er-

gänzung des Therapieplans, eine neue Verordnung oder die Beendigung der Behandlung.

(6) [1] Hat die Verordnerin oder der Verordner Gruppentherapie verordnet und kann die Maßnahme aus Gründen, die sie oder er nicht zu verantworten hat, nur als Einzeltherapie durchgeführt werden, hat die Therapeutin oder der Therapeut die Verordnerin oder den Verordner zu informieren und die Änderung auf dem Verordnungsvordruck zu begründen. [2] Kommt die Therapeutin oder der Therapeut im Laufe der Therapie zu der Einschätzung, dass anstatt der verordneten Einzeltherapien einzelne Behandlungseinheiten in Form von Gruppentherapien durchgeführt werden sollten, ist dies nach Zustimmung der Versicherten oder des Versicherten und im Einvernehmen mit der Verordnerin oder dem Verordner möglich. [3] Die einvernehmliche Änderung ist von der Therapeutin oder dem Therapeuten auf dem Verordnungsvordruck zu dokumentieren.

(7) Sofern die Verordnerin oder den Verordner für die Entscheidung über die Fortführung der Therapie einen schriftlichen Bericht über den Therapieverlauf nach Ende der Behandlungsserie für notwendig hält, kann sie oder er diesen auf dem Verordnungsvordruck bei der Therapeutin oder dem Therapeuten anfordern.

§ 16a Verordnung von Heilmitteln im Rahmen des Entlassmanagements. (1) [1] Soweit es für die Versorgung der oder des Versicherten unmittelbar nach der Entlassung aus dem Krankenhaus erforderlich ist, kann das Krankenhaus (die Krankenhausärztin oder der Krankenhausarzt) im Rahmen des Entlassmanagements wie eine Vertragsärztin oder ein Vertragsarzt Heilmittel nach Maßgabe des Heilmittelkatalogs für einen Zeitraum von bis zu sieben Kalendertagen nach der Entlassung entsprechend dieser Richtlinie verordnen. [2] Eine Verordnung durch das Krankenhaus nach Satz 1 kann für Ergotherapie auch durch eine Psychotherapeutin oder einen Psychotherapeuten im Krankenhaus (nachfolgend bezeichnet als Krankenhauspsychotherapeutin oder Krankenhauspsychotherapeut) wie durch eine Vertragspsychotherapeutin oder einen Vertragspsychotherapeuten erfolgen. [3] Für Verordnungen nach Satz 1 oder 2 sind zuvor in der vertragsärztlichen Versorgung getätigte Verordnungen durch die Krankenhausärztinnen, Krankenhausärzte, Krankenhauspsychotherapeutinnen oder Krankenhauspsychotherapeuten nicht zu berücksichtigen. [4] Die Verordnungsmenge ist abhängig von der Behandlungsfrequenz so zu bemessen, dass der nach Satz 1 erforderliche Versorgungszeitraum nicht überschritten wird.

(2) [1] Ergänzend zu den übrigen Vorgaben zu Verordnungen nach dieser Richtlinie gilt für Verordnungen im Rahmen des Entlassmanagements, dass auf diesen auch das Entlassungsdatum anzugeben ist. [2] Das Nähere sowie ein Kennzeichen der Verordnung als „Entlassmanagement nach § 39 Absatz 1a SGB V" ist in den Verträgen zur Umsetzung von § 39 Absatz 1a SGB V zu regeln.

(3) [1] Die Heilmittelbehandlung aus der Verordnung nach Absatz 1 muss abweichend von § 15 innerhalb von sieben Kalendertagen nach der Entlassung aus dem Krankenhaus aufgenommen werden und darüber hinaus innerhalb von zwölf Kalendertagen nach der Entlassung abgeschlossen sein. [2] Die nicht innerhalb von zwölf Kalendertagen in Anspruch genommenen Behandlungseinheiten verfallen. [3] Wird eine Heilmittelbehandlung aus der Verordnung nach Absatz 1 nicht innerhalb von sieben Kalendertagen nach der Entlassung aus dem Krankenhaus begonnen, verliert die Verordnung ihre Gültigkeit.

(4) [1] Die Krankenhausärztin, der Krankenhausarzt, die Krankenhauspsychotherapeutin oder der Krankenhauspsychotherapeut hat in geeigneter Weise im Rahmen des Entlassmanagements rechtzeitig die weiterbehandelnde Vertragsärztin, den weiterbehandelnden Vertragsarzt, die weiterbehandelnde Vertragspsychotherapeutin oder den weiterbehandelnden Vertragspsychotherapeuten über die getätigten Verordnungen zu informieren. [2] § 11 Absatz 4 SGB V bleibt unberührt.

(5) Verordnungen nach Absatz 1 bleiben für die weiterbehandelnde Verordnerin oder den weiterbehandelnden Verordner bei der Betrachtung des Verordnungsfalls sowie bei der Bemessung der im Katalog genannten Höchstmenge an Behandlungseinheiten je Verordnung und der orientierenden Behandlungsmenge unberücksichtigt.

(6) Die Regelungen dieses Paragraphen gelten entsprechend für die stationsäquivalente psychiatrische Behandlung sowie für Ärztinnen und Ärzte sowie Psychotherapeutinnen oder Psychotherapeuten in Einrichtungen der medizinischen Rehabilitation bei Leistungen nach den § 40 Absatz 2 und § 41 SGB V.

D. Maßnahmen der Physiotherapie

§ 17 Grundlagen. (1) [1] Physiotherapie im Sinne dieser Richtlinie umfasst die physiotherapeutischen Verfahren der Bewegungstherapie sowie die physikalische Therapie. [2] Physiotherapie nutzt sowohl die aktive selbständig ausgeführte, die assistive, therapeutisch unterstützte, als auch die passive, beispielsweise durch die Therapeutin oder den Therapeuten geführte, Bewegung des Menschen, bei Bedarf ergänzt durch den Einsatz physikalischer Therapien wie Massage-, Hydro-, Thermo- oder Elektrotherapie. [3] Therapieziel ist das Erreichen der größtmöglichen Funktionsfähigkeit (im Sinne der ICF).

(2) [1] Für bestimmte Maßnahmen der Physiotherapie bedarf es spezieller Qualifikationen, die über die im Rahmen der Berufsausbildung erworbenen Kenntnisse und Fähigkeiten hinausgehen. [2] Solche Maßnahmen, für deren Durchführung eine zusätzliche, abgeschlossene Weiterbildung oder Fortbildung erforderlich ist, sind in den folgenden Paragraphen dieses Abschnitts mit *) gekennzeichnet.

§ 18 Massagetherapie. (1) [1] Die Massagetherapie ist eine in Ruhelage der Patientin oder des Patienten durchgeführte Maßnahme, die aktive körperliche Reaktionen bewirkt. [2] Die Massagetherapie setzt bestimmte manuelle Grifftechniken ein, die in planvoll kombinierter Abfolge je nach Gewebebefund über mechanische Reizwirkung direkt Haut, Unterhaut, Muskeln, Sehnen und Bindegewebe einschließlich deren Nerven, Lymph- und Blutgefäße beeinflussen. [3] Indirekt wird eine therapeutische Beeinflussung innerer Organe über cutiviscerale Reflexe erreicht.

(2) Die Massagetherapie umfasst die nachstehend beschriebenen Maßnahmen:

1. Klassische Massagetherapie (KMT) als überwiegend muskuläre Massageform einzelner oder mehrerer Körperteile verfolgt das Ziel einer Normalisierung des Muskeltonus, Reduzierung sekundärer Schmerzen (Myalgien, Schmerzfehlhaltungen), Steigerung der Durchblutung und Entstauung,
2. Bindegewebsmassage (BGM),

3. Segmentmassage (SM),
4. Periostmassage (PM) und
5. Colonmassage (CM).
   Die unter den Nummern 2 bis 5 aufgeführten Massagetechniken wirken über nervös reflektorische Wege zur Beeinflussung innerer Organe und peripherer Durchblutungsstörungen über segmentale Regulationsmechanismen.
6. Unterwasserdruckstrahlmassage (UWM) ist ein kombiniertes Verfahren mittels manuell geführten und individuell einstellbaren Wasserdruckstrahls am in einem Wannenbad befindlichen Patienten. Sie dient unterstützt vom entspannenden Effekt der Wassertemperatur und von der Auftriebskraft des Wassers, der Regulierung des Muskeltonus, der Durchblutungsförderung, Schmerzlinderung und Entspannung.
7. Manuelle Lymphdrainage*) (MLD) ist eine spezielle Massagetechnik, die einen Dehnungsreiz auf Kutis und Subkutis ausübt. Sie führt zu einer Erhöhung des Lymphabflusses in den Lymphkollektoren, zu einer konsekutiven Zunahme der Lymphbildung (die Aufnahme der Gewebeflüssigkeit in die initialen Lymphgefäße) und hierdurch zu einer Reduktion des krankhaft erhöhten interstitiellen Flüssigkeitsgehalts. Ergänzende manuelle Techniken haben das Ziel der Erweichung der Gewebeinduration (insbesondere ab Stadium II einschließlich der Vermeidung einer irreversiblen Chronifizierung und Entstehung von lymphostatischen Fibrosen). Weitere Wirkungen können die Schmerzlinderung und Tonussenkung sein, sofern sie im Zusammenhang mit der Lymphabflussstörung auftreten. Ist eine Kompressionsbandagierung (Lymphologischer Kompressionsverband) erforderlich, kann diese in Ergänzung der MLD erfolgen. Eine zusätzlich verordnete Kompressionsbandagierung hat im Anschluss an die Therapiezeit der MLD zu erfolgen. Erforderliche Kompressionsbinden sind gesondert als Verbandmittel zu verordnen, sofern keine Hilfsmittel zur Kompressionstherapie vorhanden sind. In Anlehnung an den unterschiedlichen indikationsbezogenen Zeitbedarf sind verordnungsfähig:
   a) MLD-30 Minuten Therapiezeit an der Patientin oder dem Patienten (Teilbehandlung)
      bei leichtgradigen Lymphödemen, Ödemen oder Schwellungen zur Behandlung eines Körperteils wie
      - eines Armes oder Beines oder
      - des Rückens,
      - des Kopfes einschließlich des Halses oder
      - des Rumpfes.
   b) MLD-45 Minuten Therapiezeit an der Patientin oder dem Patienten (Großbehandlung)
      bei Lymphödemen, Phlebo-Lymphödemen oder Lipödem zur Behandlung von zwei Körperteilen wie
      - eines Armes und eines Beines,
      - eines Armes und des Kopfes einschließlich des Halses,
      - beider Arme oder
      - beider Beine.
   c) MLD-60 Minuten Therapiezeit an der Patientin oder dem Patienten (Ganzbehandlung)

bei schwergradigen Lymphödemen oder Lipödem zur Behandlung von zwei Körperteilen wie
– eines Armes und eines Beines,
– eines Armes und des Kopfes einschließlich des Halses,
– beider Arme oder
– beider Beine.

bei schwergradigen Lymphödemen mit Komplikationen durch Strahlenschädigungen (mit z. B. Schultersteife, Hüftsteife oder Plexusschädigung) zur Behandlung eines Körperteils wie
– des Kopfes einschließlich des Halses,
– eines Armes oder
– eines Beines.

§ 19 Bewegungstherapie. (1) [1] Die einzelnen Maßnahmen der Bewegungstherapie bauen auf der Kenntnis der normalen und krankhaft veränderten Funktionen der Bewegungsorgane, der Bewegungslehre sowie auf Übungs- und Trainingsprinzipien auf. [2] Dabei dient der gezielte, dosierte, methodisch planmäßige Einsatz dieser Maßnahmen der Erhaltung, Förderung und Wiederherstellung der Funktionen der Stütz- und Bewegungsorgane, des Nervensystems und der dabei beteiligten Funktionen des Herz-Kreislauf-Systems, der Atmung und des Stoffwechsels.

(2) Soweit krankheitsbedingt möglich, soll das Erlernen von Eigenübungsprogrammen im Vordergrund stehen.

(3) Die Bewegungstherapie umfasst die nachstehend beschriebenen Maßnahmen:

1. Übungsbehandlungen

   a) Übungsbehandlung

   Bei der Übungsbehandlung werden aktive, aktiv-passive und passiv geführte Übungen eingesetzt. Sie verfolgen als gezielte und kontrollierte Maßnahme das Ziel, Schädigungen der Muskelfunktion (Muskelkraft, -ausdauer, -koordination und -tonus) zu beseitigen, Kontrakturen zu vermeiden und Schädigungen der Gelenkfunktionen (z. B. der Gelenkbeweglichkeit und -stabilität) zu mindern. Sie dienen auch der Funktionsverbesserung des Herz-Kreislauf-Systems, der Atmung und des Stoffwechsels. Die Übungsbehandlung kann als Einzel- oder Gruppenbehandlung verordnet werden.

   b) Übungsbehandlung im Bewegungsbad

   Übungsbehandlung unter Ausnutzung der Wärmewirkung des temperierten Wassers, des Auftriebes und des Reibungswiderstandes des Wassers mit und ohne Auftriebskörper.

   Die Übungsbehandlung im Bewegungsbad kann als Einzel- oder Gruppenbehandlung verordnet werden.

2. Chirogymnastik*)

   Chirogymnastik als spezielle funktionelle Wirbelsäulengymnastik dient der Verbesserung von Muskelkraft, -ausdauer und -koordination und Stabilisierung des muskulären Gleichgewichtes sowie der Dehnung von bindegewebigen Strukturen.

   Die Chirogymnastik wird ausschließlich als Einzeltherapie verordnet.

3. Krankengymnastik

a) Allgemeine Krankengymnastik (KG bzw. KG-Atemtherapie)
Krankengymnastische Behandlungsmethoden und -techniken dienen insbesondere der Behandlung von Erkrankungen, Verletzungen, Verletzungsfolgen und Funktionsstörungen der Haltungs- und Bewegungsorgane sowie innerer Organe oder Organsysteme und des Nervensystems mit mobilisierenden und stabilisierenden Übungen und Techniken. Sie dienen der Verbesserung oder Wiederherstellung von Schädigungen der Gelenkfunktionen (Gelenkbeweglichkeit und -stabilität), der Muskelfunktionen (Muskelkraft, -ausdauer, -koordination und -tonus), der Kontrakturvermeidung und -lösung, sowie der Regulierung der Atmungsfunktion. Dabei können auch z. B. Massagetechniken sowie Gymnastikbänder und -bälle, Therapiekreisel und Schlingentische eingesetzt werden. Die allgemeine Krankengymnastik (KG bzw. KG-Atemtherapie) kann als Einzel- oder Gruppenbehandlung verordnet werden.

b) Allgemeine Krankengymnastik (KG) im Bewegungsbad
Krankengymnastische Behandlung unter Ausnutzung der Wärmewirkung des temperierten Wassers, des Auftriebes und des Reibungswiderstandes des Wassers mit und ohne Auftriebskörper.
Die Krankengymnastik im Bewegungsbad kann als Einzel- oder Gruppenbehandlung mit maximal 5 Patientinnen oder Patienten verordnet werden.

c) Krankengymnastik zur Behandlung von schweren Erkrankungen der Atmungsorgane bei Mukoviszidose oder bei Lungenerkrankungen, die der Mukoviszidose vergleichbare pulmonale Schädigungen aufweisen (KG-Muko)

KG-Muko umfasst neben Techniken der Allgemeinen Krankengymnastik (KG bzw. KG-Atemtherapie) auch eine Bewegungs- und Verhaltensschulung, insbesondere zur Besserung der Atemfunktion und zur Sekretlösung. Die KG-Muko wird ausschließlich als Einzeltherapie verordnet.

4. Gerätegestützte Krankengymnastik (KG-Gerät*)
Sie dient der Behandlung krankhafter Schädigungen der Bewegungssegmente der Wirbelsäule, Schädigungen der Muskelfunktion (Muskelkraft, -ausdauer, -koordination und -tonus) einschließlich motorischer Paresen mittels spezieller medizinischer Trainingsgeräte, vor allem bei chronischen Erkrankungen der Wirbelsäule sowie bei posttraumatischen oder postoperativen Eingriffen mit
– Sequenztrainingsgeräten für die oberen und unteren Extremitäten und den Rumpf oder
– Hebel- und Seilzugapparaten (auxotone Trainingsgeräte) für die Rumpf- und Extremitätenmuskulatur.

Sie wird grundsätzlich als parallele Einzelbehandlung mit maximal 3 Patientinnen oder Patienten verordnet. Unabdingbar ist die Anleitung, Aufsicht und Kontrolle unmittelbar durch die behandelnde Therapeutin oder den behandelnden Therapeuten.

5. KG-ZNS-Kinder*)
Zur Behandlung von ZNS-Erkrankungen einschließlich des Rückenmarks und neuromuskulärer Erkrankungen, insbesondere angeborener oder frühkindlich erworbener Schädigungen der Bewegungsfunktionen oder der Muskelfunktionen (Paresen) längstens bis zur Vollendung des 18. Lebensjahres. Sie dient zur Erleichterung des Bewegungsablaufs durch Ausnutzung

komplexerBewegungsmuster, Bahnung von Innervation und Bewegungsabläufen und Förderung oder Hemmung von Reflexen unter Einsatz der Techniken nach Bobath oder Vojta. Die Behandlung wird ausschließlich als Einzeltherapie verordnet.

6. KG-ZNS*)
   Zur Behandlung von ZNS-Erkrankungen einschließlich des Rückenmarks und neuromuskulärer Erkrankungen nach Vollendung des 18. Lebensjahres, zur Förderung und Erleichterung des Bewegungsablaufs durch Einsatz komplexer Bewegungsmuster, Bahnung von Innervation und Bewegungsabläufen und Förderung oder Hemmung von Reflexen unter Einsatz der Techniken nach Bobath, Vojta oder PNF (Propriozeptive Neuromuskuläre Fazilitation). Die Behandlung wird ausschließlich als Einzeltherapie verordnet.
7. Manuelle Therapie*)
   Als Einzeltherapie dient der Wiederherstellung oder Minderung reversibler Schädigungen der Gelenkfunktion, der Bewegungssegmente der Wirbelsäule, Schädigung der Muskelfunktion und Schmerzlinderung durch Anwendung einer gezielten impulslosen Mobilisation oder durch Anwendung von Weichteiltechniken.

§ 20 Traktionsbehandlung. [1]Die Traktionsbehandlung besteht in der Anwendung eines gezielten mechanischen apparativen Zuges zur Entlastung komprimierter Nervenwurzeln und Gelenkstrukturen. [2]Die Traktionsbehandlung wird ausschließlich als Einzeltherapie verordnet.

§ 21 Maßnahmen der Elektrotherapie. (1) [1]Die Maßnahmen der Elektrotherapie wenden galvanische, nieder- und mittelfrequente Stromformen an zur Schmerzlinderung, Durchblutungsförderung, Tonisierung und Detonisierung der Muskulatur. [2]Besondere Stromformen haben entzündungshemmende und resorptionsfördernde Wirkung und vermögen darüber hinaus Muskeln zu kräftigen und gezielt zur Kontraktion zu bringen.

(2) Die Maßnahmen der Elektrotherapie umfassen die nachstehend beschriebenen Maßnahmen:

1. Elektrotherapie unter Verwendung konstanter galvanischer Ströme oder unter Verwendung von Stromimpulsen (z. B. diadynamische Ströme, mittelfrequente Wechselströme, Interferenzströme),
2. Elektrostimulation unter Verwendung von Reizströmen mit definierten Einzel-Impulsen nach Bestimmung von Reizparametern (nur zur Behandlung von Lähmungen bei prognostisch reversibler Nervenschädigung),
3. Hydroelektrisches Teilbad oder Vollbad (Stangerbad).

§ 22 Kohlensäurebäder und Kohlensäuregasbäder (Voll- oder Teilbäder). Kohlensäurebäder und Kohlensäuregasbäder wirken durchblutungsfördernd und stoffwechselstimulierend, wenn eine standardisierte Konzentration von Kohlendioxid (CO_2) auf die Haut einwirkt.

§ 23 Inhalationstherapie. (1) [1]Die Inhalationstherapie wird ausschließlich als Einzeltherapie mittels Gerät, mit dem eine alveolengängige Teilchengröße erreicht wird, angewendet. [2]Sie dient insbesondere der Sekretlockerung, Sekretverflüssigung sowie der Entzündungshemmung.

(2) Zur längerfristigen Behandlung sind Inhalationen als Heilmittel nur verordnungsfähig, sofern eine Eigenbehandlung mit verordnungsfähigen, als Arzneimittel zugelassenen Inhalaten, ggf. in Verbindung mit zusätzlich notwendigen Geräten, nicht möglich ist.

§ 24 Thermotherapie (Wärme- oder Kältetherapie). (1) [1] Sowohl Wärme- als auch Kälteanwendungen wirken je nach Indikation schmerzlindernd, beeinflussen den Muskeltonus und wirken reflektorisch auch auf innere Organe. [2] Kälteanwendung wirkt zusätzlich entzündungshemmend.

(2) Die Thermotherapie umfasst die nachstehend beschriebenen Maßnahmen:

1. Kältetherapie mittels Kaltpackungen, Kaltgas, Kaltluft,
2. Wärmetherapie mittels Heißluft als strahlende und geleitete Wärme zur Muskeldetonisierung und Schmerzlinderung,
3. Wärmetherapie mittels heißer Rolle, zur lokalen Hyperämisierung mit spasmolytischer, sedierender, schmerzlindernder und reflektorischer Wirkung auf innere Organe,
4. Wärmetherapie mittels Ultraschall, zur Bessserung der Durchblutung und des Stoffwechsels und zur Erwärmung tiefergelegener Gewebsschichten,
5. Wärmetherapie mittels Warmpackungen mit Peloiden (z. B. Fango), Paraffin oder Paraffin-Peloidgemischen zur Applikation intensiver Wärme,
6. Wärmetherapie mittels Voll- und Teilbädern mit Peloiden oder Paraffin.

(3) Die Wärme- oder Kälteapplikation kann mit Ausnahme der Ultraschallwärmetherapie nur als therapeutisch erforderliche Ergänzung in Kombination mit Krankengymnastik, Manueller Therapie, Übungsbehandlung, Chirogymnastik oder Massagetherapie verordnet werden, es sei denn, im Heilmittelkatalog ist indikationsbezogen etwas anderes bestimmt.

§ 25 Standardisierte Kombinationen von Maßnahmen der Physiotherapie („Standardisierte Heilmittelkombinationen"). (1) Die „standardisierten Heilmittelkombinationen" aus den in den §§ 18 bis 24 genannten einzelnen Maßnahmen können nach Maßgabe des Heilmittelkatalogs nur dann verordnet werden, wenn komplexe Schädigungsbilder vorliegen und die therapeutisch erforderliche Kombination von drei oder mehr Maßnahmen synergistisch sinnvoll ist, wenn die Erbringung dieser Maßnahmen in einem direkten zeitlichen und örtlichen Zusammenhang erfolgt und die Patientin oder der Patient aus medizinischer Sicht geeignet ist.

(2) [1] Soweit von der Ärztin oder dem Arzt die Verordnung nicht näher spezifiziert wird, kann die Therapeutin oder der Therapeut über die bei der jeweiligen Behandlung einzusetzenden Maßnahmen entscheiden. [2] Dabei muss die Therapeutin oder der Therapeut alle in der „standardisierten Heilmittelkombination" genannten Maßnahmen zur Verfügung stellen können.

§ 26 *(aufgehoben)*

E. Maßnahmen der Podologischen Therapie

§ 27 Grundlagen. (1) Maßnahmen der Podologischen Therapie sind zur Förderung der in Absatz 4 genannten Ziele verordnungsfähige Heilmittel, wenn die Voraussetzungen der Absätze 2 und 3 erfüllt sind und sie

1. zur Behandlung krankhafter Schädigungen der Haut und der Zehennägel bei nachweisbaren Gefühlsstörungen der Füße mit oder ohne Durchblutungsstörungen (Neuropathie mit oder ohne Makro-, Mikroangiopathie) infolge Diabetes mellitus (diabetisches Fußsyndrom) dienen,

oder

2. zur Behandlung von dem diabetischen Fußsyndrom vergleichbaren Schädigungen der Haut und der Zehennägel bei nachweisbaren Gefühlsstörungen der Füße mit oder ohne Durchblutungsstörungen der Füße dienen. Voraussetzung einer solchen Vergleichbarkeit ist ein herabgesetztes Schmerzempfinden und eine autonome Schädigung (gestörte vegetative Funktion) im Bereich der unteren Extremitäten aufgrund
   a) einer sensiblen oder sensomotorischen Neuropathie oder
   b) eines neuropathischen Schädigungsbildes als Folge eines Querschnittsyndroms.

(2) [1]Die Podologische Therapie kommt nur in Betracht bei Patientinnen und Patienten, die ohne diese Behandlung unumkehrbare Folgeschädigungen der Füße erleiden würden, wie sie durch Entzündungen und Wundheilungsstörungen entstehen können. [2]Insbesondere folgende Risikofaktoren können zu unumkehrbaren Folgeschädigungen bis hin zur Amputation führen:
- Hyperkeratosen tiefgehend oder mit Einblutungen und Rhagaden oder
- bestehendes Ulkus am Fuß an anderer Lokalisation oder in der Anamnese:
  - durch Fußdeformitäten oder Paresen oder
  - durch Schädigungen an Gelenken, Sehnen oder Muskeln im Bereich des Fußes oder
- zusätzlich vorliegende Durchblutungsstörungen im Bereich der unteren Extremitäten (Makro- oder Mikroangiopathie) oder
- Wundheilungsstörungen, z.B. aufgrund einer immunsuppressiven Therapie oder einer krankheitsbedingten Immunschwäche.

(3) Die Podologische Therapie ist nur zulässig zur Behandlung von Schädigungen am Fuß, die keinen Hautdefekt aufweisen (entsprechend Wagner-Stadium 0, d. h. ohne Hautulkus). Die Behandlung von Hautdefekten und Entzündungen (entsprechend Wagner-Stadium 1 bis 5) sowie von eingewachsenen Zehennägeln im Stadium 2 und 3 ist ärztliche Leistung.

(4) Ziel der Podologischen Therapie ist die Wiederherstellung, Besserung und Erhaltung der physiologischen Funktion der Haut im Bereich der Füße und der Zehennägel.

§ 28 Inhalt der Podologischen Therapie. (1) Die Podologische Therapie umfasst das fachgerechte Abtragen bzw. Entfernen von krankhaften Hornhautverdickungen, das Schneiden, Schleifen und Fräsen von krankhaft verdickten Zehennägeln und die Behandlung von Zehennägeln mit Tendenz zum Einwachsen sowie von eingewachsenen Zehennägeln im Stadium 1.

(2) Zur Podologischen Therapie gehört auch die regelmäßige Unterweisung in der sachgerechten eigenständigen Durchführung der Fuß-, Haut- und Nagelpflege sowie die Vermittlung von Verhaltensmaßregeln, um Fußverletzungen und Folgeschäden zu vermeiden.

(3) [1]Bei jeder Behandlung ist die Inspektion des getragenen Schuhwerkes und der Einlagen erforderlich. [2]Bei Auffälligkeiten sind im Rahmen der Mitteilung an die verordnende Ärztin oder den verordnenden Arzt ggf. Hinweise

zur orthopädietechnischen Versorgung (z.B. Einlagen, orthopädische Schuhzurichtungen) zu geben.

(4) Die Podologische Therapie als verordnungsfähiges Heilmittel umfasst folgende Maßnahmen:

1. Hornhautabtragung
   Die Abtragung der verdickten Hornhaut dient der Vermeidung von drohenden Hautschädigungen wie Fissuren, Ulzera und Entzündungen durch spezifische Techniken der Schälung und des Schleifens der Haut unter Schonung der Keimschicht.
2. Nagelbearbeitung
   Die Nagelbearbeitung dient der verletzungsfreien Beseitigung abnormer Nagelbildungen zur Vermeidung von drohenden Schäden an Nagelbett und Nagelwall durch spezifische Techniken wie Schneiden, Schleifen oder Fräsen.
3. Podologische Komplexbehandlung (Hornhautabtragung und Nagelbearbeitung)
   Die Podologische Komplexbehandlung dient der gleichzeitigen Hornhautabtragung und Nagelbearbeitung, sofern diese medizinisch erforderlich sind.

(5) An Füßen mit Hautdefekten und Entzündungen (entsprechend Wagner-Stadium 1 bis 5) darf eine geschlossene Fehlbeschwielung (entsprechend Wagner-Stadium 0) durch eine Podologin oder einen Podologen behandelt werden.

§ 29 Maßnahmen der ärztlichen Diagnostik bei Fußschädigungen durch Diabetes mellitus (diabetisches Fußsyndrom) und vergleichbaren Schädigungen. (1) [1]Vor der erstmaligen Verordnung einer Podologischen Therapie ist eine Eingangsdiagnostik notwendig. [2]Bei der Eingangsdiagnostik sind der dermatologische (1.) und der neurologische (2.) Befund zu erheben. [3]Hierzu können auch von anderen Ärztinnen oder Ärzten erhobene Befunde herangezogen werden. [4]Schädigungsabhängig können auch ein angiologischer (3.) oder muskuloskeletaler (4.) Befund erhoben oder die entsprechenden Fremdbefunde herangezogen werden:

1. Dermatologischer Befund
   Im Rahmen der Eingangsdiagnostik muss einer der folgenden Befunde vorliegen:
   – Hyperkeratose,
   – pathologisches Nagelwachstum.
2. Neurologischer Befund
   – Zur Diagnosesicherung einer Neuropathie oder eines neuropathischen Schädigungsbildes als Folge eines Querschnittsyndroms muss einer der folgenden Befunde vorliegen:
     – Störungen der Oberflächensensibilität der unteren Extremitäten (nachweisbar z.B. mittels Semmes-Weinstein Monofilament)
     – Störungen der Tiefensensibilität der unteren Extremitäten (nachweisbar z.B. mittels 128 Hz-Stimmgabel)
     – Pathologischer Reflexstatus (abgeschwächter oder fehlender Achillessehnenreflex (ASR) oder Patellarsehnenreflex (PSR)),
     – Parästhesie (z.B. Kribbeln, Brennen) oder Dysästhesie in den unteren Extremitäten

  – Reduktion der Nervenleitgeschwindigkeit oder Amplitude in der sensiblen oder motorischen Elektroneurographie (ENG).
- Zusätzlich muss bei Vorliegen einer Neuropathie nach § 27 Absatz 1 Nummer 2 Buchstabe a oder eines neuropathischen Schädigungsbildes bei Querschnittsyndromen nach § 27 Absatz 1 Nummer 2 Buchstabe b einer der folgenden Befunde als zusätzliches Zeichen einer autonomen Schädigung vorliegen:
  - Hauttrockenheit (An-/Hypohidrose) der unteren Extremitäten
  - Veränderung des Haarwachstums (An-/Hypotrichose) der unteren Extremitäten
  - Verfärbungen der Haut (zumeist livide, bräunlich) der unteren Extremitäten
  - Ulzerationen in den unteren Extremitäten.

3. Angiologischer Befund
   Als Hinweis auf das Vorliegen einer Durchblutungsstörung kann z. B. gelten
   - ein ABI (Ancle Brachial Index) < 0,9 (nachweisbar z. B. mittels Doppler-/Duplexsonographie),
   - fehlender Fußpuls.
4. Muskuloskeletaler Befund des Fußes
   - Fußdeformitäten,
   - eingeschränkte Gelenkmobilität.

(2) [1]Nach erstmaliger Verordnung einer Podologischen Therapie nach § 27 Absatz 1 Nummer 2 Buchstabe a ist eine zeitnahe fachärztlich-neurologische Diagnosesicherung in den Fällen herbeizuführen, in denen die gesicherte Diagnose einer sensiblen oder sensomotorischen Neuropathie durch die verordnende Ärztin oder den verordnenden Arzt nicht gestellt werden kann. [2]Sofern der fachärztliche Befund noch nicht vorliegt, sind weitere Verordnungen möglich.

(3) [1]Jede Folgeverordnung der Podologischen Therapie setzt die erneute störungsbildabhängige Erhebung des aktuellen Fußbefundes voraus. [2]Das Befundergebnis ist auf dem Verordnungsvordruck anzugeben.

F. Maßnahmen der Stimm-, Sprech-, Sprach- und Schlucktherapie

§ 30 Grundlagen. (1) Maßnahmen der Stimm-, Sprech-, Sprach- und Schlucktherapie entfalten ihre Wirkung auf phoniatrischen und neurophysiologischen Grundlagen und dienen dazu, die Kommunikationsfähigkeit, die Stimmgebung, das Sprechen, die Sprache und den Schluckakt bei krankheitsbedingten Störungen wiederherzustellen, zu verbessern oder eine Verschlimmerung zu vermeiden.

(2) [1]Maßnahmen der Stimm-, Sprech-, Sprach- und Schlucktherapie sind in Einzeltherapie in Abhängigkeit der vorliegenden Schädigung und der Belastbarkeit als 30-, 45- und 60-minütige Behandlung mit der Patientin oder dem Patienten, gegebenenfalls unter Einbeziehung des sozialen Umfelds in das Therapiekonzept, verordnungsfähig. [2]Ferner ist eine Verordnung als Gruppentherapie als 45- und 90-minütige Behandlung möglich.

§ 31 Stimmtherapie. (1) Die Stimmtherapie dient der Wiederherstellung, Besserung und Erhaltung der stimmlichen Kommunikationsfähigkeit sowie der Vermittlung von Kompensationsmechanismen (z. B. Bildung einer Ersatzstimme, Üben des Gebrauchs elektronischer Sprechhilfen).

(2) Sie umfasst insbesondere Maßnahmen zum Erreichen therapeutischer Ziele auf Schädigungsebene, wie
- Wiederherstellung oder Besserung der Stimmqualität und der stimmlichen Belastbarkeit,
- Wiederherstellung oder Besserung der Stimme bei Heiserkeit und Beeinträchtigung des Stimmklangs,
- Regulation von
  - Atmung,
  - Phonation,
  - Artikulation,
  - Kehlkopf- und Zungenmuskulatur.

§ 32 Sprechtherapie. (1) Die Sprechtherapie dient der Wiederherstellung, Besserung und dem Erhalt der koordinierten motorischen und sensorischen Sprechleistung.

(2) Sie umfasst insbesondere Maßnahmen zum Erreichen therapeutischer Ziele auf Schädigungsebene, wie
- Wiederherstellung oder Besserung der Sprechfunktion, insbesondere der Artikulation,
- Wiederherstellung oder Besserung des Redeflusses, unter Berücksichtigung der Entwicklungsphase, insbesondere der Sprechgeschwindigkeit, Lautstärke und Prosodie,
- Wiederherstellung oder Besserung der koordinativen Leistung, insbesondere von Atmungs- und Sprechablauf,
- Gezielte Anbahnung oder Förderung von motorischer und sensorischer Sprachregion
  - des Sprechapparates,
  - der Atmung,
  - der Stimme,
- Aufbau von Kommunikationsstrategien,
- Regulierung der Phonationsatmung,
- Abbau der Begleitsymptomatik.

§ 33 Sprachtherapie. (1) Die Sprachtherapie dient der Wiederherstellung, Besserung und dem Erhalt der sprachlichen und kommunikativen Fähigkeiten.

(2) Sie umfasst insbesondere Maßnahmen zum Erreichen therapeutischer Ziele auf Schädigungsebene, wie
- Wiederherstellung oder Besserung der kognitiv-sprachlichen Funktionen mit
  - Anbahnung sprachlicher Äußerungen,
  - Aufbau des Sprachverständnisses,
- Wiederherstellung oder Besserung der Sprechfunktion, insbesondere der Artikulation mit
  - Ausbildung und Erhalt der Lautsprache zur sprachlichen Kommunikation,
  - Artikulationsverbesserung beziehungsweise Schaffung nonverbaler Kommunikationsmöglichkeiten,

  – Normalisierung bzw. Besserung der Laut- und Lautverbindungsbildung,
– Wiederherstellung oder Besserung des Redeflusses, insbesondere des Sprechtempos,
– Wiederherstellung oder Besserung der auditiven Wahrnehmungsfähigkeit,
– Aufbau von Kommunikationsstrategien,
– Normalisierung des Sprachklangs,
– Beseitigung der Dysfunktionen der Kehlkopf- und Zungenmuskulatur.

(3) Maßnahmen der Sprachtherapie dürfen bei einer auditiven Wahrnehmungsstörung mit Krankheitswert nur aufgrund neuropsychologischer Untersuchung und zentraler Hördiagnostik mit entsprechender Dokumentation verordnet werden.

§ 33a Schlucktherapie. (1) Die Schlucktherapie dient der Besserung bzw. der Normalisierung des Schluckaktes in der oralen, pharyngealen und oesophagealen Phase sowie erforderlichenfalls der Erarbeitung von Kompensationsstrategien und der Ermöglichung der oralen Nahrungsaufnahme.

(2) Sie umfasst insbesondere Maßnahmen zum Erreichen therapeutischer Ziele auf Schädigungsebene, wie

– Anbahnung, Wiederherstellung oder Besserung des Schluckaktes in der oralen, pharyngealen und oesophagealen Phase mit
  – Bewegungstraining der am Schlucken beteiligten Muskeln einschließlich der orofazialen Muskulatur,
  – Modifikationen des Schluckvorgangs durch Haltungsänderungen oder Schlucktechniken,
  – Beratung zu schluckphasengerechten Kostformen sowie den Umgang mit diesen,
  – dem Umgang mit speziellen Ess- und Trinkhilfen, um aspirationsfreies Schlucken zu ermöglichen.

§ 34 Maßnahmen der Ärztlichen Diagnostik bei Stimm-, Sprech-, Sprach- und Schluckstörungen. Die ärztliche Diagnostik kann in Abhängigkeit der vorliegenden Schädigung folgende Maßnahmen umfassen:

1. Stimmtherapie bei Kindern, Jugendlichen und Erwachsenen
   a) Eingangsdiagnostik
      – Tonaudiogramm
      – lupen-laryngoskopischer Befund
      – stroboskopischer Befund
      – Stimmstatus
   b) weiterführende Diagnostik
      – Videostroboskopie
      – Stimmfeldmessung
      – Elektroglottographie
      – schallspektographische Untersuchung der Stimme
      – pneumographische Untersuchungen
2. Sprechtherapie bei Erwachsenen
   a) Eingangsdiagnostik
      – Organbefund
      – lupen-laryngoskopischer Befund
      – stroboskopischer Befund
      – Sprachstatus oder Stimmstatus

b) weiterführende Diagnostik
– audiologische Diagnostik
– neuropsychologische Tests
– elektrophysiologische Tests
– stroboskopischer Befund
– Hirnleistungsdiagnostik
– endoskopische Diagnostik

3. Sprachtherapie bei Erwachsenen

a) Eingangsdiagnostik
– Sprachstatus
– Organbefund
– neurologischer Befund
– Aachener Aphasietest (AAT) (sobald die Patientin oder der Patient testfähig ist)

b) weiterführende Diagnostik
– Hirnleistungsdiagnostik
– audiologische Diagnostik
– neurologische Untersuchungen
– Sprachanalyse
– Aachener Aphasietest (AAT)

4. Sprech- oder Sprachtherapie bei Kindern und Jugendlichen

a) Eingangsdiagnostik
– Tonaudiogramm
– Organbefund
– Sprachstatus

b) weiterführende Diagnostik
– Entwicklungsdiagnostik
– zentrale Hördiagnostik
– neuropädiatrische oder neurologische Untersuchungen
– Sprach- und Sprechanalyse
– Aachener Aphasietest (AAT)

5. Schlucktherapie

a) Eingangsdiagnostik
– Videoendoskopie
– Videofluoroskopie
– neurologische Untersuchung

b) weiterführende Diagnostik
– Videoendoskopie
– Videofluoroskopie
– Videostroboskopie
– Röntgenkontrastuntersuchungen
– Sonographie
– neurologische Untersuchung

G. Maßnahmen der Ergotherapie

§ 35 Grundlagen. (1) Die Maßnahmen der Ergotherapie dienen der Wiederherstellung, Besserung, Erhaltung, Aufbau oder Stabilisierung oder Kompen–

sation krankheitsbedingter Schädigungen der motorischen, sensomotorischen, perzeptiven und mentalen Funktionen und daraus resultierender Beeinträchtigungen von Aktivitäten, der Teilhabe, insbesondere im Bereich der Selbstversorgung, Mobilität, der Alltagsbewältigung, Interaktion und Kommunikation sowie des häuslichen Lebens.

(2) Sie bedienen sich komplexer aktivierender und handlungsorientierter Methoden und Verfahren, unter Einsatz von adaptiertem Übungsmaterial, funktionellen, spielerischen, handwerklichen und gestalterischen Techniken sowie lebenspraktischen Übungen.

(3) Sie umfassen auch Beratungen zur Schul-, Arbeitsplatz-, Wohnraum- und Umfeldanpassung.

(4) [1] Die Verordnung durch eine Vertragspsychotherapeutin oder einen Vertragspsychotherapeuten ist nur zulässig, wenn eine Diagnose aus dem Indikationsspektrum zur Anwendung von Psychotherapie
– gemäß geltender jeweils aktueller Psychotheraple-RL vorliegt oder
– gemäß Anlage I Nummer 19 (Neuropsychologische Therapie) § 4 der RL des G-BA zu Untersuchungs- und Behandlungsmethoden der vertragsärztlichen Versorgung vorliegt.

[2] Über die oben definierten Indikationsbereiche hinaus ist eine Verordnung auch dann zulässig, wenn eine Diagnose aus dem Indikationsspektrum des Kapitels V „Psychische und Verhaltensstörungen" der ICD-10-GM Version 2020 (Internationale statistische Klassifikation der Krankheiten und verwandter Gesundheitsprobleme, 10. Revision, German Modification, Version 2020) vorliegt und eine Abstimmung mit der behandelnden Ärztin oder dem behandelnden Arzt erfolgt.

§ 36 Motorisch-funktionelle Behandlung. (1) Eine motorisch-funktionelle Behandlung dient der gezielten Therapie krankheitsbedingter Schädigungen der motorischen Funktionen mit und ohne Beteiligung des peripheren Nervensystems und den daraus resultierenden Beeinträchtigungen der Aktivitäten und der Teilhabe.

(2) Sie umfasst insbesondere Maßnahmen zum Erreichen therapeutischer Ziele auf Schädigungsebene, wie
– Wiederherstellung oder Besserung der Gelenkbeweglichkeit und Stabilität, einschließlich Gelenkschutz,
– Aufbau oder Stabilisierung aktiver Bewegungsfunktionen, z.B. der Grob-, Fein- und Willkürmotorik,
– Aufbau oder Stabilisierung physiologischer Haltungs- und Bewegungsmuster,
– Wiederherstellung oder Besserung der Muskelkraft, -ausdauer und -belastbarkeit,
– Aufbau oder Stabilisierung eines physiologischen Gangbildes,
– Wiederherstellung oder Besserung der Rumpf- und Extremitätenkontrolle,
– Wiederherstellung oder Besserung der Sensibilität z.B. Temperatur- oder Druck- und Berührungsempfinden,
– Vermeidung der Entstehung von Kontrakturen,
– Narbenabhärtung,
– Schmerzlinderung oder Minderung schmerzbedingter Reaktionen.

(3) Therapeutische Ziele auf Aktivitäts- und Teilhabeebene umfassen insbesondere

- Beseitigung oder Minderung krankheitsbedingter Schädigungen motorischer Funktionen,
- Wiederherstellung und Erhalt der Mobilität und Geschicklichkeit im Alltag (z. B. Treppen steigen, Stehen, Sitzen, Heben, Tragen, Fortbewegen im Innen- und Außenbereich mit und ohne Hilfsmittel),
- Wiederherstellung und Erhalt der Selbstversorgung (z. B. An- und Auskleiden, Waschen),
- Wiederherstellung und Erhalt der Haushaltsführung (z. B. Einkaufen, Mahlzeiten zubereiten),
- Erlernen von Kompensationsstrategien und sichere Handhabung von Hilfsmitteln (z. B. Umgang mit Prothesen).

(4) Die Behandlung kann als Einzel- oder Gruppenbehandlung verordnet werden.

§ 37 Sensomotorisch-perzeptive Behandlung. (1) Eine sensomotorisch-perzeptive Behandlung dient der gezielten Therapie krankheitsbedingter Schädigungen der sensomotorischen oder perzeptiven Funktionen mit daraus resultierenden Beeinträchtigungen der Aktivitäten und ggf. der Teilhabe.

(2) Sie umfasst insbesondere Maßnahmen zum Erreichen therapeutischer Ziele auf Schädigungsebene, wie

- Stabilisierung oder Aufbau der Sensibilität verschiedener Modalitäten
  - Temperatur-, Druck- und Berührungsempfinden,
  - Propriozeption,
  - Vibrationsempfinden,
  - der Sinneswahrnehmung (visuelle, auditive, taktil-haptische Wahrnehmung),
  - Wahrnehmung schädlicher Reize,
  - Umsetzung der Sinneswahrnehmungen (sensorische Integration)
- Entwicklung oder Besserung der Körperwahrnehmung und des Körperschemas,
- Entwicklung oder Besserung der Gleichgewichtsfunktionen und der Haltung
- Aufbau oder Stabilisierung aktiver Bewegungsfunktionen, z. B. der Grob-, Fein- und Willkürmotorik, Mund- und Essmotorik,
- Besserung der Kognition.

(3) Therapeutische Ziele auf Aktivitäts- und Teilhabeebene umfassen insbesondere

- Entwicklung oder Wiederherstellung und Erhalt
  - von Aktivitäten aus dem Bereich allgemeiner Aufgaben (z. B. Bewältigung von Einzel- und Mehrfachaufgaben, Benutzen von Gebrauchsgegenständen),
  - der Selbstversorgung (z. B. An- und Auskleiden, Waschen),
  - der Haushaltsführung (z. B. Einkaufen, Mahlzeiten zubereiten),
  - der Mobilität und Geschicklichkeit im Alltag (z. B. Treppen steigen, Stehen, Sitzen, Heben, Tragen, feinmotorischer Hand- und Armgebrauch, Fortbewegen im Innen- und Außenbereich mit und ohne Hilfsmittel),
  - Stabilisierung oder Aufbau von Aktivitäten des Gemeinschafts- und sozialen Lebens,
- Erlernen von Kompensationsstrategien, ggf. unter Berücksichtigung vorhandener Hilfsmittel,

– Erlangen von Alltags- und Handlungskompetenz im Umgang mit Hilfsmitteln, technischen Produkten und Adaption des Lebensumfelds.

(4) Die Behandlung kann als Einzel- oder Gruppenbehandlung verordnet werden.

§ 38 Hirnleistungstraining oder neuropsychologisch orientierte Behandlung. (1) Ein Hirnleistungstraining oder eine neuropsychologisch orientierte Behandlung dient der gezielten Therapie krankheitsbedingter Schädigungen mentaler Funktionen, insbesondere kognitiver Schädigungen und daraus resultierender Beeinträchtigungen von Aktivitäten und ggf. der Teilhabe.

(2) Sie umfasst insbesondere Maßnahmen zum Erreichen therapeutischer Ziele auf Schädigungsebene, wie

- Stabilisierung oder Besserung globaler mentaler Funktionen, insbesondere
  - der Orientierung zu Zeit, Ort, Person,
  - der Intelligenz,
- Stabilisierung oder Besserung spezifischer mentaler Funktionen, insbesondere
  - der Aufmerksamkeit,
  - des Gedächtnisses,
  - der Wahrnehmung (z. B. visuell, auditiv, räumlich-visuell),
  - des Denkens,
  - der höheren kognitiven Funktionen, wie des Abstraktionsvermögens, der Handlungsplanung, der Einsichts-, Urteils- und Problemlösevermögen.

(3) Therapeutische Ziele auf Aktivitäts- und Teilhabeebene umfassen insbesondere

- Entwicklung oder Wiederherstellung und Erhalt von Aktivitäten
  - im Bereich allgemeine Aufgaben und Anforderungen (z. B. Planung und Durchführung täglicher Routinen, einfache und komplexe Aufgaben übernehmen),
  - interpersoneller Interaktionen und Beziehungen (z. B. situationsgerechtes Verhalten, Familienbeziehungen),
  - der Mobilität im Alltag (z. B. Tragen von Gegenständen, Benutzung von Transportmitteln),
  - der Selbstversorgung (z. B. An- und Auskleiden, Waschen),
- Erlernen von Kompensationsstrategien,
- Entwicklung und Besserung der Krankheitsbewältigung,
- selbstbestimmte Lebensgestaltung.

(4) [1] Die neuropsychologisch orientierte Behandlung wird ausschließlich als Einzeltherapie verordnet. [2] Das Hirnleistungstraining kann als Einzel- oder Gruppenbehandlung verordnet werden.

§ 39 Psychisch-funktionelle Behandlung. (1) Eine psychisch-funktionelle Behandlung dient der gezielten Therapie krankheitsbedingter Schädigungen mentaler Funktionen, insbesondere psychosozialer, emotionaler, psychomotorischer Funktionen und Funktionen der Wahrnehmung und den daraus resultierenden Beeinträchtigungen der Aktivitäten und ggf. der Teilhabe.

(2) Sie umfasst insbesondere Maßnahmen zum Erreichen therapeutischer Ziele auf Schädigungsebene, wie

- Stabilisierung oder Besserung globaler mentaler Funktionen
  - des quantitativen und qualitativen Bewusstseins,
  - der Orientierung zu Ort, Zeit und Person,
  - der Intelligenz (z. B. bei Demenz),
  - globaler psychosozialer Funktionen (z. B. bei Autismus),
  - der psychischen Energie, des Antriebs und des Schlafes,
- Stabilisierung oder Besserung spezifischer mentaler Funktionen
  - der Aufmerksamkeit,
  - des Gedächtnisses,
  - der Psychomotorik (z. B. Tempo),
  - der Emotionen (z. B. Affektkontrolle),
  - der Wahrnehmung (räumlich-visuell),
  - des Denkens (Denktempo, Inhalte),
  - höherer kognitiver Funktionen, wie des Abstraktionsvermögens, und des Einsichts- und Urteilsvermögens,
  - der Handlungsplanung,
  - der Selbst- und Zeitwahrnehmung.

(3) Therapeutische Ziele auf Aktivitäts- und Teilhabeebene umfassen insbesondere

- Entwicklung oder Wiederherstellung und Erhalt von Aktivitäten:
  - aus dem Bereich allgemeine Aufgaben und Anforderungen (z. B. tägliche Routine in richtiger Reihenfolge durchführen, Tagesstrukturierung),
  - aus dem Bereich Lernen und Wissensanwendung (z. B. bewusste sinnliche Wahrnehmung, Aufmerksamkeit fokussieren),
  - aus dem Bereich interpersoneller Interaktionen und Beziehungen (soziale Interaktion, Aufbau und Erhalt von Beziehungen),
  - der Selbstversorgung und des häuslichen Lebens (z. B. Waren des täglichen Bedarfs beschaffen),
- Stärkung der Eigenverantwortlichkeit, des Selbstvertrauens und der Entscheidungsfähigkeit,
- Erlernen von Kompensationsstrategien ggf. unter Nutzung vorhandener Hilfsmittel und Umgang mit externen Hilfen.

(4) Die psychisch-funktionelle Behandlung kann als Einzel- oder Gruppenbehandlung verordnet werden.

§ 40 Therapieergänzende Maßnahmen. (1) Thermotherapie (Wärme- oder Kältetherapie) nach § 24 ist zusätzlich zu einer motorisch-funktionellen oder sensomotorisch-perzeptiven Behandlung als ergänzendes Heilmittel nach Vorgabe des Heilmittelkataloges dann verordnungsfähig, wenn sie einer notwendigen Schmerzreduzierung bzw. Muskeltonusregulation dient und damit die Behandlung erleichtert, verbessert oder erst möglich macht.

(2) [1] Sind zu den Heilmitteln nach den §§ 36 und 37 temporäre ergotherapeutische Schienen zur Durchführung der ergotherapeutischen Behandlung notwendig, können diese zusammen mit dem Heilmittel auf demselben Vordruck verordnet werden. [2] Temporäre ergotherapeutische Schienen ergänzen im Einzelfall die motorisch-funktionelle oder sensomotorisch-perzeptive ergotherapeutische Behandlung, indem sie schädigungsbezogen für eine sachgerechte Lagerung oder Fixation sorgen (statische Lagerungsschiene) oder der Unterstützung von physiologischen Funktionen (dynamische Funktionsschiene) im Sinne der Wiederherstellung von alltagsrelevanten Aktivitäten dienen.

§ 41 *(aufgehoben)*

H. Ernährungstherapie

§ 42 Grundlagen. (1) [1]Ernährungstherapie im Sinne dieser Richtlinie ist ein verordnungsfähiges Heilmittel, das sich auf die ernährungstherapeutische Behandlung seltener angeborener Stoffwechselerkrankungen oder Mukoviszidose (Cystische Fibrose – CF) richtet, wenn sie als medizinische Maßnahme (gegebenenfalls in Kombination mit anderen Maßnahmen) zwingend erforderlich ist, da ansonsten schwere geistige oder körperliche Beeinträchtigungen oder Tod drohen. [2]Die Ernährungstherapie nach Satz 1 ist Teil des ärztlichen Behandlungsplans und umfasst insbesondere die Beratung zur Auswahl und Zubereitung natürlicher Nahrungsmittel und zu krankheitsspezifischen Diäten sowie die Erstellung und Ergänzung eines Ernährungsplans.

(2) [1]Ernährungstherapie richtet sich an die Patientin oder den Patienten oder die relevanten Bezugspersonen. [2]Frequenz und Dauer der Ernährungstherapie erfolgen symptomorientiert und müssen individuell an den sich eventuell rasch ändernden Krankheitszustand und die Stoffwechselsituation der Patientin oder des Patienten angepasst werden. [3]Den besonderen Bedürfnissen von Kindern, Jugendlichen und Schwangeren mit seltenen angeborenen Stoffwechselerkrankungen sowie Mukoviszidose muss Rechnung getragen werden. [4]Ernährungstherapie wird in der Regel als Einzeltherapie verordnet, ist aber auch als Gruppentherapie möglich. [5]Eine Ernährungstherapie wird in Einheiten von 30 Minuten verordnet. [6]Sofern therapeutisch notwendig, können auch mehrere Einheiten pro Tag erbracht werden.

(3) Ziele der Ernährungstherapie sind eine altersgemäße, körperliche und geistige Entwicklung, das Erreichen eines stabilen Ernährungszustands, die Verhütung einer Verschlimmerung von Krankheitsfolgen oder deren Minderung, die Vermeidung von Komplikationen, die Erhaltung des erreichten Therapieerfolgs und eine verbesserte Lebenserwartung.

(4) Neben den übergeordneten Zielen in Absatz 3 verfolgt die Ernährungstherapie bei seltenen angeborenen Stoffwechselerkrankungen (SAS) insbesondere folgende weitere Ziele:
- Stabilisierung oder Erhalt altersabhängig im therapeutischen Zielbereich liegender Stoffwechselparameter,
- Vermeidung schwerer geistiger oder körperlicher Behinderungen und Tod,
- Vermeidung von Mangelversorgung,
- Vermeidung, Abmilderung und Therapie von Stoffwechselentgleisungen,
- bei Schwangeren: Vermeidung von embryonalen oder fetalen Schädigungen.

(5) Neben den übergeordneten Zielen in Absatz 3 hat die Ernährungstherapie bei Cystischer Fibrose (CF) folgende Ziele:
- Erhalt des Normalgewichtes,
- Vermeidung eines Gewichtsverlustes.

§ 43 Inhalt der Ernährungstherapie. Die Ernährungstherapie der Patientin oder des Patienten oder der relevanten Bezugspersonen als verordnungsfähiges Heilmittel kann folgende individuelle Maßnahmen umfassen:

1. Ernährungstherapeutische Anamnese und Abstimmung der Therapieziele.
2. Beratung zur indikationsspezifischen Pathophysiologie.

3. Beratung zur indikationsspezifischen Lebensmittelauswahl unter Berücksichtigung der Lebensmittelinhaltsstoffe aus diätetischer Sicht.
4. Beratung zu indikationsspezifischen Prinzipien der Ernährung unter besonderer Berücksichtigung des Einsatzes bilanzierter Nahrungsmittel, die in ihrer Zusammensetzung geeignet sind, den jeweiligen Stoffwechseldefekt zu kompensieren.
5. Beratung und Unterstützung bei der praktischen Umsetzung einer Enzym-, Vitamin-, Mineralstoff-, Aminosäuren-, Fett- oder Spurenelemente-Substitution.
6. Anleitung zur Durchführung und Umsetzung einer enteralen Ernährung (Trink- oder Sondennahrung) und parenteralen Ernährung in der häuslichen Umgebung.
7. Berechnung und Auswertung von Ernährungsprotokollen und Entwicklung entsprechender individueller Empfehlungen.
8. Anleitung zur praktischen Umsetzung der diätetischen Maßnahmen im Alltag und in besonderen Lebenssituationen.
9. Diätetische Produktinformationen und Informationen über Lebensmittelinhaltsstoffe.
10. Einweisung und Beratung indikationsspezifischer Koch- und Küchentechniken und praktische Hinweise zur Umsetzung der individuellen Diät.

§ 44 Ärztliche Diagnostik, Zusammenarbeit und Qualitätssicherung. (1) [1]Die Ernährungstherapie wird von Vertragsärztinnen oder Vertragsärzten verordnet, die auf die Versorgung von Patientinnen und Patienten mit seltenen angeborenen Stoffwechselerkrankungen oder Mukoviszidose spezialisiert sind. [2]Dies ist in der Regel derjenige oder diejenige, der oder die die krankheitsspezifische Behandlung schwerpunktmäßig durchführt.

(2) [1]Vor der Erstverordnung der Ernährungstherapie ist die gesicherte Diagnose einer seltenen angeborenen Stoffwechselerkrankung im Sinne von § 42 Absatz 1 oder Mukoviszidose erforderlich. [2]Nach der Erstdiagnostik müssen die Ergebnisse der Maßnahmen anhand von Zielvorgaben überprüft und die Therapie in Abhängigkeit vom Ernährungsstatus und der aktuellen Stoffwechselsituation, angepasst werden.

(3) [1]Um die Therapieziele nach § 42 Absatz 3 zu erreichen, sollen bei der Verordnung von Ernährungstherapie aufgrund seltener angeborener Stoffwechselerkrankungen und Mukoviszidose folgende Angaben von der verordnenden Vertragsärztin oder dem verordnenden Vertragsarzt erhoben werden:
– aktueller Status der relevanten Stoffwechselparameter oder Ernährungsparameter (z. B. Gewicht),
– Zielwerte oder -korridore zu den relevanten Stoffwechselparametern oder Ernährungsparametern.

[2]Diese sind vom Therapeuten oder von der Therapeutin nach den Absätzen 5 und 6 zu beachten.

(4) [1]Ernährungstherapie kann ausnahmsweise in Abstimmung mit dem Verordner oder der Verordnerin nach Absatz 1 von Vertragsärztinnen oder Vertragsärzten, die nicht auf Versorgung von seltenen angeborenen Stoffwechselerkrankungen oder Mukoviszidose spezialisiert sind, verordnet werden.

[2]Dies kann insbesondere der Fall sein, wenn das Aufsuchen der Vertragsärztin oder des Vertragsarztes gemäß Absatz 1 durch die Patientin oder den Patienten oder die relevante Bezugsperson mit dem alleinigen Ziel einer Verordnung erfolgt. [3]Voraussetzung dabei ist, dass die Patientin oder der Patient die vorhergehende Verordnung gemäß Absatz 1 erhalten hat und diese nicht länger als 12 Monate zurückliegt.

(5) [1]Die Ernährungstherapie bei seltenen angeborenen Stoffwechselerkrankungen wird von für die Behandlung und Therapie der Erkrankung qualifizierten Therapeutinnen oder Therapeuten erbracht, die neben den im Rahmen der Berufsausbildung erworbenen Qualifikationen, eine Therapieerfahrung in der Behandlung von seltenen angeborenen Stoffwechselerkrankungen bei mindestens 75 behandelten Patientinnen oder Patienten im Rahmen einer mindestens einjährigen Berufserfahrung sowie folgende spezielle Kenntnisse nachweisen:
- Fütterungsproblematik im Säuglings- und Kleinkindalter und Essstörungen,
- enterale Ernährung und Sondenarten und pädiatrische Produkte,
- Krankheitsbilder und Diätetik bei Stoffwechselstörungen:
  - familiäre Hypercholesterinämien,
  - Galaktosämie und hereditäre Fructoseintoleranz,
  - Phenylketonurie,
- eiweißarme Diäten bei angeborenen Stoffwechselstörungen,
- Störungen im Abbau von Aminosäuren (Grundlagen und Überblick),
- Störungen im Abbau des Phenylalanin-Stoffwechsels (PKU),
- Störungen im Abbau der verzweigtkettigen Aminosäuren (MSUD),
- Störungen im Abbau des Lysin-Stoffwechsels (Glutarazidurie),
- Störungen im Abbau des Methionin-Stoffwechsels (Homocystinurie),
- Organoazidurie – Störungen im Propionat- und Methylmalonat-Stoffwechsel,
- Harnstoffzyklusdefekte,
- kohlenhydratdefinierte Diäten bei Störungen im Kohlenhydrat-Stoffwechsel,
- Glykogenose,
- Galaktosämie,
- Fruktoseintoleranz,
- fettdefinierte Diäten bei Störungen im Fett-Stoffwechsel,
- Störungen im Transport exogener Lipide (β-Oxydationsstörungen),
- Störungen im Fett- und Energiestoffwechsel (PDH-Defekte, MAD-Defekte).

[2]Dabei werden Patientinnen und Patienten für jedes das erste Behandlungsjahr übersteigende Jahr als behandelte Patientin oder behandelter Patient im Sinne des vorstehenden Satzes gezählt. [3]Eine Therapie unter Anleitung einer Therapeutin oder eines Therapeuten nach Satz 1, ist auf den erforderlichen Umfang der Therapieerfahrung anrechnungsfähig. [4]Die speziellen Kenntnisse müssen im Rahmen der Berufsausübung oder durch weitere Qualifikationen erlangt werden.

(6) [1]Die Ernährungstherapie bei Mukoviszidose wird von für die Behandlung und Therapie der Erkrankung qualifizierten Therapeutinnen oder Therapeuten erbracht, die neben den im Rahmen der Berufsausbildung erworbenen Qualifikationen, eine Therapieerfahrung in der Behandlung von Mukoviszidose bei mindestens 50 Patienten im Rahmen einer mindestens einjährigen Berufserfahrung sowie folgende spezielle Kenntnisse nachweisen:

– Ernährungssituation von Patienten mit Mukoviszidose unter Berücksichtigung des altersabhängigen erhöhten Energiebedarfs,
– Berechnung des Energiebedarfs von CF-Patienten,
– Bedeutung fettlöslicher Vitamine, Mineralien, Spurenelemente in der Ernährung bei CF,
– Verdauungsenzyme und Enzymsubstitution bei CF,
– Vorgehen bei Malnutrition im Säuglings- und Kleinkindalter, bei Jugendlichen und Erwachsenen,
– Besonderheiten in der Schwangerschaft und Stillzeit,
– Ernährungstherapie bei Problemsituationen, z. B. schwere chronische Atemnot, Pubertätsverzögerung, Osteopenie,
– Besonderheiten der Ernährungstherapie bei Organkomplikationen, z. B.
  – Diabetes mellitus,
  – Leberzirrhose,
– Ernährungstherapie nach Organtransplantation.

[2] Dabei werden Patientinnen und Patienten für jedes das erste Behandlungsjahr übersteigende Jahr als behandelte Patientin oder behandelter Patient im Sinne des vorstehenden Satzes gezählt. [3] Eine Therapie unter Anleitung einer Therapeutin oder eines Therapeuten nach Satz 1, ist auf den erforderlichen Umfang der Therapieerfahrung anrechnungsfähig. [4] Die speziellen Kenntnisse müssen im Rahmen der Berufsausübung oder durch weitere Qualifikationen erlangt werden.

(7) [1] Vor dem Hintergrund der Komplexität der seltenen angeborenen Stoffwechselerkrankungen oder der Mukoviszidose bedarf es zur Gewährleistung der Patientensicherheit und Behandlungsqualität über § 14 hinaus eines kontinuierlichen Informationsaustauschs und einer engen fachlichen Zusammenarbeit zwischen dem ärztlichen Verordner oder der Verordnerin und der Therapeutin oder dem Therapeuten. [2] Durch eine geeignete Organisation und Infrastruktur trägt die Therapeutin oder der Therapeut Sorge, dass eine Zusammenarbeit mit der für die Behandlung der seltenen angeborenen Stoffwechselerkrankung oder Mukoviszidose verantwortlichen Vertragsärztin oder dem verantwortlichen Vertragsarzt nach Absatz 1 besteht. [3] Hierzu bedarf es keiner vertraglichen Vereinbarung. [4] Das Nähere ist in den Vereinbarungen nach § 125 SGB V zu regeln.

§ 45 Evaluation der Einführung der Ernährungstherapie. [1] Drei Jahre nach Inkrafttreten der Richtlinie soll der zuständige Unterausschuss des G-BA die Einführung der Ernährungstherapie als verordnungsfähiges Heilmittel für Patienten und Patientinnen mit seltenen angeborenen Stoffwechselerkrankungen und Mukoviszidose prüfen und gegebenenfalls erforderliche Änderungen der Bestimmungen empfehlen. [2] Dies umfasst auch die Ernährungstherapie als langfristiger Heilmittelbedarf nach Anlage 2 der Richtlinie.

Anlage 1

Nicht verordnungsfähige Heilmittel im Sinne dieser Richtlinie

Nachfolgend werden benannt

a) Maßnahmen, deren therapeutischer Nutzen nach Maßgabe der Verfahrensordnung des G-BA (VerfO)[1] nicht nachgewiesen ist

---

[1] Nr. **390**.

1. Hippotherapie
2. Isokinetische Muskelrehabilitation
3. Höhlentherapie
4. Musik- und Tanztherapie
5. Magnetfeldtherapie ohne Verwendung implantierter Spulen (Magnetfeldgeräte zur Anwendung bei der invasiven Elektroosteostimulation unterliegen den Regelungen über die Verordnung von Hilfsmitteln)
6. Fußreflexzonenmassage
7. Akupunktmassage
8. Atlas-Therapie nach Arlen
9. Mototherapie
10. Zilgrei-Methode
11. Atemtherapie nach Middendorf
12. Konduktive Förderung nach Petö

b) Indikationen, bei denen der Einsatz von Maßnahmen, deren therapeutischer Nutzen nachgewiesen ist, nicht anerkannt ist
1. Entwicklungsbedingte Sprechunflüssigkeit im Kindesalter
2. Stimmtherapie bei nicht krankhaftem Verlauf des Stimmbruchs
3. Alle psychotherapeutischen Behandlungsformen, die Regelungsgegenstand der Psychotherapie-Richtlinie sind
4. Störungen wie Lese- und Rechtschreibschwäche, sonstige isolierte Lernstörungen

c) Maßnahmen, die der persönlichen Lebensführung zuzuordnen sind
1. Massage des ganzen Körpers (Ganz- bzw. Vollmassagen)
2. Massage mittels Gerät/Unterwassermassage mittels automatischer Düsen
3. Teil- und Wannenbäder, soweit sie nicht nach den Vorgaben des Heilmittelkataloges verordnungsfähig sind
4. Sauna, römisch-irische und russisch-römische Bäder
5. Schwimmen und Baden, auch in Thermal- und Warmwasserbädern
6. Maßnahmen, die der Veränderung der Körperform (z. B. Bodybuilding) oder dem Fitness-Training dienen
7. Maßnahmen, die ausschließlich der Anreizung, Verstärkung und Befriedigung des Sexualtriebes dienen sollen.

Der Gemeinsame Bundesausschuss (G-BA) hat in seinen Sitzungen am 22. Januar 2015 und 17. Dezember 2015 folgenden Beschluss zur Richtlinie über die Verordnung von Heilmitteln in der vertragsärztlichen Versorgung (Heilmittel-Richtlinie/HeilM-RL) in der Fassung vom 20. Januar 2011 (BAnz. S. 2247) gefasst:

I. Die ambulante Ernährungsberatung wird nicht als ärztlich zu verordnende Einzelmaßnahme in die Heilmittel-Richtlinie aufgenommen. Dies gilt nicht für die Indikationen seltene angeborene Stoffwechselerkrankungen und Mukoviszidose, deren Regelung einer gesonderten Beschlussfassung vorbehalten bleibt.

II. Klarstellend weist der G-BA für die Ernährungsberatung als notwendigen Bestandteil der ärztlichen Leistung darauf hin, dass bei den Indikationen seltene angeborene Stoffwechselerkrankungen und Mukoviszidose, bei denen eine Diättherapie oder Ernährungsberatung als alternativlose medizinische Maßnahme gilt, da ansonsten Tod oder Behinderung drohen, der therapeutische Nutzen und die medizinische Notwendigkeit gegeben ist.

Vom Abdruck der Anlage 2 (Diagnoseliste zum langfristigen Heilmittelbedarf nach § 32 Absatz 1a SGB V), der Anlage 3 (Anforderungen zur Änderung von Heilmittelverordnungen) und des 2. Teils (Zuordnung der Heilmittel zu Indikationen) wurde abgesehen.

465. Richtlinie des Gemeinsamen Bundesausschusses über die Früherkennung von Krankheiten bei Kindern (Kinder-Richtlinie)

In der Fassung vom 18. Juni 2015

(BAnz. AT vom 18.8.2016 B1; Inkrafttreten: 1.9.2016)

Geändert durch Beschl. des G-BA vom 21.7.2016 (BAnz. AT vom 12.10.2016 B3; Inkrafttreten: 1.1.2017), durch Beschl. des G-BA vom 24.11.2016 (BAnz. AT vom 27.1.2017 B5; Inkrafttreten: 28.1.2017), durch Beschl. des G-BA vom 18.5.2017 (BAnz. AT vom 24.7.2017 B2; Inkrafttreten: 25.7.2017), durch Beschl. des G-BA vom 19.10.2017 (BAnz. AT vom 15.3.2018 B2; Inkrafttreten: 16.3.2018), durch Beschl. des G-BA vom 22.11.2018 (BAnz. AT vom 8.2.2019 B2; Inkrafttreten: 9.2.2019), durch Beschl. des G-BA vom 15.8.2019 (BAnz. AT vom 15.11.2019 B4; Inkrafttreten: 16.11.2019), durch Beschl. des G-BA vom 14.11.2019 (BAnz. AT vom 18.12.2019 B4; Inkrafttreten: 19.12.2019) und durch Beschl. des G-BA vom 14.5.2020 (BAnz. AT vom 29.5.2020 B6; Inkrafttreten: 25.3.2020)

A. Allgemeines und Anspruchsberechtigung

§ 1 Grundlagen. (1) [1]Kinder haben bis zur Vollendung des 18. Lebensjahres Anspruch auf Untersuchungen zur Früherkennung von Krankheiten, die ihre körperliche, geistige oder psycho-soziale Entwicklung in nicht geringfügigem Maße gefährden. [2]Die Untersuchungen umfassen, sofern medizinisch angezeigt, eine Präventationsempfehlung für Leistungen zur verhaltensbezogenen Prävention nach § 20 Absatz 5 SGB V, die sich altersentsprechend an das Kind oder die Eltern oder andere Sorgeberechtigte richten kann. [3]Die vom Gemeinsamen Bundesausschuss (G-BA) gemäß § 26 in Verbindung mit § 92 Absatz 1 Satz 2 Nummer 3, Absatz 4 des Fünften Buches Sozialgesetzbuch (SGB V) beschlossene Richtlinie bestimmt das Nähere über die den gesetzlichen Erfordernissen des § 26 SGB V entsprechenden ärztlichen Maßnahmen zur Früherkennung von Krankheiten bei Kindern bis zur Vollendung des 18. Lebensjahres.

(2) Die Maßnahmen sollen mögliche Gefahren für die Gesundheit der Kinder dadurch abwenden, dass aufgefundene Verdachtsfälle eingehend diagnostiziert und erforderlichenfalls rechtzeitig behandelt werden können.

(3) Ergeben die Früherkennungsuntersuchungen das Vorliegen oder den Verdacht auf das Vorliegen einer Krankheit, so soll die Ärztin oder der Arzt dafür Sorge tragen, dass diese Fälle soweit erforderlich im Rahmen der Krankenbehandlung einer weitergehenden, gezielten Diagnostik und wenn nötig einer Therapie zugeführt werden.

(4) Bei erkennbaren Zeichen einer Kindesvernachlässigung oder -misshandlung hat die untersuchende Ärztin oder der untersuchende Arzt unter Berücksichtigung des Gesetzes zur Kooperation und Information im Kinderschutz in der Fassung vom 1. Januar 2012 die notwendigen Schritte einzuleiten.

(5) Untersuchungen nach dieser Richtlinie dürfen, soweit die Richtlinie nicht etwas anderes bestimmt, nur diejenigen Ärztinnen oder Ärzte durchführen, welche die vorgesehenen Leistungen auf Grund ihrer Kenntnisse und Erfahrungen erbringen können, nach der ärztlichen Berufsordnung dazu berechtigt sind und über die erforderlichen Einrichtungen verfügen.

B. Früherkennungsuntersuchungen

I. Untersuchungszeiträume

§ 2 Allgemeines zu den Untersuchungen, Zeiträume und Toleranzgrenzen. [1]Die Früherkennungsmaßnahmen bei Kindern in den ersten sechs Lebensjahren umfassen insgesamt zehn Untersuchungen. [2]Die Untersuchungen können nur in den jeweils angegebenen Zeiträumen unter Berücksichtigung folgender Toleranzgrenzen in Anspruch genommen werden:

Untersuchung	Zeitraum		Toleranzgrenze	
U1	Unmittelbar nach der Geburt			
U2	3.–10.	Lebenstag	3.–14.	Lebenstag
U3	4.–5.	Lebenswoche	3.–8.	Lebenswoche
U4	3.–4.	Lebensmonat	2.–4½	Lebensmonat
U5	6.–7.	Lebensmonat	5.–8.	Lebensmonat
U6	10.–12.	Lebensmonat	9.–14.	Lebensmonat
U7	21.–24.	Lebensmonat	20.–27.	Lebensmonat
U7a	34.–36.	Lebensmonat	33.–38.	Lebensmonat
U8	46.–48.	Lebensmonat	43.–50.	Lebensmonat
U9	60.–64.	Lebensmonat	58.–66.	Lebensmonat

[3]Auch bei Frühgeborenen sind die Untersuchungszeiträume einzuhalten. [4]Die Frühgeburtlichkeit wird bei der Beurteilung der Ergebnisse berücksichtigt. [5]Wenn der Deutsche Bundestag gemäß § 5 Absatz 1 des Infektionsschutzgesetzes eine epidemische Lage von nationaler Tragweite festgestellt hat, können bis zum Ablauf von drei Monaten nach deren Beendigung abweichend von Satz 2 die Untersuchungen U6, U7, U7a, U8 und U9 auch bei einer Überschreitung der für sie jeweils festgelegten Untersuchungszeiträume und Toleranzzeiten in Anspruch genommen werden. [6]Soweit durch das Infektionsgeschehen darüber hinaus eine Abweigung, Änderung oder Aussetzung von Vorgaben dieser Richtlinie betreffend die Qualitätssicherung erforderlich wird, können die Vertragspartner der Bundesmantelverträge diese für den Zeitraum bis zur Beendigung der epidemischen Lage von nationaler Tragweite gemäß § 5 Absatz 1 des Infektionsschutzgesetzes vereinbaren, soweit dies im Hinblick auf eine qualitätsgesicherte Versorgung der Kinder vertretbar ist; eine über die nach Satz 5 ermöglichte Abweichung hinausgehende Anpassung der Untersuchungszeiträume und Toleranzzeiten nach Satz 2 ist ausgeschlossen.

II. Untersuchungen

§ 3 U1. (1) [1]Die U1 soll unmittelbar innerhalb der ersten 30 Minuten nach der Geburt des Kindes durchgeführt werden. [2]Als Geburtszeitpunkt gilt hier die Geburt des Kindes selbst und nicht erst das Ende des Geburtsvorganges mit der Geburt der Plazenta. [3]Falls bei der Geburt keine Ärztin oder kein Arzt anwesend ist aber eine Hebamme oder ein Entbindungspfleger, soll die Hebamme oder der Entbindungspfleger die Untersuchung durchführen.

(2) Folgende Ziele und Schwerpunkte werden gesetzt:

a) Erkennen von lebensbedrohlichen Komplikationen

b) Erkennen von Geburtstraumata

c) Erkennen von sofort behandlungsbedürftigen Erkrankungen und Fehlbildungen

d) Erfassung prä-, peri- und postnataler Risikofaktoren

e) Entscheidung über die weitere Versorgung des Neugeborenen.

(3) Die Untersuchungsinhalte umfassen die Anamnese, die eingehende körperliche Untersuchung sowie die im Folgenden unter „Sonstiges" aufgeführten Inhalte.

1. Anamnese
   a) Schwangerschafts- und Geburtsanamnese
   Die Angaben aus dem Mutterpass (sowie ergänzende Dokumentation soweit vorliegend) mit Bedeutung für die Gesundheit und Entwicklung des Kindes sind zu berücksichtigen und zu dokumentieren:
   aa) Schwangerschaftsanamnese
      – Diabetes
      – Dauermedikation
      – besondere psychische und/oder soziale Belastungen
      – Mehrlingsschwangerschaft
      – (Poly-)Hydramnion
      – Oligohydramnion
      – Gestationsdiabetes
      – Abusus
      – Antikörpersuchtest positiv
      – akute oder chronische Infektion in der Schwangerschaft
      – GBS-Status der Mutter
   bb) Geburtsanamnese
      – Geburtsdatum
      – Geschlecht
      – vollendete Schwangerschaftswoche (SSW) Angabe in Wochen und Tagen (Bsp. 39+4 SSW)
      – Geburtsmodus: spontan, Sektio, vaginale Operation: Vakuum, Forceps
      – Kindslage: Schädellage, Beckenendlage, Querlage
      – pH-Wert, Base excess (Nabelarterie)
      – soweit vorhanden, Befunde einer pränatalen Diagnostik
   b) Familienanamnese
      – U. a. behandlungsbedürftige Hyperbilirubinämie bei einem vorausgegangen Kind

2. Körperliche Untersuchungen
   a) Reguläre Kreislauf-/Atemfunktion: Apgar-Wert 5'/10'
   b) Körpermaße
      – Gewicht
      – Körperlänge
   c) Reifezeichen
   d) Fehlbildungen
   e) Traumata
   f) Gelbsucht
   g) Ödeme

3. Sonstiges
Information zur Vitamin-K-Prophylaxe und wenn nötig durchführen

§ 4 U2. (1) Folgende Ziele und Schwerpunkte werden in der U2 gesetzt.

a) Erkennen von angeborenen Erkrankungen und Fehlbildungen
b) Erkennen und Vermeidung früher lebensbedrohlicher Komplikationen
c) Prüfung der Durchführung des Screenings auf kritische angeborene Herzfehler mittels Pulsoxymetrie, erweiterten Neugeborenen-Screenings, Neugeborenen-Hörscreenings und Screenings auf Mukoviszidose
d) Erkennen eines pathologischen Ikterus
e) Aufmerksamkeit für Eltern-Kind-Interaktion

(2) Die Untersuchung umfasst die Anamnese, die eingehende körperliche Untersuchung sowie die entwicklungsorientierte ärztliche Aufklärung und Beratung.

1. Anamnese
Die Angaben zur Schwangerschafts- und Geburtsanamnese gemäß § 3 werden berücksichtigt und soweit erforderlich ergänzt.
   a) Aktuelle Anamnese des Kindes
      – schwerwiegende Erkrankungen seit der letzten Untersuchung, Operationen
      – Ernährung: Schwierigkeiten beim Trinken, Schluckstörungen
      – Stuhlfarbe (mit Farbtafel erfragen)
      – auffälliges Schreien
      – Risikofaktoren für Hüftdysplasie
      – Eltern sind unzufrieden mit der Entwicklung und dem Verhalten des Kindes, weil:
      – Die Ärztin oder der Arzt prüft und dokumentiert ob folgende Untersuchungen durchgeführt bzw. veranlasst wurden. Falls nicht sollen die Untersuchung gemäß Abschnitt C angeboten werden.
         – nur bei Risikofaktoren für Hüftdysplasie: Screening auf Hüftgelenksdysplasie und -luxation (siehe Abschnitt C Kapitel III)
         – Neugeborenen-Hörscreening (siehe Abschnitt C Kapitel IV)
         – Erweitertes Neugeborenen-Screening (siehe Abschnitt C Kapitel I)
         – Screening auf Mukoviszidose (siehe Abschnitt C Kapitel II)
   b) Familienanamnese
      – Augenerkrankungen (u.a. Strabismus, Amblyopie, erbliche Augenkrankheit)
      – angeborene Hörstörungen oder Ohrfehlbildungen
      – Immundefekte
      – Hüftdysplasie
   c) Sozialanamnese
   Sozialanamnese unter Berücksichtigung der Angaben zur Schwangerschafts- und Geburtsanamnese gemäß § 3 Absatz 3 Nummer 1 Buchstabe a.

2. Eingehende körperliche Untersuchungen
   a) Körpermaße und Eintragung in das Somatogramm:
      – Körpergewicht
      – Körperlänge
      – Kopfumfang

b) Haut
- auffällige Blässe
- Zyanose
- Ikterus
- Hämangiome
- Naevi und andere Pigmentanomalien
- Ödeme
- Anhalt für Verletzungen (z. B. Hämatome, Petechien, Verbrennungen, Narben)
- Hydratationszustand

c) Thorax, Lunge, Atemwege
- Auskultation
- Atemgeräusch
- Atemfrequenz (<50/Minute)
- Einziehungen
- Thoraxkonfiguration
- Schlüsselbeine intakt

d) Herz, Kreislauf
- Auskultation (Herzfrequenz, -rhythmus, -töne und -nebengeräusche)
- Femoralispulse

e) Abdomen, Genitale (inkl. Analregion)
- Anomalien
- Nabelveränderungen
- Leber- und Milzgröße
- Hernien

f) Bewegungsapparat (Knochen, Muskeln, Nerven)
- Inspektion des ganzen Körpers in Rücken- und Bauchlage und aufrecht gehalten
- Asymmetrien
- Schiefhaltung
- Spontanmotorik
- Muskeltonus
- Opisthotonus
- Prüfung der passiven Beweglichkeit der großen Gelenke, der Moro-Reaktion, des Galant-Reflexes, des Schreitautomatismus
- Prüfung auf klinische Frakturzeichen

g) Kopf
- Fehlhaltung
- Dysmorphiezeichen
- Schädelnähte
- Kephalhämatom
- Fontanellentonus
- Crepitatio capitis

h) Mundhöhle, Kiefer, Nase
- Auffälligkeiten der Schleimhaut und des Kieferkamms
- Kiefer-, Gaumenanomalie
- abnorme Größe der Zunge
- behinderte Nasenatmung

i) Ohren
- Fehlbildungen (z. B. Ohrfisteln, Anhängsel, Atresie)

j) Augen
   – Inspektion: morphologische Auffälligkeiten (z. B. Ptosis, Leukokorie, Bulbusgrößenauffälligkeiten, Kolobom); Nystagmus
   – Prüfung im durchfallenden Licht: Transilluminationsauffälligkeit bei Trübung der brechenden Medien

3. Beratung
Entwicklungsorientierte ärztliche Aufklärung und Beratung, vor allem zu folgenden Themen:
– Stillen/Ernährung
– plötzlicher Kindstod
– Vitamin-K-Prophylaxe prüfen und wenn nötig durchführen
– Information zu Rachitisprophylaxe mittels Vitamin D und Kariesprophylaxe mittels Fluorid
– Informationen zu regionalen Unterstützungsangeboten (z. B. Eltern-Kind-Hilfen, Frühe Hilfen)

§ 5 U3. (1) Folgende Ziele und Schwerpunkte werden in der U3 gesetzt.
a) Erkennen von Entwicklungsauffälligkeiten
b) Erkennen eines pathologischen Ikterus (z. B. Gallengangsatresie)
c) Durchführung oder Veranlassung der Hüftgelenkssonographie
d) Prüfung der Durchführung des erweiterten Neugeborenen-Screenings, Neugeborenen-Hörscreenings und des Screenings auf Mukoviszidose
e) Aufmerksamkeit für Eltern-Kind-Interaktion
f) Impfberatung

(2) Die Untersuchung umfasst die Anamnese, die eingehende körperliche Untersuchung sowie die entwicklungsorientierte ärztliche Aufklärung und Beratung.

1. Anamnese
Die Angaben zur Schwangerschafts- und Geburtsanamnese gemäß § 3 werden berücksichtigt und soweit erforderlich ergänzt.
a) Aktuelle Anamnese des Kindes
   – Erkrankungen: schwerwiegende Erkrankungen seit der letzten Untersuchung, Operationen, Krampfanfälle
   – Ernährung: Schwierigkeiten beim Trinken, Schluckstörungen, keine altersgemäße Ernährung
   – auffälliges Schreien
   – Stuhlfarbe (mit Farbtafel erfragen)
   – Die Ärztin oder der Arzt prüft und dokumentiert ob folgende Untersuchungen durchgeführt bzw. veranlasst wurden. Falls nicht sollen die Untersuchungen gemäß Abschnitt C angeboten werden.
     – Screening auf Hüftgelenksdysplasie und -luxation (siehe Abschnitt C Kapitel III)
     – Neugeborenen-Hörscreening (siehe Abschnitt C Kapitel IV)
     – Erweitertes Neugeborenen-Screening (siehe Abschnitt C Kapitel I)
     – Screening auf Mukoviszidose (siehe Abschnitt C Kapitel II)
b) Familienanamnese
   – Augenerkrankungen (z. B. Kindliche Katarakt, Strabismus, Amblyopie, erbliche Augenerkrankungen)

- angeborene Hörstörungen oder Ohrfehlbildungen
- Immundefekte

c) Sozialanamnese
aa) Betreuungssituation
bb) besondere Belastungen in der Familie

2. Orientierende Beurteilung der Entwicklung

a) Grobmotorik
- Kopf wird in schwebender Bauchlage für wenigstens 3 Sekunden gehalten.
- Kopf wird in Rumpfebene und in Rückenlage für 10 Sekunden in Mittelstellung gehalten.

b) Feinmotorik
- Hände werden spontan geöffnet, insgesamt sind die Hände noch eher geschlossen.

c) Perzeption/Kognition
- Folgt mit den Augen einem Gegenstand nach beiden Seiten bis mindestens 45 Grad.

d) Soziale/emotionale Kompetenz
- Aufmerksames Schauen auf nahe Gesichter nächster Bindungspersonen.

e) Beobachtung der Interaktion
Beobachtung der Interaktion des Kindes mit der primären Bezugsperson im ersten Lebensjahr (U3 bis U6) durch die Ärztin oder den Arzt. Insbesondere die folgenden Reaktionen des Kindes können der Ärztin oder dem Arzt als Hinweise zur Einschätzung von Stimmung, Kommunikations- und Regulationsmöglichkeiten des Kindes im Kontakt mit seiner primären Bezugsperson und als weitere Grundlage für das Ärztin- oder Arzt-Elterngespräch dienen:
Stimmung/Affekt:
Das Kind erscheint in Anwesenheit der primären Bezugsperson zufrieden und ausgeglichen.
Es bleibt bei Ansprache oder nonverbaler Kommunikation durch die primäre Bezugsperson in positiver Grundstimmung ausgeglichen, offen und zugewandt.
Kontakt/Kommunikation:
Das Kind reagiert bei Ansprache oder nonverbaler Kommunikation durch die primäre Bezugsperson mit Lächeln, Wenden des Kopfes oder spontanem Körperkontakt.
Regulation/Stimulation:
Das Kind lässt sich durch Wiegen, Singen oder Ansprache in kurzer Zeit von einer primären Bezugsperson beruhigen.
Das Kind reagiert angemessen auf laute Geräusche, helles Licht und Berührung.

Eltern sind unzufrieden mit der Entwicklung und dem Verhalten des Kindes, weil:

3. Eingehende körperliche Untersuchung

a) Körpermaße und Eintragung in das Somatogramm:
- Körpergewicht
- Körperlänge
- Kopfumfang

b) Haut
- auffällige Blässe
- Zyanose
- Ikterus
- Hämangiome
- Naevi und andere Pigmentanomalien
- Ödeme
- Anhalt für Verletzungen (z. B. Hämatome, Petechien, Verbrennungen, Narben)
- entzündliche Hautveränderungen

c) Thorax, Lunge, Atemwege
- Auskultation
- Atemgeräusch
- Atemfrequenz
- Einziehungen
- Thoraxkonfiguration
- Schlüsselbeine intakt

d) Herz, Kreislauf
- Auskultation (Herzfrequenz, -rhythmus, -töne und -nebengeräusche)
- Femoralispulse

e) Abdomen, Genitale (inkl. Analregion)
- Anomalien
- Nabelveränderungen
- Leber- und Milzgröße
- Hernien

f) Bewegungsapparat (Knochen, Muskeln, Nerven)
- Inspektion des ganzen Körpers in Rücken- und Bauchlage und aufrecht gehalten
- Asymmetrien
- Schiefhaltung
- Spontanmotorik
- Muskeltonus
- Opisthotonus
- Prüfung der passiven Beweglichkeit der großen Gelenke, Muskeleigenreflexe, Handgreifreflex, Moro-Reaktion, Saugreflex
- Prüfung auf klinische Frakturzeichen

g) Kopf
- Fehlhaltung
- Dysmorphiezeichen
- Schädelnähte
- Kephalhämatom
- Fontanellentonus
- Crepitatio capitis
- lagebedingte Schädelasymmetrie

h) Mundhöhle, Kiefer, Nase
- Auffälligkeiten der Schleimhaut und des Kieferkamms
- Kiefer- Gaumenanomalie
- Verletzungszeichen
- abnorme Größe der Zunge

– behinderte Nasenatmung
– orofacialer Hypotonus

i) Ohren
– Fehlbildungen (z. B. Ohrfisteln, Anhängsel)

j) Augen
– Inspektion: morphologische Auffälligkeiten (z. B. Ptosis, Leukokorie, Bulbusgrößenauffälligkeiten, Kolobom); Nystagmus
– Prüfung im durchfallenden Licht: Transilluminationsauffälligkeit bei Trübung der brechenden Medien

4. Beratung
Entwicklungsorientierte ärztliche Aufklärung und Beratung, vor allem zu folgenden Themen:
– plötzlicher Kindstod
– Unfallverhütung
– Umgang mit Schreibaby
– Rachitisprophylaxe mittels Vitamin D und Kariesprophylaxe mittels Fluorid
– Sucht
– Vitamin-K-Prophylaxe prüfen und wenn nötig durchführen
– Aufklärung über Impfungen/Vorschlag eines Impftermins
– Stillen/Ernährung/Mundgesundheit
– Informationen zu regionalen Unterstützungsangeboten (z. B. Eltern-Kind-Hilfen, Frühe Hilfen)

§ 6 U4. (1) Folgende Ziele und Schwerpunkte werden in der U4 gesetzt:

a) Erkennen von Entwicklungsauffälligkeiten

b) Impfberatung

c) Prüfung der Durchführung des Neugeborenen-Hörscreenings

d) Aufmerksamkeit für Eltern-Kind-Interaktion

(2) Die Untersuchung umfasst die Anamnese, die eingehende körperliche Untersuchung sowie die entwicklungsorientierte ärztliche Aufklärung und Beratung.

1. Anamnese

a) Aktuelle Anamnese des Kindes
– Erkrankungen: schwerwiegende Erkrankungen seit der letzten Untersuchung, Operationen, Krampfanfälle
– Ernährung/Verdauung: Schwierigkeiten beim Trinken und Füttern, Erbrechen, Schluckstörungen, abnorme Stühle (Stuhlfarbe mit Farbtafel erfragen), Obstipation
– auffälliges Schreien
– Die Ärztin oder der Arzt prüft und dokumentiert ob folgende Untersuchung durchgeführt bzw. veranlasst wurde. Falls nicht soll diese Untersuchung gemäß Abschnitt C angeboten werden.
Neugeborenen-Hörscreening (siehe Abschnitt C Kapitel IV)

b) Sozialanamnese
aa) Betreuungssituation
bb) besondere Belastungen in der Familie

2. Orientierende Beurteilung der Entwicklung
   a) Grobmotorik
      – Kräftiges alternierendes und beidseitiges Beugen und Strecken der Arme und Beine.
      – Hält den Kopf in der Sitzhaltung aufrecht, mindestens 30 Sekunden.
      – Bauchlage wird toleriert, Abstützen auf den Unterarmen, der Kopf wird in der Bauchlage zwischen 40° und 90° mindestens eine Minute gehoben.
   b) Feinmotorik
      – Hände können spontan zur Körpermitte gebracht werden.
   c) Perzeption/Kognition
      – Fixiert ein bewegtes Gesicht und folgt ihm.
      – Versucht durch Kopfdrehen, Quellen eines bekannten Geräusches zu sehen.
   d) Soziale/emotionale Kompetenz
      – Kind freut sich über Zuwendung, Blickkontakt kann gehalten werden.
      – Reaktion auf Ansprache, erwidert Lächeln einer Bezugsperson („soziales Lächeln").
   e) Beobachtung der Interaktion

   Beobachtung der Interaktion des Kindes mit der primären Bezugsperson im ersten Lebensjahr (U3 bis U6) durch die Ärztin oder den Arzt. Insbesondere die folgenden Reaktionen des Kindes können der Ärztin oder dem Arzt als Hinweise zur Einschätzung von Stimmung, Kommunikations- und Regulationsmöglichkeiten des Kindes im Kontakt mit seiner primären Bezugsperson und als weitere Grundlage für das Ärztin- oder Arzt-Elterngespräch dienen:

   Stimmung/Affekt:
   Das Kind erscheint in Anwesenheit durch die primäre Bezugsperson zufrieden und ausgeglichen.
   Es bleibt bei Ansprache oder nonverbaler Kommunikation durch die primäre Bezugsperson in positiver Grundstimmung ausgeglichen, offen und zugewandt.

   Kontakt/Kommunikation:
   Das Kind reagiert bei Ansprache oder nonverbaler Kommunikation der primären Bezugsperson mit Lächeln, Wenden des Kopfes oder spontanem Körperkontakt.
   Das Kind sendet selbst spontan deutliche Signale zur primären Bezugsperson und sucht mit Blick, Mimik, Gesten und Lauten Kontakt.
   Das Kind stellt in unbekannten Situationen Körper- oder Blickkontakt zur Rückversicherung zur primären Bezugsperson her.

   Regulation/Stimulation:
   Das Kind lässt sich durch Wiegen, Singen oder Ansprache in kurzer Zeit von einer primären Bezugsperson beruhigen.
   Das Kind reagiert angemessen auf laute Geräusche, helles Licht und Berührung.

Eltern sind unzufrieden mit der Entwicklung und dem Verhalten des Kindes, weil:

3. Eingehende körperliche Untersuchung
   a) Körpermaße und Eintragung in das Somatogramm:
      – Körpergewicht
      – Körperlänge
      – Kopfumfang
   b) Haut
      – auffällige Blässe
      – Zyanose
      – Ikterus
      – Hämangiome
      – Naevi und andere Pigmentanomalien
      – Ödeme
      – Anhalt für Verletzungen (z. B. Hämatome, Petechien, Verbrennungen, Narben)
      – entzündliche Hautveränderungen
   c) Thorax, Lunge, Atemwege
      – Auskultation
      – Atemgeräusch
      – Atemfrequenz
      – Einziehungen
      – Thoraxkonfiguration
      – Schlüsselbeine intakt
   d) Herz, Kreislauf
      – Auskultation (Herzfrequenz, -rhythmus, -töne und -nebengeräusche)
      – Femoralispulse
   e) Abdomen, Genitale (inkl. Analregion)
      – Anomalien
      – Leber- und Milzgröße
      – Hernien
   f) Bewegungsapparat (Knochen, Muskeln, Nerven)
      – Inspektion des ganzen Körpers in Rücken- und Bauchlage und aufrecht gehalten
      – Asymmetrien
      – Schiefhaltung
      – Spontanmotorik
      – Muskeltonus
      – Opisthotonus
      – Prüfung der passiven Beweglichkeit der großen Gelenke, Muskeleigenreflexe, Handgreifreflex, Fußgreifreflex, Neugeborenenreflexe
      – Prüfung auf klinische Frakturzeichen
      – Befund Hüftsonographie liegt vor/Kontrolle
   g) Kopf
      – Fehlhaltung
      – Dysmorphiezeichen
      – Schädelnähte
      – Kephalhämatom
      – Fontanellentonus
   h) Mundhöhle, Kiefer, Nase
      – Auffälligkeiten der Schleimhaut und des Kieferkamms

  - Kiefer-, Gaumenanomalie
  - Verletzungszeichen
  - abnorme Größe der Zunge
  - behinderte Nasenatmung
  - orofacialer Hypotonus

i) Augen
  - Inspektion: morphologische Auffälligkeiten, Nystagmus
  - Brückner-Test: Transilluminationsunterschied re/li z. B. bei Trübung der brechenden Medien, Strabismus, Anisometropie
  - Prüfung der Blickfolge mit einem geräuschlosen, das Kind interessierenden Objekt (z. B. Lichtquelle); Fixationsschwäche re/li

4. Beratung
Entwicklungsorientierte ärztliche Aufklärung und Beratung, vor allem zu folgenden Themen:
- Stillen/Ernährung/Mundgesundheit
- plötzlicher Kindstod
- Unfallverhütung
- Umgang mit Schreibaby, Schlaf- und Essstörung
- Sprachberatung: Förderung von „Muttersprache" und deutscher Sprache (einschließlich der Laut- und Gebärdensprache)
- Rachitisprophylaxe mittels Vitamin D und Kariesprophylaxe mittels Fluorid
- Informationen zu regionalen Unterstützungsangeboten (z. B. Eltern-Kind-Hilfen, Frühe Hilfen)
- Aufklärung über Impfungen/Vorschlag eines Impftermins, Impfstatus entsprechend der Schutzimpfungs-Richtlinie des G-BA überprüfen

§ 7 U5. (1) Folgende Ziele und Schwerpunkte werden in der U5 gesetzt:

a) Erkennen von Entwicklungsauffälligkeiten

b) Erkennen von Sehstörungen

c) Impfberatung

d) Prüfung der Durchführung des Neugeborenen-Hörscreenings

e) Aufmerksamkeit für Eltern-Kind-Interaktion

(2) Die Untersuchung umfasst die Anamnese, die eingehende körperliche Untersuchung sowie die entwicklungsorientierte ärztliche Aufklärung und Beratung.

1. Anamnese

a) Aktuelle Anamnese des Kindes
  - Erkrankungen: schwerwiegende Erkrankungen seit der letzten Untersuchung, Operationen, Krampfanfälle, schwere ungewöhnliche und häufige Infektionen
  - Ernährung/Verdauung: Essverhalten altersgemäß, abnorme Stühle
  - Auffälliges Schreien? Kann das Kind gut hören? (Kind reagiert auf laute und leise Schallreize, wendet den Kopf zur Schallquelle)
  - Die Ärztin oder der Arzt prüft und dokumentiert ob folgende Untersuchung durchgeführt bzw. veranlasst wurde. Falls nicht soll die Untersuchung gemäß Abschnitt C angeboten werden.
    Neugeborenen-Hörscreening (siehe Abschnitt C Kapitel IV)

b) Sozialanamnese
  aa) Betreuungssituation
  bb) besondere Belastungen in der Familie

2. Orientierende Beurteilung der Entwicklung
   a) Grobmotorik
      – Handstütz mit gestreckten Armen auf den Handflächen.
      – Bei Traktionsreaktion Kopf symmetrisch in Verlängerung der Wirbelsäule und Beugung beider Arme.
      – Federn mit den Beinen.
   b) Feinmotorik
      – Wechselt Spielzeug zwischen den Händen, palmares, radial betontes Greifen.
   c) Sprache
      – Rhythmische Silbenketten (z. B. ge-ge-ge, mem-mem-mem, dei-dei-dei).
   d) Perzeption/Kognition
      – Objekte, Spielzeuge werden mit beiden Händen ergriffen, in den Mund gesteckt, benagt, jedoch wenig intensiv betrachtet; (erkundet oral und manuell).
   e) Soziale/emotionale Kompetenz
      – Lacht stimmhaft, wenn es geneckt wird.
      – Benimmt sich gegen Bekannte und Unbekannte unterschiedlich.
      – Freut sich beim Erscheinen eines anderen Kindes.
   f) Beobachtung der Interaktion

Beobachtung der Interaktion des Kindes mit der primären Bezugsperson im ersten Lebensjahr (U3 bis U6) durch die Ärztin oder den Arzt. Insbesondere die folgenden Reaktionen des Kindes können der Ärztin oder dem Arzt als Hinweise zur Einschätzung von Stimmung, Kommunikations- und Regulationsmöglichkeiten des Kindes im Kontakt mit seiner primären Bezugsperson und als weitere Grundlage für das Ärztin- oder Arzt-Eltern-Gespräch dienen:

Stimmung/Affekt:

Das Kind erscheint in Anwesenheit der primären Bezugsperson zufrieden und ausgeglichen.

Es bleibt bei Ansprache oder nonverbaler Kommunikation durch die primäre Bezugsperson in positiver Grundstimmung ausgeglichen, offen und zugewandt.

Das Kind wirkt in Wiedervereinigungssituationen (nach kurzem Abwenden/kurzer Trennung) gelöst, erfreut und sucht sofort Blickkontakt zur primären Bezugsperson.

Kontakt/Kommunikation:

Das Kind reagiert bei Ansprache oder nonverbaler Kommunikation durch die primäre Bezugsperson mit Lächeln, Wenden des Kopfes oder spontanem Körperkontakt.

Das Kind sendet selbst spontan deutliche Signale zur primären Bezugsperson und sucht mit Blick, Mimik, Gesten und Lauten Kontakt.

Das Kind stellt in unbekannten Situationen Körper- oder Blickkontakt zur Rückversicherung zur primären Bezugsperson her.

Regulation/Stimulation:

Das Kind lässt sich durch Wiegen, Singen oder Ansprache in kurzer Zeit von einer primären Bezugsperson beruhigen.
Das Kind geht auf ein Wechselspiel mit der primären Bezugsperson ein (z. B. mit Fingern oder mit Bauklötzen).
Das Kind kann seine Gefühle meist selbst regulieren und leichte Enttäuschungen tolerieren.
Das Kind reagiert angemessen auf laute Geräusche, helles Licht und Berührung.

Eltern sind unzufrieden mit der Entwicklung und dem Verhalten des Kindes, weil:

3. Eingehende körperliche Untersuchung
   a) Körpermaße und Eintragung in das Somatogramm:
      – Körpergewicht
      – Körperlänge
      – Kopfumfang
   b) Haut
      – auffällige Blässe
      – Anhalt für Verletzungen (z. B. Hämatome, Petechien, Verbrennungen, Narben)
      – entzündliche Hautveränderungen
   c) Thorax, Lunge, Atemwege
      – Auskultation
      – Atemgeräusch
      – Atemfrequenz
      – Einziehungen
      – Thoraxkonfiguration
   d) Herz, Kreislauf
      – Auskultation (Herzfrequenz, -rhythmus, -töne und -nebengeräusche)
      – Femoralispulse
   e) Abdomen, Genitale (inkl. Analregion)
      – Anomalien
      – Hodenhochstand re/li
      – Leber- und Milzgröße
      – Hernien
   f) Bewegungsapparat (Knochen, Muskeln, Nerven)
      – Inspektion des ganzen Körpers in Rücken- und Bauchlage und aufrecht gehalten
      – Asymmetrien
      – Schiefhaltung
      – Spontanmotorik
      – Muskeltonus
      – Prüfung der passiven Beweglichkeit der großen Gelenke, Muskeleigenreflexe
      – Prüfung auf klinische Frakturzeichen
   g) Kopf
      – Fehlhaltung
      – Dysmorphiezeichen
      – Schädelnähte
      – Fontanellentonus

h) Mundhöhle, Kiefer, Nase
   – Verletzungszeichen
   – fehlender Mundschluss

i) Augen
   – Inspektion: morphologische Auffälligkeiten, Nystagmus
   – Brückner-Test: Transilluminationsunterschied re/li z. B. bei Trübung der brechenden Medien, Strabismus, Anisometropie
   – Prüfung der Blickfolge mit einem geräuschlosen, das Kind interessierenden Objekt (z. B. Lichtquelle); Fixationsschwäche re/li

4. Beratung
Entwicklungsorientierte ärztliche Aufklärung und Beratung zu folgenden Themen:
– Stillen/Ernährung
– plötzlicher Kindstod
– Unfallverhütung
– Rachitisprophylaxe mittels Vitamin D und Kariesprophylaxe mittels Fluorid
– Sucht
– UV-Schutz
– Sprachberatung: Förderung von „Muttersprache" und deutscher Sprache (einschließlich der Laut- und Gebärdensprache)
– Informationen zu regionalen Unterstützungsangeboten (z. B. Eltern-Kind-Hilfen, Frühe Hilfen)
– Aufklärung über Impfungen/Vorschlag eines Impftermins, Impfstatus entsprechend Schutzimpfungs-Richtlinie des G-BA überprüfen
– Hinweise zu Mundhygiene und zahnschonender Ernährung
– Verweis zur Zahnärztin oder zum Zahnarzt zur zahnärztlichen Früherkennungsuntersuchung

§ 8 U6. (1) Folgende Ziele und Schwerpunkte werden in der U6 gesetzt:
a) Erkennen von Entwicklungsauffälligkeiten
b) Erkennen von Sehstörungen
c) Impfberatung
d) Aufmerksamkeit für Eltern-Kind-Interaktion

(2) Die Untersuchung umfasst die Anamnese, die eingehende körperliche Untersuchung sowie die entwicklungsorientierte ärztliche Aufklärung und Beratung.

1. Anamnese

a) Aktuelle Anamnese des Kindes
   – Erkrankungen: schwerwiegende Erkrankungen seit der letzten Untersuchung, Operationen, Krampfanfälle, schwere ungewöhnliche und häufige Infektionen
   – Ernährung/Verdauung: Essverhalten altersgemäß, abnorme Stühle
   – Hörvermögen: Reaktion auf leise/laute Schallreize, Kopf- bzw. Blickwendung zur Schallquelle
   – regelmäßiges Schnarchen

b) Sozialanamnese
   aa) Betreuungssituation
   bb) besondere Belastungen in der Familie

2. Orientierende Beurteilung der Entwicklung

a) Grobmotorik
- Freies Sitzen mit geradem Rücken und sicherer Gleichgewichtskontrolle.
- Zieht sich in den Stand hoch und bleibt einige Sekunden stehen.
- Selbständiges, flüssiges Drehen von Rückenlage zu Bauchlage und zurück.

b) Feinmotorik
- Greift kleinen Gegenstand zwischen Daumen und gestrecktem Zeigefinger.
- Klopft zwei Würfel aneinander.

c) Sprache
- Spontane Äußerung von längeren Silbenketten.
- Produziert Doppelsilben (z. B. ba-ba, da-da).
- Ahmt Laute nach.

d) Perzeption/Kognition
- Gibt der Mutter oder dem Vater nach Aufforderung einen Gegenstand.
- Verfolgt den Zeigefinger in die gezeigte Richtung.

e) Soziale/emotionale Kompetenz
- Kann alleine aus der Flasche trinken, trinkt aus der Tasse, aus dem Becher mit etwas Hilfe.
- Das Kind kann zwischen fremden und bekannten Personen unterscheiden.
- Freut sich über andere Kinder.

f) Beobachtung der Interaktion

Beobachtung der Interaktion des Kindes mit der primären Bezugsperson im ersten Lebensjahr (U3 bis U6) durch die Ärztin oder den Arzt. Insbesondere die folgenden Reaktionen des Kindes dienen der Ärztin oder dem Arzt als Hinweise zur Einschätzung von Stimmung, Kommunikations- und Regulationsmöglichkeiten des Kindes im Kontakt mit seiner primären Bezugsperson und als weitere Grundlage für das Ärztin- oder Arzt-Eltern-Gespräch:

Stimmung/Affekt:

Das Kind erscheint in Anwesenheit der primären Bezugsperson zufrieden und ausgeglichen.

Es bleibt bei Ansprache oder nonverbaler Kommunikation durch die primäre Bezugsperson in positiver Grundstimmung ausgeglichen, offen und zugewandt.

Das Kind wirkt in Wiedervereinigungssituationen (nach kurzem Abwenden/kurzer Trennung) gelöst, erfreut und sucht sofort Blickkontakt zur primären Bezugsperson.

Kontakt/Kommunikation:

Das Kind reagiert bei Ansprache oder nonverbaler Kommunikation durch die primäre Bezugsperson mit Lächeln, Wenden des Kopfes oder spontanem Körperkontakt.

Das Kind sendet selbst spontan deutliche Signale zur primären Bezugsperson und sucht mit Blick, Mimik, Gesten und Lauten Kontakt.

Das Kind stellt in unbekannten Situationen Körper- oder Blickkontakt zur Rückversicherung zur primären Bezugsperson her.

Regulation/Stimulation:
Das Kind lässt sich durch Wiegen, Singen oder Ansprache in kurzer Zeit von einer primären Bezugsperson beruhigen.
Das Kind geht auf ein Wechselspiel mit der primären Bezugsperson ein (z. B. mit Fingern oder mit Bauklötzen).
Das Kind kann seine Gefühle meist selbst regulieren und leichte Enttäuschungen tolerieren.
Das Kind toleriert kurze Trennungen von der primären Bezugsperson.
Das Kind reagiert angemessen auf laute Geräusche, helles Licht und Berührung.

Eltern sind unzufrieden mit der Entwicklung und dem Verhalten des Kindes, weil:

3. Eingehende körperliche Untersuchung
   a) Körpermaße und Eintragung in das Somatogramm:
      – Körpergewicht
      – Körperlänge
      – Kopfumfang
   b) Haut
      – auffällige Blässe
      – Anhalt für Verletzungen (z. B. Hämatome, Petechien, Verbrennungen, Narben)
      – entzündliche Hautveränderungen
   c) Thorax, Lunge, Atemwege
      – Auskultation
      – Atemgeräusch
      – Atemfrequenz
      – Einziehungen
      – Thoraxkonfiguration
      – Mamillenabstand
   d) Herz, Kreislauf
      – Auskultation (Herzfrequenz, -rhythmus, -töne und -nebengeräusche)
      – Femoralispulse
   e) Abdomen, Genitale (inkl. Analregion)
      – Anomalien (z. B. Hypospadie, Klitorishypertrophie)
      – Hodenhochstand re/li
      – Leber- und Milzgröße
      – Hernien
   f) Bewegungsapparat (Knochen, Muskeln, Nerven)
      – Inspektion des ganzen Körpers in Rücken- und Bauchlage und aufrecht gehalten
      – Asymmetrien
      – Schiefhaltung
      – Spontanmotorik
      – Muskeltonus
      – Prüfung der passiven Beweglichkeit der großen Gelenke, Muskeleigenreflexe
   g) Kopf
      – Fehlhaltung
      – Dysmorphiezeichen

- Schädelnähte
- Fontanellentonus

h) Mundhöhle, Kiefer, Nase
- Auffälligkeiten an Zähnen und Schleimhaut
- Verletzungszeichen
- behinderte Nasenatmung
- fehlender Mundschluss
- auffälliger Stimmklang (z. B. Heiserkeit und Näseln)

i) Augen
- Inspektion: morphologische Auffälligkeiten, Nystagmus, Kopffehlhaltung
- Brückner-Test: Transilluminationsunterschied re/li z. B. bei Trübung der brechenden Medien, Strabismus, Anisometropie
- Prüfung der Blickfolge mit einem geräuschlosen, das Kind interessierenden Objekt (z. B. Lichtquelle); Fixationsschwäche re/li
- Pupillenstatus: Vergleich Größe, Form, Lichtreaktion re/li

4. Beratung
Entwicklungsorientierte ärztliche Aufklärung und Beratung, vor allem zu folgenden Themen:
- Unfallverhütung
- Sprachberatung: Förderung von „Muttersprache" und deutscher Sprache (einschließlich der Laut- und Gebärdensprache)
- Ernährung
- Rachitisprophylaxe mittels Vitamin D und Kariesprophylaxe mittels Fluorid
- Sucht
- Aufklärung über Impfungen/Vorschlag eines Impftermins, Impfstatus entsprechend Schutzimpfungs-Richtlinie des G-BA überprüfen
- Hinweise zur Mundhygiene (Zahnpflege) und zahnschonende Ernährung
- Informationen zu regionalen Unterstützungsangeboten (z. B. Eltern-Kind-Hilfen, Frühe Hilfen)
- Verweis zur Zahnärztin oder zum Zahnarzt zur zahnärztlichen Früherkennungsuntersuchung

§ 9 U7. (1) Folgende Ziele und Schwerpunkte werden in der U7 gesetzt:

a) Erkennen von Entwicklungsauffälligkeiten

b) Erkennen von Sehstörungen

c) Impfberatung

d) Aufmerksamkeit für Eltern-Kind-Interaktion

(2) Die Untersuchung umfasst die Anamnese, die eingehende körperliche Untersuchung sowie die entwicklungsorientierte ärztliche Aufklärung und Beratung.

1. Anamnese

a) Aktuelle Anamnese des Kindes
- Erkrankungen: schwerwiegende Erkrankungen seit der letzten Untersuchung, Operationen, Krampfanfälle, schwere ungewöhnliche und häufige Infektionen
- Ernährung/Verdauung: Essverhalten altersgemäß, abnorme Stühle

– Kariesprophylaxe mittels Fluorid
– Hörvermögen: Reaktion auf leise/laute Schallreize, Kopf- bzw. Blickwendung zur Schallquelle
– regelmäßiges Schnarchen
– Sind Sie mit der Sprachentwicklung Ihres Kindes zufrieden?
– Wird Ihr Kind von der Umgebung gut verstanden?

b) Sozialanamnese
aa) Betreuungssituation
bb) besondere Belastungen in der Familie

2. Orientierende Beurteilung der Entwicklung

a) Grobmotorik
– Kann über längere Zeit frei und sicher gehen.
– Geht drei Stufen im Kinderschritt hinunter, hält sich mit einer Hand fest.

b) Feinmotorik
– Malt flache Spirale.
– Kann eingewickelte Bonbons oder andere kleine Gegenstände auswickeln oder auspacken.

c) Sprache
– Einwortsprache (wenigstens zehn richtige Wörter ohne Mama und Papa).
– Versteht und befolgt einfache Aufforderungen.
– Drückt durch Gestik oder Sprache (Kopfschütteln oder Nein-Sagen) aus, dass es etwas ablehnt oder eigene Vorstellungen hat.
– Zeigt oder blickt auf drei benannte Körperteile.

d) Perzeption/Kognition
– Stapelt drei Würfel.
– Zeigt im Bilderbuch auf bekannte Gegenstände.

e) Soziale/emotionale Kompetenz
– Bleibt und spielt etwa 15 min alleine, auch wenn die Mutter/der Vater nicht im Zimmer, jedoch in der Nähe ist.
– Kann mit dem Löffel selber essen.
– Hat Interesse an anderen Kindern.

f) Interaktion/Kommunikation
– Versucht Eltern irgendwo hinzuziehen.

Eltern sind unzufrieden mit der Entwicklung und dem Verhalten des Kindes, weil:

3. Eingehende körperliche Untersuchung

a) Körpermaße und Eintragung in das Somatogramm:
– Körpergewicht
– Körperlänge
– Kopfumfang
– BMI

b) Haut
– auffällige Blässe
– Anhalt für Verletzungen (z. B. Hämatome, Petechien, Verbrennungen, Narben)
– entzündliche Hautveränderungen

c) Thorax, Lunge, Atemwege
– Auskultation

   - Atemgeräusch
   - Atemfrequenz
   - Thoraxkonfiguration
   - Mamillenabstand

d) Herz, Kreislauf
   - Auskultation (Herzfrequenz, -rhythmus, -töne und -nebengeräusche)

e) Abdomen, Genitale (inkl. Analregion)
   - Hodenhochstand re/li
   - Leber- und Milzgröße
   - Hernien

f) Bewegungsapparat (Knochen, Muskeln, Nerven)
   - Inspektion des ganzen Körpers in Rücken- und Bauchlage, im Sitzen von hinten und von den Seiten
   - Asymmetrien
   - Schiefhaltung
   - Prüfung der passiven Beweglichkeit der großen Gelenke, Muskeleigenreflexe

g) Mundhöhle, Kiefer, Nase
   - Auffälligkeiten an Zähnen und Schleimhaut
   - Verletzungszeichen
   - Speichelfluss
   - auffälliger Stimmklang

h) Augen
   - Inspektion: morphologische Auffälligkeiten, Nystagmus, Kopffehlhaltung
   - Brückner-Test: Transilluminationsunterschied re/li z.B. bei Trübung der brechenden Medien, Strabismus, Anisometropie
   - Pupillenstatus: Vergleich Größe, Form, Lichtreaktion re/li

4. Beratung
Entwicklungsorientierte ärztliche Aufklärung und Beratung, vor allem zu folgenden Themen:
- Hinweis zur Zahnpflege (Fluorid)
- Unfallverhütung
- Sprachberatung: Förderung von „Muttersprache" und deutscher Sprache (einschließlich der Laut- und Gebärdensprache)
- Bewegung
- Ernährung
- Aufklärung über Impfungen/Vorschlag eines Impftermins, Impfstatus entsprechend Schutzimpfungs-Richtlinie des G-BA überprüfen
- Verweis zur Zahnärztin oder zum Zahnarzt zur zahnärztlichen Früherkennungsuntersuchung

§ 10 U7a. (1) Folgende Ziele und Schwerpunkte werden in der U7a gesetzt:

a) Erkennen von Entwicklungsauffälligkeiten

b) Erkennen von Sehstörungen

c) Impfberatung

d) Aufmerksamkeit für Eltern-Kind-Interaktion

(2) Die Untersuchung umfasst die Anamnese, die eingehende körperliche Untersuchung sowie die entwicklungsorientierte ärztliche Aufklärung und Beratung.

1. Anamnese
   a) Aktuelle Anamnese des Kindes
      – Erkrankungen: schwerwiegende Erkrankungen seit der letzten Untersuchung, Operationen, Krampfanfälle, schwere ungewöhnliche und häufige Infektionen
      – Ernährung/Verdauung: Essverhalten altersgemäß, abnorme Stühle, Kariesprophylaxe mittels Fluorid
      – Hörvermögen
      – regelmäßiges Schnarchen
      – Sind Sie mit der Sprachentwicklung Ihres Kindes zufrieden?
      – Wird Ihr Kind von der Umgebung gut verstanden?
      – Stottert Ihr Kind?
   b) Sozialanamnese
      aa) Betreuungssituation
      bb) besondere Belastungen in der Familie
2. Orientierende Beurteilung der Entwicklung
   a) Grobmotorik
      – Beidseitiges Abhüpfen von der untersten Treppenstufe mit sicherer Gleichgewichtskontrolle.
      – Steigt zwei Stufen im Erwachsenenschritt, hält sich mit der Hand fest.
   b) Feinmotorik
      – Präziser Dreifinger-Spitzgriff (Daumen, Zeige-Mittelfinger) zur Manipulation auch sehr kleiner Gegenstände möglich.
   c) Sprache
      – Spricht mindestens Dreiwortsätze.
      – Spricht von sich in der Ich-Form.
      – Kennt und sagt seinen Rufnamen.
   d) Perzeption/Kognition
      – Kann zuhören und konzentriert spielen, Als-Ob-Spiele.
      – Öffnet große Knöpfe selbst.
   e) Soziale/emotionale Kompetenz
      – Kann sich gut über einige Stunden trennen, wenn es von vertrauter Person betreut wird.
      – Beteiligt sich an häuslichen Tätigkeiten, will mithelfen.
   f) Interaktion/Kommunikation
      – Gemeinsames Spielen mit gleichaltrigen Kindern, auch Rollenspiele.

   Eltern sind unzufrieden mit der Entwicklung und dem Verhalten des Kindes, weil:
3. Eingehende körperliche Untersuchung
   a) Körpermaße und Eintragung in das Somatogramm:
      – Körpergewicht
      – Körperlänge
      – BMI
   b) Haut
      – auffällige Blässe

– Anhalt für Verletzungen (z. B. Hämatome, Petechien, Verbrennungen, Narben)
– entzündliche Hautveränderungen

c) Thorax, Lunge, Atemwege
– Auskultation
– Atemgeräusch
– Atemfrequenz
– Thoraxkonfiguration
– Mamillenabstand

d) Herz, Kreislauf
– Auskultation (Herzfrequenz, -rhythmus, -töne und -nebengeräusche)

e) Abdomen, Genitale (inkl. Analregion)
– Hodenhochstand re/li
– Leber- und Milzgröße
– Hernien

f) Bewegungsapparat (Knochen, Muskeln, Nerven)
– Inspektion des ganzen Körpers in Rücken- und Bauchlage, im Sitzen von hinten und von den Seiten
– Asymmetrien
– Schiefhaltung
– Prüfung der passiven Beweglichkeit der großen Gelenke (Muskeltonus), Muskeleigenreflexe

g) Mundhöhle, Kiefer, Nase
– Auffälligkeiten an Zähnen und Schleimhaut
– Kieferanomalie
– Verletzungszeichen
– fehlender Mundschluss
– behinderte Nasenatmung

h) Augen
– Inspektion: morphologische Auffälligkeiten, Nystagmus, Kopffehlhaltung
– Pupillenstatus: Vergleich Größe, Form, Lichtreaktion re/li
– Hornhautreflexbildchen und Stereo-Test (z. B. Lang-Test, Titmus-Test, TNO-Test); Strabismus
– nonverbaler Formenwiedererkennungstest (z. B. Lea-Hyvärinen-Test, Sheridan-Gardiner-Test, H-Test nach Hohmann/Haase mittels Einzeloptotypen in 3 m Abstand) und monokulare Prüfung (z. B. mit Okklusionspflaster); Sehschwäche; Rechts-links-Differenz

4. Beratung
Entwicklungsorientierte ärztliche Aufklärung und Beratung, vor allem zu folgenden Themen:
– Unfallverhütung
– Sprachberatung: Förderung von „Muttersprache" und deutscher Sprache (einschließlich der Laut- und Gebärdensprache)
– Ernährung
– Bewegung
– Medien (z. B. Medienkonsum, TV, Spielekonsolen, Dauerbeschallung)
– Information über zahnärztliche Vorsorge ab 30 Monaten
– Aufklärung über Impfungen/Vorschlag eines Impftermins, Impfstatus entsprechend Schutzimpfungs-Richtlinie des G-BA überprüfen

– Verweis zur Zahnärztin oder zum Zahnarzt zur zahnärztlichen Früherkennungsuntersuchung

§ 11 U8. (1) Folgende Ziele und Schwerpunkte werden in der U8 gesetzt:
a) Erkennen von Entwicklungsauffälligkeiten
b) Erkennen von Sehstörungen
c) Prüfung des Hörvermögens
d) Impfberatung
e) Aufmerksamkeit für Eltern-Kind-Interaktion

(2) Die Untersuchung umfasst die Anamnese, die eingehende körperliche Untersuchung sowie die entwicklungsorientierte ärztliche Aufklärung und Beratung.

1. Anamnese
   a) Aktuelle Anamnese des Kindes
      – Erkrankungen: schwerwiegende Erkrankungen seit der letzten Untersuchung, Operationen, Krampfanfälle, schwere ungewöhnliche und häufige Infektionen
      – regelmäßiges Schnarchen
      – Sind Sie mit der Sprachentwicklung Ihres Kindes zufrieden?
      – Wird Ihr Kind von der Umgebung gut verstanden?
      – Stottert Ihr Kind?
   b) Sozialanamnese
      aa) Betreuungssituation
      bb) besondere Belastungen in der Familie
2. Orientierende Beurteilung der Entwicklung
   a) Grobmotorik
      – Laufrad oder ähnliches Fahrzeug wird zielgerichtet und sicher bewegt.
      – Hüpft über ein 20 bis 50 cm breites Blatt.
   b) Feinmotorik
      – Mal-Zeichenstift wird richtig zwischen den ersten drei Fingern gehalten.
      – Zeichnet geschlossene Kreise.
   c) Sprache
      – Spricht Sechswortsätze in Kindersprache.
      – Geschichten werden etwa im zeitlichen und logischen Verlauf wiedergegeben.
   d) Perzeption/Kognition
      – Fragt warum, wie, wo, wieso, woher.
   e) Soziale/emotionale Kompetenz
      – Kann sich selbst an- und ausziehen.
      – Gießt Flüssigkeiten ein.
      – Bei alltäglichen Ereignissen kann das Kind seine Emotionen meist selbst regulieren. Toleriert meist leichtere, übliche Enttäuschungen, Freude, Ängste, Stress-Situationen.
   f) Interaktion/Kommunikation
      – Gemeinsames Spielen mit gleichaltrigen Kindern, auch Rollenspiele, hält sich an Spielregeln.

Eltern sind unzufrieden mit der Entwicklung und dem Verhalten des Kindes, weil:

3. Eingehende körperliche Untersuchung
   a) Körpermaße und Eintragung in das Somatogramm:
      – Körpergewicht
      – Körperlänge
      – BMI
   b) Haut
      – auffällige Blässe
      – Anhalt für Verletzungen (z. B. Hämatome, Petechien, Verbrennungen, Narben)
      – entzündliche Hautveränderungen
   c) Thorax, Lunge, Atemwege
      – Auskultation
      – Atemgeräusch
      – Atemfrequenz
      – Thoraxkonfiguration
      – Mamillenabstand
      – Hinweis auf Rachitis
   d) Herz, Kreislauf
      – Auskultation (Herzfrequenz, -rhythmus, -töne und -nebengeräusche)
   e) Abdomen, Genitale (inkl. Analregion)
      – Hodenhochstand re/li
      – Leber- und Milzgröße
      – Hernien
      – auffälliger Harnbefund (Mehrfachteststreifen)
   f) Bewegungsapparat (Knochen, Muskeln, Nerven)
      – Inspektion des ganzen Körpers in Rücken- und Bauchlage, im Sitzen von hinten und von den Seiten, Vorbeugetest
      – Asymmetrien
      – Schiefhaltung
      – Spontanmotorik
      – Hinweis auf Rachitis an den Extremitäten
      – Prüfung der passiven Beweglichkeit der großen Gelenke (Muskeltonus), Muskeleigenreflexe
   g) Mundhöhle, Kiefer, Nase
      – Auffälligkeiten an Zähnen und Schleimhaut
      – Verletzungszeichen
      – Kieferanomalien
   h) Ohren
      – Hörtest mittels Screeningaudiometrie (Bestimmung der Hörschwelle in Luftleitung mit mindestens 5 Prüffrequenzen)
   i) Augen
      – Inspektion: morphologische Auffälligkeiten, Nystagmus, Kopffehlhaltung
      – Pupillenstatus: Vergleich Größe, Form, Lichtreaktion re/li
      – Hornhautreflexbildchen und Stereo-Test (z. B. Lang-Test, Titmus-Test, TNO-Test); Strabismus

– nonverbaler Formenwiedererkennungstest (z. B. Lea-Hyvärinen-Test, Sheridan-Gardiner-Test, H-Test nach Hohmann/Haase, E-Haken, Landoltringe mittels Einzeloptotypen in 3 m Abstand) und monokulare Prüfung (z. B. mit Okklusionspflaster); Sehschwäche; Rechts-links-Differenz

4. Beratung
Entwicklungsorientierte ärztliche Aufklärung und Beratung, vor allem zu folgenden Themen:
– Unfallverhütung
– Sprachberatung: Förderung von deutscher Sprache und „Muttersprache" (einschließlich der Laut- und Gebärdensprache)
– Medien (z. B. Medienkonsum, TV, Spielekonsolen, Dauerbeschallung)
– Ernährung
– Bewegung
– Aufklärung über Impfungen/Vorschlag eines Impftermins, Impfstatus entsprechend Schutzimpfungs-Richtlinie des G-BA überprüfen
– Verweis zur Zahnärztin oder zum Zahnarzt zur zahnärztlichen Früherkennungsuntersuchung

§ 12 U9. (1) Folgende Ziele und Schwerpunkte werden in der U9 gesetzt:
a) Erkennen von Entwicklungsauffälligkeiten
b) Erkennen von Sehstörungen
c) Impfberatung
d) Aufmerksamkeit für Eltern-Kind-Interaktion

(2) Die Untersuchung umfasst die Anamnese, die eingehende körperliche Untersuchung sowie die entwicklungsorientierte ärztliche Aufklärung und Beratung.

1. Anamnese
   a) Aktuelle Anamnese des Kindes
      – Erkrankungen: schwerwiegende Erkrankungen seit der letzten Untersuchung, Operationen, Krampfanfälle, schwere ungewöhnliche und häufige Infektionen
      – Hörvermögen
      – Sind Sie mit der Sprachentwicklung Ihres Kindes zufrieden?
      – Wird Ihr Kind von der Umgebung gut verstanden?
      – Stottert Ihr Kind?
   b) Sozialanamnese
      aa) Betreuungssituation
      bb) besondere Belastungen in der Familie
2. Orientierende Beurteilung der Entwicklung
   a) Grobmotorik
      – Hüpft auf einem Bein jeweils rechts und links, und kurzer Einbeinstand.
      – Größere Bälle können aufgefangen werden.
      – Läuft Treppen vorwärts rauf und runter im Erwachsenenschritt (wechselfüßig) ohne sich festzuhalten.
   b) Feinmotorik
      – Nachmalen eines Kreises, Quadrates, Dreiecks möglich.

- Stifthaltung wie ein Erwachsener.
- Kann mit einer Kinderschere an einer geraden Linie entlang schneiden.

c) Sprache
- Fehlerfreie Aussprache, vereinzelt können noch Laute fehlerhaft ausgesprochen werden.
- Ereignisse und Geschichten werden im richtigen zeitlichen und logischen Ablauf wiedergegeben in korrekten, jedoch noch einfach strukturierten Sätzen.

d) Perzeption/Kognition
- Mindestens drei Farben werden erkannt und richtig benannt.

e) Soziale/emotionale Kompetenz
- Kann sich mit anderen Kindern gut im Spiel abwechseln.
- Ist bereit zu teilen.
- Kind kann seine Emotionen meist selbst regulieren. Toleriert meist leichtere, übliche Enttäuschungen.

f) Interaktion/Kommunikation
- Das Kind lädt andere Kinder zu sich ein und wird selbst eingeladen.
- Intensive Rollenspiele: Verkleiden, Verwandlung in Tiere, Vorbilder (Ritter, Piraten, Helden), auch mit anderen Kindern.

Eltern sind unzufrieden mit der Entwicklung und dem Verhalten des Kindes, weil:

3. Eingehende körperliche Untersuchung

a) Körpermaße und Eintragung in das Somatogramm:
- Körpergewicht
- Körperlänge
- BMI

b) Haut
- auffällige Blässe
- Anhalt für Verletzungen (z.B. Hämatome, Petechien, Verbrennungen, Narben)
- entzündliche Hautveränderungen

c) Thorax, Lunge, Atemwege
- Auskultation
- Atemgeräusch
- Atemfrequenz
- Thoraxkonfiguration
- Mamillenabstand

d) Herz, Kreislauf
- Auskultation (Herzfrequenz, -rhythmus, -töne und -nebengeräusche)

e) Abdomen, Genitale (inkl. Analregion)
- Leber- und Milzgröße
- Hernien

f) Bewegungsapparat (Knochen, Muskeln, Nerven)
- Inspektion des ganzen Körpers in Rücken- und Bauchlage, im Sitzen von hinten und von den Seiten
- Asymmetrien
- Schiefhaltung
- Prüfung der passiven Beweglichkeit der großen Gelenke (Muskeltonus), Muskeleigenreflexe

g) Mundhöhle, Kiefer, Nase
   – Auffälligkeiten an Zähnen und Schleimhaut
   – Verletzungszeichen
   – Kieferanomalien

h) Augen
   – Inspektion: morphologische Auffälligkeiten, Nystagmus, Kopffehlhaltung
   – Pupillenstatus: Vergleich Größe, Form, Lichtreaktion re/li
   – Hornhautreflexbildchen und Stereo-Test (z. B. Lang-Test, Titmus-Test, TNO-Test); Strabismus
   – nonverbaler Formenwiedererkennungstest (z. B. Lea-Hyvärinen-Test, Sheridan-Gardiner-Test, H-Test nach Hohmann/Haase, E-Haken, Landoltringe mittels Einzeloptotypen in 3 m Abstand) und monokulare Prüfung (z. B. mit Okklusionspflaster); Sehschwäche; Rechts-links-Differenz

4. Beratung
   Entwicklungsorientierte ärztliche Aufklärung und Beratung, vor allem zu folgenden Themen:
   – Kariesprophylaxe mittels Fluorid prüfen
   – Unfallverhütung
   – Sprachberatung: Förderung von deutscher Sprache und „Muttersprache" (einschließlich der Laut- und Gebärdensprache)
   – Bewegung und Adipositasprävention
   – Ernährung
   – Medien (z. B. Medienkonsum, TV, Spielekonsolen, Dauerbeschallung)
   – Sucht
   – Aufklärung über Impfungen/Vorschlag eines Impftermins, Impfstatus entsprechend Schutzimpfungs-Richtlinie des G-BA überprüfen
   – Verweis zur Zahnärztin oder zum Zahnarzt zur zahnärztlichen Früherkennungsuntersuchung

C. Spezielle Früherkennungsuntersuchungen

I. Erweitertes Neugeborenen-Screening

1. Allgemeine Bestimmungen

§ 13 Allgemeines. (1) [1] Das nach dieser Richtlinie durchzuführende erweiterte Neugeborenen-Screening dient der Früherkennung von angeborenen Stoffwechseldefekten, endokrinen Störungen und Immundefekten bei Neugeborenen, die die körperliche und geistige Entwicklung der Kinder in nicht geringfügigem Maße gefährden. [2] Durch das Screening soll eine unverzügliche Therapieeinleitung im Krankheitsfall ermöglicht werden.

(2) Das Screening umfasst ausschließlich die in § 17 als Zielkrankheiten aufgeführten Stoffwechseldefekte, endokrinen Störungen und Immundefekte.

§ 14 Geltungsbereich. Die Richtlinie gilt auf Grundlage von § 26 des SGB V für alle zu Lasten der gesetzlichen Krankenversicherung durchgeführten Neugeborenen-Screenings, unabhängig davon, welcher Leistungserbringer sie einleitet oder erbringt.

§ 15 Anspruchsberechtigung. Neugeborene haben Anspruch auf Teilnahme am erweiterten Neugeborenen-Screening entsprechend dieser Richtlinie.

§ 16 Aufklärung und Einwilligung. (1) [1]Die Eltern (Personensorgeberechtigten) des Neugeborenen sind vor der Durchführung des Screenings eingehend und mit Unterstützung eines Informationsblatts entsprechend Anlage 3 durch den verantwortlichen Arzt (§ 19 Absatz 1) aufzuklären. [2]Wird die Geburt durch eine Hebamme oder einen Entbindungspfleger geleitet, kann die Aufklärung durch diese erfolgen, wenn die Rückfragemöglichkeit an einen Arzt gewährleistet ist. [3]Die Inhalte der Aufklärung sind vor der Untersuchung zu dokumentieren.

(2) [1]Zu Anforderungen an die Inhalte der Aufklärung gilt § 9 des Gendiagnostikgesetzes (GenDG). [2]Die Aufklärung umfasst insbesondere Zweck, Art, Umfang und Aussagekraft der genetischen Untersuchung. [3]Die Gendiagnostik-Kommission kann diese Inhalte in Richtlinien nach § 23 Absatz 2 Nummer 3 GenDG konkretisieren.

(3) [1]Nach der Aufklärung ist eine angemessene Bedenkzeit bis zur Entscheidung über die Einwilligung einzuräumen. [2]Die Personensorgeberechtigten können auf die Bedenkzeit verzichten, so dass unmittelbar nach der Aufklärung die Einwilligung eingeholt und Blut abgenommen werden kann. [3]Die Einwilligung umfasst den Umfang der genetischen Untersuchung und den Umfang der mit der Filterpapierkarte weiterzugebenden personenbezogenen Daten. [4]Die Einwilligung hat gegenüber der Person zu erfolgen, die die Aufklärung nach Absatz 1 durchgeführt hat und ist mit der Unterschrift zumindest eines Elternteils (Personensorgeberechtigten) zu dokumentieren. [5]Die Eltern erklären mit ihrer Einwilligung zum Screening, dass personenbezogene Daten an die Labore übermittelt werden dürfen. [6]Als Nachweis der vorliegenden Einwilligung gegenüber dem durchführenden Labor gilt auch das Ankreuzen des entsprechenden Feldes auf der Filterpapierkarte. [7]Die Einwilligung kann jederzeit schriftlich oder mündlich mit Wirkung für die Zukunft gegenüber der aufklärenden Person widerrufen werden.

§ 17 Zielkrankheiten und deren Untersuchung. (1) Im erweiterten Neugeborenen-Screening wird ausschließlich auf die nachfolgenden Zielkrankheiten gescreent:

1. Hypothyreose
2. Adrenogenitales Syndrom (AGS)
3. Biotinidasemangel
4. Galaktosämie
5. Phenylketonurie (PKU) und Hyperphenylalaninämie (HPA)
6. Ahornsirupkrankheit (MSUD)
7. Medium-Chain-Acyl-CoA-Dehydrogenase-Mangel (MCAD)
8. Long-Chain-3-OH-Acyl-CoA-Dehydrogenase-Mangel (LCHAD)
9. Very-Long-Chain-Acyl-CoA-Dehydrogenase-Mangel (VLCAD)
10. Carnitinzyklusdefekte
    a) Carnitin-Palmitoyl-Transferase-I-Mangel (CPT-I)

b) Carnitin-Palmitoyl-Transferase-II-Mangel (CPT-II)

c) Carnitin-Acylcarnitin-Translocase-Mangel

11. Glutaracidurie Typ I (GA I)
12. Isovalerianacidämie (IVA)
13. Tyrosinämie Typ I
14. Schwere kombinierte Immundefekte (SCID).

(2) [1] Das Screening auf die Zielkrankheiten der Nummern 1 bis 4 erfolgt mit konventionellen Laboruntersuchungsverfahren (Nummer 1 und 2 mittels immunometrischer Teste [Radioimmunoassays/Fluoroimmunoassays], Nummer 3 mittels eines photometrischen Tests, Nummer 4 mittels eines photometrischen und fluorometrischen Tests). [2] Das Screening auf die Zielkrankheiten der Nummern 5 bis 13 wird mittels der Tandemmassenspektrometrie und auf die Zielerkrankung der Nummer 14 wird mittels quantitativer oder semiquantitativer Polymerase Chain Reaction (PCR) durchgeführt. [3] Für das SCID-Screening können als Messmethoden sowohl Testverfahren in Form von CE-zertifizierten Medizinprodukten als auch sogenannte hausinterne Standardprozeduren („In-house-SOPs“) zur Anwendung kommen. [4] Die Anwendung von hausinternen Standardprozeduren als Messverfahren setzt voraus, dass diese einer Qualitätssicherung in Form von Ringversuchen unterliegen.

(3) [1] Die Untersuchung weiterer, nicht in Absatz 1 genannter Krankheiten ist nicht Teil des Screenings. [2] Daten zu solchen Krankheiten sind, soweit technisch ihre Erhebung nicht unterdrückt werden kann, unverzüglich zu vernichten. [3] Deren Nutzung, Speicherung oder Weitergabe ist nicht zulässig. [4] Die im Rahmen des Screenings erhobenen Daten dürfen ausschließlich zu dem Zweck verwendet werden, die vorgenannten Zielkrankheiten zu erkennen und zu behandeln.

2. Verfahren

§ 18 Grundsätze des Screening-Verfahrens. (1) Der Erfolg des Screenings ist insbesondere abhängig von der Zuverlässigkeit der Befundergebnisse und der Schnelligkeit, mit der in Verdachtsfällen die Abklärungsdiagnostik durchgeführt und die therapeutischen Maßnahmen eingeleitet werden.

(2) [1] Zur zuverlässigen Diagnose ist bei einem ersten auffälligen Befund sofort eine zweite Laboruntersuchung durchzuführen. [2] Das Verfahren und die Verantwortlichkeiten sind dabei die gleichen wie bei der Erstbefundung. [3] Ergibt auch die zweite Untersuchung einen auffälligen Befund, ist eine dem Befund angemessene unverzügliche Abklärung und gegebenenfalls Therapieeinleitung zu veranlassen. [4] Nach Vorliegen eines abschließenden Ergebnisses (nach Kontrolle des auffälligen Erstbefundes in einer erneuten Blutprobe) soll eine genetische Beratung durch einen dafür qualifizierten Arzt/qualifizierte Ärztin angeboten werden, außer es liegt ein eindeutig negatives Ergebnis vor.

(3) Zwischen der Abnahme der Probe und der Übermittlung eines auffälligen Befunds sollen nicht mehr als 72 Stunden liegen.

§ 19 Durchführungsverantwortung. (1) [1] Der Leistungserbringer, der die Geburt des Kindes verantwortlich geleitet hat, ist für die Durchführung des Screenings verantwortlich. [2] Der Leistungserbringer (im Folgenden „Einsender“ genannt) hat das Labor mit der Analyse der zugesandten Proben zu beauftragen. [3]Wurde die Geburt durch eine Hebamme oder einen Entbindungspfleger verantwortlich geleitet, so soll sie/er in gegenseitigem Einvernehmen eine verantwortliche Ärztin/einen verantwortlichen Arzt benennen. [4]Ist eine Benennung ausnahmsweise nicht möglich, hat die Hebamme/der Entbindungspfleger, das Screening in eigener Verantwortung durchzuführen, wenn die Rückfragemöglichkeit an eine Ärztin/einen Arzt gewährleistet ist. [5]Durch die Probenübermittlung an eine/n nach § 23 berechtigte/n Laborärztin/Laborarzt wird dieser/diesem die Verantwortung für die Laboruntersuchungen nach § 17 und die Befundübermittlungen nach § 22 übertragen.

(2) [1]Auch ohne Durchführungsverantwortung nach Absatz 1 hat sich die/der die U2-Früherkennungsuntersuchung beim Neugeborenen durchführende Ärztin/Arzt bei der Untersuchung zu vergewissern, dass die Entnahme der Blutprobe für das erweiterte Neugeborenen-Screening dokumentiert wurde. [2]Ist das Screening nicht dokumentiert, so hat sie/er das Screening nach dieser Richtlinie anzubieten.

§ 20 Zeitpunkt der Probenentnahmen. (1) [1]Der optimale Entnahmezeitpunkt ist das Alter von 48 bis 72 Lebensstunden. [2]Die Blutprobe soll nicht vor vollendeten 36 und nicht nach 72 Lebensstunden entnommen werden. [3]In diesem Zeitfenster versäumte Probenentnahmen müssen unverzüglich nachgeholt werden.

(2) [1]Bei Entlassung vor vollendeten 36 Lebensstunden oder Verlegung soll eine erste Probe entnommen werden. [2]Ein früherer Untersuchungszeitpunkt als 36 Lebensstunden erhöht das Risiko von falsch-negativen und falsch-positiven Befunden. [3]Bei Entlassung vor 36 Lebensstunden müssen die Eltern (Personensorgeberechtigten) daher über die Notwendigkeit einer termingerechten zweiten Laboruntersuchung informiert werden.

(3) Die erste Probenentnahme soll vor einer Transfusion, Kortikosteroid- oder Dopamintherapie durchgeführt werden.

(4) Bei sehr unreifen Neugeborenen (Geburt vor vollendeten 32 Schwangerschaftswochen) muss außer dem Erstscreening nach Absatz 1 ein abschließendes Zweitscreening in einem korrigierten Alter von 32 Schwangerschaftswochen erfolgen.

§ 21 Probenentnahme und Probenbearbeitung. (1) [1]Bei der Probengewinnung wird natives Venen- oder Fersenblut entnommen, auf speziell dafür vorgesehenes Filterpapier (Filterpapierkarte) aufgetropft und bei Raumtemperatur getrocknet. [2]Die Berechtigung zur Blutentnahme richtet sich nach dem Berufsrecht des jeweiligen Leistungserbringers.

(2) Die Probenentnahme, die Angaben zum Neugeborenen und das Datum der Versendung der Blutprobe sind auf der Filterpapierkarte gemäß Anlage 4 und in geeigneter Weise auch im Kinderuntersuchungsheft zu dokumentieren, um die Überprüfung der erfolgten Blutentnahme im Rahmen der U2-Früherkennungsuntersuchung zu ermöglichen.

(3) Durch Festlegung geeigneter Maßnahmen ist die eineindeutige Probenzuordnung zum Neugeborenen sicher zu stellen.

(4) Die Filterpapierkarte ist an eine/einen zur Durchführung der notwendigen Laborleistungen nach § 23 berechtigte Ärztin/berechtigten Arzt zu senden.

(5) Das Entnahme-Datum soll zugleich Proben-Versand-Datum sein.

(6) Die Ablehnung des Screenings oder der Tod des Neugeborenen vor einer möglichen ersten Blutentnahme nach § 20 sind auf leeren Filterpapierkarten zu dokumentieren und an das Screeninglabor zu senden.

§ 22 Befundübermittlung. (1) [1] Wenn die Untersuchung aus der Blutprobe des Kindes im Labor den Verdacht auf das Vorliegen einer der Zielkrankheiten ergibt, ist der Einsender unverzüglich zu unterrichten und zur Entnahme einer Kontrollblutprobe aufzufordern. [2] Dabei ist auf die Notwendigkeit einer schnellen, fachkompetenten Abklärung und Weiterbetreuung ausdrücklich und mit Bezug auf die befundete Zielkrankheit hinzuweisen. [3] Dem Einsender ist zu empfehlen, schnellstmöglich Kontakt zu den Eltern (Personensorgeberechtigten) aufzunehmen. [4] Außerdem sind ihm Kontaktmöglichkeiten (insbesondere Telefonnummern) zu den nächsterreichbaren Zentren mit Stoffwechselspezialisten oder Endokrinologen sowie spezialisierten immunologischen Einrichtungen mit 24-stündiger Erreichbarkeit mitzuteilen.

(2) Datum und Uhrzeit der Befundübermittlung, der Informationsempfänger und das vereinbarte Vorgehen sind zu dokumentieren.

(3) [1] Für ihre Erreichbarkeit zum Zeitpunkt der möglichen Befundübermittlung sind die Telefonnummern und Adressen des Einsenders und Eltern (Personensorgeberechtigte) auf einem abtrennbaren Teil der Filterpapierkarte anzugeben. [2] Die schriftliche Einwilligung der Personensorgeberechtigten gemäß § 16 umfasst grundsätzlich die Übermittlung der personenbezogenen Daten, insbesondere der Telefonnummer und Adresse, zum Zwecke der unmittelbaren Kontaktaufnahme im Sinne von Absatz 4. [3] Nach abgeschlossener Diagnostik, Befundübermittlung und Abrechnung sind die Kontaktdaten unverzüglich zu löschen und die weiteren personenbezogenen Daten zu pseudonymisieren.

(4) [1] Bei pathologischen Befunden erfolgt eine unverzügliche Befundweitergabe, mündlich und schriftlich, von der Laborärztin/vom Laborarzt an den Einsender. [2] Im Falle der Nichterreichbarkeit des verantwortlichen Einsenders ist die Laborärztin/der Laborarzt berechtigt, den Befund unmittelbar den Personensorgeberechtigten mitzuteilen, wenn dies zur Abwendung unmittelbarer Gefahren für die Gesundheit des Kindes erforderlich ist und wenn deren schriftliche Einwilligung vorliegt. [3] Die Laborärztin/der Laborarzt hat den Befund entsprechend Absatz 5 mitzuteilen.

(5) [1] Der Einsender informiert unverzüglich die Eltern (Personensorgeberechtigten). [2] Dabei ist auf die Notwendigkeit einer schnellen, fachkompetenten Abklärung und Weiterbetreuung ausdrücklich hinzuweisen. [3] Datum und Uhrzeit der Befundübermittlung, der Informationsempfänger und das vereinbarte Vorgehen sind zu dokumentieren. [4] Außerdem sind den Personensorgeberechtigten Kontaktmöglichkeiten (insbesondere Telefonnummern) zu den nächsterreichbaren Zentren mit Stoffwechselspezialisten oder Endokrinologen sowie spezialisierten immunologischen Einrichtungen mit 24-stündiger Erreichbarkeit mitzuteilen.

(6) [1] Unauffällige Befunde werden dem Einsender schriftlich mitgeteilt. [2] Die Eltern (Personensorgeberechtigten) werden ohne Vorliegen eines auffälligen Befundes nur auf ihre ausdrückliche Nachfrage vom Einsender informiert.

3. Genehmigung und Qualitätssicherung für Laborleistungen

§ 23 Genehmigung für Laborleistungen. (1) [1]Laborleistungen nach dieser Richtlinie dürfen nur nach Genehmigung der Kassenärztlichen Vereinigung erbracht und abgerechnet werden, in deren Gebiet die Laborärztin/der Laborarzt zur Teilnahme an der vertragsärztlichen Versorgung zugelassen oder ermächtigt ist. [2]Voraussetzung für die Genehmigung ist, dass die beantragende Ärztin/der beantragende Arzt ihre/seine fachliche Qualifikation nach § 24 nachweist, die Voraussetzungen nach § 25 für das Labor belegt, in dem sie/er die Laborleistungen erbringen will und das Labor die Anforderungen nach § 5 Absatz 1 Satz 2 Nummer 1 bis 4 GenDG erfüllt.

(2) Die Genehmigung ist unter der Auflage zu erteilen, dass die Laborleistungen nach dieser Richtlinie in einem Labor erbracht werden, das die Voraussetzungen des § 25 erfüllt und die Ärztin/der Arzt den Verpflichtungen zur Qualitätssicherung nach § 26 nachkommt.

(3) [1]Die Genehmigung ist zu versagen, wenn trotz Vorliegens der in Absatz 1 Satz 2 geforderten Nachweise erhebliche Zweifel an der qualitätsgesicherten Erbringung der Laborleistungen bestehen. [2]Die Zweifel können sich insbesondere daraus ergeben, dass die Verpflichtungen zur Qualitätssicherung nach § 26 in erheblichem Umfang verletzt wurden oder die Laborleistungen aus derselben Blutprobe an verschiedenen Standorten erbracht werden sollen (Verbot des Probensplittings) und dadurch eine qualitätsgesicherte und zeitgerechte Erbringung der Laborleistungen nicht gewährleistet ist.

(4) Die zuständige Kassenärztliche Vereinigung muss vor der Erteilung der Genehmigung und kann nach der Genehmigung die Labore nach vorheriger Anmeldung und mit Einverständnis einer/eines das Hausrecht ausübende/n Ärztin/Arztes begehen und auf das Vorliegen der Genehmigungsvoraussetzungen prüfen.

(5) Die Abrechnungsgenehmigung ist der/dem die Laborleistungen erbringende/n Ärztin/Arzt zu entziehen, wenn
- die Genehmigungsvoraussetzungen nach Absätzen 1 und 3 nicht mehr vorliegen,
- die Auflagen nach Absatz 2 nicht erfüllt werden oder
- das Einverständnis zur Praxisbegehung versagt wird.

(6) [1]Vor dem Entzug der Genehmigung und vor der Ablehnung des Antrags auf Erteilung einer Abrechnungsgenehmigung ist die Ärztin/der Arzt im Rahmen eines Kolloquiums anzuhören, und es soll eine angemessene Frist zur Beseitigung der Gründe für den Entzug der Abrechnungsgenehmigung gesetzt werden, die ein halbes Jahr nicht übersteigt. [2]Satz 1 gilt nicht, wenn die Qualitätsmängel so gravierend sind, dass ein sofortiger Genehmigungsentzug geboten ist.

§ 24 Qualifikation der Laborärztin/des Laborarztes. (1) Die Erbringung der Laborleistungen nach dieser Richtlinie bedarf einer besonderen fachlichen Qualifikation der erbringenden Ärztin/des erbringenden Arztes, die sowohl spezielle Kenntnisse als auch Erfahrung in der Durchführung der Tandemmassenspektrometrie und der quantitativen oder semi-quantitativen PCR umfasst.

(2) Die besondere fachliche Qualifikation der Laborärztin/des Laborarztes gilt in der Regel als belegt, wenn sie/er

a) die Gebietsbezeichnung für Laboratoriumsmedizin führen darf oder über die Fachkunde Laboruntersuchung oder die Zusatz-Weiterbildung fachgebundene Labordiagnostik verfügt und

b) ihre/seine persönliche Erfahrung in der Erbringung von Tandemmassenspektrometrien und quantitativen oder semi-quantitativen PCR dadurch in geeigneter Weise belegt, dass sie/er entweder
   – die Erbringung von 20000 Tandemmassenspektrometrien und quantitativen oder semi-quantitativen PCR für das Jahr glaubhaft macht, welches dem vorgesehenen Tag der Genehmigung vorausgeht, oder
   – die regelmäßige Erbringung von Tandemmassenspektrometrien und quantitativen oder semi-quantitativen PCR über einen Zeitraum von zwei Jahren glaubhaft macht, welche dem vorgesehenen Tag der Genehmigung vorausgehen. Bestehen Zweifel an der persönlichen Erfahrung in der Erbringung von Tandemmassenspektrometrien und quantitativen oder semi-quantitativen PCR sollen diese im Rahmen eines Fachkolloquiums u. a. anhand der Beurteilung einer Fallsammlung geklärt werden.

§ 25 Anforderungen an die Labore. (1) [1] Zur Optimierung der internen Qualitätssicherung und der Logistik des Screenings sowie der Wirtschaftlichkeit ist eine Mindestzahl von 50000 untersuchten Erstscreeningproben innerhalb eines Jahres und in einem Labor Voraussetzung für die Teilnahme am Screening. [2] Die zuständige Kassenärztliche Vereinigung kann die Frist für die Erfüllung der Mindestzahlen in der Anfangsphase einmal um höchstens ein Jahr verlängern.

(2) [1] Das Labor muss für die durchzuführenden Untersuchungen mit den entsprechenden technischen Einrichtungen ausgestattet sein und über qualifiziertes Personal verfügen. [2] Diese organisatorisch-apparativen Voraussetzungen gelten mit einer Akkreditierung für medizinische Laborleistungen durch die Deutsche Akkreditierungsstelle GmbH (DAkkS GmbH) als belegt.

(3) Die Genehmigung ist unter der Auflage zu erteilen, dass das Labor, in dem die Laborleistungen erbracht werden sollen, die folgenden Leistungen erbringt:
- Versendung der Filterpapierkarten an die Leistungserbringer, für die das Labor Laborleistungen nach dieser Richtlinie erbringt und
- Erstellung und vierteljährliche Aktualisierung eines Verzeichnisses der nächsterreichbaren Zentren mit pädiatrischen Stoffwechselspezialisten oder Endokrinologen sowie spezialisierten immunologischen Einrichtungen mit 24-stündiger Erreichbarkeit zur Information nach § 22 Absatz 1.

§ 26 Qualitätssicherung. (1) Die eineindeutige Zuordnung der Proben und der Ergebnisse ihrer Untersuchung zu dem jeweiligen Neugeborenen ist sicherzustellen.

(2) [1] Die berufsrechtlichen Anforderungen an die persönliche Erbringung von Laborleistungen, insbesondere für die regelmäßige Überprüfung der ordnungsgemäßen Laborgerätewartung und -bedienung durch das Laborpersonal, die persönliche Erreichbarkeit und die persönliche Überprüfung der Plausibilität der erhobenen Laborparameter nach Abschluss des Untersuchungsganges im Labor und § 5 GenDG sind zu beachten. [2] Auf die Richtlinie der Bundesärztekammer zur Qualitätssicherung laboratoriumsmedizinischer Untersuchungen wird hingewiesen.

(3) [1] Es ist sicherzustellen, dass am Tage des Proben-Eingangs die Laboruntersuchung durchgeführt und pathologische Befunde übermittelt werden. [2] Die Laborleistung ist zumindest von Montag bis Samstag vorzuhalten.

(4) [1]Die die Laborleistungen erbringenden Ärztinnen/Ärzte müssen im ersten Quartal jedes Jahres der zuständigen Kassenärztlichen Vereinigung einen Qualitätsbericht über ihre Leistungen nach dieser Richtlinie im vorangegangenen Jahr vorlegen. [2]Der Bericht muss Angaben zu der untersuchten Zahl der Proben, der pathologischen Fälle, der Endbefunde, der Recall-Raten, Abnahme- und Versandzeiten und Angaben zur Befundübermittlung enthalten. [3]Für die Leistungen innerhalb eines Labors kann ein gemeinsamer Bericht erstellt werden; die Angaben nach Satz 2 müssen aber auf die einzelne Ärztin/den einzelnen Arzt zurückführbar sein. [4]Die Kassenärztlichen Vereinigungen stellen diese Berichte den Krankenkassen und dem G-BA zur Verfügung.

§ 27 Dokumentation der Laborleistungen. (1) Die Laborleistungen sind auf dem Mustervordruck nach Anlage 4 der eingesandten Filterpapierkarte zu dokumentieren.

(2) Das Labor muss die Einhaltung der jeweils gültigen Datenschutzbestimmungen gewährleisten.

(3) Restblutproben sind unverzüglich nach Abschluss der Ringversuche zur Qualitätssicherung nach den Richtlinien der Bundesärztekammer zur Qualitätssicherung laboratoriumsmedizinischer Untersuchungen, spätestens jedoch nach drei Monaten zu vernichten.

§ 28 Anpassung. (1) Spätestens zwei Jahre nach Inkrafttreten der Richtlinie soll der zuständige Unterausschuss des G-BA den Erfolg des erweiterten Neugeborenen-Screenings prüfen und erforderliche Änderungen der Bestimmungen empfehlen.

(2) Die Erfüllung der Anforderungen an die Labore gemäß § 5 Absatz 2 GenDG (§ 23 Absatz 1 Satz 2) ist bis zum 1. Februar 2011 keine Voraussetzung für die Erteilung von Genehmigungen oder die Abrechnung von Laborleistungen.

II. Screening auf Mukoviszidose

1. Allgemeine Bestimmungen

§ 29 Allgemeines. [1]Das nach dieser Richtlinie durchzuführende Screening dient der Früherkennung der Mukoviszidose bei Neugeborenen. [2]Durch das Screening soll eine unverzügliche Therapieeinleitung im Krankheitsfall ermöglicht werden. [3]Das Screening auf Mukoviszidose erfolgt im Regelfall zum selben Zeitpunkt und aus derselben Blutprobe wie das erweiterte Neugeborenen-Screening. [4]Das Screening auf Mukoviszidose unterliegt den Regelungen des GenDG.

§ 30 Geltungsbereich. Der Abschnitt C Kapitel II Screening auf Mukoviszidose der Kinder-Richtlinie gilt auf Grundlage von § 26 SGB V für alle zu Lasten der gesetzlichen Krankenversicherung durchgeführten Screeninguntersuchungen auf Mukoviszidose, unabhängig davon, welcher Leistungserbringer sie einleitet oder erbringt.

§ 31 Anspruchsberechtigung. Neugeborene haben Anspruch auf Teilnahme am Screening auf Mukoviszidose entsprechend dieser Richtlinie.

§ 32 Aufklärung und Einwilligung. (1) [1]Das Screening auf Mukoviszidose wird dreistufig als serielle Kombination von zwei biochemischen Tests auf

Anamnese

Schwangerschaftsanamnese:

	Zutreffendes bitte ankreuzen		**Zutreffendes bitte ankreuzen**
Diabetes mellitus	☐	Mehrlingsschwangerschaft	☐
Gestationsdiabetes	☐	(Poly-)Hydramnion	☐
Dauermedikation	☐	Oligohydramnion	☐
akute oder chronische Infektionen in der Schwangerschaft	☐	besondere psychische Belastungen	☐
Antikörper-Suchtest positiv	☐	besondere soziale Belastungen	☐
B-Streptokokken-Status der Mutter positiv	☐	Abusus	☐

Geburtsanamnese:

Geburtsdatum ☐☐.☐☐.☐☐☐☐ Uhrzeit ☐☐:☐☐

SSW (Wochen+Tage) ☐☐+ ☐

Geschlecht ☐ männlich ☐ weiblich ☐ unbestimmt

Geburtsmodus ☐ spontan ☐ Sectio vaginale Operation: ☐ Vakuum ☐ Forceps

Kindslage ☐ Schädellage ☐ Beckenendlage ☐ Querlage ☐ ________

pH-Wert (Nabelarterie) ☐,☐☐☐ Base excess ☐☐,☐☐

Soweit vorhanden, Befunde einer pränatalen Diagnostik:

____

Familienanamnese: (u.a. behandlungsbedürftige Hyperbilirubinämie bei einem vorausgegangenen Kind)

Körperliche Untersuchung

Apgar-Wert 5'/10' ☐☐ ☐☐

Körpergewicht in g ☐☐☐☐ Körperlänge in cm ☐☐

Reifezeichen: ______________________________

Fehlbildungen: ______________________________

Traumata: ______________________________

Gelbsucht ☐ Ödeme ☐

Sonstiges

Vitamin-K-Prophylaxe gegeben: ☐ ja ☐ Dosis: 2 mg oral abweichende Dosis:____________
☐ nein

Stempel	Unterschrift und Datum:

Spezielle Früherkennungsuntersuchungen

Pulsoxymetrie-Screening (Messung am Fuß)

Kein Pulsoxymetrie-Screening bei pränatal diagnostiziertem kritischen Herzfehler	☐	
Eltern wünschen keine Untersuchung	☐	
Untersuchung erfolgt am:	Datum:	Uhrzeit:
Messwert:_____% ☐ auffällig ☐ unauffällig ☐ kontrollbedürftig		
Kontrollmessung erfolgt am:	Datum:	Uhrzeit:
Messwert:_____% ☐ auffällig ☐ unauffällig		
Abklärung veranlasst: ☐ ja ☐ nein	Datum:	
Stempel und Unterschrift		

Ergebnisse

Relevante anamnestische Ergebnisse:	
Orientierende Beurteilung der Entwicklung altersgemäß: ☐ **ja** ☐ **nein**	
Körpermaße:	
Körpergewicht in g	☐☐☐☐☐
Körperlänge in cm	☐☐
Kopfumfang in cm	☐☐
Gesamtergebnis:	
keine Auffälligkeiten	☐
Auffälligkeiten zur Beobachtung:	
weitere Maßnahmen vereinbart:	
Prüfung, Aufklärung und ggf. Veranlassung der Durchführung von:	
Neugeborenen-Hörscreening Screening auf Hüftgelenksdysplasie und -luxation	
Impfstatus beim Verlassen der Praxis vollständig: fehlende Impfung:	☐ ja ☐ nein
Bemerkungen:	
Terminvereinbarungen	
nächster Impftermin am:	
U5 am:	
Stempel	**Unterschrift und Datum:**

U5
Elterninformation zur Untersuchung vom 6. bis zum 7. Lebensmonat

Ihr Baby entwickelt sich weiter. Die meisten Babys können ihren Oberkörper auf den gestützten Armen anheben. Sie lachen, wenn sie geneckt werden und sie versuchen vielleicht schon, sich mit mehrsilbigen Lautketten wie „dei-dei-dei“ mitzuteilen. Bei einigen Babys setzt jetzt das „Fremdeln“ ein, Ihr Baby unterscheidet also in seinem Verhalten zwischen bekannten und unbekannten Personen. Typisch für dieses Alter ist auch, dass Gegenstände in die Hand genommen und in den Mund gesteckt werden.

Die Ärztin oder der Arzt achtet bei der U5 insbesondere darauf, ob es bei Ihrem Baby Hinweise auf Entwicklungsverzögerungen oder -risiken gibt. Ihr Baby wird körperlich untersucht. Um Hinweise auf Sehstörungen zu bekommen, werden zur Untersuchung der Augen bestimmte Tests durchgeführt. Die Ärztin oder der Arzt beobachtet, wie beweglich Ihr Baby ist und wie es seinen Körper beherrscht. Außerdem interessiert sich Ihre Ärztin oder Ihr Arzt für den Kontakt zwischen Ihnen und Ihrem Baby.

Ihre Ärztin oder Ihr Arzt berät Sie zu den laut Impfkalender empfohlenen Schutzimpfungen. Außerdem spricht die Ärztin oder der Arzt mit Ihnen über Themen wie die Ernährung und Verdauung Ihres Babys sowie über Maßnahmen zur Vermeidung des plötzlichen Kindstodes. Sehr wichtig ist das Gespräch über Unfallverhütung, Ihr Verhalten, wenn das Baby schreit und die Vermeidung von Schlafstörungen. Die Förderung der Sprachentwicklung ist ein weiteres Thema. Weiterhin werden die Rachitisprophylaxe mittels Vitamin D und die Kariesprophylaxe mittels Fluorid besprochen. Sie erhalten von der Ärztin oder dem Arzt Rat zur kindlichen Mundhygiene.

Sie erhalten Informationen zu regionalen Unterstützungsangeboten (z. B. Eltern-Kind-Hilfen, Frühe Hilfen). Ihre Ärztin oder Ihr Arzt informiert Sie über das Angebot einer zahnärztlichen Früherkennungsuntersuchung für Ihr Kind.

Tipp: Ist Ihnen in der Entwicklung oder dem Verhalten Ihres Babys etwas Ungewöhnliches aufgefallen oder sind Sie durch etwas beunruhigt? Am besten notieren Sie sich vor der Untersuchung, was Sie beobachtet haben und worüber Sie mit der Ärztin oder dem Arzt sprechen möchten.

Bitte bringen Sie auch den Impfpass Ihres Babys mit.

Hier können Sie Ihre Notizen eintragen:

Anamnese

Zutreffendes bitte ankreuzen!

Aktuelle Anamnese des Kindes:

- ☐ schwerwiegende Erkrankungen seit der letzten Untersuchung, Operationen, Krampfanfälle, schwere ungewöhnliche und häufige Infektionen
- ☐ Essverhalten nicht altersgemäß
- ☐ abnorme Stühle
- ☐ auffälliges Schreien
- ☐ Kann das Kind gut hören? (Kind reagiert auf laute und leise Schallreize, wendet den Kopf zur Schallquelle)

Sozialanamnese:

- ☐ Betreuungssituation
- ☐ besondere Belastungen in der Familie

Orientierende Beurteilung der Entwicklung

Nur ankreuzen, wenn die Items NICHT erfüllt werden!

☐ Grobmotorik: Handstütz mit gestreckten Armen auf den Handflächen. Bei Traktionsreaktion Kopf symmetrisch in Verlängerung der Wirbelsäule und Beugung beider Arme. Federn mit den Beinen.	☐ Feinmotorik: Wechselt Spielzeug zwischen den Händen, palmares, radial betontes Greifen. ☐ Sprache: Rhythmische Silbenketten (z. B. ge-ge-ge, mem-mem-mem, dei-dei-dei).
☐ Perzeption/Kognition: Objekte, Spielzeuge werden mit beiden Händen ergriffen, in den Mund gesteckt, benagt, jedoch wenig intensiv betrachtet; (erkundet oral und manuell).	☐ Soziale/emotionale Kompetenz: Lacht stimmhaft, wenn es geneckt wird. Benimmt sich gegen Bekannte und Unbekannte unterschiedlich. Freut sich beim Erscheinen eines anderen Kindes.

Beobachtung der Interaktion

Insbesondere die folgenden Reaktionen des Kindes können der Ärztin oder dem Arzt als Hinweise zur Einschätzung von Stimmung, Kommunikations- und Regulationsmöglichkeiten des Kindes im Kontakt mit seiner primären Bezugsperson und als weitere Grundlage für das Ärztin- oder Arzt-Elterngespräch dienen:

☐ Stimmung/Affekt:

Das Kind erscheint in Anwesenheit der primären Bezugsperson zufrieden und ausgeglichen.

Es bleibt bei Ansprache oder nonverbaler Kommunikation durch die primäre Bezugsperson in positiver Grundstimmung ausgeglichen, offen und zugewandt.

Das Kind wirkt in Wiedervereinigungssituationen (nach kurzem Abwenden/kurzer Trennung) gelöst, erfreut und sucht sofort Blickkontakt zur primären Bezugsperson.

☐ Kontakt/Kommunikation:

Das Kind reagiert bei Ansprache oder nonverbaler Kommunikation durch die primäre Bezugsperson mit Lächeln, Wenden des Kopfes oder spontanem Körperkontakt.

Das Kind sendet selbst spontan deutliche Signale zur primären Bezugsperson und sucht mit Blick, Mimik, Gesten und Lauten Kontakt.

Das Kind stellt in unbekannten Situationen Körper- oder Blickkontakt zur Rückversicherung zur primären Bezugsperson her.

☐ Regulation/Stimulation:

Das Kind lässt sich durch Wiegen, Singen oder Ansprache in kurzer Zeit von einer primären Bezugsperson beruhigen.

Das Kind geht auf ein Wechselspiel mit der primären Bezugsperson ein (z. B. mit Fingern oder mit Bauklötzen).

Das Kind kann seine Gefühle meist selbst regulieren und leichte Enttäuschungen tolerieren.

Das Kind reagiert angemessen auf laute Geräusche, helles Licht und Berührung.

Hinweise auf Auffälligkeiten:

Untersuchung

Nur Auffälligkeiten ankreuzen!

Haut ☐ auffällige Blässe ☐ Anhalt für Verletzungen (z. B. Hämatome, ☐ Petechien, Verbrennungen, Narben) ☐ entzündliche Hautveränderungen	Bewegungsapparat (Knochen, Muskeln, Nerven) Inspektion des ganzen Körpers in Rücken- und Bauchlage und aufrecht gehalten: ☐ Asymmetrien ☐ Schiefhaltung ☐ Spontanmotorik ☐ Muskeltonus ☐ passive Beweglichkeit der großen Gelenke ☐ Muskeleigenreflexe ☐ klinische Frakturzeichen
Thorax, Lunge, Atemwege ☐ Auskultation ☐ Atemgeräusch ☐ Atemfrequenz ☐ Einziehungen ☐ Thoraxkonfiguration	Kopf ☐ Fehlhaltung ☐ Dysmorphiezeichen ☐ Schädelnähte ☐ Fontanellentonus
Herz, Kreislauf Auskultation: ☐ Herzfrequenz ☐ Herzrhythmus ☐ Herztöne ☐ Herznebengeräusche ☐ Femoralispulse	Mundhöhle, Kiefer, Nase ☐ Verletzungszeichen ☐ fehlender Mundschluss
Abdomen, Genitale (inkl. Analregion) ☐ Anomalien ☐ Hodenhochstand rechts/links ☐ Leber- und Milzgröße ☐ Hernien	Augen Inspektion: ☐ morphologische Auffälligkeiten ☐ Nystagmus Brückner-Test: ☐ Transilluminationsunterschied (z. B. bei Trübung der brechenden Medien, Strabismus, Anisometropie) Prüfung der Blickfolge mit einem geräuschlosen, das Kind interessierenden Objekt (z. B. Lichtquelle): ☐ Fixationsschwäche rechts/links

Eltern sind unzufrieden mit der Entwicklung und dem Verhalten des Kindes, weil:

Beratung

Beratung vor allem zu folgenden Themen:

Bei erweitertem Beratungsbedarf bitte ankreuzen!

- ☐ Stillen/Ernährung
- ☐ plötzlicher Kindstod
- ☐ Unfallverhütung
- ☐ Rachitisprophylaxe mittels Vitamin D und Kariesprophylaxe mittels Fluorid
- ☐ Sucht
- ☐ UV-Schutz
- ☐ Sprachberatung: Förderung von „Muttersprache" und deutscher Sprache (einschließlich der Laut- und Gebärdensprache)
- ☐ Informationen zu regionalen Unterstützungsangeboten (z. B. Eltern-Kind-Hilfen, Frühe Hilfen)
- ☐ Aufklärung über Impfungen/Vorschlag eines Impftermins, Impfstatus entsprechend der Schutzimpfungs-Richtlinie des G-BA überprüfen
- ☐ Hinweise zu Mundhygiene und zahnschonender Ernährung
- ☐ Verweis zur Zahnärztin oder zum Zahnarzt zur zahnärztlichen Früherkennungsuntersuchung

Bemerkung:

Ergebnisse

Relevante anamnestische Ergebnisse:	
Orientierende Beurteilung der Entwicklung altersgemäß: ☐ **ja** ☐ **nein**	
Körpermaße:	
Körpergewicht in g	☐☐☐☐☐
Körperlänge in cm	☐☐☐
Kopfumfang in cm	☐☐
Gesamtergebnis:	
keine Auffälligkeiten	☐
Auffälligkeiten zur Beobachtung:	
weitere Maßnahmen vereinbart:	
Verweis zur Zahnärztin oder zum Zahnarzt ☐	
Prüfung, Aufklärung und ggf. Veranlassung der Durchführung von:	
Impfstatus beim Verlassen der Praxis vollständig:	☐ ja ☐ nein
fehlende Impfungen:	
Bemerkungen:	
Terminvereinbarung	
nächster Impftermin am:	
Stempel	**Unterschrift und Datum:**

U6
Elterninformation zur Untersuchung vom 10. bis zum 12. Lebensmonat

Ihr Kind ist jetzt fast ein Jahr alt. Es kann wahrscheinlich schon robben oder krabbeln und sich an Möbeln in den Stand hochziehen. Mit Unterstützung geht es möglicherweise sogar schon ein paar Schritte. Ihr Kind wird fingerfertiger, so dass es mit etwas Hilfe auch schon aus einem Becher trinken kann. Die meisten Kinder ahmen in diesem Alter Laute nach und können Doppelsilben wie „da-da" bilden. Wenn Sie Ihr Kind dazu auffordern, reicht es Ihnen vielleicht schon einen Gegenstand.

Die Ärztin oder der Arzt achtet bei der U6 wieder besonders auf Entwicklungsauffälligkeiten. Ihr Kind wird körperlich untersucht. Zum Erkennen von Sehstörungen werden Untersuchungen der Augen durchgeführt. Die Ärztin oder der Arzt schaut, wie beweglich Ihr Kind ist und wie es seinen Körper beherrscht. Außerdem interessiert sich Ihre Ärztin oder Ihr Arzt für den Kontakt zwischen Ihnen und Ihrem Kind.

Ihre Ärztin oder Ihr Arzt berät Sie zu den laut Impfkalender empfohlenen Schutzimpfungen. Die Ärztin oder der Arzt bespricht mit Ihnen Themen wie die Ernährung Ihres Kindes und Maßnahmen zur Unfallverhütung. Die Förderung der Sprachentwicklung sind weitere Themen, ebenso die Rachitisprophylaxe mittels Vitamin D und Kariesprophylaxe mittels Fluorid. Sie erhalten von der Ärztin oder dem Arzt Hinweise zur kindlichen Mundhygiene. Ihre Ärztin oder Ihr Arzt informiert sie über das Angebot einer zahnärztlichen Früherkennungsuntersuchung für Ihr Kind.

Sie erhalten Informationen zu regionalen Unterstützungsangeboten (z. B. Eltern-Kind-Hilfen, Frühe Hilfen).

Tipp: Ist Ihnen in der Entwicklung oder dem Verhalten Ihres Kindes etwas Ungewöhnliches aufgefallen oder sind Sie durch etwas beunruhigt? Am besten notieren Sie sich vor der Untersuchung, was Sie beobachtet haben und worüber Sie mit der Ärztin oder dem Arzt sprechen möchten.

Bitte bringen Sie auch den Impfpass Ihres Kindes mit.

Hier können Sie Ihre Notizen eintragen:

Anamnese

Zutreffendes bitte ankreuzen!

Aktuelle Anamnese des Kindes:

- ☐ schwerwiegende Erkrankungen seit der letzten Untersuchung, Operationen, Krampfanfälle, schwere ungewöhnliche und häufige Infektionen
- ☐ Essverhalten nicht altersgemäß
- ☐ abnorme Stühle
- ☐ Hörvermögen: Reaktion auf leise/laute Schallreize, Kopf- bzw. Blickwendung zur Schallquelle
- ☐ regelmäßiges Schnarchen

Sozialanamnese:

- ☐ Betreuungssituation
- ☐ besondere Belastungen in der Familie

Orientierende Beurteilung der Entwicklung

Nur ankreuzen, wenn die Items NICHT erfüllt werden!

☐ Grobmotorik: Freies Sitzen mit geradem Rücken und sicherer Gleichgewichtskontrolle. Zieht sich in den Stand hoch und bleibt einige Sekunden stehen. Selbständiges, flüssiges Drehen von Rückenlage zu Bauchlage und zurück.	☐ Feinmotorik: Greift kleinen Gegenstand zwischen Daumen und gestrecktem Zeigefinger. Klopft zwei Würfel aneinander. ☐ Sprache: Spontane Äußerung von längeren Silbenketten. Produziert Doppelsilben (z. B. ba-ba, da-da). Ahmt Laute nach.
☐ Perzeption/Kognition: Gibt der Mutter oder dem Vater nach Aufforderung einen Gegenstand. Verfolgt den Zeigefinger in die gezeigte Richtung.	☐ Soziale/emotionale Kompetenz: Kann alleine aus der Flasche trinken, trinkt aus der Tasse, aus dem Becher mit etwas Hilfe. Das Kind kann zwischen fremden und bekannten Personen unterscheiden. Freut sich über andere Kinder.

Beobachtung der Interaktion

Insbesondere die folgenden Reaktionen des Kindes dienen der Ärztin oder dem Arzt als Hinweise zur Einschätzung von Stimmung, Kommunikations- und Regulationsmöglichkeiten des Kindes im Kontakt mit seiner primären Bezugsperson und als weitere Grundlage für das Ärztin- oder Arzt-Elterngespräch:

☐ Stimmung/Affekt:

Das Kind erscheint in Anwesenheit der primären Bezugsperson zufrieden und ausgeglichen.

Es bleibt bei Ansprache oder nonverbaler Kommunikation durch die primäre Bezugsperson in positiver Grundstimmung ausgeglichen, offen und zugewandt.

Das Kind wirkt in Wiedervereinigungssituationen (nach kurzem Abwenden/kurzer Trennung) gelöst, erfreut und sucht sofort Blickkontakt zur primären Bezugsperson.

☐ Kontakt/Kommunikation:

Das Kind reagiert bei Ansprache oder nonverbaler Kommunikation durch die primäre Bezugsperson mit Lächeln, Wenden des Kopfes oder spontanem Körperkontakt.

Das Kind sendet selbst spontan deutliche Signale zur primären Bezugsperson und sucht mit Blick, Mimik, Gesten und Lauten Kontakt.

Das Kind stellt in unbekannten Situationen Körper- oder Blickkontakt zur Rückversicherung zur primären Bezugsperson her.

☐ Regulation/Stimulation:

Das Kind lässt sich durch Wiegen, Singen oder Ansprache in kurzer Zeit von einer primären Bezugsperson beruhigen.

Das Kind geht auf ein Wechselspiel mit der primären Bezugsperson ein (z. B. mit Fingern oder mit Bauklötzen).

Das Kind kann seine Gefühle meist selbst regulieren und leichte Enttäuschungen tolerieren.

Das Kind toleriert kurze Trennungen von der primären Bezugsperson.

Das Kind reagiert angemessen auf laute Geräusche, helles Licht und Berührung.

Hinweise auf Auffälligkeiten:

Untersuchung

Nur Auffälligkeiten ankreuzen!

Haut ☐ auffällige Blässe ☐ Anhalt für Verletzungen (z. B. Hämatome, Petechien, Verbrennungen, Narben) ☐ entzündliche Hautveränderungen	Bewegungsapparat (Knochen, Muskeln, Nerven) Inspektion des ganzen Körpers in Rücken- und Bauchlage und aufrecht gehalten: ☐ Asymmetrien ☐ Schiefhaltung ☐ Spontanmotorik ☐ Muskeltonus ☐ passive Beweglichkeit der großen Gelenke ☐ Muskeleigenreflexe
Thorax, Lunge, Atemwege ☐ Auskultation ☐ Atemgeräusch ☐ Atemfrequenz ☐ Einziehungen ☐ Thoraxkonfiguration ☐ Mamillenabstand	Kopf ☐ Fehlhaltung ☐ Dysmorphiezeichen ☐ Schädelnähte ☐ Fontanellentonus
Herz, Kreislauf Auskultation: ☐ Herzfrequenz ☐ Herzrhythmus ☐ Herztöne ☐ Herznebengeräusche ☐ Femoralispulse	Mundhöhle, Kiefer, Nase ☐ Auffälligkeiten an Zähnen und Schleimhaut ☐ Verletzungszeichen ☐ behinderte Nasenatmung ☐ fehlender Mundschluss ☐ auffälliger Stimmklang (z. B. Heiserkeit und Näseln)
Abdomen, Genitale (inkl. Analregion) ☐ Anomalien ☐ Hodenhochstand rechts/links ☐ Leber- und Milzgröße ☐ Hernien	Augen Inspektion: ☐ morphologische Auffälligkeiten ☐ Nystagmus ☐ Kopffehlhaltung Brückner-Test: ☐ Transilluminationsunterschied (z. B. bei Trübung der brechenden Medien, Strabismus, Anisometropie) Prüfung der Blickfolge mit einem geräuschlosen, das Kind interessierenden Objekt (z. B. Lichtquelle): ☐ Fixationsschwäche rechts/links Pupillenstatus: ☐ Vergleich Größe, Form, Lichtreaktion rechts/links

Eltern sind unzufrieden mit der Entwicklung und dem Verhalten des Kindes, weil:

Beratung

Beratung vor allem zu folgenden Themen:

Bei erweitertem Beratungsbedarf bitte ankreuzen!

- ☐ Unfallverhütung
- ☐ Sprachberatung: Förderung von „Muttersprache" und deutscher Sprache (einschließlich der Laut- und Gebärdensprache)
- ☐ Ernährung
- ☐ Rachitisprophylaxe mittels Vitamin D und Kariesprophylaxe mittels Fluorid
- ☐ Sucht
- ☐ Aufklärung über Impfungen/Vorschlag eines Impftermins, Impfstatus entsprechend Schutzimpfungs-Richtlinie des G-BA überprüfen
- ☐ Hinweise zur Mundhygiene (Zahnpflege) und zahnschonende Ernährung
- ☐ Informationen zu regionalen Unterstützungsangeboten (z. B. Eltern-Kind-Hilfen, Frühe Hilfen)
- ☐ Verweis zur Zahnärztin oder zum Zahnarzt zur zahnärztlichen Früherkennungsuntersuchung

Bemerkung:

Ergebnisse

Relevante anamnestische Ergebnisse:	
Orientierende Beurteilung der Entwicklung altersgemäß: ☐ ja ☐ nein	
Körpermaße:	
Körpergewicht in g	☐☐☐☐☐
Körperlänge in cm	☐☐☐
Kopfumfang in cm	☐☐
Gesamtergebnis:	
keine Auffälligkeiten	☐
Auffälligkeiten zur Beobachtung:	
weitere Maßnahmen vereinbart:	
Verweis zur Zahnärztin oder zum Zahnarzt ☐	
Prüfung, Aufklärung und ggf. Veranlassung der Durchführung von:	
Impfstatus beim Verlassen der Praxis vollständig:	☐ ja ☐ nein
fehlende Impfungen:	
Bemerkungen:	
Terminvereinbarung	
nächster Impftermin am:	
Stempel	**Unterschrift und Datum:**

U7
Elterninformation zur Untersuchung vom 21. bis zum 24. Lebensmonat

Ihr Kind ist jetzt fast zwei Jahre alt. Es kann nun wahrscheinlich schon über längere Zeit frei und sicher laufen und auch schon Treppenstufen hinuntergehen. Bei den meisten Kindern wächst der Wortschatz schnell. Sie sagen gerne „Nein“ und probieren aus, was sie mit ihrem Verhalten bewirken.

Die letzte Untersuchung liegt etwa ein Jahr zurück. Die Ärztin oder der Arzt achtet bei der U7 wieder besonders auf Entwicklungsauffälligkeiten. Ihr Kind wird körperlich untersucht. Zum Erkennen von Sehstörungen werden Untersuchungen der Augen durchgeführt. Die Ärztin oder der Arzt prüft, ob Ihr Kind einfache Wörter und Sätze versteht. Sie werden gefragt, wie sich Ihr Kind zum Beispiel beim Spielen, in der Familie oder in einer Gruppe von Kindern verhält. Außerdem interessiert sich Ihre Ärztin oder Ihr Arzt für den Kontakt zwischen Ihnen und Ihrem Kind.

Ihre Ärztin oder Ihr Arzt berät Sie zu den laut Impfkalender empfohlenen Schutzimpfungen. Außerdem spricht die Ärztin oder der Arzt mit Ihnen über Themen wie die Ernährung Ihres Kindes, Maßnahmen zur Unfallverhütung, die Förderung der Sprachentwicklung und die Kariesprophylaxe mittels Fluorid. Sie erhalten von der Ärztin oder dem Arzt Hinweise zur kindlichen Mundhygiene. Ihre Ärztin oder Ihr Arzt informiert Sie über das Angebot einer zahnärztlichen Früherkennungsuntersuchung für Ihr Kind.

Tipp: Ist Ihnen in der Entwicklung oder dem Verhalten Ihres Kindes etwas Ungewöhnliches aufgefallen oder sind Sie durch etwas beunruhigt? Am besten notieren Sie sich vor der Untersuchung, was Sie beobachtet haben und worüber Sie mit der Ärztin oder dem Arzt sprechen möchten.

Bitte bringen Sie auch den Impfpass Ihres Kindes mit.

Hier können Sie Ihre Notizen eintragen:

Anamnese

Zutreffendes bitte ankreuzen!

Aktuelle Anamnese des Kindes:

- ☐ schwerwiegende Erkrankungen seit der letzten Untersuchung, Operationen, Krampfanfälle, schwere ungewöhnliche und häufige Infektionen
- ☐ Essverhalten nicht altersgemäß
- ☐ abnorme Stühle
- ☐ Kariesprophylaxe mittels Fluorid
- ☐ Hörvermögen: Reaktion auf leise/laute Schallreize, Kopf- bzw. Blickwendung zur Schallquelle
- ☐ regelmäßiges Schnarchen
- ☐ Sind Sie mit der Sprachentwicklung Ihres Kindes zufrieden?
- ☐ Wird Ihr Kind von der Umgebung gut verstanden?

Sozialanamnese:

- ☐ Betreuungssituation
- ☐ besondere Belastungen in der Familie

Orientierende Beurteilung der Entwicklung

Nur ankreuzen, wenn die Items NICHT erfüllt werden!

☐ Grobmotorik: Kann über längere Zeit frei und sicher gehen. Geht drei Stufen im Kinderschritt hinunter, hält sich mit einer Hand fest.	☐ Perzeption/Kognition: Stapelt drei Würfel. Zeigt im Bilderbuch auf bekannte Gegenstände.
☐ Feinmotorik: Malt flache Spirale. Kann eingewickelte Bonbons oder andere kleine Gegenstände auswickeln oder auspacken.	☐ Soziale/emotionale Kompetenz: Bleibt und spielt etwa 15 min alleine, auch wenn die Mutter/der Vater nicht im Zimmer, jedoch in der Nähe ist. Kann mit dem Löffel selber essen. Hat Interesse an anderen Kindern.
☐ Sprache: Einwortsprache (wenigstens zehn richtige Wörter ohne Mama und Papa). Versteht und befolgt einfache Aufforderungen. Drückt durch Gestik oder Sprache (Kopfschütteln oder Nein-Sagen) aus, dass es etwas ablehnt oder eigene Vorstellungen hat. Zeigt oder blickt auf drei benannte Körperteile.	☐ Interaktion/Kommunikation: Versucht Eltern irgendwo hinzuziehen.

Untersuchung

Nur Auffälligkeiten ankreuzen!

<u>Haut</u> ☐ auffällige Blässe ☐ Anhalt für Verletzungen (z. B. Hämatome, Petechien, Verbrennungen, Narben) ☐ entzündliche Hautveränderungen	<u>Bewegungsapparat (Knochen, Muskeln, Nerven)</u> Inspektion des ganzen Körpers in Rücken- und Bauchlage im Sitzen, von hinten und von den Seiten: ☐ Asymmetrien ☐ Schiefhaltung ☐ passive Beweglichkeit der großen Gelenke ☐ Muskeleigenreflexe
<u>Thorax, Lunge, Atemwege</u> ☐ Auskultation	<u>Mundhöhle, Kiefer, Nase</u> ☐ Auffälligkeiten an Zähnen und Schleimhaut

☐ Atemgeräusch ☐ Atemfrequenz ☐ Einziehungen ☐ Thoraxkonfiguration ☐ Mamillenabstand	☐ Verletzungszeichen ☐ Speichelfluss ☐ auffälliger Stimmklang
<u>Herz, Kreislauf</u> Auskultation: ☐ Herzfrequenz ☐ Herzrhytmus ☐ Herztöne ☐ Herznebengeräusche	<u>Augen</u> Inspektion: ☐ morphologische Auffälligkeiten ☐ Nystagmus ☐ Kopffehlhaltung Brückner-Test: ☐ Transilluminationsunterschied (z.B. bei Trübung der brechenden Medien, Strabismus, Anisometropie) Pupillenstatus: ☐ Vergleich Größe, Form, Lichtreaktion rechts/links
<u>Abdomen, Genitale (inkl. Analregion)</u> ☐ Hodenhochstand rechts/links ☐ Leber- und Milzgröße ☐ Hernien	

Eltern sind unzufrieden mit der Entwicklung und dem Verhalten des Kindes, weil:

<u>Beratung</u>

Beratung vor allem zu folgenden Themen:
Bei erweitertem Beratungsbedarf bitte ankreuzen!

- ☐ Hinweis zur Zahnpflege (Fluorid)
- ☐ Unfallverhütung
- ☐ Sprachberatung: Förderung von „Muttersprache" und deutscher Sprache (einschließlich der Laut- und Gebärdensprache)
- ☐ Bewegung
- ☐ Ernährung
- ☐ Aufklärung über Impfungen/Vorschlag eines Impftermins, Impfstatus entsprechend Schutzimpfungs-Richtlinie des G-BA überprüfen
- ☐ Verweis zur Zahnärztin oder zum Zahnarzt zur zahnärztlichen Früherkennungsuntersuchung

Bemerkung:

Ergebnisse

Relevante anamnestische Ergebnisse:	
Orientierende Beurteilung der Entwicklung altersgemäß: ☐ **ja** ☐ **nein**	
Körpermaße:	
Körpergewicht in kg	☐☐,☐
Körperlänge in cm	☐☐☐
BMI in kg/m²	☐☐,☐
Gesamtergebnis:	
keine Auffälligkeiten	☐
Auffälligkeiten zur Beobachtung:	
weitere Maßnahmen vereinbart:	
Verweis zur Zahnärztin oder zum Zahnarzt ☐	
Prüfung, Aufklärung und ggf. Veranlassung der Durchführung von:	
Impfstatus beim Verlassen der Praxis vollständig:	☐ ja ☐ nein
fehlende Impfungen:	
Bemerkungen:	
Terminvereinbarung	
nächster Impftermin am:	
Stempel	**Unterschrift und Datum:**

U7a
Elterninformation zur Untersuchung vom 34. bis zum 36. Lebensmonat

Ihr Kind ist jetzt etwa drei Jahre alt. Die meisten Kinder sprechen von sich in der Ich-Form und möchten mit kleinen Handreichungen im Haushalt helfen. Sie haben Freude daran, mit anderen Kindern zu spielen und dabei in andere Rollen zu schlüpfen. Ihr Kind hat vielleicht einen großen Bewegungsdrang, kann schon Stufen im „Erwachsenenschritt" steigen und von unteren Treppenstufen herabspringen.

Die Ärztin oder der Arzt achtet bei der U7a wieder besonders auf Entwicklungsauffälligkeiten. Ihr Kind wird körperlich untersucht. Zum Erkennen von Sehstörungen werden Sehtests durchgeführt. Außerdem sieht sich die Ärztin oder der Arzt bei der U7a die Beschaffenheit der Zähne und die Entwicklung des Kiefers an. Eine besondere Aufmerksamkeit gilt der sprachlichen Entwicklung Ihres Kindes. Außerdem interessiert sich Ihre Ärztin oder Ihr Arzt für den Kontakt zwischen Ihnen und Ihrem Kind.

Ihre Ärztin oder Ihr Arzt berät Sie zu den laut Impfkalender empfohlenen Schutzimpfungen. Die Ärztin oder der Arzt bespricht mit Ihnen Themen wie die Ernährung und Bewegung Ihres Kindes sowie Maßnahmen zur Unfallverhütung. Die Förderung der Sprachentwicklung sowie die Rolle von Medien (z. B. TV, Spielekonsolen, Internet und Ähnlichem) im Alltag des Kindes sind weitere Themen. Ihre Ärztin oder Ihr Arzt informiert Sie über das Angebot einer zahnärztlichen Früherkennungsuntersuchung für Ihr Kind.

Tipp: Ist Ihnen in der Entwicklung oder dem Verhalten Ihres Kindes etwas Ungewöhnliches aufgefallen oder sind Sie durch etwas beunruhigt? Am besten notieren Sie sich vor der Untersuchung, was Sie beobachtet haben und worüber Sie mit der Ärztin oder dem Arzt sprechen möchten.

Bitte bringen Sie auch den Impfpass Ihres Kindes mit.

Hier können Sie Ihre Notizen eintragen:

Anamnese

Zutreffendes bitte ankreuzen!

Aktuelle Anamnese des Kindes:

- ☐ schwerwiegende Erkrankungen seit der letzten Untersuchung, Operationen, Krampfanfälle, schwere ungewöhnliche und häufige Infektionen
- ☐ Essverhalten nicht altersgemäß
- ☐ abnorme Stühle
- ☐ Kariesprophylaxe mittels Fluorid
- ☐ Hörvermögen
- ☐ regelmäßiges Schnarchen
- ☐ Sind Sie mit der Sprachentwicklung Ihres Kindes zufrieden?
- ☐ Wird Ihr Kind von der Umgebung gut verstanden?
- ☐ Stottert Ihr Kind?

Sozialanamnese:

- ☐ Betreuungssituation
- ☐ besondere Belastungen in der Familie

Orientierende Beurteilung der Entwicklung

Nur ankreuzen, wenn die Items NICHT erfüllt werden!

☐ Grobmotorik: Beidseitiges Abhüpfen von der untersten Treppenstufe mit sicherer Gleichgewichtskontrolle. Steigt zwei Stufen im Erwachsenenschritt, hält sich mit der Hand fest.	☐ Perzeption/Kognition: Kann zuhören und konzentriert spielen, Als-Ob-Spiele. Öffnet große Knöpfe selbst.
☐ Feinmotorik: Präziser Dreifinger-Spitzgriff (Daumen, Zeige-Mittelfinger) zur Manipulation auch sehr kleiner Gegenstände möglich.	☐ Soziale/emotionale Kompetenz: Kann sich gut über einige Stunden trennen, wenn es von vertrauter Person betreut wird. Beteiligt sich an häuslichen Tätigkeiten, will mithelfen.
☐ Sprache: Spricht mindestens Dreiwortsätze. Spricht von sich in der Ich-Form. Kennt und sagt seinen Rufnamen.	☐ Interaktion/Kommunikation: Gemeinsames Spielen mit gleichaltrigen Kindern, auch Rollenspiele.

Untersuchung

Nur Auffälligkeiten ankreuzen!

<u>Haut</u> ☐ auffällige Blässe ☐ Anhalt für Verletzungen (z. B. Hämatome, Petechien, Verbrennungen, Narben) ☐ entzündliche Hautveränderungen	<u>Bewegungsapparat (Knochen, Muskeln, Nerven)</u> Inspektion des ganzen Körpers in Rücken- und Bauchlage im Sitzen, von hinten und von den Seiten: ☐ Asymmetrien ☐ Schiefhaltung ☐ passive Beweglichkeit der großen Gelenke ☐ Muskeltonus ☐ Muskeleigenreflexe
<u>Thorax, Lunge, Atemwege</u> ☐ Auskultation ☐ Atemgeräusch ☐ Atemfrequenz ☐ Thoraxkonfiguration ☐ Mamillenabstand	<u>Mundhöhle, Kiefer, Nase</u> ☐ Auffälligkeiten an Zähnen und Schleimhaut ☐ Kieferanomalie ☐ Verletzungszeichen ☐ fehlender Mundschluss ☐ behinderte Nasenatmung

☐ Herzrhythmus ☐ Herztöne Herznebengeräusche	
<u>Abdomen, Genitale (inkl. Analregion)</u> ☐ Hodenhochstand rechts/links ☐ Leber- und Milzgröße ☐ Hernien ☐ auffälliger Harnbefund (Mehrfachteststreifen) <u>Ohren</u> Hörtest mittels Screeningaudiometrie (Bestimmung der Hörschwelle in Luftleitung mit mindestens 5 Prüffrequenzen): ☐ rechts ☐ links	<u>Augen</u> Inspektion: ☐ morphologische Auffälligkeiten ☐ Nystagmus ☐ Kopffehlhaltung Pupillenstatus: ☐ auffällig (Größe, Form, Lichtreaktion rechts/links) Hornhautreflexbildchen: ☐ auffällig (Strabismus) Stereo-Test (z. B. Lang-Test, Titmus-Test, TNO-Test): ☐ auffällig Sehtest (monokulare Prüfung, z. B. mit Okklusionspflaster): (Nonverbale Formenwiedererkennungstests, z. B. Lea-Hyvärinen-Test, Sheridan-Gardiner-Test, H-Test nach Hohmann/Haase, E-Haken, Landoltringe mittels Einzeloptotypen in 3 m Abstand) ☐ Sehschwäche rechts ☐ Sehschwäche links ☐ Rechts-Links-Differenz

Eltern sind unzufrieden mit der Entwicklung und dem Verhalten des Kindes, weil:

Beratung

Beratung vor allem zu folgenden Themen:
Bei erweitertem Beratungsbedarf bitte ankreuzen!

- ☐ Unfallverhütung
- ☐ Sprachberatung: Förderung von deutscher Sprache und „Muttersprache" (einschließlich der Laut- und Gebärdensprache
- ☐ Medien (z. B. Medienkonsum, TV, Spielkonsolen, Dauerbeschallung)
- ☐ Ernährung
- ☐ Bewegung
- ☐ Aufklärung über Impfungen/Vorschlag eines Impftermins, Impfstatus entsprechend Schutzimpfungs-Richtlinie des G-BA überprüfen
- ☐ Verweis zur Zahnärztin oder zum Zahnarzt zur zahnärztlichen Früherkennungsuntersuchung

Bemerkung:

Ergebnisse

Relevante anamnestische Ergebnisse:	
Orientierende Beurteilung der Entwicklung altersgemäß: ☐ ja ☐ nein	
Körpermaße:	
Körpergewicht in kg	☐☐ , ☐
Körperlänge in cm	☐☐☐
BMI in kg/m²	☐☐ , ☐
Gesamtergebnis: keine Auffälligkeiten	☐
Auffälligkeiten zur Beobachtung:	
weitere Maßnahmen vereinbart:	
Verweis zur Zahnärztin oder zum Zahnarzt ☐	
Prüfung, Aufklärung und ggf. Veranlassung der Durchführung von:	
Impfstatus beim Verlassen der Praxis vollständig: fehlende Impfungen:	☐ ja ☐ nein
Bemerkungen:	
Terminvereinbarung	
nächster Impftermin am:	
Stempel	**Unterschrift und Datum:**

U8
Elterninformation zur Untersuchung vom 46. bis zum 48. Lebensmonat

Ihr Kind ist jetzt fast vier Jahre alt. Die meisten Kinder können sich in diesem Alter schon selbst an- und ausziehen. Ihre Sprache ist schon so weit entwickelt, dass sie vielleicht kleine Geschichten erzählen können und viele Fragen nach dem Warum, Wie, Wo oder Wann stellen.

Die Ärztin oder der Arzt achtet bei der U8 wieder besonders auf Entwicklungsauffälligkeiten. Ihr Kind wird körperlich untersucht. Zum Erkennen von Sehstörungen werden Sehtests durchgeführt. Das Hörvermögen Ihres Kindes wird ebenfalls geprüft. Die Ärztin oder der Arzt untersucht die Beschaffenheit der Zähne und die Entwicklung des Kiefers. Während der Untersuchung testet die Ärztin oder der Arzt, wie beweglich und geschickt Ihr Kind ist, ob es sich alleine beschäftigen kann und wie gut es spricht. Sie werden gefragt, wie sich Ihr Kind beim Spielen, in der Familie oder in einer Gruppe von Kindern verhält. Außerdem interessiert sich Ihre Ärztin oder Ihr Arzt für den Kontakt zwischen Ihnen und Ihrem Kind.

Ihre Ärztin oder Ihr Arzt berät Sie zu den laut Impfkalender empfohlenen Schutzimpfungen. Außerdem spricht die Ärztin oder der Arzt mit Ihnen über Themen wie die Ernährung und Bewegung Ihres Kindes, Maßnahmen zur Unfallverhütung, die Förderung der Sprachentwicklung und den verantwortungsbewussten Gebrauch von Medien (z. B. TV, Spielekonsolen, Internet und Ähnlichem) im Alltag Ihres Kindes.

Ihre Ärztin oder Ihr Arzt informiert Sie über das Angebot einer zahnärztlichen Früherkennungsuntersuchung für Ihr Kind.

Tipp: Ist Ihnen in der Entwicklung oder dem Verhalten Ihres Kindes etwas Ungewöhnliches aufgefallen oder sind Sie durch etwas beunruhigt? Am besten notieren Sie sich vor der Untersuchung, was Sie beobachtet haben und worüber Sie mit der Ärztin oder dem Arzt sprechen möchten.

Bitte bringen Sie auch den Impfpass Ihres Kindes mit.

Hier können Sie Ihre Notizen eintragen:

Anamnese

Zutreffendes bitte ankreuzen!

Aktuelle Anamnese des Kindes:
- ☐ schwerwiegende Erkrankungen seit der letzten Untersuchung, Operationen, Krampfanfälle, schwere ungewöhnliche und häufige Infektionen
- ☐ regelmäßiges Schnarchen
- ☐ Sind Sie mit der Sprachentwicklung Ihres Kindes zufrieden?
- ☐ Wird Ihr Kind von der Umgebung gut verstanden?
- ☐ Stottert Ihr Kind?

Sozialanamnese:
- ☐ Betreuungssituation
- ☐ besondere Belastungen in der Familie

Orientierende Beurteilung der Entwicklung

Nur ankreuzen, wenn die Items NICHT erfüllt werden!

☐ Grobmotorik: Laufrad oder ähnliches Fahrzeug wird zielgerichtet und sicher bewegt. Hüpft über ein 20-50 cm breites Blatt.	☐ Perzeption/Kognition: Fragt warum, wie, wo, wieso, woher.
☐ Feinmotorik: Mal-Zeichenstift wird richtig zwischen den ersten drei Fingern gehalten. Zeichnet geschlossene Kreise.	☐ Soziale/emotionale Kompetenz: Kann sich selbst an- und ausziehen. Gießt Flüssigkeiten ein. Bei alltäglichen Ereignissen kann das Kind seine Emotionen meist selbst regulieren. Toleriert meist leichtere, übliche Enttäuschungen, Freude, Ängste, Stress-Situationen.
☐ Sprache: Spricht Sechswortsätze in Kindersprache. Geschichten werden etwa in zeitlichem und logischem Verlauf wiedergegeben.	☐ Interaktion/Kommunikation: Gemeinsames Spielen mit gleichaltrigen Kindern, auch Rollenspiele, hält sich an Spielregeln.

Untersuchung

Nur Auffälligkeiten ankreuzen!

Haut ☐ auffällige Blässe ☐ Anhalt für Verletzungen (z. B. Hämatome, Petechien, Verbrennungen, Narben) ☐ entzündliche Hautveränderungen Thorax, Lunge, Atemwege ☐ Auskultation ☐ Atemgeräusch ☐ Atemfrequenz ☐ Thoraxkonfiguration ☐ Mamillenabstand ☐ Hinweis auf Rachitis	Bewegungsapparat (Knochen, Muskeln, Nerven) Inspektion des ganzen Körpers in Rücken- und Bauchlage im Sitzen, von hinten und von den Seiten: ☐ Vorbeugetest ☐ Asymmetrien ☐ Schiefhaltung ☐ Spontanmotorik ☐ passive Beweglichkeit der großen Gelenke ☐ Muskeltonus ☐ Muskeleigenreflexe ☐ Hinweis auf Rachitis an den Extremitäten
Herz, Kreislauf Auskultation: ☐ Herzfrequenz	Mundhöhle, Kiefer, Nase ☐ Auffälligkeiten an Zähnen und Schleimhaut ☐ Kieferanomalie ☐ Verletzungszeichen

□ Herzrhythmus □ Herztöne Herznebengeräusche	
<u>Abdomen, Genitale (inkl. Analregion)</u> □ Hodenhochstand rechts/links □ Leber- und Milzgröße □ Hernien □ auffälliger Harnbefund (Mehrfachteststreifen) <u>Ohren</u> Hörtest mittels Screeningaudiometrie (Bestimmung der Hörschwelle in Luftleitung mit mindestens 5 Prüffrequenzen): □ rechts □ links	<u>Augen</u> Inspektion: □ morphologische Auffälligkeiten □ Nystagmus □ Kopffehlhaltung Pupillenstatus: □ auffällig (Größe, Form, Lichtreaktion rechts/links) Hornhautreflexbildchen: □ auffällig (Strabismus) Stereo-Test (z. B. Lang-Test, Titmus-Test, TNO-Test): □ auffällig Sehtest (monokulare Prüfung, z. B. mit Okklusionspflaster): (Nonverbale Formenwiedererkennungstests, z. B. Lea-Hyvärinen-Test, Sheridan-Gardiner-Test, H-Test nach Hohmann/Haase, E-Haken, Landoltringe mittels Einzeloptotypen in 3 m Abstand) □ Sehschwäche rechts □ Sehschwäche links □ Rechts-Links-Differenz

Eltern sind unzufrieden mit der Entwicklung und dem Verhalten des Kindes, weil:

<u>Beratung</u>

Beratung vor allem zu folgenden Themen:

Bei erweitertem Beratungsbedarf bitte ankreuzen!

- □ Unfallverhütung
- □ Sprachberatung: Förderung von deutscher Sprache und „Muttersprache“ (einschließlich der Laut- und Gebärdensprache
- □ Medien (z. B. Medienkonsum, TV, Spielkonsolen, Dauerbeschallung)
- □ Ernährung
- □ Bewegung
- □ Aufklärung über Impfungen/Vorschlag eines Impftermins, Impfstatus entsprechend Schutzimpfungs-Richtlinie des G-BA überprüfen
- □ Verweis zur Zahnärztin oder zum Zahnarzt zur zahnärztlichen Früherkennungsuntersuchung

Bemerkung:

Ergebnisse

Relevante anamnestische Ergebnisse:	
Orientierende Beurteilung der Entwicklung altersgemäß: ☐ **ja** ☐ **nein**	
Körpermaße:	
Körpergewicht in kg	☐☐ , ☐
Körperlänge in cm	☐☐☐
BMI in kg/m²	☐☐ , ☐
Gesamtergebnis:	
keine Auffälligkeiten	☐
Auffälligkeiten zur Beobachtung:	
weitere Maßnahmen vereinbart:	
Verweis zur Zahnärztin oder zum Zahnarzt ☐	
Prüfung, Aufklärung und ggf. Veranlassung der Durchführung von:	
Impfstatus beim Verlassen der Praxis vollständig:	☐ ja ☐ nein
fehlende Impfungen:	
Bemerkungen:	
Terminvereinbarung	
nächster Impftermin am:	
Stempel	**Unterschrift und Datum:**

U9

Elterninformation zur Untersuchung vom 60. bis zum 64. Lebensmonat

Ihr Kind ist jetzt etwa fünf Jahre alt. Viele Kinder haben in diesem Alter einen großen Bewegungsdrang, klettern gern und stellen viele Fragen. In der Regel entwickeln die Kinder in Rollenspielen mit anderen viel Fantasie und haben Freude am Malen mit Buntstiften oder am Schneiden mit einer Schere. Sollte Ihr Kind noch nicht alle Laute fehlerfrei aussprechen, bitten Sie Ihre Ärztin oder Ihren Arzt, darauf besonders zu achten und Sie dazu zu beraten.

Die Ärztin oder der Arzt achtet bei der U9 wieder besonders auf Entwicklungsauffälligkeiten. Ihr Kind wird körperlich untersucht. Zum Erkennen von Sehstörungen werden wieder Sehtests durchgeführt. Die Ärztin oder der Arzt testet, wie beweglich und wie geschickt Ihr Kind ist und wie gut es spricht. Außerdem möchte die Ärztin oder der Arzt wissen, woran Ihr Kind Interesse und Freude hat oder wovor es sich möglicherweise ängstigt. Ihr Kind kommt bald in die Schule. Damit die Ärztin oder der Arzt Sie gegebenenfalls rechtzeitig unterstützen kann, sind diese Informationen wichtig. Außerdem interessiert sich Ihre Ärztin oder Ihr Arzt für den Kontakt zwischen Ihnen und Ihrem Kind.

Ihre Ärztin oder Ihr Arzt berät Sie zu den laut Impfkalender empfohlenen Schutzimpfungen. Zudem spricht die Ärztin oder der Arzt mit Ihnen über Themen wie die Ernährung und Bewegung Ihres Kindes, Maßnahmen zur Unfallverhütung, die Förderung der Sprachentwicklung und den verantwortungsbewussten Gebrauch von Medien (z. B. TV, Spielekonsolen, Internet und Ähnlichem) im Alltag Ihres Kindes. Sie werden nochmals auf eine Kariesprophylaxe mittels Fluorid aufmerksam gemacht. Ihre Ärztin oder Ihr Arzt informiert Sie über das Angebot einer zahnärztlichen Früherkennungsuntersuchung für Ihr Kind.

Tipp: Ist Ihnen in der Entwicklung oder dem Verhalten Ihres Kindes etwas Ungewöhnliches aufgefallen oder sind Sie durch etwas beunruhigt? Am besten notieren Sie sich vor der Untersuchung, was Sie beobachtet haben und worüber Sie mit der Ärztin oder dem Arzt sprechen möchten.

Bitte bringen Sie auch den Impfpass Ihres Kindes mit.

Hier können Sie Ihre Notizen eintragen:

Anamnese

Zutreffendes bitte ankreuzen!

Aktuelle Anamnese des Kindes:

- ☐ schwerwiegende Erkrankungen seit der letzten Untersuchung, Operationen, Krampfanfälle, schwere ungewöhnliche und häufige Infektionen
- ☐ Hörvermögen
- ☐ Sind Sie mit der Sprachentwicklung Ihres Kindes zufrieden?
- ☐ Wird Ihr Kind von der Umgebung gut verstanden?
- ☐ Stottert Ihr Kind?

Sozialanamnese:

- ☐ Betreuungssituation
- ☐ besondere Belastungen in der Familie

Orientierende Beurteilung der Entwicklung

Nur ankreuzen, wenn die Items NICHT erfüllt werden!

☐ Grobmotorik: Hüpft auf einem Bein, jeweils rechts und links, und kurzer Einbeinstand Größere Bälle können aufgefangen werden. Läuft Treppen vorwärts rauf und runter im Erwachsenenschritt (wechselfüßig) ohne sich festzuhalten.	☐ Perzeption/Kognition: Mindestens drei Farben werden erkannt und richtig benannt
☐ Feinmotorik: Nachmalen eines Kreises, Quadrates, Dreiecks möglich. Stifthaltung wie ein Erwachsener. Kann mit einer Kinderschere an einer geraden Linie entlang schneiden.	☐ Soziale/emotionale Kompetenz: Kann sich mit anderen Kindern gut im Spiel abwechseln. Ist bereit zu teilen. Kind kann seine Emotionen meist selbst regulieren. Toleriert meist leichtere, übliche Enttäuschungen.
☐ Sprache: Fehlerfreie Aussprache, vereinzelt können noch Laute fehlerhaft ausgesprochen werden. Ereignisse und Geschichten werden im richtigen zeitlichen und logischen Ablauf wiedergegeben in korrekten, jedoch noch einfach strukturierten Sätzen.	☐ Interaktion/Kommunikation: Das Kind lädt andere Kinder zu sich ein und wird selbst eingeladen. Intensive Rollenspiele: Verkleiden, Verwandlung in Tiere, Vorbilder (Ritter, Piraten, Helden), auch mit anderen Kindern.

Untersuchung

Nur Auffälligkeiten ankreuzen!

Haut ☐ auffällige Blässe ☐ Anhalt für Verletzungen (z. B. Hämatome, ☐ Petechien, Verbrennungen, Narben) ☐ entzündliche Hautveränderungen	Bewegungsapparat (Knochen, Muskeln, Nerven) Inspektion des ganzen Körpers in Rücken- und Bauchlage im Sitzen, von hinten und von den Seiten: ☐ Asymmetrien ☐ Schiefhaltung ☐ passive Beweglichkeit der großen Gelenke ☐ Muskeltonus ☐ Muskeleigenreflexe
Thorax, Lunge, Atemwege ☐ Auskultation ☐ Atemgeräusch	Mundhöhle, Kiefer, Nase ☐ Auffälligkeiten an Zähnen und Schleimhaut ☐ Kieferanomalie

☐ Atemfrequenz ☐ Thoraxkonfiguration ☐ Mamillenabstand	☐ Verletzungszeichen
<u>Herz, Kreislauf</u> Auskultation: ☐ Herzfrequenz ☐ Herzrhythmus ☐ Herztöne ☐ Herznebengeräusche	<u>Augeninspektion</u>: ☐ morphologische Auffälligkeiten ☐ Nystagmus ☐ Kopffehlhaltung Pupillenstatus: ☐ auffällig (Größe, Form, Lichtreaktion rechts/links) Hornhautreflexbildchen: ☐ auffällig (Strabismus) Stereo-Test (z. B. Lang-Test, Titmus-Test, TNO-Test): ☐ auffällig Sehtest (monokulare Prüfung, z. B. mit Okklusionspflaster): (Nonverbale Formenwiedererkennungstests, z. B. Lea-Hyvärinen-Test, Sheridan-Gardiner-Test, H-Test nach Hohmann/Haase, E-Haken, Landoltringe mittels Einzeloptotypen in 3 m Abstand) ☐ Sehschwäche rechts ☐ Sehschwäche links ☐ Rechts-Links-Differenz
<u>Abdomen, Genitale (inkl. Analregion)</u> ☐ Leber- und Milzgröße ☐ Hernien	

Eltern sind unzufrieden mit der Entwicklung und dem Verhalten des Kindes, weil:

Beratung

Beratung vor allem zu folgenden Themen:

Bei erweitertem Beratungsbedarf bitte ankreuzen!

- ☐ Kariesprophylaxe mittels Fluorid prüfen
- ☐ Unfallverhütung
- ☐ Sprachberatung: Förderung von deutscher Sprache und „Muttersprache" (einschließlich der Laut- und Gebärdensprache)
- ☐ Bewegung und Adipositasprävention
- ☐ Ernährung
- ☐ Medien (z. B. Medienkonsum, TV, Spielekonsolen, Dauerbeschallung)
- ☐ Sucht
- ☐ Aufklärung über Impfungen/Vorschlag eines Impftermins, Impfstatus entsprechend Schutzimpfungs-Richtlinie des G-BA überprüfen
- ☐ Verweis zur Zahnärztin oder zum Zahnarzt zur zahnärztlichen Früherkennungsuntersuchung

Bemerkung:

Ergebnisse

Relevante anamnestische Ergebnisse:	
Orientierende Beurteilung der Entwicklung altersgemäß: ☐ **ja** ☐ **nein**	
Körpermaße:	
Körpergewicht in kg	☐☐ , ☐
Körperlänge in cm	☐☐☐
BMI in kg/m²	☐☐ , ☐
Gesamtergebnis:	
keine Auffälligkeiten	☐
Auffälligkeiten zur Beobachtung:	
weitere Maßnahmen vereinbart:	
Verweis zur Zahnärztin oder zum Zahnarzt ☐	
Prüfung, Aufklärung und ggf. Veranlassung der Durchführung von:	
Impfstatus beim Verlassen der Praxis vollständig:	☐ ja ☐ nein
fehlende Impfungen:	
Bemerkungen:	
Terminvereinbarung	
nächster Impftermin am:	
Stempel	**Unterschrift und Datum:**

Anlage 1a

Angaben des Vordrucks „Präventionsempfehlung“

Der zwischen den Partnern der Bundesmantelverträge vereinbarte Vordruck enthält folgende Angaben:

- Krankenkasse bzw. Kostenträger
- Name, Vorname des oder der Versicherten
- geboren am
- Kostenträgerkennung
- Versichertennummer
- Status
- Betriebsstättennummer
- Arztnummer
- Datum

Von der Ärztin oder dem Arzt auszufüllen:

- Empfehlung zur verhaltensbezogenen Primärprävention gemäß § 20 Absatz 5 SGB V aus dem Handlungsfeld
  Bewegungsgewohnheiten
  Ernährung
  Stressmanagement
  Suchtmittelkonsum
  Sonstiges
- Bitte informieren Sie sich bei Ihrer Krankenkasse über die geprüften und anerkannten Präventionsangebote und die Fördervoraussetzungen.
- Hinweis der behandelnden Ärztin oder des behandelnden Arztes (z. B. Kontraindikation, Konkretisierung zur Präventionsempfehlung)
- Vertragsarztstempel und Unterschrift

Anlage 2

Elterninformation zum Screening auf Mukoviszidose

Gemeinsamer Bundesausschuss

Information für die Eltern (Personensorgeberechtigte) zur Vorbereitung der mündlichen Aufklärung für die Reihenuntersuchung auf Mukoviszidose

Liebe Eltern,

zeitgleich mit dem erweiterten Neugeborenen-Screening wird Ihnen eine Reihenuntersuchung auf Mukoviszidose für Ihr Kind angeboten. Ziel dieser Reihenuntersuchung ist die frühzeitige Diagnose von Mukoviszidose, damit möglichst früh mit einer Behandlung begonnen werden kann und so die Lebensqualität und Lebenserwartung bei Kindern mit Mukoviszidose verbessert wird. Die Reihenuntersuchung auf Mukoviszidose unterliegt den besonderen Regelungen des Gendiagnostikgesetzes. Die nachfolgenden Informationen sollen Ihnen helfen, sich auf ein Aufklärungsgespräch mit Ihrer Ärztin bzw. Ihrem Arzt vorzubereiten.

1. Was ist Mukoviszidose?

Mukoviszidose (auch Zystische Fibrose genannt) ist eine erbliche Krankheit, die ungefähr 1 von 3300 Kindern betrifft. Eine Genveränderung im so genannten CFTR-Gen führt zu einer Störung des Salzaustausches in Drüsenzellen. Dies wiederum ist Ursache für die Bildung von zähflüssigem Schleim in den Atemwegen und anderen Organen, die sich dadurch dauerhaft entzünden. Die Schwere der Krankheitszeichen kann aufgrund unterschiedlicher Genveränderungen variieren. Häufig ist die Funktion der Bauchspeicheldrüse eingeschränkt. Dadurch sind betroffene Kinder oft untergewichtig und wachsen schlecht. Bei schweren Verläufen kann, infolge von wiederholten schweren Lungenentzündungen, die Lungenfunktion erheblich beeinträchtigt werden.

2. Wie kann Mukoviszidose behandelt werden?

Zurzeit gibt es keine heilende Therapie bei Mukoviszidose. Allerdings können Krankheitszeichen durch verschiedene Therapieansätze verbessert oder gelindert werden, so dass die Lebenserwartung von Mukoviszidose-Patienten kontinuierlich gestiegen ist. Die Behandlung der Mukoviszidose besteht aus Inhalationen und Physiotherapie, einer besonders kalorienreichen Ernährung und Medikamenten. Außerdem ist die Durchführung von regelmäßigen Kontrolluntersuchungen in spezialisierten Mukoviszidose-Einrichtungen sinnvoll, um bereits frühe Veränderungen rechtzeitig behandeln zu können.

3. Warum ist eine Reihenuntersuchung auf Mukoviszidose sinnvoll?

Die Reihenuntersuchung auf Mukoviszidose ermöglicht eine frühe Diagnosestellung. Mit einem frühen Behandlungsbeginn kann die körperliche Entwicklung der betroffenen Kinder verbessert werden. Damit erhöht sich auch die Chance auf ein längeres und gesünderes Leben.

4. Wie wird die Reihenuntersuchung auf Mukoviszidose durchgeführt?

Für die Reihenuntersuchung auf Mukoviszidose ist in der Regel keine zusätzliche Blutabnahme notwendig. Die Reihenuntersuchung auf Mukoviszidose erfolgt zur gleichen Zeit und aus derselben Blutprobe, welche für das erweiterte Neugeborenen-Screening bei Ihrem Kind abgenommen wird. Diese Blutprobe wird auf eine Filterpapierkarte getropft und an ein Labor geschickt.

Dort wird zuerst das Enzym immunreaktives Trypsin (IRT) bestimmt. Bei einem erhöhten Wert erfolgt aus derselben Blutprobe eine zweite Untersuchung auf das Pankreatitis-assoziierte Protein (PAP). Sollte das zweite Testergebnis ebenfalls erhöht sein, wird mit einem DNA-Test (Erbgutuntersuchung) nach den häufigsten Genveränderungen gesucht, die bei Mukoviszidose auftreten. Wenn eine oder zwei Genveränderungen gefunden werden, ist die Reihenuntersuchung kontrollbedürftig.

Sollte bereits der erste Test (IRT) sehr hoch sein, ist die Reihenuntersuchung allein dadurch kontrollbedürftig und es werden die anderen Tests nicht mehr durchgeführt. Die Kombination der Testschritte führt zu einer größtmöglichen Genauigkeit und Sicherheit der Ergebnisse. Sehr selten kann es trotzdem vorkommen, dass ein Kind an Mukoviszidose erkrankt ist und in dieser Früherkennung nicht auffällt.

Entsprechend der gesetzlichen Vorgaben im Gendiagnostikgesetz ist vor der Durchführung der Reihenuntersuchung auf Mukoviszidose die Aufklärung durch eine Ärztin oder einen Arzt zwingend erforderlich. Wird die Geburt durch eine Hebamme oder einen Entbindungspfleger geleitet, kann die Reihenuntersuchung auf Mukoviszidose bei Ihrem Kind bis zum Alter von 4 Lebenswochen bei einer Ärztin oder einem Arzt (beispielsweise bei der U2) nachgeholt werden. Hierzu ist dann die Entnahme einer weiteren Blutprobe notwendig. Im Gegensatz zur Reihenuntersuchung auf Mukoviszidose sollte das erweiterte Neugeborenen-Screening idealerweise innerhalb der ersten 72 Stunden erfolgen, da dort anders als beim Mukoviszidose-Screening eine sofortige Therapieeinleitung für die Mehrzahl der getesteten Erkrankungen entscheidend ist.

Die Blutprobe Ihres Kindes wird nach der Untersuchung vernichtet.

5. Wie werden Sie über das Reihenuntersuchungsergebnis informiert und was folgt danach?

Das Labor teilt dem Einsender (Ärztin/Arzt) der Blutprobe innerhalb von 14 Tagen mit, ob der Befund kontrollbedürftig oder normal ist. Über ein normales Ergebnis werden Sie nur auf Ihre ausdrückliche Nachfrage informiert. Bei einem kontrollbedürftigen Ergebnis wird sich der Einsender mit Ihnen in Verbindung setzen und Sie an ein spezialisiertes Mukoviszidose-Zentrum verweisen. Ein kontrollbedürftiges Ergebnis bedeutet noch nicht, dass Ihr Kind Mukoviszidose hat. Nur eins von fünf Kindern mit einem kontrollbedürftigen Ergebnis hat tatsächlich Mukoviszidose. Jedoch ist die Wahrscheinlichkeit für eine sogenannte Anlageträgerschaft erhöht. Die Anlageträger sind gesund, können jedoch diese Anlage an ihre Nachkommen weitergeben. In jedem Fall wird Ihnen eine genetische Beratung angeboten, damit Sie sich ausführlich über die Bedeutung dieses Ergebnisses informieren können.

Im Mukoviszidose-Zentrum wird zunächst eine Bestätigungsuntersuchung, in der Regel ein Schweißtest durchgeführt und alles Weitere mit Ihnen besprochen. Dieser Schweißtest ist ungefährlich und schmerzfrei und belastet Ihr Kind nicht. Das Ergebnis wird Ihnen unmittelbar nach der Untersuchung mitgeteilt. Möglicherweise sind weitere Untersuchungen erforderlich.

6. Sie entscheiden für Ihr Kind!

Die Teilnahme an der Mukoviszidose-Reihenuntersuchung ist freiwillig. Die Kosten der Untersuchung werden von den gesetzlichen Krankenkassen übernommen.

Die Ergebnisse der Untersuchung unterliegen der ärztlichen Schweigepflicht und dürfen nicht ohne Ihre Einwilligung an Dritte weitergegeben werden. Das durchführende Labor übermittelt die Ergebnisse direkt der verantwortlichen Person, die beauftragt ist, Sie bei einem positiven Befund zu kontaktieren. Sie haben das Recht, Ihre Einwilligung zur Mukoviszidose-Reihenuntersuchung jederzeit zu widerrufen.

Eine Entscheidung für oder gegen eine Reihenuntersuchung auf Mukoviszidose sollte auf der Basis fundierter Informationen getroffen werden. Sie haben immer die Möglichkeit, Ihre Fragen mit Ärztinnen oder Ärzten zu besprechen.

Ihre Einwilligung umfasst nur die Durchführung der Reihenuntersuchung auf Mukoviszidose sowie die Weitergabe der hierfür erforderlichen personenbezogenen Daten.

Wir sind mit der Durchführung der Reihenuntersuchung auf Mukoviszidose und der Übermittlung der hierfür erforderlichen Angaben einverstanden:

Datum, Unterschrift mindestens eines/einer Personensorgeberechtigten

Datum, Unterschrift aufklärende Person

Diese genetische Reihenuntersuchung auf Mukoviszidose wird von der Gendiagnostik-Kommission beim Robert Koch-Institut befürwortet.

Anlage 3

Elterninformation zum Erweiterten Neugeborenen-Screening

ERWEITERTES NEUGEBORENEN-SCREENING

Elterninformation zur Früherkennung von angeborenen Störungen des Stoffwechsels, des Hormon- und Immunsystems bei Neugeborenen

Liebe Eltern,
die meisten Kinder kommen gesund zur Welt und bleiben es auch. Es gibt jedoch seltene angeborene Erkrankungen, die bei Neugeborenen noch nicht durch äußere Zeichen erkennbar sind. Diese Erkrankungen können bei ca. einem von 1000 Neugeborenen auftreten. Unbehandelt können diese Erkrankungen zu schweren Infektionen, Organschäden, körperlicher oder geistiger Behinderung oder sogar zum Tod führen. Um diese Erkrankungen zu erkennen, wird eine Früherkennungsuntersuchung für alle Neugeborenen angeboten (Erweitertes Neugeborenen-Screening).

Warum werden Früherkennungsuntersuchungen durchgeführt?
Diese angeborenen Störungen sollen rechtzeitig erkannt werden. Durch eine frühzeitige Behandlung möglichst bald nach der Geburt können die Folgen einer angeborenen Erkrankung dieser Kinder meist vermieden werden. Deshalb finden seit über 30 Jahren bei allen Neugeborenen Bluttuntersuchungen statt. Diese Untersuchung wurde nun wesentlich verbessert, weitere behandelbare Erkrankungen sind in die Untersuchung eingeschlossen worden.

Wann und wie wird untersucht?
Im Laufe des zweiten bis dritten Lebenstages (36 bis 72 Stunden nach der Geburt), gegebenenfalls zusammen mit der zweiten Vorsorgeuntersuchung Ihres Kindes, der U2, werden wenige Blutstropfen (aus der Vene oder Ferse) entnommen, auf die dafür vorgesehene Filterpapierkarte getropft und nach dem Trocknen sofort zu einem Screeninglabor geschickt. Dort werden die Proben unverzüglich mit speziellen, sehr empfindlichen Untersuchungsmethoden untersucht.

Auf welche Krankheiten wird untersucht?
Hypothyreose, Adrenogenitales Syndrom (AGS), Biotinidasemangel, Galaktosämie, Phenylketonurie (PKU) und Hyperphenylalaninämie (HPA), Ahornsirupkrankheit (MSUD), Fettsäurestoffwechseldefekte (MCAD-Mangel, LCHAD-Mangel, VLCAD-Mangel), Carnitinzyklusdefekte, Glutaracidurie Typ I, Isovalerianacidämie, Tyrosinämie Typ I, Schwere kombinierte Immundefekte (Severe Combined Immunodeficiency, SCID) (Krankheiten nachfolgend beschrieben).
In der Summe findet man bei ungefähr einem von 1000 Neugeborenen eine angeborene Erkrankung. In den meisten der betroffenen Familien gab es vorher noch nie derartige Erkrankungen. Da die betroffenen Kinder bei der Geburt noch völlig gesund erscheinen können, ist das Neugeborenen-Screening wichtig, um die Kinder rechtzeitig vor schweren Erkrankungen und deren Folgen, wie z. B. Störungen der geistigen und körperlichen Entwicklung zu bewahren.
Aus dieser Untersuchung allein lassen sich keine Aussagen über familiäre Risiken ableiten.

Wer erfährt das Testergebnis?
In jedem Falle erhält der Einsender der Blutprobe innerhalb weniger Tage einen schriftlichen Befund vom Screeninglabor. In dringenden Fällen wird unverzüglich zusätzlich direkt mit Ihnen Kontakt aufgenommen. Geben Sie deshalb für die Testkarte Ihre Telefonnummer und Ihre Anschrift an, unter der Sie in den ersten Tagen nach der Geburt erreichbar sein werden. Früherkennung und Frühbehandlung für betroffene Neugeborene sind nur möglich, wenn alle Beteiligten – Eltern, Klinik bzw. Kinderarzt und Screeninglabor – ohne Zeitverlust zusammenarbeiten, damit die Untersuchungsergebnisse rechtzeitig erhoben und kontrolliert werden. Unauffällige Untersuchungsergebnisse werden Ihnen nur auf Ihre persönliche Nachfrage hin mitgeteilt.

Was bedeutet das Testergebnis?

Das Ergebnis eines Screening-Testes ist noch keine ärztliche Diagnose. Mit dem Testergebnis können entweder die betreffenden untersuchten Störungen weitgehend ausgeschlossen werden oder eine weitere diagnostische Untersuchung bei Verdacht auf eine Erkrankung erforderlich machen, z.B. durch eine Wiederholung des Testes. Eine Wiederholung eines Testes kann aber auch notwendig sein, wenn z.B. der Zeitpunkt der Blutabnahme nicht optimal war.

Können diese Krankheiten geheilt werden?

Alle genannten Stoffwechseldefekte, endokrinen Störungen und Immundefekte sind angeboren und können in den meisten Fällen nicht geheilt werden. Jedoch können die Auswirkungen dieser angeborenen Störungen mit einer entsprechend frühzeitigen Behandlung vermieden oder zumindest vermindert werden. Die Behandlung besteht z.B. in einer Spezialdiät oder der Einnahme von bestimmten Medikamenten. Spezialisten stehen für die Beratung und Betreuung im Verdachts- oder Krankheitsfall zur Verfügung.

Die Teilnahme am Neugeborenen-Screening ist freiwillig. Die Kosten der Untersuchung werden von den gesetzlichen Krankenkassen übernommen.

Das Ergebnis der Untersuchung unterliegt der ärztlichen Schweigepflicht und darf nicht ohne Ihre Einwilligung an Dritte weitergegeben werden.

Ihr Einverständnis umfasst nur die oben genannten Zielerkrankungen sowie die Weitergabe der personenbezogenen Angaben zur Durchführung des erweiterten Neugeborenen-Screenings.

Wir sind mit der Durchführung der Untersuchung und der Übermittlung der hierfür vorgesehenen Angaben einverstanden.

Datum, Unterschrift mindestens eines/r Personensorgeberechtigten

Datum, Unterschrift aufklärende Person

Seit dem Inkrafttreten des Gendiagnostikgesetzes im Jahr 2010 werden von der Gendiagnostik-Kommission (GEKO) beim Robert Koch-Institut neu aufzunehmende Reihenuntersuchungen für genetisch bedingte Erkrankungen bewertet. Für die Reihenuntersuchungen auf Tyrosinämie Typ I und auf schwere kombinierte Immundefekte (SCID) hat die GEKO die Einführung der Screenings befürwortet.

Adrenogenitales Syndrom
Hormonstörung durch Defekt der Nebennierenrinde: Vermännlichung bei Mädchen, möglicher tödlicher Verlauf bei Salzverlustkrisen. Behandlung durch Hormongaben (Häufigkeit ca. 1/10 000 Neugeborene).

Ahornsirupkrankheit
Defekt im Abbau von Aminosäuren: geistige Behinderung, Koma, möglicher tödlicher Verlauf. Behandlung durch Spezialdiät (Häufigkeit ca. 1/200 000 Neugeborene).

Biotinidasemangel
Defekt im Stoffwechsel des Vitamins Biotin: Hautveränderungen, Stoffwechselkrisen, geistige Behinderung, möglicher tödlicher Verlauf. Behandlung durch Biotingabe (Häufigkeit ca. 1/80 000 Neugeborene).

Carnitinstoffwechseldefekte
Defekt im Stoffwechsel der Fettsäuren: Stoffwechselkrisen, Koma, möglicher tödlicher Verlauf. Behandlung durch Spezialdiät (Häufigkeit ca. 1/100 000 Neugeborene).

Galaktosämie
Defekt im Verstoffwechseln von Milchzucker: Erblindung, körperliche und geistige Behinderung, Leberversagen, möglicher tödlicher Verlauf. Behandlung durch Spezialdiät (Häufigkeit ca. 1/40 000 Neugeborene).

Glutaracidurie Typ I
Defekt im Abbau von Aminosäuren: bleibende Bewegungsstörungen, plötzliche Stoffwechselkrisen. Behandlung durch Spezialdiät und Aminosäuregabe (Häufigkeit ca. 1/80 000 Neugeborene).

Hypothyreose
Angeborene Unterfunktion der Schilddrüse: schwere Störung der geistigen und körperlichen Entwicklung. Behandlung durch Hormongabe (Häufigkeit ca. 1/4 000 Neugeborene).

Isovalerianacidämie
Defekt im Abbau von Aminosäuren: geistige Behinderung, Koma. Behandlung durch Spezialdiät und Aminosäuregabe (Häufigkeit ca. 1/50 000 Neugeborene).

LCHAD-, VLCAD-Mangel
Defekt im Stoffwechsel von langkettigen Fettsäuren: Stoffwechselkrisen, Koma, Muskel- und Herzmuskelschwäche, möglicher tödlicher Verlauf. Behandlung durch Spezialdiät, Vermeiden von Hungerphasen (Häufigkeit ca. 1/80 000 Neugeborene).

MCAD-Mangel
Defekt bei der Energiegewinnung aus Fettsäuren: Stoffwechselkrisen, Koma, möglicher tödlicher Verlauf. Behandlung durch Carnitingabe, Vermeiden von Hungerphasen (Häufigkeit ca. 1/10 000 Neugeborene).

Phenylketonurie
Defekt im Stoffwechsel der Aminosäure Phenylalanin: Krampfanfälle, Spastik, geistige Behinderung. Behandlung durch Spezialdiät (Häufigkeit ca. 1/10 000 Neugeborene).

Tyrosinämie Typ I
Defekt im Stoffwechsel der Aminosäure Tyrosin: Bildung schädlicher Stoffwechselprodukte kann zu schwerwiegenden Schädigungen von Leber, Niere, Gehirn und/oder Nerven führen. Behandlung durch Spezialdiät in Kombination mit medikamentöser Behandlung mit Nitisinon (Häufigkeit ca. 1/135 000 Neugeborene).

Schwere kombinierte Immundefekte (SCID)
Völliges Fehlen einer Immunabwehr: bereits im Säuglingsalter hohe Infektanfälligkeit gepaart mit Infektionskomplikationen. Strenge hygienische Vorsichtsmaßnahmen. Therapie mit Knochenmark- oder Stammzellentransplantation, Enzymersatztherapie. Verzicht auf Stillen, Lebendimpfungen oder Transfusion unbehandelter Blutprodukte. Unbehandelt versterben die meisten betroffenen Kinder innerhalb von 1 bis 2 Jahren (Häufigkeit 1/32 500 Neugeborene).

Hinweis: Nicht bei allen oben genannten Erkrankungen kann die rechtzeitige Behandlung Krankheitsfolgen vollständig verhindern. Eine umgehende Behandlung ermöglicht dem betroffenen Kind in den meisten Fällen eine normale Entwicklung.

Anlage 4

Filterpapierkarte (§ 21 Absatz 2)

1. Screeningdokumentation (vom Einsender zu dokumentieren)
   a) bei allen Blutproben
   - Art der Probenentnahme (Erst-, Zweit- oder Kontrollprobe),
   - Stammdaten des Kindes, bestehend aus Name, Geschlecht und Geburtsdatum,
   - Uhrzeit der Geburt,
   - Geburtenbuch-Nummer,
   - auf einem abtrennbaren Teil der Filterpapierkarte: Telefonnummern und Adressen, unter denen die Eltern (Personensorgeberechtigten) zum Zeitpunkt der voraussichtlichen Befundübermittlung zu erreichen sind,
   - Nachweis über die Einwilligung der Personensorgeberechtigten,
     - für das Screening gemäß Abschnitt C Kapitel I Erweitertes Neugeborenen Screening,
     - für das Screening gemäß Abschnitt C Kapitel II Screening auf Mukoviszidose,
   - Adresse und Telefonnummer des Einsenders,
   - Datum und Uhrzeit der Probenentnahme,
   - Name des Einsenders,
   - Kostenträger,
   - Angabe des Gestationsalters und des Geburtsgewichts,
   - Kennzeichnung von Mehrlingen,
   - Angaben zu parenteraler Ernährung (ja/nein),
   - Angaben zu Transfusion, Kortikosteroidgabe, Dopamingabe,
   - Besonderheiten, wie positive Familienanamnese, bei Zweitscreening: Nummer der Erstscreeningkarte und
   - Angabe der EBM-Ziffer der Laboruntersuchung,
   - gemäß Abschnitt C Kapitel IV § 54 Absatz 4 kann ebenfalls die Durchführung des Neugeborenen-Hörscreenings dokumentiert werden.

   b) bei Kontrollproben zusätzlich:
   - Ergebnis des Erstbefunds
   - pädiatrischer Stoffwechselspezialist oder Endokrinologe, zu dem Kontakt aufgenommen wurde

2. Laborleistungen (vom Labor auszufüllen)
   a) bei allen Blutproben:
   - Datum und Uhrzeit des Zugangs,
   - das Befundergebnis,
   - interne Dokumentationsnummer des Labors (für die Zwecke interner Qualitätssicherung und der Beweissicherung), und

   b) bei auffälligen Befunden:
   - Zeitpunkt und Empfänger der (soweit vorgegeben) fernmündlichen Befundübermittlung,
   - Angaben zur Beratung/Besonderheiten (Freifeld)

   c) bei Kontrollprobe zusätzlich:
   - Bestätigung des Erstbefunds
   - Unterrichtung des bereits kontaktierten pädiatrischen Stoffwechselspezialisten oder Endokrinologen in dringenden Fällen

470. Richtlinie des Gemeinsamen Bundesausschusses über die Früherkennung von Krebserkrankungen (Krebsfrüherkennungs-Richtlinie/KFE-RL)

In der Fassung vom 18. Juni 2009

(BAnz. Nr. 148a vom 2.10.2009; Inkrafttreten: 3.10.2009)

Geändert durch Beschl. des G-BA vom 15.10.2009 (BAnz. Nr. 11 vom 21.1.2010, S. 212; Inkrafttreten: 22.1.2010), durch Beschl. des G-BA vom 18.2.2010 (BAnz. Nr. 66 vom 30.4.2010, S. 1554; Inkrafttreten: 1.5.2010), durch Beschl. des G-BA vom 16.12.2010 (BAnz. 2011 Nr. 34 vom 2.3.2011, S. 864; Inkrafttreten: 3.3.2011), durch Beschl. des G-BA vom 24.7.2014 (BAnz. AT vom 31.12.2014; Inkrafttreten: 1.1.2015), durch Beschl. des G-BA vom 15.10.2015 (BAnz. AT vom 18.1.2016 B2; Inkrafttreten: 19.1.2016, teilweise 1.7.2016), durch Beschl. des G-BA vom 21.4.2016 (BAnz. AT vom 8.7.2016 B2; Inkrafttreten: 1.10.2016, teilweise 1.1.2017), durch Beschl. des G-BA vom 20.7.2017 (BAnz. AT vom 7.11.2017 B3; Inkrafttreten: 8.11.2017), durch Beschl. des G-BA vom 18.1.2018 (BAnz. AT vom 6.4.2018 B3; Inkrafttreten: 1.1.2019), durch Beschl. des G-BA vom 19.7.2018 (BAnz. AT vom 18.10.2018 B3; Inkrafttreten: 19.4.2019), durch Beschl. des G-BA vom 22.11.2018 (BAnz. AT vom 21.5.2019 B1; Inkrafttreten: 1.1.2020), durch Beschl. des G-BA vom 5.12.2019 (BAnz. AT vom 20.12.2019 B10; Inkrafttreten: 1.1.2020) und durch Beschl. des G-BA vom 18.6.2020 (BAnz. AT vom 27.8.2020 B3; Inkrafttreten: 28.8.2020)

Inhaltsverzeichnis[1]

[1] Amtl. Inhaltsverzeichnis, Änderungen redaktionell angepasst.

A. Allgemeines

§ 1[1] Grundlagen und Ziele. (1) Diese Richtlinie bestimmt auf Grundlage des § 92 Absatz 1 Satz 2 Nummer 3, Absatz 4 und § 25 Absatz 4 des Fünften Buches Sozialgesetzbuch (SGB V)[2] das Nähere über die ärztlichen Maßnahmen zur Früherkennung von Krebserkrankungen nach § 25 Absatz 2 und 3 SGB V.

(2) Die nach den Abschnitten B, C und D dieser Richtlinie durchzuführenden ärztlichen Maßnahmen dienen

a) bei Frauen
der Früherkennung von Krebserkrankungen des Genitales ab dem Alter von 20 Jahren sowie zusätzlich der Brust ab dem Alter von 30 Jahren, sowie zusätzlich der Früherkennung von Krebserkrankungen der Brust (Mammographie-Screening) ab dem Alter von 50 Jahren bis zum Ende des 70. Lebensjahres. Daneben sind Maßnahmen bei Frauen zur Früherkennung von Krebserkrankungen des Genitales ab dem Alter von 20 Jahren sowie zusätzlich der Brust ab dem Alter von 30 Jahren in der Richtlinie für organisierte Krebsfrüherkennungsprogramme (oKFE-Rl) geregelt.

b) bei Männern
der Früherkennung von Krebserkrankungen der Prostata und des äußeren Genitales ab dem Alter von 45 Jahren.

c) bei Frauen und Männern
der Früherkennung von Krebserkrankungen der Haut ab dem Alter von 35 Jahren.

---

[1] § 1 Abs. 2 Buchst. c geänd., Abs. 2a eingef. mWv 19.4.2019 durch Beschl. v. 19.7.2018 (BAnz. AT 18.10.2018 B3), Abs. 2 Buchst. a geänd. mWv 1.1.2020 durch Beschl. v. 22.11. 2018 (BAnz. AT 21.5.2019 B1).

[2] **Aichberger, Sozialgesetzbuch, Nr. 5.**

(2a) Daneben sind Maßnahmen bei Männern und Frauen zur Früherkennung von Krebserkrankungen des Rektrums und des übrigen Dickdarms ab dem Alter von 50 Jahren in der Richtlinie für organisierte Krebsfrüherkennungsprogramme (oKFE-RL) geregelt.

(3) Die Maßnahmen der Früherkennung sollen mögliche Gefahren für die Gesundheit der Anspruchsberechtigten dadurch abwenden, dass aufgefundene Verdachtsfälle eingehend diagnostiziert und erforderlichenfalls rechtzeitig behandelt werden können.

(4) Untersuchungen nach dieser Richtlinie sollen diejenigen Ärztinnen und Ärzte durchführen, welche die vorgesehenen Leistungen auf Grund ihrer Kenntnisse und Erfahrungen erbringen können, nach der ärztlichen Berufsordnung dazu berechtigt sind und über die erforderlichen Einrichtungen verfügen.

(5) Die bei diesen Maßnahmen mitwirkenden Ärztinnen und Ärzte haben darauf hinzuwirken, dass für sie tätig werdende Vertreterinnen und Vertreter diese Richtlinie kennen und beachten.

§ 2 Untersuchungsintervalle. [1]Der Anspruch auf Früherkennung besteht nach der ersten Inanspruchnahme – soweit nicht in den folgenden Abschnitten oder Anlagen der Richtlinie Abweichendes bestimmt ist – jährlich. [2]Er kann ab Beginn des jeweiligen Kalenderjahres wahrgenommen weden; dies gilt entsprechend, wenn mehrjährige, nicht aber, wenn mehrmonatige Intervalle festgelegt sind.

§ 3 Folgerung aus den Ergebnissen und Beratungen der Untersuchten. Ergeben die Untersuchungen das Vorliegen oder den Verdacht auf das Vorliegen einer Krankheit, so soll die Ärztin oder der Arzt dafür Sorge tragen, dass diese Fälle im Rahmen der Krankenbehandlung einer weitergehenden, gezielten Diagnostik und ggf. Therapie zugeführt werden.

§ 4 Beratungspflicht nach Maßgabe der Chroniker-Richtlinie. [1]Nach § 4 Absatz 1 der Richtlinie des Gemeinsamen Bundesausschusses zur Umsetzung der Regelungen in § 62 SGB V für schwerwiegend chronisch Erkrankte („Chroniker-Richtlinie") sind Ärztinnen und Ärzte, die eine der in der Chroniker-Richtlinie in § 4 Absatz 2 genannten Früherkennungsuntersuchungen durchführen, nach Maßgabe der Chroniker-Richtlinie verpflichtet, nach dem 1. April 1987 geborene weibliche und nach dem 1. April 1962 geborene männliche Versicherte jeweils einmal zeitnah nach Erreichen des Anspruchsalters, längstens jedoch in einem Zeitraum von zwei Jahren nach Erreichen des Anspruchsalters, gestützt auf Merkblätter zu beraten. [2]Die Inhalte der Merkblätter werden als Anlage zu dieser Richtlinie beschlossen.

B. Früherkennungsmaßnahmen, die nur bei Frauen durchgeführt werden

I. Übersicht über die Leistungen

§ 5[1)] Leistungen. Die Maßnahmen zur Früherkennung von Krebserkrankungen des Genitales und der Brust bei Frauen umfassen

---

[1)] § 5 Buchst. b aufgehoben, bish. Buchst. c wird neuer Buchst. b mWv 1.1.2020 durch Beschl. v. 22.11.2018 (BAnz. AT 21.5.2019 B1).

a) klinische Untersuchungen (§ 6),
b) die Früherkennung von Brustkrebs durch Mammographie-Screening (§§ 9 bis 23).

II.[1] Klinische Untersuchungen

§ 6[2] Klinische Untersuchungen. (1) Die klinische Untersuchung umfasst in Abhängigkeit vom Lebensalter der Versicherten folgende Leistungen:

a) Ab dem Alter von 20 Jahren
  – gezielte Anamnese
  – Inspektion der genitalen Hautregion
  – bimanuelle gynäkologische Untersuchung
  – Spiegeleinstellung der Portio
  – Befundmitteilung mit anschließender diesbezüglichen Beratung

b) Zusätzlich ab dem Alter von 30 Jahren
  – Abtasten der Brustdrüsen und der regionären Lymphknoten einschließlich der Anleitung zur regelmäßigen Selbstuntersuchung
  – Inspektion der entsprechenden Hautregion

(2) Wird eine klinische Untersuchung nach der Richtlinie für organisierte Krebsfrüherkennzungsprogramme (oKFE-RL) in Anspruch genommen, besteht in dem Kalenderjahr, in dem die Untersuchung erfolgt ist, kein Anspruch auf eine solche nach der Krebsfrüherkennungs-Richtlinie (KFE-RL).

§ 7[3] *(aufgehoben)*

§ 8[4] Dokumentation der klinischen Untersuchung. Die anamnestischen Angaben sowie die Ergebnisse der klinischen Untersuchungen werden von der Ärztin oder dem Arzt in der Patientenakte dokumentiert.

(Fortsetzung nächste Seite)

---

[1] Überschr. geänd. mWv 28.8.2020 durch Beschl. v. 18.6.2020 (BAnz. AT 27.8.2010).
[2] § 6 neu gef. mWv 1.1.2020 durch Beschl. v. 22.11.2018 (BAnz. AT 21.5.2019 B1).
[3] § 7 aufgeh. mWv 1.1.2020 durch Beschl. v. 22.11.2018 (BAnz. AT 21.5.2019 B1).
[4] § 8 neu gef. mWv 1.1.2020 durch Beschl. v. 22.11.2018 (BAnz. AT 21.5.2019 B1).

Intervallkarzinome in anonymisierter und aggregierter Form von den Referenzzentren zur Verfügung gestellt.

(11) [1]Das Referenzzentrum meldet der Screening-Einheit für ihre Fälle zurück, ob es sich um ein Intervallkarzinom handelt und in welche Kategorie dieses eingeteilt wurde. [2]Danach werden die Kommunikationsnummern in der Screening-Einheit und im Referenzzentrum gelöscht.

(12) [1]Zur Evaluation der Auswirkungen des Mammographie-Screenings nach Absatz 2 übermittelt das epidemiologische Krebsregister nach landesrechtlichen Vorgaben die erforderlichen Daten nach den Absätzen 6 und 7 an eine evaluierende Stelle. [2]Die Daten sind vor der Übermittlung durch das epidemiologische Krebsregister zu anonymisieren.

(13) [1]Die Kooperationsgemeinschaft legt die jährlichen Auswertungen, bezogen auf die Screening-Einheiten sowie bundesweit, zur Evaluation des Programms dem Gemeinsamen Bundesausschuss 2 Jahre nach dem Ende des Evaluationszeitraumes vor. [2]Dieser prüft die Ergebnisse und entscheidet, ob weitere Auswertungen zur Evaluation sowie Änderungen des Früherkennungsprogramms notwendig sind. [3]Die Auswertung zur Evaluation des Programms wird jährlich veröffentlicht.

C. Früherkennungsmaßnahmen, die nur bei Männern durchgeführt werden

§ 24 Leistungen. Die Maßnahmen zur Früherkennung von Krebserkrankungen, die nur bei Männern durchgeführt werden, umfassen klinische Untersuchungen nach Maßgabe des § 25.

§ 25 Klinische Untersuchungen. Die klinischen Untersuchungen umfassen bei Männern folgende Leistungen:
– Gezielte Anamnese,
– Inspektion und Palpation des äußeren Genitales einschließlich der entsprechenden Hautareale,
– Abtasten der Prostata vom After aus,
– Palpation regionärer Lymphknoten,
– Befundmitteilung mit anschließender diesbezüglicher Beratung.

§ 26[1)] Dokumentation der klinischen Untersuchung. Die anamnestischen Angaben sowie die Ergebnisse der klinischen Untersuchungen werden von der Ärztin oder dem Arzt in der Patientenakte dokumentiert.

[1)] § 26 Abs. 1 Satz 2 angef., bish. Wortlaut wird Satz 1 durch Beschl. v. 16.12.2010 (BAnz. 2011 S. 864), neu gef. mWv 28.8.2020 durch Beschl. v. 18.6.2020 (BAnz. AT 27.8.2020 B3).

D. Früherkennungsmaßnahmen, die bei Frauen und Männern durchgeführt werden

I. Übersicht über die Leistungen

§ 27[1] Leistungen. Die Maßnahmen zur Früherkennung von Krebserkrankungen, die sowohl bei Frauen als auch bei Männern durchgeführt werden, umfassen

a) Früherkennungsuntersuchungen auf Hautkrebs (§§ 28 bis 36),
b) Früherkennungsuntersuchungen auf kolorektales Karzinom (geregelt in der oKFE-RL).

II. Früherkennungsuntersuchung auf Hautkrebs

§ 28 Grundlagen und Ziele der Früherkennung auf Hautkrebs. [1] Ziel der Früherkennungsuntersuchung auf Hautkrebs ist die frühzeitige Entdeckung des Malignen Melanoms, des Basalzellkarzinoms sowie des Spinozellulären Karzinoms. [2] Die Untersuchung soll wenn möglich in Verbindung mit der Gesundheitsuntersuchung durchgeführt werden.

§ 29 Lebensalter, Untersuchungsinhalte. (1) Versicherte haben ab dem Alter von 35 Jahren jedes zweite Jahr Anspruch auf vertragsärztliche Maßnahmen zur Früherkennung von Hautkrebs nach Maßgabe der folgenden Bestimmungen.

(2) Eine erneute Früherkennungsuntersuchung auf Hautkrebs ist jeweils erst nach Ablauf des auf die vorangegangene Untersuchung folgenden Kalenderjahres möglich.

§ 30 Bestandteile der Früherkennungsuntersuchung auf Hautkrebs. (1) Zur Untersuchung gehören:

1. die gezielte Anamnese,
2. die visuelle, gemäß § 32 zertifiziertem Fortbildungsprogramm standardisierte Ganzkörperinspektion der gesamten Haut einschließlich des behaarten Kopfes sowie alle Intertrigines,
3. die Befundmitteilung mit diesbezüglicher Beratung und
4. die Dokumentation.

(2) [1] Ergibt sich aus der visuellen Inspektion der Haut durch eine Ärztin oder einen Arzt gemäß § 31 Satz 2 Nummer 1 der Verdacht auf das Vorliegen einer der Zielerkrankungen, so erfolgt die weitere Abklärung bei einer Fachärztin oder einem Facharzt für Haut- und Geschlechtskrankheiten gemäß § 31 Satz 2 Nummer 2. [2] Diese oder dieser führt – sofern es sich nicht um die Erstuntersucherin oder den Erstuntersucher handelt – erneut eine visuelle Ganzkörperinspektion durch, überprüft insbesondere die auffälligen Befunde der

---

[1] § 27 Buchst. b geänd. mWv 19.4.2019 durch Beschl. v. 19.7.2018 (BAnz. AT 18.10.2018 B3).

Voruntersuchung und veranlasst ggf. die histopathologische Untersuchung zur Diagnosesicherung.

(3) Die histopathologische Beurteilung kann nur durch Pathologinnen und Pathologen sowie durch Dermatologinnen und Dermatologen mit Zusatzweiterbildung in Dermatohistologie entsprechend den Vorgaben der jeweiligen Weiterbildungsordnung erfolgen; ab Inkrafttreten der diesbezüglichen Qualitätssicherungsvereinbarungen gemäß § 135 Absatz 2 SGB V[1)] müssen die dort festgelegten Anforderungen erfüllt sein.

§ 31 Berechtigte Ärztinnen und Ärzte. [1]Die Leistung „Früherkennungsuntersuchung auf Hautkrebs" darf nur von im Rahmen der vertragsärztlichen Versorgung tätigen Ärztinnen und Ärzten erbracht werden, welche eine entsprechende Genehmigung der zuständigen Kassenärztlichen Vereinigung (KV) vorweisen können. [2]Unter Voraussetzungen der Qualifikation nach § 32 kann eine Genehmigung für

1. Fachärztinnen und Fachärzte für Allgemeinmedizin, hausärztlich tätige Internistinnen und Internisten, Praktische Ärztinnen und Ärzte und Ärztinnen und Ärzte ohne Gebietsbezeichnung und
2. Fachärztinnen und Fachärzte für Haut- und Geschlechtskrankheiten

erteilt werden.

§ 32 Qualifikation. [1]Obligatorische Voraussetzung für die Genehmigung durch die zuständige KV zur Durchführung und Abrechnung der Früherkennungsuntersuchung auf Hautkrebs ist der Nachweis der erfolgreichen Teilnahme an einem von der KV zertifizierten achtstündigen Fortbildungsprogramm. [2]Der Kurs hat insbesondere folgende Inhalte zu behandeln:

1. potenzieller Nutzen und Schaden von Früherkennungsmaßnahmen, Kriterien zur Beurteilung von Früherkennungsmaßnahmen
2. Programm der Krebsfrüherkennungsuntersuchung, Gesundheitsuntersuchung und frühzeitige Sensibilisierung des Patienten
3. Maßnahmen zur Ansprache der Versicherten
4. Ätiologie des Hautkrebs, Krankheitsbilder, Häufigkeit, Risikofaktoren oder -gruppe, Anamnese, standardisierte visuelle Ganzkörperinspektion, Blickdiagnostik
5. Ablauf der Früherkennungsuntersuchung auf Hautkrebs
6. Vorstellung und Diskussion von Fallbeispielen
7. Dokumentationsmaßnahmen
8. interdisziplinäre Zusammenarbeit.

§ 33 Empfehlungen zur Qualitätsicherung. [1]Ergänzend zur Einführung des Hautkrebs-Screenings wird zeitnah eine Qualitätssicherungsvereinbarung für die histopathologische Untersuchung gemäß § 135 Absatz 2 SGB V[1)] beschlossen. [2]Diese beinhaltet u. a. folgende Anforderung für die histopathologisch tätigen Ärztinnen und Ärzte:

1. Nachweis einer bestimmten Mindestzahl durchgeführter Befundungen,

---

[1)] **Aichberger, Sozialgesetzbuch, Nr. 5.**

2. Teilnahme an Fallkonferenzen,
3. Nachweis einer bestimmten jährlichen Mindestzahl an Befundungen von dermatohistopathologischen Präparaten,
4. standardisierter Befundbericht.

§ 34 Dokumentation der Früherkennungsuntersuchungen auf Hautkrebs. (1) [1]Die im Rahmen des Früherkennungsprogramms durchgeführte Untersuchung und eventuelle Abklärungsdiagnostik ist zu dokumentieren. [2]Dazu gehören bei der Erstuntersuchung durch eine Ärztin oder einen Arzt gemäß § 31 Satz 2 Nummer 1 Vermerke über folgende Punkte:

1 Arztnummer
2 Patienteninformationen
2.1 Alter und Geschlecht der oder des Versicherten
3 Verdachtsdiagnose
3.1 Verdachtsdiagnose (ja/nein)
3.2 Angabe der Verdachtsdiagnose differenziert nach den Hautkrebsarten:
3.2.1 Malignes Melanom
3.2.2 Basalzellkarzinom
3.2.3 Spinozelluläres Karzinom
3.2.4 anderer Hautkrebs
3.2.5 sonstiger dermatologisch abklärungsbedürftiger Befund
3.3 Screening-Teilnehmer wird an einen Dermatologen überwiesen (ja/nein)
4 Teilnahme im Zusammenhang mit der Gesundheitsuntersuchung.

[3]Bei einer Erstuntersuchung oder Abklärung durch eine Ärztin oder einen Arzt gemäß § 31 Satz 2 Nummer 2 sind folgende Punkte zu dokumentieren:

1 Arztnummer
2 Patienteninformationen
2.1 Alter und Geschlecht der oder des Versicherten
3 Überweisung
3.1 Patient kommt auf Überweisung (ja/nein)
3.2 Überweisender Arzt hat HKS durchgeführt (ja/nein)
3.3 Angabe über die Verdachtsdiagnose des überweisenden Arztes liegt vor (ja/nein)
3.4 Angabe der Verdachtsdiagnosen des überweisenden Arztes differenziert nach den Hautkrebsarten:
3.4.1 Malignes Melanom
3.4.2 Basalzellkarzinom
3.4.3 Spinozelluläres Karzinom
3.4.4 anderer Hautkrebs

4 Verdachtsdiagnose des untersuchenden Dermatologen
4.1 Verdachtsdiagnose (ja/nein)
4.2 Angabe der Verdachtsdiagnose differenziert nach den Hautkrebsarten:
4.2.1 Malignes Melanom
4.2.2 Basalzellkarzinom
4.2.3 Spinozelluläres Karzinom
4.2.4 anderer Hautkrebs
4.2.5 sonstiger mit Biopsie abklärungsbedürftiger Befund
5 Biopsie zu Verdachtsdiagnose entnommen oder Exzision durchgeführt (ja/nein)
5.1 Falls ja: Anzahl der entnommenen Biopsien/Exzisionen
5.2 Falls nein:
5.2.1 anderweitige Therapie oder Diagnostik vorgenommen bzw. eingeleitet (ja/nein)
5.2.2 derzeit keine weitere Therapie/Diagnostik (ja/nein)
6 Jeweils schwerster histopathologischer Befund (je Entität)
6.1 Malignes Melanom (ja/nein)
6.2 Malignes Melanom – Klassifikation
– Melanoma in situ
– Invasives Melanom
6.3 Malignes Melanom – Tumordicke (Breslow)A
– ≤ 1 mm
– 1,01–2 mm
– 2,01–4 mm
– > 4 mm
6.4 Basalzellkarzinom (ja/nein)
6.5 Basalzellkarzinom horizontaler Tumordurchmesser (klinisch)
– Angabe in mm
6.6 Basalzellkarzinom vertikaler Tumordurchmesser (histologisch)
– Angabe in mm
6.7 Spinozelluläres Karzinom (ja/nein)
6.8 Spinozelluläres Karzinom – Klassifikation
– Karzinoma in situ
– Invasives Karzinom
6.9 Spinozelluläres Karzinom-Grading
– G X/1/2/3/4
6.10 Anderer Hautkrebs (ja/nein)
6.11 atypischer Nävuszellnävus (ja/nein)
6.12 junktionaler, compound, dermaler atypischer Nävuszellnävus (ja/nein)
6.13 Aktinische Keratose (ja/nein)
6.14 Andere hier nicht relevante Hautveränderungen (ja/nein)

(2) Die vollständige Dokumentation ist Voraussetzung für die Abrechnung der Früherkennungsmaßnahme.

(3) Zur Datenerfassung darf nur eine von der KBV zertifizierte Software Verwendung finden.

(4) [1]Die elektronischen Dokumentationen werden als Datensätze an die jeweils zuständige KV übermittelt. [2]Sie werden zum Zweck der Evaluation von den Kassenärztlichen Vereinigungen gesammelt und der für die Evaluation bestimmten Stelle zur Verfügung gestellt.

§ 35 Evaluation der Früherkennungsuntersuchungen auf Hautkrebs. (1) [1]Die Maßnahme zur „Früherkennungsuntersuchung auf Hautkrebs" wird hinsichtlich Qualität und Zielerreichung durch regelmäßige Auswertung der Dokumentation evaluiert. [2]Dabei verständigen sich die KBV und der Spitzenverband Bund der Krankenkassen über Art und Umfang der Evaluation und die Veröffentlichung. [3]Zielparameter für die Evaluation sind insbesondere:

a) Teilnahmeraten differenziert nach Arztgruppen, Alter, Geschlecht
b) gleichzeitige Inanspruchnahme der Gesundheitsuntersuchung bei Hausärzten
c) Anzahl der Verdachtsdiagnosen differenziert nach Arztgruppen
d) Anzahl der bestätigten Diagnosen bei Dermatologen
e) Anzahl der falsch-positiven Befunde
f) Entdeckungsrate (Anzahl der entdeckten Hautkrebse und der histopathologischen Befunde/Teilnehmer)
g) Auswertung differenziert nach KV-Bereichen.

(2) [1]Zur Beantwortung weiterer spezifischer Fragen sollen Sonderstudien (z.B. zur Ermittlung der Anzahl der falsch-negativen Befunde, Vorverlegung des Diagnosezeitpunktes) durchgeführt werden. [2]Falls erforderlich werden hierzu die Daten aus der Routinedokumentation unter Beachtung datenschutzrechtlicher Vorgaben zur Verfügung gestellt.

§ 36 Anpassung. Spätestens fünf Jahre nach Inkrafttreten der Richtlinienänderung soll der Gemeinsame Bundesausschuss den Erfolg des Hautkrebs-Screenings prüfen und erforderliche Änderungen beschließen.

§§ 37–41[1] *(aufgehoben)*

Anlage I[2]
(aufgehoben)

---

[1] §§ 37–41 aufgeh. mWv 1.1.2020 durch Beschl. v. 5.12.2019 (BAnz. AT 20.12.2019 B10).

[2] Anl. I aufgeh. mWv 28.8.2020 durch Beschl. v. 18.6.2020 (BAnz. AT 27.8.2020 B3).

Anlage II
(aufgehoben)[1]

Anlage III
(aufgehoben)[2]

Anlage IVa
Muster Einladungsschreiben[3]

Anlage IVb
(Muster-)Merkblatt zur Einladung der Frau gemäß § 14 Absatz 1[3]

Anlage V
Inhalte des standardisierten Fragebogens zur Anamnese gemäß § 15 Absatz 1[3]

Anlage VI
Inhalte der Dokumentationen gemäß § 21[3]

Anlage VII[1]
(aufgehoben)

---

[1] Anl. I, II und VII aufgeh. mWv 28.8.2020 durch Beschl. v. 18.6.2020 (BAnz. AT 27.8.2020 B3).

[2] Anl. III aufgeh. mWv 1.1.2020 durch Beschl. v. 5.12.2019 (BAnz. AT 20.12.2019 B10).

[3] **Red. Anm.:** Vom Abdruck der Anlagen wurde abgesehen.

472. Richtlinie für organisierte Krebsfrüherkennungsprogramme (oKFE-RL)

Vom 19. Juli 2018

(BAnz. AT vom 18.10.2018 B3, Inkrafttreten: 19.10.2018)

Geändert durch Beschl. des G-BA vom 22.11.2018 (BAnz. AT vom 21.5.2019 B1; Inkrafttreten: 1.7.2019), durch Beschl. des G-BA vom 5.12.2019 (BAnz. AT vom 20.12.2019 B 10; Inkrafttreten: 1.1.2020), durch Beschl. des G-BA vom 18.6.2020 (BAnz. AT vom 21.7.2020 B3; Inkrafttreten: 28.8.2020) und durch Beschl. des G-BA vom 18.6.2020 (BAnz. AT vom 27.8.2020 B2; Inkrafttreten: 22.7.2020)

I. Allgemeiner Teil

A. Geltungsbereich, Ziele und Anspruchsberechtigte

§ 1 Geltungsbereich. [1]Diese Richtlinie bestimmt auf Grundlage von § 92 Absatz 1 Satz 2 Nummer 3, Absatz 4 i. V. m. § 25a Absatz 2 Satz 1 des Fünften Buches Sozialgesetzbuch (SGB V) das Nähere über die Durchführung der organisierten Krebsfrüherkennungsprogramme. [2]Soweit in den Bestimmungen des einzelnen Krebsfrüherkennungsprogramms im Besonderen Teil nicht abweichend geregelt, finden die Bestimmungen des Allgemeinen Teils Anwendung.

§ 2 Ziele. [1]Die Früherkennungsuntersuchung hat zum Ziel, Vorstufen einer Krebserkrankung oder eine mangels konkreter Symptomatik bislang unentdeckt gebliebene Krebserkrankung möglichst früh zu erkennen und soweit erforderlich einer Behandlung zuzuführen. [2]So sollen Belastungen durch die Krebserkrankungen, insbesondere aber die Mortalität durch diese gesenkt werden. [3]Gleichzeitig sollen Belastungen und Schadensrisiken, die mit der Früherkennungsuntersuchung verbunden sind, minimiert werden. [4]Durch die Ausgestaltung der Früherkennungsuntersuchung als organisiertes Programm sollen mehr Personen erreicht werden und Wirksamkeit, Qualität und Sicherheit der Krebsfrüherkennungsprogramme stetig erfasst, überwacht und verbessert werden.

§ 3 Anspruchsberechtigung. [1]Die Voraussetzungen für eine Anspruchsberechtigung sind in den jeweiligen Krebsfrüherkennungsprogrammen geregelt. [2]Anspruchsauslösend ist regelmäßig das Erreichen eines bestimmten Alters. [3]Die Inanspruchnahme der angebotenen Krebsfrüherkennungsuntersuchungen ist freiwillig.

B. Einladungswesen

§ 4[1)] Einladung. (1) [1]Anspruchsberechtigte Versicherte sind zu den im Rahmen der Krebsfrüherkennungsprogramme angebotenen Krebsfrüherkennungsuntersuchungen einzuladen. [2]Der Stichtag für Ersteinladung und Folge-

[1)] § 4 Abs. 6 Satz 6 geänd. mWv 28.8.2020 durch Beschl. v. 18.6.2020 (BAnz. AT 27.8.2020 B3).

einladungen wird in dem jeweiligen Krebsfrüherkennungsprogramm bestimmt. 3 Er orientiert sich an den in den jeweiligen Krebsfrüherkennungsprogrammen für die Untersuchungen benannten Alters- und Zeitvorgaben.

(2) 1 Die Einladung erfolgt durch eine Einladungsstelle. 2 Diese ist regelmäßig die Krankenkasse, bei der die anspruchsberechtigte Person zu einem im Besonderen Teil festgeschriebenen Zeitpunkt (Einladungsstichtag) versichert ist.

(3) 1 Die Einladung erfolgt standardisiert in Textform. 2 Sie enthält:

a) ein Einladungsschreiben, in dem auf das Widerspruchsrecht hinsichtlich weiterer Einladungen hingewiesen wird (Einladungsschreiben),
b) eine gesonderte, umfassende und verständliche Information über Organisation und Ablauf des jeweiligen Krebsfrüherkennungsprogramms sowie Nutzen und Risiken der jeweiligen Krebsfrüherkennungsuntersuchung (Versicherteninformation) sowie
c) eine Information über die Verarbeitung personenbezogener Daten, die zum Schutz dieser Daten getroffenen Maßnahmen, den Verantwortlichen und die hinsichtlich der Datennutzung bestehenden Widerspruchsrechte (Information zur Datenverarbeitung).

(4) 1 Für Einladungen darf die Einladungsstelle die folgenden Angaben der anspruchsberechtigten Person nach § 291 Absatz 2 Satz 1 Nummer 2 bis 6 SGB V verarbeiten, soweit dies erforderlich ist:

- Familiennamen und Vornamen,
- Geburtsdatum,
- Geschlecht,
- Anschrift und
- lebenslang gültige Krankenversichertennummer gemäß § 290 SGB V.

2 Soweit nach dieser Richtlinie abweichend von Absatz 2 Satz 2 andere Stellen die Aufgabe der Einladung wahrnehmen, darf die Krankenversichertennummer nur pseudonymisiert verarbeitet werden.

(5) 1 Sollen für die Einladungen personenbezogene Daten über die in Absatz 4 genannten hinaus, insbesondere Befunddaten oder Daten über die Inanspruchnahme von Krebsfrüherkennungsuntersuchungen, genutzt werden, muss die vorherige Einwilligung der anspruchsberechtigten Person vorliegen. 2 Die Einwilligung ist schriftlich gegenüber der Einladungsstelle zu erklären.

(6) 1 Die eingeladenen Personen können Folgeeinladungen in Textform widersprechen. 2 Mit jeder Einladung ist auf dieses Widerspruchsrecht hinzuweisen und als Stelle, an die der Widerspruch zu richten ist, die Einladungsstelle zu benennen. 3 Ändert sich die Einladungsstelle, ist der Widerspruch gegenüber der neuen Einladungsstelle erneut zu erklären. 4 Andersfalls hat die neue Einladungsstelle einzuladen. 5 Der Widerspruch gegen die Einladung lässt die Berechtigung zur Inanspruchnahme der im Rahmen der Krebsfrüherkennungsprogramme angebotenen Krebsfrüherkennungsuntersuchungen unberührt. 6 Die Einladungsstelle speichert das Vorliegen eines Widerspruchs und das Widerspruchsdatum.

C. Durchführung der Maßnahmen

§ 5 Durchführung der Krebsfrüherkennungsuntersuchung. (1) Die bei der Durchführung der Krebsfrüherkennungsuntersuchung zur Anwendung kommenden Methoden werden in den jeweiligen Krebsfrüherkennungsprogrammen geregelt.

(2) Leistungserbringerinnen und Leistungserbringer dokumentieren Durchführung und Ergebnisse der Krebsfrüherkennungsuntersuchungen nach den Vorgaben in den jeweiligen Krebsfrüherkennungsprogrammen.

(3) [1] Leistungen der Krebsfrüherkennungsuntersuchung dürfen nur durch Leistungserbringerinnen und Leistungserbringer erbracht werden, die die in den jeweiligen Krebsfrüherkennungsprogrammen vorgegebenen Anforderungen an Struktur-, Prozess- und Ergebnisqualität erfüllen. [2] Vorgaben zur Qualitätssicherung der Leistungserbringerinnen und Leistungserbringer richten sich nach den §§ 135 ff. SGB V.

D. Systematische Erfassung, Überwachung und Verbesserung der Qualität der Krebsfrüherkennungsprogramme

§ 6 Programmbeurteilung. (1) [1] Die Qualität der Krebsfrüherkennungsprogramme wird systematisch erfasst, überwacht und verbessert (Programmbeurteilung). [2] Hierfür sind insbesondere auszuwerten:
- die Teilnahmeraten,
- das Auftreten von Intervallkarzinomen,
- der Anteil falsch positiver Diagnosen und
- die Sterblichkeit an der betreffenden Krebserkrankung.

[3] In Hinsicht auf Inzidenz, Stadienverteilung und Mortalität sind Gruppen mit regelmäßiger Inanspruchnahme, unregelmäßiger Inanspruchnahme und fehlender Inanspruchnahme zu betrachten.

(2) In den jeweiligen Krebsfrüherkennungsprogrammen werden weitere Kriterien und das Nähere zur Programmbeurteilung bestimmt.

(3) Unter Berücksichtigung der Programmbeurteilung werden die Krebsfrüherkennungsprogramme auf der Grundlage des allgemein anerkannten Standes der medizinischen Erkenntnisse durch den G-BA weiterentwickelt.

§ 7[1] Datenquellen. (1) Zur Auswertung der Kriterien nach § 6 Absatz 1 können – neben allgemein zugänglichen Informationen – entsprechend den Vorgaben in den jeweiligen Krebsfrüherkennungsprogrammen grundsätzlich genutzt werden:

a) von Leistungserbringerinnen und Leistungserbringern zur Programmbeurteilung zu dokumentierende Daten,

b) die nach § 284 Absatz 1 SGB V erhobenen und gespeicherten Sozialdaten der Krankenkassen,

c) Daten der Krebsregistrierung.

(2) In den jeweiligen Krebsfrüherkennungsprogrammen werden festgelegt:

a) die für die Auswertung der Kriterien nach § 6 Absatz 1 und 2 erforderlichen Daten,

b) die diese Daten verarbeitenden Stellen,

c) die für die Datenübermittlungen maßgeblichen Zeitpunkte.

---

[1] § 7 Abs. 1 Buchst. c geänd. mWv 28.8.2020 durch Beschl. v. 18.6.2020 (BAnz. AT 27.8.2020 B3).

§ 8[1] **Widerspruchsrecht.** (1) [1]Eine Verarbeitung der Daten versicherter Personen zum Zweck der Programmbeurteilung nach § 6 ist nicht zulässig, wenn die versicherte Person dem schriftlich oder elektronisch widersprochen hat. [2]Dies gilt nicht für Verarbeitungen, die aufgrund der weiteren Regelungen erfolgen und zur Umsetzung des Widerspruchsrechts erforderlich sind.

(2) Der Widerspruch ist jeweils bezogen auf ein Krebsfrüherkennungsprogramm unter Angabe der Krankenversichertennummer schriftlich oder elektronisch gegenüber der vom G-BA bestimmten zentralen Widerspruchsstelle zu erklären.

(3) Die versicherte Person ist mit der Einladung über die vorgesehene Datenverarbeitung zum Zweck der Programmbeurteilung, die zum Schutz dieser Daten getroffenen Maßnahmen und die verantwortliche Stelle sowie über ihr diesbezügliches Widerspruchsrecht aufzuklären.

(4) [1]Wird ein Widerspruch erklärt, speichert die zentrale Widerspruchsstelle den lebenslang gültigen Teil der Krankenversichertennummer, ordnet diese entsprechend der Widerspruchserklärung dem jeweiligen Programm zu und speichert diese. [2]Diese Informationen werden in einem vereinbarten Turnus regelmäßig über eine sichere Verbindung der Vertrauensstelle übermittelt. [3]Die Vertrauensstelle pseudonymisiert direkt nach Eingang der Informationen den lebenslang gültigen Teil der Krankenversichertennummer. [4]Sie löscht die dazugehörigen Programmbeurteilungsdaten und ersetzt diese durch eine Kennung, dass ein Widerspruch vorliegt.

§ 9 Datenfluss und einbezogene Stellen. (1) [1]Die zum Zweck der Programmbeurteilung zu verarbeitenden Daten sind regelmäßig von der sie elektronisch dokumentierenden oder vorhaltenden Stelle über eine Datenannahmestelle und eine Vertrauensstelle an die Auswertungsstelle zu übermitteln. [2]Sofern Versicherte einen wirksamen Widerspruch nach § 8 erklärt haben, ist dessen Umsetzung nach den Vorgaben dieser Richtlinie zu gewährleisten.

(2) Datenannahmestelle ist für die Vertragsärztinnen und Vertragsärzte ihre zuständige Kassenärztliche Vereinigung und für die Krankenkassen und Krebsregister die vom G-BA beauftragte Datenannahmestelle bei der Vertrauensstelle.

(3) Vertrauensstelle ist die entsprechend den Vorgaben des § 299 Absatz 2 SGB V vom G-BA für die Pseudonymisierung der versichertenidentifizierenden Daten benannte Stelle.

(4) Die zentrale Widerspruchstelle ist eine vom G-BA beauftragte Stelle, gegenüber der Versicherte ihren Widerspruch erklären können und die diese Widersprüche in einem vorgegebenen Verfahren an die Vertrauensstelle weiterleitet.

(5) [1]Auswertungsstelle ist die entsprechend den Vorgaben des § 299 Absatz 3 SGB V vom G-BA benannte Stelle, die die zu den in den Krebsfrüherkennungsprogrammen festgelegten Kriterien übermittelten Programmbeurteilungsdaten auswertet. [2]Die Auswertungsstelle kann das IQTIG sein.

---

[1] § 8 Abs. 4 Satz 5 aufgeh. mWv 28.8.2020 durch Beschl. v. 18.6.2020 (BAnz. AT 27.8.2020 B3).

§ 10 Übermittlung an eine Datenannahmestelle. (1) [1]Die zur Übermittlung verpflichteten Stellen prüfen die elektronisch dokumentierten oder vorgehaltenen Daten mittels EDV technischer Vorgaben und erstellen über diese Prüfung ein Prüfprotokoll. [2]Die so geprüften Daten übermitteln sie mit dem Prüfprotokoll an die zuständige Datenannahmestelle.

(2) [1]Für die Übermittlung sind die

a) versichertenidentifizierenden Daten so zu verschlüsseln, dass nur die Vertrauensstelle sie lesen kann. [2]Dazu haben die verschlüsselnden Stellen einen öffentlichen Schlüssel der Vertrauensstelle zu verwenden. [3]Als versicherten identifizierender Datenwert ist der unveränderbare Teil der Krankenversichertennummer nach § 290 SGB V zu verwenden.

b) [4]Für das jeweilige Krebsfrüherkennungsprogramm relevanten Behandlungsdaten, Angaben zum Gesundheitszustand der Betroffenen oder über die erbrachten diagnostischen oder therapeutischen Leistungen sowie weitere, nach Vorgabe des jeweiligen Krebsfrüherkennungsprogramms zu erhebende und für seine Beurteilung relevante Daten (Programmbeurteilungsdaten) so zu verschlüsseln, dass nur die Auswertungsstelle sie entschlüsseln und für die weitere Nutzung nach dieser Richtlinie zur Verfügung stellen kann. [5]Dazu haben die zur Übermittlung gemäß § 7 verpflichteten Stellen den öffentlichen Schlüssel der Auswertungsstelle zu verwenden.

§ 11 Verfahren in der Datenannahmestelle. [1]Die Datenannahmestellen prüfen jeweils das Prüfprotokoll auf formale Auffälligkeiten. [2]Bestehen formale Auffälligkeiten, klären sie diese mit der übermittelnden Stelle. [3]Sie anonymisieren die Daten hinsichtlich der übermittelnden Leistungserbringerin oder des übermittelnden Leistungserbringers oder hinsichtlich der übermittelnden Krankenkasse. [4]Sofern erforderlich und in den jeweiligen Krebsfrüherkennungsprogrammen geregelt, ersetzen sie die die Leistungserbringerinnen und Leistungserbringer oder die die Krankenkasse identifizierenden Daten durch ein Pseudonym. [5]Die Datenannahmestellen leiten sodann die ihnen übermittelten Daten in der durch sie bearbeiteten Gestalt an die Vertrauensstelle weiter.

§ 12 Verfahren in der Vertrauensstelle. [1]Die Vertrauensstelle pseudonymisiert die ihr übermittelten versichertenidentifizierenden Daten mittels eines jeweils für ein Krebsfrüherkennungsprogramm geltenden Schlüssels. [2]Die versichertenidentifizierenden Daten sind nach erfolgter Pseudonymisierung und Weiterleitung des Pseudonyms zu löschen. [3]Eine Reidentifikation von Versicherten anhand des Versichertenpseudonyms ist auszuschließen.

§ 13 Verfahren in der Auswertungsstelle. (1) Aufgaben der Auswertungsstelle sind insbesondere:

a) die Zusammenführung von Datensätzen anhand der Versichertenpseudonyme derselben Versicherten oder desselben Versicherten, die entweder von verschiedenen Stellen oder zu verschiedenen Zeitpunkten übermittelt werden,

b) die Prüfung der zusammengeführten Datensätze auf Plausibilität und Vollständigkeit,

c) die Auswertung der geprüften Daten, nach den in den Krebsfrüherkennungsprogrammen festgelegten Kriterien und Zeitintervallen spätestens alle zwei Jahre,

d) die Vorhaltung der geprüften Daten,

e) die Übermittlung angeforderter anonymisierter Datenauswertungen an den G-BA.

(2) Die Auswertungsstelle stellt die Anzahl der Widersprüche pro Kalenderjahr sowie insgesamt dar.

(3) Zu der Auswertung (Absatz 1 Buchstabe c) übermittelt die Auswertungsstelle bis zum 30. September des auf das Auswertungsjahr folgenden Jahres einen Bericht an den G-BA.

§ 14 Bericht. Der G-BA oder eine von ihm beauftragte Stelle veröffentlicht auf der Grundlage der Auswertungen alle zwei Jahre einen Bericht über die Ergebnisse zur Beurteilung der Krebsfrüherkennungsprogramme.

E.[1] Übergangsregelung

§ 15 Vorübergehende Aussetzung der Dokumentationsvorgaben zur Programmevaluation.[2] Die in II. Besonderer Teil – Programm zur Früherkennung von Darmkrebs § 11 Absatz 2 und Absatz 4 sowie in § 14 Absatz 2 und Absatz 3 und in III. Besonderer Teil – Programm zur Früherkennung des Zervixkarzinoms § 9 Absatz 1 und Absatz 3 sowie in § 12 Absatz 2 und Absatz 3 geregelten Vorgaben werden ausgesetzt. Das Ende dieser Aussetzung bleibt einer gesonderten Beschlussfassung vorbehalten. Der Beschluss über das Ende der Aussetzung nach Satz 2 wird spätestens drei Monate vor dem darin festgesetzten Zeitpunkt im Bundesanzeiger veröffentlicht.

II. Besonderer Teil – Programm zur Früherkennung von Darmkrebs

A.Geltungsbereich, Ziele und Anspruchsberechtigte

§ 1 Geltungsbereich. Dieser Abschnitt regelt das organisierte Programm zur Früherkennung von Darmkrebs (organisiertes Krebsfrüherkennungsprogramm „Darmkrebs" – oKFE Darmkrebs).

§ 2 Ziele. Zusätzlich zu den Zielen des Allgemeinen Teils § 2 ist spezifisches Ziel der Früherkennung von Darmkrebs insbesondere die Senkung der Neuerkrankungsrate.

§ 3 Anspruchsberechtigung. (1) Anspruchsberechtigt sind versicherte Personen ab dem Alter von 50 Jahren.

---

[1] Abschn. E (§ 15) angef. mWv 1.1.2020 durch Beschl. v. 5.12.2019 (BAnz. AT 20.12.2019 B10).

[2] **Amtl. Anm.:** Gemäß Beschluss des G-BA vom 18. Juni 2020 endet die Aussetzung mit Ablauf des 30. September 2020. Damit sind die in II. Besonderer Teil – Programm zur Früherkennung von Darmkrebs § 11 Absatz 2 und Absatz 4 sowie in § 14 Absatz 2 und Absatz 3 und in III. Besonderer Teil – Programm zur Früherkennung des Zervixkarzinoms § 9 Absatz 1 und Absatz 3 sowie in § 12 Absatz 2 und Absatz 3 geregelten Vorgaben anzuwenden ab dem 01. Oktober 2020.

(2) Die Früherkennung kann altersabhängig entweder durch einen Test auf occultes Blut im Stuhl oder eine Koloskopie erfolgen.

(3) Versicherte Männer im Alter von 50 bis einschließlich 54 Jahren können zwischen einem jährlichen Test auf occultes Blut im Stuhl und einer Koloskopie entscheiden.

(4) Versicherte Frauen im Alter von 50 bis einschließlich 54 Jahren können sich für einen jährlichen Test auf occultes Blut im Stuhl entscheiden.

(5) Versicherte Männer und Frauen ab dem Alter von 55 Jahren können zwischen einem Test auf occultes Blut im Stuhl, der alle zwei Jahre durchgeführt wird und einer Koloskopie entscheiden.

(6) [1] Wird eine Koloskopie durchgeführt, ist in den auf das Untersuchungsjahr folgenden neun Kalenderjahren keine Früherkennungsmethode anzuwenden. [2] Danach kommen die Früherkennungsmethoden nach Absatz 2, nach Maßgabe des Absatz 5 wieder zur Anwendung.

(7) [1] Es sind höchstens zwei Koloskopien als Früherkennungsmethode durchzuführen. [2] Eine Koloskopie ab dem Alter von 65 Jahren gilt als zweite Früherkennungskoloskopie.

B. Einladungswesen

§ 4 Einladung. (1) [1] Anspruchsberechtigte werden mit Erreichen des Alters für eine erstmalige Anspruchsberichtigung eingeladen. [2] Weitere Einladungen erfolgen jeweils mit Erreichen des Alters von 55 und 60 und 65 Jahren.

(2) Für Einladungen werden alle Daten nach Allgemeiner Teil § 4 Absatz 4 oKFE-RL verwendet.

(3) [1] Einladungsstichtag ist der erste Tag nach Ablauf des Quartals, in dem Anspruchsberechtigte das Alter von 50, 55, 60 oder 65 Jahren erreicht haben. [2] Die Einladungen haben spätestens zum Ablauf des nächsten Monats nach dem Einladungsstichtag zu erfolgen. [3] Liegt der Krankenkasse vor dem Einladungsstichtag eine Kündigung vor, welche in dem Quartal, in dem der Einladungsstichtag liegt, wirksam wird, muss die Einladung nicht mehr erfolgen.

(4) Beginnt für Anspruchsberechtigte nach Absatz 1 in dem Quartal, in dem der Einladungsstichtag liegt, ein Versicherungsverhältnis mit einer anderen Krankenkasse, hat für diese spätestens im darauffolgenden Quartal eine Einladung durch die Krankenkasse zu erfolgen, bei der sie dann versichert sind.

(5) Die Einladung enthält
- ein Einladungsschreiben gemäß Anlage I,
- eine geschlechtsspezifische Versicherteninformation mit
- einer Information zur Datenverarbeitung gemäß Anlage IIa und Anlage IIb.

(6) Der erste Einladungsstichtag ist der 1. Juli 2019.

C. Durchführung der Maßnahmen

§ 5 Beratung über Maßnahmen zur Früherkennung von Darmkrebs. (1) [1] Ab dem Alter von 50 Jahren hat die oder der Versicherte einmalig Anspruch auf Informationen über das Gesamtprogramm. [2] Die Vertragsärztin oder

der Vertragsarzt berät die versicherte Person frühzeitig anhand der Versicherteninformation über Ziel und Zweck des Programms zur Früherkennung von Darmkrebs.

(2) Die Beratung kann von allen Vertragsärztinnen und Vertragsärzten angeboten werden, die Darmkrebsfrüherkennung oder Gesundheitsuntersuchungen durchführen.

§ 6 Durchführung der Untersuchungsmethode Test auf occultes Blut im Stuhl. (1) Der Test auf occultes Blut im Stuhl erfolgt anhand einer Stuhlprobe mit einem quantitativen immunologischen Test (i-FOBT).

(2) Die Vertragsärztin oder der Vertragsarzt, die oder der Krebsfrüherkennungsuntersuchungen oder Gesundheitsuntersuchungen durchführt, gibt das Stuhlentnahmesystem aus und informiert die versicherte Person hierbei verständlich darüber, dass die Probe möglichst am Tag nach der Abnahme der Stuhlprobe in die Arztpraxis zurückzugeben ist.

(3) Nach Rückgabe der Stuhlprobe durch die versicherte Person veranlasst die Vertragsärztin oder der Vertragsarzt unverzüglich, spätestens am darauffolgenden Werktag, die Laboruntersuchung der Stuhlprobe bei einer Vertragsärztin oder einem Vertragsarzt gemäß § 9 Absatz 2.

(4) [1]Die Stuhlprobe soll unmittelbar nach Eingang im Labor untersucht werden. [2]Die Untersuchung und Dokumentation durch die Vertragsärztin oder den Vertragsarzt gemäß § 9 Absatz 2 hat mittels automatisierter Verfahren zu erfolgen und das Ergebnis ist der oder dem die Stuhlprobe einsendenden Vertragsärztin oder Vertragsarzt umgehend mitzuteilen.

(5) [1]Ist der iFOBT positiv, informiert die Vertragsärztin oder der Vertragsarzt nach Absatz 2 die versicherte Person umgehend über das Ergebnis und darüber, dass ein positiver iFOBT durch eine Koloskopie abgeklärt werden sollte. [2]Negative Ergebnisse werden nur auf ausdrücklichen Wunsch der Anspruchsberechtigten mitgeteilt.

§ 7 Durchführung der Untersuchungsmethode Koloskopie. (1) [1]Vor Durchführung der Koloskopie hat eine Aufklärung der Anspruchsberechtigten zur Koloskopie und zur Prämedikation zu erfolgen. [2]Diese Aufklärung muss mindestens 24 Stunden vor dem Eingriff erfolgt sein. [3]Die versicherte Person ist dabei auch darüber aufzuklären, dass eine ambulante Polypektomie noch während der koloskopischen Untersuchung durchgeführt wird, wenn sie medizinisch indiziert ist.

(2) [1]Die koloskopierende Ärztin oder der koloskopierende Arzt muss außerdem berufsrechtlich und aufgrund ihrer oder seiner apparativen Ausstattung in der Lage sein, eine ambulante therapeutische Intervention (Polypektomie) durchzuführen. [2]Die Polypektomie soll in medizinisch indizierten Fällen während der screening-koloskopischen Untersuchung erfolgen.

(3) Die versicherte Person ist über ihre Mitwirkung an der Vorbereitung insbesondere über die erforderlichen Maßnahmen zur Darmreinigung zu informieren.

(4) Vor Beginn der Koloskopie müssen ein aktueller Gerinnungswert (Quickwert) und ein kleines Blutbild vorliegen.

(5) Es soll eine vollständige Koloskopie bis zum Zoekum durchgeführt werden.

(6) Es muss eine ärztliche Nachbeobachtung und Nachsorge erfolgen.

(7) Bei Diagnose einer Darmkrebserkrankung veranlasst die Ärztin oder der Arzt in Abstimmung mit der oder dem Versicherten die Überleitung in die Therapie.

(8) Es gelten zudem die Voraussetzungen gemäß § 135 Absatz 2 SGB V zur Ausführung und Abrechnung koloskopischer Leistungen (Qualitätssicherungsvereinbarung zur Koloskopie) vom 1. Juli 2012.

§ 8 Abklärungsdiagnostik. [1]Bei einem positiven Test auf occultes Blut besteht im Rahmen des Früherkennungsprogramms der Anspruch auf Abklärung durch eine Koloskopie. [2]Die Durchführung erfolgt gemäß § 7. [3]Ist diese Koloskopie unauffällig, ist in den auf das Untersuchungsjahr folgenden 9 Kalenderjahren keine Früherkennungsmethode anzuwenden. [4]Danach kommen die Früherkennungsmethoden nach § 3 Absatz 2, nach Maßgabe des Absatz 5 wieder zur Anwendung.

D. Qualitätsanforderungen

§ 9 Qualitätsanforderungen für den Test auf occultes Blut im Stuhl.

(1) [1]Es dürfen nur quantitative i-FOBT verwendet werden, die folgende Kriterien erfüllen:

a) [2]Mit der Untersuchung von nur einer Stuhlprobe werden für die Detektion von kolorektalen Karzinomen oder fortgeschrittenen Adenomen eine Sensitivität von mindestens 25% und eine Spezifität von mindestens 90% erreicht.

b) [3]Das Stuhlprobenentnahmesystem muss eine verständliche Anleitung beinhalten.

c) [4]Das Stuhlprobenentnahmesystem muss für Versicherte eine einfache und hygienische Stuhlaufnahme sowie die Überführung einer definierten Stuhlmenge in ein spezielles Probenpuffersystem sicherstellen und die Stabilisierung der Probe über mindestens fünf Tage in dem vorgegebenen Cut-off-Bereich bei Raumtemperatur gewährleisten.

d) [5]Die Erfüllung der oben genannten Anforderungen muss mit mindestens einer aussagekräftigen Studie nachgewiesen sein, in der die Koloskopie als Referenzverfahren angewendet wurde. [6]Das Nähere zu den i-FOBTs, die auf der Basis der in Absatz 1 genannten Anforderungen eingesetzt werden können, regeln die Partner des Bundesmantelvertrags.

(2) [1]Die Untersuchung der Stuhlproben muss durch eine Vertragsärztin oder einen Vertragsarzt durchgeführt werden, die oder der eine Genehmigung gemäß der Vereinbarung von Qualitätssicherungsmaßnahmen nach § 135 Absatz 2 SGB V zur Erbringung von speziellen Untersuchungen der Laboratoriumsmedizin (Qualitätssicherungsvereinbarung Spezial-Labor, Stand: 1. April 2018) zur Ausführung und Abrechnung dieser Leistung besitzt. [2]Die Vertragsärztin oder der Vertragsarzt muss entsprechend den Vorgaben in § 9 der Medizinprodukte-Betreiberverordnung ein System der Qualitätssicherung etabliert haben und sich regelmäßig an geeigneten externen Qualitätssicherungsmaßnahmen für den gemäß dieser Richtlinie eingesetzten Test beteiligen.

§ 10 Qualitätsanforderungen für die Koloskopie gemäß § 7 und § 8. Die in dieser Richtlinie beschriebenen koloskopischen Untersuchungen dürfen nur von Vertragsärztinnen und Vertragsärzten durchgeführt werden, die über eine Genehmigung gemäß § 135 Absatz 2 SGB V zur Ausführung und Abrechnung koloskopischer Leistungen (Qualitätssicherungsvereinbarung zur Koloskopie) vom 1. Juli 2012 verfügen. Die in dieser Richtlinie beschriebenen koloskopischen Untersuchungen dürfen nicht von Ärztinnen oder Ärzten durchgeführt werden, die die Bezeichnung „Fachärztin oder Facharzt Kinder- und Jugendmedizin“ oder „Fachärztin oder Facharzt Kinderchirurgie“ führen.

§ 11[1)] Dokumentation der Untersuchungsergebnisse. (1) Die Koloskopie ist durch eine Bilddokumentation nachzuweisen, aus der die Vollständigkeit ihrer Durchführung hervorgeht.

(2) [1]Die im Rahmen des Früherkennungsprogramms durchgeführten Untersuchungen sind elektronisch gemäß § 14 zu dokumentieren und von der dokumentierenden Ärztin oder vom dokumentierenden Arzt an die jeweils zuständige KV zu übermitteln. [2]Die Inhalte der Dokumentation sind in der Anlage III festgelegt.

(3) Der zuständige Unterausschuss des G-BA ist berechtigt, Änderungen an der Anlage III vorzunehmen, deren Notwendigkeit sich aus der praktischen Anwendung ergibt, soweit ihr wesentlicher Inhalt nicht verändert wird.

(4) Die Abrechnung der Leistungen setzt eine vollständige Dokumentation der jeweiligen Untersuchungen voraus.

E. Systematische Erfassung, Überwachung und Verbesserung der Qualität der Krebsfrüherkennungsprogramme

§ 12 Programmbeurteilung. Zur Beurteilung des oKFE Darmkrebs werden insbesondere folgende Fragestellungen bearbeitet:

1. Akzeptanz des Screeningprogramms
   a) Wie hoch ist die Teilnahmerate (jährlich, kumuliert, im Zeitverlauf)?
   b) Wie sind die Anteile von regelmäßiger, unregelmäßiger und Nicht-Teilnahme?
   c) Effekte des Einladungswesens: Was sind die Effekte des Einladungsverfahrens auf die Teilnahmerate (Inanspruchnahme im zeitlichen Abstand zur Einladung)?
2. Screening, Abklärungsdiagnostik, falsch positive Befunde und Detektionsraten von i-FOBT und Koloskopie
   a) Darstellung der Anzahl und Verteilung der Ergebnisse des Screenings.
   b) Wie häufig und wie werden auffällige Befunde des Screenings abgeklärt?

---

1) § 11 Abs. 5 aufgeh. mWv 1.1.2020 durch Beschl. v. 5.12.2019 (BAnz. AT 20.12.2019 B10).

c) Darstellung der Anzahl und Verteilung der Ergebnisse der Abklärungsdiagnostik.

d) Wie hoch sind der Anteil und die Anzahl der entdeckten Adenome und Karzinome (und deren Stadienverteilung)?

e) Können Faktoren identifiziert werden, die die berechneten Kennzahlen beeinflussen?

f) Wie häufig sind Abklärungsuntersuchungen nach positivem i-FOBT unauffällig?

3. Intervallkarzinome

Wie häufig treten Intervallkarzinome auf?

4. Sicherstellung der Programmqualität

a) Unterscheiden sich die verwendeten i-FOBTs (unter Berücksichtigung der verwendeten Cut-off-Werte) beispielsweise hinsichtlich falsch-positiver Befunde, falsch-negativer Befunde und Detektionsraten?

b) Wie wird die Koloskopie durchgeführt, wie häufig sind unvollständige Koloskopien, wie ist das Vorgehen bei Auffälligkeiten?

5. Inzidenz und Mortalität

a) Wie ist die längsschnittliche Entwicklung der patientenrelevanten Endpunkte, insbesondere stadienspezifische Inzidenz und Mortalität bei der Gruppe mit regelmäßiger Inanspruchnahme?

b) Wie ist die längsschnittliche Entwicklung der patientenrelevanten Endpunkte, insbesondere stadienspezifische Inzidenz und Mortalität bei der Gruppe mit unregelmäßiger oder fehlender Inanspruchnahme?

6. Schaden

a) Wie hoch ist die Komplikationsrate der Koloskopie?

b) Welche Komplikationen treten auf?

c) Welche Konsequenzen ergeben sich daraus?

§ 13[1] **Datenquellen.** Zur Auswertung der Kriterien nach § 12 werden die gemäß der Anlage III zu dokumentierenden Daten der

a) Vertragsärztinnen und Vertragsärzten gemäß § 9 und § 10,

b) Krankenkassen und

c) Krebsregister genutzt.

§ 14[2] **Datenverarbeitung.** (1) Für die Datenverarbeitung gilt Abschnitt I. – Allgemeiner Teil §§ 8 bis 14. Ergänzend dazu wird festgelegt:

(2) Die Vertragsärztinnen und Vertragsärzte übermitteln quartalsweise an die jeweils zuständige Kassenärztliche Vereinigung verschlüsselte leistungserbringeridentifizierende Daten, versichertenidentifizierende Daten, Programmbeurteilungsdaten sowie die Programmnummer und die erforderlichen administrativen Daten zur Gewährleistung der Vollzähligkeitsprüfung.

---

[1] § 13 Buchst. c geänd. mWv 28.8.2020 durch Beschl. v. 18.6.2020 (BAnz. AT 27.8.2020 B3).

[2] § 14 Abs. 4 und 5 eingef., bish. Abs. 4 wird Abs. 6, Abs. 6 Satz 1 geänd. mWv 28.8.2020 durch Beschl. v. 18.6.2020 (BAnz. AT 27.8.2020 B3).

(3) [1] Die jeweils zuständige Kassenärztliche Vereinigung, als Datenannahmestelle für die Vertragsärztinnen und Vertragsärzte, erzeugt aus den leistungserbringeridentifizierenden Daten ein Leistungserbringerpseudonym und verschlüsselt dies mit dem öffentlichen Schlüssel der Auswertungsstelle. [2] Die Kassenärztlichen Vereinigungen übermitteln das verschlüsselte Leistungserbringerpseudonym, die verschlüsselten versichertenidentifizierenden Daten, die verschlüsselten Programmbeurteilungsdaten, die Programmnummer sowie die administrativen und meldebezogenen Daten an die Vertrauensstelle.

(4) Krankenkassen übermitteln die Angaben gemäß Anlage III an die Datenannahmestelle der Vertrauensstelle gemäß § 9 (Allgemeiner Teil).

(5) Die Krebsregister übermitteln die Angaben gemäß Anlage III jährlich an die Datenannahmestelle der Vertrauensstelle gemäß § 9 (Allgemeiner Teil).

(6) [1] Zum Zwecke der einheitlichen und softwarebasierten Dokumentation durch die Leistungserbringerinnen oder Leistungserbringer sowie zur Anwendung einheitlicher Regeln für die Datenbereitstellung der Krebsregister erstellt das IQTIG Vorgaben für die anzuwendenden elektronischen Datensatzformate sowie Softwarespezifikationen. [2] Die jeweils aktuelle Fassung wird durch das IQTIG im Internet veröffentlicht. [3] Die EDV-technischen Vorgaben zur Datenprüfung und das Datenprüfprogramm sind Bestandteil der Softwarespezifikation.

§ 15[1)] *(aufgehoben)*

III.[2)] Besonderer Teil – Programm zur Früherkennung des Zervixkarzinoms

A. Geltungsbereich, Ziele, Anspruchsvoraussetzungen und Inhalte

§ 1 Geltungsbereich. Dieser Abschnitt regelt das organisierte Programm zur Früherkennung des Zervixkarzinoms (organisiertes Krebsfrüherkennungsprogramm „Zervixkarzinom“ – oKFE Zervixkarzinom).

§ 2 Ziele. Zusätzlich zu den Zielen des Allgemeinen Teils § 2 ist spezifisches Ziel der Früherkennung des Zervixkarzinoms insbesondere die Senkung der Neuerkrankungsrate.

§ 3 Anspruchsvoraussetzungen. (1) Frauen haben erstmalig ab dem Alter von 20 Jahren Anspruch auf Leistungen zur Früherkennung des Zervixkarzinoms.

---

1) § 15 aufgeh. mWv 28.8.2020 durch Beschl. v. 18.6.2020 (BAnz. AT 27.8.2020 B3).

2) Abschn. III §§ 1–12 angef. mWv 1.1.2020 durch Beschl. v. 22.11.2018 (BAnz. AT 21.5.2019 B1).

(2) Im Alter von 20 bis 34 Jahren können Frauen jährlich das zytologiebasierte Zervixkarzinomscreening gemäß § 6 Absatz 3 in Anspruch nehmen.

(3) Ab dem Alter von 35 Jahren können Frauen im Abstand von drei Kalenderjahren ein kombiniertes Zervixkarzinomscreening, bestehend aus zytologischer Untersuchung und HPV-Test gemäß § 6 Absatz 4, in Anspruch nehmen.

(4) Bei auffälligen Befunden besteht Anspruch auf eine Abklärungsdiagnostik gemäß § 7.

§ 4 Inhalte des Früherkennungsprogramms. Das Programm zur Früherkennung des Zervixkarzinoms umfasst im Rahmen der in § 3 genannten Anspruchsvoraussetzungen die nachfolgend genannten Leistungen:
– Einladung, Information und Aufklärung der anspruchsberechtigten Frauen (§ 5),
– zytologiebasiertes oder kombiniertes Primärscreening mit klinischer Untersuchung, Befundmitteilung und Beratung (§ 6) und
– Abklärungsdiagnostik (§ 7).

B. Einladungswesen

§ 5 Einladung. (1) [1] Anspruchsberechtigte werden mit Erreichen des Alters für eine erstmalige Anspruchsberechtigung eingeladen. [2] Weitere Einladungen erfolgen jeweils mit Erreichen des Alters von 25, 30, 35, 40, 45, 50, 55, 60 und 65 Jahren.

(2) Für die Einladung werden alle Daten nach Abschnitt I (Allgemeiner Teil) § 4 Absatz 4 verwendet.

(3) Einladungsstichtag ist der erste Tag nach Ablauf des Quartals, in dem Anspruchsberechtigte das Alter von 20, 25, 30, 35, 40, 45, 50, 55, 60 oder 65 Jahren erreicht haben.

(4) [1] Die Einladungen haben spätestens zum Ablauf des nächsten Monats nach dem Einladungsstichtag zu erfolgen. [2] Liegt der Krankenkasse vor dem Einladungsstichtag eine Kündigung vor, welche in dem Quartal, in dem der Einladungsstichtag liegt, wirksam wird, muss die Einladung nicht mehr erfolgen.

(5) Beginnt für Anspruchsberechtigte nach Absatz 1 in dem Quartal, in dem der Einladungsstichtag liegt, ein Versicherungsverhältnis mit einer anderen Krankenkasse, hat für diese spätestens im darauffolgenden Quartal eine Einladung durch die Krankenkasse zu erfolgen, bei der sie dann versichert sind.

(6) Die Einladung enthält
– ein Einladungsschreiben gemäß Anlage IV,
– einer Information zur Datenverarbeitung gemäß Anlage V,
– eine altersspezifische Versicheteninformation gemäß Anlage VI-A oder VI-B.

(7) Der erste Einladungsstichtag ist der 1. Januar 2020.

C. Durchführung der Maßnahmen

§ 6 Untersuchungen im Primärscreening. (1) [1] Die klinische Untersuchung beinhaltet:

a) ab dem Alter von 20 Jahren die:
   – gezielte Anamnese (inklusive HPV-Impfstatus)
   – Inspektion der genitalen Hautregion
   – bimanuelle gynäkologische Untersuchung
   – Spiegeleinstellung der Portio
   – Entnahme von Untersuchungsmaterial von der Portio-Oberfläche und aus dem Zervixkanal in der Regel mit Hilfe von Spatel (Portio-Oberfläche) und Bürste (Zervikalkanal)
   – Fixierung des Untersuchungsmaterials
   – Befundmitteilung (auch zum Befund des Abstrichs) mit anschließender diesbezüglicher Beratung,

b) zusätzlich ab dem Alter von 30 Jahren:
   – das Abtasten der Brustdrüsen und der regionären Lymphknoten einschließlich der Anleitung zur regelmäßigen Selbstuntersuchung,
   – die Inspektion der entsprechenden Hautregion.

2 Wird eine klinische Untersuchung nach dieser Richtlinie in Anspruch genommen, besteht in dem Kalenderjahr, in dem die Untersuchung erfolgt ist, kein Anspruch auf eine solche nach § 6 der Krebsfrüherkennungs-Richtlinie (KFE-RL).

(2) Die Klassifikation und Dokumentation eines Zytologiebefundes im zytologiebasierten und kombinierten Screening sowie in der Abklärungsdiagnostik erfolgt nach der Münchner Nomenklatur III mit Stand: 1. Juli 2014.

(3) 1 Das zytologiebasierte Primärscreening und die klinische Untersuchung im Alter von 20 bis 34 Jahren erfolgt nach den Vorgaben dieser Richtlinie. 2 Die Ärztin oder der Arzt, die oder der den Zytologie-Abstrich eingesandt hat, wird umgehend nach Vorliegen der Ergebnisse informiert. 3 Diese oder dieser informiert die Versicherte über einen auffälligen Befund und die erforderliche Abklärungsdiagnostik gemäß § 7. 4 Ein zytologischer Befund der Gruppe I ist ein unauffälliger Befund und wird nur bei klinischen Auffälligkeiten der Versicherten mitgeteilt. 5 Auf ausdrücklichen Wunsch der Versicherten wird auch ein unauffälliges Ergebnis mitgeteilt.

(4) 1 Für das kombinierte Primärscreening ab dem Alter von 35 Jahren (Ko-Testung) werden Abstriche für eine zytologische Untersuchung und einen HPV-Test abgenommen. 2 Für die zytologischen Untersuchungen, den HPV-Test und die klinische Untersuchung gelten die Vorgaben dieser Richtlinie. 3 Die Ärztin oder der Arzt, die oder der den Zytologie-Abstrich und den HPV-Abstrich eingesandt hat, wird umgehend nach Vorliegen der Ergebnisse informiert. 4 Diese oder dieser informiert die Versicherte über einen auffälligen Befund und die erforderliche Abklärungsdiagnostik gemäß § 7. 5 Das kombinierte Primärscreening ist unauffällig, wenn der HPV-Test negativ ist und ein zytologischer Befund der Gruppe I vorliegt. 6 In diesem Fall erfolgt wieder die Teilnahme am Primärscreening. 7 Die Befunde werden der Versicherten nur auf ausdrücklichen Wunsch mitgeteilt. 8 Im Falle eines negativen HPV-Tests und eines Zytologiebefundes der Gruppe II-p oder II-g erfolgt auch wieder die Teilnahme am Primärscreening. 9 Die Versicherte wird aber über die Befunde informiert und das weitere Vorgehen mit ihr besprochen.

(5) Soweit eine zytologische Untersuchung oder ein HPV-Test im Primärscreening nicht verwertbar war, ist die Frau darüber zu informieren, dass

die zytologische Untersuchung oder der HPV-Test innerhalb von 3 Monaten wiederholt werden muss.

§ 7 Abklärungsdiagnostik. (1) [1]Die Abklärung auffälliger Befunde aus dem Primärscreening soll nach den folgenden Algorithmen durchgeführt werden. [2]In medizinisch begründeten Ausnahmefällen kann von den vorgegebenen Abklärungsalgorithmen abgewichen werden.

(2) Die Entnahme des Untersuchungsmaterials von der Portio-Oberfläche und aus dem Zervixkanal für die Zytologie oder den HPV-Test umfasst eine klinische Untersuchung mit Spiegeleinstellung der Portio und Befundmitteilung (auch zum Befund des Abstrichs) mit anschließender diesbezüglicher Beratung.

(3) Für die Zytologie, den HPV-Test und die Abklärungskolposkopie gelten die Vorgaben zur Struktur- und Prozessqualität gemäß § 8.

(4) Soweit eine zytologische Untersuchung oder ein HPV-Test der Abklärungsdiagnostik nicht verwertbar war, ist die Frau darüber zu informieren, dass die zytologische Untersuchung oder der HPV-Test innerhalb von drei Monaten wiederholt werden muss.

(5) [1]Ein Zytologiebefund der Gruppe II-a ist nach Münchener Nomenklatur III mit Stand 1. Juli 2014 ein morphologisch unauffälliger Befund. [2]Das weitere Vorgehen ist abhängig von der Anamnese (zytologischer, histologischer, kolposkopischer, klinischer Befund). [3]Die Abklärung der Befunde der Gruppe II-e, III-e, III-x, V-e und V-x nach Münchener Nomenklatur III mit Stand 1. Juli 2014 ist nicht Gegenstand dieser Richtlinie.

(6) [1]Auffällige Befunde im Primärscreening mittels Zytologie im Alter von 20 bis 34 Jahren sollen nach folgendem Algorithmus abgeklärt werden:

a) Die Abklärung der Befunde der Gruppe II-p, II-g oder IIID1 erfolgt altersabhängig. [2]Bei Frauen im Alter von 20 bis 29 Jahren erfolgen Wiederholungen der Zytologie in 6–12-monatigem Intervall. [3]Eine Abklärungskolposkopie sollte nur dann erfolgen, wenn geringgradige Zellveränderungen über 24 Monate persistieren oder hochgradige Zellveränderungen auftreten. [4]Bei Frauen ab dem Alter von 30 Jahren soll nach 6–12 Monaten ein HPV-Test durchgeführt werden. [5]Ist der HPV-Test negativ, erfolgt wieder die Teilnahme am Primärscreening. [6]Bei einem positiven HPV-Test soll innerhalb von 3 Monaten eine Abklärungskolposkopie erfolgen.

b) [7]Bei einem Befund der Gruppe III-p, III-g oder IIID2 soll innerhalb von 3 Monaten eine Abklärungskolposkopie erfolgen.

c) [8]Bei einem Zytologiebefund der Gruppen IV oder V soll unverzüglich eine Abklärungskolposkopie erfolgen.

(7) [1]Auffällige Befunde im kombinierten Primärscreening mittels HPV-Test und Zytologie ab dem Alter von 35 Jahren sollen nach folgendem Algorithmus abgeklärt werden:

a) Bei einem Zytologiebefund der Gruppe I und einem positiven HPV-Test soll nach 12 Monaten eine Ko-Testung (Zytologie und HPV-Test) erfolgen. [2]Bei einem unauffälligen Ergebnis erfolgt wieder die Teilnahme am Primärscreening. [3]Ist mindestens ein Befund der erneuten Ko-Testung auffällig (mindestens II-p oder HPV positiv), soll innerhalb von 3 Monaten eine Abklärungskolposkopie erfolgen.

b) [4]Bei einem Zytologiebefund Gruppe II-p, II-g und einem negativen HPV-Test erfolgt wieder die Teilnahme am Primärscreening.

c) [5]Bei einem Zytologiebefund der Gruppe IIID1 und einem negativen HPV-Test soll nach 12 Monaten eine Ko-Testung (Zytologie und HPV-Test) erfolgen. [6]Bei einem unauffälligen Ergebnis der Ko-Testung erfolgt wieder die Teilnahme am Primärscreening. [7]Ist mindestens ein Befund der erneuten Ko-Testung auffällig (mindestens II-p oder HPV positiv), soll innerhalb von 3 Monaten eine Abklärungskolposkopie erfolgen.

d) [8]Bei einem Zytologiebefund Gruppe II-p, II-g oder IIID1 und einem positiven HPV-Test soll innerhalb von 3 Monaten eine Abklärungskolposkopie erfolgen.

e) [9]Bei einem Zytologiebefund der Gruppen III-p, III-g oder IIID2 soll unabhängig vom Befund des HPV-Tests innerhalb von 3 Monaten eine Abklärungskolposkopie erfolgen.

f) [10]Bei einem Zytologiebefund der Gruppen IV oder V soll unabhängig vom Befund des HPV-Tests unverzüglich eine Abklärungskolposkopie erfolgen.

(8) [1]Die Festlegung des weiteren Vorgehens nach einer Abklärungskolposkopie erfolgt individuell unter Berücksichtigung der Vorbefunde, des kolposkopischen Befundes und der Ergebnisse der histologischen Untersuchung, sofern eine Biopsie oder endozervikale Curettage durchgeführt wurde. [2]Die Befunde der Abklärungskolposkopie und histologischen Untersuchung sowie der Kontrolluntersuchungen nach bioptisch gesicherter CIN 1 oder CIN 2 (Zytologie, HPV-Test, Abklärungskolposkopie) und das weitere Vorgehen (incl. Ergebnisse der operativen Eingriffe) sind gemäß Anlage VII zu dokumentieren. [3]Nach einer Biopsie mit dem histologischen Befund ≥ einer CIN 3 (Zielläsion des Früherkennungsprogramms) erfolgt die Therapie.

D. Qualitätsanforderungen

§ 8[1)] Anforderungen an Struktur- und Prozessqualität. (1) Klinische Untersuchungen und Abstrichentnahmen nach dieser Richtlinie sollen diejenigen Ärztinnen und Ärzte durchführen, welche die vorgesehenen Leistungen auf Grund ihrer Kenntnisse und Erfahrungen erbringen können, nach der ärztlichen Berufsordnung dazu berechtigt sind und über die erforderlichen Einrichtungen verfügen.

(2) [1]Für zytologische Untersuchungen im Rahmen des Primärscreenings und in der Abklärungsdiagnostik gilt die Vereinbarung von Qualitätssicherungsmaßnahmen nach § 135 Absatz 2 des Fünften Buches Sozialgesetzbuch (SGB V) zur zytologischen Untersuchung von Abstrichen der Cervix uteri (Stand 1. Januar 2015). [2]Die Vereinbarung regelt die fachlichen, räumlichen, apparativen und organisatorischen Voraussetzungen für die Ausführung und Abrechnung der zytologischen Untersuchungsleistung.

[3]Für die zytologische Untersuchung gilt:

a) Die Abnahme des Abstrichs für die zytologische Untersuchung erfolgt in der Regel mit Hilfe von Spatel (Portio-Oberfläche) und Bürste (Zervixka-

1) § 8 Abs. 5 Buchst. c, Abs. 6 Buchst. a geänd. mWv 28.8.2020 durch Beschl. v. 18.6.2020 (BAnz. AT 27.8.2020 B3).

nal). [4]Anschließend wird das Untersuchungsmaterial für die zytologische Untersuchung fixiert (als konventioneller Abstrich oder mittels Dünnschichtverfahren).

b) [5]Die zytologische Untersuchung kann nur von Ärztinnen und Ärzten durchgeführt werden, die die Voraussetzungen nach Absatz 2 erfüllen.

c) [6]Die Klassifikation und Dokumentation der Zytologiebefunde erfolgt nach der Münchner Nomenklatur III mit Stand: 1. Juli 2014.

d) [7]Wird der Abstrich zur zytologischen Untersuchung an eine Ärztin oder einen Arzt mit der genannten Genehmigung verschickt, ist die einsendende Ärztin oder der einsendende Arzt umgehend nach Vorliegen der Ergebnisse zu informieren. [8]Dieser informiert die Versicherte über einen auffälligen Befund und die erforderliche Abklärungsdiagnostik gemäß § 7.

(3) [1]Für das Primärscreening und die Abklärungsdiagnostik dürfen nur folgende Hochrisiko-HPV-Tests verwendet werden:

a) DNA-basierte HPV-Tests, die in mindestens einer randomisiert kontrollierten Studie mit mindestens Dreijahresintervall einen Nutzen im Vergleich zu einem zytologiebasierten Screening hinsichtlich der Reduktion der Inzidenz von CIN2+ in einer Screening-Population zeigen konnten oder

b) DNA-basierte HPV-Tests, die mindestens 90 % der Sensitivität für CIN2+ eines etablierten und validierten HPV-Tests und mindestens 98 % der Spezifität für CIN2+ eines etablierten und validierten HPV-Tests bei Frauen ab einem Alter von 30 Jahren haben oder

c) nicht DNA-basierte HPV-Tests, die in mindestens einer prospektiven Studie mit mindestens drei Jahren Follow-up zeigen, dass die kumulative Inzidenz von CIN3+ nach einem negativen Baseline Test ähnlich eines etablierten und validierten HPV-Tests ist.

[2]Alle HPV-Tests müssen darüber hinaus folgende Kriterien erfüllen:

a) mindestens Detektion der Hochrisiko-HPV-Typen 16, 18, 31, 33, 35, 39, 45, 51, 52, 56, 58, 59 und 68,

b) die Inter- und Intra-Labor-Reproduzierbarkeit muss mindestens 87 % betragen,

c) CE-Kennzeichnung.

[3]Die Erfüllung der Anforderungen muss mit mindestens einer aussagekräftigen Studie nachgewiesen sein. [4]Die Studie ist in geeigneter Form öffentlich zur Verfügung zu stellen. [5]Der Hersteller legt gegenüber der Vertragsärztin oder dem Vertragsarzt in einer Herstellererklärung dar, dass die oben genannten Anforderungen erfüllt sind. [6]Die HPV-Tests sollen genau nach Herstellerangaben durchgeführt werden. Der HPV-Test darf nur von Ärztinnen und Ärzten durchgeführt werden, die eine Genehmigung gemäß der Vereinbarung von Qualitätssicherungsmaßnahmen nach § 135 Absatz 2 SGB V zur Erbringung von speziellen Untersuchungen der Laboratoriumsmedizin (Qualitätssicherungsvereinbarung Spezial-Labor, Stand: 1. April 2018) zur Ausführung und Abrechnung dieser Leistung besitzen. [7]Die Ärztin oder der Arzt muss entsprechend den Vorgaben in § 9 der Medizinprodukte-Betreiberverordnung ein Qualitätssicherungssystem etabliert haben und sich regelmäßig an geeigneten externen Qualitätssicherungsmaßnahmen für den gemäß dieser Richtlinie eingesetzten Test beteiligen. [8]Der halbjährliche Nachweis der erfolgreichen Teilnahme an der externen Qualitätssicherung gegenüber der Kassenärztlichen

Vereinigung ist Voraussetzung für die Durchführung des HPV-Tests nach dieser Richtlinie. [9]Der Nachweis ist elektronisch an die zuständige Kassenärztliche Vereinigung zu übermitteln.

(4) [1]Die Kolposkopie im Rahmen der Abklärung auffälliger Befunde ist stets eine Differenzialkolposkopie (Abklärungskolposkopie). [2]Sie dient der histologischen Sicherung von squamösen und glandulären Atypien/Neoplasien sowie der Festlegung der operativen Strategie. [3]Sie muss vor operativen Eingriffen durchgeführt werden. [4]Nur in medizinisch begründeten Ausnahmefällen kann darauf verzichtet werden. [5]Die Abklärungskolposkopie umfasst folgende Leistungen:

a) Nativbeurteilung der Vagina, Ekto- und Endozervix mit einem Kolposkop,

b) Prüfung der vollständigen Einsehbarkeit der Epithelgrenze zwischen Zylinder- und Plattenepithel,

c) Funktionsproben obligat mit Essigsäure und fakultativ mit Jodlösung und

d) soweit medizinisch indiziert, sollen bei einer Transformationszone Typ 1 und Typ 2 kolposkopisch gesteuerte Biopsien aus der/den schwerstgradigen Läsionen und bei einer Transformationszone Typ 3 eine endozervikale Curettage durchgeführt werden.

e) Die Klassifikation und Dokumentation der Befunde, die sich an der Internationalen Kolposkopie-Nomenklatur Rio 2011 orientiert und mindestens eine Skizze der klinisch relevanten Befunde umfasst.

f) Befundmitteilung und Beratung der Versicherten,

g) Befundmitteilung an die Ärztin oder den Arzt, der die Abklärungskolposkopie veranlasst hat sowie die zuständige Zytologin oder den zuständigen Zytologen.

(5) [1]Die Abklärungskolposkopie nach Absatz 4 darf nur erbracht werden, wenn eine entsprechende Genehmigung der Kassenärztlichen Vereinigung gemäß § 135 Absatz 2 SGB V vorliegt, in deren Gebiet die Ärztin oder der Arzt an der vertragsärztlichen Versorgung teilnimmt. [2]Folgende Anforderungen bilden die Grundlage für eine Qualitätssicherungsvereinbarung gemäß § 135 Absatz 2 SGB V:

a) Facharztqualifikation für Frauenheilkunde und Geburtshilfe,

b) Nachweis der erfolgreichen Teilnahme an einem Basiskolposkopiekurs von 8 Stunden und einem Fortgeschrittenenkurs von 14 Stunden oder einer in Inhalt und Umfang gleichwertigen Qualifikation.

c) Nachweis von mindestens 100 Kolposkopien mit abnormen Befunden von Portio, Vagina und Vulva und davon mindestens 30 histologisch gesicherter Fälle intraepithelialer Neoplasien oder invasiver gynäkologischer Karzinome in den letzten 12 Monaten.

d) Ersatzweise ist statt des Kriteriums Buchstabe c eine klinische Tätigkeit, insbesondere in der kolposkopischen Diagnostik, über mindestens 160 Stunden an 20 Arbeitstagen in einer Einrichtung mit Schwerpunkt Diagnostik abnormer Befunde von Portio, Vagina und Vulva in den letzten 24 Monaten nachzuweisen.

e) Nachweis von Kenntnissen (z.B. Fort- und Weiterbildung) operativer Verfahren bei vulvaren, vaginalen und zervikalen Veränderungen.

f) Nachweis mindestens einer Kooperationsvereinbarung mit einer Einrichtung, die auf die Behandlung von Gebärmutterhalskrebs spezialisiert ist.

g) Apparative Ausstattung (Kolposkop mit mindestens 7- bis 15-facher Vergrößerung sowie Lichtquelle, gynäkologischer Stuhl).

(6) [1] Zur Aufrechterhaltung der Genehmigung sollen folgende Nachweise erbracht werden:

a) jährlicher Nachweis von mindestens 100 Kolposkopien mit abnormen Befunden von Portio, Vagina und Vulva und davon mindestens 30 histologisch gesicherte Fälle intraepithelialer Neoplasien oder invasiver gynäkologischer Karzinome in den letzten 12 Monaten,

b) jährlicher Nachweis der regelmäßigen (mindestens zwei x pro Halbjahr) Teilnahme an interdisziplinären Fallkonferenzen (z. B. Tumorkonferenz). [2] Dies kann durch persönliche Anwesenheit oder in begründeten Ausnahmefällen per Videokonferenz erfolgen.

(7) Der G-BA erhebt innerhalb von 2 Jahren nach Inkrafttreten Daten über die Auswirkung der Mindestmengen und prüft im Anschluss die Erforderlichkeit von Änderungen.

§ 9 Dokumentation der Untersuchungsergebnisse. (1) [1] Die im Rahmen des Früherkennungsprogramms durchgeführten Untersuchungen sind elektronisch gemäß § 12 zu dokumentieren und von der dokumentierenden Ärztin oder vom dokumentierenden Arzt an die jeweils zuständige Kassenärztliche Vereinigung zu übermitteln. [2] Die Inhalte der Dokumentation sind in der Anlage VII festgelegt.

(2) Der zuständige Unterausschuss des Gemeinsamen Bundesausschusses ist berechtigt, Änderungen an der Anlage VII vorzunehmen, deren Notwendigkeit sich aus der praktischen Anwendung ergibt, soweit ihr wesentlicher Inhalt nicht verändert wird.

(3) Die Abrechnung der Leistungen setzt eine vollständige Dokumentation der jeweiligen Untersuchungen voraus.

E. Systematische Erfassung, Überwachung und Verbesserung der Qualität des Krebsfrüherkennungsprogramms

§ 10 Programmbeurteilung. Zur Beurteilung des organisierten Zervixkarzinomscreenings werden insbesondere folgende Fragestellungen bearbeitet:

1. Akzeptanz des Screeningprogramms
   a) Wie hoch ist die Teilnahmerate (jährlich, kumuliert, im Zeitverlauf)?
   b) Wie sind die Anteile von regelmäßiger, unregelmäßiger und Nicht-Teilnahme?
   c) Wie häufig nehmen bisherige Nicht-Teilnehmerinnen nach Erhalt des Einladungsschreibens und der Informationsbroschüre am Zervixkarzinomscreening teil?
2. Screening, Abklärungsdiagnostik und Detektionsraten
   a) Darstellung der Anzahl und Verteilung der Ergebnisse des Screenings
   b) Wie häufig und wie werden auffällige Befunde des Screenings abgeklärt?

c) Darstellung der Anzahl und Verteilung der Ergebnisse der Abklärungsdiagnostik
d) Wie hoch sind der Anteil und die Anzahl der entdeckten Dysplasien und Karzinome (und deren Stadien-Verteilung)?
e) Wie hoch ist die Follow-up-Rate bei einem hochgradigen zytologischen Befund oder HPV+/Zyto+ in einem definierten Zeitraum von 3, 6, 9, 12 Monaten?

3. Falsch positive Diagnosen
a) Wie häufig sind Abklärungsuntersuchungen unauffällig?

4. Intervallkarzinome/Falsch negative Befunde
a) Wie häufig treten Intervallkarzinome auf?
b) Wie hoch ist der negativ prädiktive Wert des Screenings?

5. Qualitätssicherung der HPV-Tests
a) Unterscheiden sich die verwendeten HPV-Tests beispielsweise hinsichtlich falsch positiver Befunde, falsch negativer Befunde und Detektionsraten?

6. Inzidenz und Mortalität
a) Wie ist die längsschnittliche Entwicklung der patientenrelevanten Endpunkte, insbesondere stadienspezifische Inzidenz und Mortalität am Zervixkarzinom bei den Programmteilnehmerinnen?
b) Wie ist die längsschnittliche Entwicklung der patientenrelevanten Endpunkte, insbesondere stadienspezifische Inzidenz und Mortalität am Zervixkarzinom bei den unregelmäßigen und den Nicht-Teilnehmerinnen?
c) Werden bei der kombinierten Screeningstrategie (HPV + Zytologie) in der 2. Screeningrunde (= Neuerkrankungen) im Vergleich zur 1. Screeningrunde weniger CIN 3/CIS- und invasive Karzinome entdeckt?

7. Zusammenhang Screening und HPV-Impfung
a) Wirkt sich der Impfstatus auf die Ergebnisse des Screenings, die Abklärungsdiagnostik und die Detektionsrate aus?

8. Schadenspotenzial
a) Welche negativen Konsequenzen resultieren aus einem positiven Screeningbefund?

§ 11[1)] Datenquellen. Zur Auswertung der Kriterien nach § 10 werden die gemäß der Anlage VII zu dokumentierenden Daten der
a) Vertragsärztinnen und Vertragsärzte,
b) Krankenkassen und
c) Krebsregister genutzt.

§ 12[2)] Datenverarbeitung. (1) [1]Für die Datenverarbeitung gilt Abschnitt I Allgemeiner Teil §§ 8 bis 14. [2]Ergänzend dazu wird festgelegt:

[1)] § 11 Buchst. c geänd. mWv 28.8.2020 durch Beschl. v. 18.6.2020 (BAnz. AT 27.8.2020 B3).

[2)] § 12 Abs. 4 und 5 neu gef. mWv 28.8.2020 durch Beschl. v. 18.6.2020 (BAnz. AT 27.8.2020 B3).

(2) Die Vertragsärztinnen und Vertragsärzte übermitteln quartalsweise an die jeweils zuständige Kassenärztliche Vereinigung verschlüsselte leistungserbringeridentifizierende Daten, versichertenidentifizierende Daten, Programmbeurteilungsdaten sowie die Programmnummer und die erforderlichen administrativen Daten zur Gewährleistung der Vollzähligkeitsprüfung.

(3) [1] Die jeweils zuständige Kassenärztliche Vereinigung, als Datenannahmestelle für die Vertragsärztinnen und Vertragsärzte, erzeugt aus den leistungserbringeridentifizierenden Daten ein Leistungserbringerpseudonym und verschlüsselt dies mit dem öffentlichen Schlüssel der Auswertungsstelle. [2] Die Kassenärztlichen Vereinigungen übermitteln das verschlüsselte Leistungserbringerpseudonym, die verschlüsselten versichertenidentifizierenden Daten, die verschlüsselten Programmbeurteilungsdaten, die Programmnummer sowie die administrativen und meldebezogenen Daten an die Vertrauensstelle.

(4) Krankenkassen übermitteln die Angaben gemäß Anlage VII an die Datenannahmestelle der Vertrauensstelle gemäß § 9 (Allgemeiner Teil).

(5) Die Krebsregister übermitteln die Angaben gemäß Anlage VII jährlich an die Datenannahmestelle der Vertrauensstelle gemäß § 9 (Allgemeiner Teil).

(6) [1] Zum Zwecke der einheitlichen und softwarebasierten Dokumentation durch die Leistungserbringer sowie zur Anwendung einheitlicher Regeln für die Datenbereitstellung der Krankenkassen sowie der Krebsregister erstellt das IQTIG Vorgaben für die anzuwendenden elektronischen Datensatzformate sowie Softwarespezifikationen. [2] Die jeweils aktuelle Fassung wird durch das IQTIG im Internet veröffentlicht. Die EDV-technischen Vorgaben zur Datenprüfung und das Datenprüfprogramm sind Bestandteil der Softwarespezifikation.

Vom Abdruck der Anl. I bis VII wurde abgesehen.

480. Richtlinie des Gemeinsamen Bundesausschusses über die Verordnung von Krankenfahrten, Krankentransportleistungen und Rettungsfahrten (Krankentransport-Richtlinie)[1]

In der Fassung vom 22. Januar 2004
(BAnz. Nr. 18 S. 1342; Inkrafttreten: 1.1.2004)

Geändert durch Bek. vom 15.6.2004 (BAnz. 2004 Nr. 183 S. 21157; Inkrafttreten: 1.1.2004), Bek. vom 21.12.2004 (BAnz. 2005 Nr. 41 S. 2937; Inkrafttreten: 2.3.2005), durch Beschl. des G-BA vom 18.2.2016 (BAnz. AT vom 4.5.2016 B2; Inkrafttreten: 5.5.2016), durch Beschl. des G-BA vom 15.12.2016 (BAnz. AT vom 7.3.2017 B2; Inkrafttreten: 8.3.2017), durch Beschl. des G-BA vom 16.3.2017 (BAnz. AT vom 26.5.2017 B3; Inkrafttreten: 27.5.2017), durch Beschl. des G-BA vom 21.9.2017 (BAnz. AT vom 22.12.2017 B2; Inkrafttreten: 23.12.2017), durch Beschl. des G-BA vom 19.12.2019 (BAnz. AT vom 3.3.2020 B2; Inkrafttreten: 4.3.2020), durch Beschl. des G-BA vom 19.12.2019 (BAnz. AT vom 4.3.2020 B2; Inkrafttreten: 5.3.2020), durch Beschl. des G-BA vom 27.3.2020 (BAnz. AT vom 7.4.2020 B3; Inkrafttreten: 9.3.2020), durch Beschl. des G-BA vom 28.5.2020 (BAnz. AT vom 12.6.2020 B3; Inkrafttreten: 1.6.2020), durch Beschl. des G-BA vom 29.6.2020 (BAnz. AT vom 28.7.2020 B3; Inkrafttreten: 1.7.2020) und durch Beschl. des G-BA vom 17.9.2020 (BAnz. AT vom 30.9.2020 B2; Inkrafttreten: 1.10.2020)

Inhaltsverzeichnis

(Generalklausel aufgehoben)[2]

§ 1[3] **Allgemeines.** Diese Richtlinie gemäß § 92 Absatz 1 Satz 2 Nummer 12 SGB V regelt die Verordnung von Krankenfahrten, Krankentransporten und Rettungsfahrten nach § 73 Absatz 2 Satz 1 Nummer 7 SGB V durch
– Vertragsärztinnen und Vertragsärzte,
– Vertragszahnärztinnen und Vertragszahnärzte sowie

---

[1] Titel geänd. mWv 5.5.2016 durch Beschl. v. 18.2.2016 (BAnz. AT 4.5.2016 B2).

[2] Anm. eingef. mWv 5.5.2016 durch Beschl. v. 18.2.2016 (BAnz. AT 4.5.2016 B2), aufgeh. mWv 27.5.2017 durch Beschl. v. 16.3.2017 (BAnz. AT 26.5.2017 B3).

[3] § 1 neu gef. mWv 5.5.2016 durch Beschl. v. 18.2.2016 (BAnz. AT 4.5.2016 B2), Satz 1 geänd., Satz 2 aufgeh. mWv 27.5.2017 durch Beschl. v. 16.3.2017 (BAnz. AT 26.5.2017 B3).

– die an der vertragsärztlichen Versorgung teilnehmenden Psychologischen Psychotherapeutinnen und Psychologischen Psychotherapeuten sowie Kinder- und Jugendlichenpsychotherapeutinnen und Kinder- und Jugendlichenpsychotherapeuten (im Folgenden bezeichnet als Vertragspsychotherapeutinnen und Vertragspsychotherapeuten).

§ 2[1)] Verordnung. (1) [1] Für die Verordnung einer Krankenbeförderungsleistung sind
– die Verordnungsvoraussetzungen dieser Richtlinie zu prüfen und
– das erforderliche Transportmittel auszuwählen.
[2] Die Verordnung ist auf dem jeweils vereinbarten Vordruck auszustellen. [3] Die Inhalte der Verordnung sind in Anlage 1 geregelt.

(2) [1] Die Verordnung soll vor der Beförderung ausgestellt werden. [2] Nur in Ausnahmefällen, insbesondere in Notfällen kann die Beförderung nachträglich verordnet werden. [3] Ein Notfall liegt vor, wenn sich die Patientin oder der Patient in Lebensgefahr befindet oder schwere gesundheitliche Schäden zu befürchten sind, wenn nicht unverzüglich die erforderliche medizinische Versorgung erfolgt.

(3) Bei Fahrten mit dem privaten Kraftfahrzeug oder mit einem öffentlichen Verkehrsmittel ist eine Verordnung nicht erforderlich.

(4) Für die Fahrten zu ambulanten oder stationären Rehabilitationsmaßnahmen ist ebenfalls keine Verordnung auszustellen, sondern die Patientin oder der Patient zur Klärung der An- und Abreise direkt an ihre oder seine Krankenkasse zu verweisen.

(5) [1] Soweit es für die Versorgung der oder des Versicherten unmittelbar nach der Entlassung aus dem Krankenhaus erforderlich ist, kann das Krankenhaus (die Krankenhausärztin, der Krankenhausarzt, die Krankenhauszahnärztin, der Krankenhauszahnarzt, die Krankenhauspsychotherapeutin, der Krankenhauspsychotherapeut) im Rahmen des Entlassmanagements wie eine Verordnerin oder ein Verordner nach § 1 nach der Entlassung eine Krankenbeförderungsleistung entsprechend dieser Richtlinie verordnen. [2] Satz 1 gilt entsprechend für die stationsäquivalente psychiatrische Behandlung. [3] Satz 1 gilt nicht für die Entlassung aus den Einrichtungen der medizinischen Rehabilitation bei Leistungen nach § 40 Absatz 2 und § 41 SGB V. [4] Die Regelungen des § 73 SGB IX zur Fahrkostenübernahme bei Leistungen zur medizinischen Rehabilitation bleiben unberührt.

§ 3[2)] Notwendigkeit der Beförderung. (1) [1] Voraussetzung für die Verordnung von Beförderungsleistungen ist, dass die Fahrt im Zusammenhang mit einer Leistung der Krankenkasse zwingend medizinisch notwendig ist. [2] Der zwingende medizinische Grund ist auf der Verordnung anzugeben. [3] Liegt ein solcher zwingender medizinischer Grund nicht vor, z. B. bei Fahr-

---

[1)] § 2 Abs. 2 Satz 2 neu gef. mWv 2.3.2005 durch BAnz. 2005 Nr. 41 S. 2937 und Abs. 1 Sätze 1 und 2, Abs. 2 Satz 1 geänd. mWv 5.5.2016 durch Beschl. v. 18.2.2016 (BAnz. AT 4.5.2016 B2), Abs. 1 Satz 1 geänd., Abs. 2 Satz 1 neu gef., Sätze 2 und 3 und Abs. 4 geänd. mWv 27.5.2017 durch Beschl. v. 16.3.2017 (BAnz. AT 26.5.2017 B3), Abs. 5 angef. mWv 5.3.2020 durch Beschl. v. 19.11.2019 (BAnz. AT 4.3.2020 B2),

[2)] § 3 Abs. 1 Satz 3 neu gef. mWv 2.3.2005 durch BAnz. 2005 Nr. 41 S. 2937, Abs. 1 Satz 3 geänd., Sätze 4 und 5 angef., Abs. 2 Satz 1 geänd. mWv 27.5.2017 durch Beschl. v. 16.3.2017 (BAnz. AT 26.5.2017 B3).

ten zum Abstimmen von Terminen, Erfragen von Befunden, Abholen von Verordnungen, ist die Verordnung unzulässig. [4]Vertragspsychotherapeutinnen oder Vertragspsychotherapeuten können unter den Voraussetzungen dieser Richtlinie Fahrten verordnen, die im Zusammenhang mit einer psychotherapeutischen Leistung der Krankenkasse zwingend notwendig sind. [5]Dies gilt auch für Fahrten zur stationären Krankenhausbehandlung, soweit die Vertragspsychotherapeutin oder der Vertragspsychotherapeut nach der Krankenhauseinweisungs-Richtlinie berechtigt ist, stationäre Krankenhausbehandlung zu verordnen.

(2) [1]Notwendig im Zusammenhang mit einer Leistung der Krankenkasse sind in der Regel nur die Fahrten auf dem direkten Weg zwischen dem jeweiligen Aufenthaltsort der Patientin oder des Patienten und der nächsterreichbaren geeigneten Behandlungsmöglichkeit. [2]Die Notwendigkeit der Beförderung ist für den Hin- und Rückweg gesondert zu prüfen.

§ 4[1)] Auswahl des Beförderungsmittels. [1]Maßgeblich für die Auswahl des Beförderungsmittels gemäß der §§ 5 bis 7 ist ausschließlich die zwingende medizinische Notwendigkeit im Einzelfall unter Beachtung des Wirtschaftlichkeitsgebots. [2]Für die Auswahlentscheidung sind deshalb insbesondere der aktuelle Gesundheitszustand der Patientin oder des Patienten und ihre oder seine Gehfähigkeit zu berücksichtigen.

§ 5[2)] Rettungsfahrten. (1) Patientinnen und Patienten bedürfen einer Rettungsfahrt, wenn sie aufgrund ihres Zustands mit einem qualifizierten Rettungsmittel (Rettungswagen, Notarztwagen, Rettungshubschrauber) befördert werden müssen oder der Eintritt eines derartigen Zustands während des Transports zu erwarten ist.

(2) Rettungswagen (RTW) sind für Notfallpatientinnen oder Notfallpatienten zu verordnen, die vor und während des Transportes neben den Erste-Hilfe-Maßnahmen auch zusätzlicher Maßnahmen bedürfen, die geeignet sind, die vitalen Funktionen aufrecht zu erhalten oder wiederherzustellen.

(3) [1]Notarztwagen (NAW) sind für Notfallpatientinnen oder Notfallpatienten zu verordnen, bei denen vor oder während des Transportes lebensrettende Sofortmaßnahmen durchzuführen oder zu erwarten sind, für die eine notärztliche Versorung erforderlich ist. [2]Dies gilt entsprechend für die Verordnung von Notarzteinsatzfahrzeugen (NEF).

(4) [1]Rettungshubschrauber (RTH) sind zu verordnen, wenn ein schneller Transport der Patientin oder des Patienten mit einem bodengebundenen Rettungsmittel nicht ausreichend ist. [2]Darüber hinaus sind Rettungshubschrauber anzufordern, wenn eine schnellere Heranführung der Notärztin oder des Notarztes an den Notfallort zur Durchführung lebensrettender Maßnahmen oder zur Herstellung der Transportfähigkeit der Patientin oder des Patienten mit dem jeweils geeigneten Transportmittel notwendig ist.

(5) Rettungswagen, Notarztwagen, Notarzteinsatzfahrzeuge und Rettungshubschrauber sind über die örtlich zuständige Rettungsleitstelle anzufordern.

[1)] § 4 Satz 2 geänd. mWv 5.5.2016 durch Beschl. v. 18.2.2016 (BAnz. AT 4.5.2016 B2), Satz 2 geänd. mWv 27.5.2017 durch Beschl. v. 16.3.2017 (BAnz. AT 26.5.2017 B3).

[2)] § 5 Abs. 1, Abs. 2, Abs. 3 Satz 1, Abs. 4 Sätze 1 und 2 geänd. mWv 27.5.2017 durch Beschl. v. 16.3.2017 (BAnz. AT 26.5.2017 B3).

§ 6[1] **Krankentransporte.** (1) [1]Ein Krankentransport kann verordnet werden, wenn Patientinnen oder Patienten während der Fahrt einer fachlichen Betreuung oder der besonderen Einrichtungen des Krankentransportwagens (KTW) bedürfen oder deren Erforderlichkeit aufgrund ihres Zustandes zu erwarten ist. [2]Die fachliche Betreuung in Krankentransportwagen wird nach den maßgeblichen landesrechtlichen Vorschriften durch qualifiziertes nichtärztliches Personal gewährleistet. [3]Die medizinisch-technische Einrichtung ist nicht auf die Beförderung in Notfällen ausgelegt.

(2) Der Krankentransport soll auch dann verordnet werden, wenn dadurch die Übertragung schwerer, ansteckender Krankheiten der Patientinnen oder Patienten vermieden werden kann.

(3) [1]Krankentransporte zur ambulanten Behandlung bedürfen der vorherigen Genehmigung durch die Krankenkasse. [2]Dies gilt nicht für Fahrten zu einer vor- oder nachstationären Behandlung gemäß § 115a SGB V oder zu einer ambulanten Operation gemäß § 115b SGB V. [3]Krankentransporte zu stationären Leistungen bedürfen keiner Genehmigung durch die Krankenkasse.

§ 7[2] **Krankenfahrten.** (1) [1]Krankenfahrten sind Fahrten, die mit öffentlichen Verkehrsmitteln, privaten Kraftfahrzeugen, Mietwagen oder Taxen durchgeführt werden. [2]Zu den Mietwagen zählen z. B. auch Wagen mit behindertengerechter Einrichtung zur Beförderung von Rollstuhlfahrern. [3]Eine medizinisch-fachliche Betreuung findet in diesen Fällen nicht statt.

(2) [1]Die Verordnung einer Krankenfahrt mit einem Taxi oder Mietwagen ist zulässig bei

a) Fahrten zu Leistungen, die stationär erbracht werden (§ 60 Abs. 2 Satz 1 Nr. 1 SGB V),

b) Fahrten zu einer vor- oder nachstationären Behandlung gemäß § 115a SGB V, wenn dadurch eine aus medizinischen Gründen an sich gebotene vollstationäre oder teilstationäre Krankenhausbehandlung im Sinne des § 39 Absatz 1 SGB V verkürzt oder vermieden werden kann,

c) Fahrten zu einer ambulanten Operation gemäß § 115b SGB V im Krankenhaus oder zu einer ambulanten Operation in der Vertragsarztpraxis sowie bei in diesem Zusammenhang erfolgender Vor- oder Nachbehandlung, wenn dadurch eine aus medizinischen Gründen an sich gebotene vollstationäre oder teilstationäre Krankenhausbehandlung im Sinne des § 39 Absatz 1 SGB V vermieden wird oder diese nicht ausführbar ist.

[2]Die Voraussetzungen nach Buchstabe b und c sind insbesondere dann gegeben, wenn die aus medizinischen Gründen gebotene vollstationäre oder teilstationäre Krankenhausbehandlung aus besonderen, beispielsweise patientenindividuellen, Gründen als ambulante Behandlung vorgenommen wird.

---

[1] § 6 Abs. 1 Sätze 1 und 3, Abs. 2 geänd. mWv 27.5.2017 durch Beschl. v. 16.3.2017 (BAnz. AT 26.5.2017 B3), Abs. 3 Satz 3 angef. mWv 4.3.2020 durch Beschl. v. 19.12.2019 (BAnz. AT 3.3.2020 B2).

[2] § 7 Abs. 4 und 5 geänd. mWv 5.5.2016 durch Beschl. v. 18.2.2016 (BAnz. AT 4.5.2016), Abs. 1 Satz 3, Abs. 3 geänd., Abs. 4 und 5 neu gef. mWv 27.5.2017 durch Beschl. v. 16.3.2017 (BAnz. AT 26.5.2017 B3), Abs. 2 Satz 1 Buchst. b und c und Satz 2 neu gef. mWv 23.12.2017 durch Beschl. v. 21.9.2017 (BAnz. AT 22.12.2017 B2), Abs. 6 angef. mWv 4.3.2020 durch Beschl. v. 19.12.2019 (BAnz. AT 3.3.2020 B2).

(3) Die Krankenfahrt mit einem Mietwagen oder einem Taxi ist nur dann zu verordnen, wenn die Patientin oder der Patient aus zwingenden medizinischen Gründen öffentliche Verkehrsmittel oder ein privates Kraftfahrzeug nicht benutzen kann.

(4) Können Patientinnen oder Patienten mit einem privaten Kraftfahrzeug oder öffentlichen Verkehrsmitteln fahren, wird in den Fällen von Absatz 2 Buchstabe c und des § 8 keine Verordnung, aber auf Wunsch der Patientin oder des Patienten eine Anwesenheitsbescheinigung zur Vorlage bei ihrer oder seiner Krankenkasse ausgestellt.

(5) Falls mehrere Patientinnen oder Patienten gleichzeitig zum selben Ziel gefahren werden müssen, ist jeweils eine Sammelfahrt unter Angabe der Anzahl der Mitfahrenden zu verordnen, sofern dem keine medizinischen Gründe entgegen stehen.

(6) Krankenfahrten nach dieser Vorschrift bedürften keiner Genehmigung durch die Krankenkasse.

§ 8[1)] Ausnahmefälle für Krankenfahrten zur ambulanten Behandlung. (1) [1] In besonderen Ausnahmefällen können auch Fahrten zur ambulanten Behandlung neben den in § 7 Absatz 2 Buchstabe b und c geregelten Fällen bei zwingender medizinischer Notwendigkeit verordnet werden. [2] Die Versorgung einschließlich Diagnostik in einer Geriatrischen Institutsambulanz nach § 118a SGB V ist einer ambulanten Behandlung im Sinne des Satzes 1 gleichzusetzen.

(2) [1] Voraussetzungen für eine Verordnung sind,
- dass die Patientin oder der Patient mit einem durch die Grunderkrankung vorgegebenen Therapieschema behandelt wird, das eine hohe Behandlungsfrequenz über einen längeren Zeitraum aufweist,
- und dass diese Behandlung oder der zu dieser Behandlung führende Krankheitsverlauf die Patientin oder den Patienten in einer Weise beeinträchtigt, dass eine Beförderung zur Vermeidung von Schaden an Leib und Leben unerlässlich ist.

[2] Diese Voraussetzungen sind in den in Anlage 2 dieser Richtlinie genannten Ausnahmefällen in der Regel erfüllt. [3] Diese Liste ist nicht abschließend.

(3) [1] Daneben kann die Fahrt zur ambulanten Behandlung für Versicherte verordnet werden, die einen Schwerbehindertenausweis mit dem Merkzeichen „aG“, „Bl“ oder „H“ oder einen Einstufungsbescheid gemäß dem Elften Buch Sozialgesetzbuch in den Pflegegrad 3, 4 oder 5 bei der Verordnung vorlegen und bei Einstufung in den Pflegegrad 3 wegen dauerhafter Beeinträchtigung ihrer Mobilität einer Beförderung bedürfen. [2] Die Verordnungsvoraussetzungen

---

[1)] § 8 Abs. 4 Satz 2 neu gef. mWv 2.3.2005 durch BAnz. 2005 Nr. 41 S. 2937 und Abs. 1 Satz 1, Abs. 2 Satz 2 geänd. mWv 5.5.2016 durch Beschl. v. 18.2.2016 (BAnz. AT 4.5.2016 B2), Abs. 3 Satz 1 geänd., neuer Satz 2 eingef. bish. Satz 2 wird Satz 3 mWv 8.3.2017 durch Beschl. v. 15.12.2016 (BAnz. AT 7.3.2017 B2), Abs. 1 Satz 1, Abs. 2 Satz 1, Abs. 3 Satz 2 geänd. mWv 27.5.2017 durch Beschl. v. 16.3.2017 (BAnz. AT 26.5.2017 B3), Abs. 1 Satz 1 geänd., neuer Satz 2 eingef., bish. Satz 2 wird Satz 3 und geänd. mWv 23.12.2017 durch Beschl. v. 21.9.2017 (BAnz. AT 22.12.2017 B2), Abs. 1 Satz 3 aufgeh., Abs. 2 Satz 1 und Abs. 3 Satz 1 geänd., Abs. 3 Satz 3 aufgeh., Abs. 4 eingef., bish. Abs. 4 wird Abs. 5, Abs. 6 angef. mWv 4.3.2020 durch Beschl. v. 19.12.2019 (BAnz. AT 3.3.2020 B2).

zungen sind auch bei Versicherten erfüllt, die bis zum 31. Dezember 2016 in die Pflegestufe 2 eingestuft waren und seit 1. Januar 2017 mindestens in den Pflegegrad 3 eingestuft sind.

(4) Eine Verordnung von Fahrten zur ambulanten Behandlung ist auch für Versicherte möglich, die keinen Nachweis nach Absatz 3 Satz 1 besitzen, wenn diese von einer den Kriterien von Absatz 3 Satz 1 vergleichbaren Beeinträchtigung der Mobilität betroffen sind und einer ambulanten Behandlung über einen längeren Zeitraum bedürfen.

(5) [1] Die zwingende medizinische Notwendigkeit einer Verordnung der Fahrt und des Beförderungsmittels ist zu begründen. [2] Fahrten, für die ein zwingender medizinischer Grund nicht vorliegt, z. B. Fahrten zum Abstimmen von Terminen, Erfragen von Befunden, Abholen von Verordnungen, sind keine Krankenkassenleistung.

(6) [1] Krankenfahrten nach dieser Vorschrift bedürfen einer vorherigen Genehmigung durch die Krankenkasse. [2] Für Krankenfahrten zur ambulanten Behandlung nach Absatz 3 gilt die Genehmigung gemäß § 60 Absatz 1 Satz 5 SGB V als erteilt.

§ 9[1)] Genehmigungsverfahren. [1] Genehmigungspflichtige Verordnungen sind der Krankenkasse frühzeitig vorzulegen. [2] Dauer und Umfang (z. B. Transportmittel, Hin- und Rückfahrt) der Genehmigung werden von der Krankenkasse festgelegt.

§ 10[2)] Information der Patientinnen und Patienten. [1] Patientinnen oder Patienten sollen darüber unterrichtet werden, dass ihre Zuzahlung gemäß § 61 Satz 1 SGB V grundsätzlich zehn vom Hundert der Kosten je Fahrt – mindestens jedoch fünf € und höchstens zehn €, allerdings jeweils nicht mehr als die Kosten der Fahrt – beträgt. [2] Nur Versicherte, deren Zuzahlungen die Belastungsgrenze nach § 62 SGB V überschritten haben, sind bei Vorlage einer entsprechenden Bescheinigung der Krankenkasse für den Rest des Kalenderjahres von weiteren Zuzahlungen befreit.

§ 11[3)] Sonderregelungen im Zusammenhang mit der COVID-19-Epidemie. (1) Vor dem Hintergrund der Herausforderungen zur Bewältigung des epidemischen Ausbruchgeschehens aufgrund des SARS-CoV-2-Virus kann der Gemeinsame Bundesausschuss durch gesonderten Beschluss auf Grundlage von § 9 Absatz 2a seiner Geschäftsordnung (GO) folgende räumlich begrenzte und zeitlich befristete Ausnahmen von den Regelungen dieser Richtlinie zulassen, wenn sie in Abhängigkeit von der Art des Ausbruchgeschehens zur Eindämmung und Bewältigung der Infektionen oder zum Schutz

---

[1)] § 9 Satz 1 geänd. mWv 5.5.2016 durch Beschl. v. 18.2.2016 (BAnz. AT 4.5.2016 B2), Überschr. neu gef., Satz 1 aufgeh., bish Sätze 2 und 3 werden Sätze 1 und 2 mWv 4.3.2020 durch Beschl. v. 19.12.2019 (BAnz. AT 3.3.2020 B2).

[2)] § 10 Überschr., Satz 1 geänd. mWv 27.5.2017 durch Beschl. v. 16.3.2017 (BAnz. AT 26.5.2017 B3).

[3)] § 11 neu gef. mWv 1.10.2020 durch Beschl. v. 17.9.2020 (BAnz. AT 30.9.2020 B2).

der Einrichtungen der Krankenversorgung vor Überlastung notwendig und erforderlich sind:

1. Die Regelung nach § 6 Absatz 3 Satz 1, wonach Krankentransporte zur ambulanten Behandlung der vorherigen Genehmigung durch die Krankenkasse bedürfen, findet für Krankentransportfahrten zu nicht aufschiebbaren zwingend notwendigen ambulanten Behandlungen von nachweislich an COVID-19-Erkrankten oder von Versicherten, die aufgrund einer behördlichen Anordnung unter Quarantäne stehen, keine Anwendung. Entsprechende Krankentransporte sind damit genehmigungsfrei. Die Verordnung nach § 2 ist entsprechend zu kennzeichnen.
2. Verordnungen von Krankentransporten nach § 6 und Krankenfahrten nach den §§ 7 und 8 können auch nach telefonischer Anamnese ausgestellt und von der Vertragsärztin oder vom Vertragsarzt postalisch an einen in der Arztpraxis bekannten Versicherten übermittelt werden, sofern sich die verordnende Vertragsärztin oder der verordnende Vertragsarzt vom Zustand des Versicherten durch eingehende telefonische Befragung überzeugt hat.

Diese Ausnahmeregelungen gelten, sofern die Verordnung von einer Vertragsärztin oder einem Vertragsarzt mit Sitz in einem der jeweils durch gesonderten Ausnahmebeschluss auf Grundlage von § 9 Absatz 2a GO festgelegten Gebiete ausgestellt wurde oder sich der Wohnort der oder des Versicherten innerhalb eines dieser Gebiete befindet.

(2) Die Ausnahme gemäß Absatz 1 Nummer 1 gilt abweichend von Absatz 1 Satz 1 bundesweit, wenn und solange der Deutsche Bundestag gemäß § 5 Absatz 1 des Infektionsschutzgesetzes eine epidemische Lage von nationaler Tragweite festgestellt hat.

§ 12[1] *(aufgehoben)*

Anlage 1[2]

Inhalt der Verordnung

In der Verordnung sind insbesondere anzugeben:

1. Mitteilung von Krankheitsursachen und drittverursachten Gesundheitsschäden (§ 294a SGB V):
   Anhaltspunkte für:
   - Unfall, Unfallfolgen
   - Arbeitsunfall, Berufskrankheit
   - Versorgungsleiden.
2. Angabe, ob es sich um eine Hinfahrt zur Behandlungsstätte oder Rückfahrt von der Behandlungsstätte handelt
3. Der Grund der Beförderung (Hauptleistung der Krankenkasse), weshalb der Transport als Nebenleistung erbracht wird
4. Behandlungstag oder Behandlungsfrequenz und nächst erreichbare, geeignete Behandlungsstätte
5. Das medizinisch notwendige Transportmittel (Art der Beförderung)

---

[1] § 12 aufgeh. mWv 5.5.2016 durch Beschl. v. 18.2.2016 (BAnz. AT 4.5.2016 B2).
[2] Anlage 1 neu gef. mWv 4.3.2020 durch Beschl. v. 19.12.2019 (BAnz. AT 3.3.2020 B2).

Anlage 2[1)]

Ausnahmefälle nach § 8 Absatz 2 der Richtlinie

Ausnahmefälle gemäß § 8 Absatz 2 sind in der Regel:
- Dialysebehandlung
- onkologische Strahlentherapie
- parenterale antineoplastische Arzneimitteltherapie/parenterale onkologische Chemotherapie

---

1) Anl. 2 geänd. mWv 5.5.2016 durch Beschl. v. 18.2.2016 (BAnz. AT 4.5.2016 B2).

485. Richtlinie des Gemeinsamen Bundesausschusses über die Durchführung der Psychotherapie (Psychotherapie-Richtlinie)

In der Fassung vom 19. Februar 2009

(BAnz. Nr. 58 vom 17.4.2009 S. 1399, Inkrafttreten: 18.4.2009)

Geändert durch Beschl. des G-BA vom 15.10.2009 (BAnz. Nr. 186 vom 9.12.2009, S. 4137; Inkrafttreten: 10.12.2009), durch Beschl. des G-BA vom 14.4.2011 (BAnz. Nr. 100 vom 7.7.2011, S. 2424; Inkrafttreten: 8.7.2011), durch Beschl. des G-BA vom 18.4.2013 (BAnz. AT vom 18.6.2013 B6; Inkrafttreten: 19.6.2013), durch Beschl. des G-BA vom 16.10.2014 (BAnz. AT vom 29.12.2014 B3; Inkrafttreten: 30.12.2014), durch Beschl. des G-BA vom 16.10.2014 (BAnz. AT vom 2.1.2015 B2; Inkrafttreten: 3.1.2015), durch Beschl. des G-BA vom 16.7.2015 (BAnz. AT vom 15.10.2015 B3; Inkrafttreten: 16.10.2015), durch Beschl. des G-BA vom 15.10.2015 (BAnz. AT vom 5.1.2016 B3; Inkrafttreten: 6.1.2016), durch Beschl. des G-BA vom 16.6.2016 (BAnz. AT vom 15.2.2017 B2; Inkrafttreten: 16.2.1017), durch Beschl. des G-BA v. 18.10.2018 (BAnz. AT vom 20.12.2018 B2, Inkrafttreten: 21.12.2018) und durch Beschl. des G-BA v. 22.11.2019 (BAnz. AT vom 23.1.2020 B4; Inkrafttreten: 24.1.2020)

Inhaltsverzeichnis

[1] Die vom Gemeinsamen Bundesausschuss (G-BA) gemäß § 92 Absatz 6a des Fünften Buches Sozialgesetzbuch (SGB V)[1)] beschlossene Richtlinie dient der Sicherung einer den gesetzlichen Erfordernissen entsprechenden ausreichenden, zweckmäßigen und wirtschaftlichen Psychotherapie der Versicherten und ihrer Angehörigen in der vertragsärztlichen Versorgung zu Lasten der Krankenkassen. [2] Zur sinnvollen Verwendung der Mittel ist die folgende Richtlinie zu beachten. [3] Sie dient als Grundlage für Vereinbarungen, die zur Durchführung von Psychotherapie in der vertragsärztlichen Versorgung zwischen den Vertragspartnern abzuschließen sind.

A. Allgemeines

§ 1 Psychotherapie als Leistung der Gesetzlichen Krankenversicherung (GKV). (1) [1] Gegenstand dieser Richtlinie sind psychotherapeutische Leistungen, die zu Lasten der Krankenkassen erbracht werden können. [2] Psychotherapeutische Leistungen können von Therapeutinnen und Therapeuten nach Absatz 2 im Rahmen dieser Richtlinie erbracht werden, soweit und solange eine seelische Krankheit (siehe § 2) vorliegt. [3] Als Richtlinientherapie im engeren Sinne gelten die Psychotherapieverfahren nach § 15. [4] Psychotherapeutische Sprechstunden nach § 11, Probatorische Sitzungen nach § 12, Psychotherapeutische Akutbehandlung nach § 13 und die Psychosomatische Grundversorgung nach Abschnitt C werden nicht der Richtlinientherapie zugerechnet.

[1)] **Aichberger, Sozialgesetzbuch, Nr. 5.**

(2) Therapeutinnen und Therapeuten im Sinne dieser Richtlinie sind entsprechend der jeweiligen fachlichen Befähigung die ärztliche Psychotherapeutin oder der ärztliche Psychotherapeut, die ärztliche Kinder- und Jugendpsychotherapeutin oder der ärztliche Kinder- und Jugendpsychotherapeut, die Psychologische Psychotherapeutin oder der Psychologische Psychotherapeut oder die Kinder- und Jugendlichenpsychotherapeutin oder der Kinder- und Jugendlichenpsychotherapeut, die gemäß der Psychotherapie-Vereinbarung in der Fassung vom 2. Februar 2017, zuletzt geändert am 1. April 2019 und in Kraft getreten am 15. April 2019, über die Genehmigung zur Ausführung und Abrechnung psychotherapeutischer Leistungen nach § 15 als persönliche Leistung verfügen.

(3) Leistungen dieser Richtlinie mit Ausnahme der psychosomatischen Grundversorgung nach Abschnitt C können nur von Therapeutinnen und Therapeuten erbracht werden, die über eine Genehmigung gemäß der Psychotherapie-Vereinbarung in der Fassung vom 2. Februar 2017, zuletzt geändert am 1. April 2019 und in Kraft getreten am 15. April 2019, zur Ausführung und Abrechnung psychotherapeutischer Leistungen nach § 15 als persönliche Leistung verfügen.

(4) [1] Im Sinne dieser Richtlinie sind Kinder Personen, die noch nicht 14 Jahre alt sind und Jugendliche Personen, die 14 Jahre, aber noch nicht 21 Jahre alt sind. [2] Kinder- und Jugendlichenpsychotherapie ist ausnahmsweise auch dann zulässig, wenn zur Sicherung des Therapieerfolgs bei Jugendlichen eine vorher mit Mitteln der Kinder- und Jugendlichenpsychotherapie begonnene psychotherapeutische Behandlung erst nach Vollendung des 21. Lebensjahres abgeschlossen werden kann. [3] Grundsätzlich haben Patientinnen und Patienten ab 18 Jahren Anspruch auf eine Erwachsenentherapie. [4] In diesen Fällen gelten die Regelungen für Erwachsene. [5] Im Sinne dieser Richtlinie umfasst die Bezeichnung „Menschen mit einer geistigen Behinderung" Personen, bei denen eine Diagnose entsprechend des Abschnitts Intelligenzstörung (F70–F79) nach ICD-10 vorliegt.

(5) [1] Psychotherapie ist keine Leistung der Gesetzlichen Krankenversicherung und gehört nicht zur vertragsärztlichen Versorgung, wenn sie nicht dazu dient, eine Krankheit zu erkennen, zu heilen, ihre Verschlimmerung zu verhüten oder Krankheitsbeschwerden zu lindern. [2] Dies gilt ebenso für Maßnahmen, die ausschließlich zur beruflichen Anpassung oder zur Berufsförderung bestimmt sind, für Erziehungsberatung, Paar- und Familienberatung, Sexualberatung, körperbezogene Therapieverfahren, darstellende Gestaltungstherapie sowie heilpädagogische oder ähnliche Maßnahmen.

(6) Die ärztliche Beratung über vorbeugende und diätetische Maßnahmen wie auch die Erläuterungen und Empfehlungen von übenden, therapiefördernden Begleitmaßnahmen sind ebenfalls nicht Psychotherapie und sind auch nicht Bestandteil der psychosomatischen Grundversorgung.

(7) Psychotherapieverfahren, -methoden und -techniken, die den in den §§ 1 bis 10 und Abschnitt C genannten Erfordernissen nicht entsprechen, oder therapeutisch nicht hinreichend erprobt und wissenschaftlich begründet wurden, sind nicht Bestandteil der vertragsärztlichen Versorgung.

(8) [1] Eine telefonische persönliche Erreichbarkeit zur Terminkoordination ist von allen Therapeutinnen und Therapeuten unter Beachtung von berufs- und vertragsarztrechtlichen Vorgaben zu definierten und zu veröffentlichenden

Zeiten zu gewährleisten; insgesamt ist bei einem vollem Versorgungsauftrag eine telefonische persönliche Erreichbarkeit durch die Therapeutin oder den Therapeuten oder das Praxispersonal von 200 Minuten pro Woche in Einheiten von mindestens 25 Minuten sicherzustellen. [2]Entsprechend gelten 100 Minuten pro Woche in Einheiten von mindestens 25 Minuten bei einem hälftigen Versorgungsauftrag. [3]Die Therapeutin oder der Therapeut teilt die Erreichbarkeit der zuständigen Kassenärztlichen Vereinigung zur Information der Patientinnen oder Patienten mit.

§ 2 Seelische Krankheit. (1) [1]In dieser Richtlinie wird seelische Krankheit verstanden als krankhafte Störung der Wahrnehmung, des Verhaltens, der Erlebnisverarbeitung, der sozialen Beziehungen und der Körperfunktionen. [2]Es gehört zum Wesen dieser Störungen, dass sie der willentlichen Steuerung durch die Patientin oder den Patienten nicht mehr oder nur zum Teil zugänglich sind.

(2) Krankhafte Störungen können durch seelische, körperliche oder soziale Faktoren verursacht werden; sie werden in seelischen und körperlichen Symptomen und in krankhaftenVerhaltensweisen erkennbar, denen aktuelle Krisen seelischen Geschehens, aber auch pathologische Veränderungen seelischer Strukturen zugrunde liegen können.

(3) Seelische Strukturen werden in dieser Richtlinie verstanden als die anlagemäßig disponierenden und lebensgeschichtlich erworbenen Grundlagen seelischen Geschehens, das direkt beobachtbar oder indirekt erschließbar ist.

(4) Auch Beziehungsstörungen können Ausdruck von Krankheit sein; sie sind für sich allein nicht schon Krankheit im Sinne dieser Richtlinie, sondern können nur dann als seelische Krankheit gelten wenn ihre ursächliche Verknüpfung mit einer krankhaften Veränderung des seelischen oder körperlichen Zustandes eines Menschen nachgewiesen wurde.

§ 3 Ätiologische Orientierung der Psychotherapie. (1) Psychotherapie, als Behandlung seelischer Krankheiten im Sinne dieser Richtlinie, setzt voraus, dass das Krankheitsgeschehen als ein ursächlich bestimmter Prozess verstanden wird, der mit wissenschaftlich begründeten Methoden untersucht und in einem Theoriesystem mit einer Krankheitslehre definitorisch erfasst ist.

(2) [1]Die Theoriesysteme müssen seelische und körperliche Symptome als Ausdruck des Krankheitsgeschehens eines ganzheitlich gesehenen Menschen wahrnehmen und berücksichtigen. [2]Sie müssen den gegenwärtigen, lebensgeschichtlichen und gesellschaftlichen Faktoren in ihrer Bedeutung für das Krankheitsgeschehen gerecht werden.

§ 4 Übergreifende Merkmale von Psychotherapie. (1) Psychotherapie dieser Richtlinie wendet methodisch definierte Interventionen an, die auf als Krankheit diagnostizierte seelische Störungen einen systematisch verändernden Einfluss nehmen und Bewältigungsfähigkeiten des Inividuums aufbauen.

(2) [1]Diese Interventionen setzen eine bestimmte Ordnung des Vorgehens voraus. [2]Diese ergibt sich aus Erfahrungen und gesicherten Erkenntnissen, deren wissenschaftliche Reflexion zur Ausbildung von Behandlungsverfahren und -methoden, die in einen theoriegebundenen Rahmen gemäß § 5 Absatz 1 Nummer 1 und § 6 Absatz 1 Nummer 1 eingebettet sind, geführt hat.

(3) In der psychotherapeutischen Intervention kommt, unabhängig von der Wahl des Therapieverfahrens und der Anwendungsform (Setting), der systematischen Berücksichtigung und der kontinuierlichen Gestaltung der Therapeut-Patient-Beziehung eine zentrale Bedeutung zu.

(4) [1] Psychotherapie nach dieser Richtlinie kann bei allen Indikationen nach § 27 als Einzeltherapie, als Gruppentherapie oder als Kombination aus Einzel- und Gruppentherapie sowie bei der Systemischen Therapie als Behandlung der Patientin oder des Patienten zusammen mit relevanten Bezugspersonen aus Familie oder sozialem Umfeld (Mehrpersonensetting) auch in Kombination mit Einzel- oder Gruppentherapie Anwendung finden. [2] Nach diagnostischer Abklärung des Störungsbildes ist die Eignung der Behandlung in den verschiedenen Settings individuell zu prüfen und bei der Behandlungsplanung die Auswahl des geeigneten Behandlungssettings individuell und in Absprache mit der Patientin oder dem Patienten zu treffen.

1. Im Einzelsetting wird eine individuelle Gesamtbehandlung in der spezifischen Beziehung zwischen Patientin oder Patient und Therapeutin oder Therapeut gestaltet. Dieses ist gekennzeichnet durch die dyadische Interaktion zwischen Patientin oder Patient und Therapeutin oder Therapeut. Dabei stehen individuelles Erleben und Verhalten sowie individuelle intrapsychische Prozesse der Patientin oder des Patienten im Fokus der Behandlung. Je nach Verfahren werden unterschiedliche psychotherapeutische Instrumente wie z. B. Übertragungs-, Gegenübertragungs-, Widerstands-, Verhaltensanalyse oder System- und Ressourcenanalyse von der Therapeutin oder dem Therapeuten angewandt, um den Behandlungs- und Heilungsprozess der Patientin oder des Patienten zu fördern.
2. In einem Gruppensetting können interpersonelle Probleme unmittelbar prozessual aktiviert und bearbeitet werden. Je nach Verfahren werden unterschiedliche psychotherapeutische Instrumente, wie z. B. Übertragungs-, Gegenübertragungs-, Widerstands-, Verhaltensanalyse oder System- und Ressourcenanalyse von der Psychotherapeutin oder dem Psychotherapeuten angewandt, um den Behandlungs- und Heilungsprozess der Patientin oder des Patienten zu fördern. [3] Darauf aufbauend können Techniken eingesetzt werden, die bei den Teilnehmern wechselseitig Ressourcen aktivieren (z. B. Motivation, Verstärkung). [4] Den Patientinnen und Patienten wird vermittelt, dass andere mit den gleichen oder ähnlichen Problemen konfrontiert sind. [5] Darüber hinaus können neue Verhaltensweisen in einem weiteren sozialen Rahmen erprobt werden und es sind Rückmeldungen nicht nur von der Therapeutin oder dem Therapeuten, sondern von einer Reihe unterschiedlicher Interaktionspartner in der Gruppe möglich.
3. Mehrpersonensetting im Rahmen der Systemischen Therapie: Ein wesentliches Ziel von Systemischer Therapie im Mehrpersonensetting ist die Veränderung von bedeutsamen Beziehungen und Interaktionen (zwischen Patientin oder Patient und Lebenspartnerin oder -partner, der Kernfamilie oder erweiterten Familie, sowie zwischen Patientin oder Patient und den Mitgliedern anderer interpersoneller Systeme), sofern diese für die Entstehung, Aufrechterhaltung oder Behandlung der psychischen Störung von Krankheitswert relevant sind.
4. Durch die Möglichkeit zur Kombination in den Verfahren nach § 15 können Einzel- und Gruppentherapie, bei der Systemischen Therapie auch

im Mehrpersonensetting, personen- und störungsadäquat eingesetzt werden, um den Behandlungsverlauf zu fördern.

§ 5 Definition Psychotherapieverfahren. (1) Ein zur Krankenbehandlung geeignetes Psychotherapieverfahren ist gekennzeichnet durch

1. eine umfassende Theorie der Entstehung und Aufrechterhaltung von Krankheiten und ihrer Behandlung oder verschiedene Theorien der Entstehung und Aufrechterhaltung von Krankheiten und ihrer Behandlung auf der Basis gemeinsamer theoriegebundener Grundannahmen,
2. eine darauf bezogene psychotherapeutische Behandlungsstrategie für ein breites Spektrum von Anwendungsbereichen oder mehrere darauf bezogene psychotherapeutische Behandlungsmethoden für ein breites Spektrum von Anwendungsbereichen und
3. darauf bezogene Konzepte zur Indikationsstellung, zur individuellen Behandlungsplanung und zur Gestaltung der therapeutischen Beziehung.

(2) Ein Psychotherapieverfahren im Sinne dieser Richtlinie muss die Voraussetzungen nach § 20 Absatz 1 erfüllen.

§ 6 Definition Psychotherapiemethode. (1) Eine zur Behandlung einer oder mehrerer Störungen mit Krankheitswert geeignete Psychotherapiemethode ist gekennzeichnet durch

1. eine Theorie der Entstehung und der Aufrechterhaltung dieser Störung oder Störungen und eine Theorie ihrer Behandlung,
2. Indikationskriterien einschließlich deren diagnostischer Erfassung,
3. die Beschreibung der Vorgehensweise und
4. die Beschreibung der angestrebten Behandlungseffekte.

(2) Eine Psychotherapiemethode im Sinne dieser Richtlinie muss die Voraussetzungen nach § 20 Absatz 2 erfüllen.

§ 7 Definition psychotherapeutische Technik. Eine psychotherapeutische Technik ist eine konkrete Vorgehensweise mit deren Hilfe die angestrebten Ziele im Rahmen der Anwendung von Verfahren und Methoden erreicht werden sollen.

§ 8 Feststellungen zu Verfahren und Methoden. In § 15 und in Anlage 1 der Richtlinie wird festgestellt, für welche Verfahren und Methoden die Erfordernisse der Psychotherapie-Richtline als erfüllt gelten und gegebenenfalls unter welchen Bedingungen diese zur Behandlung von Krankheit Anwendung finden können.

§ 9 Einbeziehung des sozialen Umfeldes. Im Rahmen einer Psychotherapie kann es notwendig werden, zur Erreichung eines ausreichenden Behandlungserfolges für die Behandlung der psychischen Störung relevante Bezugspersonen aus dem sozialen Umfeld der Patientin oder des Patienten in die Behandlung einzubeziehen.

§ 10 Verbindung von Diagnostik und Therapie. (1) [1]Psychotherapie setzt eine ätiologisch orientierte Diagnostik voraus, welche die jeweiligen Krankheitserscheinungen erklärt und zuordnet. [2]Dies gilt auch für die vorwiegend übenden und suggestiven Interventionen. [3]Die angewandte Psychotherapie muss in einer angemessenen Relation zu Art und Umfang der diagnostizierten Erkrankung stehen. [4]Dabei ist die Möglichkeit der Behandlung in Gruppentherapie in angemessener Weise zu berücksichtigen. [5]Psychotherapieverfahren, -methoden und -techniken ohne Erfüllung der genannten Erfordernisse sind als Psychotherapie im Sinne der Richtlinie nicht geeignet. [6]Voraussetzung ist ferner, dass der Krankheitszustand in seiner Komplexität erfasst wird, auch dann, wenn nur die Therapie eines Teilzieles angestrebt werden kann.

(2) [1]Bei Verdacht auf eine seelische Krankheit findet im Rahmen der Sprechstunde nach § 11 eine Orientierende Diagnostische Abklärung (ODA) und, sofern erforderlich, eine Differenzialdiagnostische Abklärung (DDA) statt. [2]Beide haben die Diagnostik vor Indikationsstellung für eine therapeutische Maßnahme zur Zielsetzung. [3]Hierbei sind in der Regel standardisierte diagnostische Instrumente einzusetzen. [4]Die Ergebnisse sind in die Beratung der Patientinnen und Patienten nach § 11 Absatz 3 Satz 2 einzubringen. [5]Bei der ODA handelt es sich nicht um eine verfahrensgebundene Diagnostik zur Überprüfung der Eignung für ein Psychotherapieverfahren nach § 15, sondern um eine Abklärung vor der Indikationsstellung, die auch andere Maßnahmen zur Folge haben kann.

B. Psychotherapeutische Behandlungs- und Anwendungsformen

§ 11 Psychotherapeutische Sprechstunde. (1) [1]Patientinnen und Patienten haben einen Anspruch auf eine psychotherapeutische Sprechstunde (Sprechstunde) als zeitnahen niedrigschwelligen Zugang zur ambulanten psychotherapeutischen Versorgung. [2]Die Sprechstunde dient der Abklärung, ob ein Verdacht auf eine krankheitswertige Störung vorliegt und weitere fachspezifische Hilfen im System der Gesetzlichen Krankenversicherung notwendig sind. [3]Vor einer Behandlung gemäß den §§ 12, 13 und 15 haben Patientinnen und Patienten eine psychotherapeutische Sprechstunde in Anspruch zu nehmen; dies gilt nicht in den in Absatz 7 bestimmten Fällen. [4]Übergangsweise werden die Regelungen in Satz 3 sowie in Absatz 7 bis zum 31. März 2018 ausgesetzt.

(2) [1]Die Therapeutin oder der Therapeut teilen ihr Sprechstundenangebot sowie ihre Erreichbarkeit der zuständigen Kassenärztlichen Vereinigung zur Information der Patientinnen oder Patienten mit. [2]Es gelten die nachfolgenden Anforderungen.

(3) [1]Bei Verdacht auf eine seelische Krankheit findet im Rahmen der Sprechstunde eine ODA und, sofern erforderlich, eine DDA nach § 10 Absatz 2 statt. [2]Dabei soll auch eine Beratung, Information, Klärung des individuellen Behandlungsbedarfs, eine erste Diagnosestellung und dementsprechende Behandlungsempfehlungen sowie, sofern erforderlich, eine kurze psychotherapeutische Intervention erfolgen. [3]Darüber hinaus sollen der Patientin oder dem Patienten, sofern erforderlich, Hinweise auf andere Hilfemöglichkeiten gegeben werden.

(4) Sprechstunden können entweder als offene Sprechstunde oder als Sprechstunde mit Terminvergabe durchgeführt werden; die Organisation der Sprechstunde bleibt der Therapeutin oder dem Therapeuten überlassen.

(5) [1] Die Sprechstunde kann als Einzelbehandlung bei Erwachsenen in Einheiten von mindestens 25 Minuten höchstens sechsmal je Krankheitsfall (insgesamt bis zu 150 Minuten) durchgeführt werden; bei Kindern und Jugendlichen als Einzelbehandlung in Einheiten von mindestens 25 Minuten höchstens zehnmal je Krankheitsfall (insgesamt bis zu 250 Minuten). [2] Der 2. Halbsatz gilt entsprechend für die Behandlung von Menschen mit einer geistigen Behinderung. [3] Voraussetzung für eine weitergehende Behandlung nach den §§ 12, 13 und 15 ist eine Sprechstunde von mindestens 50 Minuten Dauer.

(6) [1] Sprechstunden finden im persönlichen Kontakt der Patientin oder des Patienten mit den Therapeutinnen und Therapeuten statt. [2] Bei Kindern und Jugendlichen kann die Sprechstunde bis zu 100 Minuten auch mit relevanten Bezugspersonen ohne Anwesenheit des Kindes oder Jugendlichen stattfinden. [3] Satz 2 gilt entsprechend für die Behandlung von Menschen mit einer geistigen Behinderung.

(7) Sofern ein Therapeutenwechsel nach der Sprechstunde oder im Rahmen einer laufenden Therapie stattgefunden hat oder eine Patientin oder ein Patient aus stationärer Krankenhausbehandlung nach § 39 SGB V oder rehabilitativer Behandlung nach § 40 Absatz 1 oder 2 SGB V aufgrund einer Diagnose nach § 27 entlassen wurde, können erforderliche probatorische Sitzungen nach § 12 und Akutbehandlung nach § 13 ohne Sprechstunde beginnen.

(8) Konsiliarbericht oder unmittelbar vorausgegangene somatische Abklärung sind nicht obligatorisch zur Inanspruchnahme der Sprechstunde.

(9) Die Therapeutin oder der Therapeut nach Absatz 13 klärt im Rahmen der Sprechstunden auch, ob eine behandlungsbedürftige Erkrankung gemäß § 27 vorliegt.

(10) [1] Sofern eine Behandlung nach § 15 indiziert ist, informiert die Therapeutin oder der Therapeut über die unterschiedlichen Verfahren und Anwendungsformen gemäß § 15 und den Ablauf einer Psychotherapie, um bei der Entscheidungsfindung zu unterstützen. [2] Falls keine Psychotherapie indiziert ist, wird bei Bedarf über Alternativen informiert.

(11) Vor Beginn einer Richtlinientherapie wird von der Therapeutin oder dem Therapeuten eine Abklärung einer somatischen Erkrankung eingeholt.

(12) Im Falle einer sich anschließenden Behandlung nach den §§ 12, 13 und 15 ist es nicht erforderlich, dass die Sprechstunde oder die Sprechstunden von der Therapeutin oder dem Therapeuten erbracht wurden, die oder der die Therapie durchführt.

(13) Therapeutinnen oder Therapeuten haben pro Woche bei einem vollen Versorgungsauftrag in der Regel mindestens 100 Minuten und bei einem hälftigen Versorgungsauftrag in der Regel mindestens 50 Minuten für die Sprechstunde zur Verfügung zu stellen; Abweichungen von dieser Mindestvorgabe können die Kassenärztlichen Vereinigungen in Abhängigkeit von der Versorgungssituation regeln.

(14) [1] Die Patientin oder der Patient und, soweit erforderlich, die Sorgeberechtigten erhalten ein allgemeines Informationsblatt zur Richtlinientherapie

(„Ambulante Psychotherapie für gesetzlich Krankenversicherte") sowie eine schriftliche Rückmeldung in Form eines patientengerechten Befundberichts zum Ergebnis der Sprechstunde mit Empfehlungen zum weiteren Vorgehen („Individuelle Patienteninformation"). [2]Das Nähere hierzu regelt die Psychotherapie-Vereinbarung.

(15) Sprechstunden sind keine Richtlinientherapie und werden nicht auf die Therapiekontingente angerechnet.

§ 12 Probatorische Sitzungen. (1) [1]Probatorische Sitzungen sind Gespräche, die zur weiteren diagnostischen Klärung des Krankheitsbildes, zur weiteren Indikationsstellung und zur Feststellung der Eignung der Patientin oder des Patienten für ein bestimmtes Psychotherapieverfahren unter Berücksichtigung der Ausschlüsse gemäß § 27 Absatz 3 dienen. [2]Dabei sind auch weitere differenzialdiagnostische Abgrenzungen des Krankheitsbildes und eine Einschätzung der Prognose vorzunehmen. [3]In den probatorischen Sitzungen erfolgt auch eine Klärung der Motivation, der Kooperations- und Beziehungsfähigkeit der Patientin oder des Patienten. [4]Darüber hinaus dienen sie einer Abschätzung der persönlichen Passung, d.h. einer tragfähigen Arbeitsbeziehung, von Patientin oder Patient und Therapeutin oder Therapeut. [5]Entscheidungen zu weiteren Behandlungen sollten nach entsprechender Information der Patientin oder des Patienten mit diesen gemeinsam getroffen werden.

(2) [1]Probatorische Sitzungen dienen der Einleitung einer ambulanten Psychotherapie nach § 15. [2]Sie sind keine Richtlinientherapie und werden nicht auf die Therapiekontingente angerechnet.

(3) [1]Vor einer Richtlinientherapie finden mindestens zwei und bis zu vier probatorische Sitzungen von je 50 Minuten Dauer statt. [2]Bei Kindern und Jugendlichen können darüber hinaus zwei weitere probatorische Sitzungen durchgeführt werden. [3]Satz 2 gilt entsprechend für die Behandlung von Menschen mit einer geistigen Behinderung.

(4) [1]Probatorische Sitzungen können nur als Einzelbehandlung durchgeführt werden. [2]Bei Kindern und Jugendlichen ist auch eine Einbeziehung der relevanten Bezugspersonen nach § 9 möglich. [3]Satz 2 gilt entsprechend für die Behandlung von Menschen mit einer geistigen Behinderung.

(5) In der Systemischen Therapie können auch probatorische Sitzungen im Mehrpersonensetting stattfinden.

§ 13 Psychotherapeutische Akutbehandlung. (1) [1]Die Akutbehandlung ist eine zeitnahe psychotherapeutische Intervention im Anschluss an die Sprechstunde zur Vermeidung von Fixierungen und Chronifizierung psychischer Symptomatik. [2]Sie hat zum Ziel, Patientinnen oder Patienten von akuter Symptomatik mit ambulanten psychotherapeutischen Mitteln zu entlasten. [3]Die psychotherapeutische Akutbehandlung ist auf eine kurzfristige Verbesserung der Symptomatik der Patientin oder des Patienten ausgerichtet. [4]Sie strebt dabei keine umfassende Bearbeitung der zugrunde liegenden ätiopathogenetischen Einflussfaktoren der psychischen Erkrankung an, sondern dient der Besserung akuter psychischer Krisen- und Ausnahmezustände. [5]Die Patientinnen oder Patienten, für die die Akutbehandlung nicht ausreicht, sollen so stabilisiert werden, dass sie auf eine Behandlung nach § 15 vorbereitet sind oder dass ihnen andere ambulante (z.B. psychiatrische, psychosomatische, kinder- und jugendpsychiatrische Behandlung, Sozialpsychiatrischer Dienst, Jugendhilfe), teilstationäre oder stationäre Maßnahmen empfohlen werden können.

(2) [1]Die Akutbehandlung ist als Einzeltherapie in Einheiten von mindestens 25 Minuten bis zu 24 mal je Krankheitsfall (insgesamt bis zu 600 Minuten) durchzuführen; gegebenfalls unter Einbeziehung von relevanten Bezugspersonen gemäß § 9. [2]Bei Anwendung des Mehrpersonensettings gemäß § 4 Absatz 4 Nummer 3 beträgt die Mindestdauer 50 Minuten mit entsprechender Verminderung der Gesamtsitzungszahl.

(3) Die Akutbehandlung ist anzeigepflichtig gemäß § 33.

(4) Die erbrachten Stunden der Akutbehandlung sind Bestandteil des Therapiekontingents nach § 29.

(5) Sofern nach der Akutbehandlung das Erfordernis für eine Richtlinientherapie besteht, sind zuvor mindestens zwei probatorische Sitzungen gemäß § 12 zu erbringen.

§ 14 Rezidivprophylaxe. (1) [1]Psychotherapie nach § 15 ist eine besonders nachhaltige Behandlung und beinhaltet aufgrund ihrer Konzepte und Techniken grundsätzlich eine Rezidivprophylaxe als integralen Bestandteil der Abschlussphase einer solchen Therapie. [2]Hierbei sind zwischen Therapeutin oder Therapeut und Patientin oder Patient anstehende Entwicklungen, Aufgaben und Schwierigkeiten zu besprechen mit dem Ziel, zu erwartende kritische Ereignisse und Lebenssituationen zu identifizieren und Rückfälle zu vermeiden.

(2) [1]Nach Beendigung einer Langzeittherapie kann es dennoch bei einigen Patientinnen oder Patienten sinnvoll sein, zur Erhaltung der erreichten und mit der Patientin oder dem Patienten erarbeiteten Ziele eine weitere Behandlung – im Sinne einer „ausschleichenden Behandlung" – mit den innerhalb des bewilligten Kontingentsschritts verbliebenen Stunden durchzuführen. [2]Eine solche niederfrequente therapeutische Arbeit auf der Basis der vertrauensvollen therapeutischen Beziehung kann zur Stabilisierung der Patientin oder des Patienten beitragen, wieder auftretende entwicklungsbedingte Herausforderungen und Krisen abfangen und damit Neubeantragungen von Richtlinientherapie verhindern.

(3) [1]Bei einer Behandlungsdauer von 40 oder mehr Stunden können maximal 8 Stunden und bei einer Behandlungsdauer von 60 oder mehr Stunden maximal 16 Stunden für die Rezidivprophylaxe genutzt werden. [2]Bei Kindern und Jugendlichen können im Falle der Hinzuziehung von relevanten Bezugspersonen bei einer Behandlungsdauer von 40 oder mehr Stunden maximal 10 Stunden und bei einer Behandlungsdauer von 60 oder mehr Stunden maximal 20 Stunden für die Rezidivprophylaxe genutzt werden. [3]Satz 2 gilt entsprechend für die Behandlung von Menschen mit einer geistigen Behinderung. [4]Sie sind Bestandteil des bewilligten Gesamtkontingents. [5]Die Beantragung einer alleinigen Rezidivprophylaxe ist nicht zulässig.

(4) Für Rezidivprophylaxe vorgesehene Stunden können bis zu zwei Jahre nach Abschluss der Langzeittherapie in Anspruch genommen werden.

(5) [1]Eine Entscheidung für oder gegen die Behandlung mit Stunden der Rezidivprophylaxe ist im Antrag der Langzeittherapie anzugeben. [2]Sofern ein möglicher Einsatz der Rezidivprophylaxe bei Beantragung der Langzeit-

therapie noch nicht absehbar ist, ist dies im Bericht an den Gutachter zu begründen. [3]Das Nähere hierzu regelt die Psychotherapie-Vereinbarung.

§ 15 Behandlungsformen. [1]Folgende Behandlungsformen sind anerkannte Psychotherapieverfahren im Sinne dieser Richtlinie. [2]Ihnen liegt ein umfassendes Theoriesystem der Krankheitsentstehung zugrunde, und ihre spezifischen Behandlungsmethoden sind in ihrer therapeutischen Wirksamkeit belegt:

1. Psychoanalytisch begründete Verfahren
2. Verhaltenstherapie,
3. Systemische Therapie.

§ 16 Psychoanalytisch begründete Verfahren. (1) [1]Diese Verfahren stellen Formen einer ätiologisch orientierten Psychotherapie dar, welche die unbewusste Psychodynamik neurotischer Störungen mit psychischer oder somatischer Symptomatik zum Gegenstand der Behandlung machen. [2]Zur Sicherung ihrer psychodynamischen Wirksamkeit sind bei diesen Verfahren übende und suggestive Interventionen auch als Kombinationsbehandlung grundsätzlich ausgeschlossen.

(2) Als psychoanalytisch begründete Psychotherapieverfahren gelten im Rahmen dieser Richtlinie die tiefenpsychologisch fundierte Psychotherapie und die analytische Psychotherapie.

(3) Tiefenpsychologisch fundierte Psychotherapie und analytische Psychotherapie können als Krankenbehandlung nach dieser Richtlinie bei Erwachsenen, Kindern und Jugendlichen zur Anwendung kommen.

§ 16a Tiefenpsychologisch fundierte Psychotherapie. (1) Die tiefenpsychologisch fundierte Psychotherapie umfasst ätiologisch orientierte Therapieformen, mit welchen die unbewusste Psychodynamik aktuell wirksamer neurotischer Konflikte und struktureller Störungen unter Beachtung von Übertragung, Gegenübertragung und Widerstand behandelt werden.

(2) [1]Eine Konzentration des therapeutischen Prozesses wird durch Begrenzung des Behandlungszieles, durch ein vorwiegend konfliktzentriertes Vorgehen und durch Einschränkung regressiver Prozesse angestrebt. [2]Die tiefenpsychologisch fundierte Psychotherapie gelangt auch in jenen Fällen zur Anwendung, in denen eine längerfristige therapeutische Beziehung erforderlich ist.

(3) Als Sonderformen der tiefenpsychologisch fundierten Psychotherapie können folgende Psychotherapiemethoden zur Anwendung kommen:

1. Kurztherapie
2. Fokaltherapie
3. Dynamische Psychotherapie
4. Niederfrequente Therapie in einer längerfristigen, Halt gewährenden therapeutischen Beziehung.

§ 16b Analytische Psychotherapie. Die analytische Psychotherapie umfasst jene Therapieformen, die zusammen mit der neurotischen Symptomatik den neurotischen Konfliktstoff und die zugrunde liegende neurotische Struktur der Patientin oder des Patienten behandeln und dabei das therapeutische Geschehen mit Hilfe der Übertragungs-, Gegenübertragungs- und Widerstandsanalyse unter Nutzung regressiver Prozesse in Gang setzen und fördern.

§ 17 Verhaltenstherapie. (1) [1]Die Verhaltenstherapie als Krankenbehandlung umfasst Therapieverfahren, die vorwiegend auf der Basis der Lern- und Sozialpsychologie entwickelt worden sind. [2]Unter den Begriff „Verhalten" fallen dabei beobachtbare Verhaltensweisen sowie kognitive, emotionale, motivationale und physiologische Vorgänge. [3]Verhaltenstherapie im Sinne dieser Richtlinie erfordert die Analyse der ursächlichen und aufrechterhaltenden Bedingungen des Krankheitsgeschehens (Verhaltensanalyse). [4]Sie entwickelt ein entsprechendes Störungsmodell und eine übergeordnete Behandlungsstrategie, aus der heraus die Anwendung spezifischer Interventionen zur Erreichung definierter Therapieziele erfolgt.

(2) Aus dem jeweiligen Störungsmodell können sich folgende Schwerpunkte der therapeutischen Interventionen ergeben:
1. Stimulus-bezogene Methoden (z. B. systematische Desensibilisierung),
2. Response-bezogene Methoden (z. B. operante Konditionierung, Verhaltensübung),
3. Methoden des Modelllernens,
4. Methoden der kognitiven Umstrukturierung (z. B. Problemlösungsverfahren, Immunisierung gegen Stressbelastung),
5. Selbststeuerungsmethoden (z. B. psychologische und psychophysiologische Selbstkontrolltechniken).

(3) Die Komplexität der Lebensgeschichte und der individuellen Situation der Patientin oder des Patienten erfordert eine Integration mehrerer dieser Interventionen in die übergeordnete Behandlungsstrategie.

(4) Verhaltenstherapie kann als Krankenbehandlung nach dieser Richtlinie bei Erwachsenen, Kindern und Jugendlichen zur Anwendung kommen.

§ 18 Systemische Therapie. (1) [1]Die Systemische Therapie fokussiert den sozialen Kontext psychischer Störungen und misst dem interpersonellen Kontext eine besondere ätiologische Relevanz bei. [2]Symptome werden als kontraproduktiver Lösungsversuch psychosozialer und psychischer Probleme verstanden, die wechselseitig durch intrapsychische (kognitiv-emotive), biologisch-somatische sowie interpersonelle Prozesse beeinflusst sind. [3]Theoretische Grundlage sind insbesondere die Kommunikations- und Systemtheorien, konstruktivistische und narrative Ansätze und das bio-psychosoziale Systemmodell. [4]Grundlage für Diagnostik und Therapie von psychischen Störungen im Sinne dieser Richtlinie ist die Analyse der Elemente der jeweiligen relevanten Systeme und ihrer wechselseitigen Beziehungen, sowohl unter struktureller als auch generationaler Perspektive und eine daraus abgeleitete Behandlungsstrategie. [5]Der Behandlungsfokus liegt in der Veränderung von symptomfördernden, insbesondere familiären und sozialen Interaktionen, narrativen und intrapsychischen Mustern hin zu einer funktionaleren Selbst-Organisation der Patientin oder des Patienten und des für die Behandlung relevanten sozialen Systems, wobei die Eigenkompetenz der Betroffenen genutzt wird.

(2) Schwerpunkte der systemischen Behandlungsmethoden sind insbesondere
- Methoden der systemischen Gesprächsführung und systemische Fragetechniken
- Narrative Methoden
- Lösungs- und ressourcenorientierte Methoden
- Strukturell-strategische Methoden
- Aktionsmethoden
- Methoden für die Arbeit am inneren System
- Methoden zur Affekt- und Aufmerksamkeitsregulation
- Symbolisch- metaphorische und expressive Methoden.

(3) Systemische Therapie kann nach dieser Richtlinie als Krankenbehandlung bei Erwachsenen zur Anwendung kommen.

§ 19 Kombination von Psychotherapieverfahren. Psychoanalytisch begründete Verfahren, Verhaltenstherapie und Systemische Therapie sind nicht kombinierbar, weil die Kombination der Verfahren zu einer Verfremdung der methodenbezogenen Eigengesetzlichkeit des therapeutischen Prozesses führen kann.

§ 20 Anerkennung neuer Psychotherapieverfahren und -methoden.

(1) Über die in § 15 genannten Verfahren hinaus können als Psychotherapie gemäß Abschnitt A der Richtlinie in der vertragsärztlichen Versorgung andere Verfahren Anwendung finden, wenn nachgewiesen ist, dass sie die nachstehenden Voraussetzungen nach Nummer 1 bis 3 erfüllen:

1. Feststellung durch den wissenschaftlichen Beirat gemäß § 11 des Psychotherapeutengesetzes, dass das Verfahren als wissenschaftlich anerkannt für eine vertiefte Ausbildung zur Psychologischen Psychotherapeutin oder zum Psychologischen Psychotherapeuten oder zur Kinder- und Jugendlichenpsychotherapeutin oder zum Kinder- und Jugendlichenpsychotherapeuten angesehen werden kann.
2. [1] Für Verfahren der Psychotherapie bei Erwachsenen ist ein Nachweis von indikationsbezogenem Nutzen, medizinischer Notwendigkeit und Wirtschaftlichkeit nach Maßgabe der Vefahrensordnung des G-BA für mindestens die Anwendungsbereiche § 27 Absatz 1 Nummer 1, 2 und entweder
   a) zusätzlich für mindestens einen der folgenden Anwendungsbereiche: § 27 Absatz 1 Nummer 3, 8, Absatz 2 Nummer 1 oder
   b) zusätzlich für mindestens zwei der folgenden Anwendungsbereiche: § 27 Absatz 1 Nummer 4 bis 7, 9, Absatz 2 Nummer 2 bis 4

   zu erbringen. [2] Anstelle eines Nutzennachweises in einem der Anwendungsbereiche nach Satz 1 Buchstabe b kann je nach Studienlage im Einzelfall ein Nutzennachweis durch Studien zu gemischten psychischen Störungen anerkannt werden. [3] Gemischte Störungen im Sinne des Satzes 2 werden von Studien erfasst, in denen überwiegend Patientinnen und Patienten mit komplexen Störungen und/oder diagnostisch gemischte Patientengruppen behandelt wurden; den psychischen Störungen der in den Studien behandelten Patientinnen und Patienten muss Krankheitswert zukommen. [4] Ein Nutzennachweis nach Satz 2 kann nur anerkannt werden, wenn eine Zuordnung der jeweiligen Studie zu einem der Anwendungsbereiche nach § 27 Absatz 1 Nummer 1 bis 9 und Absatz 2 Nummer 1 bis 4 nicht möglich ist und wenn der durch die Studie geführte Nutzennachweis nicht überwiegend auf Behandlungseffekte bei Störungen aus solchen Anwendungsbereichen zurückzuführen ist, für die bereits ein indikationsspezifischer Nutzennachweis erbracht worden ist. [5] Eine Berücksichtigung nach Satz 2 bedarf einer umfassenden Abwägung im Einzelfall, inwieweit ein Nutzennachweis durch Studien zu gemischten Störungen in seiner Bedeutung einem Nutzennachweis in einem der Anwendungsbereiche nach Satz 1 Buchstabe b gleichkommt.

3. [1] Für Verfahren der Psychotherapie bei Kindern und Jugendlichen ist ein Nachweis von indikationsbezogenem Nutzen, medizinischer Notwendigkeit und Wirtschaftlichkeit nach Maßgabe der Verfahrensordnung des G-BA[1)] mindestens für die Anwendungsbereiche § 27 Absatz 1 Nummer 1, 2 und 9 (nur Hyperkinetische Störungen oder Störungen des Sozialverhaltens) zu erbringen. [2] Soweit der Nachweis lediglich für zwei dieser Anwendungsbereiche erfolgt, ist zusätzlich ein Nachweis für mindestens zwei der Anwendungsbereiche § 27 Absatz 1 Nummer 3 bis 9 (mit Ausnahme Hyperkinetische Störungen oder Störungen des Sozialverhaltens), Absatz 2 Nummer 1 bis 4 zu erbringen. [3] Absatz 1 Nummer 2 Satz 2 bis 5 gilt entsprechend.

(2) Eine neue Methode kann nach vorangegangener Anerkennung durch den wissenschaftlichen Beirat gemäß § 11 des Psychotherapeutengesetzes und Nachweis von Nutzen, medizinischer Notwendigkeit und Wirtschaftlichkeit nach Maßgabe der Verfahrensordnung des G-BA[1)] indikationsbezogen Anwendung finden.

(3) [1] In begründeten Ausnahmefällen kann von der in Absatz 1 Nummer 1 und in Absatz 2 geregelten Voraussetzung einer vorherigen Anerkennung durch den wissenschaftlichen Beirat gemäß § 11 des Psychotherapeutengesetzes[2)] abgewichen werden. [2] Der G-BA stellt fest, für welche Verfahren und Methoden in der Psychotherapie und Psychosomatik die der Verfahrensordnung des G-BA[1)] und der Psychotherapie-Richtlinie zugrunde liegenden Erfordernisse als erfüllt gelten und gegebenenfalls unter welchen Bedingungen diese zur Behandlung von Krankheit Anwendung finden können. [3] Die Feststellungen sind als Anlage 1 Bestandteil der Richtlinie.

§ 21 Anwendungsformen. (1) Psychotherapie gemäß § 15 dieser Richtlinie kann in folgenden Formen Anwendung finden:

1. Einzeltherapie mit einer einzelnen Patientin oder einem einzelnen Patienten.
2. Gruppentherapie mit mindestens drei bis höchstens neun Patientinnen und Patienten, sofern die Interaktion zwischen mehreren Patientinnen und Patienten therapeutisch förderlich ist und die gruppendynamischen Prozesse entsprechend genutzt werden sollen.
3. Systemische Therapie kann auch im Mehrpersonensetting Anwendung finden. Das Mehrpersonensetting kann in der Einzeltherapie nach Nummer 1 oder in der Gruppentherapie nach Nummer 2 durchgeführt werden.

[1)] Nr. **390**.
[2)] Nr. **1300**.

(2) Die Anwendung von Einzel- und Gruppentherapie und des Mehrpersonensettings erfolgt unter Berücksichtigung der alters- und entwicklungsspezifischen Bedingungen, gegebenenfalls unter Einbeziehung von relevanten Bezugspersonen gemäß § 9.

§ 22 Kombination von Anwendungsformen. (1) Psychotherapie nach § 15 kann als Einzeltherapie, als Gruppentherapie oder als Kombination aus Einzel- und Gruppentherapie durchgeführt werden, bei der Systemischen Therapie auch im Mehrpersonensetting.

(2) [1] Aufbauend auf der Diagnostik ist bei Kombinationen von Einzel- und Gruppentherapie vor Beginn der Behandlung ein Gesamtbehandlungsplan zu erstellen. [2] Bei gleichzeitiger Behandlung durch verschiedene Therapeutinnen oder Therapeuten ist der jeweilige Gesamtbehandlungsplan in Abstimmung zu erstellen und eine gegenseitige Information über den Verlauf der Behandlung sicherzustellen, sofern die Patientin oder der Patient einwilligt.

(3) [1] Bei Veränderung des bewilligten Behandlungssettings während einer laufenden Kurzzeittherapie ist der Krankenkasse diese Änderung anzuzeigen, sofern das bewilligte Stundenkontingent im Rahmen der Änderung nicht überschritten wird. [2] Bei Änderung des Settings in der Langzeittherapie ist ein gutachterpflichtiger Änderungsantrag zu stellen, sofern nicht zu Beginn bereits eine Kombinationsbehandlung beantragt wurde.

§ 23 Behandlungsfrequenz. (1) Psychotherapie nach § 15 ist auf maximal drei Behandlungsstunden in der Woche zu begrenzen, um eine ausreichende Therapiedauer im Rahmen der Kontingentierung zu gewährleisten.

(2) [1] Eine durchgehend hochfrequente Psychotherapie kann im Rahmen dieser Richtlinie keine Anwendung finden. [2] Bei der Therapieplanung oder im Verlauf der Behandlung kann es sich jedoch als notwendig erweisen, ggf. einen Abschnitt der Psychotherapie in einer höheren Wochenfrequenz durchzuführen, um eine größere Effektivität der Therapie zu gewährleisten. [3] Der entsprechende Abschnitt darf nicht das gesamte Kontingent eines Bewilligungsschrittes umfassen. [4] Die Notwendigkeit einer abschnittsweisen höheren Wochenfrequenz ist in der Antragstellung differenziert zu begründen.

C. Psychosomatische Grundversorgung

§ 24 Allgemeines. (1) [1] Die Psychotherapie im Sinne dieser Richtlinie wird in der vertragsärztlichen Versorgung ergänzt durch Maßnahmen der psychosomatischen Grundversorgung. [2] Dabei handelt es sich um eine möglichst frühzeitige differentialdiagnostische Klärung psychischer und psychosomatischer Krankheitszustände in ihrer ätiologischen Verknüpfung und in der Gewichtung psychischer und somatischer Krankheitsfaktoren. [3] Die psychosomatische Grundversorgung umfasst seelische Krankenbehandlung durch verbale Interventionen und durch übende und suggestive Interventionen bei akuten seelischen Krisen, auch im Verlauf chronischer Krankheiten und Behinderungen.

(2) [1] Die psychosomatische Grundversorgung kann nur im Rahmen einer übergeordneten somato-psychischen Behandlungsstrategie Anwendung finden. [2] Voraussetzung ist, dass die Ärztin oder der Arzt die ursächliche Beteili-

gung psychischer Faktoren an einem komplexen Krankheitsgeschehen festgestellt hat oder aufgrund ihrer oder seiner ärztlichen Erfahrung diese als wahrscheinlich annehmen muss. [3] Ziel der psychosomatischen Grundversorgung ist eine möglichst frühzeitige differentialdiagnostische Klärung komplexer Krankheitsbilder, eine verbale oder übende Basistherapie psychischer, funktioneller und psychosomatischer Erkrankungen durch die primär somatisch orientierte Ärztin oder den primär somatisch orientierten Arzt und ggf. die Indikationsstellung zur Einleitung einer ätiologisch orientierten Psychotherapie.

(3) Die begrenzte Zielsetzung der psychosomatischen Grundversorgung strebt eine an der aktuellen Krankheitssituation orientierte seelische Krankenbehandlung an; sie kann während der Behandlung von somatischen, funktionellen und psychischen Störungen von Krankheitswert als verbale Intervention oder als Anwendung übender und suggestiver Interventionen von der behandelnden Ärztin oder dem behandelnden Arzt durchgeführt werden.

§ 25 Verbale Interventionen. (1) [1] Die verbalen Interventionen orientieren sich in der psychosomatischen Grundversorgung an der jeweils aktuellen Krankheitssituation; sie fußen auf einer systematischen, die Introspektion fördernden Gesprächsführung und suchen Einsichten in psychosomatische Zusammenhänge des Krankheitsgeschehens und in die Bedeutung pathogener Beziehungen zu vermitteln. [2] Die Ärztin oder der Arzt berücksichtigt und nutzt dabei die krankheitsspezifischen Interaktionen zwischen der Patientin oder dem Patienten und der Therapeutin oder dem Therapeuten, in denen die seelische Krankheit sich darstellt. [3] Darüber hinaus wird angestrebt, Bewältigungsfähigkeiten der Patientin oder des Patienten, evtl. unter Einschaltung der relevanten Bezugspersonen aus dem engeren Umfeld, aufzubauen.

(2) [1] Die verbalen Interventionen können nur in Einzelbehandlungen durchgeführt und nicht mit übenden oder suggestiven Interventionen in derselben Sitzung kombiniert werden; sie können in begrenztem Umfang sowohl über einen kürzeren Zeitraum als auch im Verlauf chronischer Erkrankungen über einen längeren Zeitraum niederfrequent Anwendung finden, wenn eine ätiologisch orientierte Psychotherapie nach § 15 nicht indiziert ist. [2] Die Durchführung von Maßnahmen nach § 25 ist neben der Anwendung psychotherapeutischer Verfahren nach § 15 ausgeschlossen.

§ 26 Übende und suggestive Interventionen. (1) [1] Psychosomatische Grundversorgung kann auch durch übende und suggestive Interventionen unter Einschluss von Instruktionen und von Bearbeitung therapeutisch bedeutsamer Phänomene erfolgen. [2] Dabei können folgende Interventionen zur Anwendung kommen:

1. Autogenes Training als Einzel- oder Gruppenbehandlung (Unterstufe)
2. Jacobsonsche Relaxationstherapie als Einzel- oder Gruppenbehandlung
3. Hypnose in Einzelbehandlung

[3] Diese Interventionen dürfen während einer tiefenpsychologisch fundierten oder analytischen Psychotherapie grundsätzlich nicht angewendet werden.

(2) [1] Die Maßnahmen der psychosomatischen Grundversorgung gemäß Absatz 1 Nummer 1 und 2 sind auch als Gruppenbehandlung mit mindestens 2 bis höchstens 10 Patientinnen und Patienten durchführbar. [2] Eine Kombination von Einzel- und Gruppenbehandlung ist möglich.

D. Anwendungsbereiche

§ 27 Indikationen zur Anwendung von Psychotherapie. (1) Indikationen zur Anwendung von Psychotherapie gemäß Abschnitt B und Maßnahmen der Psychosomatischen Grundversorgung gemäß Abschnitt C der Richtlinie bei der Behandlung von Krankheiten können nur sein:

1. Affektive Störungen: depressive Episoden, rezidivierende depressive Störungen, Dysthymie;
2. Angststörungen und Zwangsstörungen;
3. Somatoforme Störungen und Dissoziative Störungen (Konversionsstörungen);
4. Reaktionen auf schwere Belastungen und Anpassungsstörungen;
5. Essstörungen;
6. Nichtorganische Schlafstörungen;
7. Sexuelle Funktionsstörungen;
8. Persönlichkeitsstörungen und Verhaltensstörungen;
9. Verhaltens- und emotionale Störungen mit Beginn in der Kindheit und Jugend.

(2) Psychotherapie kann neben oder nach einer somatisch ärztlichen Behandlung von Krankheiten oder deren Auswirkungen angewandt werden, wenn psychische Faktoren einen wesentlichen pathogenetischen Anteil daran haben und sich ein Ansatz für die Anwendung von Psychotherapie bietet; Indikationen hierfür können nur sein:

1a. Psychische und Verhaltensstörungen durch psychotrope Substanzen (Alkohol, Drogen und Medikamente), im Falle der Abhängigkeit von psychotropen Substanzen beschränkt auf den Zustand der Suchtmittelfreiheit beziehungsweise Abstinenz.
[1] Abweichend davon ist eine Anwendung der Psychotherapie bei Abhängigkeit von psychotropen Substanzen dann zulässig, wenn die Suchtmittelfreiheit beziehungsweise Abstinenz parallel zur ambulanten Psychotherapie bis zum Ende von maximal 10 Behandlungsstunden erreicht werden kann. [2] Das Erreichen der Suchtmittelfreiheit beziehungsweise der Abstinenz nach Ablauf dieser Behandlungsstunden ist in einer nicht von der Therapeutin oder von dem Therapeuten selbst ausgestellten ärztlichen Bescheinigung festzustellen. [3] Diese Feststellung hat anhand geeigneter Nachweise zu erfolgen. [4] Sie ist von der Therapeutin oder von dem Therapeuten als Teil der Behandlungsdokumentation vorzuhalten und auf Verlangen der Krankenkasse vorzulegen.
Kommt es unter der ambulanten psychotherapeutischen Behandlung zu einem Rückfall in den Substanzgebrauch, ist die ambulante Psychotherapie nur fortzusetzen, wenn unverzüglich geeignete Behandlungsmaßnahmen zur Wiederherstellung der Suchtmittelfreiheit bzw. Abstinenz ergriffen werden.

1b. Psychische und Verhaltensstörungen durch Opioide und gleichzeitige stabile substitutionsgestützte Behandlung gemäß Richtlinie „Methoden vertragsärztliche Versorgung“, Anlage I, 2. (Substitutionsgestützte Behand-

lung Opiatabhängiger), beschränkt auf den Zustand der Beigebrauchsfreiheit.
Die Anwendung von Psychotherapie ist in diesen Fällen nur zulässig bei regelmäßiger Zusammenarbeit und Abstimmung hinsichtlich der Behandlungsziele und insbesondere der Beigebrauchsfreiheit mit der Substituierenden Ärztin oder dem Arzt sowie bei etwaigen psychosozialen Betreuungs- oder Behandlungsmaßnahmen mit den hierfür zuständigen Stellen.

2. Seelische Krankheit auf Grund frühkindlicher emotionaler Mangelzustände oder tiefgreifender Entwicklungsstörungen, in Ausnahmefällen auch seelische Krankheiten, die im Zusammenhang mit frühkindlichen körperlichen Schädigungen oder Fehlbildungen stehen.
3. Seelische Krankheit als Folge schwerer chronischer Krankheitsverläufe.
4. Schizophrene und affektive psychotische Störungen.

(3) Psychotherapie ist als Leistung der gesetzlichen Krankenversicherung ausgeschlossen, wenn:

1. zwar seelische Krankheit vorliegt, aber ein Behandlungserfolg nicht erwartet werden kann, weil dafür bei der Patientin oder dem Patienten die Voraussetzung hinsichtlich der Motivationslage, der Motivierbarkeit oder der Umstellungsfähigkeit nicht gegeben sind, oder weil die Eigenart der neurotischen Persönlichkeitsstruktur (gegebenenfalls die Lebensumstände der Patientin oder des Patienten) dem Behandlungserfolg entgegensteht.
2. sie nicht der Heilung oder Besserung einer seelischen Krankheit, sondern allein der beruflichen oder sozialen Anpassung oder der beruflichen oder schulischen Förderung dient,
3. sie allein der Erziehungs-, Ehe-, Lebens- und Sexualberatung sowie der Paar- und Familienberatung dient.

(4) Soll Psychotherapie im Rahmen einer die gesamten Lebensverhältnisse umfassenden psychosozialen Versorgung erbracht werden, so ist diese Psychotherapie nur dann und soweit eine Leistung der gesetzlichen Krankenversicherung, als sie der Behandlung von Krankheit im Sinne dieser Richtlinie dient.

(5) Verhaltensweisen, die als psychosoziale Störung in Erscheinung treten, sind nur dann Gegenstand von Psychotherapie nach Abschnitt B und Maßnahmen der psychosomatischen Grundversorgung nach Abschnitt C der Richtlinie, wenn sie Ausdruck einer psychischen Erkrankung sind.

E. Leistungsumfang

§ 28 Behandlungsumfang und -begrenzung. (1) Für die Durchführung der Psychotherapie ist es sowohl unter therapeutischen als auch unter wirtschaftlichen Aspekten erforderlich, nach Klärung der Diagnose und der Indikationsstellung vor Beginn der Behandlung den Behandlungsumfang und die Behandlungsfrequenz festzulegen, damit sich die Patientin oder der Patient und die Therapeutin oder der Therapeut darauf einrichten können.

(2) Die in den §§ 29 bis 31 festgelegten Begrenzungen berücksichtigen die therapeutischen Erfahrungen in den unterschiedlichen Gebieten der Therapie und stellen einen Behandlungsumfang dar, in dem in der Regel ein Behandlungserfolg erwartet werden kann.

(3) [1]Die Therapiestunde im Rahmen der Richtlinientherapie umfasst mindestens 50 Minuten, eine Doppelstunde mindestens 100 Minuten. [2]Bei einer Kombination von Einzel- und Gruppentherapie entsprechen die zur Verfügung gestellten Kontingente denen der überwiegend durchgeführten Anwendungsform. [3]Dabei wird die in der Gruppentherapie erbrachte Doppelstunde im Gesamttherapiekontingent von Einzeltherapie als Einzelstunde gezählt. [4]Entsprechend wird die in der Einzeltherapie erbrachte Einzelstunde im Gesamttherapiekontingent von Gruppentherapie als Doppelstunde gezählt.

(4) [1]Im Rahmen der tiefenpsychologisch fundierten Psychotherapie, der Verhaltenstherapie und der Systemischen Therapie können Behandlungen als Einzeltherapie der Indexpatientin oder des Indexpatienten auch in Doppelstunden bei intensiver Einbeziehung von relevanten Bezugspersonen nach § 9 durchgeführt werden. [2]Bei der Psychotherapie von Erwachsenen mit Ausnahme von Menschen mit einer geistigen Behinderung werden die entsprechenden Stunden auf das Gesamtkontingent angerechnet.

(5) Tiefenpsychologisch fundierte Psychotherapie als Kurzzeittherapie sowie die in § 16a Absatz 3 Nummer 4 genannte Methode können als Einzeltherapie auch in Einheiten von 25 Minuten mit entsprechender Vermehrung der Gesamtsitzungszahl erbracht werden.

(6) Verhaltenstherapie und Systemische Therapie können als Einzeltherapie auch in Einheiten von 25 Minuten mit entsprechender Vermehrung und in doppelstündigen Sitzungen mit entsprechender Verminderung der Gesamtsitzungszahl Anwendung finden.

(7) [1]Systemische Therapie kann im Mehrpersonensetting erbracht werden. [2]In diesem Fall ist dies in Einheiten von mindestens 50 Minuten und in doppelstündigen Sitzungen mit entsprechender Verminderung der Gesamtsitzungszahl durchzuführen.

(8) Bewilligte Kurzeittherapiekontingente werden auf das Kontingent der Langzeittherapie angerechnet.

§ 29 Therapieansätze in den Verfahren nach § 15. In den Verfahren nach § 15 sind folgende Therapieansätze möglich:

1. [1]Im Rahmen der Kurzzeittherapie 1 (KZT 1) können bis zu 12 Stunden als Einzeltherapie oder bis zu 12 Doppelstunden als Gruppentherapie durchgeführt werden. [2]Die KZT 1 ist gemäß § 34 antragspflichtig. [3]Erbrachte Stunden im Rahmen der psychotherapeutischen Akutbehandlung nach § 13 werden mit dem Stundenkontingent der KZT 1 verrechnet.
2. [1]Im Rahmen der Kurzzeittherapie 2 (KZT 2) können bis zu 12 Stunden als Einzeltherapie oder bis zu 12 Doppelstunden als Gruppentherapie durchgeführt werden. [2]Die KZT 2 ist gemäß § 34 antragspflichtig.
3. Langzeittherapie mit einer Stundenzahl, die in Bezug auf das Krankheitsbild und das geplante Therapieverfahren in der Antragsbegründung entsprechend § 30 festzulegen ist (Antragsverfahren mit Begutachtung).
4. [1]Die Umwandlung einer Kurzzeittherapie in die Langzeittherapie muss bis zur zwanzigsten Sitzung der Kurzzeittherapie beantragt werden; zugleich muss das Gutachterverfahren eingeleitet werden. [2]Grundsätzlich ist der Antrag so rechtzeitig zu stellen, dass eine unmittelbare Weiterbehandlung möglich ist.

§ 30 Bewilligungsschritte für die Verfahren gemäß § 15. [1]Die folgenden Bewilligungsschritte sind möglich. [2]Eine Überschreitung des mit den jeweiligen Bewilligungsschritten festgelegten Therapieumfangs ist für die folgenden Verfahren nur zulässig, wenn mit der Beendigung des Bewilligungsschrittes das Behandlungsziel nicht erreicht werden kann, aber begründete Aussicht auf Erreichung des Behandlungsziels bei Fortführung der Therapie besteht. [3]Sofern das Gutachterverfahren beim Fortführungsantrag Einsatz findet, ist dies nachvollziehbar zu begründen. [4]Es sind grundsätzlich die zugehörigen Höchstgrenzen einzuhalten.

1. Analytische Psychotherapie bei Erwachsenen
   - Bewilligungsschritte: bei Einzeltherapie bis 160 Stunden, bei Gruppentherapie bis 80 Doppelstunden
   - Höchstgrenze: bei Einzeltherapie 300 Stunden, bei Gruppentherapie 150 Doppelstunden
2. Tiefenpsychologisch fundierte Psychotherapie bei Erwachsenen
   - Bewilligungsschritte: bei Einzeltherapie bis 60 Stunden, bei Gruppentherapie bis 60 Doppelstunden
   - Höchstgrenze: bei Einzeltherapie 100 Stunden, bei Gruppentherapie 80 Doppelstunden
3. Verhaltenstherapie bei Erwachsenen
   - Bewilligungsschritte: bis 60 Stunden einschließlich Gruppentherapie in Doppelstunden
   - Höchstgrenze: 80 Stunden einschließlich Gruppentherapie in Doppelstunden
4. Systemische Therapie bei Erwachsenen
   - Bewilligungsschritte: bis 36 Stunden einschließlich Gruppentherapie in Doppelstunden
   - Höchstgrenze: 48 Stunden einschließlich Gruppentherapie in Doppelstunden
5. Psychotherapie von Kindern bei analytischer und tiefenpsychologisch fundierter Psychotherapie
   - Bewilligungsschritte: bei Einzeltherapie bis 70 Stunden, bei Gruppentherapie bis 60 Doppelstunden
   - Höchstgrenzen: bei Einzeltherapie 150 Stunden, bei Gruppentherapie 90 Doppelstunden
6. Verhaltenstherapie von Kindern
   - Bewilligungsschritte: bis 60 Stunden, einschließlich Gruppentherapie in Doppelstunden
   - Höchstgrenzen: 80 Stunden, einschließlich Gruppentherapie in Doppelstunden
7. Psychotherapie von Jugendlichen bei analytischer und tiefenpsychologisch fundierter Psychotherapie
   - Bewilligungsschritte: bei Einzeltherapie bis 90 Stunden, bei Gruppentherapie bis 60 Doppelstunden
   - Höchstgrenzen: bei Einzeltherapie 180 Stunden, bei Gruppentherapie 90 Doppelstunden
8. Verhaltenstherapie bei Jugendlichen
   - Bewilligungsschritte: bis 60 Stunden, einschließlich Gruppentherapie in Doppelstunden

– Höchstgrenzen: 80 Stunden, einschließlich Gruppentherapie in Doppelstunden

§ 31 Behandlungsumfang bei übenden und suggestiven Interventionen. [1] Für übende und suggestive Interventionen gelten folgende Begrenzungen:

a) Autogenes Training (§ 26 Absatz 1 Satz 2 Nummer 1) einzeln und in Gruppen bis 12 Sitzungen

b) Jacobsonsche Relaxationstherapie (§ 26 Absatz 1 Satz 2 Nummer 2) einzeln und in Gruppen bis 12 Sitzungen

c) Hypnose (§ 26 Absatz 1 Satz 2 Nummer 3) bis 12 Sitzungen (nur Einzelbehandlung)

[2] Von diesen Interventionen kann in der Regel im Behandlungsfall nur eine zur Anwendung kommen.

F. Konsiliar-, Antrags- und Gutachterverfahren

§ 32 Konsiliarverfahren und Qualifikation der den Konsiliarbericht abgebenden Ärztinnen und Ärzte. (1) [1] Zur Einholung des Konsiliarberichtes überweist die Psychologische Psychotherapeutin oder der Psychologische Psychotherapeut oder die Kinder- und Jugendlichenpsychotherapeutin oder der Kinder- und Jugendlichenpsychotherapeut spätestens nach Beendigung der probatorischen Sitzungen und vor Beginn der Richtlinientherapie gemäß § 15 die Patientin oder den Patienten an eine Konsiliarärztin oder einen Konsiliararzt. [2] Auf der Überweisung ist der Konsiliarärztin oder dem Konsiliararzt eine kurze Information über die von ihr oder ihm erhobenen Befunde und die Indikation zur Durchführung einer Psychotherapie zu übermitteln.

(2) [1] Die Konsiliarärztin oder der Konsiliararzt hat den Konsiliarbericht nach Anforderung durch die Therapeutin oder den Therapeuten nach persönlicher Untersuchung der Patientin oder des Patienten zu erstellen. [2] Der Bericht ist der Therapeutin oder dem Therapeuten möglichst zeitnah, spätestens aber drei Wochen nach der Untersuchung zu übermitteln.

(3) [1] Der Konsiliarbericht enthält folgende Angaben:

1. Aktuelle Beschwerden der Patientin oder des Patienten,
2. psychischer und somatischer Befund (bei Kindern und Jugendlichen insbesondere unter Berücksichtigung des Entwicklungsstandes),
3. im Zusammenhang mit den aktuellen Beschwerden relevante anamnestische Daten,
4. zu einer gegebenenfalls notwendigen psychiatrischen oder kinder- und jugendpsychiatrischen Abklärung,
5. relevante stationäre und/oder ambulante Vor- und Parallelbehandlungen inklusive gegebenenfalls laufende Medikation,
6. medizinische Diagnose(n), Differential- und Verdachtsdiagnose(n),
7. gegebenenfalls Befunde, die eine ärztliche/ärztlich veranlasste Begleitbehandlung erforderlich machen,

8. zu gegebenenfalls erforderlichen weiteren ärztlichen Untersuchungen, und
9. zu gegebenenfalls bestehenden Kontraindikationen für die Durchführung einer psychotherapeutischen Behandlung zum Zeitpunkt der Untersuchung.

[2] Die Konsiliarärztin oder der Konsiliararzt teilt der Krankenkasse nur die für ihre Leistungsentscheidung notwendigen Angaben mit. [3] Ist Psychotherapie nach Auffassung der Konsiliarärztin oder des Konsiliararztes kontraindiziert und wird dennoch ein entsprechender Antrag gestellt, so veranlasst die Krankenkasse eine Begutachtung durch den Medizinischen Dienst der Krankenversicherung.

(4) [1] Zur Abgabe des Konsiliarberichtes sind alle Vertragsärztinnen und Vertragsärzte mit Ausnahme der folgenden Arztgruppen berechtigt: Laborärztinnen und Laborärzte, Mikrobiologinnen und Mikrobiologen und Infektionsepidemiologinnen und Infektionsepidemiologen sowie Ärztinnen und Ärzte für Nuklearmedizin, Pathologie, Radiologie, Strahlentherapie, Transfusionsmedizin und Humangenetik. [2] Abweichend hiervon sind für die Abgabe eines Konsiliarberichts vor einer psychotherapeutischen Behandlung von Kindern folgende Vertragsärztinnen und Vertragsärzte berechtigt: Fachärztinnen und Fachärzte für Kinder- und Jugendmedizin, für Kinder- und Jugendpsychiatrie und -psychotherapie, für innere Medizin und für Allgemeinmedizin sowie praktische Ärztinnen und Ärzte.

§ 33 Anzeigeverfahren. [1] Eine Leistung gemäß § 13 bedarf einer Anzeige gegenüber der Krankenkasse. [2] Hierzu teilt die Therapeutin oder der Therapeut der Krankenkasse vor Beginn der Behandlung die Diagnose und das Datum des Behandlungsbeginns der Akutbehandlung mit. [3] Das Nähere zum Anzeigeverfahren wird in der Psychotherapie-Vereinbarung geregelt.

§ 34 Antragsverfahren. (1) [1] Die Feststellung der Leistungspflicht für Psychotherapie nach § 15 erfolgt durch die Krankenkasse auf Antrag der oder des Versicherten. [2] Zu diesem Antrag teilen die Therapeutinnen und Therapeuten vor der Behandlung der Krankenkasse die Diagnose mit, begründen die Indikation und beschreiben Art und Umfang der geplanten Therapie. [3] Wird ein gutachterpflichtiger Antrag auf Langzeittherapie gestellt oder soll eine Kurzzeittherapie in eine Langzeittherapie umgewandelt werden, so soll dieser Antrag neben den Angaben zu Diagnose, Indikation sowie Art, Umfang, Frequenz und Prognose der geplanten Therapie auch einen fallbezogenen Behandlungsplan enthalten (Bericht an die Gutachterin oder den Gutachter). [4] Die Krankenkasse hat über einen Antrag auf Kurzzeittherapie spätestens mit Ablauf von drei Wochen nach Antragseingang zu entscheiden. [5] Kann die Krankenkasse diese Fristen nicht einhalten, etwa weil der Antrag ergänzungs- oder klarstellungsbedürftig ist oder der Sachverhalt eine überdurchschnittliche Komplexität aufweist, teilt sie dies den Antragstellern unter Darlegung hinreichender Gründe und Übermittlung eines angemessenen neuen Entscheidungstermins rechtzeitig schriftlich mit. [6] Erfolgt bis zum Ablauf der Frist nach Satz 4 keine solche Mitteilung oder verstreicht der neue Entscheidungstermin nach Satz 5 fruchtlos, gilt die beantragte Leistung als zur Erbringung durch Therapeutinnen oder Therapeuten im Sinne dieser Richtlinie genehmigt; dies gilt nicht für solche Leistungen, die nicht nach dieser Richtlinie zu Lasten der Krankenkassen erbracht werden können. [7] Die Regelungen des § 13 Absatz 3a SGB V bleiben davon unberührt.

(1a) In den Fällen des § 27 Absatz 2 Nummer 1a Satz 2 und 3 entfällt jede weitere Leistungspflicht zur Fortbildung der ambulanten Therapie, wenn die Gründe für die Annahme der voraussichtlichen Erreichbarkeit der Abstinenz beziehungsweise Suchtmittelfreiheit entfallen, die Abstinenz beziehungsweise Suchtmittelfreiheit tatsächlich nicht bis zum Ende von 10 Behandlungsstunden erreicht wird oder die geforderte Dokumentation nach § 27 Absatz 2 Nummer 1a Satz 2 und 3 nicht vorgelegt werden kann.

(2) [1] Eine Verlängerung der Therapie gemäß § 30 Nummer 1 bis 8 bedarf eines Fortsetzungsantrags. [2] Sofern ein Gutachter mit der Prüfung beauftragt wird, sind Verlauf und Ergebnis der bisherigen Therapie darzustellen und eine begründete Prognose in Bezug auf die beantragte Verlängerung abzugeben.

(3) [1] Ist die Psychotherapie gemäß § 29 Nummer 2 und 3 mit den dort festgelegten Leistungen nicht erfolgreich abzuschließen und soll die Therapie deshalb fortgesetzt werden, bedarf es eines Antrags auf Feststellung der Leistungspflicht. [2] Sofern ein Gutachter mit der Prüfung beauftragt wird, sind der Behandlungsverlauf, der erreichte Therapieerfolg und die ausführliche Begründung zur Fortsetzung der Behandlung einschließlich der prognostischen Einschätzung darzustellen.

(4) Das Nähere zum Antragsverfahren ist geregelt in § 11 der Psychotherapie-Vereinbarung[1)] in der Fassung vom 2. Februar 2017, zuletzt geändert am 1. April 2019 und in Kraft getreten am 15. April 2019.

§ 35 Gutachterverfahren. [1] Bei Psychotherapie gemäß § 15 sind Anträge auf Langzeitherapie im Bericht an den Gutachter zu begründen; auf Anforderung der Krankenkassen gilt dies im Einzelfall auch für Kurzzeittherapie. [2] Diese sind durch eine Gutachterin oder einen Gutachter zu prüfen, die oder der bestellt ist nach § 12 der Psychotherapie-Vereinbarung in der Fassung vom 2. Februar 2017, zuletzt geändert am 1. April 2019 und in Kraft getreten am 15. April 2019. [3] Die Krankenkasse kann Anträge auf Fortführung einer Langzeittherapie durch eine Gutachterin oder einen Gutachter prüfen lassen. [4] Im Falle der Ablehnung der Fortführung einer Langzeittherapie muss die Krankenkasse eine gutachterliche Stellungnahme einholen, sofern die formalen Voraussetzungen für eine Leistungsgewährung erfüllt sind. [5] Die Gutachterin oder der Gutachter hat sich dazu zu äußern, ob die in dieser Richtlinie genannten Voraussetzungen erfüllt sind. [6] Die Psychologische Psychotherapeutin oder der Psychologische Psychotherapeut oder die Kinder- und Jugendlichenpsychotherapeutin oder der Kinder- und Jugendlichenpsychotherapeut hat den Konsiliarbericht im verschlossenen Umschlag dem Bericht an die Gutachterin oder den Gutachter beizufügen.

§ 36 Qualifikation der Gutachterinnen und Gutachter. (1) [1] Im Gutachterverfahren nach dieser Richtlinie werden entsprechend qualifizierte Ärztinnen und Ärzte, Psychologische Psychotherapeutinnen und Psychologische Psychotherapeuten sowie Kinder- und Jugendlichenpsychotherapeutinnen und Kinder- und Jugendlichenpsychotherapeuten als Gutachterinnen und Gutachter tätig. [2] Die nachfolgend aufgeführten Kriterien gelten für alle Gutachterinnen und Gutachter, die nach dem 1. April 2017 bestellt werden.

[1)] Nr. **555**.

[3]Diese Gutachterinnen und Gutachter müssen die in den Absätzen 2 bis 6 jeweils festgelegten Qualifikationen besitzen.

(2) [1]Für Begutachtungen im Bereich der tiefenpsychologisch fundierten Psychotherapie ist eine abgeschlossene Weiterbildung oder der Fachkundenachweis tiefenpsychologisch fundierte Psychotherapie, im Bereich der analytischen Psychotherapie ist eine abgeschlossene Weiterbildung oder der Fachkundenachweis analytische Psychotherapie, im Bereich der Systemischen Therapie ist eine abgeschlossene Weiterbildung oder der Fachkundenachweis in Systemischer Therapie und im Bereich der Verhaltenstherapie ist eine abgeschlossene Weiterbildung oder der Fachkundenachweis Verhaltenstherapie erforderlich. [2]Eine Bewerbung als Gutachterin oder Gutachter kann für alle Verfahren nach den §§ 16a, 16b, 17 und 18 erfolgen, für die eine abgeschlossene Weiterbildung oder ein Fachkundenachweis vorliegt.

(3) Für Begutachtungen von Anträgen zur Behandlung von Kindern, Jugendlichen und Erwachsenen müssen – vorbehaltlich abweichender Übergangsregelungen in § 40 – folgende Voraussetzungen gegeben sein:

1. Die Gebietsbezeichnung als Ärztin oder Arzt für Psychotherapeutische Medizin oder Psychosomatische Medizin und Psychotherapie oder Psychiatrie und Psychotherapie für die Begutachtung von Psychotherapien mit Erwachsenen oder die Gebietsbezeichnung als Ärztin oder Arzt für Kinder- und Jugendpsychiatrie und -psychotherapie für die Begutachtung von Psychotherapien mit Kindern und Jugendlichen
   oder
   die Approbation als Psychologische Psychotherapeutin oder als Psychologischer Psychotherapeut für die Begutachtung von Psychotherapien mit Erwachsenen oder die Approbation als Kinder- und Jugendlichenpsychotherapeutin oder als Kinder- und Jugendlichenpsychotherapeut für die Begutachtung von Psychotherapien mit Kindern und Jugendlichen,
2. eine abgeschlossene Weiterbildung für Ärztinnen und Ärzte in dem jeweiligen Verfahren der Psychotherapie, in dem eine Bewerbung erfolgt, oder der Fachkundenachweis in dem jeweiligen Verfahren für Psychologische Psychotherapeutinnen und Psychologische Psychotherapeuten und für Kinder- und Jugendlichenpsychotherapeutinnen und Kinder- und Jugendlichenpsychotherapeuten, in dem eine Bewerbung erfolgt
   und
   der Nachweis nach § 6 Absatz 4 der Psychotherapie-Vereinbarung in der Fassung vom 2. Februar 2017, zuletzt geändert am 1. April 2019 und in Kraft getreten am 15. April 2019, im Hinblick auf die Anforderungen für das jeweilige Psychotherapieverfahren bei Kindern und Jugendlichen zusätzlich zur Fachkunde oder abgeschlossenen Weiterbildung, soweit Ärztinnen und Ärzte oder Psychologische Psychotherapeutinnen und Psychologische Psychotherapeuten zur Begutachtung von Kindern und Jugendlichen bestellt werden,
3. der Nachweis von mindestens fünfjähriger Tätigkeit nach dem Abschluss einer in Nummer 2 genannten Weiter- oder Ausbildung ganz oder überwiegend auf dem Gebiet eines Psychotherapieverfahrens nach § 16 für eine Bewerbung als Gutachterin oder Gutachter für tiefenpsychologisch fundierte oder analytische Psychotherapie oder nach § 17 für eine Bewerbung als Gutachterin oder Gutachter für Verhaltenstherapie oder nach § 18 für

eine Bewerbung als Gutachterin oder Gutachter für Systemische Therapie in einer Praxis oder Klinik, Poliklinik oder Fachklinik für Psychosomatische Medizin und Psychotherapie oder Psychiatrie und Psychotherapie oder Kinder- und Jugendpsychiatrie und -psychotherapie,

4. der Nachweis über eine mindestens fünfjährige Tätigkeit als Dozentin oder Dozent und als Supervisorin oder Supervisor an einer Ausbildungsstätte nach § 6 des Psychotherapeutengesetzes oder an einem zur Weiterbildung in den in Nummer 1 genannten Gebieten befugten Weiterbildungsverbund (Ärztinnen und Ärzte mit Befugnis zur gemeinsamen Weiterbildung) oder an einer weiterbildungsbefugten Klinik, Poliklinik oder Fachklinik mit einer Grundorientierung hinsichtlich eines Psychotherapieverfahrens nach § 16 für eine Bewerbung als Gutachterin oder Gutachter für tiefenpsychologisch fundierte oder analytische Psychotherapie oder nach § 17 für eine Bewerbung als Gutachterin oder Gutachter für Verhaltenstherapie oder nach § 18 für eine Bewerbung als Gutachterin oder Gutachter für Systemische Therapie an der entsprechende Krankenbehandlungen durchgeführt werden. Der Nachweis erfolgt durch die befugte Institution oder durch eine entsprechende Bescheinigung der Ärztekammer,
5. der Nachweis einer zum Zeitpunkt der Bestellung andauernden Dozenten- und Supervisorentätigkeit auf dem Gebiet des Psychotherapieverfahrens,
6. der Nachweis einer mindestens dreijährigen und grundsätzlich aktuell andauernden Teilnahme an der ambulanten vertragsärztlichen Versorgung auf dem Gebiet des jeweiligen Psychotherapieverfahrens.

(4) Für den Bereich der Begutachtung von Psychotherapien mit Kindern und Jugendlichen muss die Erfüllung der in Absatz 3 Nummer 3 bis 6 genannten Kriterien jeweils für das Psychotherapieverfahren, in dem eine Bewerbung erfolgt, bei Kindern und Jugendlichen nachgewiesen werden.

(5) Für den Bereich der Begutachtung von Psychotherapie als Gruppentherapie muss die Erfüllung der in Absatz 3 Nummer 3 bis 6 genannten Kriterien jeweils für das Psychotherapieverfahren, in dem eine Bewerbung erfolgt, als Gruppentherapie nachgewiesen werden.

(6) [1] Nach § 12 Absatz 5 der Psychotherapie-Vereinbarung in der Fassung vom 15. Januar 2015 bestellte Gutachterinnen und Gutachter können unberührt von den unter § 36 aufgeführten Voraussetzungen bis zum Ende des Zeitraums ihrer derzeitigen Bestellung tätig bleiben. [2] Entsprechendes gilt für Gutachterinnen und Gutachter, die nach den bis zum 30. September 2005 gültigen Psychotherapie-Richtlinien tätig gewesen sind.

G. Qualifikation und Dokumentation

§ 37 Qualifikation der Leistungserbringer. Die Qualifikation zur Durchführung der Leistungen nach dieser Richtlinie ist in den Psychotherapie-Vereinbarungen näher bestimmt.

§ 38 Schriftliche Dokumentation. [1] Leistungen nach dieser Richtlinie erfordern für jede Patientin und jeden Patienten eine schriftliche Dokumentation des Datums der Leistungserbringung, der diagnostischen Erhebungen, der wesentlichen Inhalte der psychotherapeutischen Interventionen sowie der Ergebnisse in der Patientenakte. [2]Die „Individuelle Patienteninformation" gemäß § 11 Absatz 14 ist ebenfalls Bestandteil der Patientenakte.

H. Psychotherapie-Vereinbarung

§ 39 Regelungsbereich der Psychotherapie-Vereinbarungen. (1) Das Nähere zur Durchführung der psychotherapeutischen Versorgung regeln die Kassenärztliche Bundesvereinigung und der Spitzenverband Bund der Krankenkassen duch entsprechende Vereinbarung.

(2) Ein Verfahren zur Dokumentation psychotherapeutischer Leistungen und zur Evaluation der Prozess- und Ergebnisqualität wird zwischen den Vertragspartnern der Psychotherapie-Vereinbarung vereinbart.

I. Übergangsregelung

§ 40 Übergangsregelung für die Qualifikationskriterien der Gutachterinnen und Gutachter im Bereich Systemische Therapie. Für Begutachtungen von Anträgen zur Behandlung von Erwachsenen im Bereich der Systemischen Therapie müssen bis einschließlich 31. Dezember 2027 abweichend von § 36 folgende Voraussetzungen gegeben sein:

1. abweichend von Absatz 3 Nummer 3: der Nachweis von mindestens dreijähriger Tätigkeit nach dem Abschluss einer Weiter- oder Ausbildung in Systemischer Therapie ganz oder überwiegend auf dem Gebiet der Systemischen Therapie in einer Praxis oder Klinik, Poliklinik oder Fachklinik für Psychosomatische Medizin und Psychotherapie oder Psychiatrie und Psychotherapie,
2. abweichend von Absatz 3 Nummer 4: der Nachweis über eine mindestens dreijährige Tätigkeit als Dozentin oder Dozent und als Supervisorin oder Supervisor an einer Ausbildungsstätte, die zum Zeitpunkt der Bewerbung nach § 6 des Psychotherapeutengesetzes anerkannt ist, oder an einem zur Weiterbildung in den in § 36 Absatz 3 Nummer 1 genannten Gebieten befugten Weiterbildungsverbund (Ärztinnen und Ärzte mit Befugnis zur gemeinsamen Weiterbildung) oder an einer weiterbildungsbefugten Klinik, Poliklinik oder Fachklinik mit einer Grundorientierung in Systemischer Therapie,
3. abweichend von Absatz 3 Nummer 6: der Nachweis einer mindestens dreijährigen und grundsätzlich aktuell andauernden Teilnahme an der ambulanten vertragsärztlichen Versorgung auf dem Gebiet eines der in § 15 genannten Psychotherapieverfahren sowie
4. abweichend von Absatz 5: der Nachweis der Erfüllung der in den Nummern 1 bis 3 und § 36 Absatz 3 Nummer 5 genannten Kriterien für eines der in § 15 genannten Psychotherapieverfahren als Gruppentherapie.

J. Evaluation

§ 41 Evaluation gemäß Beschluss vom 16. Juli 2015. Der G-BA überprüft innerhalb von 4 Jahren nach Inkrafttreten der Regelung in § 22 deren Auswirkungen auf die Inanspruchnahme der Gruppentherapie – auch in Relation zur Einzeltherapie und entsprechenden Kombinationen – in den psychoanalytisch begründeten Verfahren.

§ 42 Evaluation gemäß Beschluss vom 16. Juni 2016. (1) Die Sprechstunde wird innerhalb von fünf Jahren nach Beschlussfassung evaluiert.

(2) Die Rezidivprophylaxe wird innerhalb von fünf Jahren nach Beschlussfassung evaluiert.

(3) Innerhalb von vier Jahren nach Inkrafttreten dieser Regelung in § 21 Absatz 2 führt der G-BA eine Evaluation bei psychoanalytich begründeten Verfahren und bei Verhaltenstherapie durch, die überprüft, ob die Regeländerung zu einer Veränderung der Inanspruchnahme, insbesondere zur Gruppengröße und zu einer prozentualen Erhöhung (Einzel- vs. Gruppentherapie) geführt hat.

Anlage 1

Der Gemeinsame Bundesausschuss stellt gemäß § 20 Absatz 3 der Richtlinie fest:

I. Die nachstehenden Verfahren, Methoden und Techniken können wie folgt Anwendung finden:

1. Katathymes Bilderleben ist keine eigenständige Psychotherapie im Sinne der Richtlinie, sondern kann gegebenenfalls im Rahmen eines übergeordneten tiefenpsychologisch fundierten Therapiekonzeptes (§ 16a) Anwendung finden.
2. Rational Emotive Therapie (RET) kann als eine Methode der kognitiven Umstrukturierung (§ 17 Absatz 2 Nummer 4) im Rahmen eines umfassenden verhaltenstherapeutischen Behandlungskonzepts Anwendung finden.
3. Eye-Movement-Desensitization and Reprocessing (EMDR) kann bei Erwachsenen mit Posttraumatischen Belastungsstörungen als Behandlungsmethode im Rahmen eines umfassenden Behandlungskonzeptes der Verhaltenstherapie, der tiefenpsychologisch fundierten Psychotherapie oder analytischen Psychotherapie Anwendung finden. Die Anwendung setzt eine hinreichende fachliche Befähigung voraus, das heißt eine Qualifikation in der psychotherapeutischen Behandlung der Posttraumatischen Belastungsstörung einschließlich der Methode EMDR. Das Nähere ist entsprechend § 37 in der Psychotherapie-Vereinbarung zu bestimmen.

II. Die folgenden Psychotherapieverfahren, Psychotherapiemethoden und psychotherapeutischen Techniken können keine Anwendung finden, da die Erfordernisse der Psychotherapie-Richtlinie nicht erfüllt werden:

1. Gesprächspsychotherapie
2. Gestalttherapie
3. Logotherapie
4. Psychodrama
5. Respiratorisches Biofeedback
6. Transaktionsanalyse

490. Richtlinien des Gemeinsamen Bundesausschusses über die ärztliche Betreuung während der Schwangerschaft und nach der Entbindung („Mutterschafts-Richtlinien")[1]

In der Fassung vom 10. Dezember 1985

(BAnz. Beilage Nr. 60a vom 27.3.1986; Inkrafttreten: 28.3.1986)

Zuletzt geändert durch Beschl. des G-BA vom 28.10.2002 (BAnz. Nr. 242 vom 31.12.2002, S. 26682; Inkrafttreten: 1.1.2003), durch Beschl. des G-BA vom 24.3.2003 (BAnz. Nr. 126 vom 11.7.2003, S. 14906; Inkrafttreten: 12.7.2003), durch Beschl. des G-BA vom 13.9.2007 (BAnz. Nr. 239 vom 21.12.2007, S. 8326; Inkrafttreten: 22.12.2007), durch Beschl. des G-BA vom 13.9.2007 (BAnz. Nr. 239 vom 21.12.2007, S. 8326; Inkrafttreten: 1.1.2008), durch Beschl. des G-BA vom 13.3.2008 (BAnz. Nr. 95 vom 27.6.2008, S. 2261; Inkrafttreten: 28.6.2008), durch Beschl. des G-BA vom 22.1.2009 (BAnz. Nr. 40 vom 13.3.2009, S. 946; Inkrafttreten: 23.1.2009), durch Beschl. des G-BA vom 23.4.2009 (BAnz. Nr. 98 vom 8.7.2009, S. 2332; Inkrafttreten: 9.7.2009), durch Beschl. des G-BA vom 18.2.2010 (BAnz. Nr. 75 vom 20.5.2010, S. 1784; Inkrafttreten: 21.5.2010), durch Beschl. des G-BA vom 17.2.2011 (BAnz. Nr. 72 vom 11.5.2011, S. 1787; Inkrafttreten: 12.5.2011), durch Beschl. des G-BA vom 19.5.2011 (BAnz. Nr. 124 vom 18.8.2011, S. 2894; Inkrafttreten: 19.8.2011), durch Beschl. des G-BA vom 15.12.2011 (BAnz. Nr. 36 vom 2.3.2012, S. 914; Inkrafttreten: 3.3.2012), durch Beschl. des G-BA vom 18.10.2012 (BAnz. AT vom 19.12.2012 B3; Inkrafttreten: 20.12.2012), durch Beschl. des G-BA vom 20.12.2012 (BAnz. AT vom 7.3.2013 B7; Inkrafttreten: 8.3.2013), durch Beschl. des G-BA vom 21.3.2013 (BAnz. AT vom 29.5.2013 B5; Inkrafttreten: 1.7.2013), durch Beschl. des G-BA vom 18.7.2013 (BAnz. AT vom 22.8.2013 B2; Inkrafttreten: 23.8.2013), durch Beschl. des G-BA vom 18.7.2013 (BAnz. AT vom 19.9.2013 B2; Inkrafttreten: 20.9.2013), durch Beschl. des G-BA vom 24.4.2014 (BAnz. AT vom 27.6.2014 B3; Inkrafttreten: 27.6.2014), durch Beschl. des G-BA vom 19.2.2015 (BAnz. AT vom 4.5.2015 B3; Inkrafttreten: 5.5.2015), durch Beschl. des G-BA vom 20.8.2015 (BAnz. AT vom 9.11.2015 B1; Inkrafttreten: 10.11.2015), durch Beschl. des G-BA vom 17.12.2015 (BAnz. AT vom 4.4.2016 B4; Inkrafttreten: 5.4.2016), durch Beschl. des G-BA vom 21.4.2016 (BAnz. AT vom 19.7.2016 B4; Inkrafttreten: 20.7.2016), durch Beschl. des G-BA vom 21.4.2016 (BAnz. AT vom 19.7.2016 B5; Inkrafttreten: 20.7.2016), durch Beschl. des G-BA vom 22.3.2019 (BAnz. AT vom 27.5.2019 B3; Inkrafttreten: 28.5.2019), durch Beschl. des G-BA vom 20.2.2020 (BAnz. AT vom 27.4.2020 B3; Inkrafttreten: 28.4.2020) und durch Beschl des G-BA vom 20.8.2020 (BAnz. AT vom 23.11.2020 B3; Inkrafttreten: 24.11.2020)

Die vom Gemeinsamen Bundesausschuss gemäß § 92 Absatz 1 Satz 2 Nummer 4 des Fünften Buches Sozialgesetzbuch (SGB V)[2] in Verbindung mit § 24c bis § 24f SGB V bzw. § 8 Absatz 1 des Gesetzes über die Krankenversicherung der Landwirte (KVLG 1989)[3] beschlossenen Richtlinien dienen der Sicherung einer nach den Regeln der ärztlichen Kunst und unter Berücksichtigung des allgemein anerkannten Standes der medizinischen Erkenntnisse ausreichenden, zweckmäßigen und wirtschaftlichen ärztlichen Betreuung der Versicherten während der Schwangerschaft und nach der Entbindung (§§ 2 Absatz 1, 12 Absatz 1, 28 Absatz 1, 70 Absatz 1 und 73 Absatz 2 SGB V).

---

[1] Titel und Präambel neu gef. mWv 20.9.2013 durch Beschl. v. 18.7.2013 (BAnz. AT 19.9.2013 B2), Präambel geänd. mWv 20.7.2016 durch Beschl. v. 21.4.2016 (BAnz. AT 19.7.2016 B4), Nr. 7 Buchst. c Satzteil vor 1. Spiegelsstr. geänd., 2. Spiegelstr. neu gef., 3. u. 4. Spiegelstr. geänd., 5. Spiegelstr. angef., Nr. 8 angef. mWv 24.11.2020 durch Beschl. v. 20.8.2020 (BAnz. AT 23.11.2020).

[2] **Aichberger Sozialgesetzbuch, Nr. 5.**

[3] **Aichberger Sozialgesetzbuch, Nr. 30/20.**

Allgemeines

1.[1] [1]Durch die ärztliche Betreuung während der Schwangerschaft und nach der Entbindung sollen mögliche Gefahren für Leben und Gesundheit von Mutter oder Kind abgewendet sowie Gesundheitsstörungen rechtzeitig erkannt und der Behandlung zugeführt werden. [2]Vorrangiges Ziel der ärztlichen Schwangerenvorsorge ist die frühzeitige Erkennung von Risikoschwangerschaften und Risikogeburten. [3]Die ärztliche Beratung der Versicherten umfasst bei Bedarf auch Hinweise auf regionale Unterstützungsangebote für Eltern und Kind (z. B. „Frühe Hilfen").
Vorrangiges Ziel der -ärztlichen Schwangerenvorsorge ist die frühzeitige Erkennung von Risikoschwangerschaften und Risikogeburten.

2. Zur notwendigen Aufklärung über den Wert dieser den Erkenntnissen der medizinischen Wissenschaft entsprechenden ärztlichen Betreuung während der Schwangerschaft und nach der Entbindung sollen Ärzte, Krankenkassen und Hebammen zusammenwirken.

3. [1]Die an der kassenärztlichen Versorgung teilnehmenden Ärzte treffen ihre Maßnahmen der ärztlichen Betreuung während der Schwangerschaft und nach der Entbindung nach pflichtgemäßem Ermessen innerhalb des durch Gesetz bestimmten Rahmens. [2]Die Ärzte sollten diese Richtlinien beachten, um den Versicherten und ihren Angehörigen eine nach den Regeln der ärztlichen Kunst zweckmäßige und ausreichende ärztliche Betreuung während der Schwangerschaft und nach der Entbindung unter Vermeidung entbehrlicher Kosten zukommen zu lassen.

4. [1]Die Maßnahmen nach diesen Richtlinien dürfen nur diejenigen Ärzte ausführen, welche die vorgesehenen Leistungen aufgrund ihrer Kenntnisse und Erfahrungen erbringen können, nach der ärztlichen Berufsordnung dazu berechtigt sind und über die erforderlichen Einrichtungen verfügen. [2]Sofern ein Arzt Maßnahmen nach Abschnitt A. 6. sowie Einzelmaßnahmen nach Abschnitt B., C. und D. nicht selbst ausführen kann, sollen diese von solchen Ärzten ausgeführt werden, die über die entsprechenden Kenntnisse und Einrichtungen verfügen.

5. Die an der kassenärztlichen Versorgung teilnehmenden Ärzte haben darauf hinzuwirken, daß für sie tätig werdende Vertreter diese Richtlinien kennen und beachten.

6.[2] Es sollen nur Maßnahmen angewendet werden, deren diagnostischer und vorbeugender Wert ausreichend gesichert ist.

7.[3] [1]Ärztliche Betreuung im Sinne des § 24d SGB V[4] sind solche Maßnahmen, welche der Überwachung des Gesundheitszustandes der Schwangeren bzw. Wöchnerinnen dienen, soweit sie nicht ärztliche Behandlung im Sinne des § 28 Abs. 1 SGB V darstellen. [2]Im einzelnen gehören zu der Betreuung:

---

[1] Abschn. Allgemeines Nr. 1 Satz 3 angef. mWv 20.7.2016 durch Beschl. v. 21.4.2016 (BAnz. AT 19.7.2016 B4).

[2] Abschn. Allg. Nr. 6 geänd. mWv 20.7.2016 durch Beschl. v. 21.4.2016 (BAnz. AT 19.7.2016 B5).

[3] Abschn. Allg. Nr. 7 Satz 2 Buchst. c 1. Spiegelstrich neu gef. mWv 19.8.2011 durch Beschl. v. 19.5.2011 (BAnz. 2011 S. 2894), Satz 1 geänd. mWv 20.9.2013 durch Beschl. v. 18.7.2013 (BAnz. AT 19.9.2013 B2), Nr. 7 Buchst. c) geänd. durch Beschl. v. 20.8.2020 (BAnz. AT 23.11.2020)

[4] **Aichberger Sozialgesetzbuch, Nr. 5.**

a) Untersuchungen und Beratungen während der Schwangerschaft[1] (siehe Abschnitt A.)

b) Frühzeitige Erkennung und besondere Überwachung von Risikoschwangerschaften – amnioskopische und kardiotokographische Untersuchungen, Ultraschalldiagnostik, Fruchtwasseruntersuchungen usw. – (siehe Abschnitt B.)

c) Serologische Untersuchungen
   - auf Infektionen, z.B. Röteln bei Schwangeren ohne dokumentierte zweimalige Impfung, Lues, Hepatitis B,
   - bei begründetem Verdacht auf Toxoplasmose und andere Infektionen
   - zum Ausschluss einer HIV-Infektion; auf freiwilliger Basis nach vorheriger ärztlicher Beratung der Schwangeren,
   - blutgruppenserologische Untersuchungen an der Schwangeren während der Schwangerschaft (siehe Abschnitt C.)
   sowie
   - die nichtinvasive Untersuchung des fetalen Rhesusfaktors D bei RhD-negativen Schwangeren (siehe Abschnitt C.)

d) Blutgruppenserologische Untersuchungen nach Geburt oder Fehlgeburt und Anti-D-Immunglobulin-Prophylaxe (siehe Abschnitt D.)

e) Untersuchungen und Beratungen der Wöchnerin (siehe Abschnitt F.)

f) Medikamentöse Maßnahmen und Verordnungen von Verband- und Heilmitteln (siehe Abschnitt G.)

g) Aufzeichnungen und Bescheinigungen (siehe Abschnitt H.).

8. Sofern in dieser Richtlinie Angaben zum Gestationsalter gemacht werden, gilt für diese die Zählweise post menstruationem (p.m.).

A. Untersuchungen und Beratungen sowie sonstige Maßnahmen während der Schwangerschaft

1.[2] [1]Die Schwangere soll in ausreichendem Maße ärztlich untersucht und beraten werden. [2]Die Beratung soll sich auch auf die Risiken einer HIV-Infektion bzw. AIDS-Erkrankung erstrecken. [3]Jeder Schwangeren soll ein HIV-Antikörpertest empfohlen werden, da die Wahrscheinlichkeit einer HIV-Übertragung auf das Kind durch wirksame therapeutische Maßnahmen erheblich gesenkt werden kann. [4]Die Testdurchführung erfordert eine Information zum Test und die Einwilligung der Schwangeren. [5]Als Hilfestellung für die Information der Frau zu dieser Untersuchung ist das Merkblatt mit dem Titel „Ich bin schwanger. [6]Warum wird allen Schwangeren ein HIV-Test angeboten?" (Muster siehe Anlage 4) zur Verfügung zu stellen.
[7]Zudem soll die Schwangere über die Impfung gegen saisonale Influenza beraten werden [8]Gesunden Schwangeren soll diese Impfung ab dem zweiten

---

[1] **Amtl. Anm.:** Die Untersuchung zum Zwecke der Feststellung der Schwangerschaft ist Bestandteil der kurativen Versorgung.

[2] Abschn. A. Nr. 1 Satz 6 geänd., Satz 7 angef. mWv 12.7.2003 durch Beschl. v. 24.3.2003 (BAnz. 2003 S. 14906), Satz 3 neu gef., Sätze 4–6 eingef., bish. Sätze 4–7 werden 7–10 mWv 22.12.2007 durch Beschl. v. 13.9.2007 (BAnz. 2007 S. 8326), Sätze 7 und 8 eingef., bish. Sätze 7–10 werden Sätze 9–12 mWv 19.8.2011 durch Beschl. v. 19.5.2011 (BAnz. 2011 S. 2894), Nr. 1 Satz 9 neu gef. mWv 5.4.2016 durch Beschl. v. 17.12.2015 (BAnz. AT 4.4.2016 B4), Nr. 1 Satz 6 geänd. mWv 28.5.2019 durch Beschl. v. 22.3.2019 (BAnz. AT 27.5.2019 B3).

Trimenon empfohlen werden, Schwangeren mit erhöhter gesundheitlicher Gefährdung infolge eines Grundleidens bereits im ersten Trimenon.
[9] Darüber hinaus soll die Ärztin oder der Arzt in der Schwangerschaft bedarfsgerecht über die Bedeutung der Mundgesundheit für Mutter und Kind aufklären.
[10] In die ärztliche Beratung sind auch ernährungsmedizinische Empfehlungen als Maßnahme der Gesundheitsförderung einzubeziehen. [11] Dabei ist insbesondere auf eine ausreichende Jodzufuhr (in der Regel ist eine zusätzliche Zufuhr von 100 bis 200 μg Jodid pro Tag notwendig[1)]) und den Zusammenhang zwischen Ernährung und Kariesrisiko hinzuweisen. [12] Die Schwangere soll über ihren Rechtsanspruch auf Beratung zu allgemeinen Fragen der Schwangerschaft nach § 2 des Schwangerschaftskonfliktgesetzes (SchKG) unterrichtet werden.

2.[2)] [1] Die erste Untersuchung nach Feststellung der Schwangerschaft sollte möglichst frühzeitig erfolgen. [2] Sie umfaßt:

a) Die Familienanamnese,
die Eigenanamnese,
die Schwangerschaftsanamnese,
die Arbeits- und Sozialanamnese;

b) Die Allgemeinuntersuchung,
die gynäkologische Untersuchung einschließlich einer Untersuchung auf genitale Chlamydia trachomatis-Infektion. Die Untersuchung wird an einer Urinprobe mittels eines Nukleinsäureamplifizierenden Tests (NAT) durchgeführt. Zur Wahrung des Wirtschaftlichkeitsgebotes kann der Test in einem Poolingverfahren durchgeführt werden, bei dem Proben von bis zu fünf Patientinnen gemeinsam getestet werden. Dabei dürfen nur Testkits verwendet werden, die für die Anwendung im Poolingverfahren geeignet sind. Die Zuverlässigkeit der Tests im Poolingverfahren ist in den Laboren durch geeignete Qualitätssicherungsmaßnahmen sicherzustellen.
Schnelltests (sogenannte „bed-side-Tests“, Tests auf vorgefertigtem Reagenzträger) sind für diese Untersuchung nicht geeignet.
Umfasst sind zudem weitere diagnostische Maßnahmen. Zu diesen gehören:
- Blutdruckmessung,
- Feststellung des Körpergewichts,
- Untersuchung des Mittelstrahlurins auf Eiweiß und Zucker,
- Hämoglobinbestimmung und – je nach dem Ergebnis dieser Bestimmung (bei weniger als 11,2g pro 100 ml = 70% Hb) – Zählung der Erythrozyten,
- bakteriologische Urinuntersuchungen, soweit nach der Befundlage erforderlich (z. B. bei auffälligen Symptomen, rezidivierenden Harnwegsinfektionen in der Anamnese, Z. n. Frühgeburt, erhöhtem Risiko für Infektionen der ableitenden Harnwege).

3. Ergeben sich im Rahmen der Mutterschaftsvorsorge Anhaltspunkte für ein genetisch bedingtes Risiko, so ist der Arzt gehalten, die Schwangere über die Möglichkeiten einer humangenetischen Beratung und/oder humangenetischen Untersuchung aufzuklären.

[1)] **Amtl. Anm.:** Dieser Hinweis führt nicht automatisch zur Verordnungsfähigkeit von Jodid.
[2)] Abschn. A Nr. 2 Buchst. b geänd. mWv 1.1.2008 durch Beschl. v. 13.9.2007 (BAnz. 2007 S. 8326), mWv 19.8.2011 durch Beschl. v. 19.5.2011 (BAnz. 2011 S. 2894) und mWv 28.5.2019 durch Beschl. v. 22.3.2019 (BAnz. AT 27.5.2019 B3).

4.[1] [1]Die nachfolgenden Untersuchungen sollen – unabhängig von der Behandlung von Beschwerden und Krankheitserscheinungen – im Allgemeinen im Abstand von vier Wochen stattfinden und umfassen:
- Blutdruckmessung,
- Gewichtskontrolle,
- Untersuchung des Mittelstrahlurins auf Eiweiß, Zucker,
- Hämoglobinbestimmung – im Regelfall ab dem 6. Monat, falls bei Erstuntersuchung normal –; je nach dem Ergebnis dieser Bestimmung (bei weniger als 11,2 g je 100 ml = 70% Hb) Zählung der Erythrozyten,
- bakteriologische Urinuntersuchungen soweit nach der Befundlage erforderlich (z.B. bei auffälligen Syntpomen, rezidivierenden Harnwegsinfektionen in der Anamnese, Z. n. Frühgeburt, erhöhtem Risiko für Infektionen der ableitenden Harnwege),
- Kontrolle des Stands der Gebärmutter,
- Kontrolle der kindlichen Herzaktionen,
- Feststellung der Lage des Kindes.

[2]In den letzten zwei Schwangerschaftsmonaten sind im Allgemeinen je zwei Untersuchungen angezeigt.

5. [1]Im Verlauf der Schwangerschaft soll ein Ultraschallscreening mittels B-Mode-Verfahren angeboten werden. [2]Die Untersuchungen erfolgen in den Schwangerschaftswochen (SSW):
- 8 + 0 bis 11 + 6 SSW (1. Screening)
- 18 + 0 bis 21 + 6 SSW (2. Screening)
- 28 + 0 bis 31 + 6 SSW (3. Screening).

[3]Dieses Ultraschall-Screening dient der Überwachung einer normal verlaufenden Schwangerschaft insbesondere mit dem Ziel
- der genauen Bestimmung des Gestationsalters
- der Kontrolle der somatischen Entwicklung des Feten
- der Suche nach auffälligen fetalen Merkmalen
- dem frühzeitigen Erkennen von Mehrlingsschwangerschaften.

[4]Der Inhalt des Screening ist für die jeweiligen Untersuchungszeiträume in Anlage 1a festgelegt.

[5]Vor Durchführung des 1. Ultraschallscreenings ist die Schwangere über Ziele, Inhalte und Grenzen sowie mögliche Folgen der Untersuchung aufzuklären.

[6]Im Anschluss an dieses Gespräch stehen der Schwangeren folgende Optionen für die Durchführung der Ultraschaluntersuchungen im zweiten Trimenon offen:

a) Sonografie mit Biometrie ohne systematische Untersuchung der fetalen Morphologie

b) Sonografie mit Biometrie und systematische Untersuchung der fetalen Morphologie durch einen besonders qualifizierten Untersucher.

[7]Die ärztliche Aufklärung wird unterstützt durch das Merkblatt gemäß Anlage 5.

[8]Ergeben sich aus dem Screening auffällige Befunde, die der Kontrolle durch Ultraschall-Untersuchungen mit B-Mode oder gegebenenfalls anderen sonographischen Verfahren bedürfen, sind diese Kontroll-Untersuchungen

---

[1] Abschn. A Nr. 4 Satz 1 geänd. mWv 28.5.2019 durch Beschl. v. 22.3.2019 (BAnz. AT 27.5.2019 B3).

auch außerhalb der vorgegebenen Untersuchungszeiträume Bestandteil des Screening.

[9]Dies gilt insbesondere für Untersuchungen bei den in Anlage 1b aufgeführten Indikationen.

6. [1]Ergibt sich aus den Screening-Untersuchungen – gegebenenfalls einschließlich der Kontrolluntersuchungen – die Notwendigkeit zu einer weiterführenden sonographischen Diagnostik, auch mit anderen sonographischen Verfahren, sind diese Untersuchungen ebenfalls Bestandteil der Mutterschaftsvorsorge, aber nicht mehr des Screening. [2]Dies gilt auch für alle weiterführenden sonographischen Untersuchungen, die notwendig werden, den Schwangerschaftsverlauf und die Entwicklung des Feten zu kontrollieren, um gegebenenfalls therapeutische Maßnahmen ergreifen oder geburtshilfliche Konsequenzen ziehen zu können. [3]Die Indikationen hierfür sind in den Anlagen 1c und 1d angeführt.

[4]Die Anwendung dopplersonographischer Untersuchungen zur weiterführenden Diagnostik ist ebenfalls Bestandteil der Mutterschaftsvorsorge. [5]Diese Untersuchungen können nur nach Maßgabe der in Anlage 1d aufgeführten Indikationen durchgeführt werden.

[6]Ergibt sich aus sonographischen Untersuchungen die Notwendigkeit zu weiterführender sonographischer Diagnostik durch einen anderen Arzt, sind die relevanten Bilddokumentationen, welche die Indikation zu dieser weiterführenden Diagnostik begründen, diesem Arzt vor der Untersuchung zur Verfügung zu stellen.

7.[1)] [1]Untersuchungen nach Nummer 4 können auch von einer Hebamme im Umfang ihrer beruflichen Befugnisse (Blutdruckmessung, Gewichtskontrolle, Urinuntersuchung auf Eiweiß und Zucker, Kontrolle des Standes der Gebärmutter, Feststellung der Lage des Kindes, Stellung und Haltung des Kindes, Kontrolle der kindlichen Herztöne sowie allgemeine Beratung der Schwangeren) durchgeführt und im Mutterpass dokumentiert werden, wenn der Arzt dies im Einzelfall angeordnet hat oder wenn der Arzt einen normalen Schwangerschaftsverlauf festgestellt hat und daher seinerseits keine Bedenken gegenüber weiteren Vorsorgeuntersuchungen durch die Hebamme bestehen. [2]Die Delegierung der Untersuchungen an die Hebamme entbindet den Arzt nicht von der Verpflichtung zur Durchführung der von ihm vorzunehmenden Untersuchungen (soweit erforderlich bakteriologische Urinuntersuchungen z.B. bei auffälligen Symptomen, rezidivierenden Harnwegsinfektionen in der Anamnese, Z. n. Frühgeburt, erhöhtem Risiko für Infektionen der ableitenden Harnwege, Hämoglobinbestimmung, Ultraschalluntersuchung sowie die Untersuchungen bei Risikoschwangerschaft).

8.[2)] [1]Jeder Schwangeren, die nicht bereits einen manifesten Diabetes hat, soll ein Screening auf Schwangerschaftsdiabetes mit nach folgend beschriebenem Ablauf angeboten werden. [2]Als Hilfestellung für die Information der Frau zu diesem Screening ist das Merkblatt mit dem Titel „Ich bin schwanger. Warum wird allen Schwangeren ein Test auf Schwangerschaftsdiabetes angeboten?“ zur Verfügung zu stellen. [3]Dieses wird der Schwangeren frühzeitig ausgehändigt, um eine informierte Entscheidung auch angesichts möglicher Therapieoptionen treffen zu können.

[1)] Abschn. A Nr. 7 neu gef. mWv 28.5.2019 durch Beschl. v. 22.3.2019 (BAnz. AT 27.5.2019 B3).

[2)] Abschn. A Nr. 8 eingef., bish. Nr. 8 wird Nr. 9 mWv 3.3.2012 durch Beschl. v. 15.12.2011 (BAnz. 2012 S. 914).

[4] Screeningablauf:
Im Zeitraum zwischen 24 + 0 und 27 + 6 Schwangerschaftswochen Bestimmung der Plasmaglukosekonzentration eine Stunde nach oraler Gabe von 50g Glucoselösung (unabhängig vom Zeitpunkt der letzten Mahlzeit, nicht nüchtern).

[5] Schwangere mit Blutzuckerwerten größer oder gleich ≥ 7,5 mmol/l (≥ 135 mg/dl) und kleiner oder gleich ≤ 11,1 mmol/l (≤ 200 mg/dl) erhalten zeitnah einen oralen Glukosetoleranztest (oGTT) mit 75g Glukoselösung nach Einhaltung von mindestens 8 Stunden Nahrungskarenz. [6] Bei Erreichen bzw. Überschreiten eines oder mehrerer der nachfolgend genannten Werte soll die weitere Betreuung der Schwangeren in enger Zusammenarbeit mit einer diabetologisch qualifizierten Ärztin bzw. einem diabetologisch qualifizierten Arzt erfolgen. [7] In die Entscheidung über eine nachfolgende Behandlung sind Möglichkeiten zur Risikosenkung durch vermehrte körperliche Betätigung und einer Anpassung der Ernährung einzubeziehen.

Grenzwerte:

Nüchtern:	≥ 5,1 mmol/l (92 mg/dl)
nach 1 Stunde:	≥ 10,0 mmol/l (180 mg/dl)
nach 2 Stunden:	≥ 8,5 mmol/l (153/mg/dl)

Empfehlungen zur Qualitätssicherung gemäß § 135 Absatz 1 Satz 1 Nummer 2 SGB V

[8] Die Blutzucker-Bestimmung erfolgt im Venenblut mittels standardgerechter und qualitätsgesicherter Glukosemessmethodik. [9] Das Messergebnis wird als Glukosekonzentration im venösen Plasma angegeben. [10] Dabei sind geeignete Maßnahmen zur Vermeidung von Verfläschungen der Messwerte durch Glykolyse vorzusehen.

[11] Werden zum Screening und zur Erstdiagnostik des Gestationsdiabetes Unit-use-Reagenzien und die entsprechenden Messsysteme in der patientennahen Sofortdiagnostik angewendet, müssen diese nach Herstellerempfehlungen für die ärztliche Anwendung in Diagnose und Screening vorgesehen sein.

[12] Geräte, die lediglich zur Eigenanwendung durch den Patienten bestimmt sind, sind damit ausgeschlossen.

[13] Neben diesen Regelungen zur Qualitätssicherung gelten unverändert die Regelungen der Richtlinie der Bundesärztekammer zur Qualitätssicherung laboratoriumsmedizinischer Untersuchungen. [14] Dabei ist insbesondere auf die Vorgaben zur regelmäßigen Qualitätskontrolle der Messsysteme Teil B1, Abschnitte 2.1.5 und 2.1.6 der genannten Richtlinie der Bundesärztekammer hinzuweisen.

9.[1] [1] Der betreuende Arzt soll die Schwangere in der von ihr gewählten Entbindungsklinik rechtzeitig vor der zu erwartenden Geburt vorstellen. [2] Dabei soll die Planung der Geburtsleitung durch den betreuenden Arzt der Entbindungsklinik erfolgen. [3] Dies schließt eine geburtshilfliche Untersuchung, eine Besprechung mit der Schwangeren sowie gegebenenfalls eine sonographische Untersuchung ein.

---

[1] Abschn. A Nr. 8 eingef., bish. Nr. 8 wird Nr. 9 mWv 3.3.2012 durch Beschl. v. 15.12.2011 (BAnz. 2012 S. 914).

B. Erkennung und besondere Überwachung der Risikoschwangerschaften und Risikogeburten

1.[1)] [1] Risikoschwangerschaften sind Schwangerschaften, bei denen aufgrund der Vorgeschichte oder erhobener Befunde mit einem erhöhten Risiko für Leben und Gesundheit von Mutter oder Kind zu rechnen ist. [2] Dazu zählen insbesondere:

I. Nach Anamnese

a) Schwere Allgemeinerkrankungen der Mutter (z. B. an Niere und Leber oder erhebliche Adipositas)

b) Zustand nach Sterilitätsbehandlung, wiederholten Aborten oder Frühgeburten

c) Totgeborenes oder geschädigtes Kind

d) Vorausgegangene Entbindungen von Kindern über 4000g Gewicht, hypotrophen Kindern (small for date babies), Mehrlingen

e) Zustand nach Uterusoperationen (z. B. Sectio, Myom, Fehlbildung)

f) Komplikationen bei vorangegangenen Entbindungen (z. B. Placenta praevia, vorzeitige Lösung der Placenta, Rißverletzungen, Atonie oder sonstige Nachgeburtsblutungen, Gerinnungsstörungen, Krämpfe, Thromboembolie)

g) Erstgebärende unter 18 Jahren oder über 35 Jahre

h) Mehrgebärende über 40 Jahre, Vielgebärende mit mehr als vier Kindern (Gefahren: Genetische Defekte, sog. Placentainsuffizienz, geburtsmechanische Komplikationen).

II. Nach Befund (jetzige Schwangerschaft)

a) Hypertensive Schwangerschaftserkrankungen (in allen ihren Ausprägungen)

b) Anämie unter 10 g/100 ml (g %)

c) Diabetes mellitus

d) Uterine Blutung

e) Blutgruppen-Inkompatibilität (Früherkennung und Prophylaxe des Morbus haemolyticus fetalis bzw. neonatorum)

f) Diskrepanz zwischen Uterus- bzw. Kindsgröße und Schwangerschaftsdauer (z. B. fraglicher Geburtstermin, retardiertes Wachstum, Riesenkind, Gemini, Molenbildung, Hydramnion, Myom)

g) Drohende Frühgeburt (vorzeitige Wehen, Zervixinsuffizienz)

h) Mehrlinge; pathologische Kindslagen

i) Überschreitung des Geburtstermins bzw. Unklarheit über den Termin

j) Pyelonephritis.

2. [1] Aus Risikoschwangerschaften können sich Risikogeburten entwickeln. [2] Bei folgenden Befunden ist mit einem erhöhten Risiko unter der Geburt zu rechnen:

[1)] Abschn. B Nr. 1 Satz 2 Nr. II Buchst. a neu gef., Buchst. j angef. mWv 23.8.2013 durch Beschl. v. 18.7.2013 (BAnz. AT 22.8.2013 B2).

a) Frühgeburt
b) Placenta praevia, vorzeitige Placentalösung
c) Jede Art von Mißverhältnis Kind/Geburtswege.

3. Bei Risikoschwangerschaften können häufigere als vierwöchentliche Untersuchungen (bis zur 32. Woche) bzw. häufigere als zweiwöchentliche Untersuchungen (in den letzten 8 Schwangerschaftswochen) angezeigt sein.

4. Bei Risikoschwangerschaften können neben den üblichen Untersuchungen noch folgende in Frage kommen:

a) Ultraschall-Untersuchungen (Sonographie)
(Die Voraussetzungen für die Durchführung von zusätzlichen Ultraschall-Untersuchungen bei Risikoschwangerschaften, die über das sonographische Screening hinausgehen, werden im Abschnitt A. Nr. 6 abgehandelt und sind in den Anlagen 1c und 1d zu diesen Richtlinien spezifiziert.)
b) Tokographische Untersuchungen vor der 28. Schwangerschaftswoche bei Verdacht auf vorzeitige Wehentätigkeit oder bei medikamentöser Wehenhemmung
c) Kardiotokographische Untersuchungen (CTG)
(Kardiotokographische Untersuchungen können in der Schwangerenvorsorge nicht routinemäßig durchgeführt werden. Sie sind nur nach Maßgabe des Indikationskataloges nach Anlage 2 der Richtlinien angezeigt.)
d) Amnioskopien
e) Fruchtwasseruntersuchungen nach Gewinnung des Fruchtwassers durch Amniozentese
f) Transzervikale Gewinnung von Chorionzottengewebe oder transabdominale Gewinnung von Plazentagewebe

5. [1]Von der Erkennung eines Risikomerkmals ab soll ein Arzt die Betreuung einer Schwangeren nur dann weiterführen, wenn er die Untersuchungen nach Nr. 4. a) bis f) erbringen oder veranlassen und die sich daraus ergebenden Maßnahmen durchführen kann. [2]Anderenfalls soll er die Schwangere einem Arzt überweisen, der über solche Möglichkeiten verfügt.

6. Der betreuende Arzt soll die Schwangere bei der Wahl der Entbindungsklinik unter dem Gesichtspunkt beraten, daß die Klinik über die nötigen personellen und apparativen Möglichkeiten zur Betreuung von Risikogeburten und/oder Risikokindern verfügt.

C. Serologische Untersuchungen und Maßnahmen während der Schwangerschaft

1.[1)] [1]Bei jeder Schwangeren sollte zu einem möglichst frühen Zeitpunkt aus einer Blutprobe

---

1) Abschn. C Nr. 1 Buchst. a geänd. mWv 21.5.2010 durch Beschl. v. 18.2.2010 (BAnz. 2010 S. 1784), Sätze 2–11 eingef., bish. zu b Abs. 4 wird Sätze 12–14, Buchst. b aufgeh., bish. Buchst. c–e werden Buchst. b–d mWv 19.8.2011 durch Beschl. v. 19.5.2011 (BAnz. 2011 S. 2894), Satz 11 aufgeh., bish. Sätze 12–14 werden Sätze 11–13 mWv 8.3.2013 durch Beschl. v. 20.12.2012 (BAnz. AT v. 7.3.2013 B7), Nr. 1 Buchst. c geänd. mWv 24.11.2020 durch Beschl. v. 20.8.2020 (BAnz. AT 23.11.2020 B3).

a) der TPHA (Treponema-pallidum-Hämagglutinationstest) oder ELISA (Enzyme-linked-immunosorbent-assay) oder TPPA (Treponema pallidum-Partikelagglutinationstest) als Lues-Suchreaktion (LSR),
b) gegebenenfalls ein HIV-Test,
c) die Bestimmung der Blutgruppe und des Rh-Faktors D der Mutter,
d) ein Antikörper-Suchtest (AK)

durchgeführt werden.

[2]Ein Test auf Rötelnantikörper ist bei Schwangeren ohne Rötelnimmunität erforderlich. [3]Immunität, und damit Schutz vor Röteln-Embryopathie für die bestehende Schwangerschaft ist anzunehmen, wenn der Nachweis über zwei erfolgte Rötelnimpfungen vorliegt oder wenn spezifische Antikörper rechtzeitig vor Eintritt dieser Schwangerschaft nachgewiesen worden sind und dieser Befund ordnungsgemäß dokumentiert worden ist. [4]Der Arzt soll sich solche Befunde vorlegen lassen und sie in den Mutterpass übertragen. [5]Liegen Befunde aus der Vorschwangerschaftszeit vor, die auf Immunität schließen lassen (siehe Absatz 2), so kann von einem Schutz vor einer Röteln-Embryopathie ausgegangen werden.

[6]Liegen entsprechende Befunde nicht vor, so ist der Immunstatus der Schwangeren zu bestimmen. [7]Im serologischen Befund ist wörtlich auszudrücken, ob Immunität angenommen werden kann oder nicht.

[8]Wird Immunität erstmals während der laufenden Schwangerschaft serologisch festgestellt, kann Schutz vor Röteln-Embryopathie nur dann angenommen werden, wenn sich aus der gezielt erhobenen Anamnese keine für die Schwangerschaft relevanten Anhaltspunkte für Röteln-Kontakt oder eine frische Röteln-Infektion ergeben. [9]Der Arzt, der die Schwangere betreut, ist deshalb gehalten, die Anamnese sorgfältig zu erheben und zu dokumentieren. [10]Bei auffälliger Anamnese sind weitere serologische Untersuchungen, ggf. in Absprache mit dem Labor, erforderlich (Nachweis rötelnspezifischer IgM-Antikörper und/oder Kontrolle des Titerverlaufs).

[11]Schwangere, bei denen ein Befund vorliegt, der nicht auf Immunität schließen läßt, sollen aufgefordert werden, sich unverzüglich zur ärztlichen Beratung zu begeben, falls sie innerhalb der ersten vier Schwangerschaftsmonate Röteln-Kontakt haben oder an rötelnverdächtigen Symptomen erkranken. [12]Auch ohne derartige Verdachtsmomente soll bei diesen Schwangeren in der 16.–17. Schwangerschaftswoche eine erneute Antikörper-Untersuchung gemäß Abs. 2 durchgeführt werden.

[13]Eine aktive Rötelnschutzimpfung soll während der Schwangerschaft nicht vorgenommen werden.

Zu a): [1]Ist die Lues-Suchreaktion positiv, so sollen aus derselben Blutprobe die üblichen serologischen Untersuchungen auf Lues durchgeführt werden.

[2]Bei der Lues-Suchreaktion ist lediglich die Durchführung und nicht das Ergebnis der Untersuchung im Mutterpaß zu dokumentieren.

Zu b):[1), 2), 3)] [1]Aus dem Blut der Schwangeren ist ein immunochemischer Antikörpertest vorzunehmen, für welchen die benötigten Reagenzien staatlich zugelassen[4)] sind. [2]Ist diese Untersuchung positiv, so muß das Ergebnis

---

[1)] Abschn. C Nr. 1 zu c Satz 4 neu gef., Satz 5 angef. mWv 22.12.2007 durch Beschl. v. 13.9.2007 (BAnz. 2007 S. 8326).

[2)] Abschn. C Nr. 1 zu b samt Abs. 1–3 aufgeh., bish. Nr. 1 zu c, zu d und zu e werden zu b, zu c und zu d mWv 19.8.2011 durch Beschl. v. 19.5.2011 (BAnz. 2011 S. 2894).

[3)] Abschn. C Nr. 1 zu b Sätze 4 und 5 neu gef. mWv 10.11.2015 durch Beschl. v. 20.8.2015 (BAnz. AT 9.11.2015 B1).

[4)] **Amtl. Anm.:** Zulassung der Reagenzien durch das Bundesamt für Sera und Impfstoffe (Paul-Ehrlich-Institut), Frankfurt.

mittels Immuno-Blot aus derselben Blutprobe gesichert werden. [3]Alle notwendigen weiterführenden Untersuchungen sind Bestandteil der kurativen Versorgung.

[4]Die Durchführung der Beratung und die Durchführung des HIV-Antikörpertests sind im Mutterpass zu dokumentieren. [5]Das Ergebnis der Untersuchung wird im Mutterpass nicht dokumentiert.

Zu c):[1)] [1]Die Untersuchung des Merkmals RhD erfolgt mit mindestens zwei verschiedenen Testreagenzien. [2]Für die Untersuchung wird die Anwendung zweier monoklonaler Antikörper (IgM-Typ), die die Kategorie D^{VI} nicht erfassen, empfohlen. [3]Bei negativem Ergebnis beider Testansätze gilt die Schwangere als RhD-negativ. [4]Bei übereinstimmend positivem Ergebnis der beiden Testansätze ist die Schwangere RhD-positiv. [5]Bei Diskrepanzen oder schwach positiven Ergebnissen der Testansätze ist eine Klärung z. B. im indirekten Antiglobulintest mit geeigneten Testreagenzien notwendig. [6]Fällt dieser Test positiv aus, so ist die Schwangere RhD-positiv (z. B. weak RhD).

[7]Die Bestimmung der Blutgruppe und des Merkmals RhD der Mutter entfällt, wenn entsprechende Untersuchungsergenisse bereits vorliegen und von einem Arzt bescheinigt wurden.

Zu d):[1)] [1]Der Antikörpersuchtest wird mittels des indirekten Antiglobulintests gegen zwei Test-Blutmuster mit den Antigenen D, C, c, E, e, Kell, Fy und S durchgeführt. [2]Bei Nachweis von Antikörpern sollen möglichst aus derselben Blutprobe deren Spezifität und Titerhöhe bestimmt werden.

[3]Gegebenenfalls müssen in solchen Fällen auch das Blut des Kindesvaters und die Bestimmung weiterer Blutgruppen-Antigene der Mutter in die Untersuchung einbezogen werden. [4]Eine schriftliche Erläuterung der Befunde an den überweisenden Arzt kann sich dabei als notwendig erweisen.

[5]Auch nicht zum Morbus haemolyticus neonatorum führende Antikörper (IgM und/oder Kälte-Antikörper) sind in den Mutterpaß einzutragen, da sie gegebenenfalls bei einer Bluttransfusion für die Schwangere wichtig sein können.

2.[2)] Jeder RhD-negativen Schwangeren mit einer Einlingsschwangerschaft soll die Bestimmung des fetalen Rhesusfaktors an fetaler DNA aus mütterlichem Blut angeboten werden. Der nicht invasive Pränataltest zur Bestimmung des fetalen Rhesusfaktors zur Vermeidung einer mütterlichen Rhesussensibilisierung (NIPT-RhD) ist frühestens ab der 11+0 Schwangerschaftswoche möglich, sofern der verwendete Test die in Buchstabe a geforderten Testkriterien erfüllt. Für diese genetische vorgeburtliche Untersuchung gelten die Vorgaben des GenDG. Als Hilfestellung für die Information der Schwangeren zu dieser Untersuchung ist die Versicherteninformation mit dem Titel: „Welchen Nutzen hat die Bestimmung des Rhesusfaktors vor der Geburt?" (Anlage 7) zur Verfügung zu stellen.

a) Für die Bestimmung des fetalen Rhesusfaktors an fetaler DNA aus mütterlichem Blut dürfen nur NIPT-RhD-Verfahren verwendet werden, für die die Validität ihrer Ergebnisse durch eine Qualitätssicherung abgesichert ist. Die Testgüte zur Abklärung des fetalen Rhesusfaktors muss für den im konkreten Fall zum Einsatz kommenden Test im Rahmen von prospektiv

---

[1)] Abschn. C Nr. 1 zu b samt Abs. 1–3 aufgeh., bish. Nr. 1 zu c, zu d und zu e werden zu b, zu c und zu d mWv 19.8.2011 durch Beschl. v. 19.5.2011 (BAnz. 2011 S. 2894), Nr. 1 zu c Sätze 1, 3, 4, 6 und 7 geänd. mWv 24.11.2020 durch Beschl. v. 20.8.2020 (BAnz. AT 23.11.2020 B3).

[2)] Nr. 2 eingef. mWv 24.11.2020 durch Beschl. v. 20.8.2020 (BAnz. AT 23.11.2020 B3).

geplanten, verblindeten Studien untersucht worden sein und eine Sensitivität von mindestens 99 % sowie eine Spezifität von 98 % aufweisen. Die Studienergebnisse zur Testgüte müssen entsprechend den wissenschaftlichen Standards vollständig veröffentlicht worden sein.

b) Die verantwortliche ärztliche Person, die die Schwangere vor und nach Durchführung des NIPT-RhD genetisch berät, muss über eine Qualifikation für diese Beratung gemäß GenDG und den Richtlinien der Gendiagnostik-Kommission verfügen. Die Aufklärungs- und Beratungsverpflichtungen müssen erfüllt sein.

c) Die Ergebnismitteilung muss eine Angabe enthalten, ob beim Fetus ein *RHD*-negatives oder *RHD*-positives Ergebnis vorliegt, sofern die Probe auswertbar war. Das Ergebnis ist im Mutterpass zu dokumentieren, wenn die Einwilligung hierfür sowie die Einwilligung in die Untersuchung und die Gewinnung der dafür erforderlichen genetischen Probe ebenfalls vorliegt und nicht widerrufen wurde.

3.[1] [1]Ein weiterer Antikörper-Suchtest ist bei allen Schwangeren (RhD-positiven und RhD-negativen) in der 23+0 bis 26+6 Schwangerschaftswoche durchzuführen. [2]Sind bei RhD-negativen Schwangeren keine Anti-D-Antikörper nachweisbar, so soll in der 27+0 bis 29+6 Schwangerschaftswoche eine Standarddosis (um 300 µg) Anti-D-Immunglobulin injiziert werden, um möglichst bis zur Geburt eine Sensibilisierung der Schwangeren zu verhindern. [3]Das Datum der präpartalen Anti-D-Prophylaxe ist im Mutterpaß zu vermerken.

Liegt bis 29+6 SSW kein Ergebnis des NIPT-RhD vor, soll die ungezielte Anti-D-Prophylaxe durchgeführt werden.

Eine Anti-D-Prophylaxe bei der RhD-negativen Schwangeren ist nicht notwendig, wenn der Fetus mit einem Verfahren gemäß Nummer 2 *RHD*-negativ bestimmt wurde oder wenn die RhD-negative Schwangere mit *RHD*-positivem Feten bereits Antikörper entwickelt hat.

4.[2] [1]Bei allen Schwangeren ist nach der 32. Schwangerschaftswoche, möglichst nahe am Geburtstermin, das Blut auf HBsAg[3] zu untersuchen. [2]Ist das Ergebnis positiv, soll das Neugeborene unmittelbar post partum gegen Hepatitis B aktiv/passiv immunisiert werden.

[3]Die Untersuchung auf HBsAg entfällt, wenn Immunität (z. B. nach Schutzimpfung) nachgewiesen ist.

D. Blutgruppenserologische Untersuchungen nach Geburt oder Fehlgeburt und Anti-D-Immunglobulin-Prophylaxe

1.[4] [1]Bei jedem Kind einer RhD-negativen Mutter ist unmittelbar nach der Geburt das Merkmal RhD unter Beachtung der Ergebnisse des direkten

---

[1] Bish. Nr. 2 wird Nr. 3, Sätze 1 und 2 geänd., Sätze 3 u. 4 angef. mWv 24.11.2020 durch Beschl. v. 20.8.2020 (BAnz. AT 23.11.2020 B3).

[2] Abschn. C Nr. 3 Satz 2 aufgeh., bish. Sätze 3 und 4 werden Sätze 2 und 3 mWv 20.12.2012 durch Beschl. v. 18.10.2012 (BAnz. AT v. 19.12.2012 B3), bish. Nr. 3 wird Nr. 4 mWv 24.11.2020 durch Beschl. v. 20.8.2020 (BAnz. AT 23.11.2020 B3).

[3] **Amtl. Anm.:** HBsAg = Hepatitis B surface antigen.

[4] Abschn. D Nr. 1 geänd. mWv 24.11.2020 durch Beschl. v. 20.8.2020 (BAnz. AT 23.11.2020 B3).

Coombstests zu bestimmen. [2]Ist dieser RhD-Faktor positiv (D^+) oder liegt eine schwach ausgeprägte RhD-Variante (z. B. weak RhD) vor, so ist aus derselben Blutprobe auch die Blutgruppe des Kindes zu bestimmen. [3]Bei RhD-positivem Kind ist bei der RhD-negativen Mutter eine weitere Standarddosis Anti-D-Immunglobulin (um 300 μg) innerhalb von 72 Stunden post partum zu applizieren, selbst wenn nach der Geburt schwach reagierende Anti-D-Antikörper bei der Mutter gefunden worden sind und/oder der direkte Coombstest beim Kind schwach positiv ist. [4]Hierdurch soll ein schneller Abbau der insbesondere während der Geburt in den mütterlichen Kreislauf übergetretenen RhD-positiven Erythrozyten bewirkt werden, um die Bildung von Anti-D-Antikörpern bei der Mutter zu verhindern.

2.[1)] RhD-negativen Frauen mit fehlenden Anti-D-Antikörpern und unbekanntem fetalen Rhesusfaktor oder bekannt *RHD*-positivem Fetus sollte so bald wie möglich nach einer Fehlgeburt oder einem Schwangerschaftsabbruch, jedoch innerhalb 72 Stunden post abortum bzw. nach Schwangerschaftsabbruch, Anti-D-Immunglobulin injiziert werden.

E. Voraussetzungen für die Durchführung serologischer Untersuchungen

[1]Die serologischen Untersuchungen nach den Abschnitten C. und D. sollen nur von solchen Ärzten durchgeführt werden, die über die entsprechenden Kenntnisse und Einrichtungen verfügen. [2]Dieselben Voraussetzungen gelten für Untersuchungen in Instituten.

F. Untersuchungen und Beratungen der Wöchnerin

1. [1]Eine Untersuchung soll innerhalb der ersten Woche nach der Entbindung vorgenommen werden. [2]Dabei soll das Hämoglobin bestimmt werden.

2.[2)] [1]Eine weitere Untersuchung soll etwa sechs Wochen, spätestens jedoch acht Wochen nach der Entbindung durchgeführt werden. [2]Die Untersuchung umfasst:
- Allgemeinuntersuchung (falls erforderlich einschließlich Hb-Bestimmung),
- Feststellung des gynäkologischen Befunds,
- Blutdruckmessung,
- Untersuchung des Mittelstrahlurins auf Eiweiß und Zucker,
- bakteriologische Urinuntersuchungen soweit nach der Befundlage erforderlich (z. B. bei auffälligen Symptomen, rezidivierenden Harnwegsinfektionen in der Anamnese, Z. n. Frühgeburt, erhöhtem Risiko für Infektionen der ableitenden Harnwege) sowie
- Beratung der Mutter.

[1)] Abschn. D Nr. 2 neu gef. mWv 24.11.2020 durch Beschl. v. 20.8.2020 (BAnz. AT 23.11.2020 B3).

[2)] Abschn. F Nr. 2 neu gef. mWv 28.5.2019 durch Beschl. v. 22.3.2019 (BAnz. AT 27.5.2019 B3).

G.[1] Medikamentöse Maßnahmen und Verordnung von Verband- und Heilmitteln

[1] Die Versicherte hat während der Schwangerschaft und im Zusammenhang mit der Entbindung Anspruch auf Versorgung mit Arznei-, Verband-, Heil- und Hilfsmitteln. [2] Die für die Leistungen nach den §§ 31 bis 33 SGB V geltenden Vorschriften gelten entsprechend; bei Schwangerschaftsbeschwerden und im Zusammenhang mit der Entbindung finden die Regelungen, die für die Versorgung mit Arznei-, Verband-, Heil- und Hilfsmitteln eine Zuzahlung der Versicherten vorsehen, keine Anwendung.

H. Aufzeichnungen und Bescheinigungen

1. Nach Feststellung der Schwangerschaft stellt der Arzt der Schwangeren einen Mutterpaß (Anlage 3)[2] aus, sofern sie nicht bereits einen Paß dieses Musters besitzt.

2.[3] [1] Nach diesem Mutterpaß richten sich auch die vom Arzt vorzunehmenden Eintragungen der Ergebnisse der Untersuchungen im Rahmen der ärztlichen Betreuung während der Schwangerschaft und nach der Entbindung. [2] Darüber hinausgehende für die Schwangerschaft relevante Untersuchungsergebnisse sollen in den Mutterpass eingetragen werden, soweit die Eintragung durch die Richtlinien nicht ausgeschlossen ist (Lues-Suchreaktion sowie HIV-Untersuchung).

3. Die Befunde der ärztlichen Betreuung und der blutgruppenserologischen Untersuchungen hält der Arzt für seine Patientenkartei fest und stellt sie bei eventuellem Arztwechsel dem anderen Arzt auf dessen Anforderung zur Verfügung, sofern die Schwangere zustimmt.

4. [1] Beim Anlegen eines weiteren Mutterpasses sind die Blutgruppenbefunde zu übertragen. [2] Die Richtigkeit der Übertragung ist ärztlich zu bescheinigen.

5.[4] Der zuständige Unterausschuss des Gemeinsamen Bundesausschusses ist berechtigt, Änderungen am Mutterpaß vorzunehmen, deren Notwendigkeit sich aus der praktischen Anwendung ergibt, soweit dadurch der Mutterpaß nicht in seinem Aufbau und in seinem wesentlichen Inhalt verändert wird.

(Fortsetzung nächste Seite)

---

[1] Abschn. G neu gef. mWv 5.5.2015 durch Beschl. v. 19.2.2015 (BAnz. AT 4.5.2015 B3).
[2] Vom Abdruck wurde abgesehen.
[3] Abschn. H Nr. 2 Satz 2 neu gef. mWv 22.12.2007 durch Beschl. v. 13.9.2007 (BAnz. 2007 S. 8326).
[4] Abschn. H Nr. 5 geänd. mWv 23.1.2009 durch Beschl. v. 22.1.2009 (BAnz. 2009 S. 946).

Was kostet eine Basis-Ultraschalluntersuchung?

Die Kosten für alle hier beschriebenen Basis-Ultraschalluntersuchungen werden von der gesetzlichen Krankenversicherung übernommen. Sie haben in jedem Schwangerschaftsdrittel (Trimenon) Anspruch auf eine Basis-Ultraschalluntersuchung. Im 2. Trimenon kann diese entweder als Basis-Ultraschalluntersuchung oder als erweiterte Basis-Ultraschalluntersuchung erfolgen.

Wo finde ich weitere Informationen?

Bei allen Fragen rund um das Thema Schwangerschaft und Geburt können Sie sich an eine Schwangerschaftsberatungsstelle wenden. Der Anspruch auf Beratung umfasst auch die Vorsorgeuntersuchungen im Rahmen der Schwangerschaft. Die Beratung ist in der Regel kostenlos.

Hilfen zu Fragen rund um das Thema Schwangerschaft und Geburt bieten auch viele andere Beratungsstellen für werdende Eltern. Adressen und weitere Informationen finden Sie auf der Website der Bundeszentrale für gesundheitliche Aufklärung (BZgA) unter www.familienplanung.de. Dort finden Sie auch Adressen von Beratungsstellen in Ihrer Nähe.

Stand:
Juli 2013

Das Merkblatt ist eine Anlage der Mutterschafts-Richtlinien.

Herausgeber:
Gemeinsamer Bundesausschuss (G-BA)
Wegelystraße 8
10623 Berlin
Telefon: 0 30/27 58 38-0
Telefax: 0 30/27 58 38-9 90
www.g-ba.de

Der Gemeinsame Bundesausschuss (G-BA) ist ein Gremium der gemeinsamen Selbstverwaltung von Ärztinnen und Ärzten, Zahnärztinnen und Zahnärzten, Psychotherapeutinnen und Psychotherapeuten, Krankenhäusern und Krankenkassen in Deutschland, in dem seit 2004 auch Patientenvertreterinnen und Patientenvertreter aktiv mitwirken.

Erstellung:
Dieses Merkblatt wurde im Auftrag des G-BA vom Institut für Qualität und Wirtschaftlichkeit im Gesundheitswesen (www.iqwig.de) entworfen, nachfolgend vom G-BA weiterbearbeitet und in der vorliegenden Fassung beschlossen.

Anlage 6[1)]

(zu Abschnitt A Nummer 8 der Mutterschafts-Richtlinien)

Ich bin schwanger. Warum wird allen schwangeren Frauen ein Test auf Schwangerschaftsdiabetes angeboten?

(nicht abgedruckt)

Anlage 7[2)]

(zu Abschnitt C Serologische Untersuchungen und Maßnahmen während der Schwangerschaft)

Welchen Nutzen hat die Bestimmung des Rhesusfaktors vor der Geburt?

(nicht abgedruckt)

[1)] Anlage 6 angef. mWv 3.3.2012 durch Beschl. v. 15.12.2011 (BAnz. 2012 S. 914).
[2)] Anlage 7 angef. mWv 24.11.2020 durch Beschl. v. 20.8.2020 (BAnz. 23.11.2020).

501. Richtlinie des Gemeinsamen Bundesausschusses zu Untersuchungs- und Behandlungsmethoden der vertragsärztlichen Versorgung (Richtlinie Methoden vertragsärztliche Versorgung)

Vom 17. Januar 2006

(BAnz. Nr. 48 S. 1523; Inkrafttreten: 1.4.2006)

Geändert durch Beschl. des G-BA v. 18.7.2006 (BAnz. Nr. 193 vom 13.10.2006, S. 6703; Inkrafttreten: 14.10.2006), durch Beschl. des G-BA v. 18.4.2006/19.9.2006 (BAnz. Nr. 214 vom 14.11.2006, S. 6952; Inkrafttreten: 1.1.2007), durch Beschl. des G-BA vom 18.1.2007 (BAnz. Nr. 79 vom 26.4.2007, S. 4362; Inkrafttreten: 1.4.2007), durch Beschl. des G-BA vom 16.8.2007 (BAnz. Nr. 207 vom 7.11.2007, S. 7938; Inkrafttreten: 8.11.2007), durch Beschl. des G-BA vom 15.11.2007 (BAnz. Nr. 23 vom 13.2.2008, S. 489; Inkrafttreten: 14.2.2008), durch Beschl. des G-BA vom 20.12.2007 (BAnz. Nr. 43 vom 18.3.2008, S. 988; Inkrafttreten: 1.1.2008), durch Beschl. des G-BA vom 13.3.2008 (BAnz. Nr. 80 vom 3.6.2008, S. 1950; Inkrafttreten: 1.7.2008), durch Beschl. des G-BA vom 19.6.2008 (BAnz. Nr. 124 vom 19.8.2008, S. 3017; Inkrafttreten: 1.1.2009), durch Beschl. des G-BA vom 19.6.2008 (BAnz. Nr. 138 vom 11.9.2008, S. 3321; Inkrafttreten: 12.9.2008), durch Beschl. des G-BA vom 1.12.2008 (BAnz. Nr. 197 vom 30.12.2008, S. 4731; Inkrafttreten: 31.12.2008), durch Beschl. des G-BA vom 16.7.2009 (BAnz. Nr. 128 vom 28.8.2009, S. 3005; Inkrafttreten: 29.8.2009), durch Beschl. des G-BA vom 17.12.2009 (BAnz. Nr. 34 vom 3.3.2010, S. 870; Inkrafttreten: 4.3.2010), durch Beschl. des G-BA vom 18.3.2010 (BAnz. Nr. 85 vom 11.6.2010, S. 2074; Inkrafttreten: 12.6.2010), durch Beschl. des G-BA vom 20.5.2010 (BAnz. Nr. 109 vom 23.7.2010, S. 2561; Inkrafttreten: 24.7.2010), durch Beschl. des G-BA vom 19.8.2010 (BAnz. Nr. 172 vom 12.11.2010, S. 3802; Inkrafttreten: 13.11.2010), durch Beschl. des G-BA vom 11.11.2010 (BAnz. 2011 Nr. 17 vom 1.2.2011, S. 374; Inkrafttreten: 2.2.2011), durch Beschl. des G-BA vom 20.1.2011 (BAnz. Nr. 56 vom 8.4.2011, S. 1342; Inkrafttreten: 9.4.2011), durch Beschl. des G-BA vom 16.12.2010 (BAnz. Nr. 107 vom 20.7.2011, S. 2555; Inkrafttreten: 21.7.2011), durch Beschl. des G-BA vom 14.4.2011 (BAnz. Nr. 107 vom 20.7.2011, S. 2557; Inkrafttreten. 21.7.2011), durch Beschl. des G-BA vom 21.10.2010 (BAnz. Nr. 192 vom 21.12.2011, S. 4505; Inkrafttreten: 22.12.2011; ber. BAnz. Nr. 195 vom 28.12.2011, S. 4609), durch Beschl. des G-BA vom 20.10.2011 (BAnz. Nr. 22 vom 8.2.2012, S. 535; Inkrafttreten: 9.2.2012), durch Beschl. des G-BA vom 24.11.2011 (BAnz. Nr. 31 vom 23.2.2012, S. 747; Inkrafttreten: 24.2.2012; ber. BAnz.Nr. 51 vom 29.3.2012, S. 1243), durch Beschl. des G-BA vom 17.1.2013 (BAnz. AT vom 8.4.2013 B7; Inkrafttreten: 9.4.2013), durch Beschl. des G-BA vom 17.1.2013 (BAnz. AT vom 8.4.2013 B8; Inkrafttreten: 9.4.2013), durch Beschl. des G-BA vom 21.2.2013 (BAnz. AT vom 10.5.2013 B3; Inkrafttreten: 11.5.2013), durch Beschl. des G-BA vom 21.3.2013 (BAnz. AT vom 10.7.2013 B5; Inkrafttreten: 11.7.2013), durch Beschl. des G-BA vom 18.4.2013 (BAnz. AT vom 7.11.2013 B3; Inkrafttreten: 8.11.2013), durch Beschl. des G-BA vom 17.7.2014 (BAnz. AT vom 2.10.2014 B2; Inkrafttreten: 3.10.2014), durch Beschl. des G-BA vom 20.11.2014 (BAnz. AT vom 31.12.2014 B5; Inkrafttreten: 1.1.2015), durch Beschl. des G-BA vom 18.12.2014 (BAnz. AT 5.3.2015 B3; Inkrafttreten: 6.3.2015), durch Beschl. des G-BA vom 19.2.2015 (BAnz. AT vom 15.5.2015 B7; Inkrafttreten: 16.5.2015), durch Beschl. des G-BA vom 27.11.2015 (BAnz. AT vom 15.2.2016 B3; Inkrafttreten: 1.4.2016), durch Beschl. des G-BA vom 16.6.2016 (BAnz. AT vom 6.9.2016 B3; Inkrafttreten: 7.9.2016), durch Beschl. des G-BA vom 16.6.2016 (BAnz. AT vom 7.9.2016 B3; Inkrafttreten: 8.9.2016), durch Beschl. des G-BA vom 15.9.2016 (BAnz. AT vom 10.3.2017 B4; Inkrafttreten: 11.3.2017), durch Beschl. des G-BA vom 16.3.2017 (BAnz. AT vom 6.6.2017 B3; Inkrafttreten: 7.6.2017), durch Beschl. des G-BA vom 15.6.2017 (BAnz. AT vom 29.8.2017 B5; Inkrafttreten: 30.8.2017), durch Beschl. des G-BA vom 20.7.2017 (Beschl. AT vom 17.10.2017 B4; Inkrafttreten: 18.10.2017), durch Beschl. des G-BA vom 21.9.2017 (BAnz. AT vom 29.11.2017 B3; Inkrafttreten: 30.11.2017), durch Beschl. des G-BA vom 21.9.2017 (BAnz. AT vom 10.1.2018 B4; Inkrafttreten 11.1.2018), durch Beschl. des G-BA vom 17.11.2017 (BAnz AT vom 31.1.2018 B2; Inkrafttreten: 1.2.2018; ber. am 8.2.2018, BAnz. AT vom 19.2.2018 B3), durch Beschl. des G-BA vom 15.2.2018 (BAnz. AT vom 11.5.2018 B7; Inkrafttreten: 12.5.2018), durch Beschl. des G-BA vom 15.2.2018 (BAnz. AT vom 11.5.2018 B6; Inkrafttreten: 12.5.2018), durch Beschl. des G-BA vom 19.4.2018 (BAnz. AT vom 25.7.2018 B1; Inkrafttreten: 26.7.2018), durch Beschl. des G-BA vom 17.5.2018 (BAnz. AT vom 7.8.2018 B5; Inkrafttreten: 8.8.2018), durch Beschl. des G-BA vom 19.7.2018 (BAnz. AT vom 11.10.2018 B2; Inkrafttreten: 12.10.2018), durch Beschl. des G-BA vom 19.7.2018 (BAnz. AT vom 23.10.2018 B4; Inkrafttreten: 1.7.2018), durch Beschl. des G-BA vom 16.8.2018 (BAnz. AT vom 6.11.2018

B3, Inkrafttreten: 7.11.2018), durch Beschl. des G-BA vom 6.9.2018 (BAnz. AT vom 6.12.2018 B6; Inkrafttreten: 7.12.2018), durch Beschl. des G-BA vom 20.9.2018 (BAnz. AT vom 13.12.2018 B7; Inkrafttreten: 14.12.2018), durch Beschl. des G-BA vom 18.10.2018 (BAnz. AT vom 16.1.2019 B5; Inkrafttreten: 17.1.2019), durch Beschl. des G-BA vom 20.12.2018 (BAnz. AT vom 22.3.2019 B2; Inkrafttreten: 23.3.2019), durch Beschl. des G-BA vom 20.12.2018 (BAnz. AT vom 27.3.2019 B2; Inkrafttreten: 1.1.2019), durch Beschl. des G-BA vom 21.2.2019 (BAnz. AT vom 14.6.2019 B1; Inkrafttreten: 1.4.2019), durch Beschl. des G-BA vom 20.6.2019 (BAnz. AT vom 19.7.2019 B3; Inkrafttreten: 1.7.2019), durch Beschl. des G-BA vom 20.6.2019 (BAnz. AT vom 22.8.2019 B5; Inkrafttreten: 23.8.2019), durch Beschl. des G-BA vom 20.6.2019 (BAnz. AT vom 4.9.2019 B2; Inkrafttreten: 5.9.2019), durch Beschl. des G-BA vom 19.9.2019 (BAnz. AT vom 6.12.2019 B3; Inkrafttreten: 7.12.2019), durch Beschl. des G-BA vom 19.12.2019 (BAnz. AT vom 11.3.2020 B2; Inkrafttreten: 12.3.2020), durch Beschl. des G-BA vom 19.12.1019 (BAnz. AT vom 20.3.2020 B5; Inkrafttreten: 21.3.2020), durch Beschl. des G-BA vom 19.12.2019 (BAnz. AT vom 14.4.2020 B5; Inkrafttreten: 1.1.2020/15.4.2020), durch Beschl. des G-BA vom 14.5.2020 (BAnz. AT vom 12.6.2020 B2; Inkrafttreten: 27.3.2020), durch Beschl. des G-BA vom 20.3.2020 (BAnz. AT vom 22.5.2020 B2; Inkrafttreten: 23.5.2020), durch Beschl. des G-BA vom 20.3.2020 (BAnz. AT vom 8.6.2020 B5; Inkrafttreten: 9.6.2020), durch Beschl. des G-BA vom 18.6.2020 (BAnz. AT vom 21.7.2020 B1; Inkrafttreten: 22.7.2020), durch Beschl. des G-BA vom 17.9.2020 (BAnz. AT vom 7.1.2021 B3; Inkrafttreten: 8.1.2021), durch Beschl. des G-BA vom 15.10.2020 (BAnz. AT vom 19.1.2021 B1; Inkrafttreten: 20.1.2021)

§ 1 Regelungsinhalt. (1) Die Richtlinie benennt in Anlage I die vom Gemeinsamen Bundesausschuss nach Überprüfung gemäß § 135 Abs. 1 SGB V[1)] anerkannten ärztlichen Untersuchungs- und Behandlungsmethoden der vertragsärztlichen Versorgung und – soweit zur sachgerechten Anwendung der neuen Methode erforderlich – die notwendige Qualifikation der Ärzte, die apparativen Anforderungen sowie die Anforderungen an Maßnahmen der Qualitätssicherung und die erforderliche Aufzeichnung über die ärztliche Behandlung.

(2) Ärztliche Untersuchungs- und Behandlungsmethoden, die nach Überprüfung gemäß § 135 Abs. 1 SGB V aus der vertragsärztlichen Versorgung ausgeschlossen wurden, sind in Anlage II der Richtlinie aufgeführt; Methoden, deren Bewertungsverfahren ausgesetzt ist, sind in Anlage III genannt.

§ 2[2)] Geltungsbereich. (1) [1]Die Richtlinie ist nach § 91 Abs. 9 SGB V[1)] für die an der vertragsärztlichen Versorgung teilnehmenden Leistungserbringer, für die gesetzlichen Krankenkassen und deren Versicherte verbindlich. [2]Vom Gemeinsamen Bundesausschuss nicht anerkannte Untersuchungs- und Behandlungsmethoden sind von der vertragsärztlichen Versorgung zu Lasten der gesetzlichen Krankenversicherung ausgeschlossen.

(2) [1]Der Ausschluss einer Methode – gemäß Anlage II – lässt die Leistungserbringung bei Vorliegen der im Leitsatz des Beschlusses des Bundesverfassungsgerichts vom 6. Dezember 2005 (Az. 1 BvR 347/98) aufgeführten Voraussetzungen unberührt. [2]Demzufolge kann eine Patientin oder ein Patient mit einer lebensbedrohlichen oder regelmäßig tödlichen Erkrankung oder zumindest wertungsmäßig vergleichbaren Erkrankung für die eine allgemein anerkannte, dem medizinischen Standard entsprechende Behandlung nicht zur Verfügung steht, eine von ihr oder ihm gewählte, ärztlich angewandte Behandlungsmethode trotz des Ausschlusses von der gesetzlichen Kranversicherung beanspruchen, wenn eine nicht ganz entfernt liegende Aussicht auf Heilung oder auf eine spürbare positive Einwirkung auf den Krankheitsverlauf besteht.

[1)] **Aichberger, Sozialgesetzbuch, Nr. 5.**

[2)] § 2 Absatzbez. 1 eingef., Abs. 2 angef. mWv 9.4.2011 durch Besch. v. 20.1.2011 (BAnz. 2011 S. 1342).

[3] Die Ärztin oder der Arzt hat die Entscheidung zur Anwendung einer Methode nach Satz 2 sowie die entsprechende Aufklärung, einschließlich der Information, dass es sich um eine nach § 135 SGB V ausgeschlossene Methode handelt, und das Einverständnis der Patientin oder des Patienten zu dokumentieren.

§ 3 Verfahren. Das Verfahren zur Bewertung von medizinischen Untersuchungs- und Behandlungsmethoden der vertragsärztlichen Versorgung richtet sich nach Teil C der Verfahrensordnung des Gemeinsamen Bundesausschusses.

§ 4[1] Sonderregelung bei Bestehen einer epidemischen Lage von nationaler Tragweite. Wenn und solange der Deutsche Bundestag gemäß § 5 Absatz 1 Infektionsschutzgesetz eine epidemische Lage von nationaler Tragweite festgestellt hat, können die Vertragspartner der Bundesmantelverträge die Umsetzung von Vorgaben zur Qualitätssicherung in Anlage I der MVV-RL vorübergehend aussetzen, von diesen abweichen oder diese anpassen, soweit dies durch das Infektionsgeschehen erforderlich und im Hinblick auf eine qualitätsgesicherte Versorgung von Patientinnen und Patienten vertretbar ist.

(Fortsetzung nächstes Blatt)

---

[1] § 4 angef. mWv 27.3.2020 durch Beschl. v. 14.5.2020 (BAnz. AT 12.6.2020 B2).

6. Viruslastbestimmung bei HIV-Infizierten unter folgenden Indikationen:[1]

- Zur Entscheidung über den Beginn einer medikamentösen, antiretroviralen Therapie bei HIV-Infizierten
- Zur Überwachung und ggf. Umstellung einer antiretroviralen Therapie
- Zur Prüfung, ob ein neugeborenes Kind einer HIV-infizierten Mutter mit dem HI-Virus infiziert ist

Zur Häufigkeit der Durchführung der Viruslastbestimmung wird auf die jeweils aktuellen Empfehlungen des Robert-Koch-Institutes, Berlin verwiesen.

7.[2] Osteodensitometrie mittels einer zentralen DXA (Dual-Energy X-ray Absorptiometrie)

zum Zweck der Optimierung der Therapieentscheidung, wenn aufgrund konkreter anamnestischer und klinischer Befunde, beispielsweise bei klinisch manifester Wirbelkörper- oder Hüftfraktur ohne adäquates Trauma, eine Absicht für eine spezifische medikamentöse Therapie einer Osteoporose besteht.

Zum Zweck der Optimierung der Therapieentscheidung kann die Osteodensitometrie frühestens nach 5 Jahren wiederholt werden, es sei denn, dass aufgrund besonderer therapierelevanter anamnestischer und klinischer Befunde eine frühere Osteodensitometrie geboten ist.

8. Photodynamische Therapie (PDT) mit Verteporfin bei altersabhängiger feuchter Makuladegeneration mit subfoveolärer klassischer choriodaler Neovaskularisation[3]

Empfehlungen zur Qualitätssicherung und zur Dokumentation

Die o. g. Indikation zur Anwendung der PDT mit Verteporin stellt in der Augendiagnostik einen schwierigen Untersuchungssachverhalt dar, der mit dem etablierten Untersuchungsverfahren der Fluoreszenzangiografie sowohl hinsichtlich der Eingangs- als auch der Folgediagnostik oft nicht zweifelsfrei zu klären ist.

Die Einführung der PDT mit Verteporfin bei der o. g. Indikation in den Einheitlichen Bewertungsmaßstab wird daher an die Voraussetzung geknüpft, dass zeitgleich eine Qualitätssicherungsvereinbarung nach § 135 Abs. 2 SGB V in Kraft tritt. Hierzu werden folgende Empfehlungen gegeben:

- Im Ausschuss „Qualitätssicherung“ sollte geprüft werden, ob Maßnahmen zur Indikationssicherung (insbesondere die obligate Einholung einer Zweitbefundung der Fluoreszenzangiografie) getroffen werden können.
- Alternativ sollte geprüft werden, ob die durchgeführten Fluoreszenzangiografien stichprobenhaft zweitbefundet werden.
- Der jeweilige Untersucher (Facharzt für Augenheilkunde) sollte besondere Erfahrungen in der Durchführung und Befundung von Fluoreszenzangiografien nachweisen und einen durch die DOG/BVA-Kommission akkreditierten Kurs zur PDT absolviert haben.
- Die gerätetechnischen Voraussetzungen für den Laser sind festzulegen.
- Kriterien zur Beendigung der Therapie bei Visusverschlechterung sollten festgelegt werden.
- Die umfassende Dokumentation der Befunde, repräsentativer Fluoreszenzangiografie-Bilder und des Behandlungsverlaufes sollte verpflichtend vorgegeben werden. Die Dokumentationen sind auf Verlangen der kassenärztlichen Vereinigungen für Qualitätssicherungsmaßnahmen vorzulegen.

---

[1] **Viruslastbestimmung bei HIV-Infizierten,** Beschluss des Bundesausschusses vom 10.12.1999
Veröffentlichung im Bundesanzeiger Nr. 56 vom 21.3.2000
Veröffentlichung im Deutschen Ärzteblatt 2000, Heft 13, vom 31.3.2000, gültig seit dem 22.3.2000.

[2] Nr. 7 angef. mWv 22.3.2000 durch Beschl. v. 10.12.1999 (BAnz. 2000 S. 4602 und neu gef. mWv 11.5.2013 durch Beschl. v. 21.2.2013 (BAnz. AT 10.5.2013 B3).

[3] Nr. 8 angef. mWv 19.1.2001 durch Beschl. v. 16.10.2000 (BAnz. 2001 S. 685).

9. Magnetresonanztomographie der weiblichen Brust (MRM) bei den Indikationen[1]

– Rezidivausschluss eines Mamma-Karzinoms nach brusterhaltender Therapie (Operation und/oder Radiatio) oder nach primärem oder sekundärem Brustwiederaufbau, wenn Mammographie und Sonographie nicht die Dignität des Rezidivverdachtes klären.
– Primärtumorsuche bei histologisch gesicherter axillärer Lymphknotenmetastase eines Mamma-Karzinoms, wenn ein Primärtumor weder klinisch noch mit den bildgebenden Verfahren Mammographie oder Sonographie dargestellt werden konnte.

Empfehlungen zur Qualitätssicherung und zu den erforderlichen Aufzeichnungen gemäß § 135 Abs. 1 Nrn. 2 u. 3 SGB V

1. Leistungen der Kernspintomographie der Mamma können in der vertragsärztlichen Versorgung nur dann ausgeführt und abgerechnet werden, wenn zuvor bestimmte Anforderungen an die Strukturqualität – insbesondere an die fachliche Befähigung des Arztes und an die apparative Ausstattung des Kernspintomographiegerätes – erfüllt und gegenüber der Kassenärztlichen Vereinigung nachgewiesen werden. Hierzu gehören:
   – Der Arzt muss über eingehende Kenntnisse, Erfahrungen und Fertigkeiten in der allgemeinen Kernspintomographie verfügen sowie eine ausreichende Mindestanzahl von kernspintomographischen Untersuchungen der Mamma (einschl. pathologischer Befunde) unter der Anleitung eines fachkundigen Arztes durchgeführt und befundet haben.
   – Zur Sicherstellung einer dauerhaften Aufrechterhaltung der gebotenen fachlichen Befähigung („Routine") muss der Arzt jährlich eine Mindestanzahl von Kernspintomographieuntersuchungen der Mamma durchführen.
   – Die etablierten Untersuchungsverfahren zur Mammadiagnostik, d. h. die Mammographie und die Mammasonographie, müssen vom Arzt vorgehalten und soweit medizinisch notwendig durchgeführt werden.
   – Soweit auf Grund der Kernspintomographie eine histologische/zytologische Abklärung veranlasst wird, ist der Arzt verpflichtet, deren Ergebnisse seiner vorgenommenen prospektiven Diagnostik zuzuordnen und den Grad der Übereinstimmung zu dokumentieren.
   – Das Kernspintomographiegerät muss über die erforderliche spezifische apparative Ausstattung für Untersuchungen der Mamma verfügen.

   Das Nähere zur Ausführung und Abrechnung von Leistungen der Kernspintomographie der Mamma legen die Partner der Bundesmantelverträge auf der Grundlage der Empfehlungen im Rahmen der Kernspintomographie-Vereinbarung gemäß § 135 Abs. 2 SGB V fest.

2. Die Qualität der abgerechneten kernspintomographischen Leistungen der Mamma im Einzelfall sollen im Rahmen von Stichproben durch die Kassenärztlichen Vereinigungen überprüft werden. Die Überprüfungen erfolgen auf der Grundlage der ärztlichen Dokumentation. Sie sollen die Qualität der kernspintomographischen Untersuchung mit ihren diagnostischen Informationen sowie die Nachvollziehbarkeit und Schlüssigkeit der Indikationsstellung umfassen. Aus der Dokumentation muss hervorgehen, dass die Kernspinto-

---

[1] **Magnetresonanztomographie der weiblichen Brust,** Beschluss des Bundesausschusses vom 3.5.2001 und vom 23.8.2001

Veröffentlichung im Bundesanzeiger Nr. 194 vom 17.10.2001

Veröffentlichung im Deutschen Ärzteblatt 2001, Heft 93, vom 26.10.2001, gültig seit dem 18.10.2001.

Nr. 9 Ziff. 2 Satz 6 angef. mWv 1.7.2018 durch Beschl. v. 19.7.2018 (BAnz. AT 23.10.2018 B4), Ziff. 2 Satz 6 geänd. mWv 1.1.2019 durch Beschl. v. 20.12.2018 (BAnz. AT 27.3.2019 B2) und mWv 1.4.2019 durch Beschl. v. 21.2.2019 (BAnz. AT 14.6.2019 B1) Ziff. 2 Satz 6 geänd. mWv 1.7.2019 durch Beschl. v. 20.6.2019 (BAnz. AT 19.7.2019 B3), Ziff. 2 Satz 6 geänd. mWv 1.1.2020 durch Beschl. v. 19.12.2019 (BAnz. AT 14.4.2020 B5), Ziff. 2 Satz 5 neu gef., Sätze 6 und 7 aufgeh. mWv 15.4.2020 durch Beschl. v. 19.12.2019 (BAnz. AT 14.4.2020 B5).

mographie mit den konventionellen Voruntersuchungen (Mammographie, Mammasonographie) zusammenfassend beurteilt wurde.

Es gelten die Regelungen der Qualitätsbeurteilungs-Richtlinie für die Kernspintomographie des Gemeinsamen Bundesausschusses gemäß § 135b Absatz 2 des Fünften Buches Sozialgesetzbuch, soweit in dieser Nummer 9 (Magnetresonanztomographie der weiblichen Brust) keine abweichenden Regelungen bestimmt sind.

10.[1] Genotypische HIV-Resistenztestung

(1) a) Genotypische HIV-Resistenztestung bei Schwangeren vor Einleitung einer antiretroviralen Therapie.

b) Genotypische HIV-Resistenztestung bei therapienaiven HIV-Infizierten (frische HIV-Infektion, nicht länger als ein Jahr) vor Einleitung einer antiretroviralen Therapie, wenn

– die Infektionsquelle antiretroviral behandelt wird

oder

– sie einer Gruppe angehören, die einem erhöhten Risiko ausgesetzt ist, mit einem resistenten Virus infiziert zu werden

oder

– sie in einer Region infiziert wurden, in der resistente Viren gehäuft übertragen werden (> 10%).

(2) Genotypische HIV-Resistenztestung vor Einleitung einer Transmissionsprophylaxe in der Schwangerschaft.

(3) Genotypische HIV-Resistenztestung bei HIV-Infizierten, wenn unter einer ausreichend langen und zuverlässigen Einnahme einer individuell angepassten antiretroviralen Medikamentenkombination entsprechend dem aktuellen Therapiestandard

– jeweils durch eine Kontrollmessung der Viruslast bestätigt –

a) die Viruslast innerhalb von vier bis sechs Monaten nicht unter die Nachweisgrenze zu senken ist

oder

b) ein erneuter, klinisch relevanter Anstieg der Viruslast auf mindestens das Dreifache des niedrigsten, unter der Therapie erreichten Viruslast-Niveaus festgestellt wurde

oder

c) ein Abfall der Viruslast bei zuvor klinisch relevant erhöhtem Viruslast-Niveau um weniger als 90% des Ausgangswertes nach acht Wochen festgestellt wurde,

und

d) wegen mindestes eines der unter Buchstabe a bis c genannten Erfordernisse eine Therapieumstellung notwendig wird und beabsichtigt ist.

Es können nur solche genotypischen HIV-Resistenztests zur Anwendung kommen, durch welche die relevanten Genomabschnitte, die für die Reverse Transkriptase und die Protease kodieren, gemäß aktueller Standards hinreichend genau und reproduzierbar sequenziert werden. Die Interpretation der Testergebnisse und ggf. die weitere Therapieplanung sollen unter Einbeziehung eines in der HIV-Behandlung erfahrenen Arztes vorgenommen werden.

Eine labortechnische Voraussetzung für die Durchführung und Aussagefähigkeit einer HIV-Resistenztestung ist derzeit eine aktuelle Viruslast von ca. 1000 Kopien/ml.

---

[1] Anlage I (bish. Anlage A) Nr. 10 angef. mWv 24.3.2004 durch Beschl. v. 1.12.2003 (BAnz. 2004 S. 5679) und neu gef. mWv 25.11.2005 durch Beschl. v. 20.9.2005 (BAnz. 2005 S. 16166).

11.[1]) Photodynamische Therapie (PDT) mit Verteporfin bei

subfovealer chorioidaler Neovaskularisation (CNV) aufgrund von pathologischer Myopie mit bestkorrigiertem Visus von mindestens 0,2 bei der ersten Indikationsstellung und einer Läsionsgröße von max. 5400 μm.

12.[2]) Körperakupunktur mit Nadeln ohne elektrische Stimulation bei chronisch schmerzkranken Patienten wird für folgende Indikationen zugelassen:

§ 1 Zugelassene Indikationen

1. Chronische Schmerzen der Lendenwirbelsäule, die seit mindestens 6 Monaten bestehen und gegebenenfalls nichtsegmental bis maximal zum Kniegelenk ausstrahlen (pseudoradikulärer Schmerz),
   – mit jeweils bis zu 10 Sitzungen innerhalb von maximal 6 Wochen und in begründeten Ausnahmefällen bis zu 15 Sitzungen innerhalb von maximal 12 Wochen, jeweils mindestens 30 Minuten Dauer, mit jeweils 14–20 Nadeln;
2. chronische Schmerzen in mindestens einem Kniegelenk durch Gonarthrose, die seit mindestens 6 Monaten bestehen,
   – mit jeweils bis zu 10 Sitzungen innerhalb von maximal 6 Wochen und in begründeten Ausnahmefällen bis zu 15 Sitzungen innerhalb von maximal 12 Wochen, jeweils mindestens 30 Minuten Dauer, mit jeweils 7–15 Nadeln je behandeltem Knie.

Eine erneute Behandlung kann frühestens 12 Monate nach Abschluss einer Akupunkturbehandlung erfolgen.

§ 2 Qualitätssicherung. (1) Die Leistungen nach § 1 können nur von Vertragsärzten erbracht und abgerechnet werden, die folgende Qualifikationsvoraussetzungen erfüllen:

1. Kenntnisse der allgemeinen Grundlagen der Akupunktur, nachgewiesen durch die erfolgreiche Teilnahme an einer Zusatzweiterbildung „Akupunktur" gemäß den Vorgaben im Abschnitt C: Zusatz-Weiterbildungen der Musterweiterbildungsordnung der Bundesärztekammer vom Mai 2005 bzw. Nachweis einer in Struktur und zeitlichem Umfang der Musterweiterbildungsordnung der Bundesärztekammer gleichwertigen Qualifikation in den Bundesländern, in denen dieser Teil der Musterweiterbildungsordnung nicht umgesetzt ist, und
2. Kenntnisse in der psychosomatischen Grundversorgung, nachgewiesen durch die erfolgreiche Teilnahme an einer Fortbildung gemäß den Vorgaben des Curriculums Psychosomatische Grundversorgung der Bundesärztekammer (80-Stunden-Curriculum „Kern-(Basis)-Veranstaltung") und
3. Nachweis der Teilnahme an einem von der Ärztekammer anerkannten interdisziplinären Kurs über Schmerztherapie von 80 Stunden Dauer.

(2) Weitere Qualitätsanforderungen sind:

1. Erstellung bzw. Überprüfung eines inhaltlich und zeitlich gestaffelten Therapieplans unter Einbeziehung der Akupunktur im Rahmen eines schmerztherapeutischen Gesamtkonzepts und
2. Durchführung einer fallbezogenen Eingangserhebung zur Schmerzevaluation mit den Parametern Lokalisation des Hauptschmerzes, Schmerzdauer, Schmerzstärke, Schmerzhäufigkeit, Beeinträchtigung der Alltagstätigkeiten durch den Schmerz, Beeinträchtigung der Stimmung durch den Schmerz und Durchführung einer Verlaufserhebung bei Abschluss der Behandlung mit den Dimensionen Lokalisation des Hauptschmerzes, Zufriedenheit mit der Schmerzbehandlung, Stärke des Hauptschmerzes, Schmerzhäufigkeit, Beeinträchtigung der

---

[1]) Anlage I Nr. 11 angef. mWv 25.5.2006 durch Beschl. v. 21.2.2006 (BAnz. 2006 S. 3866) und neu gef. mWv 8.11.2007 durch Beschl. v. 16.8.2007 (BAnz. 2007 S. 7938).

[2]) Anlage I Nr. 12 angef. mWv 1.1.2007 durch Beschl. v. 18.4.2006/19.9.2006 (BAnz. 2006 S. 6952).

Alltagstätigkeiten durch den Schmerz, Beeinträchtigung der Stimmung durch den Schmerz und

3. Vorlage der Eingangs- und Verlaufsdokumentation und des Therapieplans zur stichprobenartigen Überprüfung auf Anforderung einer KV-Kommission und
4. Nachweis der regelmäßigen Teilnahme an Fallkonferenzen bzw. an Qualitätszirkeln und
5. Durchführung der Akupunktur in separaten, abgeschlossenen Räumen mit Liege und
6. Verwendung steriler Einmalnadeln.

§ 3[1)] Übergangsregelung. (1) Bis zum 30. Juni 2008 dürfen Ärzte, die die Voraussetzungen nach § 2 Abs. 1 Nr. 1 nicht erfüllen, unbeschadet der weiteren Bestimmungen dieser Nummer 12 der Anlage I Akupunktur zu Lasten der Gesetzlichen Krankenversicherung erbringen, wenn sie eine in Struktur und zeitlichem Umfang der Musterweiterbildungsordnung der Bundesärztekammer gleichwertige Qualifikation nachweisen können.

(2) Bis zum 30. Juni 2008 dürfen Ärzte, die die Voraussetzungen nach § 2 Abs. 1 Nr. 2 und 3 nicht erfüllen, unbeschadet der weiteren Bestimmungen dieser Nummer 12 der Anlage I Akupunktur zu Lasten der Gesetzlichen Krankenversicherung erbringen.

13.[2)] Phototherapeutische Keratektomie (PTK) mit dem Excimer-Laser

§ 1 Zugelassene Indikationen. Die Phototherapeutische Keratektomie mit dem Excimer-Laser kann für die folgenden Indikationen bei Vorliegen der Voraussetzungen nach §§ 2–4 zu Lasten der gesetzlichen Krankenversicherung als vertragsärztliche Leistung erbracht werden:

1. Rezidivierende Hornhauterosio
2. oberflächliche Hornhautnarben
3. Hornhautdystrophie
4. Hornhautdegeneration und
5. oberflächliche Hornhautirregularitäten (außer Pterygium).

§ 2 Kriterien zur Indikationsstellung für eine PTK. (1) Bei der Indikation rezidivierende Hornhauterosio müssen die folgenden Voraussetzungen der Nummern 1–3 kumulativ erfüllt sein:

1. Weitere Erosionen sind trotz intensiver konservativer Behandlung (mehrfach täglich Augentropfen/-gel/-salbe über einen Zeitraum von mindestens drei Monaten und bei Versagen dieser Therapie zusätzlich mindestens 2–3 Wochen Verbandslinse) und mindestens einer mechanischen Abschabung der Hornhaut aufgetreten.
2. Der Patient ist durch Schmerzen oder Fremdkörpergefühl erheblich beeinträchtigt
3. Innerhalb der letzten 12 Monate sind mindestens vier Rezidive aufgetreten.

(2) [1] Bei den Indikationen oberflächliche Hornhautnarben, Hornhautdystrophie, Hornhautdegeneration und oberflächliche Hornhautirregularitäten (außer Pterygium) ist die PTK nur anzuwenden, wenn mindestens eines der folgenden Kriterien der Nummern 1–3 erfüllt ist:

1. Der bestkorrigierte Visus ist nicht besser als 0,5 und die Läsion liegt spaltlampenmikroskopisch im Bereich der Pupille.
2. Die mit einer geeigneten Messmethode nachgewiesene Blendempfindlichkeit ist gegenüber dem Normwertbereich des entsprechenden Gerätes deutlich erhöht und die Läsion liegt spaltlampenmikroskopisch im Bereich der Pupille.
3. Der Patient ist durch Schmerzen oder Fremdkörpergefühl erheblich beeinträchtigt.

---

1) Anlage I Nr. 12 § 3 Abs. 1 und 2 geänd mWv 1.1.2008 durch Beschl. v. 20.12.2007 (BAnz. 2008 S. 988).

2) Nr. 13 samt Überschr. angef. mWv 14.10.2006 durch Beschl. v. 18.7.2006 (BAnz. 2006 S. 6703).

[2] Voraussetzung der Anwendung bei diesen Indikationen ist außerdem, dass alle vergleichbaren oder weniger invasiven Therapiealternativen (z. B. EDTA-Abrasio bei Bandkeratopathie) erfolglos ausgeschöpft sind, der vorgesehene Laserabtrag nicht tiefer als 100 µm ist und sowohl anamnestisch als auch nach ophthalmologischer Untersuchung ausgeschlossen ist, dass andere Ursachen für das der Indikationsstellung zugrunde liegende Beschwerdebild verantwortlich sind.

§ 3 Empfehlungen zur Qualitätssicherung. [1] Die Durchführung einer PTK am Auge bedarf einer besonderen augenärztlichen Sachkenntnis. [2] Diese setzt den Facharzt für Augenheilkunde ebenso voraus wie besondere Erfahrungen in der Indikationsstellung und Durchführung von Phototherapeutischen Keratektomien. [3] Können besondere Erfahrungen nicht vorgewiesen werden, so ist die Teilnahme an einem geeigneten Kurs zur PTK zu belegen, z. B. in Form eines Moduls zur PTK im Rahmen eines Kurses zur Photorefraktiven Laserchirurgie.

§ 4 Empfehlungen zur Dokumentation. [1] Anamnese, Befunde und durchgeführte Therapien sind umfassend zu dokumentieren. [2] Die durch das Gerät erzeugten „Log-files" sind für die Dokumentation auszudrucken und aufzubewahren.

14.[1] Positronen-Emissions-Tomographie (PET)

§ 1[2] Zugelassene Indikationen. Die PET darf für die folgenden Indikationen nach Maßgabe der folgenden Paragraphen dieser Nummer zu Lasten der gesetzlichen Krankenversicherung als vertragsärztliche Leistung erbracht werden:

1. Bestimmung des Tumorstadiums von primären nichtkleinzelligen Lungenkarzinomen einschließlich der Detektion von Fernmetastasen
2. Nachweis von Rezidiven (bei begründetem Verdacht) bei primären nichtkleinzelligen Lungenkarzinomen
3. Charakterisierung von Lungenrundherden, insbesondere Beurteilung der Dignität peripherer Lungenrundherde bei Patienten mit erhöhtem Operationsrisiko und wenn eine Diagnosestellung mittels einer invasiven Methodik nicht möglich ist
4. Bestimmung des Tumorstadiums von kleinzelligen Lundenkarzinomen einschließlich der Detektion von Fernmetastasen, es sei denn, dass vor der PET-Diagnostik ein kurativer Therapieansatz nicht mehr möglich erscheint
5. Nachweis eines Rezidivis (bei begründetem Verdacht) bei kleinzelligen Lungenkarzinomen, wenn die Patienten primär kurativ behandelt wurden und wenn durch andere bildgebende Verfahren ein lokales oder systemisches Rezidiv nicht gesichert oder nicht ausgeschlossen werden konnte
6. Entscheidung über die Bestrahlung von mittels CT dargestellten Resttumoren eines Hodgkin-Lymphoms mit einem Durchmesser von > 2,5 cm nach bereits erfolgter Chemotherapie.
7. Entscheidung über die Durchführung einer Neck-Dissection bei Patienten
   – mit fortgeschrittenen Kopf-Hals-Tumoren
   oder
   – mit unbekannten Primärtumorsyndromen des Kopf-Hals-Bereichs.
8. Entscheidung über die Durchführung einer laryngoskopischen Biopsie beim Larynxkarzinom, wenn nach Abschluss einer kurativ intendierten Therapie der begründete Verdacht auf eine persistierende Erkrankung oder ein Rezidiv besteht.

---

[1] Nr. 14 samt Überschr. angef. mWv 1.4.2007 durch Beschl. v. 18.1.2007 (BAnz. 2007 S. 4362).

[2] Nr. 14 § 1 Nrn. 4 und 5 angef. mWv 1.1.2009 durch Beschl. v. 19.6.2008 (BAnz. 2008 S. 3017), Nr. 5 neugef. mWv 31.12.2008 durch Beschl. v. 1.12.2008 (BAnz. 2008 S. 4749), Nr. 6 angef. mWv 22.12.2011 durch Beschl. v. 21.10.2010 (BAnz. 2011 S. 4505), Nr. 7 und 8 angef. mWv 7.6.2017 durch Beschl. v. 16.3.2017 (BAnz. AT 6.6.2017 B3), einl. Satzteil geänd., Nrn. 9 und 10 angef. mWv 8.8.2018 durch Beschl. v. 17.5.2018 (BAnz. AT 7.8.2018 B5), Nr. 11 angef. mWv 17.1.2019 durch Beschl. v. 18.10.2018 (BAnz. AT 16.1.2019 B5), Nr. 12 angef. mWv 21.3.2020 durch Beschl. v. 19.12.2019 (BAnz. AT 20.3.2020 B5).

9. Entscheidung über die notwendige Anzahl von Chemotherapiezyklen bei Hodgkin-Lymphomen im fortgeschrittenen Stadium nach zwei Zyklen leitliniengerechter Chemotherapie.
10. Maligne Lymphome bei Kindern und Jugendlichen.
11. Initiales Staging bei Hodgkin-Lymphomen.
12. Initiales Staging bei aggressiven Non-Hodgkin-Lymphomen.

§ 2[1]) Allgemeine Grundsätze zur Qualitätssicherung der PET. (1) Die in der Richtlinie verwendeten Facharzt-, Schwerpunkt- und Zusatzbezeichnungen richten sich nach der (Muster-)Weiterbildungsordnung der Bundesärztekammer und schließen auch die Ärzte ein, für die Übergangsregelungen der für die zuständigen Ärztekammern zum Führen der aktuellen Bezeichnung bestehen oder bestanden haben.

(2) Im Rahmen der vertragsärztlichen Versorgung dürfen nur Ärzte die PET durchführen, welche alle der folgenden Voraussetzungen erfüllen:

1. Fachärzte für Nuklearmedizin oder Fachärzte für Radiologie, die entsprechend der für sie geltenden Weiterbildungsordnung berechtigt sind, die PET zu erbringen,
2. aktuelle Erfahrung in der Durchführung und Befundung durch Nachweis von mindestens 1000 PET-Untersuchungen zu onkologischen Fragestellungen in der Regel in den letzten fünf Jahren vor Antragstellung,
3. Kenntnisse und Erfahrungen in der Einordnung der PET-Befunde in den diagnostischen Kontext anderer bildgebender Verfahren (z. B. CT oder MRT) und
4. regelmäßige Fortbildungen zur PET und ergänzenden bildgebenden Verfahren zu onkologischen Fragestellungen, insbesondere auch durch Teilnahme an interdisziplinär besetzten Fallkonferenzen oder Qualitätszirkeln.

(3) Die nachfolgenden apparativen Anforderungen sind Mindestvoraussetzungen:

1. Einsatz eines PET-Systems mit einer räumlichen Auflösung von weniger als 7 mm,
2. Möglichkeit der technischen („softwarebasierten") Bildfusion mit – ggf. auch zeitversetzt durchgeführter – CT oder MRT und
3. Möglichkeit zur semi-quantitativen Auswertung (SUV-Wert).

(4) Als weitere Maßnahmen zur Qualitätssicherung sind einzuhalten:

1. Die Indikationsstellung zur PET erfolgt in einem Team in interdisziplinärer Zusammenarbeit. Eine PET darf nur dann durchgeführt werden, wenn das Behandlungskonzept die therapeutischen Konsequenzen der Anwendung der PET begründet. Dies ist mittels Stichproben zu überprüfen.
2. Im interdisziplinären Team erfolgen im Weiteren
   – die Befundbesprechungen zur Planung des weiteren therapeutischen Vorgehens unter Einbeziehung der PET-Befunde und
   – die Nachbesprechungen in Kenntnis der histologischen und ggf. operativen Befunde.
3. Positive PET-Befunde, die eine entscheidende Änderung des therapeutischen Vorgehens begründen würden, sind grundsätzlich histologisch oder zytologisch bzw. radiologisch zu verifizieren, um therapeutische Fehlentscheidungen aufgrund falsch-positiver Befunde zu vermeiden. Ausnahmen sind in jedem Einzelfall zu begründen.

(5) Die Dokumentation zur PET hat folgende Bestandteile zu enthalten:

1. Patientenbezogene Dokumentation der Ergebnisse der interdisziplinären Indikationsstellung, der Befundbesprechung und der Nachbesprechung und
2. patientenbezogene Dokumentation der Übereinstimmung oder Nicht-Übereinstimmung des Ergebnisses der durchgeführten PET-Untersuchungen mit histologischen oder zytologischen bzw. radiologischen Befunden.

---

[1]) Nr. 14 § 2 Abs. 1 eingef., bish. Abs. 1–4 werden Abs. 2–5 mWv 1.1.2009 durch Beschl. v. 19.6.2008 (BAnz. 2008 S. 3017), Abs. 3 Nr. 1 geänd. mWv 8.8.2018 durch Beschl. v. 17.5.2018 (BAnz. AT 7.8.2018 B5).

§ 3[1] Zusätzliche Anforderungen an die Qualitätssicherung bei den Indikationen gemäß § 1 Nr. 1–3. (1) [1] Das in § 2 Abs. 4 beschriebene interdisziplinäre Team besteht mindestens aus dem für die Durchführung und Befundung der PET verantwortlichen Facharzt gemäß § 2 Abs. 2 Nr. 1, dem für den Patienten onkologisch verantwortlichen Arzt oder Onkologen und einem Facharzt für Thoraxchirurgie (oder Facharzt für Chirurgie mit dem Schwerpunkt Thoraxchirurgie oder Facharzt für Herzchirurgie mit Schwerpunkt Thoraxchirurgie oder Facharzt für Chirurgie mit der Teilgebietsbezeichnung Thorax- und Kardiovaskularchirurgie, der seinen operativen Schwerpunkt im Bereich Thoraxchirurgie hat) um in jedem Einzelfall abzuwägen, ob die Durchführung der PET zur Entscheidung über eine thoraxchirurgische Intervention erforderlich ist. [2] In diese Entscheidung sollen ggf. Ärzte weiterer betroffener Fachgebiete (z. B. Pneumologie, Radiologie und Strahlentherapie) einbezogen werden.

(2) [1] Als weitere Maßnahme zur Qualitätssicherung ist die Durchführung der PET an die Voraussetzung geknüpft, dass die Zusammenarbeit mit weiteren, für die Versorgung der betroffenen Patienten gegebenenfalls notwendigen Fachdisziplinen geregelt ist. [2] Diese kann auch durch Kooperationen mit für die Versorgung von GKV-Patienten zugelassenen Institutionen und Einrichtungen erfolgen. [3] Dazu ist für jede kooperierende Einrichtung ein Ansprechpartner zu benennen. Die nachfolgenden Einrichtungen müssen werktäglich verfügbar sein:
- Eigenständige thoraxchirurgische Abteilung mit mindestens zwei in Vollzeit bzw. eine entsprechende Anzahl von in Teilzeit tätigen Fachärzten für Thoraxchirurgie oder den in Abs. 1 genannten thoraxchirurgisch tätigen Fachärzten,
- Radiologie mit dem technischen Fortschritt entsprechender bildgebender Diagnostik (MRT, CT),
- Strahlentherapie,
- Onkologie/Pneumologie und
- Pathologie

§ 4[2] Zusätzliche Anforderungen an die Qualitätssicherung bei den Indikationen gemäß § 1 Nr. 4 und 5. (1) Das in § 2 Abs. 4 beschriebene interdisziplinäre Team besteht mindestens aus dem für die Durchführung und Befundung der PET verantwortlichen Facharzt gemäß § 2 Abs. 2 Nr. 1, dem für den Patienten onkologisch verantwortlichen Arzt oder Onkologen oder Facharzt für Innere Medizin und Pneumologie und einem Facharzt für Strahlentherapie.

(2) [1] Soll die PET zur Klärung der Operabilität eingesetzt werden, ist ein Facharzt für Thoraxchirurgie (oder Facharzt für Chirurgie mit dem Schwerpunkt Thoraxchirurgie oder Facharzt für Herzchirurgie mit Schwerpunkt Thoraxchirurgie oder Facharzt für Chirurgie mit der Teilgebietsbezeichnung Thorax- und Kardiovaskularchirurgie, der seinen operativen Schwerpunkt im Bereich Thoraxchirurgie hat) einzubeziehen, um in jedem Einzelfall abzuwägen, ob die Durchführung der PET zur Entscheidung über eine thoraxchirurgische Intervention erforderlich ist. [2] In diese Entscheidung sollen ggf. Ärzte weiterer betroffener Fachgebiete einbezogen werden.

(3) [1] § 3 Abs. 2 gilt entsprechend. [2] Ausgenommen hiervon ist die Regelung nach § 3 Abs. 2 Spiegelstrich 1 (Verfügbarkeit einer thoraxchirurgischen Abteilung).

§ 5[3] Zusätzliche Anforderungen an die Qualitätssicherung bei den Indikationen gemäß § 1 Nummer 6. (1) [1] Das in § 2 Absatz 3 beschriebene interdisziplinäre Team besteht mindestens aus dem für die Durchführung und Befundung der PET verantwortlichen Facharzt gemäß § 2 Absatz 1 Nummer 1, dem für den Patienten onkologisch verantwortlichen Arzt oder Facharzt für Innere Medizin und Hämatologie und Onkologie und dem verantwortlichen Strahlentherapeuten. [2] In diese Entscheidung sollen ggf. Ärzte weiterer betroffener Fachgebiete einbezogen werden.

---

[1] Nr. 14 § 3 Abs. 1 Satz 1 geänd. mWv 1.1.2009 durch Beschl. v. 19.6.2008 (BAnz. 2008 S. 3017).

[2] Nr. 14 § 4 angef. mWv 1.1.2009 durch Beschl. v. 19.6.2008 (BAnz. 2008 S. 3017).

[3] Nr. 14 § 5 angef. mWv 22.12.2011 durch Beschl. v. 21.10.2010 (BAnz. 2011 S. 4505).

(2) [1] § 3 Absatz 2 gilt entsprechend. [2] Ausgenommen hiervon ist die Regelung nach § 3 Absatz 2 Spiegelstrich 1 und 4. [3] Anstelle des Spiegelstrichs 1 gilt „Facharzt für Innere Medizin und Hämatologie und Onkologie".

(3) [1] Anstelle von § 2 Absatz 4 Nummer 3 gilt: PET-Befunde, die eine entscheidende Änderung des therapeutischen Vorgehens begründen, sind grundsätzlich histologisch oder zytologisch bzw. im weiteren Verlauf bildgebend-apparativ zu verifizieren, um therapeutische Fehlentscheidungen zu vermeiden. [2] Ausnahmen sind in jedem Einzelfall zu begründen.

§ 6[1)] Zusätzliche Anforderungen an die Qualitätssicherung bei den Indikationen gemäß § 1 Nummer 7 und Nummer 8. (1) Das in § 2 Absatz 4 genannte interdisziplinäre Team besteht mindestens aus
– dem für die Durchführung und Befundung der PET verantwortlichen Facharzt gemäß § 2 Absatz 2 Nummer 1,
– Facharzt für Innere Medizin und Hämatologie und Onkologie,
– dem verantwortlichen Strahlentherapeuten und
– einem Facharzt für Hals-Nasen-Ohren-Heilkunde oder einem Facharzt für Mund-Kiefer-Gesichtschirurgie.

(2) [1] In die Entscheidungen gemäß § 1 Nummer 7 und 8 sollen Ärzte weiterer betroffener Fachgebiete einbezogen werden, sofern deren Expertise für die Entscheidungsfindung erforderlich ist. [2] § 3 Absatz 2 gilt entsprechend.

§ 7[2)] Zusätzliche Anforderungen an die Qualitätssicherung bei den Indikationen gemäß § 1 Nummern 9, 11 und 12. (1) Das in § 2 Absatz 4 genannte interdisziplinäre Team besteht mindestens aus
– dem für die Durchführung und Befundung der PET verantwortlichen Facharzt gemäß § 2 Absatz 2 Nummer 1 und
– dem für den Patienten onkologisch verantwortlichen Arzt oder Facharzt für Innere Medizin und Hämatologie und Onkologie.

(2) [1] In die Entscheidungen sollen Ärzte weiterer betroffener Fachgebiete einbezogen werden, sofern deren Expertise für die Entscheidungsfindung erforderlich ist. [2] § 3 Absatz 2 gilt entsprechend. [3] Ausgenommen hiervon ist die Regelung nach § 3 Absatz 2 Spiegelstrich 1 (Verfügbarkeit einer thoraxchirurgischen Abteilung) sowie Spiegelstrich 4 (Onkologie/Pneumologie).

15.[3)] Balneophototherapie

§ 1[4)] Anerkannte Verfahren. (1) Die Balneophototherapie kann als Photosoletherapie oder als Bade-PUVA erbracht werden.

(2) [1] Für die Photosoletherapie stehen die synchrone und die asynchrone Anwendungsform zur Verfügung. [2] Die synchrone Photosoletherapie besteht aus dem gleichzeitigen Bad in einer 10-prozentigen Tote-Meer-Salzlösung und einer Bestrahlung mit UV-B-Schmalbandspektrum (UV-B 311 nm) unter Verwendung von dafür nach Medizinprodukte-Betreiberverordnung (MPBetreibV) zugelassenen Behandlungssystemen. [3] Bei der asynchronen Photosoletherapie erhält die Patientin oder der Patient zuerst ein 20-minütiges Bad im je nach Indikation 10- oder 25-prozentiger Salzlösung und anschließend eine Lichtbehandlung unter Anwendung von UV-Bestrahlungsgeräten mit Breitband-UV-B oder Schmalband UV-B (311 nm) oder

---

[1)] Nr. 14 § 6 angef. mWv 7.6.2017 durch Beschl. v. 16.3.2017 (BAnz. AT 6.6.2017 B3).

[2)] Nr. 14 § 7 angef. mWv 8.8.2018 durch Beschl. v. 17.5.2018 (BAnz AT 7.8.2018 B5), Überschr. geänd. mWv 17.1.2019 durch Beschl. v. 18.10.2018 (BAnz. AT 16.1.2019 B5), Überschr. geänd. mWv 21.3.2020 durch Beschl. v. 19.12.2019 (BAnz. AT 20.3.2020 B5).

[3)] Nr. 15 angef. mWv 1.7.2008 durch Beschl. v. 13.3.2008 (BAnz. 2008 S. 1950).

[4)] Nr. 15 § 2 Abs. 2 Satz 3 geänd., Satz 4 eingef., bish. Sätze 4 und 5 werden Sätze 5 und 6, neuer Satz 5 neugef. mWv 24.7.2010 (BAnz. 2010 S. 2561), bish. § 2 wird § 1, Abs. 2 Sätze 1, 3 und 5 geänd. mWv 9.6.2020 durch Beschl. v. 20.3.2020 (BAnz. AT 8.6.2020 B5).

selektiver UV-B (SUP). [4]Die asynchrone Photosoletherapie kann als Vollbad oder als Folienbad durchgeführt werden. [5]Wird die asynchrone Photosoletherapie mit Hilfe einer Folie durchgeführt, liegt die Patientin oder der Patient in einer mit warmen Leitungswasser gefüllten Badewanne, von einer Folie umhüllt, in die 4 bis 10 Liter einer je nach Indikation 10- oder 25-prozentigen Salzlösung gegossen wurden. [6]Die verwendete Folie muss für das Baden von Menschen in dieser Salzlösung geeignet sein.

(3) Die Bade-PUVA besteht aus einem Bad von 20 Minuten Dauer in einer lichtsensibilisierenden Lösung unter Verwendung einer für die Bade-PUVA arzneimittelrechtlich zugelassenen 8-Methoxypsoralen-Lösung mit nachfolgender UV-A-Bestrahlung; die hochdosierte selektive UV-A1-Bestrahlung ist hierbei nicht zu verwenden.

(4) [1]Die Balneophototherapie darf nur in einer ärztlich geleiteten Betriebsstätte erfolgen. [2]Eine nach dem Bad durchzuführende Lichtbehandlung muss unmittelbar im zeitlichen Anschluss an das Bad erfolgen.

§ 2[1)] Indikationen. (1) [1]Die unter § 1 genannten Verfahren zur Balneophototherapie dürfen bei Patientinnen und Patienten mit mittelschwerer bis schwerer Psoriasis vulgaris zu Lasten der Gesetzlichen Krankenversicherung als vertragsärztliche Leistungen erbracht werden. [2]Von einem mittelschweren bis schweren Verlauf wird in der Regel bei einem PASI-Score größer 10 ausgegangen. [3]Für Patientinnen oder Patienten mit primär palmoplantarer Ausprägung gilt dieser Grenzwert bei der Bade-PUVA-Behandlung nicht.

(2) Die Photosoletherapie gemäß § 1 Absatz 2 darf bei Patientinnen und Patienten mit mittelschwerem bis schwerem atopischen Ekzem angewendet werden. Von einem mittelschweren Ekzem wird in der Regel bei einem SCORAD-Score größer 25 ausgegangen.

(3) Die Indikationsstellung bei Patientinnen und Patienten unter 18 Jahren darf nur nach sorgfältiger Prüfung der zur Verfügung stehenden Therapieoptionen erfolgen.

§ 3[2)] Häufigkeit und Anzahl der Anwendungen. (1) [1]Bei allen Verfahren zur Balneophototherapie ist eine Behandlungshäufigkeit von 3 bis 5 Anwendungen pro Woche anzustreben. [2]Die Behandlung ist auf höchstens 35 Einzelanwendungen beschränkt (Behandlungszyklus). [3]Ein neuer Behandlungszyklus kann frühestens 6 Monate nach Abschluss eines vorangegangenen Behandlungszyklus erfolgen.

(2) Absatz 1 gilt auch, wenn während der Behandlung ein Wechsel der verschiedenen Verfahren oder Anwendungsformen der Balneophototherapie vorgenommen wird.

§ 4[3)] Eckpunkte zur Qualitätssicherung. (1) Die Leistungen nach § 1 können nur von Fachärztinnen oder Fachärzten für Haut- und Geschlechtskrankheiten zu Lasten der Gesetzlichen Krankenversicherung erbracht und abgerechnet werden, die über Kenntnisse, Erfahrungen und Fertigkeiten mit der Lichtbehandlung verfügen.

(2) Im Rahmen der Behandlung sind von der Ärztin oder dem Arzt zu gewährleisten:
- die Aufklärung der Patientinnen oder Patienten insbesondere auch über unerwünschte Wirkungen (z. B. Entwicklung von Malignomen) und Wechselwirkungen der Behandlung (z. B. Interaktion mit Medikamenten),
- die fachgerechte Durchführung der Bade- und Lichtbehandlung insbesondere im Hinblick auf die Handhabung und Einstellung der Behandlungsgeräte, die Umsetzung des anzuwendenden Behandlungsschemas sowie die Schulung des medizinischen Personals,
- die unmittelbare Erreichbarkeit der Ärztin oder des Arztes während der Behandlung, die fachgerechte, regelmäßige Wartung der Therapiegeräte inklusive der Kontrolle der Gerätedosimetrie,
- die Durchführung in geeigneten Räumlichkeiten.

---

1) Nr. 15 bish. § 1 wird § 2, Überschr. § 2 geänd., Abs. 1 Sätze 1 und 3 geänd., Abs. 2 und 3 angef. mWv 9.6.2020 durch Beschl. v. 20.3.2020 (BAnz. AT 8.6.2020 B5).

2) Nr. 15 § 3 Abs. 2 geänd. mWv 9.6.2020 durch Beschl. v. 20.3.2020 (BAnz. AT 8.6.2020 B5).

3) § 4 Abs. 1, Abs. 2 geänd. mWv 9.6.2020 durch Beschl. v. 20.3.2020 (BAnz. AT 8.6.2020 B5).

§ 5[1)] Dokumentation. [1] Die behandelnde Ärztin oder der behandelnde Arzt hat die Ausgangsbefunde (u. a. PASI-Wert, SCORAD-Wert) sowie den Behandlungsverlauf, die durchschnittliche Anzahl der Behandlungen pro Woche und Gesamtbehandlungsanzahl zu dokumentieren. [2] Die Dokumentationen sind auf Verlangen den Kassenärztlichen Vereinigungen für Qualitätssicherungsmaßnahmen vorzulegen.

16.[2)] Kapselendoskopie bei Erkrankungen des Dünndarms (endoskopische Untersuchung mittels einer den Darm passierenden Kapsel mit einem Bildübertragungssystem)

§ 1 Indikation. (1) Die Kapselendoskopie des Dünndarms darf bei Vorliegen der Voraussetzungen der §§ 2, 3 zu Lasten der gesetzlichen Krankenversicherung als vertragsärztliche Leistung bei der Indikation „obskure gastrointestinale Blutung" erbracht werden, wenn folgende Kriterien erfüllt sind:

1. a) Vorliegen einer persistierenden oder rezidivierenden Eisenmangelanämie, wenn nachvollziehbar keine andere Ursache als ein enteraler Blutverlust in Frage kommt
   oder
   b) Nachweis von sichtbarem oder okkultem Blut im Stuhl bei gleichzeitiger Hb-Konzentration unterhalb des Normbereichs

und jeweils

2. vorausgegangene endoskopische Untersuchung von Speiseröhre, Magen, Duodenum, Dickdarm sowie des Analkanals und nach Möglichkeit des terminalen Ileums ohne Nachweis einer Blutungsquelle.

(2) Vor dem Einsatz der Kapselendoskopie soll eine medikamentös verursachte gastrointestinale Blutung als Ursache ausgeschlossen werden, wenn dies vertretbar ist.

§ 2 Eckpunkte zur Qualitätssicherung. (1) Im Rahmen der vertragsärztlichen Versorgung darf die Kapselendoskopie nur durchgeführt werden, wenn die folgenden Qualitätssicherungsvorgaben erfüllt sind:

1. Fachliche Befähigung
   – zur Durchführung und Auswertung im Rahmen der vertragsärztlichen Versorgung berechtigt sind Fachärzte für Innere Medizin und Gastroenterologie und Fachärzte für Kinder- und Jugendmedizin mit der Zusatzweiterbildung Kinder-Gastroenterologie, die über nachgewiesene Kenntnisse, Erfahrungen und Fertigkeiten jeweils in der Durchführung und Auswertung der Kapselendoskopie verfügen.
   – die in dieser Richtlinie verwendeten Facharzt-, Schwerpunkt- und Zusatzbezeichnungen richten sich nach der (Muster-)Weiterbildungsordnung der Bundesärztekammer und schließen auch diejenigen Ärzte ein, welche eine entsprechende Bezeichnung nach altem Recht führen.
2. Apparative Voraussetzungen
   – die zum Einsatz kommenden Kapselendoskopiesysteme müssen ihre Qualität nachgewiesen haben.
   – hierfür sind insbesondere relevant die Bildqualität sowie die Anzahl der aufgezeichneten Einzelbilder und die Aufzeichnungsdauer. Die technischen Voraussetzungen für eine optimale Auswertungsqualität sind entsprechend den Angaben des Herstellers sicherzustellen.

(2) Die Überprüfung der Qualifikation des Vertragsarztes, der apparativen Voraussetzungen und die Genehmigung zur Leistungserbringung erfolgt durch die Kassenärztliche Vereinigung.

§ 3 Dokumentation. (1) [1] Der durchführende Arzt hat die Indikationsstellung gemäß der in § 1 genannten Voraussetzungen, das Nichtvorliegen von Kontraindikationen sowie das ver-

---

[1)] Nr. 15 § 5 Satz 1 geänd. mWv 9.6.2020 durch Beschl. v. 20.3.2020 (BAnz. AT 8.6.2020 B5).
[2)] Nr. 16 angef. mWv 2.2.2011 durch Beschl. v. 11.11.2010 (BAnz. 2011 S. 374).

wendete Gerätesystem zu dokumentieren. [2]Sollte ein nach § 1 Absatz 2 durchzuführender Auslassversuch nicht vertretbar sein, ist die Begründung hierfür zu dokumentieren.

(2) Der auswertende Arzt hat die Ergebnisse der Untersuchung (Diagnose und Befund) mittels Kapselendoskopie sowie eine daraus resultierende Empfehlung zum weiteren Vorgehen zu dokumentieren.

(3) Die Dokumentationen sind auf Verlangen den Kassenärztlichen Vereinigungen für Qualitätssicherungsmaßnahmen vorzulegen.

17.[1)] Holmium-Laserresektion (HoLRP) zur Behandlung des benignen Prostatasyndroms (BPS)

§ 1 Indikation. Zur Behandlung des obstruktiven benignen Prostatasyndroms (BPS) ist zusätzlich zur transurethralen Resektion der Prostata (TURP) bzw. Adenomektomie die Holmium-Laserresektion (HoLRP) unter den in § 2 angegebenen Bedingungen zugelassen.

§ 2 Voraussetzungen zur Indikationsstellung. [1]Die Indikationsstellung zur Behandlung des obstruktiven benignen Prostatasyndroms (BPS) erfolgt auf der Grundlage der Indikationsstellung zur transurethralen Resektion der Prostata (TURP). [2]Die HoLRP kann dabei alternativ zur TURP eingesetzt werden.

§ 3[2)] Eckpunkte zur Qualitätssicherung. (1) [1]Die Leistung nach § 1 kann nur von Fachärzten für Urologie zu Lasten der Gesetzlichen Krankenversicherung erbracht und abgerechnet werden, die über nachgewiesene Kenntnisse, Erfahrungen und Fertigkeiten mit der HoLRP verfügen. [2]Die Leistungserbringung zu Lasten der Gesetzlichen Krankenversicherung ist an die Genehmigung durch die zuständige Kassenärztliche Vereinigung gebunden. [3]Für die Anwendung der HoLRP ist die Gewährleistung einer intensivmedizinischen Notfallversorgung und eine Nachbeobachtung erforderlich.

(2) Im Rahmen der Behandlung sind vom Arzt zu gewährleisten:
– die Aufklärung der Patienten insbesondere auch über das Risiko einer notwendigen Re-Intervention, über unerwünschte Wirkungen, über die therapeutische Bedeutung der TURP und über den natürlichen Verlauf des benignen Prostatasyndroms sowie
– die fachgerechte Durchführung des jeweiligen Verfahrens.

§ 4 Dokumentation. (1) Der durchführende Arzt hat zu dokumentieren:
– die Indikationsstellung anhand der in § 2 genannten Voraussetzungen,
– ob es sich um eine Erst- oder Re-Intervention handelt sowie
– welche Menge an Prostatagewebe entfernt wurde.

(2) Die Dokumentationen sind auf Verlangen den Kassenärztlichen Vereinigungen für Qualitätssicherungsmaßnahmen vorzulegen.

18.[3)] Holmium-Laserenukleation der Prostata (HoLEP) zur Behandlung des benignen Prostatasyndroms (BPS)

§ 1 Indikation. Zur Behandlung des obstruktiven benignen Prostatasyndroms (BPS) ist zusätzlich zur transurethralen Resektion der Prostata (TURP) bzw. Adenomektomie die Holmium-Laserenukleation der Prostata (HoLEP) unter den in § 2 angegebenen Bedingungen zugelassen.

§ 2 Voraussetzungen zur Indikationsstellung. [1]Die Indikationsstellung zur Behandlung des obstruktiven benignen Prostatasyndroms (BPS) erfolgt auf der Grundlage der Indikations-

---

[1)] Nr. 17 angef. mWv 21.7.2011 durch Beschl. v. 16.12.2010 (BAnz. 2011 S. 2555).

[2)] Nr. 17 § 3 Abs. 1 Satz 3 angef. mWv 21.7.2011 durch Beschl. v. 14.4.2011 (BAnz. 2011 S. 2557).

[3)] Nr. 18 angef. mWv 21.7.2011 durch Beschl. v. 16.12.2010 (BAnz. 2011 S. 2555).

stellung zur transurethralen Resektion der Prostata (TURP). [2] Die HoLEP kann dabei alternativ zur TURP bzw. Adenomektomie eingesetzt werden.

§ 3[1)] Eckpunkte zur Qualitätssicherung. (1) [1] Die Leistung nach § 1 kann nur von Fachärzten für Urologie zu Lasten der Gesetzlichen Krankenversicherung erbracht und abgerechnet werden, die über nachgewiesene Kenntnisse, Erfahrungen und Fertigkeiten mit der HoLEP verfügen. [2] Die Leistungserbringung zu Lasten der Gesetzlichen Krankenversicherung ist an die Genehmigung durch die zuständige Kassenärztliche Vereinigung gebunden. [3] Für die Anwendung der HoLEP ist die Gewährleistung einer intensivmedizinischen Notfallversorgung und eine Nachbeobachtung erforderlich.

(2) Im Rahmen der Behandlung sind vom Arzt zu gewährleisten:
- die Aufklärung der Patienten insbesondere auch über das Risiko einer notwendigen Re-Intervention, über unerwünschte Wirkungen, über die therapeutische Bedeutung der TURP und über den natürlichen Verlauf des benignen Prostatasyndroms sowie
- die fachgerechte Durchführung des jeweiligen Verfahrens.

§ 4 Dokumentation. (1) Der durchführende Arzt hat zu dokumentieren:
- die Indikationsstellung anhand der in § 2 genannten Voraussetzungen,
- ob es sich um eine Erst- oder Re-Intervention handelt sowie
- welche Menge an Prostatagewebe entfernt wurde.

(2) Die Dokumentationen sind auf Verlangen den Kassenärztlichen Vereinigungen für Qualitätssicherungsmaßnahmen vorzulegen.

19.[2)] Neuropsychologische Therapie

§ 1 Präambel. [1] Die neuropsychologische Diagnostik und Therapie dient der Feststellung und Behandlung von hirnorganisch verursachten Störungen geistiger (kognitiver) Funktionen, des emotionalen Erlebens, des Verhaltens und der Krankheitsverarbeitung sowie der damit verbundenen Störungen psychosozialer Beziehungen. [2] Ziel ist es, die aus einer Schädigung oder Erkrankung des Gehirns resultierenden und krankheitswertigen kognitiven, emotionalen und motivationalen Störungen sowie die daraus folgenden psychosozialen Beeinträchtigungen und Aktivitätseinschränkungen der Patientin oder des Patienten zu erkennen und zu heilen oder zu lindern. [3] Dabei ist beim Fortbestehen von vorgenannten krankheitswertigen Störungen nach stationärer Akut- oder Rehabilitationsbehandlung eine zeitnahe ambulante Weiterbehandlung wünschenswert. [4] Damit sollen die Chancen auf einen größtmöglichen Therapieerfolg bei gestörten höheren Hirnleistungsfunktionen besser als bisher genutzt werden. [5] Die neuropsychologische Therapie wird bei diesen Patienten oft bereits während der stationären Akutphase eingeleitet und kann ambulant fortgesetzt werden.

§ 2 Definition. Die ambulante neuropsychologische Therapie umfasst Diagnostik und Therapie von geistigen (kognitiven) und seelischen (emotional-affektiven) Störungen, Schädigungen und Behinderungen nach erworbener Hirnschädigung oder Hirnerkrankung unter Berücksichtigung der individuellen physischen und psychischen Ressourcen, der biographischen Bezüge, der interpersonalen Beziehungen, der sozialen und beruflichen Anforderungen sowie der inneren Kontextfaktoren (z. B. Antrieb, Motivation, Anpassungsfähigkeit).

§ 3 Genehmigung zur Durchführung und Abrechnung. [1] Die Durchführung und Abrechnung von ambulanter neuropsychologischer Diagnostik und Therapie im Rahmen der vertragsärztlichen Versorgung ist erst nach Erteilung der Genehmigung durch die Kassenärztliche Vereinigung zulässig. [2] Die Genehmigung ist zu erteilen, wenn die in § 6 Absatz 2 genannten fachlichen Anforderungen erfüllt werden und dies gegenüber der Kassenärztlichen Vereinigung nachgewiesen wird.

---

1) Nr. 18 § 3 Abs. 1 Satz 3 angef. mWv 21.7.2011 durch Beschl. v. 14.4.2011 (BAnz. 2011 S. 2557).

2) Nr. 19 samt Überschr. angef. mWv 24.2.2012 durch Beschl. v. 24.11.2011 (BAnz. 2012 S. 747), § 5 Abs. 4 Satz 2 und § 9 Abs. 2 und 3 ber. durch Beschl. v. 16.3.2012 (BAnz. 2012 S. 1243).

§ 4 Indikationen. (1) [1] Indikationen zur neuropsychologischen Therapie sind (gemäß Internationale Klassifikation der Krankheiten [ICD-10]):

1. F04 Organisches amnestisches Syndrom, nicht durch Alkohol oder andere psychotrope Substanzen bedingt,
2. F06.6 Organische emotional labile (asthenische) Störung,
3. F06.7 Leichte kognitive Störung,
4. F06.8 Sonstige näher bezeichnete organische psychische Störungen aufgrund einer Schädigung oder Funktionsstörung des Gehirns oder einer körperlichen Krankheit,
5. F06.9 Nicht näher bezeichnete organische psychische Störungen aufgrund einer Schädigung oder Funktionsstörung des Gehirns oder einer körperlichen Krankheit,
6. F07 Persönlichkeits- und Verhaltensstörung aufgrund einer Krankheit, Schädigung oder Funktionsstörung des Gehirns

jeweils nach insbesondere im Rahmen eines akuten Ereignisses z. B. Schlaganfall oder Schädel-Hirn-Trauma erworbener Hirnschädigung oder Hirnerkrankung (hirnorganische Störung). [2] Die Anwendung der neuropsychologischen Therapie ist dabei nur zulässig bei krankheitswertigen Störungen in den folgenden Hirnleistungsfunktionen (Teilleistungsbereichen):

1. Lernen und Gedächtnis,
2. Höhere Aufmerksamkeitsleistungen,
3. Wahrnehmung, räumliche Leistungen,
4. Denken, Planen und Handeln,
5. Psychische Störungen bei organischen Störungen.

(2) [1] Voraussetzung für die Anwendung der neuropsychologischen Therapie ist, dass die basalen Aufmerksamkeitsleistungen vorhanden sind und eine positive Behandlungsprognose besteht. [2] Die Feststellung, ob die vorgenannte Voraussetzung erfüllt ist, hat vor Beginn der Behandlung zu erfolgen. [3] Sie ist Bestandteil der Indikationsstellung gemäß § 5.

(3) [1] Die Durchführung einer ambulanten neuropsychologischen Therapie ist ausgeschlossen, wenn:

1. die medizinische Notwendigkeit einer stationären oder rehabilitativen Maßnahme gegeben ist oder
2. ausschließlich angeborene Einschränkungen oder Behinderungen der Hirnleistungsfunktionen ohne sekundäre organische Hirnschädigung behandelt werden sollen, z. B. Aufmerksamkeitsdefizit-Syndrom mit oder ohne Hyperaktivität (AD(H)S), oder Intelligenzminderung oder
3. es sich um eine Erkrankung des Gehirns mit progredientem Verlauf im fortgeschrittenen Stadium, z. B. mittel- und hochgradige Demenz vom Alzheimertyp, handelt oder
4. das schädigende Ereignis oder die Gehirnerkrankung mit neuropsychologischen Defiziten bei erwachsenen Patientinnen und Patienten länger als fünf Jahre zurückliegt. [2] Ausnahmen hiervon können von der zuständigen Krankenkasse vor Beginn der Therapie auf Antrag einer qualifizierten Therapeutin oder eines qualifizierten Therapeuten genehmigt werden, wenn im Einzelfall eine hinreichende Aussicht auf die Erreichung des Therapieerfolges besteht.

§ 5 Feststellung der Indikation. (1) [1] Die Feststellung der Indikation zur neuropsychologischen Therapie erfolgt in einer zweistufigen Diagnostik nach den folgenden Absätzen 2 und 3. [2] Die Stufendiagnostik nach den Absätzen 2 und 3 darf im Rahmen einer Behandlung nicht durch dieselbe Leistungserbringerin oder denselben Leistungserbringer erbracht werden.

(2) [1] Die Feststellung einer erworbenen Hirnschädigung oder Hirnerkrankung (hirnorganische Störung) als Ursache für eine Indikation gemäß § 4 Absatz 1 erfolgt durch die in § 6 Absatz 1 festgelegten Arztgruppen. [2] Sie muss auch andere behandlungsbedürftige somatische Erkrankungen berücksichtigen. [3] Sofern erforderlich sind an der Differentialdiagnostik Ärztinnen und Ärzte anderer Fachrichtungen zu beteiligen.

(3) [1] Unverzüglich nach Feststellung der Diagnose gemäß § 5 Absatz 2 ist eine krankheitsspezifische, neuropsychologische Diagnostik durch die in § 6 Absatz 2 Genannten durchzuführen. [2] Dies beinhaltet auch eine Einschätzung der Therapieindikation und der Prognose für die Therapie. [3] Diese Diagnostik umfasst zumindest Krankheitsanamnese, störungsspezifische Exploration, standardisierte störungsspezifische psychometrische Verfahren (Rohwerte und Interpretation) sowie den klinisch neuro-psychologischen Befund, soweit möglich auch Fremdanamnese einschließlich der Erfassung krankheitsrelevanter Merkmale im Lebensumfeld.

(4) [1] Aufbauend auf der Diagnostik nach den Absätzen 2 und 3 ist vor Beginn der Behandlung ein Therapieplan zu erstellen. [2] Dieser hat die krankheitswertigen Störungen gemäß den Indikationen nach § 4 sowie die für die jeweiligen Krankheitsphasen vorgesehenen therapeutischen Maßnahmen nach § 7 Absatz 5 und deren Umfang und Frequenz zu benennen. [3] Über den Therapieplan soll der behandelnde Arzt oder die behandelnde Ärztin informiert werden, wenn die Patientin oder der Patient einwilligt. [4] Bei gleichzeitiger Behandlung durch andere Berufsgruppen sind die möglichen Auswirkungen dieser Behandlungsmaßnahmen (z. B. Medikation) im Therapieplan zu berücksichtigen. [5] Eine gegenseitige Information aller an der Behandlung der Patientin oder des Patienten beteiligten Berufsgruppen ist anzustreben.

§ 6 Qualifikation der Leistungserbringer. (1) Zur Feststellung der Indikation gemäß § 5 Absatz 2 sind berechtigt: Fachärztinnen und Fachärzte für Neurologie, Nervenheilkunde, Psychiatrie, Psychiatrie und Psychotherapie, Kinder- und Jugendmedizin mit Schwerpunkt Neuropädiatrie, Neurochirurgie und Kinder- und Jugendpsychiatrie und -psychotherapie.

(2) Zur neuropsychologischen Diagnostik gemäß § 5 Absatz 3 und zur neuropsychologischen Therapie gemäß § 7 sind berechtigt:

1. Fachärztinnen und Fachärzte gemäß Absatz 1,
2. ärztliche Psychotherapeutinnen und Psychotherapeuten mit fachlicher Befähigung in einem Verfahren nach § 13 der Psychotherapie-Richtlinie,
3. Psychologische Psychotherapeutinnen und Psychotherapeuten mit fachlicher Befähigung in einem Verfahren nach § 13 der Psychotherapie-Richtlinie,
4. Kinder- und Jugendlichenpsychotherapeutinnen und -therapeuten mit fachlicher Befähigung in einem Verfahren nach § 13 der Psychotherapie-Richtlinie,

jeweils mit neuropsychologischer Zusatzqualifikation inhaltsgleich oder gleichwertig der jeweiligen Zusatzbezeichnung für Neuropsychologie gemäß Weiterbildungsordnung der Landespsychotherapeutenkammern oder, soweit eine solche nicht besteht, gemäß der Muster-Weiterbildungsordnung der Bundespsychotherapeutenkammer.

§ 7 Anwendungsformen, Leistungserbringung, Leistungsinhalt und Leistungsumfang der neuropsychologischen Therapie. (1) [1] Die neuropsychologische Therapie kann in Form von Einzel- oder Gruppenbehandlung (maximal 5 Patientinnen oder Patienten) durchgeführt werden. [2] Die neuropsychologische Therapie kann auch außerhalb der Praxis/Einrichtung erbracht werden, wenn dies medizinisch notwendig ist. [3] Die Notwendigkeit hierfür ist gesondert zu begründen und nach § 9 zu dokumentieren.

(2) Die Diagnostik und Behandlung ist persönlich durch den Leistungserbringer nach § 6 Absatz 2 zu erbringen, der über eine entsprechende Genehmigung der Kassenärztlichen Vereinigung (gemäß § 3) verfügt.

(3) Die neuropsychologische Leistungserbringerin oder der neuropsychologische Leistungserbringer darf nicht identisch sein mit der Leistungserbringerin oder dem Leistungserbringer, der die erste Stufe der Diagnostik gemäß § 5 Absatz 2 durchführt.

(4) Der Beginn der Behandlung ist spätestens mit Abschluss der probatorischen Sitzungen der zuständigen Krankenkasse anzuzeigen.

(5) [1] Die anzuwendenden Behandlungsmaßnahmen der neuropsychologischen Therapie richten sich jeweils nach den individuellen Erfordernissen des Krankheitszustandes der Patien-

tin oder des Patienten und sind entsprechend dem jeweiligen Stand der wissenschaftlichen Erkenntnisse durchzuführen. [2] Als Behandlungsmaßnahmen können nur zur Anwendung kommen:

1. zur restitutiven Therapie: Maßnahmen mit dem Ziel einer neuronalen Reorganisation z. B. unspezifische und spezifische Stimulation, Beeinflussung inhibitorischer Prozesse, Aktivierung,
2. zur kompensatorischen Therapie: Maßnahmen mit dem Ziel der Anpassung an kognitive Störungen und zum Erlernen von Ersatz- und Bewältigungsstrategien z. B. Erlernen neuer Verarbeitungsstrategien, Anpassung der eigenen Ansprüche und Erwartungen,
3. zur integrativen Therapie: Maßnahmen mit dem Ziel der Verarbeitung und psychosozialen Anpassung und zur Reintegration in das soziale, schulische und berufliche Umfeld z. B. auf lerntheoretischen Grundlagen basierende Programme zum Verhaltensmanagement.

(6) Für den Leistungsumfang der neuropsychologischen Diagnostik und Therapie gilt:

1. Vor Beginn einer neuropsychologischen Therapie sind für die krankheitsspezifische neuropsychologische Diagnostik, ggf. unter Einbeziehung von Bezugspersonen und unter Berücksichtigung von Vorbefunden gemäß § 5 Absatz 3, und zur spezifischen Indikationsstellung bis zu fünf probatorische Sitzungen möglich.
2. Neuropsychologische Therapie als Einzelbehandlung, ggf. unter Einbeziehung von Bezugspersonen, bis zu 60 Behandlungseinheiten je Krankheitsfall. Die Dauer einer neuropsychologischen Behandlungseinheit als Einzelbehandlung beträgt mindestens 50 Minuten. Wenn dies medizinisch notwendig ist, kann sie auch in Therapieeinheiten von mindestens 25 Minuten, mit entsprechender Vermehrung der Gesamtsitzungszahl (maximal 120) erfolgen. Die Notwendigkeit hierfür ist gesondert zu begründen und nach § 9 zu dokumentieren.
3. Neuropsychologische Therapie als Gruppenbehandlung, ggf. unter Einbeziehung von Bezugspersonen bei Kindern und Jugendlichen, bis zu 40 Behandlungseinheiten je Krankheitsfall. Die Dauer einer neuropsychologischen Behandlungseinheit als Gruppenbehandlung beträgt mindestens 100 Minuten. Wenn dies medizinisch notwendig ist, kann sie auch in Therapieeinheiten von mindestens 50 Minuten, mit entsprechender Vermehrung der Gesamtsitzungszahl (maximal 80), erfolgen. Die Notwendigkeit hierfür ist gesondert zu begründen und nach § 9 zu dokumentieren.
4. Bei einer Kombination von Einzel- und Gruppentherapie ist die gesamte Behandlung im Rahmen des in Nummer 2 definierten Leistungsumfangs durchzuführen.
5. [1] Im besonderen Einzelfall ist eine Überschreitung des in Nummer 2 festgelegten Therapieumfangs um bis zu maximal 20 Behandlungseinheiten (bei Therapieeinheiten von mindestens 50 Minuten) bzw. um bis zu maximal 40 Behandlungseinheiten (bei Therapieeinheiten von mindestens 25 Minuten) je Krankheitsfall zulässig, wenn die Ergebnisse der neuropsychologischen Verlaufsdiagnostik und der bisherige Behandlungsverlauf belegen, dass innerhalb der vorgegebenen Höchstanzahl der Behandlungseinheiten das Behandlungsziel nicht erreicht werden kann, aber begründete Aussicht auf Erreichung des Behandlungszieles bei Fortführung der Therapie in dem bestimmten erweiterten Zeitrahmen besteht. [2] Die Erfüllung der vorgenannten Voraussetzungen ist nach § 9 zu dokumentieren.

§ 8 Ergänzende Maßnahmen gemäß der Heilmittel-Richtlinie. [1] Sofern neben der neuropsychologischen Therapie auch ergotherapeutische, logopädische oder physiotherapeutische Maßnahmen zur Anwendung kommen sollen, so sind diese entsprechend den Maßgaben der Heilmittel-Richtlinie durchzuführen und bedürfen einer vertragsärztlichen Verordnung. [2] Sie sollen nur in enger Abstimmung zwischen der behandelnden neuro-psychologischen Leistungserbringerin oder dem behandelnden neuropsychologischen Leistungserbringer und der verordnenden Ärztin oder dem verordnenden Arzt verordnet werden, insbesondere um durch gegenseitige inhaltliche Abstimmung der Maßnahmen Überschneidungen zu vermeiden.

§ 9 Dokumentation. (1) Die Leistungserbringer nach § 6 Absatz 2 haben die Befunde nach § 5, den Therapieplan sowie den Behandlungsverlauf, Änderungen im Therapieplan, die Anzahl und Dauer der Behandlungen pro Woche und die Gesamtbehandlungsanzahl zu dokumentieren.

(2) Sofern sich die medizinische Notwendigkeit ergibt, die Dauer der Behandlungseinheit gemäß § 7 Absatz 6 Nummer 2 oder 3 zu reduzieren, ist dies anhand von Angaben zur konkreten Indikation oder der aktuellen neuropsychologischen Symptomatik oder den Ergebnissen der Testdiagnostik mit Begründung zu dokumentieren.

(3) Sofern im Einzelfall der in § 7 Absatz 6 Nummern 2, 4 festgelegte Behandlungsumfang überschritten werden soll, ist das Vorliegen der Bedingungen hierfür zu begründen und zu dokumentieren.

(4) Sofern sich eine Therapie außerhalb der Praxis/Einrichtung gemäß § 7 Absatz 1 Satz 2 als medizinisch notwendig erweist, ist dies gesondert zu begründen und zu dokumentieren.

§ 10[1)] *(aufgehoben)*

20.[2)] Kontinuierliche interstitielle Glukosemessung mit Real-Time-Messgeräten (rtCGM) zur Therapiesteuerung bei Patientinnen und Patienten mit insulinpflichtigem Diabetes mellitus

§ 1 Beschreibung der Methode. (1) [1] Bei der Intervention der Kontinuierlichen interstitiellen Glukosemessung mit Real-Time-Messgeräten (rtCGM) wird mittels eines Sensors kontinuierlich der Glukosegehalt in der interstitiellen Flüssigkeit des Unterhautfettgewebes gemessen. [2] Anschließend überträgt ein mit dem Sensor verbundener Transmitter die Messwerte automatisch an das Empfangsgerät. [3] Es werden kontinuierlich Messwerte und der Trend zum Glukosegehalt ausgegegeben. [4] Anhand einer Alarmfunktion mit individuell einstellbaren Grenzwerten warnt das Gerät vor dem Erreichen zu hoher oder zu niedriger Glukosewerte.

§ 2 Indikation. (1) Die Kontinuierliche interstitielle Glukosemessung mit Real-Time-Messgeräten (rtCGM) darf zu Lasten der gesetzlichen Krankenversicherung erbracht werden

1. bei Patientinnen und Patienten mit insulinpflichtigem Diabetes mellitus,
2. die einer intensivierten Insulinbehandlung bedürfen, in dieser geschult sind und diese bereits anwenden,
3. insbesondere dann, wenn die zwischen Ärztin oder Arzt und Patientin oder Patient festgelegten individuellen Therapieziele zur Stoffwechseleinstellung auch bei Beachtung der jeweiligen Lebenssituation der Patientin oder des Patienten nicht erreicht werden können
4. und wenn die Voraussetzungen des § 3 vorliegen.

(2) Als intensiviert ist eine Insulintherapie anzusehen, bei der die Patientin oder der Patient entsprechend ihres oder seines Lebensstils den Zeitpunkt und die Zusammensetzung der Mahlzeit selbst frei festlegt und dementsprechend die Dosierung des Mahlzeiteninsulins anhand der Menge der aufzunehmenden Kohlenhydrate und der Höhe des präprandialen Blutzuckerspiegels steuert.

§ 3 Vorgaben zur Qualitätssicherung. (1) Im Rahmen der vertragsärztlichen Versorgung darf die Kontinuierliche interstitielle Glukosemessung mit Real-Time-Messgeräten (rtCGM) nur bei Erfüllung der in den folgenden Absätzen aufgeführten Qualitätssicherungsvorgaben durchgeführt werden.

---

1) § 10 aufgeh. mWv 22.7.2020 durch Beschl. v. 18.6.2020 (BAnz. AT 21.7.2019 B3).
2) Nr. 20 angef. mWv 7.9.2016 durch Beschl. v. 16.6.2016 (BAnz. AT 6.9.2016 B3).

(2) [1] Zur Durchführung der Methode rtCGM im Rahmen der vertragsärztlichen Versorgung berechtigt sind:

1. Fachärzte für Innere Medizin und Endokrinologie und Diabetologie oder
2. Fachärzte für Innere Medizin, für Allgemeinmedizin oder für Kinder- und Jugendmedizin jeweils mit der Anerkennung „Diabetologie" oder „Diabetologe Deutsche Diabetes Gesellschaft (DDG)" bzw. mit vergleichbarer Qualifikation oder
3. Fachärzte für Kinder- und Jugendmedizin mit der Anerkennung „Kinder-Endokrinologie und -Diabetologie".

[2] Die in der Richtlinie verwendeten Facharzt-, Schwerpunkt- und Zusatzbezeichnungen richten sich nach der (Muster-)Weiterbildungsordnung der Bundesärztekammer und schließen auch diejenigen Ärzte ein, welche eine entsprechende Bezeichnung nach altem Recht führen.

(3) Die Patientin oder der Patient muss zeitnah im Zuge der Verordnung und vor der ersten Anwendung des rtCGM über die Schulungsinhalte zur intensivierten Insulintherapie (ICT und gegebenenfalls zur Insulinpumpe) hinausgehend, hinsichtlich der sicheren Anwendung des Gerätes, insbesondere der Bedeutung der Blutglukose-Selbstmessung und der durch das Gerät zur Verfügung gestellten Trends unter Berücksichtigung des individuellen Bedarfs und eventuell vorhandener Vorkenntnisse geschult werden.

(4) [1] Die Ärztin oder der Arzt und die Patientin oder der Patient legen gemeinsam ein individuelles Therapieziel unter Nutzung der rtCGM fest. [2] Die Ärztin oder der Arzt dokumentiert das Therapieziel und im Verlauf der weiteren Behandlung die Zielerreichung.

(5) [1] Das eingesetzte Gerät muss ein zugelassenes Medizinprodukt zur Kontinuierlichen interstitiellen Glukosemessung mit Real-Time-Messung (rtCGM) sein. [2] Anhand einer Alarmfunktion mit individuell einstellbaren Grenzwerten muss das Gerät vor dem Erreichen zu hoher oder zu niedriger Glukosewerte warnen können. [3] Das Empfangsgerät kann in eine Insulinpumpe integriert sein.

(6) Soweit der Einsatz des Gerätes eine Verwendung, Erhebung, Verarbeitung oder Nutzung personenbezogener oder personen-beziehbarer Daten vorsieht, muss sichergestellt sein, dass diese allein zum Zwecke der Behandlung der Patientin oder des Patienten erfolgen und eine Nutzung ohne Zugriff Dritter, insbesondere der Hersteller, möglich ist.

21.[1] Thulium-Laserresektion (TmLRP) zur Behandlung des benignen Prostatasyndroms

§ 1 Indikation. Die TmLRP ist eine weitere Methode zur Behandlung des obstruktiven benignen Prostatasyndroms (BPS) und ist ebenso wie die transurethrale Resektion der Prostata (TURP), die Adenomektomie, die Holmium-Laserresektion (HoLRP) und die Holmium-Laserenukleation (HoLEP) unter den in § 2 angegebenen Bedingungen zugelassen.

§ 2 Voraussetzungen zur Indikationsstellung. [1] Die Indikationsstellung zur Behandlung des obstruktiven BPS erfolgt auf der Grundlage der Indikationsstellung zur TURP. [2] Die TmLRP kann dabei alternativ zur TURP, zur HoLRP und zur HoLEP eingesetzt werden.

§ 3 Eckpunkte zur Qualitätssicherung. (1) [1] Die Leistung nach § 1 kann nur von Fachärztinnen und Fachärzten für Urologie zu Lasten der Gesetzlichen Krankenversicherung erbracht und abgerechnet werden, die über nachgewiesene Kenntnisse, Erfahrungen und Fertigkeiten mit der TmLRP verfügen. [2] Die Leistungserbringung zu Lasten der Gesetzlichen Krankenversicherung ist an die Genehmigung durch die zuständige Kassenärztliche Vereinigung gebunden. [3] Für die Anwendung der TmLRP ist die Gewährleistung einer intensivmedizinischen Notfallversorgung und eine Nachbeobachtung erforderlich.

---

[1] Nr. 21 angef. mWv 30.8.2017 durch Beschl. v. 15.6.2017 (BAnz. AT 29.8.2017 B5).

§ 4 Dokumentation. (1) Die durchführende Ärztin oder der durchführende Arzt hat zu dokumentieren:
– die Indikationsstellung anhand der in § 2 genannten Voraussetzungen,
– ob es sich um eine Erst- oder Re-Intervention handelt sowie
– welche Menge an Prostatagewebe entfernt wurde.

(2) Die Dokumentationen sind auf Verlangen den Kassenärztlichen Vereinigungen für Qualitätssicherungsmaßnahmen vorzulegen.

22.[1] Hyperbare Sauerstofftherapie zur zusätzlichen Behandlung des diabetischen Fußsyndroms

§ 1 Beschreibung der Methode. [1] Die hyperbare Sauerstofftherapie ist die therapeutische Anwendung von Sauerstoff unter Überdruckbedingungen in einer Druckkammer. [2] Die hyperbare Sauerstofftherapie zur zusätzlichen Behandlung des diabetischen Fußsyndroms ist unter den in den §§ 2 und 3 genannten Bedingungen zugelassen.

§ 2 Indikation. Die hyperbare Sauerstofftherapie zur zusätzlichen Behandlung des diabetischen Fußsyndroms darf nur durchgeführt werden, wenn folgende Bedingungen erfüllt sind:
– Die Läsion des diabetischen Fußsyndroms muss bis zur Gelenkkapsel oder Sehnen vorgedrungen sein.
– Es muss eine leitliniengerechte Wundversorgung in einer zur Behandlung des diabetischen Fußes qualifizierten Einrichtung durchgeführt worden sein, während der keine Wundheilungstendenz erkennbar war.
– Im Falle einer Infektion der Läsion muss eine wirksame antibiotische Therapie eingeleitet worden sein.
– Liegt eine relevante makroangiopathische Komponente des Fußsyndroms vor, muss vor der Durchführung der hyperbaren Sauerstofftherapie sichergestellt sein, dass alle Möglichkeiten geeigneter angioplastischer oder operativer Verfahren ausgeschöpft worden sind, um die bestmögliche Durchblutung des Fußes zu gewährleisten.
– Es darf kein belastbarer Hinweis darauf bestehen, dass während des Zeitraums der hyperbaren Sauerstofftherapie die Maßnahmen der Druckentlastung und der leitliniengerechten Wundversorgung nicht durchgeführt werden können.

§ 3 Eckpunkte der Qualitätssicherung. [1] Die hyperbare Sauerstofftherapie zur zusätzlichen Behandlung des diabetischen Fußsyndroms im Rahmen der vertragsärztlichen Versorgung darf nur nach Überweisung durch
– Fachärztinnen und Fachärzte für Innere Medizin und Endokrinologie und Diabetologie oder
– Fachärztinnen und Fachärzte für Innere Medizin oder für Allgemeinmedizin jeweils mit der Zusatzweiterbildung „Diabetologie" oder der Bezeichnung „Diabetologe Deutsche Diabetes Gesellschaft (DDG)" erfolgen.

[2] Die Überweisung erfolgt auf der Grundlage der in § 2 genannten Indikationskriterien.
[3] Die verwendeten Facharzt-, Schwerpunkt- und Zusatzbezeichnungen richten sich nach der (Muster-)Weiterbildungsordnung der Bundesärztekammer und schließen auch diejenigen Ärztinnen und Ärzte ein, welche eine entsprechende Bezeichnung nach altem Recht führen.

23. Messung der myokardialen fraktionellen Flussreserve bei koronarer Herzkrankheit[2]

§ 1 Beschreibung der Methode. [1] Die Messung der myokardialen fraktionellen Flussreserve ist eine invasive diagnostische Methode, die zur Entscheidung über eine Revaskularisation bei Patientinnen und Patienten mit koronarer Herzkrankheit beitragen kann. [2] Während einer

---

[1] Nr. 22 angef. mWv 11.1.2018 durch Beschl. v. 21.9.2017 (BAnz. AT 10.1.2018 B4).
[2] Weitere Nr. (irrtümlich als Nr. 22 bez.) angef. mWv 1.2.2018 durch Beschl. v. 17.11.2017 (BAnz. AT 31.1.2018 B2).

Koronarangiographie wird ein Draht mit integriertem Sensorelement zwecks Druckmessung in das betroffene Koronargefäß vorgebracht. [3]Die myokardiale fraktionelle Flussreserve wird als Quotient aus dem Druck distal und proximal einer Gefäßverengung bestimmt. [4]Das Messergebnis ermöglicht eine Aussage über die funktionelle Relevanz einer Stenose und erlaubt dadurch eine Entscheidung für (niedriger Wert) oder gegen (hoher Wert) eine revaskularisierende Therapie im betroffenen Gefäß. [5]Die Messung der myokardialen fraktionellen Flussreserve kann mit oder ohne medikamentöse Vasodilatation durchgeführt werden.

§ 2 Indikationsstellung. Die Messung der myokardialen fraktionellen Flussreserve darf als Leistung zu Lasten der Gesetzlichen Krankenversicherung erbracht werden bei Patientinnen und Patienten, bei denen
– eine koronare Herzkrankheit vorliegt und
– die Indikation zur Koronarangiographie besteht und
– aufgrund des Angiographiebefundes die Indikation zur Koronarintervention nicht eindeutig ist.

§ 3 Eckpunkte der Qualitätssicherung. Zur Durchführung der Messung der myokardialen fraktionellen Flussreserve im Rahmen der vertragsärztlichen Versorgung müssen folgende Anforderungen erfüllt sein:

1. Zur Durchführung der Messung der myokardialen fraktionellen Flussreserve sind ausschließlich Fachärztinnen und Fachärzte für Innere Medizin und Kardiologie (Kardiologin/Kardiologe) berechtigt. Die Facharztbezeichnung richtet sich nach der (Muster-)Weiterbildungsordnung der Bundesärztekammer und schließt auch diejenigen Ärztinnen und Ärzte mit ein, welche eine entsprechende Bezeichnung nach altem Recht führen.
2. Die Durchführung der Messung der myokardialen fraktionellen Flussreserve ist erst nach Erteilung der Genehmigung nach der Qualitätssicherungsvereinbarung zur invasiven Kardiologie gemäß § 135 Absatz 2 SGB V durch die Kassenärztliche Vereinigung zulässig.
3. Die Messung der myokardialen fraktionellen Flussreserve ist nur im Rahmen einer Koronarangiographie anwendbar. Eine gesonderte Koronarangiographie ausschließlich zum Zweck der Messung der myokardialen fraktionellen Flussreserve soll nicht durchgeführt werden.

24.[1] Photoselektive Vaporisation (PVP) zur Behandlung des benignen Prostatasyndroms

§ 1 Indikation. Die PVP ist eine weitere Methode zur Behandlung des obstruktiven benignen Prostatasyndroms (BPS) und ist ebenso wie die transurethrale Resektion der Prostata (TURP), die Adenomektomie, die Holmium-Laserresektion (HoLRP), Holmium-Laserenukleation (HoLEP) und die Thulium-Laserresektion (TmLRP) unter den in § 2 angegebenen Bedingungen zugelassen.

§ 2 Voraussetzungen zur Indikationsstellung. [1]Die Indikationsstellung zur Behandlung des obstruktiven BPS erfolgt auf der Grundlage der Indikationsstellung zur TURP. [2]Die PVP kann dabei alternativ zur TURP, zur HoLRP, zur HoLEP und zur TmLRP eingesetzt werden.

§ 3 Eckpunkte zur Qualitätssicherung. (1) [1]Die Leistung nach § 1 kann nur von Fachärztinnen und Fachärzten für Urologie zu Lasten der Gesetzlichen Krankenversicherung erbracht und abgerechnet werden, die über nachgewiesene Kenntnisse, Erfahrungen und Fertigkeiten mit der PVP verfügen. [2]Die Leistungserbringung zu Lasten der Gesetzlichen Krankenversicherung ist an die Genehmigung durch die zuständige Kassenärztliche Vereinigung gebunden. [3]Für die Anwendung der PVP ist die Gewährleistung einer intensivmedizinischen Notfallversorgung und eine Nachbeobachtung erforderlich.

---

[1] Nr. 24 angef. mWv 12.5.2018 durch Beschl. v. 15.2.2018 (BAnz AT 11.5.2018 B7).

(2) Im Rahmen der Behandlung sind von der Ärztin oder vom Arzt zu gewährleisten: Die Aufklärung der Patienten insbesondere auch über das Risiko einer notwendigen Re-Intervention, über unerwünschte Wirkungen, über die therapeutische Bedeutung der PVP und über den natürlichen Verlauf des BPS sowie die fachgerechte Durchführung des jeweiligen Verfahrens.

§ 4 Dokumentation. (1) Die durchführende Ärztin oder der durchführende Arzt hat zu dokumentieren:
– die Indikationsstellung anhand der in § 2 genannten Voraussetzungen,
– ob es sich um eine Erst- oder Re-Intervention handelt sowie
– welche Menge an Prostatagewebe entfernt wurde.

(2) Die Dokumentationen sind auf Verlangen den Kassenärztlichen Vereinigungen für Qualitätssicherungsmaßnahmen vorzulegen.

25.[1] Thulium-Laserenukleation (TmLEP) zur Behandlung des benignen Prostatasyndroms

§ 1 Indikation. Die TmLEP ist eine weitere Methode zur Behandlung des obstruktiven benignen Prostatasyndroms (BPS) und ist ebenso wie die transurethrale Resektion der Prostata (TURP), die Adenomektomie, die Holmium-Laserresektion (HoLRP), Holmium-Laserenukleation (HoLEP) und die Thulium-Laserresektion (TmLRP) unter den in § 2 angegebenen Bedingungen zugelassen.

§ 2 Voraussetzungen zur Indikationsstellung. [1] Die Indikationsstellung zur Behandlung des obstruktiven BPS erfolgt auf der Grundlage der Indikationsstellung zur TURP. [2] Die TmLEP kann dabei alternativ zur TURP, zur HoLRP, zur HoLEP und zur TmLRP eingesetzt werden.

§ 3 Eckpunkte zur Qualitätssicherung. (1) [1] Die Leistung nach § 1 kann nur von Fachärztinnen und Fachärzten für Urologie zu Lasten der Gesetzlichen Krankenversicherung erbracht und abgerechnet werden, die über nachgewiesene Kenntnisse, Erfahrungen und Fertigkeiten mit der TmLEP verfügen. [2] Die Leistungserbringung zu Lasten der Gesetzlichen Krankenversicherung ist an die Genehmigung durch die zuständige Kassenärztliche Vereinigung gebunden. [3] Für die Anwendung der TmLEP ist die Gewährleistung einer intensivmedizinischen Notfallversorgung und eine Nachbeobachtung erforderlich.

(2) Im Rahmen der Behandlung sind von der Ärztin oder vom Arzt zu gewährleisten: Die Aufklärung der Patienten insbesondere auch über das Risiko einer notwendigen Re-Intervention, über unerwünschte Wirkungen, über die therapeutische Bedeutung der TmLEP und über den natürlichen Verlauf des BPS sowie die fachgerechte Durchführung des jeweiligen Verfahrens.

§ 4 Dokumentation. (1) Die durchführende Ärztin oder der durchführende Arzt hat zu dokumentieren:
– die Indikationsstellung anhand der in § 2 genannten Voraussetzungen,
– ob es sich um eine Erst- oder Re-Intervention handelt sowie
– welche Menge an Prostatagewebe entfernt wurde.

(2) Die Dokumentationen sind auf Verlangen den Kassenärztlichen Vereinigungen für Qualitätssicherungsmaßnahmen vorzulegen.

26.[2] Extrakorporale Stoßwellentherapie beim Fersenschmerz bei Fasciitis plantaris

§ 1 Beschreibung der Methode. [1] Die Extrakorporale Stoßwellentherapie (ESWT) zur Behandlung von Fersenschmerzen bei Fasciitis plantaris kann als fokussierte oder radiale

---

[1] Nr. 25 angef. mWv 12.5.2018 durch Beschl. v. 15.2.2018 (BAnz. AT 11.5.2018 B6).
[2] Nr. 26 angef. mWv 26.7.2018 durch Beschl. v. 19.4.2018 (BAnz. AT 25.7.2018 B1).

ESWT erbracht werden. [2] Hierbei werden bei der fokussierten ESWT Stoßwellen und bei der radialen ESWT Druckwellen mittels eines Therapiegeräts von außen in das zu behandelnde Gewebe eingebracht.

§ 2 Indikation. Die ESWT beim Fersenschmerz bei Fasciitis plantaris darf zu Lasten der Gesetzlichen Krankenversicherung erbracht werden bei Patientinnen und Patienten, bei denen

1. der Fersenschmerz die gewohnte körperliche Aktivität über mindestens sechs Monate eingeschränkt hat und
2. während dieser Zeit unterschiedliche konservative Therapieansätze (pharmakologische und nicht-pharmakologische) einschließlich patientenzentrierter Maßnahmen (darunter mindestens Schonung, Dehnübungen und Einlagen) über einen ausreichenden Zeitraum ohne relevante Beschwerdebesserung angewandt wurden.

§ 3 Anwendung der Methode. Die ESWT kann pro Krankheitsepisode für jeden betroffenen Fuß in maximal drei aufeinanderfolgenden Sitzungen angewendet werden.

Die Krankheitsepisode im Sinne von Satz 1 umfasst das Kalendervierteljahr der ersten Sitzung sowie die drei darauffolgenden Kalendervierteljahre.

§ 4 Anforderung an die fachliche Qualifikation. [1] Zur Durchführung der ESWT beim Fersenschmerz bei Fasciitis plantaris im Rahmen der vertragsärztlichen Versorgung berechtigt sind Fachärztinnen und Fachärzte für Orthopädie und Unfallchirurgie sowie Fachärztinnen und Fachärzte für Physikalische und Rehabilitative Medizin. [2] Die Facharztbezeichnung richtet sich nach der (Muster-)Weiterbildungsordnung der Bundesärztekammer und schließt auch diejenigen Ärztinnen und Ärzte ein, welche eine entsprechende Bezeichnung nach altem Recht führen.

27.[1)] UV-Vernetzung mit Riboflavin bei Keratokonus

§ 1 Beschreibung der Methode. [1] Die Methode ist die Hornhautvernetzung mittels Einsatz von Riboflavin und UV-A Bestrahlung bei Keratokonus. [2] Hierbei handelt es sich um einen photooxidativen Vernetzungsprozess von Kollagenfasern in der Hornhaut des Auges mit dem Ziel, die Hornhaut zu festigen und zu stabilisieren.

§ 2 Indikationsstellung. Die Hornhautvernetzung darf erbracht werden bei Patientinnen und Patienten mit Keratokonus und subjektiver Sehverschlechterung, bei denen anhand mindestens eines der folgenden Kriterien eine Progredienz innerhalb der letzten 12 Monate vor Indikationsstellung zur Hornhautvernetzung festgestellt wurde:

– Zunahme der maximalen Hornhautbrechkraft um ≥ 1 dpt,
– Zunahme des durch die subjektive Refraktion bestimmten Astigmatismus um ≥ 1 dpt,
– Abnahme der Basiskurve der bestsitzenden Kontaktlinse um ≥ 0,1 mm

und die mittels Hornhauttomographie bestimmte Hornhautdicke an der dünnsten Stelle bei Beginn der Bestrahlung mindestens 400 μm beträgt.

§ 3 Eckpunkte der Qualitätssicherung. (1) Die Methode darf nur durch Fachärztinnen und Fachärzte für Augenheilkunde (Augenärztin/Augenarzt) durchgeführt werden.

Die in der Richtlinie verwendeten Facharztbezeichnungen richten sich nach der (Muster-) Weiterbildungsordnung der Bundesärztekammer und schließen auch diejenigen Ärztinnen und Ärzte mit ein, welche eine entsprechende Bezeichnung nach altem Recht führen.

(2) Für die Indikationsstellung zur Hornhautvernetzung ist die Zunahme der maximalen Hornhautbrechkraft durch den Vergleich zweier Messwerte zu ermitteln, die mit demselben Messgerät oder mit Messgeräten erhoben werden, deren Messungen vergleichbar sind.

[1)] Nr. 27 angef. mWv 12.10.2018 durch Beschl. v. 19.7.2018 (BAnz. AT 11.10.2018 B2).

28.[1] Tonsillotomie bei Hyperplasie der Tonsillen

§ 1 Beschreibung der Methode. Die Tonsillotomie bei Hyperplasie der Tonsillen bezeichnet die operative Teil-Entfernung von vergrößerten Gaumenmandeln.

§ 2 Indikationsstellung. Die Tonsillotomie bei Hyperplasie der Tonsillen darf nur bei Patientinnen und Patienten ab dem vollendeten ersten Lebensjahr durchgeführt werden, bei denen die Hyperplasie eine symptomatische, klinisch relevante Beeinträchtigung bewirkt und eine konservative Behandlung nicht ausreicht.

§ 3 Eckpunkte der Qualitätssicherung. Zur Durchführung der Tonsillotomie im Rahmen der vertragsärztlichen Versorgung müssen folgende Anforderungen erfüllt sein:

1. [1] Zur Durchführung der Tonsillotomie berechtigt sind Fachärztinnen und Fachärzte für Hals-Nasen-Ohrenheilkunde (Hals-Nasen-Ohrenärztin/Hals-Nasen-Ohrenarzt). [2] Die Facharztbezeichnung richtet sich nach der (Muster-)Weiterbildungsordnung der Bundesärztekammer und schließt auch diejenigen Ärztinnen und Ärzte mit ein, welche eine entsprechende Bezeichnung nach altem Recht führen.
2. Für die ambulante Durchführung der Tonsillotomie ist die Genehmigung nach der Qualitätssicherungsvereinbarung ambulantes Operieren gemäß § 135 Absatz 2 des Fünften Buches Sozialgesetzbuch durch die Kassenärztliche Vereinigung erforderlich.
3. Im Anschluss an eine Tonsillotomie ist eine ausreichend lange Überwachung unter Berücksichtigung der präoperativen Einschätzung möglicher Risiken notwendig.

29.[2] Optische Kohärenztomographie (OCT) zur Diagnostik und Therapiesteuerung der neovaskulären altersbedingten Makuladegeneration (nAMD) und des Makulaödems im Rahmen der diabetischen Retinopathie (DMÖ)

§ 1 Beschreibung der Methode. [1] Die Methode ist die Optische Kohärenztomographie (OCT) zur Diagnostik und Therapiesteuerung der neovaskulären altersbedingten Makuladegeneration (nAMD) und des Makulaödems im Rahmen der diabetischen Retinopathie (DMÖ). [2] Hierbei handelt es sich um ein nicht invasives bildgebendes Verfahren, mit dem Netzhautstrukturen hochauflösend abgebildet werden können. [3] Dabei wird ein Lichtstrahl auf die Netzhaut projiziert. [4] Durch die Messung des reflektierten und gestreuten Lichts der verschiedenen Netzhautschichten erzeugt die OCT zwei- und dreidimensionale Aufnahmen, die eine objektive und quantitative Beurteilung der Netzhaut zulassen.

§ 2 Indikationsstellung. Die Optische Kohärenztomographie darf als Leistung zu Lasten der Gesetzlichen Krankenversicherung erbracht werden zur Diagnostik und Therapiesteuerung der neovaskulären altersbedingten Makuladegeneration (nAMD) und des Makulaödems im Rahmen der diabetischen Retinopathie (DMÖ).

§ 3 Eckpunkte der Qualitätssicherung. [1] Die Methode darf nur durch Fachärztinnen und Fachärzte für Augenheilkunde (Augenärztin/Augenarzt) durchgeführt werden.

[2] Die in der Richtlinie verwendeten Facharztbezeichnungen richten sich nach der (Muster-) Weiterbildungsordnung der Bundesärztekammer und schließen auch diejenigen Ärztinnen und Ärzte mit ein, welche eine entsprechende Bezeichnung nach altem Recht führen.

---

[1] Nr. 28 angef. mWv 14.12.2018 durch Beschl. v. 20.9.2018 (BAnz. AT 13.12.2018 B7).

[2] Nr. 29 angef. mWv 23.3.2019 durch Beschl. v. 20.12.2018 (BAnz. AT 22.3.2019 B2).

30[1]. Biomarkerbasierte Tests beim primären Mammakarzinom.

A. Gegenstand der Empfehlung und Qualitätssicherung

§ 1 Beschreibung der Methode und Voraussetzungen zur Indikationsstellung.
(1) Die Methode umfasst den Einsatz biomarkerbasierter Tests, also die molekularbiologische Analyse von Tumorgewebe (z. B. mit Hilfe von Genexpressionsanalysen) und die daraus resultierende Ermittlung einer Risikoeinteilung, in Bezug auf das Rezidivrisiko beim primären Mammakarzinom zur Unterstützung der Entscheidung für oder gegen eine adjuvante systemische Chemotherapie.

(2) Die Anwendung eines biomarkerbasierten Tests setzt voraus, dass die Empfehlung für oder gegen eine adjuvante systemische Chemotherapie beim primären Mammakarzinom aufgrund klinischer und pathologischer Kriterien allein nicht eindeutig getroffen werden kann.

§ 2 Spezifizierung der Methode und anerkannter Indikationen. (1) Vom Beschluss umfasst ist der Einsatz biomarkerbasierter Tests bei Patientinnen mit einem primären Hormonrezeptor-positivem, HER2/neu-negativen, nodalnegativen und nicht metastasierten Mammakarzinom unter Anwendung der Vorgehensweise des Oncotype DX Breast Recurrence Score®, EndoPredict®, MammaPrint® oder Prosigna®.

(2) Zur Anwendung kommen folgende Referenzwerte für das Rezidivrisiko:
– Oncotype DX Breast Recurrence Score®: niedrig: ≦ 10, mittel: ≧ 11, ≦ 25, hoch: ≧ 25;
– EndoPredict®: niedrig/hoch: ≧ 5;
– MammaPrint®: niedrig: > 0, hoch: < 0;
– Prosigna®: niedrig/mittel/hoch: ≧ 41, > 60.
Unter Berücksichtigung der Zuordnung zu einer dieser Risikoklassen sowie patientenindividueller Faktoren erfolgt die ärztliche Empfehlung bezüglich des möglichen Verzichts auf eine Chemotherapie.

§ 3 Eckpunkte der Qualitätssicherung. (1) Die Aufklärung über den Einsatz biomarkerbasierter Tests muss unter Einbeziehung des Patientinnenmerkblattes (siehe Abschnitt B) durch

a) eine Fachärztin oder einen Facharzt für Frauenheilkunde und Geburtshilfe mit dem Schwerpunkt gynäkologischer Onkologie oder

b) eine Fachärztin oder einen Facharzt für Innere Medizin und Hämatologie und Onkologie oder

c) eine Fachärztin oder einen Facharzt für Innere Medizin oder Frauenheilkunde und Geburtshilfe mit dem Nachweis der Zusatzweiterbildung „Medikamentöse Tumortherapie" oder

d) eine an der Onkologie-Vereinbarung teilnehmende Ärztin oder einen an der Onkologie-Vereinbarung teilnehmenden Arzt einer anderen Fachgruppe

erfolgt sein. Die Facharztbezeichnungen richten sich nach der (Muster-)Weiterbildungsordnung der Bundesärztekammer und schließen auch diejenigen Ärztinnen und Ärzte mit ein, welche eine entsprechende Bezeichnung nach altem Recht führen.

(2) Soweit das Testverfahren eine Verarbeitung personenbezogener oder personenbeziehbarer Daten vorsieht, muss sichergestellt sein, dass diese allein zum Zwecke der Risikoeinschätzung bei der getesteten Patientin erfolgt. Die Durchführung klinischer Studien bleibt hiervon unberührt.

(3) Die Regelungen dieser Nummer 30 lassen die rechtlichen Voraussetzungen eines zulässigen Einsatzes biomarkerbasierter Tests zur Entscheidung für oder gegen eine adjuvante systemische Chemotherapie beim primären Mammakarzinom im Übrigen unberührt.

---

[1] Nr. 30 angef. mWv 23.8.2019 durch Beschl. v. 20.6.2019 (BAnz. AT 22.8.2019 B5), Abschn. A § 2, Abschn. B neu gef. mWv 20.1.2021 durch Beschl. v. 15. Oktober 2020 (BAnz. AT 19.1.2021 B1).

B. Patientinnenmerkblatt

Patientinnenmerkblatt

Biomarkerbasierte Tests beim frühen Brustkrebs

Weshalb erhalte ich dieses Merkblatt?

Sie erhalten dieses Merkblatt, da Sie vor der Frage stehen, ob das Rückfallrisiko ihrer Brustkrebserkrankung zusätzlich mithilfe eines Biomarker-Tests bestimmt werden soll.

Worum geht es bei der Entscheidung?

Bei Frauen mit frühem Brustkrebs kann der Tumor durch eine Operation oft vollständig entfernt werden. Häufig wird die Brust zusätzlich bestrahlt. Es kann aber sein, dass trotzdem Krebszellen im Körper bleiben und nach Jahren wieder anfangen zu wachsen. Dann sprechen Fachleute von einem „Rückfall" oder „Rezidiv". Der Tumor kann erneut in der Brust oder in angrenzenden Bereichen entstehen (örtliches oder regionales Rezidiv) oder an einer anderen Körperstelle wiederkehren (Fernrezidiv). Bei einem Rückfall sind die Heilungschancen meist deutlich geringer.

Um Rückfälle zu vermeiden, kann daher zusätzlich eine Chemotherapie nach der Operation nötig sein. Die Chemotherapie ist aber mit Belastungen und Risiken verbunden, zudem können nicht mit Sicherheit alle Rückfälle vermieden werden. Deshalb wird versucht, das Rückfallrisiko möglichst genau zu bestimmen:

– Je höher das Rückfallrisiko, desto empfehlenswerter ist eine Chemotherapie, da davon auszugehen ist, dass die Vorteile einer Chemotherapie die Nachteile überwiegen werden.
– Je niedriger das Rückfallrisiko, desto empfehlenswerter ist ein Verzicht auf die Chemotherapie, da davon auszugehen ist, dass die Nachteile einer Chemotherapie die Vorteile überwiegen werden.

Was kann ich von einer Chemotherapie in Bezug auf das Rückfallrisiko erwarten?

Rückfallrisiko beträgt 5 %

Ohne Chemotherapie: 5 von 100 Frauen haben innerhalb von 10 Jahren einen Rückfall.

Mit Chemotherapie: Etwa 4 von 100 Frauen haben innerhalb von 10 Jahren einen Rückfall.

Bei einem Rückfallrisiko von 5 % kann eine Chemotherapie etwa 1 von 100 Frauen vor einem Rückfall schützen. Dafür nehmen alle 100 Frauen mögliche Nebenwirkungen in Kauf.

Rückfallrisiko beträgt 10 %

Ohne Chemotherapie: 10 von 100 Frauen haben innerhalb von 10 Jahren einen Rückfall.

Mit Chemotherapie: 7 von 100 Frauen haben innerhalb von 10 Jahren einen Rückfall.

Bei einem Rückfallrisiko von 10 % kann eine Chemotherapie 3 von 100 Frauen vor einem Rückfall schützen. Dafür nehmen alle 100 Frauen mögliche Nebenwirkungen in Kauf.

Rückfallrisiko beträgt 20 %

Ohne Chemotherapie: 20 von 100 Frauen haben innerhalb von 10 Jahren einen Rückfall.

Mit Chemotherapie: 14 von 100 Frauen haben innerhalb von 10 Jahren einen Rückfall.

Bei einem Rückfallrisiko von 20 % kann eine Chemotherapie 6 von 100 Frauen vor einem Rückfall schützen. Dafür nehmen alle 100 Frauen mögliche Nebenwirkungen in Kauf.

Beispielhafte Graphiken für mögliche Risikokonstellationen – entnommen aus dem IQWiG-Bericht Entscheidungshilfe zu Biomarker-Tests bei Brustkrebs – Addendum zum Auftrag D14-01 (15.11.2017).

Da eine Chemotherapie durch Nebenwirkungen die Lebensqualität sowie die Fruchtbarkeit beeinträchtigen kann, ist die entscheidende Frage: „Hat eine Chemotherapie für mich mehr Vor- oder mehr Nachteile?"

Wie wird das Rückfallrisiko ohne den Biomarker-Test bestimmt?

Bei der Bestimmung des Rückfallrisikos ohne den Biomarker-Test werden routinemäßig Informationen zu folgenden klinischen Faktoren und Tumoreigenschaften berücksichtigt: Hormonempfindlichkeit für Hormone wie Östrogen und Progesteron, Differenzierungsgrad der Tumorzellen (Stärke der Tumorzellveränderung), Wachstumskennzahl (Ki67-Wert), Wachstumsfaktorrezeptor (HER2/neu-Ausprägung), Tumorgröße, Lymphknotenbefall sowie Alter und Menopausalstatus der Patientin.

Welche Zusatzinformation liefert der Biomarker-Test?

In einigen Fällen ist das Ergebnis nach einer routinemäßigen Bestimmung des Rückfallrisikos so deutlich, dass Ihnen Ihre Ärztin oder Ihr Arzt eine klare Empfehlung geben wird. In anderen Fällen kann die Empfehlung durch Ihre Ärztin oder Ihren Arzt nicht eindeutig ausfallen. Der Biomarker-Test kann beim hormonrezeptor-positiven, HER2/neu-negativen Brustkrebs ohne Lymphknotenbefall – also bei frühem Brustkrebs – herangezogen werden, um anhand einer genetischen Analyse der Tumorzellen mehr Informationen über Eigenschaften des Tumors zu erhalten, die etwas über das Rückfallrisiko der Erkrankung aussagen sollen. Dies können zum Beispiel bestimmte Veränderungen im Erbgut der Tumorzellen sein. Biomarker-Tests sind sogenannte Genexpressionstests. Sie untersuchen, ob verschiedene Gene in den Krebszellen besonders aktiv sind.

Eine zusätzliche Gewebeentnahme ist nicht notwendig; der Biomarker-Test kann aus Gewebe erfolgen, das Ihnen bereits entnommen wurde.

Sorgt der Biomarker-Test für eine klare Empfehlung?

Die Ergebnisse des Tests liefern ergänzende Informationen, die zu einer fundierten Empfehlung führen können. Mit Biomarker-Tests lassen sich – wie mit den klinischen Kriterien – nur Wahrscheinlichkeiten über das Rückfallrisiko ermitteln. Biomarker-Tests können nicht vorhersagen, ob eine bestimmte Frau tatsächlich einen Rückfall haben wird oder nicht. Deshalb können ihre Ergebnisse auch nicht eindeutig klären, welche Frau eine Chemotherapie benötigt.

Eine Empfehlung bezüglich einer Chemotherapie hängt aber immer auch von anderen Faktoren, z. B. von Ihrem Alter, Ihrem allgemeinen Gesundheitsstatus oder Ihrer persönlichen Situation, ab. Daher obliegt es letztendlich auch Ihrer persönlichen Bewertung, welches Rückfallrisiko Ihnen so niedrig erscheint, dass Sie auf eine Chemotherapie verzichten wollen. Auch bei einem sehr niedrigen Rückfallrisiko können Sie sich im Übrigen für eine Chemotherapie entscheiden. Im Gespräch mit Ihrer Ärztin oder Ihrem Arzt sollten Sie klären, wie Sie die Vor- und Nachteile einer Chemotherapie für sich bewerten.

31.[1] Häuslicher Einsatz von motorbetriebenen Bewegungsschienen (CPM) zur konservativen Behandlung oder nach operativen Eingriffen am Kniegelenk und am Schultergelenk

§ 1 Beschreibung der Methode. Motorenbetriebene Bewegungsschienen dienen der passiven Bewegung von Knie- und Schultergelenken. Sie kommen im Rahmen einer konservativen Behandlung oder nach operativen Eingriffen zum Einsatz. Dadurch soll die Gelenkbeweglichkeit frühestmöglich verbessert beziehungsweise wiederhergestellt, Gelenkversteifungen verhindert und die Heilung unterstützt werden. Die Bewegungsschiene wird so positioniert, dass die mechanische Gelenkachse der Bewegungsschiene mit der anatomischen Gelenkachse der Patientin beziehungsweise des Patienten übereinstimmt. Der Bewegungsumfang und die Behandlungszeit werden individuell entsprechend den Vorgaben der behandelnden Ärztin beziehungsweise des behandelnden Arztes eingestellt. Durch den Einsatz dieser Schienen kann eine Bewegung des betroffenen Gelenks bereits zu einem sehr frühen Behandlungszeitpunkt ermöglicht werden, ohne dass muskuläre Strukturen von den Patientinnen und Patienten aktiv angespannt werden.

§ 2 Indikationsstellung. Der Einsatz motorenbetriebener Bewegungsschienen ist im Rahmen einer konservativen Behandlung oder nach operativen Eingriffen indiziert, wenn eine wesentliche funktionelle Beeinträchtigung eines Knie- oder Schultergelenks vorliegt und trotz regelmäßiger Maßnahmen der physikalischen Therapie (insbesondere Krankengymnastik) und der erlernten Eigenübungen der Patientin oder des Patienten eine wesentliche Verbesserung des alltagsrelevanten Bewegungsumfangs des betroffenen Gelenks nur durch die zusätzliche Anwendung einer motorenbetriebenen Bewegungsschiene erreicht werden kann.

---

[1] Nr. 31 angef. mWv 5.9.2019 durch Beschl. v. 20.6.2019 (BAnz. AT 4.9.2019 B2).

§ 3 Eckpunkte der Qualitätssicherung. Zur Durchführung des häuslichen Einsatzes von CPM-Bewegungsschienen zur konservativen Behandlung oder nach operativen Eingriffen am Kniegelenk und am Schultergelenk im Rahmen der vertragsärztlichen Versorgung müssen folgende Anforderungen erfüllt sein:
- Die Anwendung motorenbetriebener Bewegungsschienen erfolgt als medizinisch notwendige Maßnahme zusätzlich zu einer regelmäßigen begleitenden physikalischen Therapie. Das Verfahren soll in ein medizinisches Behandlungskonzept eingebettet sein.
- Es liegt eine prognostische medizinische Einschätzung vor, dass ohne den Einsatz der Schiene eine dauerhafte Einschränkung des Bewegungsumfanges eintreten würde. Schädigungen der Gelenkstruktur und der -funktion (insbesondere intraartikuläre Faktoren, die eine Bewegungseinschränkung fördern, wie Blutung, postinfektiöser Zustand) sind zu berücksichtigen. Die Behandlung soll eine Gelenkfunktion im alltagsrelevanten Funktionsraum ermöglichen.
- Sofern das betroffene Gelenk operativ versorgt wurde und keine medizinischen Kontraindikationen vorliegen, hat der Einsatz einer motorenbetriebenen Bewegungsschiene unmittelbar postoperativ zu erfolgen.

32.[1] Liposuktion bei Lipödem im Stadium III

Beschluss gültig bis: 31. Dezember 2024 (verbunden mit Beschluss zur Qualitätssicherung gemäß § 136 SGB V).

33.[2] Vakuumversiegelungstherapie von Wunden

§ 1 Beschreibung der Methode. Die Vakuumversiegelungstherapie bezeichnet eine Form der Wundbehandlung. Dabei dient ein kontinuierlich kontrollierter Unterdruck in einem geschlossenen System mit Hilfe zugelassener Wundfüllmaterialien der Förderung der Wundheilung durch die Entfernung von Wundflüssigkeiten und Exsudaten.

§ 2 Indikation. Die Vakuumversiegelungstherapie von Wunden darf zu Lasten der Krankenkassen erbracht werden bei Patientinnen und Patienten, bei denen aufgrund wund- oder patientenspezifischer Risikofaktoren unter einer Standardwundbehandlung keine ausreichende Heilung zu erwarten ist.

§ 3 Eckpunkte der Qualitätssicherung. Zur Durchführung der Vakuumversiegelungstherapie von Wunden müssen folgende Bedingungen erfüllt sein:
1. Zur Durchführung der Vakuumversiegelungstherapie zum intendierten primären Wundverschluss berechtigt sind die folgenden operativ tätigen Fachärztinnen und Fachärzte:
   - Fachärztinnen und Fachärzte im Gebiet der Chirurgie,
   - Fachärztinnen und Fachärzte für Frauenheilkunde und Geburtshilfe,
   - Fachärztinnen und Fachärzte für Hals-, Nasen- und Ohrenheilkunde,
   - Fachärztinnen und Fachärzte für Mund-, Kiefer- und Gesichtschirurgie,
   - Fachärztinnen und Fachärzte für Neurochirurgie,
   - Fachärztinnen und Fachärzte für Haut- und Geschlechtskrankheiten und für Urologie.

Zur Durchführung der Vakuumversiegelungstherapie zum intendierten sekundären Wundverschluss berechtigt sind zusätzlich zu den zuvor genannten folgende weitere Fachärztinnen und Fachärzte:
   - Fachärztinnen und Fachärzte für Allgemeinmedizin,
   - Fachärztinnen und Fachärzte für Innere Medizin und Angiologie,
   - Fachärztinnen und Fachärzte für Innere Medizin und Endokrinologie und Diabetologie,
   - Fachärztinnen und Fachärzte mit der Zusatzweiterbildung „Diabetologie" oder der Bezeichnung „Diabetologe Deutsche Diabetes Gesellschaft (DDG)",
   - Fachärztinnen und Fachärzte mit der Zusatzweiterbildung Phlebologie.

---

[1] Nr. 32 angef. mWv 7.12.2019 durch Beschl. v. 19.9.2019 (BAnz. AT 6.12.2019 B3).
[2] Nr. 33 angef. mWv 12.3.2020 durch Beschl. v. 19.12.2019 (BAnz. AT 11.3.2020 B2).

Die verwendeten Facharzt-, Schwerpunkt- und Zusatzbezeichnungen richten sich nach der (Muster-)Weiterbildungsordnung der Bundesärztekammer und schließen auch diejenigen Ärztinnen und Ärzte ein, welche eine entsprechende Bezeichnung nach altem Recht führen.

2. Die Durchführung der Vakuumversiegelungstherapie ist in ein medizinisches Behandlungskonzept einzubetten. Dies schließt neben den Verbandswechseln eine regelmäßige ärztliche Kontrolle der Wundheilung sowie Überprüfung der Indikation im Behandlungsverlauf ein.
3. Die Indikationsstellung, die regelmäßige Kontrolle der Wundheilung sowie die Überprüfung der Indikation im Behandlungsverlauf sind in der Patientenakte zu dokumentieren.
4. Als apparative Anforderungen für die Vakuumversiegelungstherapie sind zertifizierte Medizinprodukte zu verwenden; diese schließen sowohl das System zur Erzeugung des Unterdrucks, als auch die nötigen Verbrauchsmaterialien ein.

34.[1] Tumortherapiefelder beim Glioblastom.

§ 1 Beschreibung der Methode. Die Methode ist der zusätzliche Einsatz von Tumortherapiefeldern (TTF) bei der Behandlung des Glioblastoms. Hierbei werden lokal elektrische Wechselspannungsfelder mit einer Frequenz von 200 Kilohertz über die Kopfhaut auf das Glioblastom übertragen mit dem Ziel, die Tumorzellproliferation durch Interferenz mit der Mitoseaktivität der Zellen zu hemmen.

§ 2 Indikationsstellung. Die Methode darf zu Lasten der Gesetzlichen Krankenversicherung bei Patientinnen und Patienten mit einem neu diagnostizierten Glioblastom erbracht werden, wenn nach Abschluss der Radiochemotherapie keine frühe Krankheitsprogression nachgewiesen wurde. Die TTF-Behandlung beginnt zusätzlich zur Standardtherapie in der Erhaltungsphase und kann bis zum zweiten Rezidiv angewendet werden.

§ 3 Eckpunkte der Qualitätssicherung. Zur Durchführung des Einsatzes von TTF im Rahmen der vertragsärztlichen Versorgung müssen folgende Anforderungen erfüllt sein:

1.
   a) Der Indikationsstellung durch die verordnende Ärztin oder den verordnenden Arzt für den Einsatz von TTF im Rahmen des Gesamtbehandlungskonzeptes hat eine entsprechende Empfehlung einer interdisziplinären Tumorkonferenz unter Einbeziehung je einer Fachärztin oder eines Facharztes für Neurologie, einer Fachärztin oder eines Facharztes für Neurochirurgie, einer Fachärztin oder eines Facharztes für Radiologie, einer Fachärztin oder eines Facharztes für Strahlentherapie und einer Fachärztin oder eines Facharztes für Innere Medizin und Hämatologie und Onkologie zugrunde zu liegen.
   b) Die Erst-Verordnung der TTF erfolgt für drei Monate durch eine Fachärztin oder einen Facharzt für Neurologie, eine Fachärztin oder einen Facharzt für Neurochirurgie, eine Fachärztin oder einen Facharzt für Strahlentherapie oder eine Fachärztin oder einen Facharzt für Innere Medizin und Hämatologie und Onkologie.
   c) Die Entscheidung über die Ausrichtung der TTF erfolgt durch eine Fachärztin oder einen Facharzt für Neurologie, eine Fachärztin oder einen Facharzt für Neurochirurgie oder eine Fachärztin oder einen Facharzt für Strahlentherapie auf der Basis einer Magnetresonanztomographie-Bildgebung nach Abschluss der Radiochemotherapie.
2. Die Patientin oder der Patient und etwaige weitere Personen, die bei der Anwendung der TTF behilflich sind, müssen vor Behandlungsbeginn bezüglich der korrekten Anwendung des Gerätes, der Tragedauer und des Umgangs mit Komplikationen geschult werden. Die Patientin oder der Patient ist darauf hinzuweisen, dass eine möglichst kontinuierliche Behandlung mit einer täglichen Tragedauer von mindestens 18 Stunden anzustreben ist.
3. Im Rahmen der regelmäßig, mindestens alle drei Monate stattfindenden Verlaufskontrollen sollen unter anderem die Anwendung und die Verträglichkeit besprochen werden. Die Patientin oder der Patient ist darauf hinzuweisen, dass die Wirksamkeit der Behandlung mit abnehmender Tragedauer nachlässt.

---

[1] Nr. 34 angef. mWv 23.5.2020 durch Beschl. v. 20.3.2020 (BAnz. AT 22.5.2020 B2).

4. Wenn im Rahmen der Verlaufskontrollen kein Verdacht auf ein Rezidiv vorliegt, kann eine Ärztin oder ein Arzt gemäß § 3 Nummer 1 Buchstabe b eine Folgeverordnung von TTF für jeweils weitere drei Monate ausstellen. Bei Verdacht auf ein Rezidiv ist die Indikation zum Einsatz der TTF im Rahmen des Gesamtbehandlungskonzepts durch die interdisziplinäre Tumorkonferenz gemäß § 3 Nummer 1 Buchstabe a zu prüfen.
5. Die Facharztbezeichnungen richten sich nach der (Muster-)Weiterbildungsordnung der Bundesärztekammer und schließen auch diejenigen Ärztinnen und Ärzte mit ein, welche eine entsprechende Bezeichnung nach altem Recht führen.
6. Die Geräte zur Anwendung der TTF müssen für die in dieser Richtlinie genannte Indikationsstellung zertifizierte Medizinprodukte sein. Soweit der Einsatz des Gerätes eine Verwendung, Erhebung, Verarbeitung oder Nutzung personenbezogener oder personenbeziehbarer Daten vorsieht, muss sichergestellt sein, dass diese allein zum Zwecke der Behandlung der Patientin oder des Patienten erfolgen.

35.[1] Interstitielle LDR-Brachytherapie bei lokal begrenztem Prostatakarzinom mit niedrigem Risikoprofil

(LDR-Brachytherapie mit permanenter Seed-Implantation)

Dieser Beschluss ist verbunden mit dem Beschluss zur Qualitätssicherung gemäß § 136 Absatz 1 Satz 1 Nummer 2 SGB V.

Anlage II[2]

Nicht anerkannte Untersuchungs- und Behandlungsmethoden

1. Elektro-Akupunktur nach Voll[3]
2. „Heidelberger Kapsel" (Säurewertmessung im Magen durch Anwendung der Endoradiosonde[4]
3. Intravasale Insufflation bzw. andere parenterale Infiltration von Sauerstoff und anderen Gasen[5]

---

[1] Nr. 35 angef. mWv 8.1.2021 durch Beschl. v. 17.9.2020 (BAnz. AT 7.1.2021 B3).

[2] Bish. Anlage B Nr. 41 angef. mWv 5.1.2005 durch Beschl. v. 21.9.2004 (BAnz. 2005 S. 5), Nr. 42 angef. mWv 15.5.2005 durch Beschl. v. 14.5.2005 (BAnz. 2005 S. 7485), Nr. 43 angef. mWv 13.1.2006 durch Beschl. v. 12.1.2006 (BAnz. 2006 S. 107), bish. Anlage B wird Anlage II mWv 1.4.2006 durch Beschl. v. 17.1.2006 (BAnz. 2006 S. 1523), Anlage II Nr. 31 neu gef. mWv 1.1.2007 durch Beschl. v. 18.4.2006/19.9.2006 (BAnz. 2006 S. 6952), Nr. 39 neu gef. mWv 1.4.2007 durch Beschl. v. 18.1.2007 (BAnz. 2007 S. 4362), Nrn. 19 und 27 aufgeh. mWv 1.7.2008 durch Beschl. v. 13.3.2008 (BAnz. 2008 S. 1950), Nrn. 15 und 20 aufgeh., Nrn. 44–51 angef. mWv 21.7.2011 durch Beschl. v. 16.12.2010 (BAnz. 2011 S. 2555), Nr. 52 angef. mWv 9.2.2012 durch Beschl. v. 20.10.2011 (BAnz. 2012 S. 535), Nr. 53 angef. mWv 1.4.2016 durch Beschl. v. 27.11.2015 (BAnz. AT 15.2.2016 B3), Nr. 16 geänd. mWv 11.1.2018 durch Beschl. v. 21.9.2017 (BAnz. AT 10.1.2018 B4), Nr. 23 geänd. mWv 26.7.2018 durch Beschl. v. 19.4.2018 (BAnz. AT 25.7.2018 B1).

[3] **Elektro-Akupunktur nach Voll,** Beschluss des Bundesausschusses vom 10.12.1999
Veröffentlichung im Bundesanzeiger Nr. 56 vom 21.3.2000
Veröffentlichung im Deutschen Ärzteblatt 2000, Heft 13, vom 31.3.2000, gültig seit dem 22.3.2000.

[4] **„Heidelberger Kapsel"** (Säurewertmessung im Magen durch Anwendung der Endoradiosonde, Beschluss des Bundesausschusses vom 10.12.1999
Veröffentlichung im Bundesanzeiger Nr. 56 vom 21.3.2000
Veröffentlichung im Deutschen Ärzteblatt 2000, Heft 13, vom 31.3.2000, gültig seit dem 22.3.2000.

[5] **Intravasale Insufflation von Sauerstoff und anderen Gasen,** Beschluss des Bundesausschusses vom 10.12.1999
Veröffentlichung im Bundesanzeiger Nr. 56 vom 21.3.2000
Veröffentlichung im Deutschen Ärzteblatt 2000, Heft 13, vom 31.3.2000, gültig seit dem 22.3.2000.

4. Oxyontherapie (Behandlung mit ionisiertem Sauerstoff-/Ozongemisch)[1]
5. Behandlung mit niederenergetischem Laser (Soft- und Mid-Power-Laser)[2]
6. Sauerstoff-Mehrschritt-Therapie nach von Ardenne[3]
7. Immuno-augmentative Therapie[4]
8. Lymphozytäre Autovaccine-Therapie bei HIV-Patienten[5]
9. Magnetfeldtherapie ohne Verwendung implantierter Spulen[6]
10. Autohomologe Immuntherapie nach Kief[7]
11. Haifa-Therapie[8]
12. Doman-Delacato bzw. BIBIC-Therapie[9]

---

1) **Oxyontherapie** (Behandlung mit ionisiertem Sauerstoff-/Ozongemisch), Beschluss des Bundesausschusses vom 10.12.1999
Veröffentlichung im Bundesanzeiger Nr. 56 vom 21.3.2000
Veröffentlichung im Deutschen Ärzteblatt 2000, Heft 13, vom 31.3.2000, gültig seit dem 22.3.2000.

2) **Behandlung mit niederenergetischem Laser (Soft- und Mid-Power-Laser),** Beschluss des Bundesausschusses vom 10.12.1999
Veröffentlichung im Bundesanzeiger Nr. 56 vom 21.3.2000
Veröffentlichung im Deutschen Ärzteblatt 2000, Heft 13, vom 31.3.2000, gültig seit dem 22.3.2000.

3) **Sauerstoff-Mehrschritt-Therapie nach von Ardenne,** Beschluss des Bundesausschusses vom 10.12.1999
Veröffentlichung im Bundesanzeiger Nr. 56 vom 21.3.2000
Veröffentlichung im Deutschen Ärzteblatt 2000, Heft 13, vom 31.3.2000, gültig seit dem 22.3.2000
Bestätigt durch Beschluss des Bundesausschusses vom 6.2.2001
Veröffentlichung im Bundesanzeiger Nr. 91 vom 16.5.2001
Veröffentlichung im Deutschen Ärzteblatt 2001, Heft 22, vom 1.6.2001, gültig seit dem 17.5.2001.

4) **Immuno-augmentative Therapie,** Beschluss des Bundesausschusses vom 10.12.1999
Veröffentlichung im Bundesanzeiger Nr. 56 vom 21.3.2000
Veröffentlichung im Deutschen Ärzteblatt 2000, Heft 13, vom 31.3.2000, gültig seit dem 22.3.2000.

5) **Lymphozytäre Autovaccine-Therapie bei HIV-Patienten,** Beschluss des Bundesausschusses vom 10.12.1999
Veröffentlichung im Bundesanzeiger Nr. 56 vom 21.3.2000
Veröffentlichung im Deutschen Ärzteblatt 2000, Heft 13, vom 31.3.2000, gültig seit dem 22.3.2000.

6) **Magnetfeldtherapie ohne Verwendung implantierter Spulen** (zur magnetisch induzierten, invasiven Elektroosteostimulation vgl. Heil- und Hilfsmittel-Richtlinien), Beschluss des Bundesausschusses vom 10.12.1999
Veröffentlichung im Bundesanzeiger Nr. 56 vom 21.3.2000
Veröffentlichung im Deutschen Ärzteblatt 2000, Heft 13, vom 31.3.2000, gültig seit dem 22.3.2000.

7) **Autohomologe Immuntherapie nach Kief,** Beschluss des Bundesausschusses vom 10.12.1999
Veröffentlichung im Bundesanzeiger Nr. 56 vom 21.3.2000
Veröffentlichung im Deutschen Ärzteblatt 2000, Heft 13, vom 31.3.2000, gültig seit dem 22.3.2000.

8) **Haifa-Therapie,** Beschluss des Bundesausschusses vom 10.12.1999
Veröffentlichung im Bundesanzeiger Nr. 56 vom 21.3.2000
Veröffentlichung im Deutschen Ärzteblatt 2000, Heft 13, vom 31.3.2000, gültig seit dem 22.3.2000.

9) **Doman-Delacato bzw. BIBIC-Therapie,** Beschluss des Bundesausschusses vom 10.12.1999
Veröffentlichung im Bundesanzeiger Nr. 56 vom 21.3.2000
Veröffentlichung im Deutschen Ärzteblatt 2000, Heft 13, vom 31.3.2000, gültig seit dem 22.3.2000.

13. Verfahren der refraktiven Augenchirurgie
14. Hyperthermiebehandlung der Prostata[1)]
15. *nicht besetzt*
16. Hyperbare Sauerstofftherapie[2)]
    mit Ausnahme der in Anlage I Nummer 22 anerkannten Indikation
17. Bioresonanzdiagnostik, Bioresonanztherapie, Mora-Therapie und vergleichbare Verfahren[3)]
18. Autologe Target Cytokine-Behandlung nach Klehr (ATC)[4)]
19., 20. *nicht besetzt*
21. Hochdosierte, selektive UVA1-Bestrahlung[5)]
22. Colon-Hydro-Therapie und ihre Modifikatonen[6)]
23. Extrakorporale Stoßwellentherapie (ESWT) bei orthopädischen, chirurgischen und schmerztherpeutischen Indikationen[7)] mit Ausnahme der in Anlage I Nummer 26 aufgeführten Indikation der ESWT
24. Pulsierende Signaltherapie (PST)[8)]

[1)] **Hyperthermiebehandlung der Prostata,** Beschluss des Bundesausschusses vom 10.12.1999
Veröffentlichung im Bundesanzeiger Nr. 56 vom 21.3.2000
Veröffentlichung im Deutschen Ärzteblatt 2000, Heft 13, vom 31.3.2000, gültig seit dem 22.3.2000.

[2)] **Hyperbare Sauerstofftherapie,** Beschluss des Bundesausschusses vom 10.12.1999
Veröffentlichung im Bundesanzeiger Nr. 56 vom 21.3.2000
Veröffentlichung im Deutschen Ärzteblatt 2000, Heft 13, vom 31.3.2000, gültig seit dem 22.3.2000.

[3)] **Bioresonanzdiagnostik, Bioresonanztherapie, Mora-Therapie und vergleichbare Verfahren,** Beschluss des Bundesausschusses vom 10.12.1999
Veröffentlichung im Bundesanzeiger Nr. 56 vom 21.3.2000
Veröffentlichung im Deutschen Ärzteblatt 2000, Heft 13, vom 31.3.2000, gültig seit dem 22.3.2000.

[4)] **Autologe Target Cytokine-Behandlung nach Klehr (ATC),** Beschluss des Bundesausschusses vom 10.12.1999
Veröffentlichung im Bundesanzeiger Nr. 56 vom 21.3.2000
Veröffentlichung im Deutschen Ärzteblatt 2000, Heft 13, vom 31.3.2000, gültig seit dem 22.3.2000.

[5)] **Hochdosierte, selektive UVA_1-Bestrahlung,** Beschluss des Bundesausschusses vom 10.12.1999
Veröffentlichung im Bundesanzeiger Nr. 56 vom 21.3.2000
Veröffentlichung im Deutschen Ärzteblatt 2000, Heft 13, vom 31.3.2000, gültig seit dem 22.3.2000.

[6)] **Colon-Hydro-Therapie und ihre Modifikationen,** Beschluss des Bundesausschusses vom 10.12.1999
Veröffentlichung im Bundesanzeiger Nr. 56 vom 21.3.2000
Veröffentlichung im Deutschen Ärzteblatt 2000, Heft 13, vom 31.3.2000, gültig seit dem 22.3.2000.

[7)] **Extrakorporale Stoßwellentherapie (ESWT) bei orthopädischen, chirurgischen und schmerztherapeutischen Indikationen,** Beschluss des Bundesausschusses vom 10.12.1999 Veröffentlichung im Bundesanzeiger Nr. 56 vom 21.3.2000
Veröffentlichung im Deutschen Ärzteblatt 2000, Heft 13, vom 31.3.2000, gültig seit dem 22.3.2000.

[8)] **Pulsierende Signaltherapie (PST),** Beschluss des Bundesausschusses vom 10.12.1999
Veröffentlichung im Bundesanzeiger Nr. 56 vom 21.3.2000
Veröffentlichung im Deutschen Ärzteblatt 2000, Heft 13, vom 31.3.2000, gültig seit dem 22.3.2000.

25. Niedrigdosierter, gepulster Ultraschall[1)]

26. Neurotopische Therapie nach Desnizza und ähnliche Therapien mit Kochsalzlösungsinjektionen[2)]

27. *nicht besetzt*

28. Autologe Chondrozytenimplantation bzw. -transplantation[3)]

29. Aktiv-spezifische Immuntherapie (ASI) mit antologer Tumorzellvakzine[4)]

30. Uterus-Ballon-Therapie[5)]

31. Akupunktur mit Ausnahme der in Anlage I aufgeführten Indikationen[6)]

32. Ultraviolettbestrahlung des Blutes (UVB)[7)]

33. Hämatogene Oxydationstherapie (HOT), Blutwäsche nach Wehrli[8)]

---

1) **Niedrigdosierter, gepulster Ultraschall,** Beschluss des Bundesausschusses vom 10.12.1999
Veröffentlichung im Bundesanzeiger Nr. 56 vom 21.3.2000
Veröffentlichung im Deutschen Ärzteblatt 2000, Heft 13, vom 31.3.2000, gültig seit dem 22.3.2000.

2) **Neurotopische Therapie nach Desnizza und ähnliche Therapien mit Kochsalzlösungs-Injektionen,** Beschluss des Bundesausschusses vom 10.12.1999
Veröffentlichung im Bundesanzeiger Nr. 56 vom 21.3.2000
Veröffentlichung im Deutschen Ärzteblatt 2000, Heft 13, vom 31.3.2000, gültig seit dem 22.3.2000.

3) **Autologe Chondrozytenimplantation bzw. -transplantation,** Beschluss des Bundesausschusses vom 10.4.2000
Veröffentlichung im Bundesanzeiger Nr. 128 vom 12.7.2000
Veröffentlichung im Deutschen Ärzteblatt 2000, Heft 30, vom 28.7.2000, gültig seit dem 10.4.2000.

4) **Aktiv-spezifische Immuntherapie (ASI) mit antologer Tumorzellvakzine,** Beschluss des Bundesausschusses vom 10.4.2000
Veröffentlichung im Bundesanzeiger Nr. 137 vom 10.4.2000
Veröffentlichung im Deutschen Ärzteblatt 2000, Heft 37, vom 5.9.2000, gültig seit dem 26.7.2000.

5) **Uterus-Ballon-Therapie,** Beschluss des Bundesausschusses vom 16.10.2000
Veröffentlichung im Bundesanzeiger Nr. 12 vom 18.1.2001
Veröffentlichung im Deutschen Ärzteblatt 2001, Heft 4, vom 26.1.2001, gültig seit dem 19.1.2001.

6) **Akupunktur mit Ausnahme der Indikationen chronische Kopfschmerzen, chronische LWS-Schmerzen und chronische osteoarthritische Schmerzen,** Beschluss des Bundesausschusses vom 16.10.2000
Veröffentlichung im Bundesanzeiger Nr. 12 vom 18.1.2001.
Veröffentlichung im Deutschen Ärzteblatt 2001, Heft 4, vom 26.1.2001, gültig seit dem 19.1.2001

Verlängerung der Aussetzung der Beschlussfassung zur Akupunktur, Beschluss des Bundesausschusses vom 16.3.2004
Veröffentlichung im Bundesanzeiger Nr. 75 vom 21.4.2004.

7) **Ultraviolettbestrahlung des Blutes (UVB),** Beschluss des Bundesausschusses vom 11.12.2000
Veröffentlichung im Bundesanzeiger Nr. 57 vom 22.3.2001
Veröffentlichung im Deutschen Ärzteblatt 2001, Heft 31, vom 30.3.2001, gültig seit dem 23.3.2001.

8) **Hämatogene Oxydationstherapie (HOT), Blutwäsche nach Wehrli,** Beschluss des Bundesausschusses vom 11.12.2000
Veröffentlichung im Bundesanzeiger Nr. 57 vom 22.3.2001
Veröffentlichung im Deutschen Ärzteblatt 2001, Heft 31, vom 30.3.2001, gültig seit dem 23.3.2001.

34. Oxyvenierungstherapie nach Regelsberger, Synonym: u. a.: intravenöse Sauerstoffinsufflation, Sauerstoff-Infusions-Therapie (SIT), Komplexe intravenöse Sauerstofftherapie (KIS)[1)]
35. Ozon-Therapie, Ozon-Eigenbluttherapie, Sauerstoff-Ozon-Eigenbluttherapie, Oxyontherapie, Hyperbare Ozontherapie[2)]
36. CO_2-Insufflationen (Quellgasbehandlung)[3)]
37. Behandlung mit ionisiertem Sauerstoff[4)]
38. Selektive UVA1-Bestrahlung[5)]
39. Positronen-Emmissions-Tomographie[6)] mit Ausnahme der in Anlage I Nummer 14 anerkannten 2Indikationen
40. Atlastherapie nach Arlen[7)]
41. Systematische Krebs-Mehrschritt-Therapie nach von Ardenne (sKMT)
42. Hyperthermie (u. a. Ganzkörperhyperthermie, Regionale Tiefenhyperthermie, Oberflächenhyperthermie, Hypothermie in Kombination mit Radiatio und/oder Chemotherapie
43. Laserinduzierte interstitielle Thermotherapie (2 ITT)
44. Die beiden Hybrid-Laser-Verfahren Kalium Titanyl Phosphat/Neodymium yttrium aluminium garnet (KTP/Nd:YAG) und Kontakt-Laser-Ablation/Visuelle Laser-Ablation (CLAP/ VLAP) zur Behandlung des benignen Prostatasyndroms (BPS)
45. Interstitielle Laserkoagulation (ILK) zur Behandlung des BPS

---

1) **Oxyvenierungstherapie nach Regelsberger, Synonym: u. a.: intravenöse Sauerstoffinsufflation, Sauerstoff-Infusions-Therapie (SIT), Komplexe intravenöse Sauerstofftherapie (KIS),** Beschluss des Bundesausschusses vom 11.12.2000
Veröffentlichung im Bundesanzeiger Nr. 57 vom 22.3.2001
Veröffentlichung im Deutschen Ärzteblatt 2001, Heft 31, vom 30.3.2001, gültig seit dem 23.3.2001.

2) **Ozon-Therapie, Ozon-Eigenbluttherapie, Sauerstoff-Ozon-Eigenbluttherapie, Oxyontherapie, Hyperbare Ozontherapie,** Beschluss des Bundesausschusses vom 11.12.2000
Veröffentlichung im Bundesanzeiger Nr. 57 vom 22.3.2001
Veröffentlichung im Deutschen Ärzteblatt 2001, Heft 31, vom 30.3.2001, gültig seit dem 23.3.2001.

3) **CO_2-Insufflationen (Quellgasbehandlung),** Beschluss des Bundesausschusses vom 11.12.2000
Veröffentlichung im Bundesanzeiger Nr. 57 vom 22.3.2001
Veröffentlichung im Deutschen Ärzteblatt 2001, Heft 31, vom 30.3.2001, gültig seit dem 23.3.2001.

4) **Behandlung mit ionisiertem Sauerstoff,** Beschluss des Bundesausschusses vom 6.2.2001
Veröffentlichung im Bundesanzeiger Nr. 91 vom 16.5.2001
Veröffentlichung im Deutschen Ärzteblatt 2001, Heft 22, vom 1.6.2001, gültig seit dem 17.5.2001.

5) **Selektive UVA1-Bestrahlung,** Beschluss des Bundesausschusses vom 3.5.2001
Veröffentlichung im Bundesanzeiger Nr. 157 vom 23.8.2001
Veröffentlichung im Deutschen Ärzteblatt 2001, Heft 36, vom 7.9.2001, gültig seit dem 24.8.2001.

6) **Positronen-Emmissions-Tomographie (PET),** Beschluss des Bundesausschusses vom 26.2.2002
Veröffentlichung im Bundesanzeiger Nr. 86 vom 11.5.2002
Veröffentlichung im Deutschen Ärzteblatt 2002, Heft 24, vom 14.6.2002, gültig seit dem 12.5.2002.

7) **Atlastherapie nach Arlen,** Beschl. des Bundesausschusses vom 21.6.2002 (BAnz. Nr. 179 v. 24.9.2002).
Veröffentlichung im Deutschen Ärzteblatt 2002, Heft 41, vom 11.10.2002, gültig seit dem 25.9.2002.

46. Holmium-Laserablation (HoLAP) zur Behandlung des BPS
47. Holmium-Laser Blasenhalsinzision (HoBNI) zur Behandlung des BPS
48. Transurethrale Radiofrequente Nadelablation (TUNA) zur Behandlung des BPS
49. Fokussierter Ultraschall hoher Intensität (HIFU) zur Behandlung des BPS
50. Wasserinduzierte Thermotherapie (WIT) zur Behandlung des BPS
51. Transurethrale Ethanolablation (TEAP) zur Behandlung des BPS
52. Thulium-Laserablation (TmLAP) zur Behandlung des benignen Prostatasyndroms (BPS)
53. Therapeutische arthroskopische Eingriffe bei der Gonarthrose, die allein eine oder mehrere der folgenden Maßnahmen umfassen:
    - Gelenkspülung (Lavage, OPS-Kode 5-810.0h)
    - Debridement (Entfernung krankhaften oder störenden Gewebes/Materials, OPS-Kode 5–810.2h)
    - Eingriffe an der Synovialis, den Gelenkknorpeln und Menisken
      - Entfernung freier Gelenkkörper, inkl.: Entfernung osteochondraler Fragmente (OPS-Kode 5-810.4h)
      - Entfernung periartikulärer Verkalkungen (OPS-Kode 5-810.5h)
      - Synovektomie, partiell (OPS-Kode 5-811.2h)
      - Synovektomie, total (OPS-Kode 5-811.3h)
      - Exzision von erkranktem Gewebe am Gelenkknorpel (OPS-Kode 5-812.0h)
      - Meniskusresektion, partiell, inkl.: Meniskusglättung (OPS-Kode 5-812.5)
      - Meniskusresektion, total (OPS-Kode 5-812.6)
      - Knorpelglättung (Chondroplastik, OPS-Kode 5-812.eh)

Die zur Konkretisierung der von der jeweiligen Regelung erfassten Inhalte aufgeführten OPS-Kodes beziehen sich auf deren inhaltliche Bestimmung im Operationen- und Prozedurenschlüssel (OPS) des Deutschen Instituts für Medizinische Dokumentation und Information in der Version 2015.

Unberührt von diesem Ausschluss sind solche arthroskopischen Eingriffe, die aufgrund von Traumen, einer akuten Gelenkblockade oder einer meniskusbezogenen Indikation, bei der die bestehende Gonarthrose lediglich als Begleiterkrankung anzusehen ist, durchgeführt werden, sofern die vorliegenden Symptome zuverlässig auf die genannten Veränderungen an der Synovialis, den Gelenkknorpeln und Menisken zurückzuführen und durch eine arthroskopische Intervention zu beeinflussen sind.

Anlage III

Methoden, deren Bewertungsverfahren ausgesetzt ist

Nr. 1.[1] *(aufgehoben)*

Nr. 2.[2] nicht besetzt

Nr. 3.[3] nicht besetzt

---

[1] Nr. 1 eingef. mWv 14.2.2008 durch Beschl. v. 15.11.2007 (BAnz. 2008 S. 489), aufgeh. mWv 12.3.2020 durch Beschl. v. 19.12.2019 (BAnz. AT 11.3.2020 B2).

[2] Nr. 2 samt Überschr. (wohl versehentlich als nochmalige Nr. 1) angef. mWv 1.7.2008 durch Beschl. v. 13.3.2008 (BAnz. 2008 S. 1950), neu gef. mWv 9.6.2020 durch Beschl. v. 20.3.2020 (BAnz. AT 8.6.2020 B5).

[3] Nr. 3 samt Überschr. angef. mWv 4.3.2010 durch Beschl. v. 17.12.2009 (BAnz. 2010 S. 870), neu gef. mWv 8.1.2021 durch Beschl. v. 17.9.2020 (BAnz. AT 7.1.2021 B3).

4. PET bzw. PET/CT bei malignen Lymphomen

Die Beschlussfassung zur Methode der PET bzw. PET/CT beim malignen Lymphom wird für die folgenden Fragestellungen ausgesetzt:

1. PET; PET/CT zum Interim-Staging bei aggressiven Non-Hodgkin-Lymphomen nach zwei bis sechs Zyklen Chemotherapie/Chemoimmuntherapie zur Entscheidung über die Fortführung der Therapie.

   Beschluss gültig bis: 31. Dezember 2021

2. PET; PET/CT zum Interim-Staging bei Hodgkin-Lymphomen im intermediären Stadium nach zwei bis vier Zyklen Chemotherapie zur Entscheidung über die Fortführung der Therapie.

   Beschluss gültig bis: 31. Dezember 2021.

3. PET; PET/CT zum Interim-Staging bei Hodgkin-Lymphomen im frühen Stadium nach zwei bis vier Zyklen Chemotherapie zur Entscheidung über die Fortführung der Therapie.

   Beschluss gültig bis: 31. Dezember 2023.

5.[1)] *(aufgehoben)*

6.[1)] *(aufgehoben)*

7.[2)] *(aufgehoben)*

8.[3)] *(aufgehoben)*

9.[4)] *(aufgehoben)*

10.[5)] *(aufgehoben)*

11.[6)] Positronenemissionstomographie (PET; PET/CT) beim rezidivierenden kolorektalen Karzinom

Beschluss gültig bis: 31.12.2023

12.[7)] Proteomanalyse im Urin zur Erkennung einer diabetischen Nephropathie bei Patientinnen und Patienten mit Diabetes mellitus und arteriellem Hypertonus

Die Aussetzung der Beschlussfassung erfolgt mit der Maßgabe, dass die im Rahmen der Bewertung des Gemeinsamen Bundesausschusses (G-BA) aufgeworfenen ungeklärten Fragen durch aussagekräftige wissenschaftliche Unterlagen innerhalb der vom G-BA festgelegten Frist bis zum 30. Juni 2020 beantwortet werden.

13.[8)] Liposuktion bei Lipödem

Beschluss gültig bis: 30. September 2022

[1)] Nr. 5 und 6 aufgeh. mWv 30.11.2017 durch Beschl. v. 21.9.2017 (BAnz. AT 29.11.2017 B3).

[2)] Nrn. 5–9 samt Überschr. angef. mWv 21.7.2011 durch Beschl. v. 16.12.2010 (BAnz. 2011 S. 2555), Nr. 7 aufgeh. mWv 12.5.2018 durch Beschl. v. 15.2.2018 (BAnz. AT 11.5.2018 B7).

[3)] Nr. 8 aufgeh. mWv 30.8.2017 durch Beschl. v. 15.6.2017 (BAnz. AT 29.8.2017 B5).

[4)] Nr. 9 aufgeh. mWv 30.11.2017 durch Beschl. v. 21.9.2017 (BAnz. AT 29.11.2017 B3).

[5)] Nr. 10 aufgeh. mWv 12.5.2018 durch Beschl. v. 15.2.2018 (BAnz. AT 11.5.2018 B6).

[6)] Nr. 11 angef. mWv 8.9.2016 durch Beschl. v. 16.6.2016 (BAnz. AT 7.9.2016 B3).

[7)] Nr. 12 angef. mWv 11.3.2017 durch Beschl. v. 15.9.2016 (BAnz. AT 10.3.2017 B4).

[8)] Nr. 13 angef. mWv 18.10.2017 durch Beschl. v. 20.7.2017 (BAnz. AT 17.10.2017 B4).

14.[1] Selbstanwendung aktiver Kniebewegungsschienen durch Patientinnen und Patienten im Rahmen der Behandlung von Rupturen des vorderen Kreuzbands

Beschluss gültig bis: 31. Oktober 2023

15.[2] Tonsillotomie bei rezidivierender akuter Tonsillitis

Beschluss gültig bis: 31. Dezember 2023

---

[1] Nr. 14 angef. mWv 7.11.2018 durch Beschl. v. 16.8.2018 (BAnz. AT 6.11.2018 B3).
[2] Nr. 15 angef. mWv 14.12.2018 durch Beschl. v. 20.9.2018 (BAnz. AT 13.12.2018 B7).

510. Richtlinie über Kriterien zur Qualitätsbeurteilung in der radiologischen Diagnostik nach § 135b Absatz 2 SGB V (Qualitätsbeurteilungs-Richtlinie Radiologie/QBR-RL)

Vom 17. Oktober 2019

(BAnz. AT vom 23.1.2020 B3; Inkrafttreten: 1.1.2020)

§ 1 Grundsätze und Anwendungsbereich. (1) Diese Richtlinie legt die Kriterien zur Beurteilung der Qualität in der radiologischen Diagnostik im Rahmen von Qualitätsprüfungen nach § 135b Absatz 2 SGB V für die beiden Leistungsbereiche konventionelle Röntgendiagnostik und Computertomographie (CT) fest.

(2) Es gelten die Regelungen der Richtlinie des Gemeinsamen Bundesausschusses zu Auswahl, Umfang und Verfahren bei Qualitätsprüfungen im Einzelfall nach § 135b Absatz 2 SGB V in Verbindung mit § 92 Absatz 1 Satz 2 Nummer 13 SGB V (Qualitätsprüfungs-Richtlinie vertragsärztliche Versorgung/QP-RL), soweit in dieser Richtlinie keine abweichenden Regelungen bestimmt sind.

(3) Für das Verhältnis der Prüfung nach dieser Richtlinie und der Prüfung der Ärztlichen Stelle nach §§ 130 in Verbindung mit 128 Strahlenschutzverordnung (StrlSchV) wird auf § 86 Satz 3 Strahlenschutzgesetz (StrlSchG) in Verbindung mit § 130 Absatz 4 und 5 StrlSchV und § 285 Absatz 3 Satz 2 SGB V verwiesen.

(4) Die fachlichen und apparativen Voraussetzungen für die Ausführung und Abrechnung radiologischer Leistungen im Rahmen der vertragsärztlichen Versorgung sind in der Vereinbarung von Qualifikationsvoraussetzungen gemäß § 135 Absatz 2 SGB V zur Durchführung von Untersuchungen in der diagnostischen Radiologie und Nuklearmedizin und von Strahlentherapie (Vereinbarung zur Strahlendiagnostik und -therapie) festgelegt.

(5) Für Stichprobenprüfungen nach dieser Richtlinie dürfen die Kassenärztlichen Vereinigungen auf Grundlage von § 5 Absatz 3 QP-RL ausschließlich Prüfquartale ab Beginn des Kalenderjahres 2020 festlegen.

§ 2 Leistungsbereiche. [1] Diese Qualitätsbeurteilungs-Richtlinie regelt die Kriterien zur Qualitätsbeurteilung der radiologischen Diagnostik (konventionelle Röntgendiagnostik oder Computertomographie). [2] Konventionelle Röntgendiagnostik und Computertomographie sind zwei Leistungsbereiche im Sinne des § 2 Absatz 3 QP-RL.

§ 3 Berücksichtigung von Kindern und Jugendlichen in der Stichprobe. Für Ärztinnen und Ärzte, die innerhalb des Prüfquartals oder der Prüfquartale im Sinne des § 5 Absatz 3 QP-RL auch Leistungen der konventionellen Röntgendiagnostik oder Computertomographie für Neugeborene, Säuglinge, Kleinkinder, Kinder und Jugendliche bis zum vollendeten 18. Lebensjahr erbracht und abgerechnet haben, soll bei diesen Ärztinnen und Ärzten die gemäß § 5 Absatz 4 QP-RL ausgewählte Stichprobe zu einem Viertel Patientinnen und Patienten dieser Altersgruppe (0 bis 17 Jahre) enthalten.

§ 4 Dokumentationen für die Stichprobenprüfung. (1) [1]Die Stichprobenprüfung erfolgt gemäß § 7 Absatz 1 QP-RL auf der Grundlage der schriftlichen und bildlichen Dokumentation. [2]Die schriftliche Dokumentation umfasst den Befundbericht. [3]Die bildliche Dokumentation umfasst die in der Untersuchung erstellten Röntgen- oder CT-Bilder.

(2) Die Kassenärztliche Vereinigung fordert von der Ärztin oder dem Arzt weitere, über Absatz 1 Satz 2 hinausgehende Unterlagen an, wenn aus den von der Ärztin oder dem Arzt eingereichten Unterlagen die Kriterien nach § 6 nicht oder nicht ausreichend beurteilbar sind.

§ 5 Gegenstand der Qualitätsprüfung. (1) Im Rahmen der Stichprobenprüfung in den Bereichen konventionelle Röntgendiagnostik und Computertomographie werden folgende Aspekte überprüft:

1. die fachgerechte Indikationsstellung,
2. die fachgerechte Durchführung der Untersuchung,
3. die Darstellung der diagnostisch wichtigen Bildinformationen (charakteristische Bildmerkmale, wichtige Bilddetails und kritische Strukturen),
4. die Schlüssigkeit des Befundberichts,
5. die fachlich und inhaltlich korrekte Kennzeichnung der Röntgenbilder und CT-Bilder und
6. die Identifizierbarkeit des Befundberichts.

(2) Die Prüfung hat nach dem zum Zeitpunkt der Leistungserbringung bestehenden, allgemein anerkannten Stand der medizinischen Erkenntnisse unter Berücksichtigung der strahlenschutzrechtlichen Vorgaben zu erfolgen.

§ 6 Beurteilungskriterien. (1) [1]Beurteilungskriterien für die fachgerechte Indikationsstellung durch die die Röntgen- oder CT-Untersuchung durchführende Ärztin oder den die Röntgen- oder CT-Untersuchung durchführenden Arzt sind, dass

1. auf der Grundlage der Beschwerden von Patientinnen und Patienten und den klinischen Befunden eine individuelle medizinische Fragestellung besteht, die für die Lösung des Patientenproblems relevant ist und
2. der gesundheitliche Nutzen einer konventionellen röntgendiagnostischen oder computertomographischen Untersuchung gegenüber dem Strahlenrisiko überwiegt.

[2]Weiteres Beurteilungskriterium für die Indikationsstellung ist, dass die Indikation oder die medizinische Fragestellung dokumentiert wurde. [3]Zur Beurteilung der Angemessenheit der Indikationsstellung sind evidenzbasierte Empfehlungen (zum Beispiel Leitlinien) zu berücksichtigen. [4]In die Abwägung nach Nummer 2 sind alternative Verfahren, die mit keiner oder einer geringeren Strahlenexposition verbunden sind, einzubeziehen.

(2) Beurteilungskriterien für die fachgerechte Durchführung der Untersuchung sind, dass

1. die Untersuchung entsprechend dem allgemein anerkannten Stand der medizinischen Erkenntnis und unter Berücksichtigung von Anlage 1 beziehungsweise Anlage 2 durchgeführt wurde und
2. dabei die Strahlenexposition so weit eingeschränkt wurde, wie dies mit den Erfordernissen der Bilddarstellung zu vereinbaren ist.

(3) [1] Beurteilungskriterium für die Darstellung der diagnostisch wichtigen Bildinformationen ist die Darstellung der charakteristischen Bildmerkmale, der wichtigen Bilddetails und der kritischen Strukturen.
[2] Charakteristische Bildmerkmale beschreiben
1. bei Röntgenbildern organtypische Bildelemente und Strukturen, die im Röntgenbild eines Körperabschnittes bei Wahl typischer Projektionen gut wahrnehmbar und erkennbar dargestellt sein sollen,
2. bei CT-Bildern die anatomischen organtypischen Strukturen und gewebebedingten Dichteunterschiede, die durch geeignete Faltungskerne und organ- und altersbezogene Fenstereinstellungen gut erkennbar dargestellt sind.

[3] Die wichtigen Bilddetails
1. geben bei Röntgenbildern die Abmessungen von Einzelstrukturen und Musterelementen im Röntgenbild an, die als charakteristische Teile des Gesamtbildes wesentliche diagnostische Bedeutung besitzen und ausreichend wahrnehmbar dargestellt sein sollen,
2. bezeichnen bei CT-Bildern die Größe der feinen Strukturen und Dichtemuster, deren Erkennbarkeit für die diagnostische Beurteilung von Bedeutung ist und die durch eine geeignete Technik abgebildet sein sollen.

[4] Die wichtigen Bilddetails gemäß Satz 3 Nummer 1 sind zum Teil das Ergebnis von Vielfachüberlagerungen kleiner, nicht direkt abgebildeter anatomischer Strukturen.
[5] Die kritischen Strukturen heben
1. bei Röntgenbildern die Merkmale des Röntgenbildes hervor, die für die diagnostische Aussage wichtig und für die Qualität des Bildes repräsentativ sind,
2. bei CT-Bildern die Bildstrukturen und Dichteunterschiede hervor, die für die Erfassung diskreter pathologischer Veränderungen Voraussetzung und für die Qualität der computertomographischen Untersuchung wesentlich sind.

[6] Bei der Prüfung der diagnostisch wichtigen Bildinformationen von Röntgenbildern sind die organsystemspezifischen Qualitätsbeurteilungskriterien in Anlage 1 zu Grunde zu legen. [7] Bei der Prüfung von Röntgenbildern von Neugeborenen, Säuglingen, Kleinkindern, Kindern und Jugendlichen sind gesonderte Qualitätsbeurteilungskriterien gemäß Anlage 1 zu berücksichtigen. [8] Bei der Prüfung der diagnostisch wichtigen Bildinformationen von CT-Bildern sind die organsystemspezifischen Qualitätsbeurteilungskriterien in Anlage 2 zu Grunde zu legen. [9] Bei der Prüfung von CT-Untersuchungen von Neugeborenen, Säuglingen, Kleinkindern, Kindern und Jugendlichen sind gesonderte Qualitätsbeurteilungskriterien gemäß Anlage 2 zu berücksichtigen.

(4) Beurteilungskriterien für die Schlüssigkeit des Befundberichtes sind, dass
1. der Befundbericht die Beschreibung der Untersuchung und deren Ergebnisse, die Beantwortung der medizinischen Fragestellung sowie gegebenenfalls Empfehlungen zu weiterem diagnostischen oder therapeutischen Vorgehen beinhaltet und

2. die Befundung und Beurteilung der Röntgenbilder beziehungsweise der CT-Bilder nachvollziehbar, schlüssig und fachlich richtig sind.

(5) [1]Beurteilungskriterium für die fachlich und inhaltlich korrekte Kennzeichnung der Röntgenbilder und CT-Bilder ist, dass die Röntgenbilder und CT-Bilder hinsichtlich der Patientenidentität, Angaben zur Institution und der notwendigen Untersuchungsinformationen gemäß dem Strahlenschutzrecht fachlich und inhaltlich korrekt gekennzeichnet sind. [2]Durch die Einblendung der Kennzeichnung werden keine medizinisch relevanten Bildinhalte überblendet und so die diagnostische Aussagekraft des Bilddokumentes beeinträchtigt.

(6) Beurteilungskriterium für die Identifizierbarkeit des Befundberichts ist, dass der Befundbericht ohne weitere Hilfsmittel der untersuchten Patientin oder dem untersuchten Patienten zugeordnet werden kann.

§ 7 Bewertungsschemata. (1) [1]In einer Stichprobenprüfung werden die von der Ärztin oder dem Arzt eingereichten Behandlungsdokumentationen im Hinblick auf die in § 5 genannten Prüfaspekte beurteilt. [2]Grundlage der Beurteilung sind die in § 6 genannten Kriterien.

(2) [1]Die Beurteilung der Behandlungsdokumentationen zu einer einzelnen Patientin oder einem einzelnen Patienten ergibt eine Einzelbewertung. [2]Auf der Grundlage der Einzelbewertungen erfolgt eine Gesamtbewertung aller von einer Ärztin oder einem Arzt eingereichten Dokumentationen.

(3) [1]Das Bewertungsschema für die Einzelbewertung (Anlage 3) ordnet den Prüfaspekten nach § 5 unter Berücksichtigung der Beurteilungskriterien nach § 6 Punktzahlen zu. [2]Für die Einzelbewertung werden die zu jedem Prüfaspekt tatsächlich erreichten Punktzahlen addiert. [3]Anhand der Gesamtpunktzahl wird entsprechend der Vorgaben der Anlage 3 die Beurteilungskategorie im Sinne des § 9 Absatz 1 Satz 2 QP-RL („keine", „geringe", „erhebliche" oder „schwerwiegende Beanstandungen") ermittelt.

(4) [1]Die Gesamtbewertung ergibt sich aus den zwölf Einzelbewertungen anhand des Bewertungsschemas für die Gesamtbewertung (Anlage 4). [2]Werden weniger oder mehr als zwölf Patientinnen oder Patienten ausgewählt, ist das Bewertungsschema anteilig anzupassen.

§ 8 Ausnahme von der Pseudonymisierung gemäß § 16 QP-RL.
(1) [1]Gemäß § 16 QP-RL findet bei Qualitätsprüfungen nach dieser Richtlinie ausnahmsweise keine Pseudonymisierung durch die Kassenärztliche Vereinigung statt. [2]Die Röntgenbilder und CT-Bilder sowie der Befundbericht werden abweichend von § 15 Absatz 6 QP-RL ausnahmsweise ohne vorherige Pseudonymisierung durch die Kassenärztliche Vereinigung an die Qualitätssicherungs-Kommission weitergeleitet. [3]Abweichend von § 15 Absatz 5 QP-RL erfolgt die Prüfung, ob die jeweilige Behandlungsdokumentation formal richtig ohne weitere Hilfsmittel die Identifikation der Patientin oder des Patienten ermöglicht, durch die Qualitätssicherungs-Kommission.

(2) [1]Röntgenbilder und CT-Bilder dürfen nicht pseudonymisiert werden, da die fachlich und inhaltlich korrekte Kennzeichnung aller Röntgenbilder und CT-Bilder gemäß § 5 Nummer 5 Gegenstand der Prüfung der Qualitätssicherungs-Kommission ist. [2]Gemäß § 6 Absatz 5 müssen die Röntgenbilder und CT-Bilder alle notwendigen Informationen, auch die versichertenbezo-

genen Angaben, enthalten. [3]Dabei darf die diagnostische Aussagekraft der Bildinhalte nicht beeinträchtigt werden. [4]Die fachärztlichen Kommissionsmitglieder müssen zur Wahrnehmung ihrer Beurteilungsaufgabe jedes CT- und Röntgenbild mit all seinen Bestandteilen und Inhalten in Augenschein nehmen. [5]Teil der Qualitätsprüfung ist zum einen die Überprüfung, ob bei CT- oder Röntgenuntersuchungen die Vorgaben gemäß Strahlenschutzrecht zur Bildkennzeichnung eingehalten worden sind, zum anderen ist zur vollständigen fachlichen Nachvollziehung und Bewertung des Befundes die Kenntnis von Patientenmerkmalen unabdingbar. [6]Diese Informationen müssen mit dem Bildinhalt untrennbar verbunden sein. [7]Einzelne Prüfaspekte können nicht der Kassenärztlichen Vereinigung übertragen werden.

(3) Von einer Pseudonymisierung des Befundberichts kann deshalb abgesehen werden, da aufgrund der nicht möglichen Pseudonymisierung der Röntgenbilder und CT-Bilder der Qualitätssicherungs-Kommission die versichertenbezogenen Daten bereits bekannt sind.

§ 9 Übergangsregelung. Abweichend von § 6 Absatz 2 QP-RL sind im Kalenderjahr 2020 zwei Prozent der Ärztinnen und Ärzte zu prüfen, die im Jahr 2020 Leistungen aus den Leistungsbereichen konventionelle Röntgendiagnostik und CT erbringen und abrechnen.

(Vom Abdruck der Anlagen 1 bis 4 wurde abgesehen)

515. Richtlinie des Gemeinsamen Bundesausschusses über die Verordnung von häuslicher Krankenpflege (Häusliche Krankenpflege-Richtlinie)

Vom 17. September 2009

(BAnz. Nr. 21a vom 9.2.2010, Beilage; Inkrafttreten: 10.2.2010)

Geändert durch Beschl. vom 15.4.2010 (BAnz. Nr. 93, S. 2214; Inkrafttreten: 26.6.2010), durch Beschl. vom 21.10.2010 (BAnz. 2011 Nr. 8 vom 14.1.2011, S. 140; Inkrafttreten: 15.1.2011), durch Beschl. vom 21.10.2010 (BAnz. 2011 Nr. 16 vom 28.1.2011, S. 339; Inkrafttreten: 29.1.2011), durch Beschl. des G-BA vom 21.2.2013 (BAnz. AT vom 20.8.2013 B3; Inkrafttreten: 21.8.2013), durch Beschl. des G-BA vom 19.9.2013 (BAnz. AT vom 12.12.2013 B7; Inkrafttreten: 13.12.2013), durch Beschl. des G-BA vom 23.1.2014 (BAnz. AT vom 30.4.2014 B5; Inkrafttreten: 1.5.2014), durch Beschl. des G-BA vom 17.7.2014 (BAnz. AT vom 6.10.2014 B2; Inkrafttreten: 7.10.2014), durch Beschl. des G-BA vom 17.12.2015 (BAnz. AT vom 18.3.2016 B3; Inkrafttreten: 19.3.2016), durch Beschl. des G-BA vom 16.3.2017 (BAnz. AT vom 1.6.2017 B3; Inkrafttreten: 2.6.2017), durch Beschl. des G-BA vom 16.3.2017 (BAnz. AT vom 24.11.2017 B1; Inkrafttreten: 25.11.2017), durch Beschl. des G-BA vom 21.12.2017 (BAnz. AT vom 4.4.2018 B3; Inkrafttreten: 5.4.2018), durch Beschl. des G-BA vom 19.7.2018 (BAnz. AT vom 11.10.2018 B1; Inkrafttreten: 12.10.2018), durch Beschl. des G-BA vom 20.9.2018 (BAnz. AT vom 30.11.2018 B4; Inkrafttreten: 1.12.2018), durch Beschl. des G-BA vom 17.1.2019 (BAnz. AT vom 21.2.2019 B2; Inkrafttreten: 22.2.2019), durch Beschl. des G-BA vom 20.6.2019 (BAnz. AT vom 22.8.2019 B4; Inkrafttreten: 23.8.2019), durch Beschl. des G-BA vom 15.8.2019 (BAnz. AT vom 5.12.2019 B3; Inkrafttreten: 6.12.2019), durch Beschl. des G-BA vom 27.3.2020 (BAnz. AT vom 7.4.2020 B3; Inkrafttreten: 9.3.2020), durch Beschl. des G-BA vom 20.3.2020 (BAnz. AT vom 7.5.2020 B3; Inkrafttreten: 8.5.2020), durch Beschl. des G-BA vom 28.5.2020 (BAnz. AT vom 12.6.2020 B3; Inkrafttreten: 1.6.2020), durch Beschl. des G-BA vom 18.6.2020 (BAnz. AT vom 16.7.2020 B4; Inkrafttreten: 17.7.2020), durch Beschl. des G-BA vom 17.9.2020 (BAnz. AT vom 30.9.2020 B2; Inkrafttreten: 1.10.2020) und durch Beschl. des G-BA vom 17.9.2020 (BAnz. AT vom 4.12.2020 B3; Inkrafttreten: 5.12.2020)

Inhaltsverzeichnis

§ 1[1)] Grundlagen. (1) [1]Diese Richtlinie regelt die Verordnung häuslicher Krankenpflege, deren Dauer und deren Genehmigung durch die Krankenkas-

---

[1)] § 1 Abs. 2 Satz 4 angef. mWv 26.6.2010 durch Beschl. v. 15.4.2010 (BAnz. 2010 S. 2214) und geänd. mWv 29.1.2011 durch Beschl. v. 21.10.2010 (BAnz. 2011 S. 339), Abs. 1 Satz 2 eingef., bish. Sätze 2 und 3 werden Sätze 3 und 4 mWv 25.11.2017 durch Beschl. v. 16.3.2017 (BAnz. AT 24.11.2017 B1), Abs. 2 Satz 4 geänd., Abs. 3 aufgeh., bish. Abs. 4 bis 7 werden Abs. 3 bis 6, Abs. 6 Satz 1 geänd. mWv 5.4.2018 durch Beschl. v. 21.12.2017 (BAnz. AT 4.4.2018 B3), Abs. 1 Satz 3 geänd., Abs. 6 Sätze 4–8 angef. mWv 1.12.2018 durch Beschl. v. 20.9.2018 (BAnz. AT 30.11.2018 B4), Abs. 5 Satz 3 angef. mWv 23.8.2019 durch Beschl. v. 20.6.2019 (BAnz. AT 22.8.2019 B4), Abs. 1 Satz 3, Abs. 2 Satz 4 geänd., Abs. 3 eingef., bish. Abs. 3 bis 6 werden Abs. 4 bis 7 mWv 6.12.2019 durch Beschl. v. 15.8.2019 (BAnz. AT 5.12.2019 B3), Präambel wird zu § 1 Abs. 1 Satz 1, bish. Sätze 1 bis 4 werden Sätze 2 bis 5, neuer Satz 1 und 2 geänd., Abs. 4 Satz 3 geänd. mWv 5.12.2020 durch Beschl. v. 17.9.2020 (BAnz. AT 4.12.2010 B3).

sen sowie die Zusammenarbeit der in § 3 Absatz 1 Satz 2 näher bezeichneten Verordnerinnen oder Verordner mit den die häusliche Krankenpflege durchführenden ambulanten Pflegediensten und den Krankenhäusern. 2 Die Verordnung häuslicher Krankenpflege erfolgt bei medizinischer Notwendigkeit. 3 Diese kann sowohl kurativ als auch palliativ indiziert sein. 4 Dabei sind der Eigenverantwortungsbereich der oder des Versicherten (siehe Absatz 5) sowie die besonderen Belange kranker Kinder und wirtschaftliche Versorgungsalternativen zu berücksichtigen. 5 So kann z. B. die Verordnung eines teuren Arznei-, Verband- oder Hilfsmittels wirtschaftlich sein, wenn der finanzielle Aufwand für diese Maßnahmen bei gleicher Wirksamkeit geringer ist als der für die sonst notwendigen Maßnahmen der häuslichen Krankenpflege.

(2) 1 Häusliche Krankenpflege wird im Haushalt der oder des Versicherten oder ihrer oder seiner Familie erbracht. 2 Anspruch auf häusliche Krankenpflege besteht auch an sonstigen geeigneten Orten, an denen sich die oder der Versicherte regelmäßig wiederkehrend aufhält und an denen

– die verordnete Maßnahme zuverlässig durchgeführt werden kann und
– für die Erbringung der einzelnen Maßnahmen geeignete räumliche Verhältnisse vorliegen (z. B. im Hinblick auf hygienische Voraussetzungen, Wahrung der Intimsphäre, Beleuchtung),

wenn die Leistung aus medizinisch-pflegerischen Gründen während des Aufenthaltes an diesem Ort notwendig ist. 3 Orte im Sinne des Satz 2 können insbesondere Schulen, Kindergärten, betreute Wohnformen oder Arbeitsstätten sein. 4 Ein Anspruch besteht auch für Versicherte, die nicht nach § 14 SGB XI pflegebedürftig sind, während ihres Aufenthalts in teilstationären Einrichtungen der Tages- oder Nachtpflege, wenn die Leistung aus medizinisch-pflegerischen Gründen während des Aufenthaltes in der Einrichtung der Tages- oder Nachtpflege notwendig ist sowie in Kurzzeitpflegeeinrichtungen (siehe auch Absatz 6).

(3) 1 Die Versorgung von chronischen und schwer heilenden Wunden soll vorrangig im Haushalt der oder des Versicherten gemäß Absatz 2 erfolgen. 2 Kann die Versorgung der chronischen und schwer heilenden Wunde aufgrund der Komplexität der Wundversorgung oder den Gegebenheiten in der Häuslichkeit voraussichtlich nicht im Haushalt der oder des Versicherten erfolgen, soll die Wundversorgung durch spezialisierte Einrichtungen außerhalb der Häuslichkeit erfolgen. 3 Dies muss aus der Verordnung hervorgehen. 4 Für die Versorgung von chronischen und schwer heilenden Wunden nach Satz 1 und 2 ist die Leistung nach Nr. 31a zu verordnen.

(4) 1 Die in der vertragsärztlichen Versorgung verordnungsfähigen Maßnahmen der häuslichen Krankenpflege sind grundsätzlich dem dieser Richtlinie als Anlage beigefügten Leistungsverzeichnis zu entnehmen. 2 Dort nicht aufgeführte Maßnahmen sind grundsätzlich nicht als häusliche Krankenpflege verordnungs- und genehmigungsfähig. 3 Nicht im Leistungsverzeichnis aufgeführte Maßnahmen der häuslichen Krankenpflege im Sinne von § 37 SGB V[1] sind in medizinisch zu begründenden Ausnahmefällen verordnungs- und genehmigungsfähig, wenn sie Bestandteil des von der Verordnerin oder dem Verordner erstellten Behandlungsplans sind, im Einzelfall erforderlich und wirtschaftlich sind und von geeigneten Pflegekräften erbracht werden sollen. 4 Maßnahmen der ärztlichen Diagnostik und Therapie sind nicht als häusliche

[1] **Aichberger, Sozialgesetzbuch, Nr. 5.**

Krankenpflege verordnungsfähig und dürfen nicht von der Krankenkasse genehmigt werden.[1)]

(5) Die oder der Versicherte hat nur dann einen Anspruch auf häusliche Krankenpflege, wenn und soweit sie oder er die erforderliche(n) Verrichtung(en) nicht selbst durchführen oder eine im Haushalt lebende Person die Versicherte oder den Versicherten in dem erforderlichen Umfang nicht pflegen und versorgen kann.

(6) [1] Für die Zeit des Aufenthalts in Einrichtungen, in denen nach den gesetzlichen Bestimmungen Anspruch auf die Erbringung von Behandlungspflege durch die Einrichtungen besteht (z. B. Krankenhäusern, Rehabilitationseinrichtungen, Hospizen, Pflegeheimen), kann häusliche Krankenpflege nicht verordnet werden. [2] Ob ein solcher Anspruch besteht, ist im Einzelfall durch die Krankenkassen zu prüfen. [3] Häusliche Krankenpflege kann für den Zeitraum einer stationsäquivalenten psychiatrischen Behandlung nicht verordnet werden.

(7) [1] Abweichend von Absatz 6 kann häusliche Krankenpflege in Werkstätten für behinderte Menschen verordnet werden, wenn die Intensität oder Häufigkeit der in der Werkstatt zu erbringenden Pflege so hoch ist, dass nur durch den Einsatz einer Pflegefachkraft Krankenhausbehandlungsbedürftigkeit vermieden oder das Ziel der ärztlichen Behandlung gesichert werden kann und die Werkstatt für behinderte Menschen nicht auf Grund des § 10 der Werkstättenverordnung verpflichtet ist, die Leistung selbst zu erbringen. [2] Eine Verordnung von Behandlungspflege ist auch für Versicherte in Pflegeheimen zulässig, die auf Dauer, voraussichtlich für mindestens 6 Monate, einen besonders hohen Bedarf an medizinischer Behandlungspflege haben (§ 37 Absatz 2 Satz 3 SGB V). [3] Dies ist der Fall, wenn die ständige Anwesenheit einer geeigneten Pflegefachkraft zur individuellen Kontrolle und Einsatzbereitschaft oder ein vergleichbar intensiver Einsatz einer Pflegefachkraft erforderlich ist, insbesondere weil

– behandlungspflegerische Maßnahmen in ihrer Intensität oder Häufigkeit unvorhersehbar am Tag und in der Nacht erfolgen müssen oder
– die Bedienung und Überwachung eines Beatmungsgerätes im Sinne der Nummer 8 der Anlage am Tag und in der Nacht erforderlich ist.

[4] Eine Verordnung von Behandlungspflege ist auch für Versicherte in vollstationären Einrichtungen oder Räumlichkeiten der Hilfe für behinderte Menschen im Sinne von § 43a des Elften Buches Sozialgesetzbuch (SGB XI) zulässig, wenn ein besonders hoher Bedarf an medizinischer Behandlungspflege gemäß Satz 3 besteht. [5] Diese Voraussetzung ist auch erfüllt, wenn der besonders hohe Bedarf an medizinischer Behandlungspflege abweichend von Satz 2 nur vorübergehend besteht, z. B. nach einem Krankenhausaufenthalt. [6] Für Versicherte, bei denen der Bedarf an medizinischer Behandlungspflege keine ständige Überwachung und Versorgung durch eine qualifizierte Pflegefachkraft erfordert, ist eine Erbringung von Behandlungspflege im Rahmen der häuslichen Krankenpflege nur zulässig, wenn die Leistungserbringung nicht zu den Aufgaben der Einrichtung oder Räumlichkeit im Sinne von § 43a SGB XI gehört. [7] Dies ist in dem Genehmigungsverfahren gemäß § 6 zu prü-

---

[1)] **Amtl. Anm.:** Wenn die behandelnde Vertragsärztin oder der behandelnde Vertragsarzt z. B. eine i. v. Injektion an Pflegefachkräfte/Pflegekräfte delegiert, trägt sie oder er die Verantwortung für die Durchführung und die Vergütung.

fen. [8] Im Rahmen der häuslichen Krankenpflege sind einfachste Maßnahmen der Behandlungspflege für Versicherte in Einrichtungen oder Räumlichkeiten im Sinne von § 43a SGB XI regelmäßig nicht verordnungsfähig.

§ 2[1)] Inhalte, Ziele und Umfang der häuslichen Krankenpflege.
(1) Die häusliche Krankenpflege beinhaltet
- Maßnahmen der ärztlichen Behandlung, die dazu dienen, Krankheiten zuheilen, ihre Verschlimmerung zu verhüten oder Krankheitsbeschwerden zulindern und die üblicherweise an Pflegefachkräfte/Pflegekräfte delegiert werden können (Behandlungspflege),
- Grundverrichtungen des täglichen Lebens (Grundpflege) und
- Maßnahmen, die zur Aufrechterhaltung der grundlegenden Anforderungeneiner eigenständigen Haushaltsführung allgemein notwendig sind (hauswirtschaftliche Versorgung).

(2) Ziele der Verordnung häuslicher Krankenpflege sind
- der oder dem Versicherten das Verbleiben oder die möglichst frühzeitige Rückkehr in ihren oder seinen häuslichen Bereich zu erlauben (Krankenhausvermeidungspflege) oder
- ambulante ärztliche Behandlung zu ermöglichen und deren Ergebnis zu sichern (Sicherungspflege),
- Sicherstellung der Versorgung bei schwerer Krankheit oder akuter Verschlimmerung einer Krankheit, insbesondere nach einem Krankenhausaufenthalt, nach einer ambulanten Operation oder nach einer ambulanten Krankenhausbehandlung (Unterstützungspflege).

(3) Häusliche Krankenpflege umfasst, sofern dies im Einzelfall notwendig ist,
- bei Krankenhausvermeidungspflege die Behandlungs- und Grundpflege sowie die hauswirtschaftliche Versorgung,
- bei Sicherungspflege die notwendige Behandlungspflege sowie, sofern die Satzung der Krankenkasse dies vorsieht, die notwendige Grundpflege und hauswirtschaftliche Versorgung und
- bei Unterstützungspflege die Grundpflege und hauswirtschaftliche Versorgung.

§ 2a[2)·3)] Krankenhausvermeidungspflege. (1) [1] Die Verordnung als Krankenhausvermeidungspflege ist nur zulässig, wenn die oder der Versicherte wegen einer Krankheit der von der Verordnerin oder dem Verordner erstellten Behandlung bedarf und diese Bestandteil des ärztlichen Behandlungsplans ist. [2] Sie kann verordnet werden, wenn eine der folgenden Voraussetzungen vorliegt:
- Krankenhausbehandlung geboten aber nicht ausführbar ist. Dies ist z. B. der Fall, wenn eine Versicherte oder ein Versicherter die Zustimmung zur Krankenhauseinweisung verweigert.
- Dadurch Krankenhausbehandlung vermieden wird. Dies ist gegeben, wenn durch die Ergänzung der ambulanten ärztlichen Behandlung mit Maßnah-

---

[1)] § 2 neu gef. mWv 5.4.2018 durch Beschl. v. 21.12.2017 (BAnz. AT 4.4.2018 B3).
[2)] §§ 2a bis 2c eingef. mWv 5.4.2018 durch Beschl. v. 21.12.2017 (BAnz. AT 4.4.2018 B3).
[3)] § 2a Abs. 1 Satz 1 geänd. mWv 5.12.2020 durch Beschl. v. 17.9.2020 (BAnz. AT 4.12.2020 B3).

men der häuslichen Krankenpflege die ansonsten erforderliche Krankenhausbehandlung ersetzt werden kann.
– Dadurch Krankenhausbehandlung verkürzt wird (vgl. § 7 Absatz 5).

(2) Grundpflege und hauswirtschaftliche Versorgung können im Rahmen der Krankenhausvermeidungspflege nur im Zusammenhang mit erforderlicher Behandlungspflege verordnet werden.

§ 2b[1)·2)] Sicherungspflege. (1) [1]Sicherungspflege ist Bestandteil des von der Verordnerin oder dem Verordner erstellten Behandlungsplans und kann verordnet werden, wenn sich der oder die Versicherte wegen einer Krankheit in ambulanter vertragsärztlicher Versorgung befindet und diese nur mit Unterstützung durch Maßnahmen der häuslichen Krankenpflege durchgeführt werden kann. [2]In diesen Fällen ist häusliche Krankenpflege nur als Behandlungspflege verordnungsfähig.

(2) Grundpflege und hauswirtschaftliche Versorgung können im Rahmen der Sicherungspflege nur im Zusammenhang mit erforderlicher Behandlungspflege verordnet werden, sofern die Satzung der Krankenkasse die Grundpflege und hauswirtschaftliche Versorgung vorsieht und bei der oder dem Versicherten keine Pflegebedürftigkeit mit Pflegegrad 2 bis 5 gemäß den §§ 14 und 15 SGB XI vorliegt.

§ 2c[1)·3)] Unterstützungspflege. (1) Häusliche Krankenpflege als Unterstützungspflege ist Bestandteil des von der Verordnerin oder dem Verordner erstellten ärztlichen Behandlungsplans und kann verordnet werden, wenn
– eine schwere Krankheit oder eine akute Verschlimmerung einer Krankheit, insbesondere nach einem Krankenhausaufenthalt, nach einer ambulanten Operation oder nach einer ambulanten Krankenhausbehandlung vorliegt und
– die dadurch resultierenden krankheits- oder behandlungsbedingten Beeinträchtigungen in einem Maß vorliegen, dass die oder der Versicherte sich nicht mehr selbstständig in den Bereichen Grundpflege und Hauswirtschaft versorgen kann und
– der Bedarf an Grundpflege und hauswirtschaftlicher Versorgung nur für einen voraussichtlich vorübergehenden Zeitraum vorliegt und
– keine Pflegebedürftigkeit mit Pflegegrad 2 bis 5 gemäß den §§ 14 und 15 SGB XI vorliegt.

(2) [1]Die Leistung umfasst die im Einzelfall erforderlichen Maßnahmen der Grundpflege und der hauswirtschaftlichen Versorgung entsprechend den Nummern 1 bis 5 des Leistungsverzeichnisses. [2]Leistungen der hauswirtschaftlichen Versorgung können nur zusammen mit Leistungen der Grundpflege verordnet werden. [3]Leistungen der Grundpflege können auch ohne Bedarf an hauswirtschaftlicher Versorgung verordnet werden. [4]Die Verordnung von Unterstützungspflege setzt nicht notwendigerweise die gleichzeitige oder vorherige Verordnung von Behandlungspflege voraus. Leistungen nach § 37 Absatz 1a SGB V können nicht in Einrichtungen der Kurzzeitpflege erbracht werden.

[1)] §§ 2a bis 2c eingef. mWv 5.4.2018 durch Beschl. v. 21.12.2017 (BAnz. AT 4.4.2018 B3).
[2)] § 2b Abs. 1 Satz 1 geänd. mWv 5.12.2020 durch Beschl. v. 17.9.2020 (BAnz. AT 4.12.2020 B3).
[3)] § 2c Abs. 1 einl. Satzteil geänd. mWv 5.12.2020 durch Beschl. v. 17.9.2020 (BAnz. AT 4.12.2020 B3).

§ 3[1)] Verordnung der häuslichen Krankenpflege. (1) [1]Voraussetzung für die Verordnung häuslicher Krankenpflege ist, dass sich die Verordnerin oder der Verordner von dem Zustand der oder des Kranken und der Notwendigkeit häuslicher Krankenpflege persönlich überzeugt hat oder dass ihr oder ihm beides aus der laufenden Behandlung bekannt ist. [2]Die Verordnung häuslicher Krankenpflege erfolgt durch Vertragsärztinnen und Vertragsärzte, im Fall der Verordnung von Leistungen nach Nummer 27a des Leistungsverzeichnisses (psychiatrische häusliche Krankenpflege) nur durch die in § 4 Absatz 6 genannten Berufsgruppen. [3]Die Verordnung von häuslicher Krankenpflege im Rahmen der Entlassung aus dem Krankenhaus richtet sich nach § 7 Absatz 5.

(2) [1]Die Verordnung erfolgt auf dem vereinbarten Vordruck (Verordnung häuslicher Krankenpflege). [2]Auf dem Verordnungsvordruck ist insbesondere
– die verordnungsrelevante(n) Diagnose(n) als medizinische Begründung für die häusliche Krankenpflege,
– die zu erbringenden Leistungen sowie
– deren Beginn, Häufigkeit und Dauer
anzugeben.

(3) [1]Kann eine im Haushalt der oder des Versicherten lebende Person die erforderliche(n) Maßnahme(n) durchführen und ist dies der Verordnerin oder Verordner bekannt, hat die Verordnung zu unterbleiben. [2]Sofern die im Haushalt der oder des Versicherten lebende Person Teilbereiche der häuslichen Krankenpflege durchführen kann, hat die Verordnung für diese Teilbereiche zu unterbleiben. [3]Kann eine im Haushalt der oder des Versicherten lebende Person nach Einschätzung der Verordnerin oder des Verordners die erforderliche(n) Maßnahme(n) oder Teilbereiche nicht übernehmen, ist dies auf der Verordnung entsprechend anzugeben. [4]Kann die Verordnerin oder der Verordner nicht eindeutig beurteilen, ob eine im Haushalt der oder des Versicherten lebende Person die erforderliche(n) Maßnahme(n) oder Teilbereiche erbringen kann, ist dies auf der Verordnung entsprechend anzugeben.

(4) [1]Jede Maßnahme der häuslichen Krankenpflege setzt eine Verordnung voraus. [2]Die Leistungserbringer, welche im Rahmen der häuslichen Krankenpflege die Maßnahmen durchführen, sind zunächst an die Verordnung und bei Vorliegen der Genehmigung an diese gebunden.

(5) [1]Änderungen und Ergänzungen der Verordnung bedürfen der erneuten Unterschrift der Verordnerin oder des Verordners mit Stempel und Datumsangabe. [2]Rückwirkende Verordnungen sind grundsätzlich nicht zulässig; Ausnahmefälle sind besonders zu begründen.

(6) Sind einzelne Maßnahmen der häuslichen Krankenpflege ganz oder teilweise nicht mehr notwendig, teilt die Verordnerin oder der Verordner dies unverzüglich der Krankenkasse mit.

[1)] § 3 Abs. 2 Satz 1 Anführungszeichen innerhalb des Klammerzusatzes gestr. mWv 19.3.2016 durch Beschl. v. 17.12.2015 (BAnz. AT 18.3.2016 B3), Abs. 7 angef. mWv 5.4.2018 durch Beschl. v. 21.12.2017 (BAnz. AT 4.4.2018 B3), Fußnote zu § 3 Abs. 2 Satz 1 gestr. mWv 12.10.2018 durch Beschl. v. 19.7.2018 (BAnz. AT 11.10.2018 B1), Abs. 4 eingef. mWv 6.12.2019 durch Beschl. v. 15.8.2019 (BAnz. AT 5.12.2019 B3), bish. Abs. 4 bis 7 werden Abs. 4 bis 8, Abs. 1 Satz 1 geänd., Satz 2 neu gef., Satz 3 angef., Abs. 2 Sätze 1 und 2 geänd., Abs. 3 Sätze 1, 3 und 4 geänd., Abs. 4 Satz 1 geänd., Abs. 5 Satz 1 geänd., Abs. 6 geänd., Abs. 7 neu gef. mWv 5.12.2020 durch Beschl. v. 17.9.2020 (BAnz. AT 4.12.2020 B3).

(7) Hält die Verordnerin oder der Verordner im Krankenhaus Maßnahmen der häuslichen Krankenpflege nach der Krankenhausentlassung für erforderlich und teilt dies der Verordnerin oder dem Verordner in der vertragsärztlichen Versorgung mit, soll Letztere oder Letzterer dies bei ihrer oder seiner Verordnung berücksichtigen.

(8) Leistungen der Sicherungspflege nach § 2b können parallel zur Unterstützungspflege nach § 2c verordnet werden, wenn neben dem Bedarf an Grundpflege und hauswirtschaftlicher Versorgung ein Bedarf an Behandlungspflege besteht und die übrigen Voraussetzungen erfüllt sind.

§ 4[1)] Besonderheiten der psychiatrischen häuslichen Krankenpflege.

(1) Für die Verordnung von Leistungen nach Nummer 27a des Verzeichnisses verordnungsfähiger Leistungen (psychiatrische häusliche Krankenpflege) gelten nachfolgende Besonderheiten.

(2) [1] In Konkretisierung der in § 2 dieser Richtlinie formulierten Ziele ist das ergänzende Ziel der psychiatrischen häuslichen Krankenpflege, dazu beizutragen, dass Versicherte soweit stabilisiert werden, dass sie ihr Leben im Alltag im Rahmen ihrer Möglichkeiten selbständig bewältigen und koordinieren sowie Therapiemaßnahmen in Anspruch nehmen können. [2] Dabei ist das soziale Umfeld zu berücksichtigen.

(3) Voraussetzung für die Verordnung von Maßnahmen der psychiatrischen häuslichen Krankenpflege ist, dass die oder der Versicherte über eine ausreichende Behandlungsfähigkeit verfügt, um im Pflegeprozess die in Absatz 8 Satz 1 genannten Beeinträchtigungen der Aktivitäten (Fähigkeitsstörungen) positiv beeinflussen zu können, und zu erwarten ist, dass das mit der Behandlung verfolgte Therapieziel von der oder dem Versicherten umgesetzt werden kann.

(4) [1] Können die in Absatz 3 genannten Voraussetzungen zum Zeitpunkt der erstmaligen Verordnung durch die Verordnerin oder den Verordner eingeschätzt werden, kann die psychiatrische häusliche Krankenpflege für einen Zeitraum von mehr als 14 Tagen verordnet werden. [2] Die Verordnerin oder den Verordner hat sich über den Erfolg der verordneten Maßnahmen zu vergewissern. [3] Können die in Absatz 3 genannten Voraussetzungen zum Zeitpunkt der Verordnung durch die Verordnerin oder den Verordner nicht eingeschätzt werden, ist eine Erstverordnung nur bis zu 14 Tagen möglich. [4] Ist in dem Zeitraum nach Satz 3 eine diesbezügliche Einschätzung abschließend noch nicht möglich, kann eine Folgeverordnung für weitere 14 Tage ausgestellt werden. [5] Zeichnet sich in diesem Zeitraum ab, dass Pflegeakzeptanz und Beziehungsaufbau nicht erreicht werden können, ist eine (erneute) Folgeverordnung nicht möglich.

(5) [1] Im Rahmen der psychiatrischen häuslichen Krankenpflege sind die relevanten Bezugspersonen der oder des Versicherten einzubeziehen und im Um-

---

[1)] § 4 Überschr. geänd., Abs. 1 geänd., Abs. 2 eingef., bish. Abs. 2 wird Abs. 3, neuer Abs. 3 geänd., bish. Abs. 3–5 werden Abs. 4–12 und neu gef., bish. Abs. 6 und 7 werden Abs. 13 und 14, neue Abs. 13 und 14 geänd., neuer Abs. 8 Satz 2 Fußnote eingef. mWv 12.10.2018 durch Beschl. v. 19.7.2018 (BAnz. AT 11.10.2018), Abs. 3 geänd. mWv 22.2.2019 durch Beschl. v. 17.1.2019 (BAnz. AT 21.2.2019 B2), Abs. 4 Sätze 1 bis 3 geänd., Abs. 6 Satz 1 geänd., 6. und 7. Spiegelstrich angef., Satz 2 eingef., bish. Sätze 2 bis 7 werden Sätze 3 bis 8, neue Sätze 6 und 8 geänd., Abs. 7 Satz 1 geänd., Abs. 12 Satz 1 und 2 geänd. mWv 5.12.2020 durch Beschl. v. 17.9.2020 (BAnz. AT 4.12.2020 B3).

gang mit deren oder dessen Erkrankung anzuleiten, soweit dies im Einzelfall notwendig und erwünscht ist. [2] Zudem soll die Pflege in den (gemeinde-)psychiatrischen Verbund oder anderer vernetzter Behandlungsstrukturen eingebunden, das Umfeld beteiligt und die soziale Integration gewährleistet werden.

(6) [1] Folgende Berufsgruppen dürfen Maßnahmen der psychiatrischen häuslichen Krankenpflege verordnen:
- Fachärztin oder Facharzt für Nervenheilkunde,
- Fachärztin oder Facharzt für Neurologie,
- Fachärztin oder Facharzt für Psychosomatische Medizin und Psychotherapie,
- Fachärztin oder Facharzt für Psychiatrie und Psychotherapie,
- Fachärztin oder Facharzt für Kinder- und Jugendpsychiatrie und -psychotherapie (in therapeutisch begründeten Fällen in der Übergangsphase ab dem 18. Lebensjahr bis zur Vollendung des 21. Lebensjahrs),
- Psychologische Psychotherapeutin oder Psychologischer Psychotherapeut,
- Kinder- und Jugendlichenpsychotherapeutin oder Kinder- und Jugendlichenpsychotherapeut (in therapeutisch begründeten Fällen in der Übergangsphase ab dem 18. Lebensjahr bis zur Vollendung des 21. Lebensjahrs).

[2] Die in den Spiegelstrichen 6 und 7 genannten Berufsgruppen werden nachfolgend bezeichnet als „Vertragspsychotherapeutin oder Vertragspsychotherapeut".

[3] Die in der Richtlinie verwendeten Weiterbildungsbezeichnungen richten sich nach der (Muster-)Weiterbildungsordnung der Bundesärztekammer 2003 in der Fassung vom 23. Oktober 2015 und schließen auch die Ärztinnen und Ärzte ein, welche eine entsprechende Bezeichnung nach altem Recht in den jeweiligen Bundesländern führen. [4] Eine Verordnung von Maßnahmen der psychiatrischen häuslichen Krankenpflege kann ferner erfolgen durch psychiatrische Institutsambulanzen nach § 118 SGB V. [5] Abweichend von Satz 1 kann die Verordnung durch die Hausärztin oder den Hausarzt sowie eine Fachärztin oder einen Facharzt mit Zusatzbezeichnung Psychotherapie erfolgen. [6] Dies erfordert eine vorherige Diagnosesicherung durch eine Vertreterin oder einen Vertreter der in Satz 1 genannten Berufsgruppen, die nicht älter als vier Monate ist. [7] Der Gesamtverordnungszeitraum durch diese Ärztinnen und Ärzte sollte sechs Wochen nicht überschreiten. [8] Die abweichende Verordnungsmöglichkeit nach Satz 5 besteht für Verordnungen von psychiatrischer häuslicher Krankenpflege nach Absatz 10 mit der Maßgabe, dass der Verordnungszeitraum von insgesamt sechs Wochen nicht überschritten werden darf.

(7) [1] Bestandteil der Verordnung von Maßnahmen der psychiatrischen häuslichen Krankenpflege ist der von der Verordnerin oder dem Verordner erstellte Behandlungsplan, der die Indikation, die Beeinträchtigungen der Aktivitäten (Fähigkeitsstörungen), die Zielsetzung der Behandlung und die Behandlungsschritte (Behandlungsmaßnahmen, -frequenzen und -dauer) umfasst. [2] Der Krankenkasse ist der Behandlungsplan vorzulegen. [3] Der Behandlungsplan ist bei Änderungen (zum Beispiel des Bedarfs, des klinischen Status, der relevanten Kontextfaktoren) zu aktualisieren und vorzulegen.

(8) [1] Maßnahmen der psychiatrischen häuslichen Krankenpflege sind für Indikationen nach den Absätzen 9 und 10 verordnungsfähig, wenn eine oder mehrere der folgenden Beeinträchtigungen der Aktivitäten (Fähigkeitsstörungen) in einem Maß vorliegen, dass das Leben im Alltag nicht mehr selbständig bewältigt oder koordiniert werden kann und diese Beeinträchtigungen durch die psychiatrische häusliche Krankenpflege positiv beeinflusst werden können:

– Störungen des Antriebs, der Ausdauer oder der Belastbarkeit in Verbindung mit der Unfähigkeit der Tagesstrukturierung, der Einschränkung des planenden Denkens oder des Realitätsbezugs,
– Einbußen bei
  - der Kontaktfähigkeit,
  - den kognitiven Fähigkeiten, wie Konzentration, Merkfähigkeit, Lernleistung und problemlösendes Denken,
  - dem Zugang zur eigenen Krankheitssymptomatik oder
  - dem Erkennen und Überwinden von Konfliktsituationen und Krisen.

[2] Zur Bestimmung der Beeinträchtigungen der Aktivitäten (Fähigkeitsstörungen) und deren Ausmaß ist nach Maßgabe der Absätze 9 und 10 die GAF-Skala[1)] heranzuziehen und der GAF-Wert auf der Verordnung anzugeben. [3] Kontraindikationen schließen die Verordnung von psychiatrischer häuslicher Krankenpflege aus (zum Beispiel Gefahr der iatrogenen Chronifizierung).

(9) [1] Maßnahmen der psychiatrischen häuslichen Krankenpflege sind im Rahmen der Regelindikation nur verordnungsfähig bei den in Nummer 27a des Leistungsverzeichnisses genannten Diagnosen. [2] Dabei gilt bei den in der Bemerkungsspalte genannten Diagnosen (Regelindikation) ein Orientierungswert im Rahmen der GAF-Skala von 40 (höchstens ≤ 50). [3] Dies muss aus der Verordnung hervorgehen.

(10) Maßnahmen der psychiatrischen häuslichen Krankenpflege können für schwer psychisch erkrankte Menschen mit Diagnosen aus dem Bereich F00 bis F99, die nicht in der Bemerkungsspalte in Nummer 27a des Leistungsverzeichnisses genannt sind, in begründeten Einzelfällen verordnet werden, wenn folgende Voraussetzungen aus der Verordnung hervorgehen:
– Beeinträchtigungen der Aktivitäten (Fähigkeitsstörungen) liegen in einem Maß vor, dass das Leben im Alltag nicht mehr selbständig bewältigt oder koordiniert werden kann, bei einem GAF-Wert von ≤ 40, und
– die oder der Versicherte verfügt über eine ausreichende Behandlungsfähigkeit, um im Pflegeprozess die in Absatz 8 Satz 1 genannten Beeinträchtigungen der Aktivitäten (Fähigkeitsstörungen) positiv beeinflussen und die mit der Behandlung verfolgten Therapieziele erreichen zu können.

(11) [1] Wurden die Therapieziele vor Ablauf des Verordnungszeitraums erreicht, endet der Anspruch auf psychiatrische häusliche Krankenpflege. [2] Sind die Therapieziele nicht mehr mit den Möglichkeiten der psychiatrischen häuslichen Krankenpflege erreichbar oder fehlt anhaltend die Mitwirkung der oder des Versicherten, ist die Maßnahme der psychiatrischen häuslichen Krankenpflege zu beenden.

(12) [1] Hinweise nach Absatz 11 oder weitere Hinweise zur veränderten Pflegesituation sind der Verordnerin oder dem Verordner gemäß § 7 Absatz 2 mitzuteilen. [2] Diese oder dieser informiert nach Rücksprache mit der Patientin oder dem Patienten die Krankenkasse.

(13) Maßnahmen der psychiatrischen häuslichen Krankenpflege und die Leistungen der Soziotherapie können – sofern die jeweiligen individuellen Verordnungsvoraussetzungen erfüllt sind – für nacheinander folgende Zeiträume verordnet werden.

[1)] **Amtl. Anm.:** Global Assessment of Functioning Scale in: DSM-IV-TR (Text Revision) von 2000, in deutscher Fassung von 2003, S. 24 f.

(14) [1]Für denselben Zeitraum ist die Verordnung von Maßnahmen der psychiatrischen häuslichen Krankenpflege neben inhaltlich gleichen Leistungen der Soziotherapie ausgeschlossen. [2]Die Verordnung von Maßnahmen der psychiatrischen häuslichen Krankenpflege neben Leistungen der Soziotherapie ist für denselben Zeitraum möglich, wenn sich diese Leistungen aufgrund ihrer jeweils spezifischen Zielsetzung ergänzen (vgl. hierzu Soziotherapie-Richtlinie des Gemeinsamen Bundesausschusses). [3]Sowohl im Behandlungsplan der psychiatrischen häuslichen Krankenpflege als auch im soziotherapeutischen Betreuungsplan sind die Notwendigkeit, die Dauer sowie die Abgrenzung der Leistungen zueinander darzulegen. [4]Die Verordnung inhaltsgleicher Leistungen ist nicht zulässig.

§ 5[1)] Dauer der Verordnung häuslicher Krankenpflege. (1) [1]Die Verordnerin oder der Verordner hat sich über den Erfolg der verordneten Maßnahmen zu vergewissern. [2]Um dies sicherzustellen, soll insbesondere die Erstverordnung einen Zeitraum bis zu 14 Tagen nicht überschreiten.

(2) [1]Ist aus dem Zustand der oder des Versicherten erkennbar, dass der zunächst verordnete Zeitraum nicht ausreicht, kann die Folgeverordnung auch für eine längere Dauer ausgestellt werden, wenn in der Folgeverordnung die Notwendigkeit begründet wird. [2]Die Folgeverordnung ist in den letzten drei Arbeitstagen (Montag bis Freitag, wenn diese nicht gesetzliche Feiertage sind) vor Ablauf des verordneten Zeitraums auszustellen.

(3) [1]Ein Anspruch der oder des Versicherten auf Krankenhausvermeidungspflege sowie Unterstützungspflege besteht bis zu vier Wochen. [2]In begründeten Ausnahmefällen kann Krankenhausvermeidungspflege sowie Unterstützungspflege über diesen Zeitraum hinaus verordnet werden. [3]Dies bedarf der Bewilligung durch die Krankenkasse nach Feststellung durch den Medizinischen Dienst der Krankenversicherung, dass die längere Dauer der Krankenhausvermeidungspflege zur Vermeidung von Krankenhausbehand-lung erforderlich ist oder bei der Unterstützungspflege nur durch Leistungen nach § 2c ein Verbleib in der Häuslichkeit gewährleistet ist und weiterhin keine Pflegebedürftigkeit mit Pflegegrad 2 bis 5 im Sinne des SGB XI vorliegt. [4]Für Leistungen der ambulanten Palliativversorgung ist regelmäßig ein begründeter Ausnahmefall im Sinne von § 37 Absatz 1 Satz 5 SGB V anzunehmen.

§ 6[2)] Genehmigung von häuslicher Krankenpflege. (1) Die von der oder dem Versicherten durch Vorlage der Verordnung beantragten Leistungen bedürfen der Genehmigung durch die Krankenkasse.

(2) [1]Die Krankenkassen können im Rahmen des Genehmigungsverfahrens mit der Prüfung der verordneten Maßnahmen der häuslichen Krankenpflege den Medizinischen Dienst der Krankenversicherung beauftragen. [2]Werden

---

[1)] § 5 Abs. 2 Satz 2 geänd. mWv 7.10.2014 durch Beschl. v. 17.7.2014 (BAnz. AT 6.10.2014 B2), Abs. 3 Satz 4 angef. mWv 25.11.2017 durch Beschl. v. 16.3.2017 (BAnz. AT 24.11.2017 B1), Abs. 3 Sätze 1 bis 3 geänd. mWv 5.4.2018 durch Beschl. v. 21.12.2017 (BAnz. AT 4.4.2018 B3), Abs. 1 Satz 1 geänd. mWv 5.12.2020 durch Beschl. v. 17.9.2020 (BAnz. AT 4.12.2020 B3).

[2)] § 6 Abs. 6 Satz 1 geänd. mWv 7.10.2014 durch Beschl. v. 17.7.2014 (BAnz. AT 6.10.2014 B2), Abs. 3 geänd. mWv 5.4.2018 durch Beschl. v. 21.12.2017 (BAnz. AT 4.4.2018 B3), Abs. 1, Abs. 2 Satz 2, Abs. 6 Satz 1 geänd. mWv 5.12.2020 durch Beschl. v. 17.9.2020 (BAnz. AT 4.12.2020 B3).

verordnete Maßnahmen nicht oder nicht in vollem Umfang genehmigt, hat die Krankenkasse die Verordnerin oder den Verordner über die Gründe zu informieren.

(3) Maßnahmen der häuslichen Krankenpflege dürfen von den Krankenkassen nur genehmigt werden, soweit sie weder von der oder dem Versicherten selbst noch von einer in ihrem oder seinem Haushalt lebenden Person durchgeführt werden können.

(4) Leistungen der Grundpflege und hauswirtschaftlichen Versorgung im Rahmen der Sicherungspflege können von der Krankenkasse nur genehmigt werden, wenn die Satzung der Krankenkasse dies vorsieht.

(5) Bezieht die oder der Versicherte Leistungen der Pflegeversicherung, darf die Krankenkasse die Kosten für die Grundpflege und die hauswirtschaftliche Versorgung als Sicherungspflege nicht übernehmen.

(6) [1] Die Krankenkasse übernimmt bis zur Entscheidung über die Genehmigung die Kosten für die verordneten und vom Pflegedienst erbrachten Leistungen entsprechend der vereinbarten Vergütung nach § 132a Absatz 2 SGB V[1)] wenn die Verordnung spätestens an dem dritten der Ausstellung folgenden Arbeitstag (Montag bis Freitag, wenn diese nicht gesetzliche Feiertage sind) der Krankenkasse vorgelegt wird. [2] Das Nähere regeln die Partner der Rahmenempfehlungen nach § 132a Absatz 1 SGB V.

§ 7[2)] Zusammenarbeit zwischen Vertragsärztin/Vertragsarzt oder Vertragspsychotherapeutin/Vertragspsychotherapeut, Krankenhäusern und Pflegediensten. (1) [1] Zur Sicherstellung der Leistungserbringung im Rahmen der häuslichen Krankenpflege wirkt die Verordnerin oder Verordner mit dem Pflegedienst und der Krankenkasse der oder des Versicherten eng zusammen. [2] Die Koordination der Zusammenarbeit liegt bei der Verordnerin oder dem Verordner.

(2) [1] Der Pflegedienst berichtet der Verordnerin oder dem Verordner bei Veränderung in der häuslichen Pflegesituation, insbesondere aufgrund der häuslichen Krankenpflege, oder nach Aufforderung durch die Verordnerin oder den Verordner, gegebenenfalls auch unter Übermittlung von Auszügen aus der Pflegedokumentation. [2] Die Verordnerin oder der Verordner entscheidet über die erforderlichen Maßnahmen, die sich daraus ergeben.

(3) Die Verordnerin oder der Verordner informiert den Pflegedienst über neue pflegerelevante Befunde.

(4) Die Verordnerin oder der Verordner soll bei Gelegenheit des Hausbesuches die Pflegedokumentation einsehen, diese für ihre oder seine Entscheidungen auswerten und bei Bedarf Anordnungen darin vermerken.

(5) [1] Soweit es für die Versorgung der oder des Versicherten unmittelbar nach der Entlassung aus dem Krankenhaus oder im unmittelbaren Anschluss an die

---

[1)] **Aichberger, Sozialgesetzbuch, Nr. 5.**

[2)] § 7 Abs. 5 Sätze 1 und 2 geänd., Satz 3 angef. mWv 7.10.2014 durch Beschl. v. 17.7.2014 (BAnz. AT 6.10.2014 B2), Abs. 5 neu gef. mWv 19.3.2016 durch Beschl. v. 17.12.2015 (BAnz. AT 18.3.2016 B3), Abs. 5 Satz 1 geänd., mWv 23.8.2019 durch Beschl. v. 20.6.2019 (BAnz. AT 22.8.2019 B4), Überschr. neu gef., Abs. 2 neu gef. mWv 6.12.2019 durch Beschl. v. 15.8.2019 (BAnz. AT 5.12.2019 B3), Überschr., Abs. 1 Sätze 1 und 2, Abs. 2 Sätze 1 und 2, Abs. 3, Abs. 4, Abs. 5 Sätze 1, 2 und 4 geänd. mWv 5.12.2020 durch Beschl. v. 17.9.2020 (BAnz. AT 4.12.2020 B3).

stationsäquivalente psychiatrische Behandlung erforderlich ist, kann das Krankenhaus (die Krankenhausärztin oder der Krankenhausarzt, die Psychotherapeutin oder der Psychotherapeut im Krankenhaus, nachfolgend bezeichnet als Krankenhauspsychotherapeutin oder Krankenhauspsychotherapeut) im Rahmen des Entlassmanagements wie eine Vertragsärztin, ein Vertragsarzt, eine Vertragspsychotherapeutin oder ein Vertragspsychotherapeut häusliche Krankenpflege für einen Zeitraum von bis zu sieben Kalendertagen nach der Entlassung entsprechend dieser Richtlinie verordnen. [2]Die Krankenhausärztin, der Krankenhausarzt, die Krankenhauspsychotherapeutin oder der Krankenhauspsychotherapeut hat in geeigneter Weise im Rahmen des Entlassmanagements die weiterbehandelnde Vertragsärztin, den weiterbehandelnden Vertragsarzt, die weiterbehandelnde Vertragspsychotherapeutin oder den weiterbehandelnden Vertragspsychotherapeuten über die getätigte Verordnung so rechtzeitig zu informieren, dass das Ziel einer nahtlosen Anschlussversorgung ermöglicht wird. [3]§ 11 Absatz 4 SGB V bleibt unberührt. [4]Die Regelungen dieses Paragraphen gelten entsprechend für Ärztinnen und Ärzte sowie Psychotherapeutinnen und Psychotherapeuten in Einrichtungen der medizinischen Rehabilitation bei Leistungen nach § 40 Absatz 2 und § 41 SGB V.

§ 8 Information der Vertragsärztinnen und Vertragsärzte. Die Landesverbände der Krankenkassen und die Verbände der Ersatzkassen informieren die Kassenärztlichen Vereinigungen über den Inhalt der Satzungsbestimmungen der Krankenkassen zur häuslichen Krankenpflege soweit sie Grundpflege und hauswirtschaftliche Versorgung im Rahmen der Sicherungspflege übernehmen.

§ 9[1)] Sonderregelungen im Zusammenhang mit der COVID-19-Epidemie. (1) [1]Vor dem Hintergrund der Herausforderungen zur Bewältigung des epidemischen Ausbruchgeschehens aufgrund des SARS-CoV-2-Virus kann der Gemeinsame Bundesausschuss durch gesonderten Beschluss auf Grundlage von § 9 Absatz 2a seiner Geschäftsordnung (GO) folgende räumlich begrenzte und zeitlich befristete Ausnahmen von den Regelungen dieser Richtlinie zulassen, wenn sie in Abhängigkeit von der Art des Ausbruchgeschehens zur Eindämmung und Bewältigung der Infektionen oder zum Schutz der Einrichtungen der Krankenversorgung vor Überlastung notwendig und erforderlich sind:

1. Die Regelung nach § 3 Absatz 5 Satz 2, wonach rückwirkende Verordnungen grundsätzlich nicht zulässig und Ausnahmefälle besonders zu begründen sind, findet nur auf Erstverordnungen Anwendung. Bei Folgeverordnungen sind rückwirkende Verordnungen für bis zu 14 Tage ab dem Datum der Ausstellung zulässig, wenn aufgrund der Ausbreitung von COVID-19 eine vorherige Verordnung durch die Vertragsärztin oder den Vertragsarzt zur Sicherung einer Anschlussversorgung nicht möglich war.

---

1) § 9 angef. mWv 9.3.2020 durch Beschl. v. 27.3.2020 (BAnz. AT 7.4.2020 B3), Satz 1 sowie Buchst. a bis e werden Abs. 1 und Buchst. f wird Abs. 2, neuer Abs. 1 einl. Satzteil geänd., Buchst. b aufgehoben, bish. Buchst. c, d und e werden die Buchst. b, c und d, neuer Abs. 2 geänd. mWv 1.6.2020 durch Beschl. v. 28.5.2020 (BAnz. AT 12.6.2020 B3), Überschr., Abs. 1 Satz 1 geänd., bish. Buchst. a–d werden Nrn. 1–4, Satz 2 angef., Nr. 5 angef., Abs. 2 Spiegelstr. 1 und 2 werden Nrn. 1 und 2 mWv 1.10.2020 durch Beschl. v. 17.9.2020 (BAnz. AT 30.9.2020 B2).

2. Die Regelungen nach § 5 Absatz 2, wonach bei Folgeverordnungen für eine längere Dauer die Notwendigkeit begründet werden muss und die Folgeverordnung in den letzten drei Arbeitstagen vor Ablauf des verordneten Zeitraums auszustellen ist, werden ausgesetzt.
3. § 6 Absatz 6 Satz 1 gilt mit der Maßgabe, dass die 3-Tage-Frist zur Vorlage der Verordnung bei der Krankenkasse auf eine 10-Tage-Frist erweitert wird.
4. Folgeverordnungen können auch nach telefonischer Anamnese ausgestellt und von der Vertragsärztin oder vom Vertragsarzt postalisch an die oder den Versicherten übermittelt werden, sofern bereits zuvor aufgrund der selben Erkrankung eine unmittelbare persönliche Untersuchung durch die verordnende Vertragsärztin oder den verordnenden Vertragsarzt erfolgt ist.

[2] Diese Ausnahmeregelungen gelten, sofern die Verordnung von einer Vertragsärztin oder einem Vertragsarzt mit Sitz in einem der jeweils durch gesonderten Ausnahmebeschluss auf Grundlage von § 9 Absatz 2a GO festgelegten Gebiete ausgestellt wurde oder sich der Wohnort der oder des Versicherten innerhalb eines dieser Gebiete befindet.

5. Abweichend von der Regelung nach § 1 Absatz 2 zu den Orten, an denen ein Anspruch auf häusliche Krankenpflege besteht, können Leistungen der psychiatrischen häuslichen Krankenpflege gemäß § 4 in Verbindung mit Nummer 27a der Leistungsbeschreibung unter Einsatz datenschutzkonformer Anwendungen und mit Einwilligung der Patientin oder des Patienten auch per Video erbracht werden, sofern eine persönliche Leistungserbringung aufgrund der aktuellen Pandemielage nicht erfolgen kann und die Leistung insbesondere zur Bewältigung einer akuten Krisensituation oder zur Vermeidung einer Verschlimmerung der psychischen Gesundheit aufgrund einer Leistungsunterbrechung erforderlich ist. Diese Ausnahmeregelung nach Nummer 5 gilt, sofern der Sitz des Leistungserbringers in einem der jeweils durch gesonderten Ausnahmebeschluss auf Grundlage von § 9 Absatz 2a GO festgelegten Gebiete liegt oder sich der Wohnort der oder des Versicherten innerhalb eines dieser Gebiete befindet.

(2) Wenn und solange der Deutsche Bundestag gemäß § 5 Absatz 1 des Infektionsschutzgesetzes eine epidemische Lage von nationaler Tragweite festgestellt hat, gilt die Regelung nach § 7 Absatz 5 mit folgenden Maßgaben:

1. Die 7-Kalendertage-Frist wird auf eine 14-Kalendertage-Frist erweitert.
2. Die unmittelbare Erforderlichkeit kann sich auch aus dem Umstand einer Vermeidung des zusätzlichen Aufsuchens einer Arztpraxis ergeben.

Anlage[1)]

Verzeichnis verordnungsfähiger Maßnahmen der häuslichen Krankenpflege (Leistungsverzeichnis) Anlage zur Häusliche Krankenpflege-Richtlinie nach § 92 Absatz 1 Satz 2 Nummer 6 und Absatz 7 SGB V

Vorbemerkungen

Maßnahmen der häuslichen Krankenpflege (Behandlungspflege, Grundpflege, hauswirtschaftliche Versorgung) können von der Krankenkasse nur genehmigt werden, soweit sie weder von der oder dem Versicherten selbst noch von in ihrem oder seinem Haushalt lebenden Personen durchgeführt werden können (vgl. § 1 Absatz 4 der Richtlinie).

Alle Leistungen der Grundpflege und der hauswirtschaftlichen Versorgung des folgenden Verzeichnisses sind ausschließlich im Rahmen der Krankenhausvermeidungspflege nach § 37 Absatz 1 SGB V, der Unterstützungspflege nach § 37 Absatz 1a SGB V oder als Satzungsleistung zur Sicherung des Ziels der ärztlichen Behandlung nach § 37 Absatz 2 SGB V[2)] verordnungsfähig.

Im folgenden Verzeichnis werden bei den verordnungsfähigen Maßnahmen soweit möglich Aussagen zur Dauer der Verordnung und zur Häufigkeit der Verrichtungen angegeben. Dies sind Empfehlungen für den Regelfall, von denen in begründeten Fällen abgewichen werden kann. Abweichungen können insbesondere in Betracht kommen auf Grund von Art und Schwere des Krankheitsbildes, der individuellen Fähigkeiten und Aufnahmemöglichkeiten des Umfeldes. Insbesondere bei der Pflege von Kindern kann es erforderlich sein, die Maßnahmen schrittweise zu vermitteln und häufiger zu wiederholen.

Die Leistungen sind unabhängig davon verordnungsfähig, ob es sich um somatische, psychische oder psychosomatische Krankheiten handelt. Bei der Verordnung sind wegen der Krankheitsursache unterschiedliche Verordnungsdauern zu bedenken. Sofern sich zukünftig weiterer Versorgungsbedarf ergibt, wird das Leistungsverzeichnis fortgeschrieben.

[1)] Anlage geänd. mWv 5.4.2018 durch Beschl. v. 21.12.2017 (BAnz. AT 4.4.2018 B3), mWv 12.10.2018 durch Beschl. v. 19.7.2018 (BAnz. AT 11.10.2018 B1), mWv 1.12.2018 durch Beschl. v. 20.9.2018 (BAnz. AT 30.11.2018 B4).

[2)] **Aichberger, Sozialgesetzbuch, Nr. 5.**

Leistungen der Grundpflege und hauswirtschaftlichen Versorgung

Pflegerische Prophylaxen, Lagern und Hilfen bei der Mobilität sind Bestandteil der verordneten Leistungen in dem Umfang, wie sie zur Wirksamkeit der verordneten Leistungen notwendig sind, auch wenn die Häufigkeit, in der sie nach Maßgabe der individuellen Pflegesituation erbracht werden müssen, von der Frequenz der verordneten Pflegeleistungen abweicht. Die allgemeine Krankenbeobachtung ist Bestandteil jeder einzelnen Leistung der häuslichen Krankenpflege und von daher nicht gesondert verordnungsfähig.

Nr.	Leistungsbeschreibung	Bemerkung	Dauer und Häufigkeit der Maßnahme
1.	**Anleitung bei der Grundpflege in der Häuslichkeit** Beratung und Kontrolle der Patientin oder des Patienten, Angehöriger oder anderer Personen in der Häuslichkeit bei Unfähigkeit zur Durchführung der Maßnahmen und vorhandenem Lernpotenzial (z. B. bei den Grundverrichtungen des täglichen Lebens, wie Lagern, Körperpflege).	Die Patientin oder der Patient, eine Angehörige oder ein Angehöriger oder eine andere Person wird – in der Durchführung einer Maßnahme angeleitet bzw. unterstützt und – im Hinblick auf das Beherrschen einer Maßnahme kontrolliert, um die Maßnahme dauerhaft selbst durchführen oder dauerhaft Hilfestellung bei der eigenständigen Durchführung der Maßnahme geben zu können.	Anleitung bis zu 5x verordnungsfähig
2.	**Ausscheidungen:** – **Ausscheidungen, Hilfe beim** Ausscheiden und der Beseitigung von Urin, Stuhl, Schweiß, Sputum und auch Mageninhalt, z. B.: – Verwendung von Inkontinenzprodukten (z. B. Vorlagen, Condomurinal) – Reinigung des Harnröhrenkatheters (Reinigung des Katheters und der Harnröhrenöffnung, ggf. Abstöpseln in zeitlich festgelegten Intervallen) – Wechsel des Katheterbeutels – Reinigung und Versorgung des Urostoma – Reinigung und Versorgung des Anus-praeter – **Kontinenztraining, Toilettentraining** (Aufsuchen der Toilette nach einem festen Zeitplan). Die Uhrzeiten sind in einem Erfassungsbogen zu dokumentieren. – der **Harnblase.** Die Blasenentleerungszeiten sind im Abstand zur Einnahme von Flüssigkeit je nach Gewohnheit der Patientin oder des Patienten einzupendeln, anfänglich mindestens zweistündlich. Angestrebt wird eine viermalige Blasenentleerung pro Tag. – des **Enddarms.** Die Darmentleerungszeiten sind je nach Gewohnheit der Patientin oder des Patienten einzupendeln.	siehe Stomabehandlung (Nr. 28) siehe Einlauf, Klistier, Digitale Enddarmausräumung (Nr. 14) Das Abklemmen des Dauerkatheterschlauchs zur Steigerung der Blasenkapazität ist Bestandteil der Leistung. siehe Trachealkanüle, Wechsel und Pflege der (Nr. 29) siehe PEG, Versorgung bei (Nr. 27) siehe Katheter, Versorgung eines suprapubischen (Nr. 22)	

Nr.	Leistungsbeschreibung	Bemerkung	Dauer und Häufigkeit der Maßnahme
	gegebenenfalls einschließlich – Pflegerische Prophylaxen (pflegerische Maßnahmen zur Vorbeugung von z. B. Kontrakturen, Obstipation, Parotitis, Pneumonie, Soor, Thrombose, Hornhautaustrocknung, Intertrigo), – Dekubitusprophylaxe wenn Hautdefekt noch nicht besteht (z. B. wirksame Druckentlastung, Hautpflege, ausreichende Flüssigkeitszufuhr), – Lagern (Flachlagerung, Oberkörperhochlagerung, Bauchlagerung, Beintieflagerung, Beinhochlagerung oder Seitenlagerung (30, 90, 135 Grad), ggf. unter Verwendung von Lagerungshilfsmitteln), – Mobilität, Hilfe zur Verbesserung der (im Rahmen der aktivierenden Pflege z. B.: Aufstehen aus liegender oder sitzender Position in Form von Aufrichten bis zum Stand, Gehen und Stehen, Treppensteigen, Transfer/Umsetzen, Hinsetzen und Hinlegen, Betten einer immobilen Patientin oder eines immobilen Patienten, Lagern, allgemeine Bewegungsübungen).	Ist aus medizinischer Sicht eine besondere Lagerungsform erforderlich, ist dies auf der Verordnung einer anderen Leistung anzugeben.	
3.	**Ernährung beinhaltet:** – **Nahrungs- und Flüssigkeitszufuhr, Hilfe bei** – **Sondennahrung, Verabreichen von**, über Magensonde, Katheter-Jejunostomie (z. B. Witzel-Fistel), perkutane endoskopische Gastrostomie (PEG) mittels Spritze, Schwerkraft oder Pumpe, Überprüfung der Lage der Sonde, Spülen der Sonde nach Applikation, ggf. Reinigung des verwendeten Mehrfachsystems, **gegebenenfalls einschließlich** – pflegerische Prophylaxen (pflegerische Leistungen zur Vorbeugung von z. B. Kontraktur, Obstipation, Parotitis, Pneumonie, Soor, Thrombose, Hornhautaustrocknung, Intertrigo), – Dekubitusprophylaxe wenn Hautdefekt noch nicht besteht (z. B. wirksame Druckentlastung, Hautpflege, ausreichende Flüssigkeitszufuhr), – Lagern (Flachlagerung, Oberkörperhochlagerung, Bauchlagerung, Beintieflagerung, Beinhochlagerung oder Seitenlagerung (30, 90, 135 Grad), ggf. unter Verwendung von Lagerungshilfsmitteln), – Mobilität, Hilfe zur Verbesserung der (im Rahmen der aktivierenden Pflege z. B.: Aufstehen aus liegender oder sitzender Position in Form von Aufrichten bis zum Stand, Gehen und Stehen, Treppensteigen	siehe PEG, Versorgung bei (Nr. 27) siehe Medikamentengabe (Nr. 26) Ist aus medizinischer Sicht eine besondere Lagerungsform erforderlich, ist dies auf der Verordnung einer anderen Leistung anzugeben.	

Nr.	Leistungsbeschreibung	Bemerkung	Dauer und Häufigkeit der Maßnahme
	Transfer/Umsetzen, Hinsetzen und Hinlegen, Betten einer immobilen Patientin oder eines immobilen Patienten, Lagern, allgemeine Bewegungsübungen).		
4.	**Körperpflege beinhaltet:** – **Duschen, Baden, Waschen** (auch von Augen, Ohren, Nase), Mund-, Zahn-, Lippen- und Hautpflege, Rasur, Haar- und Nagelpflege,	Kosmetische Maßnahmen im Sinne der Schönheitspflege sind keine Maßnahmen der häuslichen Krankenpflege. Die Hornhautpflege mit künstlicher Tränenflüssigkeit, z. B. bei fehlendem Lidschluss soweit keine Augenerkrankung vorliegt, ist eine prophylaktische Maßnahme. Gabe von Augentropfen/-salben siehe Medikamentengabe (Nr. 26) Die Augenspülung ist eine ärztliche Leistung.	
	– ggf. **Pflege einer Augenprothese**,		
	– ggf. **Mundpflege als Prophylaxe** bei abwehrgeschwächten und/oder im Allgemeinzustand stark reduzierten Patientinnen oder Patienten,		
	– **An- oder Auskleiden** (Vorbereiten individueller Kleidung, Hilfe beim An- oder Ausziehen der Kleidung, von Strümpfen, von Strumpfhosen, das An- oder Ablegen von Prothesen etc.)	Zu Kompressionsstrümpfen ab Klasse I siehe An- oder Ausziehen von ärztlich verordneten Kompressionsstrümpfen/-strumpfhosen (Nr. 31b)	
	gegebenenfalls einschließlich – pflegerische Prophylaxen (pflegerische Maßnahmen zur Vorbeugung von z. B. Kontraktur, Obstipation, Parotitis, Pneumonie, Soor, Thrombose, Hornhautaustrocknung, Intertrigo), – Dekubitusprophylaxe wenn Hautdefekt noch nicht besteht (z. B. wirksame Druckentlastung, Hautpflege, ausreichende Flüssigkeitszufuhr),		
	– Lagern (Flachlagerung, Oberkörperhochlagerung, Bauchlagerung, Beintieflagerung, Beinhochlagerung oder Seitenlagerung (30, 90, 135 Grad), ggf. unter Verwendung von Lagerungshilfsmitteln),	Ist aus medizinischer Sicht eine besondere Lagerungsform erforderlich, ist dies auf der Verordnung einer anderen Leistung anzugeben.	
	– Mobilität, Hilfe zur Verbesserung der (im Rahmen der aktivierenden Pflege z. B.: Aufstehen aus liegender oder sitzender Position in Form von Aufrichten bis zum Stand, Gehen und Stehen, Treppensteigen, Transfer/Umsetzen, Hinsetzen und Hinlegen, Betten einer immobilen Patientin oder eines immobilen Patienten, Lagern, allgemeine Bewegungsübungen).		

Nr.	Leistungsbeschreibung	Bemerkung	Dauer und Häufigkeit der Maßnahme
5.	**Hauswirtschaftliche Versorgung beinhaltet:** Besorgungen (auch von Arzneimitteln), Bettwäsche wechseln, Einkaufen, Heizen, Geschirr spülen, Müllentsorgung, Mahlzeitenzubereitung (auch Diät), Wäschepflege, Reinigung der Wohnung (Unterhalts- ggf. Grundreinigung).		

(Fortsetzung nächstes Blatt)

Leistungen der Behandlungspflege

Pflegerische Prophylaxen, Lagern und Hilfen bei der Mobilität sind Bestandteil der verordneten Leistungen in dem Umfang, wie sie zur Wirksamkeit der verordneten Leistungen notwendig sind, auch wenn die Häufigkeit, in der sie nach Maßgabe der individuellen Pflegesituation erbracht werden müssen, von der Frequenz der verordneten Pflegeleistungen abweicht. Die allgemeine Krankenbeobachtung ist Bestandteil jeder einzelnen Leistung der häuslichen Krankenpflege und von daher nicht gesondert verordnungsfähig.

Nr.	Leistungsbeschreibung	Bemerkung	Dauer und Häufigkeit der Maßnahme
6.	**Absaugen** – **Absaugen der oberen Luftwege** Bei hochgradiger Einschränkung der Fähigkeit zum Abhusten/der bronchialen Selbstreinigungsmechanismen z. B. bei schwerer Emphysembronchitis, Aids, Mukoviszidose, beatmete Patientinnen oder Patienten. – **Bronchialtoilette (Bronchiallavage)** Therapeutische Spülung der Bronchien bei intubierten/tracheotomierten Patientinnen oder Patienten, z. B. mit physiologischer Kochsalzlösung, ggf. unter Zusatz von Sekretolytika.		
7.	**Anleitung bei der Behandlungspflege** Beratung und Kontrolle der Patientin oder des Patienten, Angehöriger oder anderer Personen in der Häuslichkeit bei Unfähigkeit zur Durchführung der Maßnahmen und vorhandenem Lernpotenzial (z. B. Blutzuckerkontrolle).	Die Patientin oder der Patient, eine Angehörige oder ein Angehöriger oder eine andere Person wird – in der Durchführung einer Maßnahme angeleitet bzw. unterstützt und – im Hinblick auf das Beherrschen einer Maßnahme kontrolliert, um die Maßnahme dauerhaft selbst durchführen oder dauerhaft Hilfestellung bei der eigenständigen Durchführung der Maßnahme geben zu können.	Bis zu 10 x Anleitung verordnungsfähig
8.	**Beatmungsgerät, Bedienung und Überwachung** Anpassung und Überprüfung der Einstellungen des Beatmungsgerätes an Vitalparameter (z. B. Atemgase, Herzfrequenz, Blutdruck) auf Anordnung der Ärztin oder des Arztes bei beatmungspflichtigen Erkrankungen (z. B. hohe Querschnittslähmung, Zustand nach Schädel-Hirntrauma); Überprüfung der Funktionen des Beatmungsgerätes, ggf. Austausch bestimmter Teile des Gerätes (z. B. Beatmungsschläuche, Kaskaden, O_2-Zellen).		

Nr.	Leistungsbeschreibung	Bemerkung	Dauer und Häufigkeit der Maßnahme
9.	**Blasenspülung** Einbringen einer Lösung unter sterilen Kautelen mittels Blasenspritze oder Spülsystem durch einen Dauerkatheter in die Harnblase, Beurteilen der Spülflüssigkeit.	Blasenspülungen sind nur verordnungsfähig bei durchflussbehinderten Dauerkathetern infolge Pyurie oder Blutkoageln. Bei Blasenspülungen sind Blaseninstillationen Bestandteil der Leistung und nicht gesondert verordnungsfähig. siehe Instillation (Nr. 20)	Bis zu 3 Tage
10.[1]	**Blutdruckmessung** bei Erst- und Neueinstellung eines Hypertonus.	24 h-Blutdruckmessungen mittels Dauermessgerät sind keine Leistung der häuslichen Krankenpflege. Die Häufigkeit der Blutdruckmessung erfolgt nach Maßgabe des ärztlichen Behandlungsplanes in Abhängigkeit der ärztlich verordneten Medikamententherapie.	Bis zu 7 Tage
11.[2]	**Blutzuckermessung** Ermittlung und Bewertung des Blutzuckergehaltes kapillaren Blutes mittels Testgerät (z. B. Glucometer) – bei Erst- und Neueinstellung eines Diabetes (insulin- oder tablettenpflichtig) – bei Fortsetzung der sog. Intensivierten Insulintherapie	Routinemäßige Dauermessungen sind nur zur Fortsetzung der sog. Intensivierten Insulintherapie verordnungsfähig. Bei der Folgeverordnung ist der HbA 1 c-Wert zu berücksichtigen. Nur verordnungsfähig bei Patientinnen und Patienten mit – einer so hochgradigen Einschränkung der Sehfähigkeit, dass es ihnen unmöglich ist, das kapillare Blut zu entnehmen, auf den Teststreifen zu bringen und das Messergebnis abzulesen oder – einer so erheblichen Einschränkung der Grob- und Feinmotorik der oberen Extremitäten, dass sie das kapillare Blut nicht entnehmen und auf den Teststreifen bringen können oder – einer so starken Einschränkung der körperlichen Leistungsfähigkeit, dass sie zu schwach sind, das kapillare Blut entnehmen und auf den Teststreifen bringen zu können (z.B. moribunde Patientinnen oder Patienten) oder – einer starken Einschränkung der geistigen Leistungsfähigkeit oder Realitätsverlust, sodass die Compliance bei der Diagnostik nicht sichergestellt ist oder	

[1] Nr. 10 geänd. mWv 29.1.2011 durch Beschl. v. 21.10.2010 (BAnz. 2011 S. 339).
[2] Nr. 11 geänd. mWv 17.7.2020 durch Beschl. v. 18.6.2010 (BAnz. AT 16.7.2020 B4).

Nr.	Leistungsbeschreibung	Bemerkung	Dauer und Häufigkeit der Maßnahme
		– entwicklungsbedingt noch nicht vorhandener Fähigkeit, die Leistung zu erlernen oder selbstständig durchzuführen. Dies muss aus der Verordnung hervorgehen. Die Häufigkeit der Glukosemessung erfolgt nach Maßgabe des ärztlichen Behandlungsplanes in Abhängigkeit der ärztlich verordneten Medikamententherapie.	Bis zu 3 × tägl. Bei Erst- und Neueinstellung: bis zu 4 Wochen.
11a.[1)]	**Interstitielle Glukosemessung** bei Durchführung einer Intensivierten Insulintherapie – Ermittlung und Bewertung des interstitiellen Glukosegehaltes mittels Testgerät – Sensorwechsel bei Bedarf – Kalibrierung bei Bedarf	Die Leistung ist nur verordnungsfähig bei Patientinnen und Patienten mit: – einer so hochgradigen Einschränkung der Sehfähigkeit, dass es ihnen unmöglich ist, die Messung selbst vorzunehmen oder das Messergebnis abzulesen oder den Sensor zu wechseln oder die Kalibrierung durchzuführen oder – einer so erheblichen Einschränkung der Grob- und Feinmotorik der oberen Extremitäten, dass sie die Messung nicht selbst vornehmen, das Messergebnis nicht selbst ablesen, den Sensor nicht selbst wechseln oder die Kalibrierung nicht selbst durchführen können oder – einer so starken Einschränkung der körperlichen Leistungsfähigkeit, dass sie zu schwach sind, um die Messung selbst vorzunehmen oder das Messergebnis abzulesen oder den Sensor zu wechseln oder die Kalibrierung durchzuführen oder – einer starken Einschränkung der geistigen Leistungsfähigkeit oder Realitätsverlust, sodass sie nicht in der Lage sind, die Messung selbst vorzunehmen oder das Messergebnis abzulesen oder den Sensor zu wechseln oder die Kalibrierung durchzuführen oder – entwicklungsbedingt noch nicht vorhandener Fähigkeit, die Leistung(en) zu erlernen oder selbstständig durchzuführen.	

1) Nr. 11a eingef. mWv 17.7.2020 durch Beschl. v. 18.6.2010 (BAnz. AT 16.7.2020 B4).

Nr.	Leistungsbeschreibung	Bemerkung	Dauer und Häufigkeit der Maßnahme
		Dies muss aus der Verordnung hervorgehen. Die Häufigkeit der Glukosemessung erfolgt nach Maßgabe des ärztlichen Behandlungsplanes in Abhängigkeit der ärztlich verordneten Medikamententherapie.	
12.[1]	**Positionswechsel zur Dekubitusbehandlung** Ab Dekubitus Grad 1 (nicht wegdrückbare Hautrötung): Positionswechsel in individuell festzulegenden Zeitabständen zur weitestgehend vollständigen Druckentlastung der betroffenen Stelle.	Ziel ist die Heilung des Dekubitus oder die Vermeidung einer Verschlimmerung. Die Leistung ist ab Dekubitus Grad 1 (nicht wegdrückbare Hautrötung) verordnungsfähig. Sofern eine Wundversorgung notwendig ist, ist die Leistung nur in Kombination mit der Nr. 31 oder Nr. 31a verordnungsfähig. Die Angehörigen oder andere Personen in der Häuslichkeit sollen durch Anleitung (Nr. 7) dazu befähigt werden, soweit möglich die Lagerung selbstständig übernehmen zu können. Vor der Verordnung ist zu prüfen, ob die Lagerung durch Hilfsmittel unterstützt werden kann (Lagerungshilfen und Hilfsmittel gegen Dekubitus). Bei der Verordnung ist die Lokalisation, Länge, Breite, Tiefe und soweit möglich der Grad des Dekubitus anzugeben. Die bereits vorhandene technische Ausstattung oder vorhandene Hilfsmittel zur Druckentlastung sind soweit bekannt auf der Verordnung zu nennen. Der Positionswechsel ist durch den Pflegedienst in der Dokumentation festzuhalten (insbesondere Zeiten, Lagerungspositionen). Vor der Folgeverordnung hat die Ärztin oder der Arzt den dokumentierten Positionswechsel sowie gegebenenfalls das Wundprotokoll, gegebenenfalls die Fotodokumentation (siehe Nr. 31 und 31a) und weitere Informationen aus der Pflegedokumentation auszuwerten und prognostisch einzuschätzen, ob die Leistung erfolgreich ist, gegebenenfalls angepasst werden muss und unter ambulanten Bedingungen zum Ziel führen kann.	Dekubitus Grad 1: Erstverordnung sowie Folgeverordnungen für jeweils bis zu 7 Tage. Ab Dekubitus Grad 2: Erstverordnung sowie Folgeverordnungen jeweils bis zu 4 Wochen.
13.	**Drainagen, Überprüfen, Versorgen** Überprüfen von Lage, Sekretfluss sowie von Laschen, Wechseln des Sekretbehälters.		1–2 × tägl.

[1] Nr. 12 neu gef. mWv 6.12.2019 durch Beschl. v. 15.8.2019 (BAnz. AT 5.12.2019 B3).

Nr.	Leistungsbeschreibung	Bemerkung	Dauer und Häufigkeit der Maßnahme
14.	**Einlauf/Klistier/Klysma/digitale Enddarmausräumung** bei Obstipation, die nicht anders zu behandeln ist.	Das dafür erforderliche Mittel ist nicht zu Lasten der GKV verordnungsfähig; Ausnahme: bei Tumorleiden, bei Megakolon, bei Divertikulose, bei Divertikulitis, bei neurogenen Darmlähmungen, bei phosphatbindender Medikation bei chronischer Niereninsuffizienz, vor diagnostischen Eingriffen.	Einlauf/Klistier/Klysma bis zu 2x wöchentlich digitale Enddarmausräumung als einmalige Leistung
15.	**Flüssigkeitsbilanzierung** Messung der Ein- und Ausfuhr von Flüssigkeiten mit kalibrierten Gefäßen, ggf. inkl. Gewichtskontrolle, ggf. inkl. Messung von Bein- und Bauchumfang zur Kontrolle des Flüssigkeitshaushaltes bei dessen beginnender Dekompensation.	Routinemäßige Flüssigkeitsbilanzen sind nicht verordnungsfähig. Diese Leistung erstreckt sich jeweils über 24 Stunden und ist als eine Leistung anzusehen. Ergebnisse sind gemäß ärztlichem Behandlungsplan zu würdigen, Verlaufsprotokolle sind immer zu führen und durch die Ärztin oder den Arzt auszuwerten. Sie ist nur gesondert verordnungsfähig, wenn keine Hilfe bei der Nahrungsaufnahme und/oder beim Ausscheiden erbracht wird.	1x tägl., bis zu 3 Tage
16.[1]	**Infusionen, i. v.** Wechseln und erneutes Anhängen der ärztlich verordneten Infusion bei ärztlich gelegtem peripheren oder zentralen i. v.-Zugang oder des ärztlich punktierten Port-a-cath zur Flüssigkeitssubstitution oder parenteralen Ernährung, Kontrolle der Laufgeschwindigkeit (ggf. per Infusionsgerät) und der Füllmenge, Durchspülen des Zuganges nach erfolgter Infusionsgabe, Verschluss des Zuganges.	Verlaufsbogen erforderlich. Die i. v. Medikamentengabe, die venöse Blutentnahme sowie die arterielle und intrathekale Infusion sind keine Leistungen der häuslichen Krankenpflege.	Dauer und Menge der Dosierung streng nach Maßgabe der Verordnung des Präparates.
16a.[2]	**Infusionen, s. c.** – Legen, Anhängen, Wechseln sowie abschließendes Entfernen einer ärztlich verordneten s. c. Infusion zur Flüssigkeitssubstitution – Kontrolle von Laufgeschwindigkeit und Füllmenge – Überprüfung der Injektionsstelle beim Anlegen, Wechseln oder Entfernen der Infusion auf Zeichen einer Ödembildung, Schwellung oder Rötung	Auf der Verordnung ist der Infusionstyp, die Menge und die Dauer der Infusion anzugeben. Indikation: Mittelschwere Exsikkose bei negativer Flüssigkeitsbilanz (bei akuter Erkrankung oder Verschlimmerung der Erkrankung z. B. bei Fieber, Diarrhoe), mit einhergehendem Unvermögen oralen Ausgleichs und potenzieller Reversibilität insbesondere bei geriatrischen Patienten	Bis zu 7 Tage

(Fortsetzung nächste Seite)

[1] Nr. 16 geänd. mWv 21.8.2013 durch Beschl. v. 21.2.2013 (BAnz. AT 20.8.2013 B3).
[2] Nr. 16a eingef. mWv 21.8.2013 durch Beschl. v. 21.2.2013 (BAnz. AT 20.8.2013 B3).

Nr.	Leistungsbeschreibung	Bemerkung	Dauer und Häufigkeit der Maßnahme
	– An- oder Ausziehen von ärztlich verordneten Kompressionsstrümpfen/-strumpfhosen der Kompressionsklassen I bis IV Bei Patientinnen und Patienten zur Abheilung von Ulcera, zur Unterstützung des venösen Rückflusses, Untersützung des Lymphabflusses bei – Varikose – Thromboembolie – chronischer Veneninsuffizienz (CVI) – Ödemen – Narben/Verbrennungen	Das An- oder Ausziehen von Kompressionsstrümpfen/Kompressionsstrumpfhosen sowie das Abnehmen eines Kompressionsverbandes ist nur verordnungsfähig bei Patientinnen und Patienten mit – einer so erheblichen Einschränkung der Grob- und Feinmotorik der oberen Extremitäten, dass sie die Kompressionsstrümpfe/Kompressionsstrumpfhosen nicht fachgerecht an- oder ausziehen können bzw. den Kompressionsverband nicht fachgerecht abnehmen können oder – einer so starken Einschränkung der körperlichen Leistungsfähigkeit, dass sie zu schwach sind, die Kompressionsstrümpfe/Kompressionsstrumpfhosen fachgerecht an- oder ausziehen bzw. den Kompressionsverband fachgerecht abnehmen zu können (z. B. moribunde Patientinnen oder Patienten) oder – einer starken Einschränkung der geistigen Leistungsfähigkeit oder Realitätsverlust, sodass die Compliance bei der Therapie nicht sichergestellt ist oder – entwicklungsbedingt noch nicht vorhandener Fähigkeit, die Leistung zu erlernen oder selbstständig durchzuführen. Dies muss aus der Verordnung hervorgehen. Zur Ermöglichung eines selbstständigen An- und Ausziehens von Kompressionsstrümpfen/Kompressionsstrumpfhosen ist jeweils die Verordnung von Anziehhilfen in Betracht zu ziehen. Kompressionsstrümpfe/Kompressionsstrumpfhosen/Kompressionsverbände sind in der Regel bei mobilen Patientinnen und Patienten indiziert. Der Einsatz bei immobilen Patientinnen und Patienten kann insbesondere notwendig sein bei Narben/Verbrennungen, Ulcus cruris venosum (bei dafür geeigneten Materialien zur Kompressionsbehandlung) und bei Stauungszuständen in Folge von Immobilität.	

Nr.	Leistungsbeschreibung	Bemerkung	Dauer und Häufigkeit der Maßnahme
		Der dauerhafte Einsatz (länger als nur tagsüber) von Kompressionsstrumpfhosen/Kompressionsverbänden kann insbesondere notwendig sein bei Narben/Verbrennungen und Ulcus cruris venosum (bei dafür geeigneten Materialien zur Kompressionsbehandlung).	
	– **Anlegen von stützenden und stabilisierenden Verbänden** zur unterstützenden Funktionssicherung der Gelenke z. B. bei Distorsion, Kontusion, Erguss		Bis zu 2 Wochen jeweils 1 × täglich
31.[1)]	**Wundversorgung einer akuten Wunde** Anlegen, Wechseln von Verbänden, Wundheilungskontrolle, Desinfektion und Reinigung, Spülen von Wundfisteln, Versorgung von Wunden unter aseptischen Bedingungen.	Die Leistung ist verordnungsfähig, wenn eine behandlungsbedürftige akute Wunde vorliegt, bei der ein Wundverband indiziert ist. Eine akute Wunde tritt nach einer Verletzung der Hautoberfläche unterschiedlicher Tiefenausprägung auf, die voraussichtlich innerhalb von maximal 12 Wochen komplikationslos abheilt. Ziel ist die Wundheilung. Bei der Verordnung sind die Wundart, Lokalisation, Länge, Breite, Tiefe und soweit möglich der Grad der Wunde sowie die zu verwendenden Verbandmaterialien anzugeben. Die Wechselintervalle der Wundverbände sind abhängig von der Wundsituation und den verwendeten Verbandmaterialien anzugeben. Das Überprüfen von Drainagen siehe Drainagen, Überprüfen, Versorgen (Nr. 13) ist Bestandteil der Leistung und nicht gesondert verordnungsfähig. Wundschnellverbände (Heftpflaster, Sprühverband) sind keine Leistung der häuslichen Krankenpflege. Vor der Folgeverordnung hat die Ärztin oder der Arzt gegebenenfalls den dokumentierten Positionswechsel (Nr. 12) sowie die Wunddokumentation, gegebenenfalls die Fotodokumentation und weitere Informationen aus der Pflegedokumentation auszuwerten und prognostisch einzuschätzen, ob die Therapie erfolgreich ist, gegebe-	Erstverordnung sowie Folgeverordnungen jeweils bis zu 4 Wochen.

1) Nr. 31 neu gef. mWv 6.12.2019 durch Beschl. v. 15.8.2019 (BAnz. AT 5.12.2019 B3).

Nr.	Leistungsbeschreibung	Bemerkung	Dauer und Häufigkeit der Maßnahme
		nenfalls angepasst werden muss und unter ambulanten Bedingungen zum Ziel führen kann. Durch den Pflegedienst sind eine Wunddokumentation (z. B. Wundart, Gewebeart, Länge, Breite und Tiefe der Wunde, Wundtaschen, Exsudat, Geruch, Wundrand, Wundumgebung, Schmerzen, Entzündungszeichen) und gegebenenfalls zusätzlich eine Fotodokumentation zu führen. Insbesondere bei neu auftretenden Entzündungszeichen, Schmerzen oder akuten Verschlechterungen des Wundzustandes ist umgehend die Ärztin oder der Arzt zu informieren.	
31a.[1)]	**Wundversorgung einer chronischen und schwer heilenden Wunde** In enger Abstimmung mit der behandelnden Ärztin oder dem behandelnden Arzt Anlegen, Wechseln von Verbänden, Wundheilungskontrolle, Desinfektion und Reinigung, Spülen von Wundfisteln, Versorgung von Wunden unter aseptischen Bedingungen einschließlich einer bedarfsweisen Anleitung zu krankheits- und wundspezifischen Maßnahmen.	Die Leistung ist verordnungsfähig, wenn eine behandlungsbedürftige chronische Wunde vorliegt, bei der ein Wundverband indiziert ist. Eine chronische Wunde heilt voraussichtlich nicht komplikationslos innerhalb von maximal 12 Wochen unter fachgerechter Therapie ab. Die Verordnung dieser Leistung setzt nicht voraus, dass zuvor Leistungen der Nummer 31 verordnet wurden. Ziel ist die Wundheilung. Ziel kann auch die Vermeidung einer Verschlimmerung sowie eine Symptomlinderung sein, wenn eine Wundheilung aufgrund der individuellen Situation wahrscheinlich ausgeschlossen werden kann. Die Versorgung von chronischen und schwer heilenden Wunden nach dieser Nummer soll von einem Leistungserbringer, der sich auf die Versorgung von chronischen und schwer heilenden Wunden spezialisiert hat, erfolgen. Um einen spezialisierten Leistungserbringer handelt es sich, wenn dieser u. a. besonders qualifizierte Pflegefachkräfte zur Versorgung von chronischen und schwer heilenden Wunden vorhält (beispielsweise Pflegefachkräfte mit einer besonderen Zusatzqualifikation zur Wundversorgung).	Erstverordnung sowie Folgeverordnungen jeweils bis zu 4 Wochen.

1) Nr. 31a eingef. mWv 6.12.2019 durch Beschl. v. 15.8.2019 (BAnz. AT 5.12.2019 B3).

Nr.	Leistungsbeschreibung	Bemerkung	Dauer und Häufigkeit der Maßnahme
		Damit die verordneten Maßnahmen der Wundversorgung durch den spezialisierten Leistungserbringer zuverlässig durchgeführt werden können, müssen außerdem geeignete Voraussetzungen vorliegen (z. B. geeignete hygienische Bedingungen, enger Austausch mit Ärztinnen und Ärzten). Wird die Versorgung von chronischen und schwer heilenden Wunden durch einen spezialisierten Leistungserbringer erbracht, erfolgt die Wundversorgung für die Zeit des medizinisch notwendigen spezialisierten Versorgungsbedarfs nur durch diesen Leistungserbringer. Sind neben der Wundversorgung weitere pflegerische Maßnahmen erforderlich, die durch andere Pflegedienste erbracht werden, sind ein enger Informationsaustausch und Abstimmungen der beteiligten Leistungserbringer untereinander unter Einbeziehung der verordnenden Ärztin oder des verordnenden Arztes sicherzustellen. Bei der Verordnung sind die Wundart, Lokalisation, Länge, Breite, Tiefe und soweit möglich der Grad der Wunde sowie die zu verwendenden Verbandmaterialien anzugeben. Die Wechselintervalle der Wundverbände sind abhängig von der Wundsituation und den verwendeten Verbandmaterialien anzugeben. Insbesondere bei einem Ulcus cruris venosum ist die ergänzende Kompressionstherapie (Nr. 31b) erforderlich, sofern keine Kontraindikationen vorliegen. Das Anlegen und das Wechseln von Wundverbänden bei chronischen Wunden erfolgt begleitend/ergänzend zur Therapie der der chronischen Wunde zugrundeliegenden Erkrankung. Das Überprüfen von Drainagen (Nr. 13) ist Bestandteil der Leistung und nicht gesondert verordnungsfähig. Wundschnellverbände (Heftpflaster, Sprühverband) sind keine Leistung der häuslichen Krankenpflege. Bestandteil der Leistung und somit nicht gesondert verordnungsfähig ist die bedarfsweise Anleitung zu	

Nr.	Leistungsbeschreibung	Bemerkung	Dauer und Häufigkeit der Maßnahme
		krankheits- und wundspezifischen Maßnahmen, insbesondere der Druckentlastung und Bewegungsförderung, sowie zum Umgang mit wund- und therapiebedingten Beeinträchtigungen, insbesondere Schmerzen, Wundgeruch und Kompression. Vor der Folgeverordnung hat die Ärztin oder der Arzt gegebenenfalls den dokumentierten Positionswechsel (Nr. 12) sowie die Wunddokumentation, gegebenenfalls die Fotodokumentation und weitere Informationen aus der Pflegedokumentation auszuwerten und prognostisch einzuschätzen, ob die Therapie erfolgreich ist, gegebenenfalls angepasst werden muss und unter ambulanten Bedingungen zum Ziel führen kann. Durch den Leistungserbringer ist eine Wunddokumentation (z. B. Wundart, Gewebeart, Länge, Breite und Tiefe der Wunde, Wundtaschen, Exsudat, Geruch, Wundrand, Wundumgebung, Schmerzen, Entzündungszeichen) und gegebenenfalls zusätzlich eine Fotodokumentation zu führen. Insbesondere bei neu auftretenden Entzündungszeichen, Schmerzen oder Verschlechterungen des Wundzustandes ist umgehend die Ärztin oder der Arzt zu informieren.	
31b.[1]	**An- oder Ausziehen von ärztlich verordneten Kompressionsstrümpfen/-strumpfhosen** der Kompressionsklassen I bis IV **Anlegen oder Abnehmen eines Kompressionsverbandes**	Ziel ist die Wundheilung (z. B. Ulcus cruris venosum, mixtum), Unterstützung des venösen Rückflusses, Unterstützung des Lymphabflusses. Erfasst von dieser Leistungsnummer sind ausschließlich ärztlich verordnete Kompressionsstrümpfe/-strumpfhosen, wenn die Kompressionstherapie Bestandteil des ärztlichen Behandlungsplans ist. Sofern im Zusammenhang mit dem Anlegen und Wechseln von Wundverbänden eine Kompressionsbehandlung erforderlich ist, ist dies auf der Verordnung anzugeben. Das Anlegen eines Kompressionsverbandes ist verordnungsfähig, wenn aus medizinischen bzw. anatomischen Gründen angepasste Kompressionsstrümpfe nicht möglich sind.	Jeweils 1 × täglich

1) Nr. 31b eingef. mWv 6.12.2019 durch Beschl. v. 15.8.2019 (BAnz. AT 5.12.2019 B3).

Nr.	Leistungsbeschreibung	Bemerkung	Dauer und Häufigkeit der Maßnahme
		Das An- oder Ausziehen von Kompressionsstrümpfen/Kompressionsstrumpfhosen sowie das Abnehmen eines Kompressionsverbandes ist nur verordnungsfähig bei Patientinnen und Patienten mit – einer so erheblichen Einschränkung der Grob- und Feinmotorik der oberen Extremitäten, dass sie die Kompressionsstrümpfe/Kompressionsstrumpfhosen nicht fachgerecht an- oder ausziehen können bzw. den Kompressionsverband nicht fachgerecht abnehmen können oder – einer so starken Einschränkung der körperlichen Leistungsfähigkeit, dass sie zu schwach sind, die Kompressionsstrümpfe/Kompressionsstrumpfhosen fachgerecht an- oder ausziehen bzw. den Kompressionsverband fachgerecht abnehmen zu können (z. B. moribunde Patientinnen oder Patienten) oder – einer starken Einschränkung der geistigen Leistungsfähigkeit oder Realitätsverlust, sodass die Compliance bei der Therapie nicht sichergestellt ist oder – entwicklungsbedingt noch nicht vorhandener Fähigkeit, die Leistung zu erlernen oder selbstständig durchzuführen. Dies muss aus der Verordnung hervorgehen. Zur Ermöglichung eines selbständigen An- und Ausziehens von Kompressionsstrümpfen/Kompressionstrumpfhosen ist jeweils die Verordnung von Anziehhilfen in Betracht zu ziehen. Kompressionsstrümfe/Kompressionsstrumpfhosen/Kompressionsverbände sind in der Regel bei mobilen Patientinnen und Patienten indiziert. Der Einsatz bei immobilen Patientinnen und Patienten kann insbesondere notwendig sein bei Narben/Verbrennungen, Ulcus cruris venosum (bei dafür geeigneten Materialien zur Kompressionsbehandlung) und bei Stauungszuständen in Folge von Immobilität. Der dauerhafte Einsatz (länger als nur tagsüber) von Kompressionsstrümpfen/Kompressionsstrumpfhosen/Kompressionsverbänden kann insbesondere notwendig sein bei Narben/Verbrennungen und Ulcus cruris veno-	

Nr.	Leistungsbeschreibung	Bemerkung	Dauer und Häufigkeit der Maßnahme
		sum (bei dafür geeigneten Materialien zur Kompressionsbehandlung).	
31c.[1]	**An- und Ablegen von stützenden und stabilisierenden Verbänden** zur unterstützenden Funktionssicherung der Gelenke z. B. bei Distorsion, Kontusion, Erguss	Das An- oder Ablegen von stützenden und stabilisierenden Verbänden ist nur verordnungsfähig bei Patientinnen und Patienten mit – einer so erheblichen Einschränkung der Grob- und Feinmotorik der oberen Extremitäten, dass sie die stützenden und stabilisierenden Verbände nicht fachgerecht an- oder ablegen können oder – einer so starken Einschränkung der körperlichen Leistungsfähigkeit, dass sie zu schwach sind, die stützenden oder stabilisierenden Verbände selbstständig an- und abzulegen (z. B. moribunde Patientinnen oder Patienten) oder – einer starken Einschränkung der geistigen Leistungsfähigkeit oder Realitätsverlust, sodass die Compliance bei der Therapie nicht sichergestellt ist oder – entwicklungsbedingt noch nicht vorhandener Fähigkeit, die Leistung zu erlernen oder selbstständig durchzuführen. Dies muss aus der Verordnung hervorgehen.	Bis zu 2 Wochen, jeweils 1 × täglich.
31d.[2]	**An- oder Ablegen von ärztlich verordneten Bandagen und Orthesen** im Rahmen der Krankenbehandlung	Das An- oder Ablegen von ärztlich verordneten Bandagen und Orthesen ist nur verordnungsfähig bei Patientinnen und Patienten mit • einer so erheblichen Einschränkung der Grob- und Feinmotorik der oberen Extremitäten, dass sie die ärztlich verordneten Bandagen und Orthesen nicht fachgerecht an- oder ablegen können oder • einer so starken Einschränkung der körperlichen Leistungsfähigkeit, dass sie zu schwach sind, die ärztlich verordneten Bandagen und Orthesen selbstständig an- und abzulegen (z. B. moribunde Patientinnen oder Patienten) oder	jeweils 2 × täglich Stützkorsett: jeweils 1 bis 2 × täglich

[1] Nr. 31c eingef. mWv 6.12.2019 durch Beschl. v. 15.8.2019 (BAnz. AT 5.12.2019 B3).
[2] Nr. 31d angef. mWv 8.5.2020 durch Beschl. v. 20.3.2020 (BAnz. AT 7.5.2020 B3).

Nr.	Leistungsbeschreibung	Bemerkung	Dauer und Häufigkeit der Maßnahme
		• einer starken Einschränkung der geistigen Leistungsfähigkeit oder Realitätsverlust, sodass die Compliance bei der Therapie nicht sichergestellt ist oder • entwicklungsbedingt noch nicht vorhandener Fähigkeit, die Leistung zu erlernen oder selbstständig durchzuführen. Dies muss aus der Verordnung hervorgehen.	

Sachverzeichnis

(hier nicht abgedruckt)

520. Richtlinie über Kriterien zur Qualitätsbeurteilung in der Kernspintomographie nach § 135b Absatz 2 des Fünften Buches Sozialgesetzbuch (SGB V) (Qualitätsbeurteilungs-Richtlinie Kernspintomographie/QBK-RL)

Vom 17. Oktober 2019

(BAnz. AT vom 30.1.2020 B3; Inkrafttreten: 1.1.2020)

§ 1 Regelungsgegenstand und Anwendungsbereich. (1) Diese Richtlinie legt die Kriterien zur Beurteilung der Qualität kernspintomographischer Untersuchungen im Rahmen von Qualitätsprüfungen nach § 135b Absatz 2 SGB V für den Leistungsbereich Kernspintomographie fest.

(2) Es gelten die Regelungen der Richtlinie des Gemeinsamen Bundesausschusses (G-BA) zu Auswahl, Umfang und Verfahren bei Qualitätsprüfungen im Einzelfall nach § 135b Absatz 2 SGB V in Verbindung mit § 92 Absatz 1 SGB V (Qualitätsprüfungs-Richtlinie vertragsärztliche Versorgung/QP-RL), soweit in dieser Richtlinie keine abweichenden Regelungen bestimmt sind.

(3) Die fachlichen und apparativen Voraussetzungen für die Ausführung und Abrechnung von kernspintomographischen Leistungen im Rahmen der vertragsärztlichen Versorgung sind in der Vereinbarung von Qualifikationsvoraussetzungen gemäß § 135 Absatz 2 SGB V zur Durchführung von Untersuchungen in der Kernspintomographie (Kernspintomographie-Vereinbarung) festgelegt.

(4) Für Stichprobenprüfungen nach dieser Richtlinie dürfen die Kassenärztlichen Vereinigungen auf Grundlage von § 5 Absatz 3 QP-RL ausschließlich Prüfquartale ab Beginn des Kalenderjahres 2020 festlegen.

§ 2 Dokumentationen für die Stichprobenprüfung. [1]Die Stichprobenprüfung erfolgt gemäß § 7 Absatz 1 QP-RL auf der Grundlage der schriftlichen und der bildlichen Dokumentation. [2]Die schriftliche Dokumentation umfasst insbesondere den Befundbericht. [3]Die bildliche Dokumentation umfasst die in der Untersuchung erstellten Kernspintomogramme (MRT-Bilder).

§ 3 Gegenstand der Qualitätsprüfung. Im Rahmen der Stichprobenprüfungen im Bereich der Kernspintomographie werden folgende Aspekte überprüft:

1. die fachgerechte Indikationsstellung durch die die MRT durchführende Ärztin oder durch den die MRT durchführenden Arzt,
2. die fachgerechte und zielorientierte Durchführung der kernspintomographischen Untersuchung,
3. die vollständige Darstellung der diagnostisch relevanten Bildinformationen,
4. die Schlüssigkeit des Befundberichts,
5. die fachlich und inhaltlich korrekte Kennzeichnung der MRT-Bilder und
6. die Identifizierbarkeit des Befundberichts.

§ 4 Beurteilungskriterien. (1) Beurteilungskriterien für die fachgerechte Indikationsstellung durch die die MRT durchführende Ärztin oder durch den die MRT durchführenden Arzt sind, dass

1. auf der Grundlage der Anamnese, des klinischen Befundes und gegebenenfalls bildgebender oder sonstiger Befunde eine nachvollziehbare Fragestellung mit erwarteter therapeutischer Konsequenz besteht,
2. die kernspintomographische Untersuchung zur Beantwortung der medizinischen Fragestellung beitragen und gegebenenfalls Hinweise zum weiteren diagnostischen oder therapeutischen Vorgehen geben kann und
3. bei einer Magnetresonanztomographie der weiblichen Brust die Indikationsvorgaben gemäß Anlage I Nummer 9 der Richtlinie Methoden vertragsärztliche Versorgung berücksichtigt wurden.

Weiteres Beurteilungskriterium für die Indikationsstellung ist, dass die Indikation oder die medizinische Fragestellung zur kernspintomographischen Untersuchung und ein Untersuchungsauftrag dokumentiert wurden.

(2) [1] Beurteilungskriterium für die fachgerechte und zielorientierte Durchführung der kernspintomographischen Untersuchung ist, dass die Beurteilungskriterien zur Untersuchungsdurchführung und zur technischen Bildqualität gemäß Anlage 1 berücksichtigt wurden. [2] Die Beurteilungskriterien gelten auch als erfüllt, wenn Abweichungen hinreichend und nachvollziehbar begründet wurden.

(3) [1] Beurteilungskriterien für die vollständige Darstellung der diagnostisch relevanten Bildinformationen sind, dass

1. die Referenzstrukturen vollständig abgebildet und gut erkennbar sind und
2. die Beurteilbarkeit möglichst gering durch Artefakte eingeschränkt ist.

[2] Die Beurteilungskriterien für die Referenzstrukturen im Sinne der Nummer 1 sind in Anlage 1 festgelegt.

(4) Beurteilungskriterien für die Schlüssigkeit des Befundberichts sind, dass

1. der Befundbericht die Beschreibung der Untersuchung und deren Ergebnisse, die Beantwortung der medizinischen Fragestellung sowie gegebenenfalls Empfehlungen zu weiterem diagnostischen oder therapeutischen Vorgehen beinhaltet und
2. die Befundung und Beurteilung der MRT-Bilder nachvollziehbar, schlüssig und fachlich richtig sind.

(5) [1] Beurteilungskriterium für die fachlich und inhaltlich korrekte Kennzeichnung der MRT-Bilder ist, dass die MRT-Bilder hinsichtlich der Patientenidentität, Angaben zur Institution und der notwendigen Untersuchungsinformationen fachlich und inhaltlich korrekt gekennzeichnet sind. [2] Durch die Einblendung der Kennzeichnung werden keine medizinisch relevanten Bildinhalte überblendet und so die diagnostische Aussagekraft des Bilddokumentes beeinträchtigt.

(6) Beurteilungskriterium für die Identifizierbarkeit des Befundberichts ist, dass der Befundbericht ohne weitere Hilfsmittel der untersuchten Patientin oder dem untersuchten Patienten zugeordnet werden kann.

§ 5 Bewertungsschemata. (1) [1] In einer Stichprobenprüfung werden die von der Ärztin oder dem Arzt eingereichten Behandlungsdokumentationen im

Hinblick auf die in § 3 genannten Prüfaspekte beurteilt. [2]Grundlage der Beurteilung sind die in § 4 genannten Kriterien.

(2) [1]Die Beurteilung der Behandlungsdokumentationen zu einer einzelnen Patientin oder einem einzelnen Patienten ergibt eine Einzelbewertung. [2]Auf der Grundlage der Einzelbewertungen erfolgt eine Gesamtbewertung aller von einer Ärztin oder einem Arzt eingereichten Dokumentationen.

(3) [1]Das Bewertungsschema für die Einzelbewertung (Anlage 2) ordnet den Prüfaspekten nach § 3 unter Berücksichtigung der Beurteilungskriterien nach § 4 Punktzahlen zu. [2]Für die Einzelbewertung werden die zu jedem Prüfaspekt tatsächlich erreichten Punktzahlen addiert. [3]Anhand der Gesamtpunktzahl wird entsprechend der Vorgaben der Anlage 2 die Beurteilungskategorie im Sinne des § 9 Absatz 1 Satz 2 QP-RL („keine", „geringe", „erhebliche" oder „schwerwiegende Beanstandungen") ermittelt.

(4) [1]Die Gesamtbewertung ergibt sich aus den zwölf Einzelbewertungen anhand des Bewertungsschema für die Gesamtbewertung (Anlage 3). [2]Werden weniger oder mehr als zwölf Patientinnen oder Patienten ausgewählt, ist das Bewertungsschema anteilig anzupassen.

§ 6 Ausnahme von der Pseudonymisierung gemäß § 16 QP-RL.

(1) [1]Gemäß § 16 QP-RL findet bei Qualitätsprüfungen nach dieser Richtlinie ausnahmsweise keine Pseudonymisierung durch die Kassenärztliche Vereinigung statt. [2]Die MRT-Bilder sowie der Befundbericht werden abweichend von § 15 Absatz 6 QP-RL ausnahmsweise ohne vorherige Pseudonymisierung durch die Kassenärztliche Vereinigung an die Qualitätssicherungs-Kommission weitergeleitet. [3]Abweichend von § 15 Absatz 5 QP-RL erfolgt die Prüfung, ob die jeweilige Behandlungsdokumentation formal richtig ohne weitere Hilfsmittel die Identifikation der Patientin oder des Patienten ermöglicht, durch die Qualitätssicherungs-Kommission.

(2) [1]MRT-Bilder dürfen nicht pseudonymisiert werden, da die fachlich und inhaltlich korrekte Kennzeichnung aller MRT-Bilder gemäß § 3 Nummer 5 Gegenstand der Prüfung der Qualitätssicherungs-Kommission ist. [2]Gemäß § 4 Absatz 5 müssen die MRT-Bilder alle notwendigen Informationen, auch die versichertenbezogenen Angaben, enthalten. [3]Dabei darf die diagnostische Aussagekraft der Bildinhalte nicht beeinträchtigt werden. [4]Die fachärztlichen Kommissionsmitglieder müssen zur Wahrnehmung ihrer Beurteilungsaufgabe jedes MRT-Bild mit all seinen Bestandteilen und Inhalten in Augenschein nehmen. [5]Teil der Qualitätsprüfung ist zum einen die Überprüfung, ob bei MRT-Untersuchungen die fachlichen Konventionen der Bildkennzeichnung eingehalten worden sind, zum anderen ist zur vollständigen fachlichen Nachvollziehung und Bewertung des Befundes die Kenntnis von Patientenmerkmalen unabdingbar. [6]Diese Informationen müssen mit dem Bildinhalt untrennbar verbunden sein. [7]Einzelne Prüfaspekte können nicht der Kassenärztlichen Vereinigung übertragen werden.

(3) Von einer Pseudonymisierung des Befundberichts kann deshalb abgesehen werden, da aufgrund der nicht möglichen Pseudonymisierung der MRT-Bilder der Qualitätssicherungs-Kommission die versichertenbezogenen Daten bereits bekannt sind.

§ 7 Übergangsregelung. Abweichend von § 6 Absatz 2 QP-RL sind im Kalenderjahr 2020 2% der Ärztinnen und Ärzte zu prüfen, die im Jahr 2020 Leistungen aus dem Leistungsbereich Kernspintomographie erbringen und abrechnen.

(Vom Abdruck der Anlagen wurde abgesehen)

523. Richtlinie des Gemeinsamen Bundesausschusses über die Durchführung von Soziotherapie in der vertragsärztlichen Versorgung (Soziotherapie-Richtlinie/ST-RL)

In der Fassung vom 22. Januar 2015

(BAnz. AT vom 14.4.2015 B5; Inkrafttreten: 15.4.2015)

Geändert durch Beschl. des G-BA vom 17.12.2015 (BAnz. AT vom 19.5.2016 B4; Inkrafttreten: 20.5.2016), durch Beschl. des G-BA vom 16.3.2017 (BAnz. AT vom 7.6.2017 B3; Inkrafttreten: 8.6.2017), durch Beschl. des G-BA vom 27.3.2020 (BAnz. AT vom 7.4.2020 B3; Inkraftreten: 9.3.2020), durch Beschl. des G-BA vom 28.5.2020 (BAnz. AT vom 12.6.2020 B3; Inkraftreten: 1.6.2020), durch Beschl. des G-BA vom 14.5.2020 (BAnz. AT vom 3.7.2020 B1; Inkraftreten: 4.7.2020) und durch Beschl. des G-BA vom 17.9.2020 (BAnz. AT vom 30.9.2020 B2; Inkraftreten: 1.10.2020)

Inhaltsverzeichnis[1]

§ 1 Grundlagen und Ziele. (1) [1]Die vom Gemeinsamen Bundesausschuss gemäß § 37a und § 92 Absatz 1 Satz 2 Nummer 6 des Fünften Buches Sozialgesetzbuch (SGB V) beschlossene Richtlinie regelt Voraussetzungen, Art und Umfang der Versorgung mit Soziotherapie in der vertragsärztlichen Versorgung. [2]Dazu gehören auch Inhalt und Umfang der Zusammenarbeit der Verordnerin oder des Verordners (gemäß der in § 4 genannten Berufsgruppen) mit dem Erbringer der soziotherapeutischen Leistung (soziotherapeutischer Leistungserbringer).

(2) [1]Schwer psychisch Kranke sind häufig nicht in der Lage, Leistungen, auf die sie Anspruch haben, selbständig in Anspruch zu nehmen. [2]Soziotherapie nach § 37a SGB V soll ihnen die Inanspruchnahme ärztlicher oder psychotherapeutischer sowie ärztlich oder psychotherapeutisch verordneter Leistungen ermöglichen. [3]Sie soll Patientinnen und Patienten durch Motivierungsarbeit und strukturierte Trainingsmaßnahmen helfen, psychosoziale Defizite abzubauen; Patientinnen und Patienten sollen in die Lage versetzt werden, die erforderlichen Leistungen zu akzeptieren und selbständig in Anspruch zu nehmen. [4]Sie ist koordinierende und begleitende Unterstützung und Handlungsanleitung für schwer psychisch Kranke auf der Grundlage von definierten Therapiezie-

[1] Amtl. Inhaltsverzeichnis, in das die Paragraphen redaktionell eingefügt wurden.

len. [5]Dabei kann es sich auch um Teilziele handeln, die schrittweise erreicht werden sollen.

(3) [1]Soziotherapie kann verordnet werden, wenn dadurch Krankenhausbehandlung vermieden oder verkürzt wird oder wenn diese geboten, aber nicht ausführbar ist. [2]Sie kommt auch in Betracht, wenn bisher kein stationärer Aufenthalt stattgefunden hat. [3]Die Erbringung von Soziotherapie erfolgt bedarfsgerecht und ist an einer wirtschaftlichen Mittelverwendung zu orientieren. [4]Bei der Verordnung von Soziotherapie sind die in §§ 2 und 3 festgelegten Indikationen und Kriterien zu beachten.

(4) Die Durchführung der Soziotherapie setzt einen mit der Verordnerin oder dem Verordner und der oder dem Versicherten abgestimmten und vom soziotherapeutischen Leistungserbringer zu erstellenden soziotherapeutischen Betreuungsplan voraus.

(5) Soziotherapie findet überwiegend im sozialen Umfeld der Patientin oder des Patienten statt.

(6) Soziotherapie umfasst die Koordination der im Rahmen des Behandlungsplans festgelegten Maßnahmen.

(7) Soziotherapie unterstützt einen Prozess, der Patientinnen und Patienten einen besseren Zugang zu ihrer Krankheit ermöglicht, indem Einsicht, Aufmerksamkeit, Initiative, soziale Kontaktfähigkeit und Kompetenz gefördert werden.

(8) Für die medizinische Behandlung relevante Informationen, die der soziotherapeutische Leistungserbringer durch die Betreuung der oder des Versicherten gewinnt, sollen durch die Zusammenarbeit zwischen ihm und der Verordnerin oder dem Verordner für die Behandlung nutzbar gemacht werden.

§ 2 Indikation und Therapiefähigkeit. (1) Die Indikation für Soziotherapie ist gegeben bei einer Beeinträchtigung der Aktivitäten (Fähigkeitsstörungen) in mindestens einem der in Absatz 2 aufgeführten Bereiche und einem Ausmaß gemäß Absatz 3 wegen einer schweren psychischen Erkrankung gemäß Absatz 4 sowie bei den in Absatz 5 genannten Fällen.

(2) [1]Der Soziotherapie bedürfen Versicherte, bei denen durch schwere psychische Erkrankung hervorgerufene Beeinträchtigungen der Aktivitäten dazu führen, dass sie in ihren Fähigkeiten zur selbständigen Inanspruchnahme ärztlicher oder psychotherapeutischer sowie ärztlich oder psychotherapeutisch verordneter Leistungen erheblich beeinträchtigt sind. [2]Dies trifft zu, wenn folgende Beeinträchtigungen (alternativ oder kumulativ) gegeben sind:
- Beeinträchtigung durch Störungen des Antriebs, der Ausdauer und der Belastbarkeit, durch Unfähigkeit zu strukturieren, durch Einschränkungen des planerischen Denkens und Handelns sowie des Realitätsbezuges,
- Störungen im Verhalten mit Einschränkung der Kontaktfähigkeit und fehlender Konfliktlösungsfähigkeit,
- Einbußen im Sinne von Störungen der kognitiven Fähigkeiten, wie Konzentration und Merkfähigkeit, der Lernleistungen sowie des problemlösenden Denkens,
- krankheitsbedingt unzureichender Zugang zur eigenen Krankheitssymtomatik und zum Erkennen von Konfliktsituationen und Krisen.

(3) [1]Zur Bestimmung des Ausmaßes der Beeinträchtigung der Aktivität soll die GAF[1])-Skala herangezogen werden. [2]Orientierungswert ist 40 (höchstens ≤ 50).

(4) [1]Schwere psychische Erkrankungen in diesem Sinne sind solche aus den Bereichen des schizophrenen Formenkreises (ICD-10-Nummern: F20.0 bis 20.6 [Schizophrenie], 21 [schizotype Störung], 22 [anhaltende wahnhafte Störung], 24 [induzierte wahnhafte Störung] und 25 [schizoaffektive Störung]) und der affektiven Störungen (ICD-10-Nummern: F31.5 [gegenwärtig schwere depressive Episode mit psychotischen Symptomen im Rahmen einer bipolaren affektiven Störung], 32.3 [schwere depressive Episode mit psychotischen Symptomen] und 33.3 [gegenwärtig schwere depressive Episode mit psychotischen Symptomen im Rahmen einer rezividierenden depressiven Störung]). [2]Bei Verordnungen nach § 5 Absatz 2 genügt auch der Verdacht auf eine schwere psychische Erkrankung.

(5) [1]Schwer psychisch Erkrankte mit Diagnosen aus dem Bereich F00 bis F99, die nicht unter § 2 Absatz 4 der Richtlinie genannt sind, erhalten in begründeten Einzelfällen eine Verordnung von Soziotherapie, wenn bei der oder dem Versicherten in Abweichung des in Absatz 3 genannten GAF-Wertes hier ein GAF-Wert ≤ 40 gilt und wenn sich aufgrund der Gesamtsituation und nach fachärztlicher Einschätzung eine medizinische Erforderlichkeit insbesondere aus einem der nachfolgend genannten Kriterien ergibt:
– relevante Co-Morbiditäten (psychiatrische, wie z. B. Persönlichkeitsstörungen oder Suchterkrankungen, oder somatische, wie z. B. Mobilitätseinschränkungen oder chronische Schmerzerkrankungen),
– stark eingeschränkte Fähigkeit zur Planung, Strukturierung und Umsetzung von Alltagsaufgaben,
– eingeschränkte Fähigkeit zur selbständigen Inanspruchnahme ärztlicher oder psychotherapeutischer sowie ärztlich oder psychotherapeutisch verordneter Leistungen sowie zur Koordination derselben, oder
– stark eingeschränkte Wegefähigkeit.

[2]Kontraindikationen müssen ausgeschlossen werden. [3]Die übrigen Voraussetzungen der Absätze 1 bis 3 gelten entsprechend. [4]Diese Verordnungen unterliegen § 9 der Richtlinie (Genehmigung von Soziotherapie).

(6) [1]Um das Ziel der Soziotherapie erreichen zu können, soll die Patientin oder der Patient über das hierzu notwendige Mindestmaß an Belastbarkeit, Motivierbarkeit und Kommunikationsfähigkeit verfügen und in der Lage sein, einfache Absprachen einzuhalten. [2]Dies ist nicht gegeben, wenn keine langfristige Verminderung der in § 2 Absatz 2 genannten Fähigkeitsstörungen und kein längerfristig anhaltendes Erreichen der soziotherapeutischen Therapieziele zu erwarten ist.

§ 3 Leistungsinhalt. (1) Soziotherapie umfasst die im Folgenden aufgeführten Leistungen, welche die Patientin oder den Patienten zur selbständigen Inanspruchnahme ärztlicher oder psychotherapeutischer sowie ärztlich oder psychotherapeutisch verordneter Maßnahmen befähigen sollen.

(2) Folgende Leistungen sind in jedem Fall zu erbringen:

---

[1]) **Amtl. Anm.:** Global Assessment of Functioning Scale in: DSM-IV-TR (Text Revision) von 2000, in deutscher Fassung von 2003, S. 24 f.

a) Erstellung des soziotherapeutischen Betreuungsplans: Die Verordnerin oder der Verordner, der soziotherapeutische Leistungserbringer und die oder der Versicherte wirken bei der Erstellung des soziotherapeutischen Betreuungsplans zusammen.

b) Koordination von Behandlungsmaßnahmen und Leistungen: Der soziotherapeutische Leistungserbringer koordiniert die Inanspruchnahme ärztlicher oder psychotherapeutischer Behandlung und verordneter Leistungen für die Patientin oder den Patienten gemäß dem soziotherapeutischen Betreuungsplan. Dies umfasst sowohl aktive Hilfe und Begleitung als auch Anleitung zur Selbsthilfe. Dabei soll der soziotherapeutische Leistungserbringer die Patientinnen oder die Patienten zur Selbständigkeit anleiten und sie so von der soziotherapeutischen Betreuung unabhängig machen.

c) Arbeit im sozialen Umfeld: Der soziotherapeutische Leistungserbringer analysiert die häusliche, soziale und berufliche Situation der Patientin oder des Patienten und kann zur Unterstützung Familienangehörige und den Freundes- und Bekanntenkreis einbeziehen. Um die Therapieziele zu erreichen, kann er die Patientin oder den Patienten an komplementäre Dienste heranführen.

d) Soziotherapeutische Dokumentation: Der soziotherapeutische Leistungserbringer dokumentiert fortlaufend Ort, Dauer und Inhalt der Arbeit mit und für die Patientin oder den Patienten und deren oder dessen Entwicklung; er berichtet der Verordnerin oder dem Verordner über den Stand der Behandlung (bei gravierender Befundänderung umgehend). Die soziotherapeutische Dokumentation enthält insbesondere Angaben zu:
– den durchgeführten soziotherapeutischen Maßnahmen (Art und Umfang),
– dem Behandlungsverlauf und
– den bereits erreichten bzw. den noch verbliebenen Therapie(teil)zielen.

(3) Folgende Leistungen können gegebenenfalls aufgrund der Struktur der spezifischen Patientenprobleme vom soziotherapeutischen Leistungserbringer erbracht werden:

a) Motivations(antriebs)relevantes Training: Mit der Patientin oder dem Patienten werden praktische Übungen zur Verbesserung von Motivation, Belastbarkeit und Ausdauer durchgeführt. Sie finden im Lebensumfeld der Patientin oder des Patienten statt.

b) Training zur handlungsrelevanten Willensbildung: Das Training beinhaltet die Einübung von Verhaltensänderungen, Übungen zur Tagesstrukturierung und zum planerischen Denken. Dabei ist Hilfestellung bei der Bewältigung von Konflikten zu geben und eine selbständige Konfliktlösung bzw. Konfliktvermeidung einzuüben.

c) Anleitung zur Verbesserung der Krankheitswahrnehmung: Diese beinhaltet Hilfen beim Erkennen von Krisen (Frühwarnzeichen) und zur Krisenvermeidung, sowie die Förderung der Compliance und von gesunden Persönlichkeitsanteilen.

d) Hilfe in Krisensituationen: Bei auftretenden Krisen erfolgt entsprechende Hilfe, gegebenenfalls auch aufsuchend, zur Vermeidung erheblicher Verschlimmerung sowohl der Krankheit als auch der häuslichen, sozialen und beruflichen Situation der Patientin oder des Patienten.

§ 4 Verordnung. (1) [1]Die Befugnis zur Verordnung von Soziotherapie bedarf der Genehmigung durch die Kassenärztliche Vereinigung. [2]Die Genehmigung ist auf Antrag zu erteilen, wenn die Antragstellerin oder der Antragsteller nachweist, dass sie oder er die im Folgenden aufgeführten Voraussetzungen erfüllt. [3]Die Verordnerin oder der Verordner muss in der Lage sein, die Indikation für die Soziotherapie (einschließlich der Feststellung, ob dadurch gegebenenfalls Krankenhausbehandlung vermieden oder verkürzt werden kann oder wenn diese geboten, aber nicht ausführbar ist) zu stellen, deren Ablauf und Erfolg zu kontrollieren und in Absprache mit dem soziotherapeutischen Leistungserbringer gegebenenfalls notwendige fachliche Korrekturen am soziotherapeutischen Betreuungsplan vorzunehmen.

(2) [1]Folgende Berufsgruppen dürfen Soziotherapie verordnen:

a) Fachärztin oder Facharzt für Neurologie,
b) Fachärztin oder Facharzt für Nervenheilkunde,
c) Fachärztin oder Facharzt für Psychosomatische Medizin und Psychotherapie,
d) Fachärztin oder Facharzt für Psychiatrie und Psychotherapie,
e) Fachärztin oder Facharzt für Kinder- und Jugendpsychiatrie und -psychotherapie (in therapeutisch begründeten Fällen in der Übergangsphase ab dem 18. Lebensjahr bis zur Vollendung des 21. Lebensjahrs),
f) Fachärztinnen oder Fachärzte mit Zusatz-Weiterbildung Psychotherapie,
g) Psychologische Psychotherapeutin oder Psychologischer Psychotherapeut,
h) Kinder- und Jugendpsychotherapeutin oder Kinder- und Jugendpsychotherapeut (in therapeutisch begründeten Fällen in der Übergangsphase ab dem 18. Lebensjahr bis zur Vollendung des 21. Lebensjahrs).

[2]Die in Satz 1 Buchstabe a bis e verwendeten Weiterbildungsbezeichnungen richten sich nach der (Muster-)Weiterbildungsordnung der Bundesärztekammer und schließen auch die Ärztinnen und Ärzte ein, welche eine entsprechende Bezeichnung nach altem Recht in den jeweiligen Bundesländern führen. [3]Die in den Buchstaben g und h genannten Berufsgruppen werden nachfolgend bezeichnet als „Vertragspsychotherapeutin oder Vertragspsychotherapeut". [4]Zusätzlich ist eine Erklärung über die Kooperation in einem gemeindepsychiatrischen Verbund oder in vergleichbaren Versorgungsstrukturen notwendig.

(3) [1]Eine Verordnung zur Soziotherapie kann ferner erfolgen durch:

a) psychiatrische Institutsambulanzen nach § 118 SGB V oder
b) Fachärztinnen und Fachärzte sowie Psychotherapeutinnen und Psychotherapeuten (nach Absatz 2) der psychiatrischen Institutsambulanzen.

[2]Zusätzlich ist deren Nachweis über die Kooperation in einem gemeindepsychiatrischen Verbund oder in vergleichbaren Versorgungsstrukturen (z. B. komplementäre Einrichtungen) notwendig.

(4) Andere Vertragsärztinnen und -ärzte können Patientinnen oder Patienten zu einer der nach den Absätzen 1 bis 3 qualifizierten Berufsgruppen oder Einrichtungen zum Zwecke der Soziotherapieverordnung überweisen, wenn sie den begründeten Verdacht haben, dass bei dieser oder diesem Versicherten eine der in § 2 beschriebenen Indikationen vorliegt und sie oder er aufgrund dessen nicht in der Lage ist, ärztliche oder psychotherapeutische sowie ärztlich oder psychotherapeutisch verordnete Leistungen selbständig in Anspruch zu nehmen und wenn durch die Verordnung von Soziotherapie Krankenhausbe-

handlung vermieden oder verkürzt werden kann oder wenn diese geboten, aber nicht ausführbar ist.

(5) [1] Kommt die überweisende Ärztin oder der überweisende Arzt aufgrund seiner Kenntnis des Einzelfalles zu der Auffassung, dass die oder der Versicherte nicht in der Lage ist, diese Überweisung selbständig in Anspruch zu nehmen, kann ein soziotherapeutischer Leistungserbringer per Verordnung hinzugezogen werden. [2] Diese Verordnung erfolgt auf dem hierfür vereinbarten Vordruck („Verordnung bei Überweisung zur Indikationsstellung bei Soziotherapie gemäß § 37a SGB V").

(6) [1] Ziel dieser Verordnung ist die Motivierung der Patientin oder des Patienten, die Überweisung wahrzunehmen. [2] Zur Erreichung dieses Zieles stehen dem soziotherapeutischen Leistungserbringer maximal 5 Therapieeinheiten zur Verfügung. [3] Diese werden auf das Gesamtkontingent der Soziotherapie angerechnet, wenn es zur Verordnung von Soziotherapie gemäß Absatz 1 bis 3 kommt.

(7) [1] Lässt es sich nicht erreichen, dass die Patientin oder der Patient die Überweisung zu einer der nach den Absätzen 1 bis 3 qualifizierten Berufsgruppen wahrnimmt, oder kommt es nicht zur Verordnung von Soziotherapie, sind die maximal 5 vom soziotherapeutischen Leistungserbringer erbrachten Therapieeinheiten dennoch berechnungsfähig. [2] Die Abrechnung dieser Leistungen erfolgt auf dem oben genannten Vordruck.

(8) [1] Für denselben Zeitraum ist die Verordnung von Maßnahmen der Soziotherapie neben inhaltlich gleichen Leistungen der psychiatrischen häuslichen Krankenpflege ausgeschlossen. [2] Die Verordnung von Maßnahmen der Soziotherapie neben den Leistungen der psychiatrischen häuslichen Krankenpflege ist für denselben Zeitraum möglich, wenn sich diese Leistungen aufgrund ihrer spezifischen Zielsetzung ergänzen (vergleiche hierzu Häusliche Krankenpflege-Richtlinie des Gemeinsamen Bundesausschusses). [3] Sowohl im soziotherapeutischen Betreuungsplan als auch im Behandlungsplan der psychiatrischen häuslichen Krankenpflege sind die Notwendigkeit, die Dauer sowie die Angrenzung der Leistungen zueinander darzulegen.

§ 4a Verordnung im Rahmen des Entlassmanagements. [1] Soweit es für die Versorgung der oder des Versicherten unmittelbar nach der Entlassung aus dem Krankenhaus erforderlich ist, kann das Krankenhaus (die Krankenhausärztin, der Krankenhausarzt, die Psychotherapeutin oder der Psychotherapeut im Krankenhaus, Letztere nachfolgend bezeichnet als Krankenhauspsychotherapeutin oder Krankenhauspsychotherapeut) im Rahmen des Entlassmanagements wie eine Vertragsärztin, ein Vertragsarzt, eine Vertragspsychotherapeutin oder ein Vertragspsychotherapeut Soziotherapie für einen Zeitraum von bis zu sieben Kalendertagen nach der Entlassung entsprechend dieser Richtlinie verordnen. [2] Für Verordnungen nach Satz 1 ist der Umfang zuvor getätigter vertragsärztlicher oder vertragspsychotherapeutischer Verordnungen durch die Krankenhausärztinnen, die Krankenhausärzte, die Krankenhauspsychotherapeutinnen und die Krankenhauspsychotherapeuten nicht zu berücksichtigen. [3] Die Zusammenführung aller verordneten Einheiten im Rahmen des Gesamtverordnungszeitraumes nach § 37a Absatz 1 Satz 3 SGB V kann durch die Krankenkasse erfolgen. [4] Die weiterbehandelnde Vertragsärztin, der weiterbehandelnde Vertragsarzt, die weiterbehandelnde Vertragspsychotherapeutin oder der weiterbehandelnde Vertragspsychotherapeut muss die urch die Krankenhausärztinnen und Krankenhausärzte sowie Krankenhauspsychotherapeutinnen und Krankenhauspsychotherapeuten verordneten Einheiten mit Blick auf den Gesamtverordnungszeitraum berücksichtigen. [5]Die Anzahl der Therapieeinheiten ist so zu bemessen, dass der nach Satz 1 erforderliche Verordnungszeitraum nicht überschritten wird. [6]Einheiten, die nicht innerhalb von sieben Kalendertagen in Anspruch genommen wurden, verfallen. [7]Die Krankenhausärztin, der Krankenhausarzt, die Krankenhauspsychotherapeutin oder der Krankenhauspsychotherapeut hat in geeigneter Weise im Rahmen des Entlassmanagements rechtzeitig die weiterbehandelnde Vertragsärztin, den weiterbehandelnden Vertragsarzt, die weiterbehandelnde Vertragspsychotherapeutin oder den weiterbehandelnden Vertragspsychotherapeuten über die getätigten Verordnungen zu informieren. [8]§ 11 Absatz 4 SGB V bleibt unberührt. [9]Die Regelungen dieses Paragraphen gelten entsprechend für die stationsäquivalente psychiatrische Behandlung sowie für Ärztinnen und Ärzte sowie Psychotherapeutinnen und Psychotherapeuten in Einrichtungen der medizinischen Rehabilitation bei Leistungen nach § 40 Absatz 2 und § 41 SGB V.

§ 5 Leistungsumfang. (1) [1]Die Dauer und die Frequenz der soziotherapeutischen Betreuung sind abhängig von den individuellen medizinischen Erfordernissen. [2]Es können bis zu 120 Stunden je Krankheitsfall innerhalb eines Zeitrahmens von höchstens drei Jahren erbracht werden. [3]Unter einem Krankheitsfall im Sinne dieser Richtlinie ist eine Phase der Behandlungsbedürftigkeit bei einer der in § 2 aufgeführten Indikationen von bis zu drei Jahren zu verstehen. [4]Soweit alle übrigen Leistungsvoraussetzungen erfüllt sind, kommt nach Ablauf von drei Jahren erneut die Gewährung von Soziotherapie in Betracht, auch wenn dem Therapiebedarf unverändert dieselbe Krankheitsursache zugrunde liegt.

(2) [1]Vor der ersten Verordnung nach § 4 Absatz 1 bis 3 können bis zu 5 Probestunden verordnet werden, die auf diese Verordnung angerechnet werden. [2]Die Verordnung von Probestunden zur Abklärung der Therapiefähigkeit der Patientin oder des Patienten und Erstellung des soziotherapeutischen Betreuungsplans kann maximal zweimal pro Jahr für eine Versicherte oder einen Versicherten erfolgen. [3]Verordnungen gemäß § 4 Absatz 1 bis 3 können jeweils bis maximal 30 Therapieeinheiten ausgestellt werden. [4]Verordnet werden dürfen nur so viele Therapieeinheiten, wie zur Erreichung des Therapiezieles oder bis zur Feststellung, dass dieses nicht erreichbar sein wird, erforderlich scheinen.

(3) [1]Eine Soziotherapieeinheit umfasst 60 Minuten. [2]Die Therapieeinheiten können in kleinere Zeiteinheiten maßnahmebezogen aufgeteilt werden. [3]Dies ist in der soziotherapeutischen Dokumentation (Zeitaufwand) entsprechend zu vermerken.

(4) [1]Soziotherapie wird in der Regel als Einzelmaßnahme erbracht. [2]Soziotherapie kann in Absprache zwischen Verordnerin oder Verordner und soziotherapeutischem Leistungserbringer in besonderen Fällen auch in gruppentherapeutischen Maßnahmen erbracht werden. [3]Dabei kann die Gruppengröße je nach Zielsetzung einer Sitzung bis zu 12 Teilnehmerinnen oder Teilnehmer umfassen. [4]Bei gruppentherapeutischen Maßnahmen umfasst die Soziotherapieeinheit 90 Minuten. [5]Dadurch darf jedoch das maximale Gesamtkontingent für Soziotherapie von 120 Zeitstunden nicht überschritten werden.

§ 6 Vorbereitung, Planung und Erfolgskontrolle. (1) [1]Die Verordnerin oder der Verordner unterstützt die Patientin oder den Patienten bei der Auswahl des geeigneten soziotherapeutischen Leistungserbringers gemäß § 132b SGB V. [2]Die Verordnerin oder der Verordner nimmt Kontakt mit dem soziotherapeutischen Leistungserbringer auf und bespricht die Patientenproblematik und die sich daraus ergebende Betreuung.

(2) Im soziotherapeutischen Betreuungsplan müssen enthalten sein:
– Anamnese,
– Diagnose,
– aktueller Befund mit Art und Ausprägung der Fähigkeitsstörungen der Patientin oder des Patienten und Schweregrad gemäß GAF,
– plausible Darstellung der angestrebten Therapieziele und der hierfür erforderlichen Teilschritte (Nahziel und Fernziel),
– die zur Erreichung der Therapieziele vorgesehenen therapeutischen Maßnahmen,
– die zeitliche Strukturierung der therapeutischen Maßnahmen,
– Prognose.

(3) [1]Die Verordnerin oder der Verordner hat sich über den Erfolg der verordneten Maßnahmen zu vergewissern. [2]Sollte sich im Verlauf der Behandlung herausstellen, dass die Patientin oder der Patient nicht geeignet ist oder die definierten Therapieziele nicht erreichen kann, ist die Soziotherapie abzubrechen. [3]Entsprechendes gilt bei vorzeitigem Erreichen der Therapieziele. [4]Die Verordnerin oder der Verordner teilt dies unverzüglich unter Angabe der Gründe der Krankenkasse mit.

§ 7 Zusammenarbeit mit dem Krankenhaus. (1) Informiert ein Krankenhaus die Vertragsärztin, den Vertragsarzt, die Psychotherapeutin oder den Psychotherapeuten gemäß § 4 Absatz 1 bis 3 über die Möglichkeit, eine Versicherte oder einen Versicherten vorzeitig zu entlassen, ist gegebenenfalls unter Hinzuziehung eines soziotherapeutischen Leistungserbringers zu prüfen, ob die Voraussetzungen für die Verordnung von Soziotherapie erfüllt sind.

(2) Wird während der Soziotherapie eine stationäre Behandlung notwendig, die die Weiterführung der Soziotherapie nach dem Betreuungsplan nicht möglich macht, umfasst die Soziotherapie auch den Kontakt mit der Patientin oder dem Patienten, um eine frühestmögliche Entlassung zu erreichen und in Absprache mit der Verordnerin oder dem Verordner die Wiederaufnahme und Weiterführung der Soziotherapie sicherzustellen.

§ 8 Zusammenarbeit mit dem soziotherapeutischen Leistungserbringer. (1) Zur Sicherstellung der Leistungserbringung wirkt die Verordnerin oder der Verordner mit dem soziotherapeutischen Leistungserbringer und der Krankenkasse der oder des Versicherten eng zusammen und koordiniert die dafür erforderliche Zusammenarbeit.

(2) Soziotherapeutischer Leistungserbringer, Verordnerin oder Verordner und Patientin oder Patient stimmen sich in regelmäßigen Zeitabständen ab, mindestens jeden zweiten Monat, obligat vor und nach den 5 Probestunden sowie vor jeder Folgeverordnung, um die soziotherapeutischen Leistungen unter Berücksichtigung des Therapieverlaufs hinsichtlich der Therapieziele anzupassen.

§ 9 Genehmigung von Soziotherapie. (1) [1] Mit Ausnahme der Verordnung nach § 4 Absatz 5 und 6 (bis zu 5 Stunden) sowie nach § 5 Absatz 2 (5 Stunden) bedarf jede Verordnung von Soziotherapie der vorherigen Genehmigung durch die Krankenkasse der oder des Versicherten. [2] Dazu ist der soziotherapeutische Betreuungsplan gemäß dem entsprechenden Vordruck vorzulegen. [3] Wurden Probestunden verordnet, ist bei der gegebenenfalls folgenden Verordnung von Soziotherapie der soziotherapeutische Betreuungsplan gemäß dem entsprechenden Vordruck zusammen mit der Verordnung für die Probestunden vorzulegen. [4] Eine Genehmigung der Krankenkasse ist auch bei den Ausnahmefällen nach Satz 1 erforderlich, wenn insgesamt mehr als 5 Stunden Soziotherapie verordnet werden.

(2) [1] Die Krankenkassen können im Rahmen des Genehmigungsverfahrens mit der Prüfung der verordneten Maßnahmen der Soziotherapie den Medizinischen Dienst der Krankenkassen beauftragen. [2] Falls erforderlich, sind dem Medizinischen Dienst vom soziotherapeutischen Leistungserbringer ergänzende Angaben zum Betreuungsplan gemäß § 6 Absatz 2 zu übermitteln. [3] Werden verordnete Soziotherapieeinheiten nicht oder nicht in vollem Umfang genehmigt, ist die Verordnerin oder der Verordner unverzüglich unter Angabe der Gründe über die Entscheidung der Krankenkasse zu informieren.

(3) Die Krankenkasse übernimmt bis zur Entscheidung über die Genehmigung die Kosten für die verordneten und erbrachten Leistungen entsprechend der vereinbarten Vergütung nach § 132b SGB V, wenn die Verordnung spätestens am dritten – der Ausstellung folgenden – Arbeitstag der Krankenkasse vorgelegt wird.

§ 10 Sonderregelung im Zusammenhang mit der Covid-19-Epidemie. (1) [1] Vor dem Hintergrund der Herausforderungen zur Bewältigung des epidemischen Ausbruchgeschehens aufgrund des SARS-CoV-2-Virus kann der Gemeinsame Bundesausschuss durch gesonderten Beschluss auf Grundlage von § 9 Absatz 2a seiner Geschäftsordnung (GO) folgende räumlich begrenzte und zeitlich befristete Ausnahmen von den Regelungen dieser Richtlinie zulassen, wenn sie in Abhängigkeit von der Art des Ausbruchgeschehens zur Eindämmung und Bewältigung der Infektionen oder zum Schutz der Einrichtungen der Krankenversorgung vor Überlastung notwendig und erforderlich sind:

1. Die Regelung nach § 9 Absatz 3 gilt mit der Maßgabe, dass die 3-Tage-Frist zur Vorlage der Verordnung bei der Krankenkasse auf eine 10-Tage-Frist erweitert wird. [2] Diese Ausnahmeregelung gilt, sofern die Verordnung von einer Vertragsärztin oder einem Vertragsarzt mit Sitz in einem der jeweils durch gesonderten Ausnahmebeschluss auf Grundlage von § 9 Absatz 2a GO festgelegten Gebiete ausgestellt wurde oder sich der Wohnort der oder des Versicherten innerhalb eines dieser Gebiete befindet.
2. Ergänzend zu den Regelungen nach § 1 Absatz 5 und § 3 zur Arbeit im sozialen Umfeld, zum Zusammenwirken mit der Patientin oder dem Patienten sowie zur gegebenenfalls auch aufsuchenden Hilfe in Krisensituationen können Leistungsbestandteile unter Einsatz datenschutzkonformer Anwendungen und mit Einwilligung der Patientin oder des Patienten auch per Video erbracht werden, sofern eine persönliche Leistungserbringung aufgrund der aktuellen Pandemielage nicht erfolgen kann und die Leistung insbesondere für die Hilfe in einer Krisensituation oder zur Vermeidung

einer Verschlimmerung der somatischen oder psychischen Gesundheit erforderlich ist. [3]Diese Ausnahmeregelung nach Nummer 2 gilt, sofern der Sitz des Leistungserbringers in einem der jeweils durch gesonderten Ausnahmebeschluss auf Grundlage von § 9 Absatz 2a GO festgelegten Gebiete liegt oder sich der Wohnort der oder des Versicherten innerhalb eines dieser Gebiete befindet.

(2) Wenn und solange der Deutsche Bundestag gemäß § 5 Absatz 1 des Infektionsschutzgesetzes eine epidemische Lage von nationaler Tragweite festgestellt hat, gilt die Regelung nach § 4a mit folgenden Maßgaben:

1. Die 7-Kalendertage-Frist wird auf eine 14-Kalendertage-Frist erweitert.
2. Die unmittelbare Erforderlichkeit kann sich auch aus dem Umstand einer Vermeidung des zusätzlichen Aufsuchens einer Arztpraxis ergeben.

527. Richtlinie des Gemeinsamen Bundesausschusses über Schutzimpfungen nach § 20i Absatz 1 SGB V (Schutzimpfungs-Richtlinie/SI-RL)

Vom 21. Juni 2007/18. Oktober 2007

(BAnz. Nr. 224 S. 8154; Inkrafttreten: 1.7.2007/1.7.2008)

Geänd. durch Beschl. des G-BA vom 16.10.2008 (BAnz. Nr. 21 vom 10.2.2009, S. 483; Inkrafttreten: 11.2.2009), durch Beschl. des G-BA vom 18.7.2013 (BAnz. AT vom 18.12.2013 B4; Inkrafttreten: 19.12.2013), durch Beschl. des G-BA vom 1.10.2013 (BAnz. AT vom 19.12.2013 B3; Inkrafttreten: 20.12.2013), durch Beschl. des G-BA vom 5.12.2013 (BAnz. AT vom 27.2.2014 B1; Inkrafttreten: 28.2.2014), durch Beschl. des G-BA vom 20.11.2014 (BAnz. AT vom 13.2.2015 B2; Inkrafttreten: 14.2.2015), durch Beschl. des G-BA vom 27.11.2015 (BAnz. AT vom 5.2.2016 B3; Inkrafttreten: 6.2.2016), durch Beschl. des G-BA vom 1.12.2016 (BAnz. AT vom 18.5.2017 B2; Inkrafttreten: 19.5.2017), durch Beschl. des GB-A vom 17.10.2019 (BAnz. AT vom 27.12.2019 B1; Inkrafttreten: 28.12.2019), durch Beschl. des G-BA vom 18.6.2020 (BAnz. AT vom 14.8.2020 B4; Inkrafttreten: 15.8.2020) und durch Beschl. des G-BA vom 18.6.2020 (BAnz. AT vom 14.8.2020 B3; Inkrafttreten: 15.8.2020)

I. Allgemeine Bestimmungen

§ 1 Zweckbestimmung. Diese Richtlinie regelt gemäß § 92 Abs. 1 Satz 2 Nr. 15 SGB V[1] den Anspruch der Versicherten auf Leistungen für Schutzimpfungen.

§ 2 Regelungsbereich. (1) [1]Die Richtlinie regelt die Einzelheiten zu Voraussetzungen, Art und Umfang der Leistungen für Schutzimpfungen auf der Grundlage der Empfehlungen der Ständigen Impfkommission (STIKO) beim Robert-Koch-Institut gemäß § 20 Abs. 2 des Infektionsschutzgesetzes (IfSG)[2] und unter besonderer Berücksichtigung der Bedeutung der Schutzimpfungen für die öffentliche Gesundheit (§ 20i Absatz 1 Satz 3 SGB V).[1] [2]Sie konkretisiert den Umfang der im SGB V festgelegten Leistungspflicht der gesetzlichen Krankenkassen auf der Grundlage des Wirtschaftlichkeitsgebots im Sinne einer notwendigen, ausreichenden, zweckmäßigen und wirtschaftlichen Versorgung unter Berücksichtigung des allgemein anerkannten Standes der medizinischen Erkenntnisse. [3]Dieser Anspruch besteht unabhängig davon, ob die Versicherten auch entsprechende Ansprüche gegen andere Kostenträger haben.

(2) [1]Maßnahmen der spezifischen Prophylaxe sowie die postexpositionelle Gabe von Sera und Chemotherapeutika sind nicht Gegenstand der Schutzimpfungs-Richtlinie. [2]Ist die Behandlung einer Patientin oder eines Patienten mit diesen Arzneimitteln im Einzelfall notwendig, um eine absehbare Erkrankung zu verhüten, so ist nach § 23 Abs. 1 Nr. 3 in Verbindung mit § 31 SGB V die Leistungspflicht der gesetzlichen Krankenversicherung gegeben. [3]Satz 2 gilt auch für die postexpositionelle Gabe von Impfstoffen im Einzelfall. [3]Entsprechende Ansprüche auf spezifische Leistungen zur Immunprophylaxe während der Schwangerschaft und nach der Entbindung nach den Mutterschafts-Richtlinien bleiben unberührt.

---

[1] **Aichberger, Sozialgesetzbuch, Nr. 5.**
[2] **Aichberger, Sozialgesetzbuch, Nr. 20/30.**

(3) Ein Anspruch der Versicherten auf Leistungen für bestimmte Schutzimpfungen nach § 20i Absatz 3 Satz 2 SGB V ist nicht Gegenstand dieser Richtlinie.

§ 3 Geltungsbereich. Die Richtlinie einschließlich ihrer Anlagen ist für die Vertragspartner nach § 132e SGB V[1] sowie für die Versicherten verbindlich.

II. Begriffsbestimmungen

§ 4 Schutzimpfungen. Eine Schutzimpfung im Sinne des § 2 Nr. 9 IfSG[1] ist die Gabe eines Impfstoffes mit dem Ziel, vor einer übertragbaren Krankheit zu schützen.

§ 5 Impfstoffe. Impfstoffe sind Arzneimittel, die Antigene enthalten und zur Erzeugung von spezifischen Abwehr- und Schutzstoffen angewendet werden (§ 4 Abs. 4 des Gesetzes über den Verkehr mit Arzneimitteln (AMG)).[2]

III. Pflichten der Beteiligten

§ 6 Pflichten zur Information. Die Krankenkassen und impfende Ärztinnen und Ärzte haben die Versicherten über Inhalt und Umfang des Leistungsanspruchs auf Schutzimpfungen nach den Bestimmungen dieser Richtlinie zu informieren.

§ 7 Aufklärungspflichten der impfenden Ärztinnen und Ärzte. Vor einer Schutzimpfung hat die impfende Ärztin oder der impfende Arzt den Impfling bzw. die Erziehungsberechtigten über die zu verhütende Krankheit und die Impfung aufzuklären. [2]Die Aufklärung umfasst insbesondere

1. Informationen über den Nutzen der Impfung und die zu verhütende Krankheit,
2. Hinweise auf mögliche Nebenwirkungen, Komplikationen und Kontraindikationen,
3. Empfehlungen über Verhaltensmaßnahmen im Anschluss an die Impfung,
4. Informationen über Beginn und Dauer der Schutzwirkung,
5. Hinweise zu Auffrischimpfungen.

§ 8 Dokumentation. (1) [1]Für die Eintragung der Schutzimpfung in den Impfausweis oder eine Impfbescheinigung gilt § 22 IfSG.[1]

1. Datum der Schutzimpfung,
2. Bezeichnung und Chargen-Bezeichnung des Impfstoffs,
3. Name der Krankheit, gegen die geimpft wird,
4. Namen und Anschrift der impfenden Ärztin oder des impfenden Arztes

sowie

---

[1] **Aichberger, Sozialgesetzbuch, Nr. 20/30.**
[2] **Nr. 21.**

5. Unterschrift der impfenden Ärztin oder des impfenden Arztes oder Bestätigung der Eintragung des Gesundheitsamtes.

(2) Die impfende Ärztin oder der impfende Arzt hat die Hinweise zur Dokumentation durchgeführter Schutzimpfungen in Anlage 2 zu dieser Richtlinie zu beachten.

§ 9 Durchführung der Schutzimpfung. (1) Schutzimpfungen nach dieser Richtlinie sind nach den Regeln der ärztlichen Kunst und unter Beachtung von Indikation, Anwendungsvoraussetzungen und Kontraindikation durchzuführen.

(2) Bei der Durchführung von Schutzimpfungen sind die von der STIKO gegebenen Hinweise (insbesondere zur Verwendung von Kombinationsimpfstoffen) sowie die jeweilige Fachinformation des verwendeten Impfstoffes zu beachten.

(3) [1]Die Meldepflicht bei Verdacht einer über das übliche Ausmaß einer Impfreaktion hinausgehenden gesundheitlichen Schädigung bestimmt sich nach § 6 Abs. 1 Nr. 3 IfSG.[1)] [2]Die Abgrenzung einer üblichen Impfreaktion und einer über das übliche Ausmaß einer Impfreaktion hinausgehenden gesundheitlichen Schädigung orientiert sich an den veröffentlichten Kriterien der STIKO.

§ 10 Qualifikation der impfenden Ärztinnen und Ärzte. [1]Zur Durchführung von Schutzimpfungen ist jeder Arzt berechtigt. [2]Fachärzte dürfen Schutzimpfungen unabhängig von den Grenzen der Ausübung ihrer fachärztlichen Tätigkeit durchführen. [3]Die Berechtigung zur Durchführung von Schutzimpfungen nach anderen bundesrechtlichen Vorschriften bleibt unberührt.

IV. Voraussetzungen, Art und Umfang des Leistungsanspruches für Schutzimpfungen

§ 11 Leistungsanspruch. (1) Versicherte haben Anspruch auf Leistungen für Schutzimpfungen, die vom Gemeinsamen Bundesausschuss auf der Grundlage der Empfehlungen der STIKO in Anlage 1 zu dieser Richtlinie aufgenommen wurden.

(2) Der Anspruch umfasst auch die Nachholung von Impfungen und die Vervollständigung des Impfschutzes, bei Jugendlichen spätestens bis zum vollendeten 18. Lebensjahr.

(3) Versicherte haben nur dann Anspruch auf Leistungen für Schutzimpfungen nach Absatz 1, die wegen eines erhöhten Gesundheitsrisikos durch einen Auslandsaufenthalt indiziert sind, wenn
– der Auslandsaufenthalt beruflich oder durch eine Ausbildung bedingt ist, oder
– entsprechend den Hinweisen in Anlage 1 zum Schutz der öffentlichen Gesundheit ein besonderes Interesse daran besteht, der Einschleppung einer übertragbaren Krankheit in die Bundesrepublik Deutschland vorzubeugen.

[1)] **Aichberger, Sozialgesetzbuch Nr. 20/30.**

(4) [1] Ergänzend haben Versicherte Anspruch auf Leistungen für Schutzimpfungen, die nach den Angaben in der Fachinformation eines erstattungsfähigen Arzneimittels gemäß § 31 SGB V zur Verringerung eines durch diese medikamentöse Therapie erhöhten Infektionsrisikos zwingend vorgeschrieben sind. [2] Sofern sich aus der Fachinformation des erstattungsfähigen Arzneimittels nichts anderes ergibt, sind die Hinweise zur Umsetzung nach Anlage 1 zu dieser Richtlinie entsprechend anzuwenden.

(5) In allen anderen Fällen sind Schutzimpfungen von der Leistungspflicht ausgeschlossen.

§ 12 Entscheidungen des Gemeinsamen Bundesausschusses. Der Gemeinsame Bundesausschuss kann von den Empfehlungen der STIKO mit besonderer Begründung abweichen. Abweichungen von den Empfehlungen der STIKO werden in Anlage 1 zu dieser Richtlinie aufgeführt.

V. Aktualisierung der Richtlinie

§ 13 Aktualisierung der Richtlinie. [1] Zu Änderungen der Empfehlungen der STIKO hat der Gemeinsame Bundesausschuss innerhalb von zwei Monaten nach ihrer Veröffentlichung eine Entscheidung zur Aktualisierung der Richtlinie zu treffen (§ 20i Absatz 1 Satz 5 SGB V).[1)] [2] Die Entscheidungsfrist beginnt mit Veröffentlichung der Empfehlungen einschließlich aller dazu gegebener wissenschaftlicher Begründungen.

§ 14 Übergangsregelung. Kommt eine Entscheidung nach § 13 nicht termin- oder fristgemäß zu Stande, dürfen insoweit die von der STIKO empfohlenen Schutzimpfungen mit Ausnahme von Schutzimpfungen nach § 11 Absatz 3 erbracht werden, bis die Richtlinie aktualisiert worden ist (§ 20i Absatz 1 Satz 6 SGB V).[1)]

Anlage 1

zur Richtlinie des Gemeinsamen Bundesausschusses über Schutzimpfungen nach § 20i Absatz 1 SGB V (Schutzimpfungs-Richtlinie/SI-RL)

(vom Abdruck wurde abgesehen)

Anlage 2

zur Richtlinie des Gemeinsamen Bundesausschusses über Schutzimpfungen nach § 20i Absatz 1 SGB V (Schutzimpfungs-Richtlinie/SI-RL)

(vom Abdruck wurde abgesehen)

[1)] **Aichberger, Sozialgesetzbuch Nr. 5.**

529. Richtlinie des Gemeinsamen Bundesausschusses zur Verordnung von spezialisierter ambulanter Palliativversorgung (Spezialisierte Ambulante Palliativversorgungs-Richtlinie/SAPV-RL)

Vom 20. Dezember 2007

(BAnz. Nr. 39 S. 911; Inkrafttreten: 12.3.2008)

Geändert durch Beschl. des G-BA vom 15.4.2010 (BAnz. Nr. 92 vom 24.6.2010, S. 2190; Inkrafttreten: 25.6.2010), durch Beschl. des G-BA vom 27.3.2020 (BAnz. AT vom 7.4.2020 B3; Inkrafttreten: 9.3.2020), durch Beschl. des G-BA vom 28.5.2020 (BAnz. AT vom 12.6.2020 B3; Inkrafttreten: 1.6.2020) und durch Beschl. des G-BA vom 17.9.2020 (BAnz. AT vom 30.9.2020 B2; Inkrafttreten: 1.10.2020)

§ 1 Grundlagen und Ziele. (1) [1]Die spezialisierte ambulante Palliativversorgung gemäß § 37b SGB V[1)] (SAPV) dient dem Ziel, die Lebensqualität und die Selbstbestimmung schwerstkranker Menschen zu erhalten, zu fördern und zu verbessern und ihnen ein menschenwürdiges Leben bis zum Tod in ihrer vertrauten häuslichen oder familiären Umgebung zu ermöglichen. [2]Im Vordergrund steht anstelle eines kurativen Ansatzes die medizinisch-pflegerische Zielsetzung, Symptome und Leiden einzelfallgerecht zu lindern.

(2) [1]SAPV kann im Haushalt des schwerstkranken Menschen oder seiner Familie oder in stationären Pflegeeinrichtungen (§ 72 Abs. 1 des Elften Buches Sozialgesetzbuch – SGB XI)[2)] erbracht werden. [2]Darüber hinaus kann SAPV auch erbracht werden

– in Einrichtungen der Eingliederungshilfe für behinderte Menschen im Sinne von § 55 SGB XII[3)] und der Kinder- und Jugendhilfe im Sinne von § 34 SGB VIII,[4)]
– an weiteren Orten, an denen
  – sich der schwerstkranke Mensch in vertrauter häuslicher oder familiärer Umgebung dauerhaft aufhält und
  – diese Versorgung zuverlässig erbracht werden kann

wenn und soweit nicht andere Leistungsträger zur Leistung verpflichtet sind.

(3) In stationären Hospizen besteht ein Anspruch auf dieTeilleistung der erforderlichen ärztlichen Versorgung im Rahmen der SAPV, wenn die ärztliche Versorgung im Rahmen der vertragsärztlichen Versorgung aufgrund des besonders aufwändigen Versorgungsbedarfs (siehe § 4) nicht ausreicht.

(4) Den besonderen Belangen von Kindern ist Rechnung zu tragen.

(5) [1]Die individuellen Bedürfnisse und Wünsche der Patientin oder des Patienten sowie die Belange ihrer oder seiner vertrauten Personen stehen im Mittelpunkt der Versorgung. [2]Der Patientenwille, der auch durch Patientenverfügungen zum Ausdruck kommen kann, ist zu beachten.

---

1) **Aichberger, Sozialgesetzbuch, Nr. 5.**
2) **Aichberger, Sozialgesetzbuch, Nr. 11.**
3) **Aichberger, Sozialgesetzbuch, Nr. 12.**
4) **Aichberger, Sozialgesetzbuch, Nr. 8.**

(6) [1]Die SAPV ergänzt das bestehende Versorgungsangebot, insbesondere das der Vertragsärzte, Krankenhäuser und Pflegedienste. [2]Sie kann als alleinige Beratungsleistung, additiv unterstützende Teilversorgung oder vollständige Patientenbetreuung erbracht werden. [3]Andere Sozialleistungsansprüche bleiben unberührt.

§ 2 Anspruchsvoraussetzungen. Versicherte haben Anspruch auf SAPV, wenn
– sie an einer nicht heilbaren, fortschreitenden und so weit fortgeschrittenen Erkrankung leiden, dass dadurch ihre Lebenserwartung begrenzt ist (§ 3) und
– sie unter Berücksichtigung der in § 1 genannten Ziele eine besonders aufwändige Versorgung (§ 4) benötigen, die nach den medizinischen und pflegerischen Erfordernissen auch ambulant oder an den in § 1 Abs. 2 und 3 genannten Orten erbracht werden kann.

§ 3 Anforderungen an die Erkrankungen. (1) Eine Erkrankung ist nicht heilbar, wenn nach dem allgemein anerkannten Stand der medizinischen Erkenntnisse Behandlungsmaßnahmen nicht zur Beseitigung dieser Erkrankung führen können.

(2) Sie ist fortschreitend, wenn ihr Verlauf trotz medizinischer Maßnahmen nach dem allgemein anerkannten Stand der medizinischen Erkenntnisse nicht nachhaltig aufgehalten werden kann.

(3) [1]Eine Erkrankung ist weit fortgeschritten, wenn die Verbesserung von Symptomatik und Lebensqualität sowie die psychosoziale Betreuung im Vordergrund der Versorgung stehen und nach begründeter Einschätzung der verordnenden Ärztin oder des verordnenden Arztes die Lebenserwartung auf Tage, Wochen oder Monate gesunken ist. [2]Insbesondere bei Kindern sind die Voraussetzungen für die SAPV als Krisenintervention auch bei einer länger prognostizierten Lebenserwartung erfüllt.

§ 4 Besonders aufwändige Versorgung. [1]Bedarf nach einer besonders aufwändigen Versorgung besteht, soweit die anderweitigen ambulanten Versorgungsformen sowie ggf. die Leistungen des ambulanten Hospizdienstes nicht oder nur unter besonderer Koordination ausreichen würden, um die Ziele nach § 1 Abs. 1 zu erreichen. [2]Anhaltspunkt dafür ist das Vorliegen eines komplexen Symptomgeschehens, dessen Behandlung spezifische palliativmedizinische und/oder palliativpflegerische Kenntnisse und Erfahrungen sowie ein interdisziplinär, insbesondere zwischen Ärzten und Pflegekräften in besonderem Maße abgestimmtes Konzept voraussetzt. [3]Ein Symptomgeschehen ist in der Regel komplex, wenn mindestens eines der nachstehenden Kriterien erfüllt ist:
– ausgeprägte Schmerzsymptomatik
– ausgeprägte neurologische/psychiatrische/psychische Symptomatik
– ausgeprägte respiratorische/kardiale Symptomatik
– ausgeprägte gastrointestinale Symptomatik
– ausgeprägte ulzerierende/exulzerierende Wunden oder Tumore
– ausgeprägte urogenitale Symptomatik.

§ 5 Inhalt und Umfang der spezialisierten ambulanten Palliativversorgung. (1) [1]Die SAPV umfasst je nach Bedarf alle Leistungen der ambulanten Krankenbehandlung soweit diese erforderlich sind, um die in § 1 Abs. 1 genannten Ziele zu erreichen. [2]Sie umfasst zusätzlich die im Einzelfall erforderliche Koordination der diagnostischen, therapeutischen und pflegerischen Teilleistungen sowie die Beratung, Anleitung und Begleitung der verordnenden oder behandelnden Ärztin oder des verordnenden oder behandelnden Arztes sowie der sonstigen an der allgemeinen Versorgung beteiligten Leistungserbringer, der Patienten und ihrer Angehörigen durch Leistungserbringer nach § 132d SGB V.[1)]

(2) [1]SAPV wird ausschließlich von Leistungserbringern nach § 132d SGB V[1)] erbracht, die in einer interdisziplinierten Versorgungsstruktur, bestehend insbesondere aus qualifizierten Ärzten und Pflegefachkräften unter Beteiligung der ambulanten Hospizdienste und ggf. der stationären Hospize, organisiert sind. [2]Sie wird nach Bedarf intermittierend oder durchgängig erbracht, soweit das bestehende ambulante Versorgungsangebot (§ 1 Abs. 4), insbesondere die allgemeine Palliativversorgung nicht ausreicht, um die Ziele nach § 1 Abs. 1 zu erreichen. [3]Sie kann dem jeweiligen aktuellen Versorgungsbedarf entsprechend als
- Beratungsleistung,
- Koordination der Versorgung,
- additiv unterstützende Teilversorgung,
- vollständige Versorgung

erbracht werden. [4]Die Leistungen müssen ausreichend und zweckmäßig sein, dürfen das Maß des Notwendigen nicht überschreiten und sind wirtschaftlich zu erbringen.

(3) Inhalte der SAPV sind insbesondere:
- Koordination der spezialisierten palliativmedizinischen und palliativpflegerischen Versorgung unter Einbeziehung weiterer Berufsgruppen und von Hospizdiensten im Rahmen einer multiprofessionellen Zusammenarbeit
- Symptomlinderung durch Anwendung von Medikamenten oder anderen Maßnahmen
- apparative palliativmedizinische Behandlungsmaßnahmen (z. B. Medikamentenpumpe)
- palliativmedizinische Maßnahmen, die nach ihrer Art, Schwere oder Komplexität eine Kompetenz erfordern, die der einer Ärztin oder eines Arztes mit Zusatzweiterbildung Palliativmedizin entspricht
- spezialisierte palliativpflegerische Leistungen, die nach ihrer Art, Schwere oder Komplexität eine Kompetenz erfordern, die der einer Pflegefachkraft mit einer curricularen Weiterbildung zu Palliative Care entspricht
- Führung eines individuellen Behandlungsplans, vorbeugendes Krisenmanagement, Bedarfsinterventionen
- Ruf-, Notfall- und Kriseninterventionsbereitschaft rund um die Uhr für die im Rahmen der SAPV betreuten Patienten zur Sicherstellung der im Rahmen der SAPV erforderlichen Maßnahmen

---

[1)] **Aichberger, Sozialgesetzbuch, Nr. 5.**

– Beratung, Anleitung und Begleitung der Patienten und ihrer Angehörigen zur palliativen Versorgung einschließlich Unterstützung beim Umgang mit Sterben und Tod
– spezialisierte Beratung der betreuenden Leistungserbringer der Primärversorgung
– psychosoziale Unterstützung im Umgang mit schweren Erkrankungen in enger Zusammenarbeit z.B. mit Seelsorge, Sozialarbeit und ambulanten Hospizdiensten
– Organisation regelmäßiger Fallbesprechungen
– Dokumentieren und Evaluieren der wesentlichen Maßnahmen im Rahmen der SAPV.

§ 6 Zusammenarbeit der Leistungserbringer. (1) [1]Im Rahmen der SAPV ist zu gewährleisten, dass die an der Versorgung beteiligten Leistungserbringer die erforderlichen Maßnahmen aufeinander abgestimmt und bedarfsgerecht erbringen; die diesbezügliche Koordination ist sicherzustellen. [2]Hierüber sind verbindliche Kooperationsvereinbarungen schriftlich oder mündlich zu treffen. [3]Kooperationspartner ist auch der ambulante Hospizdienst, der auf Wunsch der Patientin oder des Patienten an der Versorgung beteiligt wird. [4]Bei Bedarf und entsprechender Qualifikation kann die dauerbehandelnde Ärztin oder der dauerbehandelnde Arzt im Einzelfall Kooperationspartnerin oder Kooperationspartner werden. [5]Das Nähere regeln die Verträge nach § 132d SGB V.[1)]

(2) Die vorhandenen Versorgungsstrukturen sind zu beachten.

(3) Es ist zu gewährleisten, dass zwischen den an der Patientenversorgung beteiligten Leistungserbringern zeitnah alle notwendigen Informationen über die vorhergehende Behandlung unter Berücksichtigung datenschutzrechtlicher Regelungen ausgetauscht werden.

(4) Bei der SAPV ist der ärztlich und pflegerisch erforderliche Entscheidungsspielraum für die Anpassung der Palliativversorgung an die Besonderheiten des Einzelfalls zu berücksichtigen.

(5) [1]Für die notwendigen koordinativen Maßnahmen ist vernetztes Arbeiten innerhalb der gewachsenen Strukturen der Palliativversorgung unabdingbar. [2]Dieses ist unter Berücksichtigung medizinischer, pflegerischer, physiotherapeutischer, psychologischer, psychosozialer und spiritueller Anforderungen zur lückenlosen Versorgung über die Sektorengrenzen hinweg zu fördern und auszubauen.

§ 7 Verordnung von SAPV. (1) [1]SAPV wird von der behandelnden Vertragsärztin oder von dem behandelnden Vertragsarzt nach Maßgabe dieser Richtlinie verordnet. [2]Satz 1 gilt für die Behandlung durch die Krankenhausärztin oder den Krankenhausarzt bei einer oder einem von ihr oder ihm ambulant versorgten Patientin oder Patienten entsprechend. [3]Hält eine Krankenhausärztin oder ein Krankenhausarzt die Entlassung einer Patientin oder eines Patienten für möglich und ist aus ihrer oder seiner Sicht SAPV erforderlich, kann die Krankenhausärztin oder der Krankenhausarzt die Verordnung ausstellen, in der Regel jedoch längstens für 7 Tage.

[1)] **Aichberger, Sozialgesetzbuch, Nr. 5.**

(2) Die ärztliche Verordnung erfolgt auf einem zu vereinbarenden Vordruck, der der Leistungserbringung nach dem jeweiligen aktuellen Versorgungsbedarf (§ 5 Abs. 2) Rechnung zu tragen hat und Angaben zur Dauer der Verordnung enthält.

§ 8 Prüfung der Leistungsansprüche durch die Krankenkasse. [1]Die Krankenkasse übernimmt bis zu einer Entscheidung über die weitere Leistungserbringung die Kosten für die verordneten und von den Leistungserbringern nach § 132d SGB V[1)] erbrachten Leistungen entsprechend der vereinbarten Vergütung nach § 132d SGB V, wenn die Verordnung gemäß § 7 Abs. 2 spätestens an dem dritten der Ausstellung folgenden Arbeitstag der Krankenkasse vorgelegt wird. [2]Das Nähere regeln die Vertragspartner nach § 132d SGB V.

§ 9 Sonderregelung im Zusammenhang mit der Covid-19-Epidemie. (1) Vor dem Hintergrund der Herausforderungen zur Bewältigung des epidemischen Ausbruchgeschehens aufgrund des SARS-CoV-2-Virus kann der Gemeinsame Bundesausschuss durch gesonderten Beschluss auf Grundlage von § 9 Absatz 2a seiner Geschäftsordnung (GO) folgende räumlich begrenzte und zeitlich befristete Ausnahme von den Regelungen dieser Richtlinie zulassen, wenn sie in Abhängigkeit von der Art des Ausbruchgeschehens zur Eindämmung und Bewältigung der Infektionen oder zum Schutz der Einrichtungen der Krankenversorgung vor Überlastung notwendig und erforderlich ist: Die Regelung nach § 8 Satz 1 gilt mit der Maßgabe, dass die 3-Tage-Frist zur Vorlage der Verordnung bei der Krankenkasse auf eine 10-Tage-Frist erweitert wird. [2]Diese Ausnahmeregelung gilt, sofern die Verordnung von einer Vertragsärztin oder einem Vertragsarzt mit Sitz in einem der jeweils durch gesonderten Ausnahmebeschluss auf Grundlage von § 9 Absatz 2a GO festgelegten Gebiete ausgestellt wurde oder sich der Wohnort der oder des Versicherten innerhalb eines dieser Gebiete befindet.

(2) Wenn und solange der Deutsche Bundestag gemäß § 5 Absatz 1 des Infektionsschutzgesetzes eine epidemische Lage von nationaler Tragweite festgestellt hat, gilt die Regelung nach § 7 Absatz 1 Satz 3 mit der Maßgabe, dass die 7-Tage-Frist auf eine 14-Tage-Frist erweitert wird.

[1)] **Aichberger, Sozialgesetzbuch, Nr. 5.**

530. Richtlinie über Kriterien zur Qualitätsbeurteilung arthroskopischer Operationen am Knie- und am Schultergelenk nach § 135b Absatz 2 SGB V (Qualitätsbeurteilungs-Richtlinie Arthroskopie/QBA-RL)

Vom 17. Oktober 2019

(BAnz. AT vom 23.12.2019 B4; Inkrafttreten: 1.1.2020)

§ 1 Grundsätze und Anwendungsbereich. (1) Diese Richtlinie legt die Kriterien zur Beurteilung der Qualität von arthroskopischen Operationen des Knie- und des Schultergelenks im Rahmen von Qualitätsprüfungen nach § 135b Absatz 2 SGB V für den Leistungsbereich Arthroskopie fest.

(2) Es gelten die Regelungen der Richtlinie des Gemeinsamen Bundesausschusses zu Auswahl, Umfang und Verfahren bei Qualitätsprüfungen im Einzelfall nach § 135b Absatz 2 SGB V in Verbindung mit § 92 Absatz 1 Satz 2 Nummer 13 SGB V (Qualitätsprüfungs-Richtlinie vertragsärztliche Versorgung/QP-RL), soweit in dieser Richtlinie keine abweichenden Regelungen bestimmt sind.

(3) Die fachlichen, räumlichen und apparativen Voraussetzungen zur Ausführung und Abrechnung arthroskopischer Leistungen im Rahmen der vertragsärztlichen Versorgung sind in der Vereinbarung von Qualifikationsvoraussetzungen gemäß § 135 Absatz 2 SGB V zur Ausführung und Abrechnung arthroskopischer Leistungen (Arthroskopie-Vereinbarung) festgelegt.

(4) Für Stichprobenprüfungen nach dieser Richtlinie dürfen die Kassenärztlichen Vereinigungen auf Grundlage von § 5 Absatz 3 QP-RL ausschließlich Prüfquartale ab Beginn des Kalenderjahres 2020 festlegen.

§ 2 Dokumentationen für die Stichprobenprüfung. (1) [1]Die Stichprobenprüfung erfolgt gemäß § 7 Absatz 1 QP-RL auf der Grundlage der schriftlichen und der bildlichen Dokumentationen von arthroskopischen Operationen am Knieoder Schultergelenk. [2]Die schriftliche Dokumentation umfasst den Operationsbericht. [3]Die bildliche Dokumentation umfasst die während der arthroskopischen Operation erstellten Einzelbilder, Videos oder Teilsequenzen.

(2) Die Kassenärztliche Vereinigung fordert von der Ärztin oder dem Arzt weitere, über Absatz 1 Satz 2 hinausgehende Unterlagen an, wenn aus den von der Ärztin oder dem Arzt eingereichten Unterlagen die Kriterien nach § 4 nicht oder nicht ausreichend beurteilbar sind.

§ 3 Gegenstand der Qualitätsprüfung. Im Rahmen der Stichprobenprüfung in dem Bereich arthroskopische Operationen an Knie- oder Schultergelenk werden folgende Aspekte überprüft:

1. die fachgerechte Indikationsstellung,
2. die fachgerechte Durchführung der arthroskopischen Operation,

3. die nachvollziehbare Dokumentation der arthroskopischen Operation und
4. die Zuordnungsfähigkeit der schriftlichen und bildlichen Dokumentation zu einer Patientin oder einem Patienten.

§ 4 Beurteilungskriterien. (1) [1]Beurteilungskriterien für die fachgerechte Indikationsstellung sind, dass

1. der Entscheidungsgang zur Durchführung einer Knie- beziehungsweise Schultergelenksarthroskopie bezogen auf den präoperativen Befund und die Verdachtsdiagnose oder die Diagnose mit Seitenangabe nachvollziehbar ist und
2. der Entscheidungsgang im Sinne der Nummer 1 nachvollziehbar dokumentiert wurde.

[2]Zu der Nachvollziehbarkeit des Entscheidungsganges im Sinne des Satz 1 Nummer 1 gehört auch, dass der gesundheitliche Nutzen der arthroskopischen Operation die Risiken, auch in Abwägung zu Behandlungsalternativen, überwiegt.

(2) Beurteilungskriterien für die fachgerechte Durchführung der arthroskopischen Operation sind, dass

1. die Auswahl der medizinischen Intervention und
2. die Durchführung der medizinischen Intervention

fachgerecht sind und nachvollziehbar dokumentiert wurden.

(3) [1]Beurteilungskriterien für die nachvollziehbare Dokumentation der arthroskopischen Operation sind, dass die schriftliche Dokumentation die in Satz 2 genannten Angaben enthält und die bildliche Dokumentation die in Satz 3 genannten Kriterien erfüllt. [2]Die schriftliche Dokumentation enthält folgende Angaben:

1. Operationsdatum,
2. Name der Operateurin oder des Operateurs, gegebenenfalls der Assistentinnen oder Assistenten und der Anästhesistin oder des Anästhesisten,
3. durchgeführte Art der Lagerung,
4. gegebenenfalls Blutsperrezeit/Blutleerezeit,
5. Operationsdauer,
6. bei Normalbefund am Schultergelenk entsprechende Feststellung,
7. bei pathologischem Befund detaillierte Beschreibung (Lokalisation mit Seitenangabe, Größe, Form, Struktur usw.),
8. Beschreibung des Endbefundes nach Abschluss der Operation und
9. begründete Benennung nicht darstellbarer beziehungsweise in der Bilddokumentation nicht zu beurteilender Areale.

[2]Die bildliche Dokumentation erfüllt folgende Kriterien:

1. Die Bilddokumentation enthält die Seitenangabe, das Operationsdatum und den Namen der Operateurin oder des Operateurs und der Praxis beziehungsweise Klinik.
2. Die Bilddokumentation muss eine Beurteilung des präoperativen intraartikulären Befundes und des Operationsergebnisses ermöglichen, gegebenenfalls unter Verwendung eines Tasthakens.

3. Der präoperative intraartikuläre Befund und das postoperative Ergebnis sollten aus einer vergleichbaren Perspektive und Kameraeinstellung vorgenommen worden sein.
4. Bei allen Arthroskopien des Kniegelenks wurde ein diagnostischer Rundgang dokumentiert mit obligater Darstellung aller Kompartimente einschließlich
   a. Innenmeniskus mit Hinterhorn
   b. Außenmeniskus mit Hinterhorn
   c. Interkondylarregion (vorderes/hinteres Kreuzband)
   d. Femuropatellargelenk und
   e. gegebenenfalls Darstellung der Befunde, die wesentlich sind für die Indikation eines Folgeeingriffs oder das weitere konservative Vorgehen (zum Beispiel Knorpelschäden, Synovitiden, Bandverletzungen).
5. Bei allen Arthroskopien des Schultergelenks wurde ein diagnostischer Rundgang dokumentiert mit obligater Darstellung von
   a. Rotatorenmanschette – Übergang Humeruskopf
   b. langer Bizepssehne mit Ansatz
   c. Labrum mit Kapselkomplex
   d. gegebenenfalls glenohumoraler Knorpelbelag und
   e. gegebenenfalls Darstellung der Befunde, die wesentlich sind für die Indikation eines Folgeeingriffs oder das weitere konservative Vorgehen (zum Beispiel Fehlen der glenohumoralen Bänder, Rotatorenmanschettenrupturen).

[3] Falls im Ausnahmefall wegen eines unvorhergesehenen technischen Defektes eine Bilddokumentation nicht möglich war, muss dies im Operationsbericht unter Angabe der Gründe vermerkt worden sein.

(4) Beurteilungskriterium für die Zuordnungsfähigkeit der schriftlichen und bildlichen Dokumentation zu einer Patientin oder einem Patienten ist, dass der Operationsbericht und die Einzelbilder, Videos oder Teilsequenzen ohne weitere Hilfsmittel der Patientin oder dem Patienten zugeordnet werden können.

§ 5 Bewertungsschemata. (1) [1] In einer Stichprobenprüfung werden die von der Ärztin oder dem Arzt eingereichten Behandlungsdokumentationen im Hinblick auf die in § 3 genannten Prüfaspekte beurteilt. [2] Grundlage der Beurteilung sind die in § 4 genannten Kriterien.

(2) [1] Die Beurteilung der Behandlungsdokumentationen zu einer einzelnen Patientin oder einem einzelnen Patienten ergibt eine Einzelbewertung. [2] Auf der Grundlage der Einzelbewertungen erfolgt eine Gesamtbewertung aller von einer Ärztin oder einem Arzt eingereichten Dokumentationen.

(3) [1] Das Bewertungsschema für die Einzelbewertung (Anlage 1) ordnet den Prüfaspekten nach § 3 unter Berücksichtigung der Beurteilungskriterien nach § 4 Punktzahlen zu. [2] Für die Einzelbewertung werden die zu jedem Prüfaspekt tatsächlich erreichten Punktzahlen addiert. [3] Anhand der Gesamtpunktzahl wird entsprechend der Vorgaben der Anlage 1 die Beurteilungskategorie im Sinne des § 9 Absatz 1 Satz 2 QP-RL („keine“, „geringe“, „erhebliche“ oder „schwerwiegende Beanstandungen“) ermittelt.

(4) [1]Die Gesamtbewertung ergibt sich aus den erreichten Ergebnissen der zwölf Einzelbewertungen anhand des Bewertungsschemas für die Gesamtbewertung (Anlage 2). [2]Werden weniger oder mehr als zwölf Behandlungsdokumentationen von Patientinnen oder Patienten ausgewählt, ist das Bewertungsschema proportional entsprechend der Zahl der geprüften Fälle anzupassen.

§ 6 Datenschutz. [1]Die Prüfung und Bewertung der Dokumentationen anhand der in dieser Richtlinie vorgesehenen Kriterien erfolgt gemäß § 9 QP-RL durch die Qualitätssicherungs-Kommission der Kassenärztlichen Vereinigung. [2]Nach § 15 Absatz 5 QP-RL wird die Zuordnungsfähigkeit der schriftlichen und der bildlichen Dokumentation zu der Patientin oder dem Patienten gemäß § 3 Nummer 4 in Verbindung mit § 4 Absatz 4 durch die Kassenärztliche Vereinigung geprüft und das datenschutzkonform dokumentierte Ergebnis an die Qualitätssicherungs-Kommission weitergeleitet. [3]Die Qualitätssicherungs-Kommission bezieht das Ergebnis gemäß Anlage 1 in die Bewertung der Dokumentation mit ein.

§ 7 Anlassbezogene Prüfung nach Genehmigungserhalt. [1]Als Anlass im Sinne von § 5 Absatz 2 QP-RL gilt der Beginn der Leistungserbringung nach erstmaligem Erhalt der Genehmigung zur Durchführung und Abrechnung von arthroskopischen Leistungen nach der Arthroskopie-Vereinbarung gemäß § 135 Absatz 2 SGB V. [2]Abweichend von § 5 Absatz 3 Satz 2 QP-RL erstreckt sich der Prüfzeitraum auf die ersten 12 Monate nach Genehmigungserteilung. [3]Die durchgeführten Prüfungen können auf die Stichprobenprüfungen nach § 6 Absatz 2 QP-RL angerechnet werden.

§ 8 Übergangsregelung. Abweichend von § 6 Absatz 2 QP-RL sind im Kalenderjahr 2020 zwei Prozent der Ärztinnen und Ärzte zu prüfen, die im Jahr 2020 Leistungen aus dem Leistungsbereich Arthroskopie erbringen und abrechnen.

(Vom Abdruck der Anlagen wurde abgesehen)

532. Richtlinie über Maßnahmen zur Qualitätssicherung zur Versorgung von Patienten mit einer hüftgelenknahen Femurfraktur gemäß § 136 Absatz 1 Satz 1 Nummer 2 für nach § 108 SGB V zugelassene Krankenhäuser (Richtlinie zur Versorgung der hüftgelenknahen Femurfraktur/QSFFx-RL)

Vom 22. November 2020

(BAnz. AT vom 30.12.2020 B6; Inkrafttreten: 1.1.2021)

§ 1 Rechtsgrundlage und Gegenstand der Richtlinie. (1) Der Gemeinsame Bundesausschuss beschließt diese Richtlinie als eine Maßnahme zur Qualitätssicherung auf der Grundlage von § 136 Absatz 1 Satz 1 Nummer 2 SGB V.

(2) [1] In dieser Richtlinie werden Mindestanforderungen an die Struktur- und Prozessqualität in nach § 108 SGB V zugelassenen Krankenhäusern für die Versorgung von Patientinnen und Patienten mit einer nicht intraoperativ verursachten hüftgelenknahen Femurfraktur im Erwachsenenalter bei einer Kombination aus Diagnosen und Prozeduren nach Anlage 1 festgelegt. [2] Die Mindestanforderungen sind am Standort zu erfüllen. [3] Es wird die Definition von Krankenhausstandorten gemäß der Vereinbarung nach § 2a Absatz 1 KHG in Verbindung mit dem Standortverzeichnis gemäß § 293 Absatz 6 SGB V zugrunde gelegt.

(3) Die Richtlinie definiert zudem das Nachweisverfahren zur Feststellung der Erfüllung der Mindestanforderungen und die Berichtspflichten.

§ 2 Ziele. Die Ziele dieser Richtlinie umfassen:

1. die Gewährleistung einer qualitativ hochwertigen und frühestmöglichen operativen Versorgung von Patienten mit einer hüftgelenknahen Femurfraktur, in der Regel innerhalb von 24 Stunden nach Aufnahme oder nach Auftreten eines Inhouse-Sturzes, sofern der Allgemeinzustand der Patientin oder des Patienten dies zulässt,
2. die Gewährleistung der Patientensicherheit,
3. die Gewährleistung dieser Versorgung unabhängig von Wohnort oder sozioökonomischer Situation,
4. die Sicherung der Struktur-, Prozess- und Ergebnisqualität der Versorgung,
5. die Vermeidung oder Minderung der perioperativen Morbidität, insbesondere postoperatives Delir und Depression und Mortalität,
6. die Vermeidung oder Minderung verletzungsbedingter Pflegebedürftigkeit und Institutionalisierung sowie Wiedererlangung der Mobilität und
7. die Erhaltung der Lebensqualität.

§ 3 Allgemeine Mindestanforderungen. (1) Das Krankenhaus hat bezogen auf den die Patientinnen und Patienten mit hüftgelenknaher Femurfraktur versorgenden Standort die folgenden Mindestanforderungen jederzeit zu erfüllen:

a) das Krankenhaus verfügt mindestens über die Fachabteilungen Chirurgie oder Unfallchirurgie sowie Innere Medizin am Standort;

b) es sind jeweils ein für die Notfallversorgung verantwortlicher Arzt und eine Pflegekraft benannt, die fachlich und organisatorisch eindeutig der Versorgung von Notfällen zugeordnet sind und im Bedarfsfall verfügbar sind;

c) der unter Buchstabe b genannte Arzt verfügt über die Zusatz-Weiterbildung „Klinische Akut- und Notfallmedizin" und die unter Buchstabe b genannte Pflegekraft verfügt über die Weiterbildung „Notfallpflege";

d) es ist jeweils ein Facharzt im Gebiet Innere Medizin, Chirurgie und Anästhesie innerhalb von maximal 30 Minuten am Patienten verfügbar;

e) das unter Buchstabe b genannte Personal nimmt regelmäßig an fachspezifischen Fortbildungen für Notfallmedizin teil;

f) das Krankenhaus hält eine Intensivstation mit mindestens sechs Betten vor, von denen mindestens drei zur Versorgung beatmeter Patienten ausgestattet sind;

g) es kommt ein strukturiertes und validiertes System zur Behandlungspriorisierung bei der Erstaufnahme von Notfallpatienten zur Anwendung.

(2) [1] Das Krankenhaus verfügt über die für die Durchführung von Diagnostik und Therapie nach aktuellem medizinischen Standard erforderliche medizinisch-technische Ausstattung. [2] Insbesondere die folgende Ausstattung ist am Standort vorzuhalten:

a) ein Schockraum und

b) 24-stündig verfügbare computer-tomographische Bildgebung, die auch gegeben ist, wenn sie durch die Kooperation mit einem im unmittelbaren räumlichen Bezug zum Standort befindlichen Leistungserbringer jederzeit (24 sh) sichergestellt wird.

(3) [1] Es besteht die Möglichkeit der Weiterverlegung eines Notfallpatienten auf dem Luftweg in ein Krankenhaus der Basisnotfallversorgung oder einer höheren Stufe gemäß den Regelungen des Gemeinsamen Bundesausschusses zu einem gestuften System von Notfallstrukturen in Krankenhäusern. [2] Es ist ausreichend wenn die Hubschrauberlandestelle mit einem boden-gebundenen Zwischentransport (z. B. mit einem Rettungswagen) erreichbar ist.

(4) [1] Für alle Facharztbezeichnungen dieser Richtlinie gilt, dass sie sich nach der (Muster-)Weiterbildungsordnung der Bundesärztekammer richten. [2] Das schließt auch diejenigen Ärztinnen und Ärzte ein, welche eine entsprechende Bezeichnung nach altem Recht führen.

§ 4 Spezifische Mindestanforderungen. (1) Die Versorgung der Patienten hat in einer ärztlich geleiteten Fachabteilung zu erfolgen, die eine fachlich unabhängige, abgrenzbare und organisatorisch eigenständige Organisationseinheit am Standort des Krankenhauses ist.

(2) Die Durchführung der mit den Kombinationen aus Diagnosen und Prozeduren nach Anlage 1 beschriebenen Operationen hat durch oder unter Anleitung und Aufsicht einer Fachärztin oder eines Facharztes für Chirurgie, für Allgemeinchirurgie, für Orthopädie oder für Orthopädie und Unfallchirurgie zu erfolgen.

(3) [1]Die ärztliche Versorgung in der Fachabteilung nach Absatz 1 ist durch eine täglich 24-stündige Arztpräsenz im Krankenhaus (Bereitschaftsdienst möglich) sicherzustellen, die auch eine jederzeitige operative Patientenversorgung gewährleistet. [2]Ist die präsente Ärztin oder der präsente Arzt nicht eine Fachärztin oder ein Facharzt der Qualifikation nach Absatz 2, ist zusätzlich ein Rufbereitschaftsdienst mit eben dieser Qualifikation sicherzustellen.

(4) [1]Die Einrichtung und Ausstattung des Operationssaals muss sowohl osteosynthetische als auch endoprothetische Versorgungen zulassen. [2]Entsprechende Implantate und Instrumente müssen jederzeit zur Verfügung stehen.

(5) [1]Für Patienten mit positivem geriatrischen Screening ist täglich geriatrische Kompetenz für die perioperative Versorgung zu gewährleisten. [2]Diese erfolgt durch einen Facharzt mit geriatrischer Kompetenz (Facharzt für Innere Medizin und Geriatrie, Facharzt mit der Schwerpunktbezeichnung Geriatrie, Facharzt mit der Zusatz-Weiterbildung Geriatrie, Facharzt mit der fakultativen Weiterbildung klinische Geriatrie, Facharzt mit Fachkunde Geriatrie). [3]Er ist Teil des behandelnden unfallchirurgisch-geriatrischen, multiprofessionellen Teams. [4]Dies kann auch im Weg einer Kooperation gewährleistet werden.

(6) [1]Physiotherapie durch einen Physiotherapeuten/eine Physiotherapeutin muss täglich für jeden Patienten zur Atemgymnastik und frühzeitigen Mobilisierung ab dem ersten postoperativen Tag zur Verfügung stehen. [2]Diese kann auch im Wege einer Kooperation gewährleistet werden.

§ 5 Mindestanforderungen an die Prozessqualität. (1) [1]Das Krankenhaus ist verpflichtet, unverzüglich nach Aufnahme einer Patientin oder eines Patienten mit einer Diagnose nach Anlage 1 die weitere Versorgung mit dem Ziel zu planen, dass die operative Versorgung innerhalb von 24 Stunden erfolgt. [2]Zeigen sich bei der Planung Hindernisse, die einer operativen Versorgung der Patientin oder des Patienten innerhalb von 24 Stunden entgegenstehen könnten, sind unverzüglich Maßnahmen zu ergreifen, um diese Hindernisse auszuräumen. [3]Insbesondere für typische Hindernisse erstellt das Krankenhaus verbindliche, interdisziplinär abgestimmte, schriftliche und jederzeit verfügbare Standard Operating Procedures (SOP) entsprechend dem aktuellen Stand des medizinischen Wissens.

(2) Haben Dritte auf Veranlassung des Krankenhauses Aufgaben bei der Versorgung von Patienten mit Femurfraktur, ist die Beachtung der für die Aufgabenerfüllung des Dritten relevanten SOP vom Krankenhaus durch vertragliche Vereinbarung mit dem Dritten sicherzustellen.

(3) Wird im Einzelfall von den SOP abgewichen, sind die Gründe in der Patientenakte zu dokumentieren.

(4) Diese SOP zur Versorgung von Patienten mit einer hüftgelenknahen Femurfraktur müssen mindestens umfassen:

- SOP „Besondere Situationen der Einwilligungsfähigkeit"
- SOP „Perioperative Planung: Priorisierung von Eingriffen, Planung von OP-Kapazitäten, Planung von OP-Teams"
- SOP „Operationsverfahren"
- SOP „Umgang mit gerinnungshemmender Medikation"

- SOP „Patientenorientiertes Blutmanagement (PBM)"
- SOP „Ortho-geriatrische Zusammenarbeit für Patienten mit positivem geriatrischen Screening"
- SOP „Physiotherapeutische Maßnahmen"

Die Regelungsinhalte der SOP sind in Anlage 2 aufgeführt.

§ 6 Nachweisverfahren. (1) [1] Ein standortbezogener Nachweis über die Erfüllung der Mindestanforderungen nach dieser Richtlinie einschließlich der gegebenenfalls zum Zeitpunkt des Nachweises vorliegenden Abweichungen ist von den Krankenhäusern stichtagsbezogen gegenüber den Landesverbänden der Krankenkassen und den Ersatzkassen in Form einer auf der Strukturabfrage nach § 8 basierenden Checkliste (Anlage 3) regelmäßig zwischen dem 15. November und dem 31. Dezember eines Jahres zu führen. [2] Für den Fall, dass ein Krankenhaus erstmals, unterjährig oder erneut die von dieser Richtlinie betroffenen Leistungen erbringen möchte, ist ein entsprechender Stichtag zu wählen, an dem alle Mindestanforderungen erfüllt werden. [3] Eine Nichterfüllung einzelner Mindestanforderungen die nach dem vom Krankenhaus für die Nachweisführung nach Satz 1 und 2 ausgewählten Stichtag auftritt und die länger als 48 Stunden andauert, muss den Landesverbänden der Krankenkassen und den Ersatzkassen unverzüglich angezeigt werden, ebenso wie deren Wiedererfüllung. [4] In der Anzeige nach Satz 3 sind die konkreten nicht erfüllten Mindestanforderungen und der Zeitpunkt des Eintritts der Nichterfüllung bzw. der Wiedererfüllung aufzuführen. [5] Die Übermittlung der Checkliste nach Satz 1 oder Satz 2 und der Anzeigen nach Satz 3 hat standortbezogen in elektronischer Form auf Basis einer vom G-BA beschlossenen Spezifikation nach § 8 Absatz 6 und unter Nutzung einer fortgeschrittenen elektronischen Signatur zu erfolgen.

(2) [1] Der Eingang der übermittelten Daten ist empfängerseitig unter Nutzung einer fortgeschrittenen elektronischen Signatur zu bestätigen. [2] Die vom G-BA beschlossene Spezifikation gemäß § 8 Absatz 6 ermöglicht es Krankenhäusern diese Daten für die Strukturabfrage nach § 8 vorzuhalten.

(3) [1] Der GKV-Spitzenverband veröffentlicht jeweils zum 1. Januar eines Kalenderjahres ein verbindliches Verzeichnis der Landesverbände der Krankenkassen und der Ersatzkassen auf seiner Internetseite. [2] Das Verzeichnis enthält die Namen und Adressen der Landesverbände der Krankenkassen und der Ersatzkassen, die zuständigen Abteilungen sowie die entsprechenden E-Mail-Adressen.

(4) [1] Kontrollen zur Einhaltung von Qualitätsanforderungen dieser Richtlinie durch den Medizinischen Dienst der Krankenversicherung (MDK) erfolgen gemäß der MDK-Qualitätskontroll-Richtlinie. [2] Die dafür notwendigen Unterlagen sind für die Prüfungen vorzuhalten.

§ 7 Folgen der Nichterfüllung der Mindestanforderungen und Dokumentationspflichten. (1) Im Falle einer Nichterfüllung von Mindestanforderungen darf die Versorgung von Patienten mit einer hüftgelenknahen Femurfraktur in der Einrichtung über die Diagnostik und Erstversorgung hinaus nicht erfolgen.

(2) [1] Die Nichterfüllung von Mindestanforderungen führt zu einem Wegfall des Vergütungsanspruchs. [2] Maßgeblich hierfür ist der Status der Erfüllung der Mindestanforderungen zum Zeitpunkt der Aufnahme und der Operation.

(3) Die Mindestanforderungen für die erstmalige Leistungserbringung gelten als nicht erfüllt, solange die Erfüllung nicht im Verfahren nach § 6 nachgewiesen wurde.

(4) Sollte aufgrund der Nichterfüllung der Mindestanforderungen gemäß § 4, welche die operative Versorgung betreffen, eine medizinisch indizierte frühestmögliche operative Versorgung einer Patientin oder eines Patienten mit hüftgelenknaher Femurfraktur nicht zeitgerecht möglich sein, ist diese Patientin oder dieser Patient nach der Diagnostik und Erstversorgung unter Abwägung der medizinischen Vor- und Nachteile schnellstmöglich in ein geeignetes Krankenhaus zu verlegen.

(5) Bei Nichterfüllung von Mindestanforderungen nach § 4, die die operative Versorgung betreffen hat eine Information an die Rettungsleitstelle zu erfolgen.

(6) Bei Krankenhäusern, die gemäß § 8 Absatz 7 bis zum Ende der Korrekturfrist am 1. März die Daten der Strukturabfrage und die Erklärung über die Richtigkeit der Angaben nicht oder nicht vollständig übermittelt haben, ist entsprechend § 8 Absatz 4 des Krankenhausentgeltgesetzes ein pauschaler Abschlag in Höhe von 20 000 € vorzunehmen.

(7) Liefert ein Krankenhaus trotz zweimaliger Aufforderung mit jeweils vierwöchiger Fristsetzung erforderliche Daten des Nachweisverfahrens nach § 6 für einen bestimmten Zeitraum nicht, ist ein Abschlag in Höhe von 75 Prozent für die in diesem Zeitraum erbrachten Leistungen nach Anlage 1 vorzunehmen.

§ 8 Strukturabfrage. (1) [1]Die Erfüllung der Mindestanforderungen nach dieser Richtlinie wird vom G-BA jährlich für alle Krankenhausstandorte, die hüftgelenknahe Femurfrakturen versorgen, im Rahmen einer Strukturabfrage ermittelt. [2]Hierzu haben die Krankenhäuser standortbezogen die von ihnen gemachten Angaben in der Checkliste nach § 6 Absatz 1 Satz 1 oder 2 und die von Ihnen gemäß § 6 Absatz 1 Satz 3 erhobenen Daten über die Zeiten der Nichterfüllung einzelner Anforderungen jeweils für das gesamte zurückliegende Kalenderjahr (Erfassungsjahr) in elektronischer Form an den G-BA zu übermitteln.

(2) [1]Die Krankenhäuser können dem G-BA Gründe für die Nichterfüllung von Mindestanforderungen mitteilen. [2]Diese Angaben sind im Jahresbericht gemäß Absatz 7 Satz 1 zu berücksichtigen. [3]Diese Möglichkeit besteht bis zum Abschluss der Evaluation für die Jahre 2021–2025.

(3) [1]Die Datenannahmestelle ist das IQTIG. [2]Die Datenannahmestelle prüft die an sie übermittelten Daten auf Vollständigkeit und Plausibilität und informiert die Einrichtung bei Korrekturbedarf. [3]Eine Übersendung der korrigierten Daten durch die Einrichtung an die Datenannahmestelle ist bis zum 1. März des dem jeweiligen Erfassungsjahr folgenden Jahres möglich.

(4) [1]Die Übermittlung erfolgt einmal jährlich bis zum 15. Februar des dem jeweiligen Erfassungsjahr folgenden Jahres standortbezogen an das IQTIG als zuständige Datenannahmestelle zusammen mit einer Erklärung über die Richtigkeit der Angaben, die von dem Geschäftsführer oder einer vertretungsberechtigten Person der Einrichtung unterzeichnet ist. [2]Hierzu ist die Übermittlung eines Formulars gemäß Anlage 4 zu nutzen. [3]Alternativ kann das Formular in elektronischer Form und auf elektronischen Weg und unter Nutzung einer fortgeschrittenen elektronischen Signatur übermittelt werden.

(5) [1]Die Daten der Strukturabfrage werden im Auftrag des G-BA vom IQTIG ausgewertet und die Ergebnisse gemäß Absatz 7 standortbezogen veröffentlicht. [2]Die Ergebnisse der Strukturabfrage dienen dem G-BA dazu, einrichtungsbezogen Transparenz über die Erfüllung der Anforderungen der Richtlinie herzustellen. [3]Auf Grundlage dieser Daten ermittelt der G-BA den Umsetzungsgrad der Richtlinie und überprüft im Rahmen der ihm obliegenden ständigen Überprüfungspflicht die Anforderungen der Richtlinie und deren gegebenenfalls erforderliche Anpassung.

(6) [1]Der G-BA beschließt die Erstfassung der Spezifikation und alle Änderungen für die Erhebung der Daten im Zusammenhang mit dem Nachweisverfahren nach § 6 und der Strukturabfrage nach § 8. [2]Der G-BA beauftragt dafür das IQTIG, hierzu die EDV-technische Aufbereitung der Dokumentation und der Datenübermittlung, die Prozesse zum Datenfehlermanagement sowie die EDV-technischen Vorgaben zur Datenprüfung und ein Datenprüfprogramm insbesondere zur Überprüfung von Vollständigkeit und Plausibilität, zu entwickeln. [3]Die vom G-BA beschlossene Spezifikation wird in der jeweils aktuellen Fassung öffentlich zugänglich gemacht und durch das IQTIG im Internet veröffentlicht.

(7) [1]Das IQTIG wertet im Auftrag und gemäß den Vorgaben des G-BA die Daten der Strukturabfrage standortbezogen aus und übermittelt dem G-BA die Ergebnisse jährlich bis zum 15. Mai des dem jeweiligen Erfassungsjahr folgenden Jahres in Form eines Jahresberichts. [2]Darüber hinaus bereitet das IQTIG die Daten zum Zwecke der Veröffentlichung im strukturierten Qualitätsbericht nach § 136b Absatz 1 Satz 1 Nummer 3 SGB V standortbezogen auf, so dass diese im Rahmen des Lieferverfahrens gemäß den Regelungen zum Qualitätsbericht der Krankenhäuser (Qb-R) direkt vom IQTIG an die Annahmestelle übermittelt werden können. [3]Details zum Datenformat und den Liefermodalitäten regelt die Qb-R. [4]Übermittelt ein Krankenhaus die Strukturabfragedaten oder die Erklärung über die Richtigkeit der Angaben nicht fristgerecht bis zum 15. Februar, erinnert das IQTIG unverzüglich schriftlich oder elektronisch unter Nutzung einer fortgeschrittenen elektronischen Signatur an deren Übermittlung. [5]In der vom IQTIG zu protokollierenden Erinnerung ist auf die Rechtfolgen einer Pflichtverletzung des Krankenhauses nach Satz 2 und 3 sowie nach § 7 Absatz 6 hinzuweisen. [6]Krankenhäuser, die bis zum Ende der Korrekturfrist am 1. März die Daten der Strukturabfrage und die Erklärung über die Richtigkeit der Angaben nicht oder nicht vollständig übermittelt haben, werden im Bericht nach Satz 1 und im strukturierten Qualitätsbericht nach § 136b Absatz 1 Satz 1 Nummer 3 SGB V dargestellt und die Anforderungen der Richtlinie als „Beleg zur Erfüllung nicht (vollständig) geführt“ kenntlich gemacht. [7]Zudem erfolgt nach Ende der Korrekturfrist unverzüglich eine Mitteilung des IQTIG über die Nichterfüllung der Dokumentationspflichten an die Landesverbände der Krankenkassen und die Ersatzkassen.

§ 9 Evaluation. (1) [1]Der G-BA beauftragt das IQTIG die Auswirkungen dieser Richtlinie sowie die Erreichung der in § 2 genannten Ziele qualitativ und quantitativ jährlich über einen Zeitraum von 5 Jahren zu evaluieren. [2]Darüber hinaus sind die Anwendung der SOP in den Krankenhäusern sowie die Untersuchung der Fragestellung ob, wie viele und warum Leistungen in Krankenhäusern erbracht worden sind, obwohl die Mindestanforderungen nicht erfüllt wurde, Gegenstand der Evaluation. [3]Die Evaluation soll erstmals für die Jahre 2021–2025 erfolgen. [4]Auf Grundlage der Evaluationsergebnisse prüft der G-BA, ob Anpassungen an der Richtlinie notwendig sind.

(2) Der G-BA beauftragt das IQTIG Kennzahlen zur Festlegung von standortbezogenen Mindestanforderung an die Prozess- und Ergebnisqualität nach § 136 Absatz 1 Nummer 2 SGB V zu entwickeln.

§ 10 Ausnahmetatbestände. (1) [1]Bei einem Krankenhaus, das die Anforderungen an ein überregionales Traumazentrum gemäß dem Weißbuch Schwerverletzten-Versorgung Stand Mai 2012 erfüllt und zu jeder Zeit (24 Stunden an 7 Tagen pro Woche) an der Notfallversorgung teilnimmt, gelten die Anforderungen gemäß § 3 Absätze 1 bis 4 als erfüllt.

(2) Abweichend von § 3 Absatz 1 Buchstabe a können Krankenhäuser bis zum 31. Dezember 2022 die Patientenversorgung weiterführen, wenn sie

a) im Jahr 2018 Eingriffe, die mit einer der OPS gemäß Anlage 1 kodiert sind, abgerechnet haben, und
b) über eine Fachabteilung für Chirurgie oder Unfallchirurgie verfügen und
c) die ärztliche Versorgung im Gebiet der Inneren Medizin durch eine täglich 24-stündige Arztpräsenz im Krankenhaus (Bereitschaftsdienst möglich) sicherstellen. Ist die präsente Ärztin oder der präsente Arzt nicht eine Fachärztin oder ein Facharzt für Innere Medizin, ist zusätzlich ein Rufbereitschaftsdienst mit eben dieser Qualifikation sicherzustellen.

(3) [1]Der G-BA prüft auf der Basis von Qualitätsparametern, ob die Ausnahmenregelung nach Absatz 2 weiterhin Bestand haben soll. [2]Dabei ist insbesondere zu prüfen, ob Ziele nach § 2 in diesen Krankenhäusern erreicht werden. [3]Die Entscheidung nach Satz 1 ist spätestens bis zum 31. Dezember 2022 zu treffen.

§ 11 Jährliche Anpassung der ICD-10-GM- und OPS-Kodes. Der Unterausschuss Qualitätssicherung nimmt die durch die jährliche Aktualisierung des ICD-10-GM sowie des Operationen- und Prozedurenschlüssels (OPS) des Deutschen Instituts für Medizinische Dokumentation und Information erforderlichen Anpassungen in der Anlage 1 der Richtlinie vor, soweit gemäß 1. Kapitel § 4 Absatz 2 Satz 2 der Verfahrensordnung der Kerngehalt der Richtlinie nicht berührt wird.

§ 12 Übergangsregelungen. (1) [1]Abweichend von § 4 Absatz 5 kann bis 3 Jahre nach dem Inkrafttreten die geriatrische Versorgung der Patienten auch durch Einbezug eines Facharztes für Innere Medizin/Allgemeinmedizin oder Neurologie und bis 6 Jahre nach Inkrafttreten durch einen Facharzt mit geriatrischer Kompetenz auf Anforderung im Sinne eines Konsils sichergestellt werden. [2]Die geriatrische Kompetenz ist durch einen Facharzt für Innere Medizin und Geriatrie, Facharzt mit der Schwerpunktbezeichnung Geriatrie, Facharzt mit der Zusatz-Weiterbildung Geriatrie, Facharzt mit der fakultativen Weiterbildung klinische Geriatrie, Facharzt mit Fachkunde Geriatrie zu gewährleisten.

(2) Die Regelung nach § 7 Absatz 3 findet nach Abschluss des erstmaligen standortbezogenen Nachweises über die Erfüllung der Mindestanforderungen nach dieser Richtlinie gemäß Absatz 4 ab dem 1. Januar 2022 Anwendung.

(3) Die Strukturabfrage gemäß § 8 erfolgt erstmals im Jahr 2022 für das Jahr 2021. Der G-BA beschließt bis zum 31. März 2020 die Checkliste gemäß Anlage 3 und Erklärung über die Richtigkeit der Angaben gemäß Anlage 4.

(4) [1] Das Nachweisverfahren gemäß § 6 ist ab 1. Januar 2022 anzuwenden. [2] Voraussetzung dafür ist, dass der erstmalige standortbezogene Nachweis über die Erfüllung der Mindestanforderungen nach dieser Richtlinie von den Krankenhäusern stichtagsbezogen gegenüber den Landesverbänden der Krankenkassen und den Ersatzkassen in Form einer auf der Strukturabfrage nach § 8 basierenden Checkliste (Anlage 3) zwischen dem 15. November und dem 31. Dezember 2021 zu führen ist. [3] Davon unberührt gelten die festgelegten Mindestanforderungen dieser Richtlinie, die in § 7 geregelten Pflichten und Folgen der Nichterfüllung sowie die Durchführung von Kontrollen zur Einhaltung von Qualitätsanforderungen dieser Richtlinie durch den Medizinischen Dienst der Krankenversicherung (MDK) gemäß der Richtlinie zu Kontrollen des Medizinischen Dienstes der Krankenversicherung (MDK-QK-RL) ab dem Tag des Inkrafttretens der Richtlinie.

(5) Die Anforderungen an die Zusatzweiterbildungen gemäß § 3 Absatz 1 Buchstabe c „Klinische Notfall- und Akutmedizin“ sowie an die Weiterbildung gemäß § 3 Absatz 1 Buchstabe c „Notfallpflege“ sind spätestens ab dem 1. Januar 2025 zu erfüllen.

(Vom Abdruck der Anlagen wurde abgesehen)

533. Beschluss über Maßnahmen zur Qualitätssicherung der Anwendung von CAR-T-Zellen bei B-Zell-Neoplasien

Vom 17. September 2020

(BAnz. AT vom 28.12.2020 B4; Inkrafttreten: 1.1.2021)

Inhaltsverzeichnis

§ 1 Rechtsgrundlage und Gegenstand. (1) [1]Der Gemeinsame Bundesausschuss (G-BA) trifft diesen Beschluss als eine Maßnahme zur Qualitätssicherung auf der Grundlage von § 136a Absatz 5 Satz 1 SGB V. [2]Mit diesem Beschluss werden Mindestanforderungen und sonstige Qualitätsanforderungen an die Struktur-, Prozess- und Ergebnisqualität bei der onkologischen Versorgung von Patientinnen und Patienten mit Arzneimitteln für neuartige Therapien (ATMPs) aus der Gruppe der CAR-T-Zellen bei B-Zell-Neoplasien festgelegt.

(2) Ziele des Beschlusses sind die Gewährleistung einer qualitativ hochwertigen Versorgung sowie die Sicherstellung einer sachgerechten Anwendung des Arzneimittels im Interesse der Patientensicherheit.

(3) [1] B-Zell-Neoplasien im Sinne von Absatz 1 sind die akuten B-Vorläuferzell-Leukämien (C91.0 nach ICD-10-GM-2020) und großzelligen B-Zell-Lymphome (C83.3, C85.1 oder C85.2 nach ICD-10-GM-2020). [2] ATMPs im Sinne von Absatz 1 aus der Gruppe der CAR-T-Zellen sind genetisch modifizierte autologe T-Zellen, die auf ihrer Zelloberfläche gegen Oberflächenproteine gerichtete chimäre Antigenrezeptoren (CAR) bilden (insbesondere 8-802.24 und 8-802.34 gemäß OPS-Codes Anlage I Nummer 1). [3] Die Anlage I enthält eine Übersicht für Codes von Diagnosen und Operationen bzw. Prozeduren.

(4) Soweit in den folgenden Regelungen nichts Abweichendes bestimmt wird, findet für die Versorgung von Patientinnen und Patienten bis zum vollendeten 18. Lebensjahr mit einer pädiatrisch-hämatologisch-onkologischen Krankheit im Sinne der Liste 1 in Anhang 1 zur Richtlinie zur Kinderonkologie (KiOn-RL) im Übrigen die KiOn-RL Anwendung.

§ 2 Allgemeine Bestimmungen. (1) [1] Adressaten des Beschlusses sind nach § 108 SGB V zugelassene Krankenhäuser sowie an der vertragsärztlichen Versorgung teilnehmende Leistungserbringer. [2] Krankenhäuser müssen die Anforderungen am Standort erfüllen, soweit nichts Anderes bestimmt wird. [3] Es wird die Definition von Krankenhausstandorten gemäß der Vereinbarung nach § 2a Absatz 1 des Krankenhausfinanzierungsgesetzes (KHG) in Verbindung mit dem Standortverzeichnis gemäß § 293 Absatz 6 SGB V zugrunde gelegt.

(2) [1] Sofern die Erfüllung von Anforderungen nach den folgenden Regelungen auch durch Kooperation zugelassen ist, sind schriftliche Kooperationsvereinbarungen zu schließen. [2] Der Leistungserbringer, der die Indikationsstellung, die CAR-T-Zelltherapie oder die Nachsorge im Zusammenhang mit einer CAR-T-Zelltherapie erbringt, ist auch bei Einbindung von Kooperationspartnern für die Erfüllung der Anforderungen nach diesem Beschluss verantwortlich. [3] Für jede kooperierende Einrichtung ist eine Ansprechpartnerin oder ein Ansprechpartner zu benennen.

(3) [1] Die Facharztbezeichnungen richten sich nach der (Muster-)Weiterbildungsordnung der Bundesärztekammer und schließen auch diejenigen Ärztinnen und Ärzte ein, welche eine entsprechende Bezeichnung nach altem Recht führen. [2] Soweit nachfolgend nichts Spezielleres geregelt ist, sind Pflegefachkräfte alle Personen, denen die Erlaubnis zum Führen einer Berufsbezeichnung nach dem Krankenpflegegesetz, dem Altenpflegegesetz oder dem Pflegeberufegesetz erteilt wurde. [3] Bei Anforderungen an die Erfahrung des ärztlichen und nicht-ärztlichen Personals erfolgt bei Tätigkeiten in Teilzeit eine Umrechnung der entsprechenden Zeiten auf Vollzeitäquivalente.

(4) [1] Sofern nichts Abweichendes bestimmt wurde, bedeutet jederzeitige Verfügbarkeit im Sinne dieses Beschlusses, dass sich das vorzuhaltende ärztliche oder nicht-ärztliche Personal während des Dienstes an einem vom Arbeitgeber bestimmten Ort aufhält, um im Bedarfsfall innerhalb kürzester Zeit die Arbeitstä-

tigkeit an der Patientin oder am Patienten aufzunehmen. [2] Werktägliche Dienstzeit im Sinne dieses Beschlusses umfasst die Wochentage von Montag bis Freitag mit Ausnahme der gesetzlichen Feiertage (Werktage). [3] Rufbereitschaft im Sinne dieses Beschlusses bedeutet, dass das Personal mit der entsprechenden Qualifikation nicht zwingend an einem vom Arbeitgeber bestimmten Ort anwesend sein muss, aber jederzeit erreichbar ist, sodass auf Abruf eine unverzügliche Verfügbarkeit an der Patientin oder am Patienten gewährleistet werden kann. [4] Eine Schicht umfasst sowohl die Tagschicht als auch die Nachtschicht.

(5) [1] Die hämato-onkologische Behandlungseinheit im Sinne dieses Beschlusses ist die kleinste bettenführende, organisatorische Einheit in der Patientenversorgung am Standort eines Krankenhauses, die auch für Dritte räumlich ausgewiesen und anhand einer ihr zugewiesenen individuellen Bezeichnung identifizierbar ist. [2] In dieser Behandlungseinheit werden Patientinnen und Patienten entweder in diesem medizinischen Fachgebiet oder interdisziplinär in verschiedenen Fachgebieten behandelt. [3] Ausgenommen hiervon ist die Intensivstation, welche im Beschluss gesonderten Qualitätsanforderungen unterstellt ist.

§ 3 Personelle und fachliche Anforderungen an das ärztliche Personal. (1) [1] Die für die Behandlung erwachsener Patientinnen und Patienten mit CAR-T-Zellen verantwortliche Ärztin oder der verantwortliche Arzt und mindestens eine weitere klinisch tätige Ärztin oder ein weiterer klinisch tätiger Arzt in der Einrichtung müssen Fachärztinnen oder Fachärzte für Innere Medizin und Hämatologie und Onkologie[1)] sein. [2] Für die Behandlung von Kindern und Jugendlichen bis zum vollendeten 18. Lebensjahr mit CAR-T-Zellen müssen die verantwortliche Ärztin oder der verantwortliche Arzt und mindestens eine weitere klinisch tätige Ärztin oder ein weiterer klinisch tätiger Arzt in der Einrichtung Fachärztinnen oder Fachärzte für Kinder- und Jugendmedizin mit Schwerpunkt Kinder- und Jugend-Hämatologie und -Onkologie sein. [3] Die verantwortlichen Ärztinnen oder Ärzte nach den Sätzen 1 und 2 müssen bezogen auf Vollzeitäquivalente über eine mindestens zweijährige Berufserfahrung in einer Behandlungseinrichtung verfügen, welche die in § 5 aufgeführten Anforderungen erfüllt.

(2) [1] Für die Behandlung erwachsener Patientinnen und Patienten mit CAR-T-Zellen muss nach Maßgabe des § 2 Absatz 4 während werktäglicher Dienstzeit eine ärztliche Betreuung gemäß Facharztstandard in der Fachdisziplin „Innere Medizin und Hämatologie und Onkologie“[1)] jederzeit verfügbar sein. [2] Für die Behandlung von Kindern und Jugendlichen bis zum vollendeten 18. Lebensjahr mit CAR-T-Zellen muss nach Maßgabe des § 2 Absatz 4 während werktäglicher Dienstzeit die ärztliche Betreuung gemäß Facharztstandard in der Fachdisziplin „Kinder- und Jugendmedizin mit Schwerpunkt Kinder- und Jugend-Hämatologie und -Onkologie“ jederzeit verfügbar sein. [3] Außerhalb der werktäglichen Dienstzeiten ist jeweils mindestens eine Rufbereitschaft vorzuhalten.

(3) [1] Ergänzend zu den Anforderungen nach den Absätzen 1 und 2 ist für die Behandlung erwachsener Patientinnen und Patienten mit CAR-T-Zellen die Verfügbarkeit der folgenden Fachdisziplinen einschließlich der aufgeführ-

---

[1)] **Amtl. Anm.:** Hiervon umfasst sind auch Fachärzte mit der Facharztbezeichnung „Innere Medizin mit Schwerpunkt Hämatologie und Onkologie“ nach altem Recht (vgl. § 1 Abs. 3).

ten Untersuchungs- und Behandlungsmöglichkeiten mindestens über Rufbereitschaft sicherzustellen:

- Gastroenterologie (Endoskopie des Gastrointestinaltraktes)
- Kardiologie
- Labormedizin
- Nephrologie mit Dialyse
- Neurologie (mit Nachweis der Teilnahme am einrichtungsinternen Schulungsprogramm nach § 7 Absatz 1 Satz 1)
- Radiologie (mit Computertomographie (CT) und Magnetresonanztomographie (MRT))
- Pneumologie

[2]Für die Behandlung von Kindern und Jugendlichen bis zum vollendeten 18. Lebensjahr ist die Verfügbarkeit der in Satz 1 genannten Fachdisziplinen mit Ausnahme der Fachdisziplinen Pneumologie und Neurologie sicherzustellen. [3]Die Verfügbarkeit der Fachdisziplin „Mikrobiologie" ist innerhalb von 24 Stunden sicherzustellen. [4]Die Untersuchungen und Behandlungen durch Einbeziehung der vorgenannten Fachdisziplinen sollen möglichst ohne Transport der Patientin oder des Patienten erfolgen. [5]Die Verfügbarkeit der Fachdisziplinen ist durch eigene Fachabteilungen des Krankenhauses oder nach Maßgabe des § 2 Absatz 2 durch Kooperationen zu gewährleisten. [6]Sofern im Feststellungsbescheid keine entsprechenden Teilgebiete ausgewiesen werden, gelten solche Abteilungen als Fachabteilungen im Sinne des Beschlusses, die organisatorisch abgegrenzt sind, von Ärztinnen oder Ärzten eigenständig verantwortlich geleitet werden und über die apparativen und räumlichen Ausstattungen des jeweiligen Fachbereichs verfügen. [7]Soweit die Verfügbarkeit durch Kooperationen nach Maßgabe des § 2 Absatz 2 sichergestellt wird, müssen die Leistungen am Ort der Behandlung mit CAR-T-Zellen erbringbar sein.

(4) [1]Bei der Verlegung auf die Intensivstation muss durch organisatorische Vorkehrungen sichergestellt sein, dass täglich mindestens eine Visite durch eine Fachärztin oder einen Facharzt für Innere Medizin und Hämatologie und Onkologie[1)] bzw. bei Patientinnen und Patienten bis zum vollendeten 18. Lebensjahr durch eine Fachärztin oder einen Facharzt für Kinder- und Jugendmedizin mit Schwerpunkt Kinder- und Jugend-Hämatologie und -Onkologie auf der Intensivstation durchgeführt wird. [2]Die Durchführung der Visite ist in der Patientenakte zu dokumentieren.

§ 4 Personelle und fachliche Anforderungen an das nicht-ärztliche Personal. (1) [1]Die für die Behandlung erwachsener Patientinnen und Patienten mit CAR-T-Zellen pflegerisch verantwortliche Leitung der hämato-onkologischen Behandlungeinheit und ihre Stellvertretung müssen Pflegefachkräfte mit einer abgeschlossenen Weiterbildung „Pflege in der Onkologie" gemäß den Empfehlungen der Deutschen Krankenhausgesellschaft[2)] sein.

[1)] **Amtl. Anm.:** Hiervon umfasst sind auch Fachärzte mit der Facharztbezeichnung „Innere Medizin mit Schwerpunkt Hämatologie und Onkologie" nach altem Recht (vgl. § 1 Abs. 3).

[2)] **Amtl. Anm.:** Gemäß DKG-Empfehlung zur pflegerischen Weiterbildung in den Fachgebieten Pflege in der Endoskopie, Intensiv- und Anästhesiepflege, Pflege in der Nephrologie, Pflege in der Onkologie, Pflege im Operationsdienst, Pädiatrische Intensiv- und Anästhesiepflege, Pflege in der Psychiatrie, Psychosomatik und Psychotherapie vom 29.9.2015, zuletzt geändert am 17.9.2018.

[2] Einer abgeschlossenen Weiterbildung „Pflege in der Onkologie" gleichgestellt ist bezogen auf Vollzeitäquivalente eine Tätigkeit von mindestens 36 Monaten in einer Behandlungseinheit mit hämatologisch-onkologischem Schwerpunkt. [3] Für die Behandlung von Kindern und Jugendlichen bis zum vollendeten 18. Lebensjahr mit CAR-T-Zellen müssen Pflegefachkräfte in Leitungs- und Stellvertretungsfunktion die Berufsbezeichnung Gesundheits- und Kinderkrankenpflegerin/Gesundheits- und Kinderkrankenpfleger[1)] führen. [4] Die Anforderung an die abgeschlossene Weiterbildung gilt entsprechend.

(2) [1] In jeder Schicht ist sicherzustellen, dass in der hämato-onkologischen Behandlungseinheit, in der die Behandlung erwachsener Patientinnen und Patienten mit CAR-T-Zellen erfolgt, mindestens eine Pflegefachkraft anwesend ist, die mindestens 12 Monate auf einer Behandlungseinheit mit hämatologisch-onkologischem Schwerpunkt tätig gewesen ist und Erfahrungen in der intensiven Chemotherapie von Patientinnen und Patienten mit Leukämien bzw. Lymphomen hat. [2] Entsprechendes gilt für die hämato-onkologische Behandlungseinheit, auf der die Behandlung von Kindern und Jugendlichen bis zum vollendeten 18. Lebensjahr mit CAR-T-Zellen erfolgt, mit der Maßgabe, dass die Pflegefachkraft die Berufsbezeichnung Gesundheits- und Kinderkrankenpflegerin/Gesundheits- und Kinderkrankenpfleger[1)] führt.

(3) [1] Soweit nach ärztlichem Ermessen eine Behandlung der Patientinnen und Patienten nicht gemäß Intermediate Care (IMC) Standard in der Pflege erforderlich ist, ist in der hämato-onkologischen Behandlungseinheit das bezogen auf die Anzahl der zu behandelnden Patientinnen und Patienten erforderliche Pflegepersonal vorzuhalten, um die Überwachung des klinischen Zustands der Patientinnen und Patienten im Zusammenhang mit einer CAR-T-Zell-Therapie mindestens in dem in den Standard Operating Procedures (SOP) nach § 7 Absatz 3 vorzusehenden Monitoring-Intervall sicherzustellen. [2] Ist eine Behandlung gemäß IMC-Standard hinsichtlich der Pflege nicht erforderlich, ist dies in der Patientenakte zu dokumentieren.

(4) [1] Die Anforderungen aus der Pflegepersonaluntergrenzen-Verordnung (PpUGV) in pflegesensitiven Bereichen in Krankenhäusern sowie bei Kindern und Jugendlichen bis zum vollendeten 18. Lebensjahr nach der KiOn-RL bleiben von den Vorgaben nach den Absätzen 2 und 3 unberührt. [2] Sind in einer hämato-onkologischen Behandlungseinheit verschiedene Anforderungen einzuhalten, so gilt die Anforderung mit der niedrigsten Anzahl von Patientinnen und Patienten im Verhältnis zu einer Pflegefachkraft.

(5) [1] Das einer Behandlungseinrichtung zugeordnete Personal lässt sich den Organisations- und Dienstplänen der Behandlungseinrichtung entnehmen. [2] Die Bemessungsgrundlage des erforderlichen Pflegepersonals bezogen auf die Anzahl der zu behandelnden Patientinnen und Patienten nach Absatz 3 lässt sich der SOP nach § 7 Absatz 3 entnehmen. [3] Die schichtbezogene Dokumentation zum Nachweis der Erfüllung der Anforderungen nach den Absätzen 2 und 3 kann anhand der Dokumentationshilfe in Anlage III erfolgen.

§ 5 Anforderungen an die Erfahrung in der Behandlungseinrichtung.

(1) Die Behandlungseinrichtung, in der die Behandlung mit CAR-T-Zellen erfolgt, muss über umfangreiche Erfahrung in der Behandlung der jeweiligen malignen Grunderkrankung und in der Zelltherapie verfügen:

[1)] **Amtl. Anm.:** Berufsbezeichnung nach KrPflG.

1. Erfahrung in der Behandlung der jeweiligen malignen Grunderkrankung:
   a. Akute B-Vorläuferzell-Leukämie:
      - Bei erwachsenen Patientinnen oder Patienten dokumentiert durch die Behandlung von ≥ 20 Fällen mit dieser Diagnose (C91.0 nach ICD-10-GM-2020) in der Behandlungseinrichtung innerhalb der letzten drei Kalenderjahre, die der Arzneimittelanwendung vorausgegangenen sind, und die Teilnahme an Studien einer multizentrischen Studiengruppe (z.B. German Multicenter Study Group for Adult Acute Lymphoblastic Leukemia (GMALL)).
      - Bei Kindern und Jugendlichen bis zum vollendeten 18. Lebensjahr dokumentiert durch die Teilnahme an Studien einer multizentrischen Studiengruppe (z.B. Berlin-Frankfurt-Münster (BFM)-Studiengruppe).
   b. Großzellige B-Zell-Lymphome:
      - Bei erwachsenen Patientinnen oder Patienten dokumentiert durch die Behandlung von ≥ 50 Fällen mit dieser Diagnose (C83.3, C85.1 oder C85.2 nach ICD-10-GM-2020) in der Behandlungseinrichtung innerhalb der letzten drei Kalenderjahre, die der Arzneimittelanwendung vorausgegangen sind, und die Teilnahme an Studien einer multizentrischen Studiengruppe (z.B. German Lymphoma Alliance (GLA)).
2. Erfahrung in der Zelltherapie:
   - [1] Bei erwachsenen Patientinnen oder Patienten dokumentiert durch die Behandlung von ≥ 120 allogenen oder autologen Transplantationen (5–411.0, 5–411.2, 5–411.3, 5–411.4, 5–411.5, 5–411.6, 5–411.x, 5–411.y, 8–805.0, 8–805.2, 8–805.3, 8–805.4, 8–805.5, 8–805.7, 8–805.x, 8–805.y nach OPS Version 2020) in der Behandlungseinrichtung innerhalb der letzten drei Kalenderjahre, die der Arzneimittelanwendung vorausgegangen sind. [2] Abweichend davon können autologe Transplantationen teilweise durch Erfahrungswerte mit CAR-T-Zelltherapien (8–802.24, 8–802.34 nach OPS Version 2020) ersetzt werden. [3] Bei der Mindesterfahrung nach Satz 1 muss gewährleistet sein, dass die relevante Erfahrung überwiegend durch die Erbringung von allogenen Transplantationen dokumentiert wird.
   - Bei Kindern und Jugendlichen bis zum vollendeten 18. Lebensjahr dokumentiert durch die Behandlung von allogenen Transplantationen in dieser Altersgruppe (5–411.2, 5–411.3, 5–411.4, 5–411.5, 5–411.6, 5–411.x, 5–411.y, 8–805.2, 8–805.3, 8–805.4, 8–805.5, 8–805.7, 8–805.x, 8–805.y nach OPS Version 2020) in der Behandlungseinrichtung innerhalb der letzten drei Kalenderjahre, die der Arzneimittelanwendung vorausgegangen sind.

(2) Anlage I enthält eine Übersicht zu den Codes von Diagnosen sowie Operationen und Prozeduren.

§ 6 Anforderungen an Indikationsstellung und Aufklärung. (1) [1] Die Indikationsstellung für die Behandlung der Patientin oder des Patienten mit CAR-T-Zellen muss im Rahmen einer interdisziplinären Tumorkonferenz durch organisatorische Vorkehrungen sichergestellt werden. [2] Die Behandlungsempfehlungen der Tumorkonferenz sind im Protokoll nachvollziehbar zu begründen. [3] An der interdisziplinären Tumorkonferenz zur Indikationsstellung für eine Behandlung mit CAR-T-Zellen hat eine Ärztin oder ein Arzt, der die Anforderungen nach § 3 Absatz 1 erfüllt, teilzunehmen. [4]Ergänzend müssen mindestens Fachärztinnen und Fachärzte mit Qualifikationen in der diagnostischen Radiologie und, sofern angezeigt, mindestens Fachärztinnen und Fachärzte mit Qualifikationen in der Strahlentherapie und Pathologie teilnehmen.

(2) [1]Der Patientin bzw. dem Patienten ist das Ergebnis der Tumorkonferenz mit allen wesentlichen Aspekten darzulegen. [2]Für die Patientenaufklärung ist unter Einbeziehung des behördlich genehmigten Materials ein dem aktuellen Erkenntnisstand entsprechendes, standardisiertes Aufklärungsformular zu verwenden und vorzulegen.

§ 7 Anforderungen an Infrastruktur und Organisation. (1) [1]Für das Personal nach § 3 Absatz 1 und 2 und § 4 muss die Teilnahme an der jeweiligen einrichtungsinternen Schulung auf Grundlage des behördlich genehmigten Schulungsmaterials für die Behandlung von Patientinnen und Patienten mit CAR-T-Zellen erfolgen. [2]Die Teilnahme an der einrichtungsinternen Schulung ist nachweislich zu dokumentieren. [3]Darüber hinaus muss im Rahmen organisatorischer Vorkehrungen sichergestellt sein, dass das Personal, welches am Empfang, am Transport innerhalb der Behandlungseinrichtung, an der Kryolagerung, an der Vorbereitung des Zellproduktes für die Infusion und an der Verabreichung der Infusion beteiligt ist, ein Training im Umgang mit kryokonservierten Zellen nachweisen kann.

(2) Es müssen spezifische SOP für die klinische, apparative und laborchemische Überwachung zur Früherkennung von Komplikationen, insbesondere CRS[1)] und CRES[2)], den Umgang mit Komplikationen einschließlich des Einsatzes und der zwingenden Verfügbarkeit von erforderlichen Wirkstoffen[3)] sowie für den Ablauf zur raschen und ungehinderten Verlegung der Patientin bzw. des Patienten auf die Intensivstation (Entscheidungsbefugnis, beteiligte Personen u. a.) vorhanden sein, eingehalten und vorgelegt werden.

(3) [1]Zur Überwachung des klinischen Zustands der Patientinnen und Patienten durch das nicht-ärztliche Personal müssen unter Berücksichtigung der SOP nach Absatz 2 spezifische SOP vorhanden sein, eingehalten und vorgelegt werden, die sicherstellen, dass in Abhängigkeit vom Zustand der Patientinnen und Patienten ein Monitoring unmittelbar vor Anwendung der CAR-T-Zelltherapie sowie auch nach CAR-T-Zellinfusion mindestens zweimal pro Schicht gewährleistet ist. [2]Dies schließt die Vorgabe zur Bemessung des hierfür erforderlichen Pflegepersonals bezogen auf die Anzahl der zu behandelnden Patientinnen und Patienten und der in der SOP festgelegten Monitoring-Intervalle ein.

(4) Es müssen spezifische SOP mit Vorgaben zur Durchführung einer täglichen Visite, an welcher sowohl das ärztliche als auch das nicht-ärztliche Personal teilnimmt, vorhanden sein, eingehalten und vorgelegt werden.

(5) Die Anforderungen nach § 3 Absatz 3 zur Vorhaltung der aufgeführten Untersuchungsund Behandlungsmöglichkeiten sind einzuhalten.

(6) [1]Am Standort, an dem die Behandlung von Patientinnen und Patienten mit CAR-T-Zellen stattfindet, befindet sich eine Intensivstation. [2]Eine Verle-

---

[1)] **Amtl. Anm.:** Zytokin-Freisetzungssyndrom.

[2)] **Amtl. Anm.:** CAR-T-bezogenes Enzephalopathie-Syndrom.

[3)] **Amtl. Anm.:** In der Fachinformation von Kymriah® und Yescarta® wird eine jederzeitige und ausreichende Verfügbarkeit des Wirkstoffs Tocilizumab vorausgesetzt.

gung auf die Intensivstation muss unter Berücksichtigung der SOP nach Maßgabe des Absatzes 2 unverzüglich und unter einer für die Patientinnen und Patienten zumutbaren Belastung gewährleistet werden. [3]Bei der Verlegung auf die Intensivstation ist neben den Anforderungen nach § 3 Absatz 4 jederzeit mindestens eine Ausstattung vorzuhalten, die mindestens im Rahmen einer Rufbereitschaft oder auch im Rahmen von Kooperationen eine Endoskopie einschließlich Bronchoskopie, invasive Beatmung, Nierenersatztherapie, CT und MRT in demselben räumlich zusammenhängenden Gebäudekomplex ermöglicht.

(7) Zwingend erforderliche Wirkstoffe[1)] werden jederzeit in bedarfsgerechter Menge vorgehalten.

(8) [1]Es müssen spezifische SOP für die Übergänge zwischen Vorbereitung der Behandlung und ambulanter onkologischer Nachsorge zu der CAR-T-Zelltherapie vorhanden sein, eingehalten und vorgelegt werden. [2]Die SOP beinhaltet insbesondere:
- Vorgaben zur Zusammenarbeit und regelmäßigen Informationspflichten in der Vorbereitung der Behandlung und in der onkologischen Nachsorge mit den vor- und nachbehandelnden Krankenhäusern sowie ambulant tätigen Ärztinnen und Ärzten oder Einrichtungen,
- die Verpflichtung zur Erstellung und Übermitllung eines patientenbezogenen Nachsorgeplans, sowie
- Angaben, in welchen Zeiträumen eine Wiedervorstellung des Patienten in der Behandlungseinrichtung erfolgen soll, und Angaben, welche Untersuchungen und Maßnahmen durch die Behandlungseinrichtung vorgenommen werden sollen.

§ 8 Weitere Maßnahmen zur Sicherung der Prozess- und Ergebnisqualität. [1]Die Behandlungseinrichtung muss die personellen und strukturellen Voraussetzungen für den Anschluss an die Registermodule für CAR-T-Zellen im Deutschen Register für Stammzelltransplantation (DRST), im Pädiatrischen Register für Stammzelltransplantation (PRST) bzw. im Register der European Society for Blood and Marrow Transplantation (EBMTR) und für die zeitnahe Dokumentation vorhalten. [2]Insbesondere sind zu dokumentieren:
- Vortherapien,
- Nebenwirkungen,
- Art und Dauer des Ansprechens,
- Folgetherapien und
- Gesamtüberleben.

[3]Patientinnen und Patienten sind vor der Behandlung im Rahmen der Aufklärung über die Möglichkeit der Teilnahme am DRST, PRST bzw. EBMTR zu informieren. [4]Die Information der Patientinnen und Patienten ist in der Patientenakte zu dokumentieren.

§ 9 Anforderungen an die onkologische Nachsorge. (1) Nach der Entlassung aus der Behandlungseinrichtung, die die CAR-T-Zelltherapie erbracht hat, findet eine onkologische Nachsorge nach Maßgabe der folgenden Regelungen unter Berücksichtigung des Nachsorgeplans nach § 7 Absatz 8 statt.

(2) Ärztinnen und Ärzte sollen sich bei der onkologischen Versorgung von Patientinnen und Patienten mit B-Zell-Neoplasien, welche mit CAR-T-Zel-

---

[1)] **Amtl. Anm.:** In der Fachinformation von Kymriah® und Yescarta® wird eine jederzeitige und ausreichende Verfügbarkeit des Wirkstoffs Tocilizumab vorausgesetzt.

len behandelt wurden, die Patienten-Notfallkarte vorlegen lassen und die Angaben zum Datum der Behandlung sowie die Kontaktdaten der Behandlungseinrichtung, in der die CAR-T-Zelltherapie stattgefunden hat, in der Patientenakte dokumentieren.

(3) [1]Die ärztliche Betreuung im rahmen der onkologischen Versorgung darf bis 4 Wochen nach der CAR-T-Zell-Infusion nur in bzw. an einer an eine Behandlungseinrichtung im Sinne von §§ 3 bis 8 angeschlossenen oder mit dieser kooperierenden ambulanten Einrichtung oder Hochschulambulanz erfolgen. [2]Aus Anlass von Anzeichen und Symptomen eines möglichen Zytokon-Freisetzungssyndroms, neurologischer Ereignisse und anderer Toxizitäten muss eine Einweisung in die Behandlungseinrichtung nach Satz 1 zeitnah erfolgen können.

(4) [1]Bis einschließlich 4 Wochen nach der CAR-T-Zell-Infusion muss zur Überwachung von Anzeichen und Symptomen eines möglichen Zytokin-Freisetzungssyndroms, neurologischer Ereignisse und anderer Toxizitäten eine ärztliche Betreuung gemäß Facharztstandard (Innere Medizin und Hämatologie und Onkologie[1)] bzw. Kinder- und Jugendmedizin mit Schwerpunkt Kinder- und Jugend-Hämatologie und -Onkologie) werktäglich jederzeit verfügbar sein. [2]Außerhalb der werktäglichen Dienstzeiten ist mindestens eine Rufbereitschaft vorzuhalten.

(5) [1]Die Verfügbarkeit der Fachdisziplinen nach Absatz 4 kann auch durch Kooperationen mit zugelassenen Krankenhäusern, mit vertragsärztlichen Praxen oder medizinischen Versorgungszentren gewährleistet werden. [2]Das ärztliche Personal der onkologischen Nachsorge in diesem Zeitraum muss an einer Schulung für die Behandlung von Patientinnen und Patienten mit CAR-T-Zellen teilgenommen haben. [3]Die Teilnahme an der Schulung nach Satz 2 ist nachweislich zu dokumentieren.

(6) Nach dem Zeitraum der engmaschigen Überwachung nach Maßgabe der Absätze 3 bis 5 bis mindestens fünf Jahre nach der CAR-T-Zell-Infusion muss eine Betreuung gemäß Facharztstandard (Innere Medizin und Hämatologie und Onkologie[1)] bzw. Kinder- und Jugendmedizin mit Schwerpunkt Kinder- und Jugend-Hämatologie und -Onkologie) im Rahmen der üblichen Dienstzeiten durch geeignete organisatorische Vorkehrungen gewährleistet werden.

(7) [1]Die räumliche Ausstattung zur onkologischen Nachsorge nach den Absätzen 3 bis 6 muss mindestens eine Versorgung immunsupprimierter Patientinnen und Patienten ermöglichen. [2]Es soll die Möglichkeit bestehen, Patientinnen und Patienten mit Verdacht auf ansteckende Infektionen isoliert zu untersuchen und zu behandeln. [3]Eine geeignete Infrastruktur für die Behandlung mit Infusionen und die Transfusion von Blutprodukten muss verfügbar sein.

(8) [1]Für den Zeitraum von mindestens 5 Jahren gilt § 8 mit der Maßgabe, dass mindestens einmal jährlich eine Meldung der Daten an das Register durch die behandelnde Fachärztin bzw. den behandelnden Facharzt sicherzustellen ist. [2]Sofern der Leistungserbringer selbst nicht die Voraussetzungen für einen Anschluss an die Registermodule nach § 8 erfüllt, ist die Datenmeldung durch eine Überweisung an eine Behandlungseinrichtung nach Absatz 3 Satz 1 sicherzustellen.

[1)] **Amtl. Anm.**: Hiervon umfasst sind auch Fachärzte mit der Facharztbezeichnung „Innere Medizin mit Schwerpunkt Hämatologie und Onkologie" nach altem Recht (vgl. § 1 Abs. 3).

§ 10 Überprüfung der Einhaltung der strukturellen Mindestanforderungen nach §§ 3 bis 8. (1) Der Medizinische Dienst (MD) führt nach Maßgabe der folgenden Absätze und der MD-Qualitätskontroll-Richtlinie (MD-QK-RL) Kontrollen zur Einhaltung der Mindestanforderungen nach §§ 3 bis 8 in den nach § 108 SGB V zugelassenen Krankenhäusern durch.

(2) Bei den diese Behandlungseinrichtungen betreffenden Qualitätsanforderungen in § 3 (mit Ausnahme Absatz 3 Satz 4), § 4 (mit Ausnahme von Absatz 5 Satz 1 und 3), § 5, § 6 Absatz 1 Satz 1, 3 und 4 sowie Absatz 2 Satz 2, § 7 sowie § 8 handelt es sich um Mindestanforderungen in Gestalt von Strukturanforderungen.

(3) [1] Behandlungseinrichtungen haben die Einhaltung der Mindestanforderungen nach Absatz 2 begutachten zu lassen, bevor sie eine CAR-T-Zelltherapie bei Patientinnen oder Patienten durchführen. [2] Hierzu zeigen die Behandlungseinrichtungen die Absicht der Durchführung von CAR-T-Zelltherapien gegenüber den Landesverbänden der Krankenkassen und den Ersatzkassen an und übermitteln die für den Nachweis der Erfüllung der Anforderungen erforderlichen einrichtungs- und personenbezogenen Daten anhand des Vordrucks der Checkliste in Anlage II dem Medizinischen Dienst, der örtlich für das zu begutachtende Krankenhaus zuständig ist. [3] Anzeige und Nachweis können schriftlich oder in elektronischer Form unter Verwendung einer fortgeschrittenen elektronischen Signatur übermittelt werden. [4] Der Landesverband der Krankenkassen und die Ersatzkassen übermitteln die Anzeige an die Krankenkassen. [5] Durch die Anzeige der Behandlungseinrichtung gilt ein Kontrollauftrag der Krankenkassen an den Medizinischen Dienst nach § 7 Absatz 1 des Teil A der MD-QK-RL als erteilt.

(4) [1] Die Erfüllung von personellen und fachlichen Anforderungen ist auf Anforderung durch Vorlage der Urkunde bzw. sonstiger Nachweise zur Erfüllung der Anforderungen nachzuweisen. [2] Das Aufklärungsformular gemäß § 6 Absatz 2 Satz 2 sowie die SOP gemäß § 7 Absatz 2 bis 4 und 8 sind stets vorzulegen.

(5) [1] Behandlungseinrichtungen erhalten vom Medizinischen Dienst in schriftlicher oder elektronischer Form das Gutachten (Kontrollbericht) und bei Einhaltung der Mindestanforderungen in Gestalt der Strukturanforderungen eine Bescheinigung über die Erfüllung der nach der Checkliste in Anlage II nachgewiesenen Mindestanforderungen (Kontrollergebnis). [2] In der Bescheinigung wird insbesondere auch angegeben, nach Maßgabe welcher der Qualitätsanforderungen an die Erfahrung in der Behandlung der jeweiligen malignen Grunderkrankung die Behandlungseinrichtung die Anforderungen gemäß § 5 Nummer 1 vorweist. [3] Nach Erhalt der Bescheinigung wird die Einhaltung dieser Anforderungen ab dem Begutachtungszeitpunkt als erfüllt angesehen. [4] Die Bescheinigung enthält auch Angaben darüber, für welchen Zeitraum die Einhaltung der jeweiligen Strukturanforderungen als erfüllt angesehen wird.

(6) [1] Behandlungseinrichtungen sind verpflichtet, die Landesverbände der Krankenkassen und die Ersatzkassen über Änderungen der nach Absatz 3 übermittelten Daten unverzüglich zu informieren. [2] Dabei haben sie anzugeben, ob aus Anlass der tatsächlichen Änderungen die Anforderungen nach Maßgabe des § 11 als vorübergehend nicht erfüllt oder weiterhin als erfüllt angesehen werden können.

(7) [1]Kommt der Medizinische Dienst im Rahmen der Begutachtung zu dem Ergebnis, dass einzelne strukturelle Mindestanforderungen nicht beurteilbar oder nicht eingehalten sind, erhält die Behandlungseinrichtung keine Bescheinigung zum Nachweis der Anforderungen nach Absatz 2. [2]Die Behandlungseinrichtung kann die dieser Entscheidung zugrundeliegenden Gründe dem Gutachten entnehmen, Maßnahmen zur Einhaltung der Anforderungen treffen und anschließend auf Antrag erneut die Einhaltung der Anforderungen nach Maßgabe des Absatzes 3 vom Medizinischen Dienst begutachten lassen. [3]Hierdurch kann die Behandlungseinrichtung die Beseitigung der nicht eingehaltenen Qualitätsanforderungen nach Absatz 2 nachweisen. [4]Absatz 5 findet bei erfolgreicher erneuter Bewertung entsprechende Anwendung. [5]Eine Begutachtung ist maximal zwei Mal pro Kalenderjahr möglich.

(8) Der Medizinische Dienst übermittelt den zuständigen Stellen nach § 14 sowie den Landesverbänden der Krankenkassen und den Ersatzkassen den Kontrollbericht einschließlich einer Bescheinigung zur Einhaltung der Anforderungen nach Absatz 2.

(9) [1]Bei Unterlassen der Anzeigeverpflichtungen nach Absatz 6 oder § 11 bleibt die Möglichkeit von Qualitätskontrollen des Medizinischen Dienstes im Auftrag der Krankenkassen aufgrund von Anhaltspunkten oder Stichproben nach der MD-QK-RL unberührt. [2]Absatz 4 findet Anwendung. [3]Kommt der Medizinische Dienst im Rahmen einer durchgeführten Qualitätskontrolle zu dem Ergebnis, dass einzelne strukturelle Mindestanforderungen nicht mehr eingehalten sind, teilt er dies den nach § 14 zuständigen Stellen mit. [4]Die Bescheinigung nach Absatz 5 entfaltet ab dem Zeitpunkt der Feststellung keine Rechtswirkungen mehr.

(10) [1]Der Spitzenverband der Gesetzlichen Krankenversicherung veröffentlicht jeweils zum 1. Januar eines Kalenderjahres ein verbindliches Verzeichnis der Landesverbände der Krankenkassen und der Ersatzkassen auf seiner Internetseite. [2]Das Verzeichnis enthält die Namen und Adressen der Landesverbände der Krankenkassen und der Ersatzkassen, die zuständigen Abteilungen sowie die entsprechenden E-Mail-Adressen. [3]Zuständig sind der Landesverband der Krankenkassen und die Ersatzkassen, in deren Bundesland sich der jeweilige Krankenhausstandort befindet, in dem die CAR-T-Zelltherapie durchgeführt wird.

§ 11 Vorübergehende Nichterfüllung der strukturellen Mindestanforderungen nach §§ 3 bis 8. (1) [1]Behandlungseinrichtungen, die eine oder mehrere der nachgewiesenen Mindestanforderungen in Gestalt der Strukturanforderungen nach § 10 Absatz 2 über einen Zeitraum von mehr als einem Monat ab dem Zeitpunkt der Nichterfüllung nicht mehr einhalten, haben dies den Landesverbänden der Krankenkassen und den Ersatzkassen unverzüglich anzuzeigen. [2]In einer Anzeige sind jeweils die konkreten nicht erfüllten strukturellen Mindestanforderungen sowie der Zeitpunkt des Eintritts der Nichterfüllung mitzuteilen. [3]Der Zeitpunkt der Wiedererfüllung ist den nach Absatz 1 Satz 1 zuständigen Stellen anzuzeigen. [4]Absatz 1 Satz 2 findet entsprechende Anwendung.

(2) [1]Die Fortsetzung bereits begonnener Behandlungen von Patientinnen und Patienten im Anschluss an eine bereits durchgeführte CAR-T-Zell-Infusion und die Neuaufnahme von Patientinnen und Patienten, die für eine

CAR-T-Zelltherapie in Frage kommen, ist unbeschadet des § 20 aufgrund von unvorhersehbaren Ereignissen oder außergewöhnlichen Umständen, die nicht durch Vorkehrungen hätten abgewendet werden können, nur nach den folgenden Vorgaben zulässig. 2 Qualitätsanforderungen sind schnellstmöglich wieder zu erfüllen. 3 Gründe und Umfang der Nichterfüllung sind nachweisbar zu dokumentieren. 4 Die Wiedererfüllung der Mindestanforderungen nach §§ 3 bis 8 ist nur solange möglich, wie bei keiner Patientin oder keinem Patienten eine CAR-T-Zell-Infusion durchgeführt wird.

(3) 1 Sofern die Dauer bis zur Wiedererfüllung der Anforderungen ab dem Zeitpunkt des Beginns der Nichterfüllung der Anforderungen einen Zeitraum von 6 Monaten überschreitet, gilt die Einhaltung der betroffenen Anforderungen als nicht mehr belegt und die Bescheinigung nach § 10 Absatz 5 als mit sofortiger Wirkung widerrufen. 2 Die Möglichkeit einer erneuten Begutachtung entsprechend § 10 Absatz 3 bleibt unberührt.

(4) Werden Nichterfüllungen von strukturellen Mindestanforderungen mindestens 3 Mal im Kalenderjahr in Bezug auf dieselbe Mindestanforderung angezeigt, müssen der Landesverband der Krankenkassen und die Ersatzkassen die Krankenkassen informieren, um zu ermöglichen, dass diese Qualitätskontrollen nach Maßgabe des § 10 Absatz 9 beauftragen können.

§ 12 Überprüfung der Einhaltung von Mindestanforderungen der Prozess- und Ergebnisqualität nach §§ 3 bis 8. (1) Bei den die Behandlungseinrichtungen betreffenden Mindestanforderungen der Prozess- und Ergebnisqualität in § 4 Absatz 2 und 3, § 6 Absatz 1 Satz 2 und Absatz 2 Satz 1 handelt es sich um Mindestanforderungen.

(2) 1 Die Mindestanforderungen nach Absatz 1 unterliegen der Qualitätskontrolle durch den Medizinischen Dienst nach Maßgabe der MD-QK-RL. 2 Voraussetzung für die Durchführung einer Qualitätskontrolle ist ein Auftrag der Krankenkasse. 3 In diesem Zusammenhang ist die Erfüllung von personellen und fachlichen Anforderungen durch Vorlage der Urkunde bzw. sonstiger Nachweise über die Berechtigung zum Führen der genannten Bezeichnungen nachzuweisen. 4 Das einer hämato-onkologischen Behandlungseinheit zugeordnete Personal lässt sich den Organisations- und Dienstplänen der Behandlungseinrichtung entnehmen. 5 Die schichtbezogene Dokumentation zum Nachweis der Erfüllung der Anforderungen nach § 4 Absatz 2 und 3 kann anhand der Dokumentationshilfe in Anlage III erfolgen.

§ 13 Vorübergehende Nichterfüllung der Mindestanforderungen der Prozess- und Ergebnisqualität nach §§ 3 bis 8. (1) Behandlungseinrichtungen, die ein oder mehrere der Mindestanforderungen nach § 12 Absatz 1 über einen Zeitraum von mehr als einem Monat ab dem Zeitpunkt der Nichterfüllung nicht einhalten, haben dies unverzüglich den Landesverbänden der Krankenkassen und den Ersatzkassen anzuzeigen, ebenso deren Wiedererfüllung.

(2) § 11 Absatz 2 bis 4 findet mit der Maßgabe entsprechende Anwendung, dass im Fall der Wiedererfüllung im Zeitraum von bis zu 6 Monaten ab dem Zeitpunkt des Beginns der Nichterfüllung der Anforderungen § 10 Absatz 7 Anwendung findet.

§ 14 Zuständige Stellen für § 10 Absatz 9 und § 12 Absatz 2. Stellen zur Feststellung der Nichteinhaltung von Qualitätsanforderungen sowie zur Festlegung und Durchsetzung der Folgen der Nichteinhaltung nach § 2 Absatz 3 Nummer 4 und § 6 Absatz 3 und 4 der Qualitätsförderungs- und Durchsetzungs-Richtlinie (QFD-RL) sind die Krankenkassen.

§ 15 Überprüfung der Einhaltung der Mindestanforderungen der onkologischen Nachsorge durch zur vertragsärztlichen Versorgung zugelassene oder ermächtigte Leistungserbringer nach § 9. (1) Die Kontrolle der Einhaltung der die zur vertragsärztlichen Versorgung zugelassenen oder ermächtigten Leistungserbringer im Rahmen der onkologischen Nachsorge betreffenden Mindestanforderungen erfolgt durch die zuständige Kassenärztliche Vereinigung nach Maßgabe der folgenden Absätze.

(2) Bei den Qualitätsanforderungen in § 9 handelt es sich um die onkologische Nachsorge betreffende Mindestanforderungen.

(3) [1] Eine Versorgung von Patientinnen und Patienten im Rahmen der onkologischen Nachsorge innerhalb von 4 Wochen nach der CAR-T-Zell-Infusion setzt zum Zeitpunkt der erstmaligen Behandlung einer CAR-T-Zell-vorbehandelter Patientin bzw. eines CAR-T-Zell vorbehandelten Patienten eine unverzügliche Anzeige an die zuständige Kassenärztliche Vereinigung voraus. [2] Mit der Anzeige übermittelt der Leistungserbringer die für den Nachweis der Erfüllung der Mindestanforderungen erforderlichen einrichtungs- und personenbezogenen Daten anhand des Vordrucks der Checkliste in Anlage IV. [3] Anzeige und Nachweis können schriftlich oder in elektronischer Form unter Verwendung einer fortgeschrittenen elektronischen Signatur übermittelt werden. [4] In diesem Zusammenhang ist die Erfüllung von personellen und fachlichen Anforderungen durch Vorlage der Urkunde bzw. sonstiger Nachweise über die Berechtigung zum Führen der genannten Bezeichnungen nachzuweisen, soweit die Information der zuständigen Prüfstelle nicht bereits über das Arztregister zugänglich ist.

(4) Die Kassenärztliche Vereinigung bestätigt den Eingang von Anzeige und Nachweisen nach Absatz 3.

§ 16 Änderungsanzeige bei Nichterfüllung der Mindestanforderungen der onkologischen Nachsorge durch zur vertragsärztlichen Versorgung zugelassene oder ermächtigte Leistungserbringer nach § 9.

(1) Leistungserbringer sind bei Nichterfüllung der Mindestanforderungen verpflichtet, die zuständige Kassenärztliche Vereinigung unverzüglich über Änderungen der nach § 15 Absatz 3 übermittelten Daten zu informieren.

(2) [1] Neuaufnahmen CAR-T-Zell-vorbehandelter Patientinnen und Patienten sind bis zur Wiedererfüllung dieser Anforderungen dann zulässig, wenn eine anderweitige vertragsärztliche Versorgung durch zugelassene oder ermächtigte Leistungserbringer, in Hochschulambulanzen sowie im Rahmen nachstationärer Versorgung, die die Anforderungen dieses Beschlusses erfüllt, nicht möglich ist. [2] Gründe für die Dringlichkeit und die Unmöglichkeit der anderweitigen Versorgung sind nachweislich in der Patientenakte zu dokumentieren. [3] Die Kassenärztliche Vereinigung ist darüber unverzüglich zu informieren.

§ 17 Überprüfung der Einhaltung und vorübergehende Nichterfüllung der Mindestanforderungen im Rahmen der onkologischen Nachsorge durch Hochschulambulanzen oder nachstationäre Versorgung in den Räumen des Krankenhauses nach § 9. (1) Der Medizinische Dienst führt nach Maßgabe des folgenden Absatzes und der MD-QK-RL Kontrollen zur Einhaltung der Mindestanforderungen nach § 15 Absatz 2 durch.

(2) §§ 10 und 11 finden mit der Maßgabe der Verwendung des Vordrucks der Checkliste in Anlage IV entsprechende Anwendung.

§ 18 Folgen der Nichterfüllung von Qualitätsanforderungen.

(1) CAR-T-Zellen bei B-Zell-Neoplasien dürfen nicht von Leistungserbringern angewendet werden, die die Mindestanforderungen im Sinne der § 10 Absatz 2 und § 12 Absatz 1 nicht erfüllen.

(2) Die onkologische Behandlung von Patientinnen und Patienten im Zusammenhang mit der CAR-T-Zelltherapie bei B-Zell-Neoplasien darf nicht durch Leistungserbringer erfolgen, die die Mindestanforderungen nach § 15 Absatz 2 nicht erfüllen.

§ 19 Veröffentlichung und Transparenz. (1) Der Medizinische Dienst Bund erstattet dem Gemeinsamen Bundesausschuss nach § 16 des Teils A der MD-QK-RL jährlich einen Bericht über Umfang und Ergebnisse der nach §§ 10, 12 und 17 durchgeführten Qualitätskontrollen.

(2) Die Umsetzung der Regelungen nach §§ 3 bis 8 ist im strukturierten Qualitätsbericht entsprechend der Regelungen des Gemeinsamen Bundesausschusses zum Qualitätsbericht der zugelassenen Krankenhäuser darzustellen.

§ 20 Ausnahmetatbestand. Kann die Behandlungseinrichtung gegenüber dem Medizinischen Dienst bzw. den nach § 14 zuständigen Stellen nachweisen, dass die Fallzahlen der Behandlung von Patientinnen und Patienten der jeweiligen malignen Grunderkrankung oder der Zelltherapie erst zu einem späteren Zeitpunkt dokumentiert werden konnten und damit ein Zeitraum zur Grundlage der Beurteilung der Erfahrung gemacht werden würde, der weniger als drei volle Kalenderjahre umfasst, kann auch das laufende Kalenderjahr, in dem die CAR-T-Zell-Infusion durchgeführt wird, anteilig einbezogen werden um auf einen Gesamtzeitraum zu kommen, der drei volle Jahre umfasst.

§ 21 Übergangsregelung. Leistungserbringer, die bereits vor dem 17. September 2020 bei Patientinnen und Patienten CAR-T-Zelltherapien durchgeführt haben oder Versorgung in Form der onkologischen Nachsorge von Patientinnen und Patienten im Zusammenhang mit der CAR-T-Zelltherapie übernommen haben, müssen den Nachweis gemäß § 10 Absatz 3, § 15 Absatz 3 und § 17 Absatz 2 bis zum 17. März 2021 erbringen.

§ 22 Jährliche ICD-10-GM- und OPS-Anpassung. Der Unterausschuss Arzneimittel nimmt die durch die jährliche Aktualisierung der Internationalen statistischen Klassifikation der Krankheiten und verwandter Gesundheitsprobleme (ICD-10-GM) und des Operationen- und Prozedurenschlüssels (OPS) des Bundesinstituts für Arzneimittel und Medizinprodukte (BfArM) erforderlichen ICD-10-GM- und OPS-Anpassungen in § 1 Absatz 3 und § 5 sowie in den Anlagen I und II vor, soweit gemäß 1. Kapitel § 4 Absatz 2 Satz 2 der Verfahrensordnung des Gemeinsamen Bundesausschusses der Kerngehalt der Richtlinie nicht berührt wird.

§ 23 Evaluation. Der G-BA beabsichtigt die Umsetzung und Auswirkungen der Maßnahmen dieses Beschlusses auf die Versorgungsqualität bei der Anwendung von CAR-T-Zelltherapien frühestens ein Jahr nach Inkrafttreten zu evaluieren.

(Vom Abdruck der Anlagen wurde abgesehen)

536. Richtlinie des Gemeinsamen Bundesausschusses zur Zusammenführung der Anforderungen an strukturierte Behandlungsprogramme nach § 137 f Absatz 2 SGB V (DMP-Anforderungen-Richtlinie/DMP-A-RL)

In der Fassung vom 20. März 2014

(BAnz. AT vom 26.6.2014 B3; Inkrafttreten: 1.7.2014, ber. BAnz. AT 26.8.2014 B2)

Geändert durch Beschl. des G-BA vom 19.6.2014 (BAnz. AT vom 18.9.2014 B4; Inkrafttreten: 19.9.2014), durch Beschl. des G-BA vom 27.11.2015 (BAnz. AT vom 18.3.2016 B2; Inkrafttreten: 19.3.2016), durch Beschl. des G-BA vom 21.1.2016 (BAnz. AT vom 24.5.2016 B2; Inkrafttreten: 1.7.2016), durch Beschl. des G-BA vom 21.7.2016 (BAnz. AT vom 14.10.2016 B3; Inkrafttreten: 1.1.2017), durch Beschl. des G-BA vom 24.11.2016 (BAnz. AT vom 13.3.2017 B1; Inkrafttreten: 1.4.2017), durch Beschl. des G-BA vom 20.4.2017 (BAnz. AT vom 2.6.2017 B1; Inkrafttreten: 1.7.2017), durch Beschl. des G-BA vom 20.4.2017 (BAnz. AT vom 5.5.2017 B3; Inkrafttreten: 6.5.2017), durch Beschl. des G-BA vom 20.4.2017 (BAnz. AT vom 9.8.2017 B2; Inkrafttreten: 1.10.2017), durch Beschl. des G-BA vom 19.10.2017 (BAnz. AT vom 17.11.2017 B2; Inkrafttreten: 18.11.2017), durch Beschl. des G-BA vom 17.11.2017 (BAnz. AT vom 13.2.2018 B3; Inkrafttreten: 1.4.2018), durch Beschl. des G-BA vom 19.4.2018 (BAnz. AT vom 23.8.2018 B2; Inkrafttreten: 24.8.2018), durch Beschl. des G-BA vom 17.5.2018 (BAnz. AT vom 23.8.2018 B3; Inkrafttreten: 1.1.2019), durch Beschl. des G-BA vom 17.1.2019 (BAnz. AT vom 22.3.2019 B4; Inkrafttreten: 23.3.2019), durch Beschl. des G-BA vom 17.1.2019 (BAnz. AT vom 22.3.2019 B3; Inkrafttreten: 1.4.2019), durch Beschl. des G-BA vom 27.3.2020 (BAnz. AT vom 7.4.2020 B4; Inkrafttreten: 8.4.2020), durch Beschl. des G-BA vom 6.8.2020 (BAnz. AT vom 6.10.2020 B3; Inkrafttreten: 7.10.2020) und durch Beschl. des G-BA vom 17.12.2020 (BAnz. AT vom 14.1.2021 B4; Inkrafttreten: 1.1.2021)

§ 1 Gesetzliche Grundlagen und Regelungsgegenstand. (1) Diese Richtlinie regelt Anforderungen an die Ausgestaltung der strukturierten Behandlungsprogramme nach § 137f Absatz 2 SGB V[1] und die für ihre Durchführung zu schließenden Verträge, sofern die Programme in den Anlagen dieser Richtlinie geregelt sind.

(2) Die Regelungen der §§ 1 bis 7 gelten für alle strukturierten Behandlungsprogramme, die in den Anlagen dieser Richtlinie geregelt sind, sofern nichts Abweichendes bestimmt ist.

(3) In den Anlagen dieser Richtlinie wird Näheres zu den indikationsspezifischen Anforderungen an die Ausgestaltung der Verträge zu den strukturierten Behandlungsprogrammen geregelt.

(4) Neben dieser Richtlinie sind Anforderungen an die Ausgestaltung der strukturierten Behandlungsprogramme und die für ihre Durchführung zu schließenden Verträge in der Risikostruktur-Ausgleichsverordnung (RSAV) geregelt.

(5) Soweit die Regelungen dieser Richtlinie Inhalte der ärztlichen Therapie betreffen, schränken sie den zur Erfüllung des ärztlichen Behandlungsauftrags im Einzelfall erforderlichen ärztlichen Behandlungsspielraum nicht ein.

§ 2 Anforderungen an Qualitätssicherungsmaßnahmen. (1) [1] In den Verträgen zur Durchführung von strukturierten Behandlungsprogrammen sind

---

[1] **Aichberger, Sozialgesetzbuch, Nr. 5.**

Ziele und Maßnahmen für die Qualitätssicherung zu vereinbaren. [2]Strukturierte Behandlungsprogramme sind sektorenübergreifend angelegt, daher zielt auch die Qualitätssicherung auf einen sektorenübergreifenden Ansatz. [3]Die insoweit Zuständigen sind gleichberechtigt zu beteiligen.

(2) [1]Die Vertragspartner haben mindestens die in Nummer 2 der indikationsspezifischen Anlagen aufgeführten Qualitätsziele und Qualitätsindikatoren vertraglich festzulegen. [2]Darüber hinaus können weitere Qualitätsziele und Qualitätsindikatoren vereinbart werden. [3]Die Ergebnisse zu den vereinbarten Qualitätsindikatoren sind von den Vertragspartnern in der Regel jährlich zu veröffentlichen.

(3) Im Sinne der Patientensicherheit und der Qualitätssicherung vereinbaren die Vertragspartner auf der Grundlage der bereits bestehenden Qualitätssicherungsvereinbarungen in den jeweiligen Versorgungssektoren einheitliche Anforderungen an die Qualifikation der beteiligten Leistungserbringer und des medizinischen Personals, an die technische, apparative und gegebenenfalls räumliche Ausstattung sowie an die organisatorischen Voraussetzungen bei diagnostischen und therapeutischen Interventionen.

(4) [1]Im Rahmen der Verträge zu den strukturierten Behandlungsprogrammen sind Maßnahmen vorzusehen, die eine Erreichung der vereinbarten Ziele unterstützen. [2]Hierzu gehören insbesondere:

1. Maßnahmen mit Erinnerungs- und Rückmeldungsfunktionen für Versicherte und Leistungserbringer,
2. strukturiertes Feedback auf der Basis der Dokumentationsdaten für Leistungserbringer mit der Möglichkeit einer regelmäßigen Selbstkontrolle, gegebenenfalls ergänzt durch gemeinsame Aufarbeitung in strukturierten Qualitätszirkeln sowie
3. Maßnahmen zur Förderung einer aktiven Teilnahme und Eigeninitiative der Versicherten.

[3]Ihr Einsatz kann auf im Behandlungsprogramm zu spezifizierende Gruppen von Patientinnen und Patienten sowie Leistungserbringern beschränkt werden, die ein ausreichendes Verbesserungspotenzial erwarten lassen.

(5) [1]Die Krankenkasse informiert Leistungserbringer und Versicherte über Ziele und Inhalte der strukturierten Behandlungsprogramme. [2]Hierbei sind auch die vertraglich vereinbarten Versorgungsziele, Kooperations- und Überweisungsregeln, die zu Grunde gelegten Versorgungsaufträge und die geltenden Therapieempfehlungen transparent darzustellen. [3]Die Krankenkasse kann diese Aufgabe an Dritte übertragen.

(6) [1]Im Rahmen der Verträge sind außerdem strukturierte Verfahren zur besonderen Beratung von Versicherten durch die Krankenkassen oder von ihnen beauftragten Dritten vorzusehen, deren Verlaufsdokumentation Hinweise auf mangelnde Unterstützung des strukturierten Behandlungsprozesses durch die Versicherten enthält. [2]Es sind zudem Regelungen zur Auswertung der für die Durchführung der Qualitätssicherung erforderlichen Daten zu treffen. [3]Hierbei sind die Dokumentationsdaten nach § 137 f Absatz 2 Satz 2 Nummer 5 SGB V[1] einzubeziehen; darüber hinaus können auch die Leistungsdaten der Krankenkassen einbezogen werden. [4]Im Rahmen der Verträge sind wirksame Sanktionen vorzusehen, wenn die Partner der zur Durchfüh-

---

[1] **Aichberger, Sozialgesetzbuch, Nr. 5.**

rung strukturierter Behandlungsprogramme geschlossenen Verträge gegen die im Programm festgelegten Anforderungen verstoßen.

§ 2a Anforderungen an die Qualitätsberichte der Krankenkassen.

(1) Die Qualitätsberichte der Krankenkassen oder ihrer Verbände gemäß § 137f Absatz 4 SGB V[1] haben folgende Angaben zu enthalten, wobei die Darstellung kassenspezifisch erfolgt:

a) Zweck und Hintergrund: Bericht gemäß § 137f Absatz 4 Satz 2 SGB V auf der Grundlage der DMP-Anforderungen-Richtlinie

b) Name der jeweiligen Krankenkasse sowie ggf. des Dienstleisters

c) Indikationsbereich: jeweilige Indikation, auf die sich der Bericht bezieht

d) Räumlicher Geltungsbereich: jeweils für die Region, für die von der Krankenkasse ein zugelassenes DMP angeboten wird. Sofern eine Krankenkasse für mehrere Regionen eine Zulassung hat, kann der Bericht über die Regionen zusammengefasst werden. Dabei ist je Region zu kennzeichnen, wenn das DMP weniger als 12 Monate angeboten wurde.

e) Berichtszeitraum: ein Kalenderjahr

f) Zahl der teilnehmenden Versicherten: maßgeblich ist der 31. Dezember des Jahres, für den der Bericht erstellt wird

g) Weitere optionale Aussagen, wie z.B. die Altersverteilung der teilnehmenden Versicherten oder die Art des Datenflusses

h) Qualitätsziele, Qualitätsindikatoren und Qualitätssicherungsmaßnahmen: Darstellung der vertraglich vereinbarten, durch die Krankenkassen gegenüber den am Programm teilnehmenden Versicherten durchzuführenden Qualitätssicherungsmaßnahmen sowie der dazu zugrunde liegenden Qualitätsziele und -Indikatoren in allgemeinverständlicher Form.
Hierzu gehören insbesondere:
   aa) Maßnahmen mit Erinnerungs- und Rückmeldungsfunktionen (zum Beispiel Remindersysteme) für Versicherte,
   bb) Maßnahmen zur Förderung einer aktiven Teilnahme und Eigeninitiative der Versicherten,
   cc) Sicherstellung einer systematischen, aktuellen Information für eingeschriebene Versicherte.
   Die Darstellung umfasst die Beschreibung der Qualitätssicherungsmaßnahme, die Angabe des zugrunde liegenden Qualitätsziels und die Anzahl der DMP-Teilnehmer, die mit der Maßnahme im Berichtsjahr versorgt wurde. Falls ein Qualitätsindikator und ein Zielwert bzw. ein Zielwertbereich vereinbart wurden, sind diese ebenfalls mit der Angabe des im Berichtsjahr erreichten Wertes zu berichten. Alle Inhalte und Ergebnisse sind allgemeinverständlich darzustellen. Den Krankenkassen steht frei, zusätzlich zu den vertraglich vereinbarten weitere im Programm vorgesehene Qualitätssicherungsmaßnahmen darzustellen.

i) Beendigung der Teilnahme: Anzahl der Versicherten, die ihre Teilnahme im Berichtszeitraum beendeten (Anzahl der Beendigungen insgesamt sowie nach KV-Bereich)

j) Gründe der Beendigung der Teilnahme: Tod, Ende Mitgliedschaft bei der Krankenkasse, Beendigung der Teilnahme durch den Versicherten, fehlende

[1] **Aichberger, Sozialgesetzbuch, Nr. 5.**

aktive Teilnahme des Versicherten (zwei fehlende aufeinander folgende Dokumentationen, zwei nicht wahrgenommene Schulungen innerhalb von 12 Monaten)

(2) [1]Die Übermittlung des Berichts an das Bundesversicherungsamt hat durch die Krankenkasse oder durch einen von ihr beauftragten Dritten bis spätestens zum 1. Oktober des auf das Berichtsjahr folgenden Jahres zu erfolgen. [2]Die Krankenkassen haben den Bericht zeitnah in geeigneter Form der Öffentlichkeit zugänglich zu machen. [3]Das erste Berichtsjahr ist das Jahr, in dem diese Regelung in Kraft tritt.

§ 3 Anforderungen an die Einschreibung des Versicherten in ein Programm. (1) Die allgemeinen Voraussetzungen für die Einschreibung Versicherter sind:
- die schriftliche Bestätigung der gesicherten Diagnose durch die behandelnde Ärztin oder den behandelnden Arzt jeweils gemäß Nummer 1.2 in der zur Anwendung kommenden Anlage,
- die schriftliche Einwilligung in die Teilnahme und die damit verbundene Verarbeitung ihrer Daten sowie die Dauer der Aufbewahrung und
- die umfassende, auch schriftliche Information der Versicherten über die Programminhalte, über die mit der Teilnahme verbundene Verarbeitung ihrer Daten sowie die Dauer der Aufbewahrung, insbesondere darüber, dass Befunddaten an die Krankenkasse übermittelt werden und von ihr im Rahmen des Vertrags des strukturierten Behandlungsprogramms verarbeitet und genutzt werden können und dass in den Fällen des § 28 f Absatz 2 RSAV die Daten zur Pseudonymisierung des Versichertenbezugs einer Arbeitsgemeinschaft oder von dieser beauftragten Dritten übermittelt werden können, über die Aufgabenverteilung und Versorgungsziele, die Freiwilligkeit ihrer Teilnahme, die Möglichkeit des Widerrufs ihrer Einwilligung, ihre Mitwirkungspflichten sowie darüber, wann eine fehlende Mitwirkung das Ende der Teilnahme an dem Programm zur Folge hat.

(2) Die Versicherten bestätigen mit ihrer Teilnahmeerklärung, dass sie im Einzelnen
- die Programm- und Versorgungsziele kennen und an ihrer Erreichung mitwirken werden,
- die Aufgabenteilung der Versorgungsebenen kennen und unterstützen werden,
- auf die Möglichkeit, eine Liste der verfügbaren Leistungsanbieter zu erhalten, hingewiesen worden sind,
- über die Freiwilligkeit ihrer Teilnahme, die Möglichkeit des Widerrufs ihrer Einwilligung, ihre Mitwirkungspflichten und die Folgen fehlender Mitwirkung informiert worden sind sowie
- über die mit ihrer Teilnahme an dem Programm verbundene Verarbeitung ihrer Daten sowie die Dauer der Aufbewahrung informiert worden sind, insbesondere über die Möglichkeit einer Übermittlung von Befunddaten an die Krankenkasse zum Zweck der Verarbeitung und Nutzung im Rahmen des Vertrags des strukturierten Behandlungsprogramms und dass in den Fällen des § 28f Absatz 2 RSAV die Daten zur Pseudonymisierung des Versichertenbezugs einer Arbeitsgemeinschaft oder von dieser beauftragten Dritten übermittelt werden können.

(3) Die speziellen Anforderungen an die Einschreibung von Versicherten in ein Programm werden in der jeweiligen Anlage dieser Richtlinie geregelt.

(4) Die Regelungen des § 28d RSAV bleiben unberührt.

§ 4 Anforderungen an die Schulungen der Leistungserbringer und der Versicherten. (1) [1] In den Verträgen sind Regelungen über die Schulung von Versicherten und Leistungserbringern vorzusehen. [2] Die Durchführung der entsprechenden Schulungen ist mit den beteiligten Leistungserbringern oder Dritten zu vereinbaren.

(2) [1] Schulungen der Leistungserbringer dienen der Erreichung der vertraglich vereinbarten Versorgungsziele. [2] Die Inhalte der Schulungen zielen unter anderem auf die vereinbarten Management-Komponenten, insbesondere bezüglich der sektorenübergreifenden Zusammenarbeit und der Einschreibekriterien ab. [3] Die Vertragspartner definieren Anforderungen an die für die Verträge der strukturierten Behandlungsprogramme relevante regelmäßige Fortbildung teilnehmender Leistungserbringer. [4] Sie können die dauerhafte Mitwirkung der Leistungserbringer von entsprechenden Teilnahmenachweisen abhängig machen.

(3) [1] Patientenschulungen dienen insbesondere der Befähigung der Versicherten zur besseren Bewältigung des Krankheitsverlaufs und zur selbstverantwortlichen Umsetzung wesentlicher Therapiemaßnahmen. [2] Der bestehende Schulungsstand der Versicherten ist zu berücksichtigen. [3] Schulungsprogramme müssen gegenüber dem Bundesversicherungsamt benannt und ihre Ausrichtung an den Therapiezielen und an den medizinischen Inhalten der jeweils betroffenen Anlagen dieser Richtlinie belegt werden. [4] Die Qualifikation der Leistungserbringer ist sicherzustellen. [5] Das Nähere zu den Anforderungen an die Patientenschulungen ist in den jeweiligen Anlagen geregelt.

(4) Die Teilnahme an Schulungen kann für Patientinnen und Patienten im Jahr 2020 und solange der deutsche Bundestag gemäß § 5 Absatz 1 des Infektionsschutzgesetzes eine epidemische Lage von nationaler Tragweite festgestellt hat, ausgesetzt werden.

§ 5 Anforderungen an die Dokumentation einschließlich der für die Durchführung der Programme erforderlichen personenbezogenen Daten und deren Aufbewahrungsfristen. (1) [1] Die Inhalte der Dokumentation zu den strukturierten Behandlungsprogrammen sind in den Anlagen dieser Richtlinie geregelt. [2] Die quartalsbezogene Dokumentation ist für das erste bis vierte Quartal und bis zum letzten Tag des Quartals, in dem die Feststellung des Deutschen Bundestags gemäß § 5 Absatz 1 des Infektionsschutzgesetzes über eine epidemische Lage von nationaler Tragweite endet, nicht erforderlich, soweit sie sich auf Untersuchungen an der Patientin und an dem Patienten bezieht, die aufgrund der Vermeidung einer Ansteckung mit COVID-19 nicht durchgeführt werden und nicht durch telemedizinischen Kontakt durch den Leistungserbringer erhoben werden kann.

(2) In den Verträgen ist vorzusehen, dass die Dokumentationen einschließlich der für die Durchführung der strukturierten Behandlungsprogramme erforderlichen personenbezogenen Daten von den jeweils verantwortlichen Stellen oder von diesen beauftragten Dritten entsprechend ihres Verwendungszweckes nach § 28f Abs. 1 Nr. 1 RSAV in Verbindung mit § 137f SGB V aufzubewahren und nach Ablauf der nachfolgend aufgeführten jeweiligen Frist

unverzüglich, spätestens innerhalb eines Zeitraums von sechs Monaten, zu löschen sind:

a) bei den Krankenkassen und den für die Durchführung der Programme beauftragten Dritten zur Erfüllung der in § 28f Abs. 1 Nummer 1 RSAV sowie § 137f Abs. 4 SGB V in Verbindung mit §§ 2 und 6 DMP-A-RL beschriebenen Aufgaben höchstens für die Dauer von 10 Jahren nach Beendigung der Teilnahme, beginnend mit dem auf das Ende der Teilnahme folgenden Kalenderjahr
b) bei den von den Vertragspartnern beauftragten Datenstellen für die Dauer von 12 Jahren, beginnend mit dem auf das jeweilige Erfassungsjahr der Dokumentation folgenden Kalenderjahr
c) zur Durchführung der Evaluation nach § 137f Abs. 4 SGB V in Verbindung mit § 6 der DMP-Anforderungen Richtlinie bei dem vom Bundesversicherungsamt bestellten unabhängigen Sachverständigen für die unter Buchstabe a) genannte Frist pseudonymisiert, mit Ausnahme der im Rahmen der bis zum 31.12.2011 durchzuführenden Evaluation gespeicherten Lebensqualitätsfragebögen und die von der Krankenkasse an das Evaluationsinstitut übermittelten ökonomischen Daten
d) zur Durchführung der ärztlichen Qualitätssicherungsmaßnahmen bei der von den Mitgliedern der Arbeitsgemeinschaft nach § 219 SGB V gebildeten Gemeinsamen Einrichtung nach § 28f Abs. 2 S. 1 Nr. 1c RSAV oder – soweit die Bildung einer Arbeitsgemeinschaft im Programm nicht vorgesehen ist – der Krankenkasse solange, wie sie für den Verwendungszweck gemäß § 137f Absatz 2 Satz 2 Nummer 2 SGB V erforderlich sind.

(3) Soweit weitergehende gesetzliche Bestimmungen oder Rechtsverordnungen abweichende Vorgaben zur Aufbewahrung regeln oder die Möglichkeit einer Verlängerung der Aufbewahrungsfrist vorsehen, sind diese vorrangig zu beachten.

(4) [1] Die in Absatz 2 geregelten Aufbewahrungsfristen gelten nicht für Leistungserbringer. [2] Für diese finden die gesetzlichen Bestimmungen, insbesondere die berufsrechtlichen Bestimmungen, Anwendung.

(5) Soweit die jeweils verantwortlichen Stellen oder von diesen beauftragte Dritte nicht unmittelbar durch diese Richtlinie gebunden sind, haben die Vertragspartner zur Durchführung von strukturierten Behandlungsprogrammen durch entsprechende vertragliche Festlegungen die Bindung an die Inhalte dieser Richtlinie sicherzustellen.

§ 6 Anforderungen an die Bewertung der Auswirkungen der Versorgung in den Programmen (Evaluation). (1) [1] Dieser Paragraph regelt die Anforderungen an die Evaluation und löst die nach § 321 Satz 4 SGB V[1] geltenden Anforderungen des § 28g RSAV in der bis zum 31. Dezember 2011 geltenden Fassung ab. [2] Die medizinischen Evaluationsparameter werden in der jeweiligen Nummer 5 der Anlagen dieser Richtlinie normiert. [3] Mit dem Inkrafttreten der jeweiligen indikationsspezifischen Regelung zur Evaluation findet eine durchgängige Evaluation statt, da Grundlage für die medizinischen Evaluationsparameter in der jeweiligen Anlage die fortlaufende Dokumentation ist und der erste Evaluationszeitraum nach dieser Richtlinie auch den Zeitraum seit der letzten Evaluation umfasst.

---

[1] **Aichberger, Sozialgesetzbuch, Nr. 5.**

(2) [1]Die Evaluation soll dem G-BA insbesondere Erkenntnisse für die Überprüfung und Weiterentwicklung der Vorgaben an die Behandlung in den Programmen liefern. [2]Dieses Ziel soll grundsätzlich durch zwei Bestandteile der Evaluation erreicht werden:

1. Eine regelmäßige Berichterstattung über relevante Parameter der Versorgung innerhalb der für dieselbe Krankheit zugelassenen Programme.
2. Ein Vergleich der Versorgung von Patienten innerhalb der für dieselbe Krankheit zugelassenen Programme mit Patienten, die außerhalb der Programme versorgt werden.

(3) Für die Evaluationsberichte nach Absatz 2 Satz 2 Nummer 1 gelten die folgenden Anforderungen:

1. Die auf Bundesebene aggregierten Evaluationsergebnisse sind kassenartenübergreifend, für jede nach dieser Richtlinie geregelte Indikation zu erstellen und in einem Evaluationsbericht darzustellen.
2. [1]Der Beginn des Evaluationszeitraums ist der Beginn des jeweiligen DMP (Zeitpunkt der frühesten Zulassung eines DMP in Deutschland). [2]Der Evaluationszeitraum für den erstmalig zu erstellenden Evaluationsbericht endet am 31. Dezember des Jahres des Inkrafttretens der jeweiligen indikationsspezifischen Anlage. [3]Die Analysen sowie der Bericht sind alle 36 Monate zu aktualisieren, das heißt das Ende des Evaluationszeitraums der Folgeberichte verschiebt sich um jeweils 36 Monate. [4]Dies entspricht dem Bewertungszeitraum nach § 137g Absatz 3 Satz 2 SGB V. [5]Abweichungen vom Evaluationszeitraum und somit vom Bewertungszeitraum können in den indikationsspezifischen Anlagen geregelt werden. [6]Der Bericht ist durch die Krankenkassen bzw. deren Verbände oder von ihnen beauftragten Dritten spätestens 18 Monate nach Ende des jeweiligen Evaluationszeitraums zu veröffentlichen und dem G-BA zur Kenntnis zu geben.
3. Im Evaluationsbericht sind mindestens folgende Inhalte darzustellen:
   a) Fragestellung gemäß Nummer 3 Buchstabe d
   b) Auswertungsmethodik
   c) Beschreibung der Datengrundlagen
      I. Anzahl der datenliefernden Krankenkassen
      II. Patientenzahlen und -merkmale:
         – Anzahl der Versicherten, die seit Einführung des jeweiligen Programms eingeschrieben sind bzw. waren, mit Differenzierung nach Alter und Geschlecht
         – Anzahl der verbleibenden Teilnehmer zum Ende des Beobachtungszeitraums
         – Durchschnittliche Beobachtungsdauer
      III. Anzahl der teilnehmenden Ärztinnen und Ärzte bzw. stationären Einrichtungen
   d) Auswertungen der medizinischen Evaluationsparameter entsprechend der Festlegung in den indikationsspezifischen Anlagen.
4. [1]Für die Erstellung des Berichtes wird im Sinne einer dynamischen Kohorte der Verlauf aller Versicherten, in dem nach Absatz 3 Nummer 2 beschriebenen Zeitraum, untersucht. [2]Der Beginn des für jeden Versicherten auszuwertenden Beobachtungszeitraums ist das Einschreibedatum in das DMP. [3]Der Beobachtungszeitraum endet mit dem gemäß Absatz 3 Nummer 2 festge-

legten Ende des Evaluationszeitraums bzw. mit dem Ausscheiden des Versicherten aus dem Programm. [4]Die medizinischen Evaluationsparameter sind in Abhängigkeit von der Dauer der Programmteilnahme darzustellen.

5. In den indikationsspezifischen Anlagen können ggf. weitere Differenzierungen in der Auswertung z. B. nach Regionen oder Populationen geregelt werden.
6. [1]Die für die Auswertung und Berichtserstellung erforderlichen medizinischen Daten der Dokumentationen nach § 5 dieser Richtlinie sowie die für die Darstellung der nach Absatz 3 Nummer 3 Buchstabe c II und III erforderlichen administrativen Daten werden von den Krankenkassen bzw. deren Verbänden oder den von ihnen beauftragten Dritten dem unabhängigen Sachverständigen nach § 137f Absatz 4 Satz 1 SGB V (Evaluator) in pseu-donymisierter Form übermittelt. [2]Einzelheiten zur Datenübermittlung (Zeitpunkt, Format etc.) werden zwischen den Krankenkassen bzw. deren Verbänden oder den von ihnen beauftragten Dritten und dem Evaluator abgestimmt.

(4) [1]Der Evaluator muss die fachlichen, personellen und technischen Voraussetzungen erfüllen, um die Evaluation entsprechend den in dieser Richtlinie vorgegebenen Anforderungen durchführen zu können. [2]Der Evaluator hat schriftlich sämtliche wirtschaftlichen Kontakte der letzten drei Jahre offen darzulegen sowie schriftlich zu bestätigen, dass keine personellen Beteiligungen seitens der Krankenkassen und Leistungserbringer an den Organen der Geschäftsführung oder des Aufsichtsrates des Evaluators bestehen sowie dass eine wirtschaftliche Unabhängigkeit besteht.

(5) [1]Die Ergebnisse der Evaluation fließen in die Weiterentwicklung der Vorgaben an die Behandlung in den Programmen ein. [2]Darüber hinaus dienen sie auch dazu, die Evaluationskriterien weiter zu entwickeln.

(6) Die an den strukturierten Behandlungsprogrammen gemäß § 137f SGB V teilnehmenden Krankenkassen sind verpflichtet, sich an der Evaluation gemäß den Vorgaben dieser Richtlinie zu beteiligen.

§ 7 Patientenzentrierte Vorgehensweise. [1]Eines der Kernanliegen der Verträge zu den strukturierten Behandlungsprogrammen ist eine aktive Einbindung der Patientin bzw. des Patienten in den Behandlungsverlauf. [2]Vor Durchführung diagnostischer und therapeutischer Maßnahmen soll mit der Patientin bzw. dem Patienten ausführlich über die Erkrankung, die möglichen Maßnahmen und deren Auswirkungen, sowie über mögliche zielführende Verhaltensoptionen der Patientin bzw. des Patienten selbst gesprochen werden. [3]Entscheidungen über die jeweiligen Behandlungsschritte sollten im Gespräch mit der informierten Patientin bzw. dem informierten Patienten erfolgen. [4]Dieser Prozess soll durch eine auf die Patientin bzw. den Patienten abgestimmte, neutrale Informationsvermittlung unterstützt werden. [5]Ein angemessenes Eingehen auf ihre bzw. seine psychosoziale Situation und emotionale Befindlichkeit, somit also eine patientenzentrierte Vorgehensweise, soll erfolgen. [6]Dabei ist auch das Recht der Patientinnen und Patienten, eine gemeinsame Entscheidungsfindung nicht in Anspruch zu nehmen, zu berücksichtigen. [7]Auf die Möglichkeit der Unterstützung durch geeignete flankierende Maßnahmen (z. B. Selbsthilfe) soll hingewiesen werden. [8]Diese patientenzentrierte Vorgehensweise soll die Adhärenz (das Ausmaß, in dem das Verhalten einer Patientin/eines Patienten mit den Behandlungswegen und -zielen übereinstimmt, die er zuvor mit dem Arzt gemeinsam beschlossen hat) fördern.

Anlagen

Anlage 1: Diabetes mellitus Typ 2 – Anforderungen an strukturierte Behandlungsprogramme

Anlage 2: Indikationsübergreifende Dokumentation (ausgenommen Brustkrebs)

Anlage 3: Brustkrebs – Anforderungen an strukturierte Behandlungsprogramme

Anlage 4: Brustkrebs – Dokumentation

Anlage 5: Koronare Herzkrankheit – Anforderungen an strukturierte Behandlungsprogramme

Anlage 6: Koronare Herzkrankheit – Dokumentation

Anlage 7: Diabetes mellitus Typ 1 – Anforderungen an strukturierte Behandlungsprogramme

Anlage 8: Diabetes mellitus Typ 1 und Typ 2 – Dokumentation

Anlage 9: Asthma bronchiale – Anforderungen an das strukturierte Behandlungsprogramm (ab dem vollendeten 1. Lebensjahr)

Anlage 10: Asthma bronchiale – Dokumentation

Anlage 11: Chronische obstruktive Lungenerkrankungen – Anforderungen an das strukturierte Behandlungsprogramm

Anlage 12: Chronische obstruktive Lungenerkrankung – Dokumentation

Anlage 13: Chronische Herzinsuffizienz – Anforderungen an strukturierte Behandlungsprogramme

Anlage 14: Herzinsuffizienz – Dokumentation

Anlage 15: Chronischer Rückenschmerz – Anforderungen an strukturierte Behandlungsprogramme

Anlage 16: Chronischer Rückenschmerz – Dokumentation

Anlage 17: Depression – Anforderungen an strukturierte Behandlungsprogramme

Anlage 18: Depression – Dokumentation

Anlage 19: Osteoporose – Anforderungen an strukturierte Behandlungsprogramme

Anlage 20: Osteoporose – Dokumentation

(Vom Abdruck der Anlagen wurde abgesehen)

537. Richtlinie des Gemeinsamen Bundesausschusses über die ambulante spezialfachärztliche Versorgung nach § 116b des Fünften Buches Sozialgesetzbuch (SGB V) (Richtlinie ambulante spezialfachärztliche Versorgung § 116b SGB V – ASV-RL)

Vom 21. März 2013

(BAnz. AT vom 19.7.2013 B1; Inkrafttreten: 20.7.2013)

Geänd. durch Beschl. des G-BA vom 19.12.2013 (BAnz. AT vom 7.3.2014 B2; Inkrafttreten: 8.3.2014), durch Beschl. des G-BA vom 19.12.2013 (BAnz. AT vom 23.4.2014 B1; Inkrafttreten: 24.4.2014), durch Beschl. des G-BA vom 20.2.2014 (BAnz. AT vom 25.7.2014 B1; Inkrafttreten: 26.7.2014), durch Beschl. des G-BA vom 22.1.2015 (BAnz. AT vom 29.6.2015 B2; Inkrafttreten: 30.6.2015), durch Beschl. des G-BA vom 18.6.2015 (BAnz. AT vom 2.9.2015 B 5;Inkrafttreten: 3.9.2015), durch Beschl. des G-BA vom 17.12.2015 (BAnz. AT vom 28.7.2016 B3; Inkrafttreten: 29.7.2016), durch Beschl. des G-BA vom 19.5.2016 (BAnz. AT vom 25.8.2016 B1; Inkrafttreten: 26.8.2016), durch Beschl. des G-BA vom 16.3.2018 (BAnz. AT vom 22.6.2018 B1; Inkrafttreten: 23.6.2018), durch Beschl. des G-BA vom 22.3.2019 (BAnz. AT vom 23.8.2019 B3; Inkrafttreten: 24.8.2019) und durch Beschl. des G-BA vom 20.3.2020 (BAnz. AT vom 23.7.2020 B1; Inkrafttreten: 24.7.2020)

§ 1 Rechtsgrundlage und Geltungsbereich. (1) Diese Richtlinie regelt auf der Grundlage von § 116b Absatz 4 SGB V[1)] das Nähere zur ambulanten spezialfachärztlichen Versorgung (ASV), die durch Leistungserbringer nach § 116b Absatz 2 Satz 4 SGB V erfolgt.

(2) [1]Die Konkretisierung für die Erkrankungen und die hochspezialisierten Leistungen erfolgt für

1. Erkrankungen mit besonderen Krankheitsverläufen gemäß § 116b Absatz 1 Satz 2 Nummer 1 Buchstabe a und b SGB V in Anlage 1.1,
2. schwere Verlaufsformen von Erkrankungen mit besonderen Krankheitsverläufen gemäß § 116b Absatz 1 Satz 2 Nummer 1 Buchstabe c bis i SGB V in Anlage 1.2,
3. seltene Erkrankungen und Erkrankungszustände mit entsprechend geringen Fallzahlen gemäß § 116b Absatz 1 Satz 2 Nummer 2 SGB V in Anlage 2 und
4. hochspezialisierte Leistungen gemäß § 116b Absatz 1 Satz 2 Nummer 3 SGB V in Anlage 3.

[2]In den Anlagen werden insbesondere die einbezogenen Erkrankungen, der Behandlungsumfang, die personellen und sächlichen Anforderungen sowie das Überweisungserfordernis geregelt. [3]Für die Ermittlung der in § 116b Absatz 6 Satz 9 und Absatz 8 Satz 1 und 2 SGB V aufgeführten Fristen ist das Inkrafttreten der jeweiligen Beschlussfassungen zu den in den Anlagen jeweils aufgeführten Erkrankungen bzw. hochspezialisierten Leistungen maßgeblich.

(3) Das Verfahren zur Ergänzung des Kataloges gemäß § 116b Absatz 5 SGB V richtet sich nach der Verfahrensordnung des Gemeinsamen Bundesausschusses.

(4) Soweit sich die Vorschriften in dieser Richtlinie auf Fachärztinnen und Fachärzte beziehen, gelten sie für Zahnärztinnen und Zahnärzte und Psycho-

[1)] **Aichberger, Sozialgesetzbuch, Nr. 5.**

therapeutinnen und Psychotherapeuten entsprechend, sofern nichts Abweichendes bestimmt ist.

(5) Die Bestimmungen der §§ 2 bis 15 gelten, soweit in den Anlagen keine abweichende Regelung getroffen ist.

§ 2 Berechtigte Leistungserbringer („ASV-Berechtigte"). (1) [1]Die Leistungen zur ambulanten spezialfachärztlichen Versorgung können an der vertragsärztlichen Versorgung teilnehmende Leistungserbringer und nach § 108 SGB V[1)] zugelassene Krankenhäuser erbringen, soweit sie die Anforderungen und Voraussetzungen dieser Richtlinie erfüllen (ASV-Berechtigte). [2]Die ASV erfordert regelmäßig die Zusammenarbeit in einem interdisziplinären Team, sofern die Anlagen nichts Abweichendes regeln. [3]Soweit eine Kooperation nach § 116b Absatz 4 Satz 10 SGB V oder zur Erfüllung der personellen oder sächlichen Anforderungen erforderlich ist, bleibt ASV-Berechtigter im Sinne dieser Richtlinie der einzelne Leistungserbringer, der seine ASV-Leistungen im Rahmen der Kooperation eigenständig erbringt.

(2) [1]Die Leistungserbringer haben die Erfüllung sämtlicher Anforderungen und Voraussetzungen dieser Richtlinie gegenüber dem für das Anzeigeverfahren zuständigen erweiterten Landesausschuss nach § 116b Absatz 3 Satz 1 SGB V anzuzeigen. [2]Hierzu zählt unter anderem der Nachweis vertraglicher Vereinbarungen über Kooperationen gemäß § 116b Absatz 4 Satz 10 SGB V oder von Kooperationen, die zur Erfüllung der personellen und sächlichen Anforderungen ggf. erforderlich sind. [3]Leistungserbringer, die zur Erfüllung der personellen und sächlichen Anforderungen gemäß §§ 3 und 4 kooperieren, sollen gemeinsam gegenüber dem erweiterten Landesausschuss nach § 116b Absatz 3 Satz 1 SGB V ihre Teilnahme an der ambulanten spezialfachärztlichen Versorgung anzeigen. [4]Die Teamleitung sowie die übrigen Mitglieder des Kernteams nach § 3 Absatz 2 sind namentlich zu benennen. [5]Für die hinzuzuziehenden Fachärztinnen und Fachärzte ist auch eine institutionelle Benennung als Beleg ausreichend. [6]Berechtigte Leistungserbringer haben bei der Meldung ihrer Teilnahme an der ambulanten spezialfachärztlichen Versorgung nach § 116b Absatz 2 Satz 7 SGB V gegenüber den Landesverbänden der Krankenkassen und den Ersatzkassen, der Kassenärztlichen Vereinigung und der Landeskrankenhausgesellschaft neben der Angabe des Erkrankungs- und Leistungsbereichs, auf den sich die Berechtigung erstreckt, die Teamleitung sowie die übrigen Mitglieder des Kernteams nach § 3 Absatz 2 namentlich zu benennen. [7]Die hinzuzuziehenden Fachärztinnen und Fachärzte sind bei dieser Mitteilung namentlich oder institutionell zu benennen.

(3) [1]Die Teilnahme an der spezialfachärztlichen Versorgung endet durch Verzicht oder mit dem Ende der entsprechenden vertragsarztrechtlichen bzw. krankenhausrechtlichen Zulassung. [2]Das Ausscheiden ist dem erweiterten Landesausschuss nach § 116b Absatz 3 Satz 1 SGB V anzuzeigen. [3]Soweit ein Mitglied des interdisziplinären Teams nach § 3 ausscheidet, ist dieses innerhalb von sieben Werktagen dem erweiterten Landesausschuss nach § 116b Absatz 3 Satz 1 SGB V anzuzeigen. [4]Sofern das ausscheidende Mitglied zur Erfüllung der personellen Voraussetzungen erforderlich ist, ist innerhalb von sechs Monaten ein neues Mitglied gegenüber dem erweiterten Landesausschuss nach § 116b Absatz 3 Satz 1 SGB V zu benennen. [5]Bis zur Benennung des neuen

---

[1)] **Aichberger, Sozialgesetzbuch, Nr. 5.**

Mitglieds ist die Versorgung durch eine Vertretung sicherzustellen. [6]Ist innerhalb der sechs Monate keine Nachbesetzung erfolgt, liegen die personellen Voraussetzungen zur Leistungserbringung nach § 116b SGB V unmittelbar mit Ablauf der sechs Monate für alle Mitglieder des interdisziplinären Teams nicht mehr vor; die Anzeige gegenüber dem erweiterten Landesausschuss nach § 116b Absatz 3 Satz 1 SGB V hat innerhalb von drei Werktagen nach Ablauf der sechs Monate zu erfolgen.

(4) [1]Zwischen den Mitgliedern des Kernteams gemäß § 3 Absatz 2 Satz 3 dieser Richtlinie besteht für die ambulante spezialfachärztliche Versorgung einer ASV-Patientin bzw. eines ASV-Patienten kein Überweisungserfordernis. [2]Die hinzuzuziehenden Fachärztinnen und Fachärzte gemäß § 3 Absatz 2 Satz 1 erbringen ihre Leistungen als ASV-Berechtigte entsprechend dem jeweiligen Behandlungsumfang auf Überweisung (Definitions- oder Indikationsauftrag).

(5) [1]Die ambulante spezialfachärztliche Versorgung im Krankenhaus ist hinsichtlich der in den Anlagen 1.1, 1.2 und 2 genannten Diagnosen zulässig, bei denen das nach § 108 SGB V zugelassene Krankenhaus stationäre Leistungen erbringen darf. [2]Vertragsärztinnen und Vertragsärzte dürfen nur in dem Fachgebiet bzw. Schwerpunkt in der ambulanten spezialfachärztlichen Versorgung tätig werden, mit dem sie auch zur vertragsärztlichen Versorgung zugelassen sind.

§ 3 Personelle Anforderungen. (1) [1]Die Teilnahme an der ambulanten spezialfachärztlichen Versorgung setzt eine spezielle Qualifikation und soweit in den Anlagen nichts Abweichendes geregelt ist, eine Zusammenarbeit in einem interdisziplinären Team voraus. [2]Die interdisziplinäre Zusammenarbeit kann auch im Rahmen von vertraglich vereinbarten Kooperationen erfolgen.

(2) [1]Das interdisziplinäre Team besteht aus einer Teamleiterin oder einem Teamleiter (Teamleitung), dem Kernteam und bei medizinischer Notwendigkeit zeitnah hinzuzuziehenden Fachärztinnen und Fachärzten. [2]Die Teamleitung hat die Aufgabe, die spezialfachärztliche Versorgung der Patientinnen und Patienten fachlich und organisatorisch zu koordinieren und gehört dem Kernteam an. [3]Die Mitglieder des Kernteams sind Fachärztinnen und Fachärzte, deren Kenntnisse und Erfahrungen zur Behandlung in der Regel eingebunden werden müssen. [4]Sie müssen die spezialfachärztlichen Leistungen am Tätigkeitsort der Teamleitung oder zu festgelegten Zeiten mindestens an einem Tag in der Woche am Tätigkeitsort der Teamleitung anbieten. [5]An immobile Apparate gebundene Leistungen sowie die Aufbereitung und Untersuchung von bei Patientinnen und Patienten entnommenem Untersuchungsmaterial sind von den Regelungen nach Satz 4 ausgenommen. [6]Der Ort der Leistungserbringung für direkt an der Patientin oder an dem Patienten zu erbringende Leistungen nach Satz 5 muss dennoch in angemessener Entfernung (in der Regel in 30 Minuten) vom Tätigkeitsort der Teamleitung erreichbar sein. [7]Die hinzuzuziehenden Fachärztinnen und Fachärzte sind solche, deren Kenntnisse und Erfahrungen in Abhängigkeit vom jeweiligen Krankheitsverlauf typischerweise bei einem Teil der Patientinnen und Patienten ergänzend benötigt werden. [8]Ihr Tätigkeitsort für direkt an der Patientin oder an dem Patienten zu erbringende Leistungen muss in angemessener Entfernung (in der Regel in 30 Minuten) vom Tätigkeitsort der Teamleitung erreichbar sein.

(3) [1]Die für die jeweiligen Mitglieder des interdisziplinären Teams geforderten Qualifikationen werden in den Anlagen geregelt. [2]Die in der Richtlinie

verwendeten Facharzt-, Schwerpunkt- und Zusatzbezeichnungen richten sich nach der (Muster-)Weiterbildungsordnung der Bundesärztekammer und schließen auch die Ärztinnen und Ärzte ein, welche eine entsprechende Bezeichnung nach altem Recht führen. [3]In den indikationsspezifischen Anlagen kann geregelt werden, dass neben den Fachärztinnen und Fachärzten mit spezialisierter Facharztkompetenz auch Fachärztinnen und Fachärzte, denen eine entsprechende Zulassung und Genehmigung für die Leistungserbringung in dem entsprechenden Fachgebiet seitens der zuständigen Kassenärztlichen Vereinigung erteilt wurde, zur Teilnahme an der ASV berechtigt sind.

(4) [1]Die Diagnosestellung und leitende Therapieentscheidungen sind im Rahmen der ambulanten spezialfachärztlichen Versorgung durch die Mitglieder des interdisziplinären Teams persönlich zu treffen (es gilt der Facharztstatus). [2]Eine Vertretung der Mitglieder ist nur durch Fachärztinnen und Fachärzte möglich, welche die in dieser Richtlinie normierten Anforderungen an die fachliche Qualifikation und an die organisatorische Einbindung erfüllen. [3]Dauert die Vertretung länger als eine Woche, dann ist sie dem erweiterten Landesausschuss nach § 116b Absatz 3 Satz 1 SGB V,[1)] den Landesverbänden der Krankenkassen und den Ersatzkassen, der Kassenärztlichen Vereinigung sowie der Landeskrankenhausgesellschaft zu melden. [4]Ärztinnen und Ärzte in Weiterbildung können entsprechend dem Stand ihrer Weiterbildung unter Verantwortung eines zur Weiterbildung befugten Mitglieds des interdisziplinären Teams zur Durchführung ärztlicher Tätigkeiten in die ambulante spezialfachärztliche Versorgung einbezogen werden (es gilt der Facharztstandard), die Diagnosestellung und leitende Therapieentscheidungen nach Satz 1 dürfen sie nicht erbringen.

(5) [1]Die Mitglieder des interdisziplinären Teams müssen über ausreichend Erfahrung in der Behandlung von Patientinnen und Patienten des spezifischen Versorgungsbereichs verfügen und sollen regelmäßig an spezifischen Fortbildungsveranstaltungen sowie interdisziplinären Fallbesprechungen teilnehmen. [2]Hinsichtlich der fachlichen Befähigung gilt: Die Qualitätssicherungsvereinbarungen nach § 135 Absatz 2 SGB V gelten solange entsprechend, bis der G-BA diese durch eine „QS-Anlage zur entsprechenden Übertragung der Anforderungen der Regularien des § 135 Absatz 2 SGB V" zu dieser Richtlinie ersetzt.

§ 4 Sächliche und organisatorische Anforderungen. (1) [1]Die erkrankungs- oder leistungsbezogenen sächlichen und organisatorischen Anforderungen an die ambulante spezialfachärztliche Versorgung werden in den Anlagen geregelt. [2]Soweit in den Anlagen das Vorhalten bestimmter Bereiche (z. B. Intensivstation, Notfalllabor, bildgebende Diagnostik, 24-Stunden-Notfallversorgung) vorausgesetzt wird, kann dies auch im Rahmen einer vertraglich vereinbarten Kooperation erfolgen. [3]Sofern eine Intensivstation, Notfalllabor oder 24-Stunden-Notfallversorgung vorzuhalten sind, müssen diese in 30-minütiger Entfernung vom Tätigkeitsort der Teamleitung erreichbar sein. [4]Der Einbezug weiterer Berufsgruppen wie Physiotherapeutinnen und Physiotherapeuten ergibt sich erkrankungs- oder leistungsbezogen aus den Anlagen und erfolgt auf Verordnung. [5]Eine frühzeitige und bedarfsgerechte Einbindung dieser Berufsgruppen ist dabei zu gewährleisten.

[1)] **Aichberger, Sozialgesetzbuch, Nr. 5.**

(2) [1]Soweit in den Anlagen nichts Abweichendes geregelt ist, gelten hinsichtlich der apparativen, organisatorischen und räumlichen Voraussetzungen einschließlich der Überprüfung der Hygienequalität, die Qualitätssicherungsvereinbarungen nach § 135 Absatz 2 SGB V solange entsprechend, bis der G-BA diese durch eine „QS-Anlage zur entsprechenden Übertragung der Anforderungen der Regularien des § 135 Absatz 2 SGB V" zu dieser Richtlinie ersetzt. [2]Der Zugang und die Räumlichkeiten für Patientenbetreuung und -untersuchung müssen behindertengerecht sein. [3]Barrierefreiheit ist anzustreben.

§ 5 Behandlungsumfang. (1) [1]Der Behandlungsumfang der ambulanten spezialfachärztlichen Versorgung ergibt sich erkrankungs- oder leistungsbezogen aus den Anlagen. [2]Leistungen, die im Rahmen der ASV von ASV-Berechtigten erbracht werden können, werden im Appendix der jeweiligen Konkretisierung dieser Richtlinie abschließend definiert. [3]Durch die ASV-Berechtigten ist sicherzustellen, dass die im konkreten Einzelfall jeweils erforderlichen ASV-Leistungen für die Versorgung der Patientinnen und Patienten innerhalb ihres ASV-Teams zur Verfügung stehen. [4]Im Rahmen der ambulanten spezialfachärztlichen Versorgung dürfen § 116b SGB V[1])-Einrichtungen der Krankenhäuser über die im Appendix aufgeführten Gebührenordnungspositionen hinaus fachärztliche Leistungen erbringen, sofern diese in unmittelbarem Zusammenhang zur § 116b SGB V-Erkrankung stehen, diese in demselben Krankenhaus erbracht werden und den Patientinnen und Patienten eine gesonderte Überweisung in die vertragsärztliche Versorgung nicht zuzumuten ist. [5]Die Behandlung soll sich an medizinisch-wissenschaftlich anerkannten und qualitativ hochwertigen Leitlinien orientieren, die auf der jeweils besten verfügbaren Evidenz basieren.

(2) [1]Untersuchungs- und Behandlungsmethoden können Gegenstand des Leistungsumfangs in der ambulanten spezialfachärztlichen Versorgung sein, soweit der Gemeinsame Bundesausschuss im Rahmen der Beschlüsse nach § 137c SGB V für die Krankenhausbehandlung keine ablehnende Entscheidung getroffen hat. [2]Für die ASV geeignete Leistungen, die nicht Gegenstand der vertragsärztlichen Versorgung sind, werden in den Anlagen aufgeführt.

(3) [1]Zum Behandlungsumfang in der ASV gehört auf Verlangen des Versicherten auch die Aktualisierung und, sofern die Patientin oder der Patient keinen an der hausärztlichen Versorgung teilnehmenden Vertragsarzt für die Koordination seiner diagnostischen und therapeutischen Maßnahmen beansprucht, die Erstellung von Medikationsplänen nach § 31a SGB V in Papierform. [2]Jeder ASV-Berechtigte ist verpflichtet, bei der Verordnung eines Arzneimittels die Patientin oder den Patienten über den Anspruch auf Erstellung und Aktualisierung eines Medikationsplan nach § 31a SGB V in der vertragsärztlichen Versorgung und in der ASV zu informieren. [3]Für die Voraussetzungen des Anspruchs der Patientin oder des Patienten auf Erstellung, Aktualisierung, Erläuterung und Aushändigung des Medikationsplans, für Inhalt und Form des Medikationsplans sowie etwaige Informationspflichten der ASV-Berechtigten gegenüber der Hausärztin oder dem Hausarzt der Patientin oder des Patienten gelten in der ASV die Vorgaben des § 29a Bundesmantelvertrages-Ärzte in der am 1. Januar 2019 geltenden Fassung entsprechend. [4]Sofern bei einem ASV-Berechtigten die technischen Voraussetzungen für

---

[1]) **Aichberger, Sozialgesetzbuch, Nr. 5.**

die Erstellung oder Aktualisierung eines Medikationsplans noch nicht vorliegen, hat der ASV-Berechtigte, abweichend von Satz 1 und Satz 2 die Patientin oder den Patienten über die Notwendigkeit der Erstellung oder Aktualisierung des Medikationsplanes zu informieren. [5]Die Information über die Notwendigkeit der Erstellung oder Aktualisierung des Medikationsplanes soll auch an einen die Patientin oder den Patienten behandelnden Vertragsarzt (sofern vorhanden, den an der hausärztlichen Versorgung teilnehmenden Vertragsarzt), der die technischen Voraussetzungen erfüllt, erfolgen, vorausgesetzt die Patientin oder der Patient willigt in diese Informationsweitergabe ein und benennt dem ASV-Berechtigten den entsprechenden Vertragsarzt.

(4) [1]In der ASV können die Beratung und Behandlung über Kommunikationsmedien/Telekommunikationswege durchgeführt sowie digitale (z. B. von der elektronischen Gesundheitskarte unterstützte) Anwendungen der Telematikinfrastruktur genutzt werden, sofern der ASV-Berechtigte die jeweils relevanten (technischen) Voraussetzungen erfüllt. [2]Dazu gehört auch die Durchführung der Videosprechstunde, die als synchrone Kommunikation zwischen einer in der ASV tätigen Ärztin oder einem in der ASV tätigen Arzt und einer Patientin oder einem Patienten definiert ist. [3]Sie kann über die der Patientin oder dem Patienten zur Verfügung stehende Ausstattung, gegebenenfalls unter Assistenz, z. B. durch eine Bezugsperson, im Sinne einer Online-Videosprechstunde in Echtzeit, von in der ASV tätigen Ärztinnen und Ärzten angeboten werden. [4]Als Videosprechstunde im Rahmen dieser Richtlinie gilt auch die Kommunikation nach Absatz 4 Satz 2 und 3, die zwischen einer in der ASV tätigen Ärztin oder einem in der ASV tätigen Arzt und einer pflegebedürftigen Patientin oder einem pflegebedürftigen Patienten unter Beteiligung einer Pflegekraft oder mehreren Pflegekräften, die an der Versorgung der Patientin oder des Patienten beteiligt sind (z. B. in einer Pflegeeinrichtung oder in der Häuslichkeit der Patientin oder des Patienten), durchgeführt wird. [5]Ebenfalls können ärztliche Fallkonferenzen und Fallbesprechungen zur Kommunikation zwischen in der ASV tätigen Ärztinnen und Ärzten als Videofallkonferenzen im Rahmen dieser Richtlinie durchgeführt werden. [6]Die Leistungen der Beratung und Behandlung von Patientinnen oder Patienten sowie ärztliche Fallkonferenzen, die auch über Kommunikationsmedien/Telekommunikationswege durchgeführt werden können, sind im Appendix einer Anlage zur ASV-Richtlinie aufgeführt. [7]Die (technischen) Voraussetzungen ergeben sich aus der Textierung der jeweiligen Leistung, sofern vorhanden gelten für Krankenhäuser die maßgeblichen krankenhausspezifischen Regelungen. [8]Sofern eine Patientin oder ein Patient Anspruch auf Leistungen im Zusammenhang mit digitalen Anwendungen der Telematikinfrastruktur hat, gelten zudem die Sätze 4 und 5 des Absatzes 3 entsprechend. [9]Die ausschließliche Behandlung und Betreuung einer ASV-Patientin oder eines ASV-Patienten per Videosprechstunde durch ein ASV-Team ist ebenso nicht zulässig wie die ausschließliche Teilnahme eines ASV-Teammitglieds an der ASV mittels Videosprechstunden.

§ 6 Studienteilnahme. [1]Die Leistungserbringer nach § 116b Absatz 2 Satz 1 SGB V[1]) sollen geeignete Patientinnen und Patienten über nationale und internationale klinische Studien informieren und ihnen die Teilnahme

---

[1]) **Aichberger, Sozialgesetzbuch, Nr. 5.**

ermöglichen. [2]Notwendig ist hierzu die Kenntnis relevanter laufender Studien, der jeweiligen Ein- und Ausschlusskriterien, der Studienprotokolle sowie die Beratung der Patientinnen und Patienten über die Studienteilnahme.

§ 7 Zusammenarbeit mit Patienten- und Selbsthilfeorganisationen. Es soll eine kontinuierliche Zusammenarbeit mit den Patienten- bzw. Selbsthilfeorganisationen erfolgen.

§ 8 Überweisungen. [1]Die ambulante spezialfachärztliche Versorgung von Erkrankungen mit besonderen Krankheitsverläufen der Anlage 1.1 sowie von schweren Verlaufsformen von Erkrankungen mit besonderen Krankheitsverläufen der Anlage 1.2 setzt eine Überweisung durch eine Vertragsärztin bzw. einen Vertragsarzt voraus. [2]Für seltene Erkrankungen und Erkrankungszustände mit entsprechend geringen Fallzahlen sowie hochspezialisierte Leistungen regeln die Anlagen 2 und 3, in welchen Fällen die spezialfachärztliche Leistungserbringung die Überweisung durch den behandelnden Vertragsarzt voraussetzt. [3]Abweichend von den Sätzen 1 und 2 besteht für Zuweisungen von Versicherten aus dem stationären Bereich sowie für die Patientinnen und Patienten der im jeweiligen Indikationsgebiet ebenfalls tätigen vertragsärztlichen ASV-Berechtigten kein Überweisungserfordernis. [4]Welche Vertragsärztinnen und Vertragsärzte an einen Leistungserbringer nach § 116b Absatz 2 SGB V[1)] überweisen können, regeln die Anlagen. [5]Die Überweisung zur Behandlung durch einen ASV-Berechtigten wird für die Indikation entsprechend § 1 Absatz 2 ausgestellt, in deren Bereich die ambulante spezialfachärztliche Versorgung erfolgen soll. [6]Die überweisende Vertragsärztin bzw. der überweisende Vertragsarzt informiert die Versicherte oder den Versicherten über eine Zuweisung in die ambulante spezialfachärztliche Versorgung. [7]Der auf Überweisung tätig werdende ASV-Berechtigte informiert die einweisende Vertragsärztin bzw. den einweisenden Vertragsarzt und die Versicherte oder den Versicherten über die Aufnahme sowie den Abschluss der ambulanten spezialfachärztlichen Versorgung. [8]Die Überweisung in den ASV-Bereich kann für ein oder mehrere Quartale erfolgen und trägt ein eindeutiges Datum. [9]Die Behandlung der Patientin bzw. des Patienten im Rahmen der ASV ist in regelmäßigen Abständen daraufhin zu überprüfen, ob die Indikation hierfür fortbesteht. [10]Näheres wird in den Anlagen geregelt. [11]Zum Zeitpunkt der Überweisung an einen Leistungserbringer nach § 116b Absatz 2 SGB V muss eine gesicherte Diagnose vorliegen. [12]Sofern es sich um seltene Erkrankungen nach Anlage handelt, begründet auch eine Verdachtsdiagnose die Überweisung. [13]In den indikationsspezifischen Konkretisierungen der Anlage 1.1 kann geregelt werden, dass in bestimmten Fällen Verdachtsdiagnosen ausreichen.

§ 9 Teilstationäre und stationäre Leistungserbringung. [1]Kann das Behandlungsziel nicht durch eine ambulante spezialfachärztliche Leistungserbringung erreicht werden, kann die Behandlung im Krankenhaus teilstationär oder stationär erfolgen. [2]Die zu § 17c Absatz 4 Satz 9 KHG[2)] in der bis zum 31.7.2013 geltenden Fassung beschlossenen G-AEP-Kriterien gelten entsprechend.

[1)] **Aichberger, Sozialgesetzbuch, Nr. 5.**
[2)] Nr. **100**.

§ 10 Kooperationen nach § 116b Absatz 4 Satz 10 SGB V. (1) [1] Voraussetzung zur Teilnahme an der ambulanten spezialfachärztlichen Versorgung von Patientinnen und Patienten mit onkologischen Erkrankungen nach Anlage 1.1 ist der Abschluss einer Kooperationsvereinbarung, im Folgenden ASV-Kooperation genannt. [2] Für die ASV-Versorgung von Patientinnen und Patienten mit onkologischen Erkrankungen nach Anlage 1.1 ist eine Kooperation mit dem jeweils anderen Versorgungssektor erforderlich. [3] Es können auch mehrere ASV-Kooperationen eingegangen werden. [4] Zweck dieser Kooperationsvereinbarung ist die Förderung der intersektoralen Kooperation in diesem Versorgungsbereich. [5] Vertraglich vereinbarte Kooperationen zur Erfüllung der personellen, sächlichen und organisatorischen Anforderungen gemäß §§ 3 und 4 dieser Richtlinie sind hiervon unberührt.

(Fortsetzung nächste Seite)

542. Richtlinie des Gemeinsamen Bundesausschusses nach § 137 Absatz 3 SGB V zu Kontrollen des Medizinischen Dienstes nach § 275a SGB V (MD-Qualitätskontroll-Richtlinie – MD-QK-RL)[1)]

Vom 21. Dezember 2017 und 20. September 2018

(BAnz. AT vom 12.12.2018 B2; Inkrafttreten: 13.12.2018), geändert durch Beschl. des G-BA vom 22.11.2018 (BAnz. AT vom 29.7.2019 B1: Inkrafttreten: 30.7.2019), durch Beschl. des G-BA vom 17.10.2019 (BAnz. AT vom 6.2.2020 B1; Inkrafttreten: 7.2.2020), durch Beschl. des G-BA vom 27.3.2020 (BAnz. AT vom 8.4.2020 B4; Inkrafttreten: 27.3.2020), durch Beschl. des G-B A vom 3.12.2020 (BAnz. AT vom 3.2.2021 B2; Inkrafttreten: 1.12.2020) und durch Beschl. des G-B A vom 18.6.2020 (BAnz. AT vom 16.12.2020 B1; Inkrafttreten: 17.12.2020)

Präambel

Der G-BA hat nach § 137 Absatz 3 Satz 1 SGB V den Auftrag erhalten, die Einzelheiten zu den Kontrollen des Medizinischen Dienstes nach § 275a SGB V zu regeln. Diese Richtlinie hat folgenden Aufbau: Die allgemeinen Vorgaben finden sich in Teil A. „Allgemeiner Teil", die kontrollgegenstandsspezifischen Vorgaben in Teil B. „Besonderer Teil". Die Folgen der Nichteinhaltung von Qualitätsanforderungen regelt der G-BA nicht in dieser Richtlinie, sondern in grundsätzlicher Weise in einer Richtlinie nach § 137 Absatz 1 SGB V.

Teil A. – Allgemeiner Teil

§ 1[2)] Zweck der Richtlinie. (1) Die Richtlinien und Beschlüsse des G-BA zur Qualitätssicherung im Krankenhaus sind für nach § 108 SGB V[3)] zugelassene Krankenhäuser (Krankenhäuser) verbindlich.

(2) [1] Ergeben sich daraus Nachweispflichten, obliegen diese dem Krankenhaus. [2] Für die Durchsetzung von Vorgaben des G-BA zur Qualitätssicherung ist es von wesentlicher Bedeutung, dass deren Einhaltung in den Krankenhäusern auch kontrolliert wird.

(3) Durch die Regelung in § 275a SGB V erhält der Medizinische Dienst (MD) die Aufgabe, nach Maßgabe dieser Richtlinie die Einhaltung der Qualitätsanforderungen nach §§ 135b und 136 bis 136c SGB V sowie die Richtigkeit der Dokumentation der Krankenhäuser im Rahmen der externen stationären Qualitätssicherung zu kontrollieren.

(4) Die Verwendung einschließlich der Übermittlung der aus einer Qualitätskontrolle gewonnenen Informationen erfolgt ausschließlich nach Maßgabe dieser Richtlinie.

---

1) Überschr. neu gef. mWv 17.12.2020 durch Beschl. v. 18.6.2020 (BAnz. AT 16.12.2020 B1).
2) § 1 Abs. 3 geänd. mWv 17.12.2020 durch Beschl. v. 18.6.2020 (BAnz. AT 16.12.2020 B1).
3) **Aichberger, Sozialgesetzbuch, Nr. 5.**

§ 2[1] **Anwendungsbereich.** (1) [1]Diese Richtlinie regelt die Einzelheiten zu den Kontrollen des MD nach § 275a SGB V, die durch Anhaltspunkte begründet sein müssen, die die Einhaltung der Qualitätsanforderungen nach § 136 Absatz 1 Satz 1 Nummer 2 SGB V oder § 136a Absatz 5 SGB V zum Gegenstand haben oder als Stichprobenprüfungen erforderlich sind. [2]Es werden die Stellen, die diese angemeldeten oder unangemeldeten Kontrollen beauftragen, sowie Art, Umfang und Verfahren der Kontrollen und der Umgang mit den Ergebnissen der Qualitätskontrollen festgelegt.

(2) [1]Abweichend von Absatz 1 gelten für vom MD durchgeführte Kontrollen der Richtigkeit der Dokumentation der Krankenhäuser im Rahmen der externen stationären Qualitätssicherung hinsichtlich Art, Umfang und Verfahren der Kontrolle sowie zum Umgang mit den Ergebnissen die in den G-BA-Richtlinien zu planungsrelevanten Qualitätsindikatoren, zur einrichtungs- und sektorenübergreifenden Qualitätssicherung, zu Maßnahmen der Qualitätssicherung in Krankenhäusern, zur datengestützten einrichtungsübergreifenden Qualitätssicherung sowie zum Verfahren der Qualitätszu- und -abschläge getroffenen Regelungen. [2]Sofern der MD auf Grund dieser Richtlinien mit der Kontrolle der Richtigkeit der Dokumentation beauftragt wurde, ist eine weitere Kontrolle der Richtigkeit der Dokumentation nach Maßgabe der Richtlinie nach § 137 Absatz 3 SGB V[2] zulässig, soweit dieses im Besonderen Teil richtlinien- bzw. beschlussspezifisch festgelegt ist. [3]Für Kontrollen nach Satz 1 ist der MD nach § 276 Absatz 4a SGB V befugt, die Räume des Krankenhauses zu den üblichen Geschäfts- und Betriebszeiten zu betreten, die zur Erfüllung des Kontrollauftrages erforderlichen Unterlagen einzusehen und personenbezogene Daten zu verarbeiten, soweit dies für die Kontrollen erforderlich ist. [4]§ 276 Absatz 2 Satz 3 bis 9 SGB V gilt für die Durchführung dieser Kontrollen entsprechend.

(3) Eine Beauftragung des MD durch die beauftragende Stelle setzt die spezifische Ausgestaltung des Kontrollverfahrens mit Regelungsinhalten im Sinne von § 275a Absatz 2 Satz 3 Nummern 1 und 2 i. V. m. § 137 Absatz 3 SGB V im Besonderen Teil dieser Richtlinie oder in Richtlinien nach Absatz 2 Satz 1 voraus.

§ 3[3] **Kontrollgegenstände.** [1]Die Kontrollgegenstände dieser Richtlinie sind in § 275a Absatz 2 Satz 3 Nummern 1 und 2 SGB V[2] enumerativ aufgezählt. [2]Dies sind im Einzelnen

a. die Einhaltung der Qualitätsanforderungen nach § 135b SGB V (Förderung der Qualität durch die Kassenärztlichen Vereinigungen) soweit die Leistungen im Krankenhaus erbracht werden,
b. die Einhaltung der Qualitätsanforderungen nach § 136 SGB V (Richtlinien des G-BA zur Qualitätssicherung),
c. die Einhaltung der Qualitätsanforderungen nach § 136a SGB V (Richtlinien des G-BA zur Qualitätssicherung in ausgewählten Bereichen),

---

[1] § 2 Abs. 2 Sätze 1 und 3 geänd. mWv 30.7.2019 durch Beschl. v. 22.11.2018 (BAnz. AT 29.7.2019 B1), Abs. 1 Satz 1 neu gef., Abs. 2 Sätze 1, 2 und 3, Abs. 3 geänd. mWv 17.12.2020 durch Beschl. v. 18.6.2020 (BAnz. AT 16.12.2020 B1).

[2] **Aichberger, Sozialgesetzbuch, Nr. 5.**

[3] § 3 Satz 2 Buchst. a geänd. mWv 18.6.2020 durch Beschl. v. 16.12.2020 (BAnz. AT 16.12.2020 B1).

d. die Einhaltung der Qualitätsanforderungen nach § 136b SGB V (Beschlüsse des G-BA zur Qualitätssicherung im Krankenhaus),

e. die Einhaltung der Qualitätsanforderungen nach § 136c SGB V (Beschlüsse des G-BA zu Qualitätssicherung und Krankenhausplanung) sowie

f. die Kontrolle der Richtigkeit der Dokumentation der Krankenhäuser im Rahmen der externen stationären Qualitätssicherung.

§ 4[1)] Anhaltspunkte für die Beauftragung von Qualitätskontrollen. (1) [1] Voraussetzung für die Beauftragung einer vom MD durchzuführenden Qualitätskontrolle auf der Grundlage von Anhaltspunkten ist das Vorliegen konkreter und belastbarer Anhaltspunkte für die Nichteinhaltung der in den Richtlinien und Beschlüssen nach § 3 Buchstabe a bis e genannten Qualitätsanforderungen oder über Verstöße gegen Dokumentationspflichten nach § 3 Buchstabe f. [2] Konkret und belastbar im Sinne des Satzes 1 ist ein Anhaltspunkt dann, wenn der mögliche Qualitäts- oder Dokumentationsmangel einem Kontrollgegenstand nach § 3 zugeordnet und mit entsprechenden Hinweisen schlüssig begründet werden kann. [3] Die Qualitätskontrollen beauftragenden Stellen nach § 5 werden aufgrund eines oder mehrerer Anhaltspunkte tätig. [4] Diese sind im Kontrollauftrag nach § 7 vollumfänglich und abschließend zu benennen.

(2) [1] Anhaltspunkte für die Beauftragung von Qualitätskontrollen nach § 3 Buchstabe a bis e können sich insbesondere ergeben aus:

a. Implausibilitäten der Angaben in Qualitätsberichten,

b. Erkenntnissen bei Abrechnungsprüfungen bei Einzelfällen,

c. Erkenntnissen im Rahmen der Unterstützung von Versicherten nach § 66 SGB V[2)] oder

d. Erkenntnissen entweder durch mehrfache Meldungen von Versicherten oder sonstigen Dritten zum selben Sachverhalt oder Kontrollgegenstand oder durch eine besonders fundierte Meldung eines Versicherten oder sonstigen Dritten zu einem Sachverhalt oder Kontrollgegenstand.

[2] Die Anhaltspunkte werden im Besonderen Teil richtlinien- bzw. beschlussspezifisch konkretisiert.

(3) [1] Anhaltspunkte für die Beauftragung von Qualitätskontrollen nach § 3 Buchstabe f ergeben sich aus den G-BA-Richtlinien zu planungsrelevanten Qualitätsindikatoren, zur einrichtungs- und sektorenübergreifenden Qualitätssicherung, über Maßnahmen der Qualitätssicherung in Krankenhäusern, zur datengestützten einrichtungsübergreifenden Qualitätssicherung sowie zum Verfahren der Qualitätszu- und -abschläge. [2] Die Anhaltspunkte werden in diesen G-BA-Richtlinien konkretisiert. [3] Weitere Anhaltspunkte für die Prüfung der Richtlinien nach Satz 1 werden im Besonderen Teil konkretisiert.

[1)] § 4 Abs. 3 Satz 1 geänd. mWv 30.7.2019 durch Beschl. v. 22.11.2018 (BAnz. AT 29.7.2019 B1), Abs. 1 Satz 1, Abs. 2 Satz 1 Buchst. c geänd., Abs. 4 aufgeh. mWv 17.12.2020 durch Beschl. v. 18.6.2020 (BAnz. AT 16.12.2020 B1).

[2)] **Aichberger, Sozialgesetzbuch, Nr. 5.**

§ 5[1)] Qualitätskontrollen beauftragende Stellen. (1) [1] Folgende Stellen und Institutionen können den MD mit der Durchführung von Qualitätskontrollen beauftragen:

a. die für die Verfahren der datengestützten QS verantwortlichen Gremien und die mit der Umsetzung beauftragten Stellen auf Bundes- und Landesebene,

b. die gesetzlichen Krankenkassen.

[2] Welche der Stellen den MD jeweils mit der Durchführung von Qualitätskontrollen beauftragen können, wird im Besonderen Teil richtlinien- bzw. beschlussspezifisch abschließend festgelegt.

(2) [1] Um Doppelkontrollen bei Mehrfachbeauftragungen zum selben Kontrollgegenstand im selben Krankenhaus auszuschließen, findet eine Abstimmung zwischen dem MD und den beauftragenden Stellen statt. [2] Zu diesem Zweck führt der MD eines jeden Bundeslandes eine Datenbank, in der bundesweit einheitlich die erforderlichen Informationen zu den Kontrollen dokumentiert werden.

§ 6[2)] Umfang der Qualitätskontrollen. [1] Qualitätskontrollen sind für Krankenhäuser und den MD aufwandsarm zu gestalten. [2] Die beauftragenden Stellen sind verpflichtet, den Aufwand für alle Beteiligten so gering wie möglich zu halten und den Umfang der Kontrolle auf das Notwendige zu beschränken. [3] Der mögliche Umfang einer Kontrolle und welche Unterlagen hierfür vorgelegt oder an den MD übermittelt werden müssen, wird im Besonderen Teil richtlinien- bzw. beschlussspezifisch festgelegt. [4] Dies umfasst auch die Festlegung, welche Informationsquellen mit welchen personenbezogenen Daten in die Überprüfung von Qualitätsanforderungen einbezogen werden dürfen. [5] Über den Umfang der Kontrollen entscheidet die beauftragende Stelle auf der Grundlage dieser Festlegungen. [6] Art und Umfang des Auftrags müssen bei einer durch Anhaltspunkte begründeten Kontrolle in einem angemessenen Verhältnis zu den Anhaltspunkten stehen.

§ 7[3)] Einleitung des Kontrollverfahrens und Klärung des Kontrollauftrages. (1) [1] Voraussetzung für die Durchführung einer Qualitätskontrolle ist ein schriftlicher Kontrollauftrag der beauftragenden Stelle an den MD. [2] Der Kontrollauftrag muss inhaltlich hinreichend bestimmt sein, den genauen Adressaten der Kontrolle, den Kontrollgegenstand nach § 3, bei einer Kontrolle auf der Grundlage von Anhaltspunkten den gemäß § 4 und im Besonderen Teil konkretisierten Anhaltspunkt sowie Art und Umfang der vom MD durchzuführenden Kontrollen beinhalten. [3] Dabei sind etwaige schutzwürdige Interessen von Personen gemäß § 4 Absatz 2 Buchstabe d gegenüber dem MD und dem Krankenhaus zu wahren. [4] Bei angemeldeten Kontrollen vor Ort und bei Prüfungen im schriftlichen Verfahren übermittelt die beauftragende Stelle den Kontrollauftrag zeitgleich an das Krankenhaus und den MD. [5] Das Krankenhaus erhält die Gelegenheit, hierzu innerhalb von 5 Arbeitstagen gegen-

---

1) § 5 Abs. 1 Sätze 1 und 2, Abs. 2 Sätze 1 und 2 geänd. mWv 17.12.2020 durch Beschl. v. 18.6.2020 (BAnz. AT 16.12.2020 B1).

2) § 6 Satz 1, Satz 3 und Satz 6 geänd. mWv 17.12.2020 durch Beschl. v. 18.6.2020 (BAnz. AT 16.12.2020 B1).

3) § 7 Abs. 1 Sätze 1 bis 4, 6 und 7, Abs. 2 Sätze 1, 3, 5 und Abs. 3 geänd. durch Beschl. v. 18.6.2020 (BAnz. AT 16.12.2020 B1).

über der beauftragenden Stelle schriftlich Stellung zu nehmen. [6]Die beauftragende Stelle informiert den MD über den Eingang einer Stellungnahme des Krankenhauses und prüft, ob der Kontrollauftrag weiter aufrechterhalten wird. [7]Sie teilt dem Krankenhaus und dem MD innerhalb einer Frist von 5 Arbeitstagen ab Eingang der Stellungnahme zeitgleich das Ergebnis dieser Prüfung schriftlich mit.

(2) [1]Der MD bestätigt der beauftragenden Stelle innerhalb von 10 Arbeitstagen nach Auftragseingang oder nach der Information, dass der Kontrollauftrag aufrechterhalten wird, schriftlich die Annahme des Kontrollauftrages. [2]Mit Zustellungsdatum gilt das Kontrollverfahren als eingeleitet (Einleitungsdatum). [3]Bei unklarem Kontrollauftrag führt der MD binnen dieser Frist eine inhaltliche Klärung mit der beauftragenden Stelle herbei. [4]Führt dies zu einer Änderung des Kontrollauftrags, muss die beauftragende Stelle einen neuen Kontrollauftrag erstellen. [5]Entspricht der Kontrollauftrag nicht den Anforderungen dieser Richtlinie, ist er vom MD zurückzuweisen, eine Kontrolle wird nicht durchgeführt.

(3) Zuständig für die Durchführung der Kontrollen ist grundsätzlich der MD des Bundeslandes, in dem das Krankenhaus gelegen ist.

§ 8[1)] Arten der Kontrolle. (1) [1]Nach dieser Richtlinie sind drei Arten der Kontrolle möglich. [2]Die Qualitätskontrollen können nach Anmeldung vor Ort im Krankenhaus, unangemeldet vor Ort im Krankenhaus oder als schriftliches Verfahren stattfinden. [3]Die Kontrollen sind in der Regel vor Ort und angemeldet im Krankenhaus durchzuführen. [4]Unangemeldete Kontrollen sind nur zulässig, wenn eine angemeldete Kontrolle den Kontrollerfolg gefährden würde. [5]Die konkreten und belastbaren Anhaltspunkte für unangemeldete Kontrollen werden im Besonderen Teil richtlinien- bzw. beschlussspezifisch festgelegt. [6]Eine Kontrolle im schriftlichen Verfahren soll nur dann erfolgen, wenn eine Inaugenscheinnahme der Gegebenheiten vor Ort für die Erfüllung des Kontrollauftrages nicht erforderlich ist.

(2) Der MD stellt eine dem Kontrollgegenstand angemessene ärztliche oder pflegerische Qualifikation seiner Prüfer sicher.

§ 9[2)] Verfahren bei angemeldeter Kontrolle vor Ort. (1) [1]Bei einem Kontrollverfahren bei Qualitätskontrollen nach Anmeldung vor Ort im Krankenhaus übermittelt die beauftragende Stelle den Kontrollauftrag nach § 7 Absatz 1 zeitgleich an den MD und an das zu kontrollierende Krankenhaus. [2]Führt eine Auftragsklärung zwischen MD und beauftragender Stelle zu einer Änderung des Kontrollauftrags, muss der neue Kontrollauftrag ebenfalls zeitgleich dem MD und dem Krankenhaus übermittelt werden. [3]Der MD teilt dem Krankenhaus die Bestätigung des Kontrollauftrages sowie das Einleitungsdatum nach § 7 Absatz 2 Satz 2 mit. [4]Für den Fall einer Rücknahme des Kontrollauftrags nach § 7 Absatz 2 Satz 5 teilt die beauftragende Stelle dies dem Krankenhaus mit.

[1)] § 8 Abs. 2 geänd. mWv 17.12.2020 durch Beschl. v. 18.6.2020 (BAnz. AT 16.12.2020 B1).

[2)] § 9 Abs. 4 Satz 2 geänd. mWv 30.7.2019 durch Beschl. v. 22.11.2018 (BAnz. AT 29.7.2019 B1), Abs. 1 Sätze 1, 2 und 3, Abs. 2 Sätze 1, 3 und 4, Abs. 3, Abs. 4 Sätze 1, 2, 4, 5 und 7, Abs. 5 Sätze 1, 2 und 3 und Abs. 6 Sätze 1 und 2 geänd. mWv 17.12.2020 durch Beschl. v. 18.6.2020 (BAnz. AT 16.12.2020 B1).

(2) [1]Der MD und das Krankenhaus sind verpflichtet, innerhalb einer Frist von 10 Arbeitstagen ab Mitteilung des Einleitungsdatums den Kontrolltermin zu vereinbaren. [2]Die Kontrolle ist innerhalb von 12 Wochen ab Beginn des Einleitungsdatums nach § 7 Absatz 2 durchzuführen. [3]Ist eine Verständigung über diesen Termin nicht möglich, teilen MD und Krankenhaus dies jeweils der beauftragenden Stelle unter Angaben von Gründen schriftlich mit. [4]In diesem Fall legt die beauftragende Stelle einen Termin im Benehmen mit dem Krankenhaus und dem MD fest.

(3) Die vom Krankenhaus bereitzustellenden kontrollrelevanten Unterlagen sind dem Krankenhaus durch den MD innerhalb von 3 Arbeitstagen nach Vereinbarung des Kontrolltermins schriftlich anzuzeigen.

(4) [1]Nach § 276 Absatz 4a SGB V[1)] ist der MD befugt, am Kontrolltermin die Räume des Krankenhauses zu den üblichen Geschäfts- und Betriebszeiten zu betreten. [2]Der MD ist befugt gemäß § 276 Absatz 4a SGB V die zur Erfüllung des Kontrollauftrages erforderlichen Unterlagen einzusehen und personenbezogene Daten zu verarbeiten soweit es im Besonderen Teil richtlinien- bzw. beschlussspezifisch festgelegt und für die Kontrollen erforderlich ist. [3]§ 276 Absatz 2 Satz 3 bis 9 SGB V gilt für die Durchführung dieser Kontrollen entsprechend. [4]Die vorab benannten kontrollrelevanten Unterlagen sind dem MD beim Kontrolltermin zur Verfügung zu stellen. [5]Kann das Krankenhaus am Kontrolltermin kontrollrelevante Unterlagen nicht vorlegen, teilt es dies dem MD und der beauftragenden Stelle unverzüglich unter Nennung der Gründe schriftlich mit. [6]Die Kontrolle vor Ort wird auf Basis der vorhandenen Unterlagen durchgeführt. [7]Ist dies aufgrund fehlender Unterlagen nicht abschließend möglich, verständigen sich das Krankenhaus und der MD auf das weitere Vorgehen und gegebenenfalls auf eine einvernehmliche Verlängerung der Kontrollfrist nach Absatz 2 Satz 2.

(5) [1]Stellt sich während der Kontrolle heraus, dass diese am Kontrolltermin nicht beendet werden kann, so vereinbaren der MD und das Krankenhaus einen Folgetermin. [2]Ist eine Verständigung über diesen Termin nicht möglich, teilen MD und Krankenhaus dies jeweils der beauftragenden Stelle unter Angaben von Gründen schriftlich mit. [3]In diesem Fall legt die beauftragende Stelle einen Termin im Benehmen mit dem Krankenhaus und dem MD fest. [4]Die Frist nach Absatz 2 Satz 2 darf sich dabei um maximal 4 Wochen verlängern.

(6) [1]Das Krankenhaus hat dem MD alle für die Kontrolle erforderlichen Auskünfte zu erteilen. [2]Dem MD steht am Kontrolltermin ein auskunftsberechtigter Ansprechpartner für eine gemeinsame Erörterung der Sachverhalte und vorläufigen Kontrollergebnisse zur Verfügung.

§ 10[2)] Verfahren bei unangemeldeter Kontrolle vor Ort. (1) [1]Bei einem Kontrollverfahren bei unangemeldeten Qualitätskontrollen vor Ort im Krankenhaus bestätigt der MD den Kontrollauftrag gegenüber der beauftragenden Stelle nach § 5. [2]Der MD teilt den Kontrollauftrag, das Einleitungsda-

---

[1)] **Aichberger, Sozialgesetzbuch, Nr. 5.**

[2)] § 10 Abs. 4 Satz 2 geänd. mWv 30.7.2019 durch Beschl. v. 22.11.2018 (BAnz. AT 29.7.2019 B1), Abs. 1 Sätze 1 und 2, Abs. 2, Abs. 4 Sätze 1 und 2, Abs. 5 Sätze 2 und 3, Abs. 6 Sätze 1 und 2 geänd. mWv 17.12.2020 geänd. durch Beschl. v. 18.6.2020 (BAnz. AT 16.12.2020 B1).

tum nach § 7 Absatz 2 Satz 2 und die bereitzustellenden kontrollrelevanten Unterlagen dem Krankenhaus erst mit Beginn der Kontrolle vor Ort schriftlich mit. [3]Die Anhaltspunkte sind gegenüber dem Krankenhaus nur offenzulegen, sofern die schutzwürdigen Interessen von Personen gemäß § 4 Absatz 2 Buchstabe d gewahrt bleiben und das Ziel der Qualitätskontrolle nicht beeinträchtigt wird.

(2) Der MD hat die Kontrolle innerhalb von sechs Wochen ab Beginn des Einleitungsdatums nach § 7 Absatz 2 Satz 2 durchzuführen.

(3) Das Krankenhaus ist verpflichtet, die kontrollrelevanten Unterlagen unverzüglich zur Verfügung zu stellen.

(4) [1]Nach § 276 Absatz 4a SGB V[1)] ist der MD befugt, die Räume des Krankenhauses zu den üblichen Geschäfts- und Betriebszeiten zu betreten. [2]Der MD ist befugt gemäß § 276 Absatz 4a SGB V die zur Erfüllung des Kontrollauftrages erforderlichen Unterlagen einzusehen und personenbezogene Daten zu verarbeiten soweit es im Besonderen Teil richtlinien- bzw. beschlussspezifisch festgelegt und für die Kontrollen erforderlich ist. [3]§ 276 Absatz 2 Satz 3 bis 9 SGB V gilt für die Durchführung dieser Kontrollen entsprechend.

(5) [1]Die Kontrolle vor Ort wird auf Basis der vorhandenen Informationen, Erkenntnisse und Unterlagen durchgeführt. [2]Kann das Krankenhaus am Kontrolltermin prüfrelevante Unterlagen nicht vorlegen, ist es verpflichtet, dem MD und der beauftragenden Stelle die Gründe dafür schriftlich zu benennen. [3]Ist eine abschließende Kontrolle aufgrund fehlender Unterlagen nicht möglich, verständigen sich die beauftragende Stelle und der MD auf das weitere Vorgehen.

(6) [1]Das Krankenhaus hat dem MD alle für die Kontrolle erforderlichen Auskünfte zu erteilen. [2]Dem MD steht am Kontrolltermin ein auskunftsberechtigter Ansprechpartner für eine gemeinsame Erörterung der Sachverhalte und vorläufigen Kontrollergebnisse zur Verfügung.

§ 11[2)] Schriftliches Verfahren nach Aktenlage. (1) [1]Bei Qualitätskontrollen, die als schriftliches Verfahren nach Aktenlage durchgeführt werden, übermittelt die beauftragende Stelle den Kontrollauftrag nach § 7 Absatz 1 zeitgleich an den MD und an das zu kontrollierende Krankenhaus. [2]Führt eine Auftragsklärung zwischen MD und beauftragender Stelle zu einer Änderung des Kontrollauftrags, muss der neue Kontrollauftrag ebenfalls zeitgleich dem MD und dem Krankenhaus zugestellt werden. [3]Der MD teilt dem Krankenhaus die Bestätigung des Kontrollauftrages sowie das Einleitungsdatum nach § 7 Absatz 2 Satz 2 mit. [4]Für den Fall einer Rücknahme des Kontrollauftrags nach § 7 Absatz 1 teilt die beauftragende Stelle dies dem Krankenhaus mit.

(2) [1]Die an den MD zu übermittelnden kontrollrelevanten Unterlagen sind dem Krankenhaus innerhalb von 8 Arbeitstagen nach Einleitungsdatum vom MD schriftlich anzuzeigen. [2]Das Krankenhaus kann die aus seiner Sicht zur Erfüllung des konkreten Kontrollauftrages erforderlichen Unterlagen ergänzen.

[1)] **Aichberger, Sozialgesetzbuch, Nr. 5.**

[2)] § 11 Abs. 3 Satz 1 geänd. mWv 30.7.2019 durch Beschl. v. 22.11.2018 (BAnz. AT 29.7.2019 B1), Abs. 1 Sätze 1, 2 und 3, Abs. 2 Sätze 1 und 4, Abs. 3 Sätze 1 und 3, Abs. 4 Sätze 1 und 2, Abs. 5 Sätze 1 und 2, Abs. 6 geänd. mWv 17.12.2020 durch Beschl. v. 18.6.2020 (BAnz. AT 16.12.2020 B1).

[3]Die Übermittlung kann in Textform oder elektronisch erfolgen. [4]Das Krankenhaus hat die angeforderten Unterlagen innerhalb von 6 Wochen nach Zugang der Anzeige nach Satz 1 an den MD zu übermitteln.

(3) [1]Der MD ist befugt gemäß § 276 Absatz 4a SGB V[1)] die zur Erfüllung des Kontrollauftrages erforderlichen Unterlagen einzusehen und personenbezogene Daten zu verarbeiten soweit es im Besonderen Teil richtlinien- bzw. beschlussspezifisch festgelegt und für die Kontrollen erforderlich ist. [2]§ 276 Absatz 2 Satz 3 bis 9 SGB V gilt für die Durchführung dieser Kontrollen entsprechend. Das Krankenhaus hat auf Anforderung des MD personenbezogene Daten zu übermitteln.

(4) [1]Kann das Krankenhaus prüfrelevante Unterlagen nicht fristgerecht übermitteln, teilt es dies dem MD und der beauftragenden Stelle unverzüglich unter Nennung der Gründe schriftlich mit. [2]Ist die Kontrolle aufgrund fehlender Unterlagen nicht abschließend möglich, verständigen sich das Krankenhaus und der MD auf das weitere Vorgehen und gegebenenfalls auf eine einvernehmliche Verlängerung der Kontrollfrist.

(5) [1]Das Krankenhaus hat dem MD alle für die Kontrolle erforderlichen Auskünfte zu erteilen. [2]Dem MD steht telefonisch ein auskunftsberechtigter Ansprechpartner für eine gemeinsame Erörterung der Sachverhalte und vorläufigen Kontrollergebnisse zur Verfügung.

(6) Der MD hat die Kontrolle innerhalb von sechs Wochen ab Zugang der kontrollrelevanten Unterlagen nach Absatz 2 durchzuführen.

§ 12[2)] Mitwirkungspflichten des Krankenhauses. (1) [1]Das Krankenhaus ist gemäß § 276 Absatz 4a Satz 3 SGB V[1)] zur Mitwirkung verpflichtet. [2]Kommt das Krankenhaus seinen Mitwirkungspflichten gemäß §§ 9 bis 11 sowie der zugrundeliegenden gesetzlichen Bestimmungen nicht nach, so teilt der MD dies unverzüglich der beauftragenden Stelle nach § 5 schriftlich mit. [3]Hierüber wird das Krankenhaus vom MD informiert.

(2) [1]Die beauftragende Stelle fordert das Krankenhaus unverzüglich schriftlich zur Mitwirkung und zur Stellungnahme innerhalb von zwei Wochen auf. [2]Dem Krankenhaus wird mitgeteilt, dass bei weiterhin fehlender Mitwirkung nach Absatz 1 ohne tragfähige Begründung zum Ausbleiben der Mitwirkung eine Information an die zuständige Aufsichtsbehörde des Landes erfolgen kann.

(3) [1]Kommt das Krankenhaus nach Aufforderung durch die beauftragende Stelle seinen Mitwirkungspflichten innerhalb der Frist nach Absatz 2 Satz 1 nach, verlängert sich der Kontrollzeitraum des MD nach §§ 9 bis 11 entsprechend des Zeitraumes des Verfahrens nach den Absätzen 1 und 2. [2]Der MD ist verpflichtet, in geeigneter Weise die Erfüllung der Mitwirkungspflichten des Krankenhauses zu ermöglichen.

(4) [1]Kommt das Krankenhaus innerhalb der Frist nach Absatz 2 Satz 1 weiterhin seinen Mitwirkungspflichten nicht nach und legt keine tragfähige Begründung zum Ausbleiben der Mitwirkung vor, so teilt die beauftragende Stelle dies dem MD mit. [2]Der MD beendet seine Kontrolle mit dem Ergeb-

---

[1)] **Aichberger, Sozialgesetzbuch, Nr. 5.**

[2)] § 12 Abs. 1 Sätze 2 und 3, Abs. 3 Sätze 1 und 2, Abs. 4 Sätze 1 und 2, Abs. 6 Sätze 1, 2, und 3 geänd. mWv 17.12.2020 durch Beschl. v. 18.6.2020 (BAnz. AT 16.12.2020 B1).

nis, dass sie wegen fehlender Mitwirkung des Krankenhauses nicht durchgeführt werden konnte.

(5) [1]Kommt das Krankenhaus seinen in Absatz 1 genannten Mitwirkungspflichten vollumfänglich nicht nach, ist dies der Nichteinhaltung von Qualitätsanforderungen im Sinne des Kontrollgegenstandes gleichzustellen. [2]Kommt das Krankenhaus seinen in Absatz 1 geregelten Mitwirkungspflichten teilweise nicht nach, kann dies abhängig vom Umfang und der Bedeutung der verweigerten Mitwirkungshandlung für die Durchführung der Qualitätskontrolle der Nichteinhaltung von Qualitätsanforderungen im Sinne des Kontrollgegenstandes gleichgestellt werden. [3]Dies ist von der beauftragenden Stelle zu begründen.

(6) [1]Sofern eine Stelle gemäß § 2 Absatz 3 Satz 2 Nummer 4 der Richtlinie zur Förderung der Qualität und zu Folgen der Nichteinhaltung sowie zur Durchsetzung von Qualitätsanforderungen des Gemeinsamen Bundesausschusses gemäß § 137 Absatz 1 SGB V (QFD-RL) für die Bewertung von Qualitätsverstößen im Sinne des Kontrollgegenstandes zuständig ist, informiert die beauftragende Stelle diese Stelle über die fehlende Mitwirkung gemäß Absatz 5, die einer Nichteinhaltung von Qualitätsanforderungen gleichgestellt wird. [2]Die beauftragende Stelle informiert die Aufsichtsbehörde des Landes zum selben Zeitpunkt wie den MD über die fehlende Mitwirkung des Krankenhauses gemäß Satz 1. [3]Weitere Konsequenzen ergeben sich aus der QFD-RL.

§ 13 Mitwirkung Dritter. [1]Es kann erforderlich sein, dass bei der Qualitätskontrolle der Kontrollgegenstände nach § 3 die Mitwirkung Dritter notwendig ist. [2]Das Nähere hierzu wird im Besonderen Teil richtlinien- bzw. beschlussspezifisch festgelegt.

§ 14[1)] Berichterstellung durch den MD. (1) [1]Der MD berichtet schriftlich über die durchgeführte Qualitätskontrolle (Kontrollbericht). [2]Der Kontrollbericht enthält Angaben zum Kontrollgegenstand nach § 3, bei einer anhaltspunktbezogenen Kontrolle zu den Anhaltspunkten nach § 4, zu der beauftragenden Stelle nach § 5, zu Umfang, Art und Verfahren der Kontrolle gemäß der §§ 6 bis 11 sowie zu den im Rahmen der Kontrolle festgestellten Sachverhalten. [3]Er enthält das auf den konkreten Kontrollauftrag bezogene und zu begründende Kontrollergebnis einschließlich einer Würdigung der im Rahmen der Erörterung vorgebrachten maßgeblichen Argumente des Krankenhauses.

(2) [1]Soweit erforderlich, darf der Kontrollbericht auch personenbezogene Daten enthalten. [2]Soweit der Kontrollbericht an die beauftragende Stelle oder Dritte übermittelt wird, sind personenbezogene Daten vom MD zu anonymisieren. [3]Soweit der Kontrollbericht an das Krankenhaus übermittelt wird, sind die schutzwürdigen Interessen von Personen gemäß § 4 Absatz 2 Buchstabe d zu wahren.

(3) Der Kontrollbericht ist innerhalb von sechs Wochen nach Abschluss der Kontrolle zu erstellen.

[1)] § 14 Überschr., Abs. 1 Sätze 1 und 2, Abs. 2 Satz 2 geänd. mWv 17.12.2020 durch Beschl. v. 18.6.2020 (BAnz. AT 16.12.2020 B1).

§ 15[1] Umgang mit dem Kontrollbericht und den Kontrollergebnissen. (1) [1]Der MD übermittelt den Kontrollbericht unverzüglich an die beauftragende Stelle und an das kontrollierte Krankenhaus. [2]Das Krankenhaus kann zum Kontrollbericht innerhalb von 10 Arbeitstagen ab Zugang des Berichtes gegenüber der beauftragenden Stelle eine Stellungnahme abgeben.

(2) Sofern darüber hinaus andere Stellen gemäß der QFD-RL für die Bewertung von Qualitätsverstößen oder die Durchsetzung von Qualitätsanforderungen im Sinne des Kontrollgegenstandes zuständig sind, ist der Kontrollbericht von der beauftragenden Stelle unverzüglich nach Ablauf der Frist nach Absatz 1 Satz 2 auch an die je nach Kontrollgegenstand zuständigen Stellen zu übermitteln.

(3) [1]Der MD hat nach § 137 Absatz 3 Satz 4 SGB V bei erheblichen Verstößen gegen Qualitätsanforderungen die Kontrollergebnisse unverzüglich einrichtungsbezogen an Dritte zu übermitteln (Mitteilung). [2]Ein erheblicher Verstoß gegen Qualitätsanforderungen ist insbesondere dann unverzüglich mitzuteilen, wenn er unmittelbar oder mittelbar zum Tod oder zu einer schwerwiegenden Verschlechterung des Gesundheitszustands eines Patienten, eines Krankenhausmitarbeiters oder einer anderen Person geführt hat, geführt haben könnte oder führen könnte. [3]Der MD hat das Kontrollergebnis zum Vorliegen eines erheblichen Verstoßes in der Mitteilung nachvollziehbar zu begründen. [4]Soweit erforderlich, darf die Mitteilung nach Satz 1 auch personenbezogene Angaben enthalten. [5]In der Mitteilung an die beauftragende Stelle und an Dritte sind personenbezogene Daten zu anonymisieren. [6]In der Mitteilung an das Krankenhaus sind die schutzwürdigen Interessen von Personen gemäß § 4 Absatz 2 Buchstabe d zu wahren. [7]Die Mitteilung ergeht zeitgleich an die beauftragende Stelle und das Krankenhaus. [8]Dritte im Sinne von § 137 Absatz 3 Satz 4 SGB V sind die zuständigen Gesundheitsbehörden der Länder und kommunale Gesundheitsämter. [9]Sofern weiteren Dritten die Mitteilung nach Satz 1 vom MD zu übermitteln ist, wird dies im Besonderen Teil richtlinien- bzw. beschlussspezifisch festgelegt.

(4) [1]Das Krankenhaus kann die Durchführung einer erneuten Qualitätskontrolle bei einer beauftragenden Stelle beantragen, um die Beseitigung der vom MD festgestellten Qualitätsmängel nachweisen zu können. [2]In diesen Fällen hat die Qualitätskontrolle innerhalb von 12 Wochen ab Antragstellung durch das Krankenhaus zu erfolgen, sofern dies zur Feststellung der Beseitigung der Mängel erforderlich ist.

(5) [1]Werden dem MD bei der Durchführung der Kontrollen Anhaltspunkte für erhebliche Qualitätsmängel offenbar, die außerhalb des Kontrollauftrags liegen, so teilt er diese der beauftragenden Stelle sowie dem Krankenhaus unverzüglich mit. [2]Das Krankenhaus erhält hierzu die Gelegenheit, innerhalb einer Frist von 5 Arbeitstagen gegenüber dem MD sowie der beauftragenden Stelle Stellung zu nehmen. [3]Anhaltspunkte für erhebliche Qualitätsmängel verpflichten die beauftragende Stelle nach § 5 zu einem weiteren Kontrollauftrag, sofern er nach § 3 von dieser Richtlinie umfasst ist.

---

[1] § 15 Abs. 1 Satz 1, Abs. 2 Satz 1, Abs. 3 Sätze 1, 3 und 9, Abs. 4 Satz 1, Abs. 5 Sätze 1 und 2 geänd. mWv 17.12.2020 durch Beschl. v. 18.6.2020 (BAnz. AT 16.12.2020 B1).

§ 16[1] **Berichterstattung des Medizinischen Dienstes Bund an den G-BA.** [1]Einmal jährlich berichtet der Medizinische Dienst Bund (MD Bund) dem G-BA auf Basis einer Abfrage bei den MD der Bundesländer bezogen auf die jeweiligen Kontrollgegenstände nach § 3 in aggregierter Form über den Umfang und die Ergebnisse der Qualitätskontrollen. [2]Einzelne Krankenhäuser dürfen durch diesen Bericht nicht identifizierbar sein. [3]Der G-BA entscheidet über die Veröffentlichung des Berichtes.

§ 17[2] **Sonderregelungen aufgrund der COVID-19-Pandemie.** [1]Qualitätskontrollen des medizinischen Dienstes gemäß dieser Richtlinie werden in den Krankenhäusern während der Zeit und über den Zeitraum der Pandemie zunächst bis 31.10.2020 nicht durchgeführt. [2]In dem Zeitraum 1. Dezember 2020 bis 31. März 2021 werden in den Krankenhäusern keine Qualitätskontrollen des medizinischen Dienstes gemäß dieser Richtlinie durchgeführt.

Teil B[3] – Besonderer Teil

Abschnitt 1. Kontrolle der Richtigkeit der Dokumentation der Krankenhäuser im Rahmen der externen stationären Qualitätssicherung

§ 1[4], [5] **Anwendungsbereich.** (1) Dieser Abschnitt des Besonderen Teils regelt gemäß § 2 Absatz 2 Satz 2 Teil A weitere Kontrollen der Richtigkeit der Dokumentation der Krankenhäuser auf der Grundlage von Anhaltspunkten für folgende Richtlinien des Gemeinsamen Bundesausschusses (G-BA):

a) Richtlinie gemäß § 136 Absatz 1 SGB V in Verbindung mit § 135a SGB V über Maßnahmen der Qualitätssicherung für nach § 108 SGB V zugelassene Krankenhäuser (Richtlinien über Maßnahmen der Qualitätssicherung in Krankenhäusern/QSKH),

b) Richtlinie zu planungsrelevanten Qualitätsindikatoren gemäß § 136 Absatz 1 SGB V in Verbindung mit § 136c Absatz 1 und 2 SGB V (Richtlinie zu planungsrelevanten Qualitätsindikatoren – plan. QI-RL),

c) Richtlinie zur datengestützten einrichtungsübergreifenden Qualitätssicherung (DeQS-RL).

---

[1] § 16 Überschr., Satz 1 geänd. mWv 17.12.2020 durch Beschl. v. 18.6.2020 (BAnz. AT 16.12.2020 B1).

[2] § 17 angef. mWv 27.3.2020 durch Beschl. v. 27.3.2020 (BAnz. AT 8.4.2020 B4), Satz 2 angef. mWv 1.12.2020 durch Beschl. v. 3.12.2020 (BAnz. AT 3.2.2021 B2).

[3] Teil B 1. Abschn. §§ 1–7 eingef. mWv 30.7.2019 durch Beschl. v. 22.11.2018 (BAnz. AT 29.7.2019 B1), Angabe 1. Abschn. geänd., Abschn. 2 §§ 8–19 und Anl. zu Teil B Abschn. 2 angef. mWv 7.2.2020 durch Beschl. v. 17.10.2019 (BAnz. AT 6.2.2020 B1).

[4] Teil B 1. Abschn. §§ 1–7 eingef. mWv 30.7.2019 durch Beschl. v. 22.11.2018 (BAnz. 29.7.2019 B1).

[5] § 1 Abs. 1 einl. Satzteil, Buchst. a, b und c geänd. mWv 17.12.2020 durch Beschl. v. 18.6.2020 (BAnz. AT 16.12.2020 B1).

(2) [1] Vorbehaltlich von Satz 2 gelten im Rahmen ihres jeweiligen Anwendungsbereichs die Vorgaben der in Absatz 1 bestimmten Richtlinien. [2] Für das Verfahren der weiteren Kontrollen dieses Abschnitts gelten abweichend und unberührt von den spezifischen Vorgaben zur Datenvalidierung der Richtlinien nach Absatz 1 die Vorgaben dieser Richtlinie. [3] Sie sind durch die in diesem Abschnitt festgelegten Stellen zu beauftragen und müssen durch die in diesem Abschnitt bestimmten Anhaltspunkte begründet sein.

§ 2[1)] Kontrollgegenstand und Zweck der weiteren Kontrollen. [1] Die Kontrollen erfolgen jeweils auf Grundlage derjenigen Qualitätssicherungsdaten, die nach den Vorgaben der Richtlinien nach § 1 Absatz 1 Teil B durch die Krankenhäuser zu dokumentieren sind. [2] Gegenstand der Kontrollen ist ein gezielter Datenabgleich, in dem die Übereinstimmung der Qualitätssicherungsdaten mit der Patientenakte wegen konkreter Anhaltspunkte auf Dokumentationsmängel überprüft wird. [3] Sinn und Zweck der weiteren Kontrollen ist eine ergänzende Datenvalidierung hinsichtlich möglicher weiterer Dokumentationsmängel, die im Rahmen der in den Richtlinien nach § 1 Absatz 1 Teil B geregelten Kontrollen nicht auffallen.

§ 3[1), 2)] Anhaltspunkte für die Beauftragung der Qualitätskontrolle. Anhaltspunkte gemäß § 4 Absatz 3 Satz 3 Teil A für die Beauftragung einer weiteren Kontrolle im Sinne dieses Abschnitts sind

a) nicht nur unerhebliche Diskrepanzen zwischen einrichtungsbezogen aufgrund von G-BA-Richtlinien und -Beschlüssen veröffentlichten Ergebnissen der externen Qualitätssicherung und von im Rahmen der Abrechnung oder von Abrechnungsprüfungen vorgelegten Informationen,

b) Hinweise auf Dokumentationsfehler in der externen Qualitätssicherung, die sich aus Meldungen von Versicherten oder sonstigen Dritten gemäß § 4 Absatz 2 Satz 1 Buchstabe d Teil A oder auf der Grundlage publizierter Informationen über das Krankenhaus ergeben oder

c) nicht nur unerhebliche Diskrepanzen zwischen den Angaben in Teil C1 des Qualitätsberichtes und weiteren Teilen des Qualitätsberichtes.

§ 4[1), 3)] Beauftragende Stelle. Mit der Kontrolle der Richtigkeit der Dokumentation von Qualitätssicherungsdaten eines Krankenhauses können

a) die für die Verfahren der datengestützten Qualitätssicherung verantwortlichen Gremien und die mit der Umsetzung beauftragten Stellen auf Bundes- und Landesebene gemäß § 5 Absatz 1 Satz 1 Buchstabe a Teil A,

b) die gesetzlichen Krankenkassen gemäß § 5 Absatz 1 Satz 1 Buchstabe b Teil A

den MD beauftragen.

---

1) Teil B 1. Abschn. §§ 1–7 eingef. mWv 30.7.2019 durch Beschl. v. 22.11.2018 (BAnz. 29.7.2019 B1).

2) § 3 Buchst. a, b und c geänd. mWv 17.12.2020 durch Beschl. v. 18.6.2020 (BAnz. AT 16.12.2020 B1).

3) § 4 Buchst. a und b, abschl. Satzteil geänd. mWv 17.12.2020 durch Beschl. v. 18.6.2020 (BAnz. AT 16.12.2020 B1).

§ 5[1)·2)] **Umfang der Qualitätskontrolle.** (1) [1]Die Kontrolle umfasst im Sinne von § 6 Teil A einen Abgleich der Qualitätssicherungsdaten mit den Patientenakten des Erfassungsjahres, auf das sich die Anhaltspunkte beziehen. [2]Soweit erforderlich, kann die zuständige beauftragende Stelle in die Kontrolle Qualitätssicherungsdaten von bis zu zwei weiteren bereits abgeschlossenen Erfassungsjahren einbeziehen, die diesem Jahr vorangehen oder ihm nachfolgen. [3]Somit umfasst die Kontrolle maximal drei Erfassungsjahre. [4]In die Kontrolle dürfen nur ab dem 1. Juli 2017 erfasste Qualitätssicherungsdaten des Erfassungsjahres 2017 einbezogen werden.

(2) [1]Die Kontrolle erfolgt standortbezogen. [2]Es wird die Definition von Krankenhausstandorten gemäß der Vereinbarung nach § 2a Absatz 1 Krankenhausfinanzierungsgesetzes (KHG) in Verbindung mit dem Standortverzeichnis gemäß § 293 Absatz 6 SGB V zugrunde gelegt. [3]Die beauftragende Stelle bestimmt den zu kontrollierenden Krankenhausstandort. [4]Mehrere Krankenhausstandorte können in die Kontrollen einbezogen werden, wenn dies aufgrund der Anhaltspunkte erforderlich ist.

(3) [1]Die beauftragende Stelle kann einen oder mehrere der jeweils in den maßgeblichen Richtlinien nach § 1 Absatz 1 Teil B bestimmten Leistungsbereiche festlegen, die kontrolliert werden sollen. [2]Dabei umfasst die Kontrolle den Leistungsbereich, auf den sich die Anhaltspunkte beziehen. [3]Mehrere Leistungsbereiche können in die Kontrolle einbezogen werden, wenn dies aufgrund der Anhaltspunkte erforderlich ist.

(4) [1]Ferner sind die Fälle im Sinne der jeweils maßgeblichen Richtlinien nach § 1 Absatz 1 Teil B auszuwählen, die in die Kontrolle einbezogen werden sollen. [2]Die Auswahl kann entweder aufgrund einer gezielten oder einer zufälligen Auswahl erfolgen oder aufgrund einer Kombination aus Beidem.

(5) [1]Bei einer gezielten Auswahl nach Absatz 4 erfolgt die Festlegung der zu kontrollierenden Fälle durch die beauftragende Stelle. [2]Dabei sind Fälle in die Kontrolle einzubeziehen, auf die sich die Anhaltspunkte beziehen.

(6) [1]Die zufällige Auswahl der zu kontrollierenden Fälle erfolgt durch das Institut nach § 137a SGB V. [2]Die Auswahl umfasst in der Regel 20 zufällig ausgewählte Fälle je Leistungsbereich und je Erfassungsjahr. [3]Eine größere Anzahl von Fällen kann ausgewählt werden, wenn dies aus methodischen Gründen erforderlich ist. [4]Liegt die Fallzahl des Standorts in dem jeweiligen Leistungsbereich unter 20, sind alle Fälle in die Kontrolle einzubeziehen.

(7) [1]Die Kontrolle umfasst in der Regel mindestens diejenigen der jeweils in den maßgeblichen Richtlinien nach § 1 Absatz 1 Teil B festgelegten Datenfelder, die für die Berechnung der Qualitätsindikatoren des jeweiligen Leistungsbereichs verwendet werden. [2]Darüber hinaus können von der beauftragenden Stelle weitere zu kontrollierende Datenfelder festgelegt werden, wenn dies aufgrund der Anhaltspunkte erforderlich ist.

§ 6[1)·3)] **Art und Verfahren der Kontrolle.** (1) [1]Bei Vorliegen eines Anhaltspunkts nach § 3 Teil B erteilt die beauftragende Stelle nach § 4 Teil B

---

1) Teil B 1. Abschn. §§ 1–7 eingef. mWv 30.7.2019 durch Beschl. v. 22.11.2018 (BAnz. 29.7.2019 B1).

2) § 5 Abs. 2 Satz 2 neu gef. mWv 17.12.2020 durch Beschl. v. 18.6.2020 (BAnz. AT 16.12.2020 B1).

3) § 6 Abs. 1 Satz 1, Abs. 3, Abs. 4 Sätze 1 und 2, Abs. 5, Abs. 6 geänd. mWv 17.12.2020 durch Beschl. v. 18.6.2020 (BAnz. AT 16.12.2020 B1).

dem MD einen Kontrollauftrag gemäß § 7 Teil A. [2] In diesem sind auch die spezifischen Festlegungen nach § 5 Teil B zu begründen.

(2) Die Kontrollen erfolgen ausschließlich nach Anmeldung vor Ort im Krankenhaus nach den Vorgaben des § 9 Teil A.

(3) Der MD informiert das Institut nach § 137a SGB V sowie bei indirekten bzw. länderbezogenen Verfahren die jeweilige mit der Umsetzung der Qualitätssicherung beauftragte Stelle auf der Landesebene unverzüglich nach Abschluss der Auftragsklärung gemäß § 7 Absatz 1 und 2 Teil A über den Kontrollauftrag.

(4) [1] Das Institut nach § 137a SGB V übermittelt innerhalb von 10 Arbeitstagen nach der Information gemäß Absatz 3 die Vorgangsnummern der zu kontrollierenden Fälle im Sinne der jeweils maßgeblichen Richtlinien nach § 1 Absatz 1 Teil B sowie die jeweiligen von den Krankenhäusern übermittelten Datensätze in elektronischer Form an die jeweiligen Datenannahmestellen, die diese unverzüglich an den MD weitergeben. [2] Dabei ist sicherzustellen, dass dem MD diejenigen Vorgangsnummern übermittelt werden, die dem Krankenhaus die Reidentifikation der zu kontrollierenden Fälle ermöglichen.

(5) Der MD teilt dem Krankenhaus abweichend von der in § 9 Absatz 3 Teil A vorgegebenen Frist die Vorgangsnummern der zu kontrollierenden Fälle spätestens 2 Arbeitstage nach der Übermittlung an den MD, mindestens jedoch 10 Arbeitstage vor dem Kontrolltermin mit.

(6) Das Krankenhaus stellt dem MD über den gesamten Kontrollzeitraum vor Ort die vollständige Patientendokumentation, soweit diese für die Durchführung des Kontrollauftrags erforderlich ist, der anhand der übermittelten Vorgangsnummern identifizierten Krankenhausfälle zur Einsicht und Verarbeitung im Sinne von § 9 Absatz 4 Satz 2 Teil A zur Verfügung.

(7) Die Dokumentation des gezielten Datenabgleichs im Krankenhaus erfolgt soweit möglich nach einheitlichen Vorgaben mit Hilfe standardisierter Dokumente in elektronischer oder Papierform, die vom Institut nach § 137a SGB V vorgegeben werden.

§ 7[1), 2)] Umgang mit dem Kontrollbericht und den Kontrollergebnissen. (1) [1] Der MD erstellt einen Kontrollbericht nach Maßgabe von § 14 Teil A. [2] Aus dem Kontrollbericht muss insbesondere für jeden zu kontrollierenden Fall und für jedes zu kontrollierende Datenfeld hervorgehen, ob eine Übereinstimmung zwischen Patientenakte und Dokumentation für die Qualitätssicherung besteht oder nicht. [3] Wenn eine solche Festlegung nicht getroffen werden kann, sind die Gründe hierfür im Einzelnen darzustellen.

(2) [1] Der MD übermittelt den Kontrollbericht nach Maßgabe des § 15 Absatz 1 Teil A. [2] Die beauftragende Stelle übermittelt den Kontrollbericht

a) bei weiteren Kontrollen nach § 1 Absatz 1 Buchstabe a (QSKH-RL) und Buchstabe b (plan. QI-RL) Teil B je nach Zuständigkeit an das Institut nach § 137a SGB V oder die jeweils auf Landesebene beauftragte Stelle oder an Beide,

[1)] Teil B 1. Abschn. §§ 1–7 eingef. mWv 30.7.2019 durch Beschl. v. 22.11.2018 (BAnz. 29.7.2019 B1).

[2)] § 7 Abs. 1 Satz 1, Abs. 2 Satz 1 geänd. mWv 17.12.2020 durch Beschl. v. 18.6.2020 (BAnz. AT 16.12.2020 B1).

b) bei weiteren Kontrollen nach § 1 Absatz 1 Buchstabe c (DeQS-RL) Teil B je nach Zuständigkeit an die Bundesstelle oder die LAG oder an Beide,

wenn dies zur Erfüllung der ihnen nach der jeweils maßgeblichen Richtlinie übertragenen Aufgaben erforderlich ist.

Abschnitt 2.[1)] Kontrolle der Einhaltung der Qualitätsanforderungen nach § 136 Absatz 1 Satz 1 Nr. 2 SGB V

Unterabschnitt 1. Allgemeine Vorschriften

§ 8[1), 2)] **Anwendungsbereich und Kontrollgegenstand.** (1) [1]Dieser Abschnitt des Besonderen Teils regelt gemäß § 3 Satz 2 Buchstabe b Teil A die Kontrolle der Einhaltung der Anforderungen an die Struktur-, Prozess- und Ergebnisqualität, die von den Krankenhäusern gemäß der G-BA Richtlinien nach § 136 Absatz 1 Satz 1 Nr. 2 SGB V zu erfüllen sind. [2]Die Richtlinien, auf die der Abschnitt 2 Anwendung findet, ergeben sich aus der Anlage.

(2) [1]Die Kontrolle erfolgt standortbezogen. [2]Es wird die Definition von Krankenhausstandorten gemäß der Vereinbarung nach § 2a Absatz 1 KHG in Verbindung mit dem Standortverzeichnis gemäß § 293 Absatz 6 SGB V zugrunde gelegt. [3]In den Fällen, in denen die Qualitätsanforderungen in der zu kontrollierenden Richtlinie nicht standortbezogen definiert wurden, ist die Erfüllung der Qualitätsanforderung in dem Krankenhaus zu kontrollieren, an dem die richtlinienrelevanten Anforderungen zu erfüllen sind.

(3) Die Kontrolle der Einhaltung der in den Richtlinien nach der Anlage festgelegten Qualitätsanforderungen kann gemäß § 2 Absatz 1 Satz 1 Teil A auf der Grundlage von Anhaltspunkten, als Stichprobenprüfung oder als anlassbezogene Kontrolle erfolgen.

§ 9[1), 3)] **Umgang mit dem Kontrollbericht und den Kontrollergebnissen.** (1) [1]Der MD erstellt einen Kontrollbericht nach Maßgabe von § 14 Teil A. [2]Der MD übermittelt den Kontrollbericht nach Maßgabe des § 15 Teil A.

(2) [1]Für jede kontrollierte Qualitätsanforderung wird im Kontrollbericht nach § 14 Absatz 1 Teil A dargestellt, ob diese vom Krankenhausstandort eingehalten wird, nicht eingehalten wird oder ob die Einhaltung nicht beurteilt werden kann. [2]Auch bei fehlender Beurteilbarkeit sind die Gründe hierfür vom MD darzustellen.

(3) [1]Zur Bereinigung der nach § 15 Absatz 2 Teil B zu ermittelnden Grundgesamtheit informiert die beauftragende Stelle das Institut nach § 137a SGB V nach Abschluss der Kontrollen über die kontrollierten Krankenhaus-

---

[1)] Teil B Abschn. 2 §§ 8–19, Anl. angef. mWv 7.2.2020 durch Beschl. v. 17.10.2019 (BAnz. AT vom 6.2.2020 B1).

[2)] § 8 Abs. 2 Satz 2 neu gef., Abs. 3 geänd. mWv 17.12.2020 durch Beschl. v. 18.6.2020 (BAnz. AT 16.12.2020 B1).

[3)] § 9 Abs. 1 Sätze 1 und 2, Abs. 2 Satz 2 geänd. mWv 17.12.2020 durch Beschl. v. 18.6.2020 (BAnz. AT 16.12.2020 B1).

standorte und das jeweilige Kontrollergebnis. [2]Das Institut registriert diese Angaben für einen Zeitraum von drei Jahren.

Unterabschnitt 2. Kontrollen aufgrund von Anhaltspunkten

§ 10[1)·2)] Anhaltspunkte für die Beauftragung der Qualitätskontrollen. (1) Die Qualitätskontrollen erfolgen aufgrund von konkreten und belastbaren Anhaltspunkten gemäß § 4 Absatz 1 Teil A in Verbindung mit § 4 Absatz 2 Teil A.

(2) Anhaltspunkte gemäß § 4 Absatz 2 Teil A, für die Beauftragung einer Kontrolle im Sinne dieses Abschnitts sind:

a) Implausibilitäten zwischen den Angaben des Qualitätsberichts oder anderen im Rahmen der Qualitätssicherung des G-BA übermittelten Angaben und von im Rahmen der Abrechnung oder von Abrechnungsprüfungen vorgelegten Informationen,
b) Implausibilitäten zwischen den Angaben des Qualitätsberichts oder anderen im Rahmen der Qualitätssicherung des G-BA übermittelten Angaben und der Eigendarstellung des Krankenhauses, z. B. in seinem Internetauftritt,
c) Auffälligkeiten aufgrund von Selbstauskünften des Krankenhausstandortes bzgl. der Einhaltung der Vorgaben der einzelnen Richtlinien nach der Anlage im Rahmen der Verhandlungen nach § 11 KHEntgG,
d) Erkenntnisse aus Abrechnungsprüfungen bei Einzelfällen,
e) Erkenntnisse im Rahmen der Unterstützung von Versicherten nach § 66 SGB V,
f) Erkenntnisse entweder durch mehrfache Meldungen von Versicherten oder sonstigen Dritten zum selben Sachverhalt oder Kontrollgegenstand oder durch eine besonders fundierte Meldung eines Versicherten oder sonstigen Dritten zu einem Sachverhalt oder Kontrollgegenstand.

§ 11[1)·3)] Beauftragende Stelle bei anhaltspunktbezogenen Kontrollen. Mit der Kontrolle der Einhaltung der in den Richtlinien nach der Anlage festgelegten Qualitätsanforderungen können

a) die für die Verfahren der datengestützten Qualitätssicherung verantwortlichen Gremien und die mit der Umsetzung beauftragten Stellen auf Bundes- und Landesebene gemäß § 5 Absatz 1 Satz 1 Buchstabe a Teil A,
b) die gesetzlichen Krankenkassen gemäß § 5 Absatz 1 Satz 1 Buchstabe b Teil A

den MD beauftragen.

§ 12[1)·4)] Einleitung des Kontrollverfahrens bei anhaltspunktbezogenen Kontrollen. (1) Liegen Anhaltspunkte nach § 10 Absatz 2 Teil B vor,

---

[1)] Teil B Abschn. 2 §§ 8–19, Anl. angef. mWv 7.2.2020 durch Beschl. v. 17.10.2019 (BAnz. AT vom 6.2.2020 B1).

[2)] § 10 Abs. 1 geänd. mWv 17.12.2020 durch Beschl. v. 18.6.2020 (BAnz. AT 16.12.2020 B1).

[3)] § 11 Buchst. a und b, Satzteil nach der Aufz. geänd. mWv 17.12.2020 durch Beschl. v. 18.6.2020 (BAnz. AT 16.12.2020 B1).

[4)] § 12 Abs. 2 geänd. mWv 17.12.2020 durch Beschl. v. 18.6.2020 (BAnz. AT 16.12.2020 B1).

entscheidet die beauftragende Stelle gemäß § 11 Teil B nach pflichtgemäßem Ermessen über die Einleitung einer Kontrolle der Einhaltung der Qualitätsanforderungen.

(2) Die Einleitung eines Kontrollverfahrens ist ausgeschlossen, wenn zwischen der möglichen Nichteinhaltung der Qualitätsanforderung, auf die der Anhaltspunkt hinweist, und der geplanten Einleitung des Kontrollverfahrens mehr als 36 Monate verstrichen sind.

§ 13[1), 2)] Umfang der anhaltspunktbezogenen Qualitätskontrolle.

[1](1) Die jeweiligen Anhaltspunkte definieren den Umfang der Qualitätskontrolle, der dem MD von der beauftragenden Stelle innerhalb des Kontrollauftrages vorzugeben ist. [2]Liegen konkrete und belastbare Anhaltspunkte gemäß § 10 Absatz 2 Teil B vor, die auf die Nichteinhaltung von einer bis zu drei Qualitätsanforderungen hinweisen, die in der maßgeblichen Richtlinie nach der Anlage festgelegt sind, hat sich die Qualitätskontrolle auf die Kontrolle der Einhaltung dieser Qualitätsanforderungen zu beschränken. [3]Gibt es Anhaltspunkte, die auf die Nichteinhaltung von mehr als drei Qualitätsanforderungen hinweisen, die in der maßgeblichen Richtlinie nach der Anlage festgelegt sind, kann die Kontrolle die Einhaltung aller in der jeweiligen Richtlinie formulierten Qualitätsanforderungen umfassen.

[4]Befindet sich der zu kontrollierende Krankenhausstandort zum Zeitpunkt der Beauftragung oder der Kontrolle in einem klärenden Dialog gemäß einer Richtlinie nach der Anlage, sind die Qualitätsanforderungen, aufgrund derer der klärende Dialog durchgeführt wird, nicht in die Kontrolle einzubeziehen.

(2) [1]Die Kontrolle aufgrund von Anhaltspunkten gemäß § 10 Absatz 2 Teil B kann sich auf die Einhaltung der Qualitätsanforderungen innerhalb der letzten 12 Monate vor Beauftragung der Kontrolle beziehen. [2]In begründeten Ausnahmefällen kann der Kontrollzeitraum auf bis zu 24 Monate vor Beauftragung ausgedehnt werden.

(3) [1]Die beauftragende Stelle bestimmt den zu kontrollierenden Krankenhausstandort. [2]Es können mehrere Krankenhausstandorte in die Kontrollen einbezogen werden, wenn dies aufgrund der Anhaltspunkte erforderlich ist.

§ 14[1), 3)] Art und Verfahren der anhaltspunktbezogenen Kontrolle.

(1) Die beauftragende Stelle hat in ihrem Kontrollauftrag festzulegen, welche der drei gemäß § 8 Absatz 1 Teil A möglichen Arten der Kontrolle zum Tragen kommt.

(2) [1]Anhaltspunkte gemäß § 10 Absatz 2 Teil B können zu unangemeldeten Kontrollen führen. [2]Unangemeldete Kontrollen sind nur zulässig, wenn eine angemeldete Kontrolle den Kontrollerfolg gefährden würde, oder wenn Gefahr in Verzug besteht und unverzügliches Handeln geboten ist. [3]Dies kann der Fall sein, wenn durch eine Anmeldung der Kontrolle – insbesondere durch

---

1) Teil B Abschn. 2 §§ 8–19, Anl. angef. mWv 7.2.2020 durch Beschl. v. 17.10.2019 (BAnz. AT vom 6.2.2020 B1).

2) § 13 Abs. 1 Satz 1 geänd. mWv 17.12.2020 durch Beschl. v. 18.6.2020 (BAnz. AT 16.12.2020 B1).

3) § 14 Abs. 4 aufgeh., Abs. 5 wird Abs. 4, neuer Abs. 5 eingef., Abs. 3 Satz 1, Abs. 4, Abs. 5, Abs. 6 Satz 1 und Satz 4 geänd. mWv 17.12.2020 durch Beschl. v. 18.6.2020 (BAnz. AT 16.12.2020 B1).

die dann verpflichtend vorzunehmende Terminabstimmung – der Anhaltspunkt durch Zeitablauf entfallen oder ihm auf andere Weise abgeholfen werden könnte.

(3) [1]Bei Vorliegen eines Anhaltspunktes nach § 10 Teil B erteilt die beauftragende Stelle nach § 11 Teil B dem MD einen Kontrollauftrag gemäß § 7 Teil A. [2]In diesem ist auch der Umfang der Qualitätskontrolle im Sinne des § 13 Teil B festzulegen und zu begründen.

(4) In Fällen, in denen gemäß § 13 Abs. 1 Teil B die Einhaltung aller Qualitätsanforderungen der jeweiligen Richtlinie gemäß der Anlage kontrolliert wird und eine Checkliste Teil dieser Richtlinie ist, hat der MD für seine Kontrolle die Checkliste heranzuziehen.

(5) Der MD ist im Rahmen seiner Befugnis gemäß § 276 Absatz 4a SGB V, die für die Kontrolle erforderlichen Unterlagen einzusehen, berechtigt, personenbezogene Daten der Krankenhausmitarbeiter und der Versicherten zu verarbeiten, soweit dies für die Kontrolle der Einhaltung der in den Richtlinien nach der Anlage festgelegten Qualitätsanforderungen erforderlich ist.

(6) [1]Sofern die Kontrolle der Einhaltung der Qualitätsanforderungen der Richtlinie nach der Anlage die Einsicht in die Patientendokumentation erfordert, erfolgt die Ziehung einer Zufallsstichprobe aus den jeweils richtlinienrelevanten Behandlungsfällen durch den MD. [2]Die Stichprobe umfasst 20 Behandlungsfälle des zu kontrollierenden richtlinienbezogenen Leistungsbereichs. [3]Liegt die Behandlungsfallzahl des Standorts in dem jeweiligen Leistungsbereich unter 20, sind alle Behandlungsfälle in die Kontrolle einzubeziehen. [4]Das Krankenhaus stellt dem MD alle zur Ziehung der Stichprobe notwendigen Fallnummern aus dem Kontrollzeitraum zur Verfügung. [5]Die Fallnummern müssen die eindeutige Zuordnung einer Patientin oder eines Patienten zu einem konkreten Krankenhausaufenthalt ermöglichen.

Unterabschnitt 3. Kontrollen aufgrund von Stichproben

§ 15[1), 2)] Stichprobenziehung. (1) Neben den Qualitätskontrollen, die durch Anhaltspunkte begründet sind, finden ab dem Kalenderjahr 2023 jährliche richtlinienbezogene Stichprobenprüfungen statt.

(2) [1]Grundlage für eine Stichprobenprüfung der Einhaltung der in den Richtlinien nach der Anlage festgelegten Qualitätsanforderungen ist die jährliche Ermittlung einer Grundgesamtheit aller Standorte, an denen jeweils richtlinienrelevante Leistungen erbracht werden. [2]Die Ermittlung der Grundgesamtheit erfolgt richtlinienbezogen bundesweit jährlich bis zum 30.06. durch das Institut nach § 137a SGB V. [3]Grundlage für die Ermittlung der Grundgesamtheit bilden die dem Institut nach § 137a SGB V aus den Verfahren der Richtlinien nach der Anlage bekannten Krankenhausstandorte, an denen jeweils richtlinienrelevante Leistungen erbracht werden. [4]Für die Richtlinien, zu denen dem Institut nach § 137a SGB V keine entsprechenden Informationen vorliegen, melden die Krankenkassen oder von Krankenkassen beauftragte

---

1) Teil B Abschn. 2 §§ 8–19, Anl. angef. mWv 7.2.2020 durch Beschl. v. 17.10.2019 (BAnz. AT vom 6.2.2020 B1).

2) § 15 Abs. 1, Abs. 1 Satz 6 geänd. mWv 17.12.2020 durch Beschl. v. 18.6.2020 (BAnz. AT 16.12.2020 B1).

Institutionen jährlich bis zum 30.06. richtlinienbezogen alle Krankenhausstandorte mit mindestens einem im vorangegangenen Kalenderjahr abgerechneten Behandlungsfall an das Institut nach § 137a SGB V. [5]Die richtlinienbezogenen Kriterien zur Ermittlung der relevanten Behandlungsfälle ergeben sich aus den Anwendungsbereichen der jeweiligen Richtlinien nach der Anlage. [6]Das Institut nach § 137a SGB V bereinigt die übermittelten Krankenhausstandorte um Dubletten und diejenigen Standorte, bei denen innerhalb der letzten drei Jahre eine Qualitätskontrolle nach diesem Abschnitt durchgeführt wurde, bei der die Einhaltung aller Qualitätsanforderungen kontrolliert und keine Mängel festgestellt wurden.

(3) [1]Die Ziehung der Zufallsstichprobe wird jährlich bis zum 31.07. durch das Institut nach § 137a SGB V vorgenommen. [2]Dabei werden aus der Grundgesamtheit richtlinienspezifisch jeweils 9 Prozent der Krankenhausstandorte gezogen. [3]Hierbei ist je Richtlinie gemäß der Anlage mindestens ein Standort in die Stichprobenprüfung einzubeziehen.

(4) Das Institut nach § 137a SGB V teilt das Ergebnis der Ziehung unverzüglich der zuständigen beauftragenden Stelle mit.

§ 16[1), 2)] Beauftragende Stelle bei Stichprobenprüfungen. [1]Beauftragende Stellen bei Stichprobenprüfungen sind die gesetzlichen Krankenkassen gemäß § 5 Absatz 1 Satz 1 Buchstabe b Teil A. [2]Die Beauftragung erfolgt bundeslandbezogen jeweils gemeinsam und einheitlich.

§ 17[1)] Einleitung des Kontrollverfahrens bei Stichprobenprüfungen. Die beauftragende Stelle hat für die gemäß § 15 Absatz 3 Teil B gezogenen Krankenhausstandorte eine Kontrolle der Einhaltung der Qualitätsanforderungen einzuleiten.

§ 18[1)] Umfang der Qualitätskontrolle bei Stichprobenprüfungen.

(1) [1]Bei Stichprobenprüfungen wird in den nach § 15 Absatz 3 Teil B gezogenen Krankenhausstandorten die Einhaltung aller Qualitätsanforderungen der jeweiligen Richtlinie nach der Anlage kontrolliert. [2]Befindet sich der zu kontrollierende Krankenhausstandort zum Zeitpunkt der Beauftragung oder der Kontrolle in einem klärenden Dialog gemäß einer Richtlinie nach der Anlage, sind die Qualitätsanforderungen, aufgrund derer der klärende Dialog durchgeführt wird, nicht in die Kontrolle einzubeziehen.

(2) Die Kontrolle kann bis zu 9 zurückliegende Monate ab dem Zeitpunkt der Mitteilung des Ergebnisses der Stichprobenziehung gemäß § 15 Absatz 4 Teil B umfassen.

§ 19[1), 3)] Art und Verfahren der Stichprobenprüfung. (1) Die Kontrolle erfolgt nach Anmeldung vor Ort in dem im Rahmen der Stichprobenziehung gezogenen Krankenhausstandort nach den Vorgaben des § 9 Teil A.

(2) Die beauftragende Stelle erteilt dem MD jährlich bis zum 31.08. einen Kontrollauftrag gemäß § 7 Teil A.

[1)] Teil B Abschn. 2 §§ 8–19, Anl. angef. mWv 7.2.2020 durch Beschl. v. 17.10.2019 (BAnz. AT vom 6.2.2020 B1).

[2)] § 16 Satz 1 neu gef. mWv 17.12.2020 durch Beschl. v. 18.6.2020 (BAnz. AT 16.12.2020 B1).

[3)] § 19 Abs. 5 eingef., bish. Abs. 5 wird Abs. 6, Abs. 2, Abs. 4, Abs. 6 Sätze 1 und 4 geänd. mWv 17.12.2020 durch Beschl. v. 18.6.2020 (BAnz. AT 16.12.2020 B1).

(3) [1] Im Rahmen der Auftragsklärung nach § 7 Absatz 1 Satz 4 und Satz 5 Teil A stellt die beauftragende Stelle zunächst fest, ob an dem gezogenen Krankenhausstandort die jeweiligen richtlinienbezogenen Leistungen erbracht werden. [2] Erklärt das Krankenhaus abweichend von § 7 Absatz 1 Satz 5 Teil A unverzüglich, spätestens innerhalb von 10 Arbeitstagen schriftlich, keine richtlinienrelevanten Leistungen zu erbringen, nimmt die beauftragende Stelle den Kontrollauftrag zurück.

(4) Sofern Teil der Richtlinie, deren Einhaltung kontrolliert werden soll, eine Checkliste ist, hat der MD für seine Kontrolle der Einhaltung der Qualitätsanforderungen gemäß den Richtlinien nach der Anlage die Checkliste heranzuziehen.

(5) Der MD ist im Rahmen seiner Befugnis gemäß § 276 Absatz 4a SGB V, die für die Kontrolle erforderlichen Unterlagen einzusehen, berechtigt, personenbezogene Daten der Krankenhausmitarbeiter und der Versicherten zu verarbeiten, soweit dies für die Kontrolle der Einhaltung der in den Richtlinien nach der Anlage festgelegten Qualitätsanforderungen erforderlich ist.

(6) [1] Sofern die Kontrolle der Einhaltung der Qualitätsanforderungen der Richtlinie nach der Anlage die Einsicht in die Patientendokumentation erfordert, erfolgt die Ziehung einer Zufallsstichprobe aus den jeweils richtlinienrelevanten Behandlungsfällen durch den MD. [2] Die Stichprobe umfasst 20 Behandlungsfälle des zu kontrollierenden richtlinienbezogenen Leistungsbereichs. [3] Liegt die Behandlungsfallzahl in dem jeweiligen Leistungsbereich unter 20, sind alle Behandlungsfälle in die Kontrolle einzubeziehen. [4] Das Krankenhaus stellt dem MD alle zur Ziehung der Stichprobe notwendigen Fallnummern aus dem Kontrollzeitraum zur Verfügung. [5] Die Fallnummern müssen die eindeutige Zuordnung einer Patientin oder eines Patienten zu einem konkreten Krankenhausaufenthalt ermöglichen.

Anlage[1)] zu Teil B Abschnitt 2 der MD-Qualitätskontroll-Richtlinie

1. Qualitätssicherungs-Richtlinie Früh- und Reifgeborene – QFR-RL
2. Qualitätssicherungs-Richtlinie zum Bauchaortenaneurysma – QBAA-RL
3. Richtlinie zu minimalinvasiven Herzklappeninterventionen – MHI-RL
4. Richtlinie zur Kinderherzchirurgie – KiHe-RL
5. Richtlinie zur Kinderonkologie – KiOn-RL
6. Richtlinie zur Versorgung der hüftgelenknahen Femurfraktur – QSFFx-RL

Unterabschnitt 4. Anlassbezogene Kontrollen

§ 20[2)] Anlässe für die Kontrollen. (1) Neben den Qualitätskontrollen auf Grundlage von Anhaltspunkten und den jährlichen Stichprobenprüfungen finden anlassbezogene Kontrollen statt.

[1)] Teil B Abschn. 2 §§ 8–19, Anl. angef. mWv 7.2.2020 durch Beschl. v. 17.10.2019 (BAnz. AT vom 6.2.2020 B1).

[2)] Teil B Unterabschn. 4 §§ 20 bis 24 angef. mWv 17.2.2020 durch Beschl. v. 18.6.2020 (BAnz. AT vom 16.12.2020 B1).

(2) Anlass für eine solche Kontrolle ist

a. die erstmalige Nachweisführung eines Krankenhauses über das Erfüllen der Qualitätsanforderungen im Rahmen des Nachweisverfahrens gemäß der jeweils maßgeblichen Richtlinie im Sinne der Anlage,

b. die Nachweisführung eines Krankenhauses über das Erfüllen der Qualitätsanforderungen im Rahmen des Nachweisverfahrens gemäß der jeweils maßgeblichen Richtlinie im Sinne der Anlage, nachdem die entsprechende Leistung in mindestens 12 aufeinanderfolgenden Monaten nicht erbracht wurde,

c. die Nachweisführung eines Krankenhauses über das Erfüllen der Qualitätsanforderungen im Rahmen des Nachweisverfahrens gemäß der jeweils maßgeblichen Richtlinie im Sinne der Anlage, nachdem bei einer vorausgegangenen Kontrolle nach Maßgabe des Abschnitts 2 Teil B die Nichteinhaltung von Qualitätsanforderungen festgestellt wurde,

d. die Gewährung befristeter Zuschläge für die Finanzierung von Mehrkosten nach § 17b Absatz 1a Nummer 5 KHG.

(3) Die Anlässe für eine Kontrolle gemäß Absatz 2 Buchstaben a, b und d gelten nicht für Krankenhäuser, bei denen im Rahmen von bereits zuvor erfolgten Kontrollen nach Abschnitt 2 die Einhaltung aller maßgeblichen Qualitätsanforderungen kontrolliert und keine Mängel festgestellt wurden.

(4) [1] Bis zum 31.12.2022 gilt der Anlass nach Absatz 2 Buchstabe a mit der Maßgabe, dass vorbehaltlich Absatz 3 die Nachweisführung aller Krankenhäuser über das Erfüllen der Qualitätsanforderungen im Rahmen des Nachweisverfahrens gemäß der jeweils maßgeblichen Richtlinie im Sinne der Anlage einmalig für das Kalenderjahr 2020, 2021 oder 2022 zu überprüfen ist. [2] Hierbei ist der gemäß § 17 Teil A definierte Zeitraum zu berücksichtigen, innerhalb dessen keine Kontrollen durchgeführt werden dürfen, und der auch nach Ende des Zeitraums nicht Gegenstand einer Kontrolle sein darf.

§ 21[1)] Beauftragende Stelle bei anlassbezogenen Kontrollen. Beauftragende Stellen für die anlassbezogenen Kontrollen sind die gesetzlichen Krankenkassen gemäß § 5 Absatz 1 Satz 1 Buchstabe b Teil A.

§ 22[1)] Einleitung des Kontrollverfahrens bei anlassbezogenen Kontrollen. [1] Die beauftragende Stelle hat bei Vorliegen eines Anlasses im Sinne des § 20 Absatz 2 Buchstabe a bis c eine Kontrolle der Einhaltung der Qualitätsanforderungen einzuleiten. [2] Die beauftragende Stelle entscheidet bei Vorliegen eines Anlasses im Sinne des § 20 Absatz 2 Buchstabe d nach pflichtgemäßem Ermessen über die Einleitung einer anlassbezogenen Kontrolle. [3] Bei den Kontrollen im Rahmen von § 20 Absatz 4 entscheidet die beauftragende Stelle nach pflichtgemäßem Ermessen im Benehmen mit dem zuständigen MD, ob die Kontrolle der Nachweisführung für das Kalenderjahr 2020, 2021 oder 2022 einzuleiten ist. [4] § 20 Absatz 4 Satz 2 gilt entsprechend.

§ 23[1)] Umfang der Qualitätskontrolle bei anlassbezogenen Kontrollen. (1) [1] Die anlassbezogene Kontrolle gemäß § 20 Absatz 2 Buchstaben a, b

---

[1)] Teil B Unterabschn. 4 §§ 20 bis 24 angef. mWv 17.2.2020 durch Beschl. v. 18.6.2020 (BAnz. AT vom 16.12.2020 B1).

und d umfasst die Überprüfung der Einhaltung der im Rahmen des Nachweisverfahrens gemäß der jeweils maßgeblichen Richtlinie im Sinne der Anlage nachzuweisenden Qualitätsanforderungen. [2]Dies gilt entsprechend für die Kontrollen im Rahmen von § 20 Absatz 4.

(2) Die anlassbezogene Kontrolle gemäß § 20 Absatz 2 Buchstabe c umfasst die Überprüfung der Einhaltung der Qualitätsanforderungen, für die bei einer vorausgegangenen Kontrolle nach Maßgabe des Abschnitts 2 Teil B eine Nichteinhaltung festgestellt wurde.

(3) Überprüft wird die Einhaltung der Qualitätsanforderungen zum Zeitpunkt der Kontrolle.

§ 24[1)] Art und Verfahren der anlassbezogenen Kontrollen. (1) [1]Die Kontrolle erfolgt nach Anmeldung vor Ort nach den Vorgaben des § 9 Teil A. [2]Bei Kontrollen gemäß § 20 Absatz 2 Buchstabe c entscheidet die beauftragende Stelle nach pflichtgemäßen Ermessen, ob diese auch im schriftlichen Verfahren nach Aktenlage gemäß den Vorgaben des § 11 Teil A durchgeführt werden können.

(2) [1]Die beauftragende Stelle erteilt bei anlassbezogenen Kontrollen gemäß § 20 Absatz 2 Buchstabe a, b, c oder d dem MD innerhalb von 3 Monaten einen Kontrollauftrag gemäß § 7 Teil A. [2]Zur Durchführung der Kontrollen gemäß § 20 Absatz 4 planen die beauftragenden Stellen im Benehmen mit dem zuständigen MD die zeitliche Taktung der Kontrollaufträge.

(3) Sofern Teil des Nachweisverfahrens gemäß der jeweils maßgeblichen Richtlinie im Sinne der Anlage eine Checkliste ist, hat der MD für seine Kontrolle die Checkliste heranzuziehen.

(4) Der MD ist im Rahmen seiner Befugnis gemäß § 276 Absatz 4a SGB V, die für die Kontrolle erforderlichen Unterlagen einzusehen, berechtigt, personenbezogene Daten der Krankenhausmitarbeiter und der Versicherten zu verarbeiten, soweit dies für die Kontrolle der Einhaltung der in den Richtlinien nach der Anlage festgelegten Qualitätsanforderungen erforderlich ist.

(5) [1]Sofern die Kontrolle der Einhaltung der Qualitätsanforderungen der Richtlinie nach der Anlage die Einsicht in die Patientendokumentation erfordert, erfolgt die Ziehung einer Zufallsstichprobe aus den jeweils richtlinienrelevanten Behandlungsfällen durch den MD. [2]Die Stichprobe hat 20 Behandlungsfälle des zu kontrollierenden richtlinienbezogenen Leistungsbereichs zu umfassen, die zum Zeitpunkt der Kontrolle nicht länger als 3 Monate zurückliegen. [3]Liegt die Behandlungsfallzahl in dem jeweiligen Leistungsbereich unter 20, sind alle Behandlungsfälle in die Kontrolle einzubeziehen. [4]Das Krankenhaus stellt dem MD alle zur Ziehung der Stichprobe notwendigen Fallnummern aus dem Kontrollzeitraum zur Verfügung. [5]Die Fallnummern müssen die eindeutige Zuordnung einer Patientin oder eines Patienten zu einem konkreten Krankenhausaufenthalt ermöglichen.

[1)] Teil B Unterabschn. 4 §§ 20 bis 24 angef. mWv 17.2.2020 durch Beschl. v. 18.6.2020 (BAnz. AT vom 16.12.2020 B1).

545. Richtlinie über Maßnahmen zur Qualitätssicherung bei Verfahren der Liposuktion bei Lipödem im Stadium III (Qualitätssicherungs-Richtlinie zur Liposuktion bei Lipödem Stadium III/QS-RL Liposuktion)

Vom 19. September 2019

(BAnz. AT vom 6.12.2019 B4; Inkrafttreten: 7.12.2019), geänd. durch Beschl. des G-BA vom 18.6.2020 (BAnz. AT vom 15.9.2020 B1; Inkrafttreten: 16.9.2020)

§ 1[1] Rechtsgrundlage und Gegenstand der Richtlinie. (1) Der Gemeinsame Bundesausschuss beschließt diese Richtlinie als eine Maßnahme zur Qualitätssicherung auf der Grundlage von § 136 Absatz 1 Satz 1 Nummer 2 SGB V, mit der Leistungsvoraussetzungen und Mindestanforderungen an die Struktur- und Prozessqualität bei der Indikationsstellung, Durchführung und Versorgung von Patientinnen, bei denen die Liposuktion zur Behandlung des Lipödems im Stadium III zur Anwendung kommt, festgelegt werden.

(2) [1] Adressaten der Richtlinie sind nach § 108 SGB V zugelassene Krankenhäuser sowie an der vertragsärztlichen Versorgung teilnehmende Leistungserbringer. [2] Alle Leistungserbringer, welche die Liposuktion zu Lasten der Krankenkassen erbringen, haben das Vorliegen der Leistungsvoraussetzungen sicherzustellen und die Mindestanforderungen zu erfüllen. [3] Krankenhäuser müssen die Mindestanforderungen am Standort erfüllen. [4] Es wird die Definition von Krankenhausstandorten gemäß der Vereinbarung nach § 2a Absatz 1 des Krankenhausfinanzierungsgesetzes in Verbindung mit dem Standortverzeichnis gemäß § 293 Absatz 6 SGB V zugrunde gelegt.

(3) Die Facharztbezeichnungen richten sich nach der (Muster-)Weiterbildungsordnung der Bundesärztekammer und schließen auch diejenigen Ärztinnen und Ärzte ein, welche eine entsprechende Bezeichnung nach altem Recht führen.

§ 2 Ziele. [1] Ziele der Richtlinie sind die Gewährleistung einer qualitativ hochwertigen Versorgung sowie der Sicherheit von Patientinnen, bei denen eine Liposuktion durchgeführt werden soll. [2] Die chirurgische Fettabsaugung soll bei Lipödem im Stadium III insbesondere eine Bewegungseinschränkung beseitigen, um so eine Steigerung der körperlichen Aktivität zu ermöglichen.

§ 3 Methode. (1) [1] Die Liposuktion zur Behandlung des Lipödems im Stadium III hat als Tumeszenz-Liposuktion zu erfolgen. [2] Trockene Verfahren der Absaugung sind nicht zulässig.

(2) Die Tumeszenz-Liposuktion kann unter Verwendung von wasserstrahlassistierten Systemen oder von Vibrationskanülen erbracht werden.

---

[1] § 1 Abs. 2 Satz 2 geänd. mWv 16.9.2020 durch Beschl. v. 18.6.2020 (BAnz. AT 15.9.2020 B1).

(3) Eine Liposuktionsbehandlung kann mehrere aufeinanderfolgende Teileingriffe umfassen.

§ 4[1]) **Diagnose und Indikationsstellung.** (1) [1]Die Methode darf zur Behandlung des Lipödems zulasten der Krankenkassen eingesetzt werden, wenn das Vorliegen eines Lipödems im Stadium III diagnostiziert und die Indikation für eine Liposuktion gestellt wurde. [2]Ein Lipödem im Stadium III liegt gemäß ICD-10-GM bei einer lokalisierten schmerzhaften symmetrischen Lipohypertrophie der Extremitäten mit Ödem, mit ausgeprägter Umfangsvermehrung und großlappig überhängenden Gewebeanteilen von Haut und Subkutis vor.

(2) Für eine Diagnose des Lipödems im Stadium III müssen alle folgenden Kriterien erfüllt sein:

a) Disproportionale Fettgewebsvermehrung (Extremitäten-Stamm) mit großlappig überhängenden Gewebeanteilen von Haut und Subkutis.

b) Fehlende Betroffenheit von Händen und Füßen.

c) Druck- oder Berührungsschmerz im Weichteilgewebe der betroffenen Extremitäten.

(3) Nach Diagnosestellung gemäß Absatz 2 kann die Indikationsstellung zur Liposuktion erfolgen, wenn ärztlich festgestellt wurde, dass alle folgenden Voraussetzungen erfüllt sind:

a) Trotz innerhalb der letzten sechs Monate vor Indikationsstellung kontinuierlich durchgeführter, ärztlich verordneter konservativer Therapie konnten die Krankheitsbeschwerden nicht hinreichend gelindert werden.

b) Bei Patientinnen mit einem Body Mass Index (BMI) ab 35 kg/m^2 findet eine Behandlung der Adipositas statt.

(4) Bei einem BMI ab 40 kg/m^2 soll keine Liposuktion durchgeführt werden.

(5) Das Vorliegen der in den Absätzen 2 und 3 aufgeführten Kriterien ist in der Patientenakte zu dokumentieren.

§ 5[2]) **Eingriffsbezogene Qualitätssicherung.** (1) [1]Die Methode darf unter Einhaltung der Mindestanforderungen dieser Richtlinie grundsätzlich sowohl in der vertragsärztlichen Versorgung als auch im Rahmen einer Krankenhausbehandlung erbracht werden. [2]Die im Rahmen der vertragsärztlichen Versorgung ambulant erbrachte Liposuktion bei Lipödem ist eine ambulante Operation im Sinne der Vereinbarung von Qualitätssicherungsmaßnahmen nach § 135 Absatz 2 SGB V zum ambulanten Operieren.

(2) Die Indikationsstellung und die Durchführung der Methode erfolgt durch Fachärztinnen und Fachärzte für Plastische, Rekonstruktive und Ästhetische Chirurgie sowie andere operativ tätige Facharztgruppen.

(3) Ärztinnen und Ärzte müssen vor erstmaliger Erbringung der Methode durch die Ärztin oder den Arzt auf Basis dieser Richtlinie Erfahrung entsprechend einem der nachfolgenden Punkte nachweisen können:

---

[1]) § 4 Abs. 1 Satz 1 und Abs. 5 geänd. mWv 16.9.2020 durch Beschl. v. 18.6.2020 (BAnz. AT 15.9.2020 B1).

[2]) § 5 Abs. 3 Buchst. b Sätze 1 und 2, Abs. 6 geänd. mWv 16.9.2020 durch Beschl. v. 18.6.2020 (BAnz. AT 15.9.2020 B1).

a) Selbstständige Durchführung der Liposuktion bei Lipödem in 50 oder mehr Fällen bereits vor Inkrafttreten dieses Beschlusses.

b) [1] Durchführung der Liposuktion bei Lipödem in 20 oder mehr Fällen innerhalb von zwei Jahren unter Anleitung einer bereits erfahrenen Anwenderin oder eines bereits erfahrenen Anwenders im Falle der Neuanwendung. [2] Zur Anleitung berechtigt sind Anwenderinnen oder Anwender, die die Liposuktion beim Lipödem in 50 oder mehr Fällen selbstständig durchgeführt haben.

(4) [1] Vor dem ersten Eingriff ist eine übergreifende Operationsplanung vorzunehmen. [2] Dabei sind die Zahl der Einzeleingriffe, das jeweils in einem Eingriff abzusaugende Fettvolumen und die zu behandelnden Areale unter Risikoabwägung zu planen. [3] Im Rahmen der eingriffsbezogenen Risikoabwägung muss außerdem jeweils die maximale Infiltrationsmenge der Tumeszenzlösung, bei Zusatz eines Lokalanästhetikums auch unter Berücksichtigung einer maximalen Wirkstoffdosierung festgelegt und dokumentiert werden.

(5) [1] Mehr als 3000 ml reinen Fettgewebes pro Eingriff dürfen nur dann abgesaugt werden, wenn die postoperative Nachbeobachtung über mindestens 12 Stunden sichergestellt ist. [2] Das maximale Fettvolumen, das pro Sitzung entfernt werden kann, beträgt 8 % des Körpergewichtes in Litern.

(6) Durch eine geeignete Organisation und Infrastruktur hat der Leistungserbringer Sorge zu tragen, dass Notfallpläne (SOP) und für Reanimation und sonstige Notfälle benötigte Geräte und Medikamente vor Ort bereitgehalten werden.

(7) [1] Durch eine geeignete Organisation und Infrastruktur hat der Leistungserbringer Sorge zu tragen, dass die Möglichkeit einer intensivmedizinischen Behandlung besteht und stationäre Notfalloperationen möglich sind. [2] Einrichtungen, die nicht über eine Intensivstation und die kontinuierliche Möglichkeit zu stationären Notfalloperationen verfügen, haben organisatorisch zu gewährleisten, dass eine im Bedarfsfall erforderliche intensivmedizinische bzw. operative Behandlung der Patientin durch Kooperation mit einer anderen Einrichtung erfolgt.

§ 6[1] Nachweisverfahren. (1) Die Erfüllung der Mindestanforderungen gemäß § 5 Absatz 2, 3, 6 und 7 sind vor erstmaliger Erbringung der von dieser Richtlinie betroffenen Leistung nachzuweisen.

(2) [1] Eine Versorgung von Patientinnen mit Liposuktion im Rahmen der Krankenhausbehandlung zu Lasten der Krankenkassen darf erst erfolgen, wenn der Nachweis nach Absatz 1 erfolgt ist. [2] Krankenhäuser erbringen den Nachweis nach Absatz 1 gegenüber den Landesverbänden der Krankenkassen und gegenüber den Ersatzkassen in dem Bundesland, in dem sich der jeweilige Krankenhausstandort befindet anhand des Vordrucks nach Anlage I. [3] Der Nachweis kann schriftlich oder in elektronischer Form unter Verwendung einer fortgeschrittenen elektronischen Signatur übermittelt werden. [4] Der GKV-Spitzenverband veröffentlicht jeweils zum 1. Januar eines Kalenderjahres ein verbindliches Verzeichnis der Landesverbände der Krankenkassen und der Ersatzkassen auf seiner Internetseite. [5] Das Verzeichnis enthält die Namen und Adressen der Landesverbände der Krankenkassen und der Ersatzkassen, die zuständigen Abteilungen sowie die entsprechenden E-Mail-Adressen.

[1] § 6 eingef. mWv 16.9.2020 durch Beschl. v. 18.6.2020 (BAnz. AT 15.9.2020 B1).

[6] Krankenhäuser müssen die Erfüllung der Mindestanforderungen gemäß § 5 Absatz 2, 3, 6 und 7 ab dem auf den erstmaligen Nachweis gemäß Satz 1 folgenden Kalenderjahr zudem jährlich zwischen dem 15. November und dem 31. Dezember nachweisen.

(3) [1] Die Ausführung und Abrechnung der von dieser Richtlinie betroffenen Leistung im Rahmen der vertragsärztlichen Versorgung durch die an der vertragsärztlichen Versorgung teilnehmenden Ärztinnen und Ärzte ist erst nach Erteilung der Genehmigung durch die jeweils zuständige Kassenärztliche Vereinigung zulässig. [2] Die Genehmigung ist zu erteilen, wenn die teilnehmende Ärztin oder der teilnehmende Arzt gegenüber der Kassenärztlichen Vereinigung nachweist, dass die Voraussetzungen nach Absatz 1 im Einzelnen erfüllt werden.

(4) [1] Leistungserbringer, die die Mindestanforderungen gemäß § 5 Absatz 2, 3, 6 und 7 über einen Zeitraum von mehr als einem Monat nicht mehr einhalten, haben dies bis zum Ablauf dieses Zeitraums den zuständigen Stellen gemäß den Absätzen 2 und 3 mitzuteilen. [2] § 9 Absatz 3 bleibt hiervon unberührt.

§ 7[1)] Konkrete Stellen gemäß § 2 Absatz 3 Nummer 4 und § 6 Absatz 3 QFD-RL. Die Stellen zur Feststellung der Nichteinhaltung der Mindestanforderungen sowie zur Festlegung und Durchsetzung der Folgen der Nichteinhaltung nach § 2 Absatz 3 Nummer 4 und § 6 Absatz 3 der Qualitätsförderungs- und Durchsetzungs-Richtlinie (QFD-RL) sind gegenüber Krankenhäusern die Krankenkassen und gegenüber Vertragsärztinnen und Vertragsärzten die jeweils zuständige Kassenärztliche Vereinigung.

§ 8[2)] Überprüfung der Einhaltung der Qualitätsanforderungen.

(1) Kontrollen zur Einhaltung der Mindestanforderungen erfolgen in den Krankenhäusern auf Grundlage der Richtlinie nach § 137 Absatz 3 SGB V zu Kontrollen des Medizinischen Dienstes nach § 275a SGB V (MDK-QK-RL) durch den Medizinischen Dienst.

(2) [1] Die Kassenärztlichen Vereinigungen überprüfen die Erfüllung der Mindestanforderungen gemäß § 3 Absatz 1, § 4 Absatz 2 und 3 sowie § 5 Absatz 4 und 5 der in der vertragsärztlichen Versorgung nach dieser Richtlinie erbrachten Leistungen einschließlich der belegärztlichen Leistungen durch Qualitätsprüfungen im Einzelfall (Stichprobenprüfungen) auf Grundlage des § 135b Absatz 2 SGB V. [2] Für die Stichprobenprüfungen gelten die Abschnitte 2 und 4 der Qualitätsprüfungs-Richtlinie vertragsärztliche Versorgung (QP-RL) entsprechend. [3] Gegenstand der Stichprobenprüfung ist die Erfüllung jeder Mindestanforderung gemäß Satz 1. [4] Das Ergebnis der Stichprobenprüfung teilt die Kassenärztliche Vereinigung der Ärztin oder dem Arzt in einem Bescheid mit.

§ 9[3)] Folgen der Nichterfüllung von Mindestanforderungen. (1) Die Regelungen in § 3 Absatz 1, § 4 Absatz 2 und 3 sowie § 5 Absatz 2 bis 7 sind Mindestanforderungen.

[1)] § 7 eingef. bish. § 7 aufgeh. mWv 16.9.2020 durch Beschl. v. 18.6.2020 (BAnz. AT 15.9.2020 B1).

[2)] § 8 eingef. mWv 16.9.2020 durch Beschl. v. 18.6.2020 (BAnz. AT 15.9.2020 B1), Abs. 1 neu gef. mWv 18.12.2020 durch Beschl. v. 18.6.2020 (BAnz. AT 15.9.2020 B1).

[3)] Bish. § 6 wird § 9, neuer Abs. 1 eingef., bish. Abs. 1 und 2 werden Abs. 2 und 3 mWv 16.9.2020 durch Beschl. v. 18.6.2020 (BAnz. AT 15.9.2020 B1).

(2) Die Nichterfüllung von Mindestanforderungen führt zu einem Wegfall des Vergütungsanspruchs.

(3) Im Falle einer Nichterfüllung von Mindestanforderungen darf keine Versorgung von Patientinnen mit der Liposuktion zu Lasten der Krankenkassen zur Anwendung kommen.

§ 10[1)] Veröffentlichung und Transparenz. (1) Die Umsetzung dieser Regelungen ist im strukturierten Qualitätsbericht gemäß den Regelungen des Gemeinsamen Bundesausschusses zum Qualitätsbericht der Krankenhäuser auf Grundlage des § 136b Absatz 1 Satz 1 Nummer 3 SGB V darzustellen.

(2) [1]Die Kassenärztlichen Vereinigungen übermitteln jedes Jahr bis zum 30. April die folgenden Daten des Vorjahres an die Kassenärztliche Bundesvereinigung:

– Anzahl der Ärztinnen und Ärzte mit Genehmigung zur Durchführung der Liposuktion auf Basis dieser Richtlinie,
– Anzahl der erteilten und aufgehobenen Genehmigungen,
– die Ergebnisse der Überprüfungen gemäß § 8 Absatz 2.

[2]Die Kassenärztliche Bundesvereinigung übermittelt die Daten bis zum 30. Juni an die Geschäftsstelle des Gemeinsamen Bundesausschusses.

§ 11[2)] Übergangsregelung. Leistungserbringer, die bereits zwischen dem 7. Dezember 2019 und dem 16. September 2020 die von dieser Richtlinie betroffene Leistung erbracht haben, müssen den Nachweis gemäß § 6 Absatz 1 bis zum 16. Januar 2021 erbringen.

(Vom Abdruck der Anlage wurde abgesehen)

[1)] § 10 angef. mWv 16.9.2020 durch Beschl. v. 18.6.2020 (BAnz. AT 15.9.2020 B1).
[2)] § 11 angef. mWv 16.9.2020 durch Beschl. v. 18.6.2020 (BAnz. AT 15.9.2020 B1).

555a. Sonderregelungen zur Anwendung von Psychotherapie in der vertragsärztlichen Versorgung aufgrund von SARS-CoV-2

Vom 23. März 2020

(DÄBl. 2020 Heft 15 S. A 793; Inkrafttreten: 23.3.2020), geänd. mWv 15.6.2020 (DÄBl. 2020 Heft 29–30 S. A 1466), mWv 15.9.2020 (DÄBl. 2020 Heft 42 S. A 2010) und mWv 1.12.2020 (DÄBl. 2020 Heft 50 S. A 2490)

§ 1 Durchführung von Leistungen der Psychotherapie-Richtlinie über Video. (1) Abweichend von § 17 Absatz 2 Psychotherapie-Vereinbarung ist vom 23. März 2020 bis zum 31. März 2021 der unmittelbare persönliche Kontakt zwischen Therapeutin oder Therapeut und der Versicherten oder dem Versicherten für Eingangsdiagnostik, Indikationsstellung und Aufklärung grundsätzlich erforderlich; Abweichungen von diesem Grundsatz sind für besondere Ausnahmefälle und unter besonderer Beachtung der berufsrechtlichen Sorgfaltspflichten zulässig.

(2) Abweichend von § 17 Absatz 3 Nummer 1 Psychotherapie-Vereinbarung ist vom 23. März 2020 bis zum 31. März 2021 der unmittelbare persönliche Kontakt zwischen Therapeutin oder Therapeut und der Versicherten oder dem Versicherten für Psychotherapeutische Sprechstunden nach § 11 Psychotherapie-Richtlinie nicht erforderlich; Psychotherapeutische Sprechstunden nach § 11 Psychotherapie-Richtlinie können im Rahmen einer Videosprechstunde erbracht werden.

(3) Abweichend von § 17 Absatz 3 Nummer 2 Psychotherapie-Vereinbarung ist vom 23. März 2020 bis zum 31. März 2021 der unmittelbare persönliche Kontakt zwischen Therapeutin oder Therapeut und der Versicherten oder dem Versicherten für probatorische Sitzungen nach § 12 Psychotherapie-Richtlinie nicht erforderlich; Probatorische Sitzungen nach § 12 Psychotherapie-Richtlinie können im Rahmen einer Videosprechstunde erbracht werden.

(4) § 17 Absatz 4 Psychotherapie-Vereinbarung bleibt unberührt; für die Durchführung psychotherapeutischer Leistungen im Rahmen einer Videosprechstunde sind die Voraussetzungen gemäß der Anlage 31b zum BMV-Ä zu erfüllen.

§ 2 Umwandlung von Gruppen- in Einzelleistungen. [1]In Rahmen einer genehmigten Gruppentherapie oder im Rahmen einer genehmigten Kombinationsbehandlung aus Einzel- und Gruppentherapie können vom 23. März 2020 bis zum 31. März 2021 Therapieeinheiten der Gruppentherapie im Verhältnis von 100 Minuten Gruppenbehandlung zu 50 Minuten Einzelbehandlung ohne gesonderte Antragstellung gegenüber der Krankenkasse als Therapieeinheiten der Einzeltherapie durchgeführt und abgerechnet werden. [2]Der Krankenkasse ist eine formlose Anzeige zu übersenden. [3]Hierbei hat das beantragte Psychotherapieverfahren dem durchgeführten Psychotherapieverfahren in der Einzelbehandlung zu entsprechen.

§ 3 Inkrafttreten. Diese Vereinbarung tritt mit Wirkung zum 23. März 2020 in Kraft; sie tritt mit Wirkung zum 31. März 2021 außer Kraft.

§ 4 Kündigung. Eine Kündigung dieser Vereinbarung ist mit einer Frist von 1 Monat jeweils zum Ende eines Monats möglich.

Protokollnotizen

Die Partner dieser Vereinbarung werden spätestens zum 15. März 2021 prüfen, ob eine Verlängerung bzw. Anpassung der Regelungen dieser Vereinbarung erforderlich sind.

563. Vereinbarung über die qualifizierte ambulante Versorgung krebskranker Patienten „Onkologie-Vereinbarung“ (Anlage 7 zum Bundesmantelvertrag – Ärzte)[1]

Vom 13. Juli 2009 (DÄBl. Heft 34–35 S. A-1680; Inkrafttreten: 1.10.2009, ber. DÄBl. 2010 Heft 13 S. A-622)

Geändert mWv 1.1.2011 (DÄBl. Heft 51–52 S. A-2590), mWv 1.10.2011 (DÄBl. Heft 39 S. A-2054), mWv 1.1.2012 (DÄBl. Heft 46 S. A-2506 und Heft 48 S. A-2624), durch Bek. vom 7.1.2013 (DÄBl. Heft 1–2 S. A-44; Inkraftreten: 1.1.2013), mWv 1.1.2014 (DÄBl. 2013 Heft 51–52 S. A-2502), mWv 1.1.2015 (DÄBl. 2015 Heft 3 S. A-102), mWv 1.1.2016 (DÄBl. 2016 Heft 1–2 S. A-41), mWv 1.1.2017 (DÄBl. 2017 Heft 1–2 S. A-50), mWv 1.1.2018 (DÄBl. 2018 Heft 1–2 S. A-47), mWv 1.1.2019 (DÄBl. 2019 Heft 1–2 S. A-52), mWv 1.1.2020 (DÄBl. 2020 Heft 1–2 S. A-45), mWv 1.1.2020 (DÄBl. 2020 Heft 18 S. A-972), mWv 1.9.2020 (DÄBl. 2020 Heft 42 S. A-2010) und mWv 1.9.2020 (DÄBl. 2020 Heft 47 S. A-2308)

§ 1 Grundsätze. (1) [1]Ziel der Vereinbarung ist die Förderung einer qualifizierten ambulanten Behandlung krebskranker Patienten in der vertragsärztlichen Versorgung. [2]Dadurch wird in der vertragsärztlichen onkologischen Versorgung eine Alternative zur stationären Behandlung sichergestellt. [3]Die in der ambulanten vertragsärztlichen Versorgung durchgeführte Nachsorge bei behandelten Patienten, die krebskrank waren, wird durch diese Vereinbarung nicht geregelt. [4]Diese Vereinbarung gilt nicht für nach § 108 SGB V[2] zugelassene Krankenhäuser, die gemäß § 116b Abs. 2 SGB V in der bis zum 31.12.2011 geltenden Fassung zur Leistungserbringung der ambulanten spezialfachärztlichen Versorgung berechtigt sind. [5]Diese Vereinbarung gilt zudem nicht für die Behandlung von Patienten im Rahmen der ambulanten spezialfachärztlichen Versorgung gemäß § 116b SGB V.

(2) [1]Tumorerkrankungen im Sinne dieser Vereinbarung sind:

a) alle malignen soliden Tumore (ICD-10-GM: C00.- bis C80.-, C97!)
b) intrakranielle bzw. ZNS-Neubildungen (sowohl gutartige als auch mit unsicherem oder unbekannten Verhalten; ICD-10-GM: D32.-, D33.-, D42.- und D43.-)
c) bestimmte Tumoren bei Kindern und Jugendlichen (ICD-10-GM: nur familiäre adenomatöse Polyposis (FAP) und erbliches nicht polypöses kolorektales Karzinom (HNPCC) D12.6, D30.0, M72.40 bis 72.48)
d) Neubildung des lymphatischen, blutbildenden Gewebes und schwere Erkrankungen der Blutbildung (ICD-10-GM: C81.- bis C96.-, D45, D46.0, D46.1, D46.2, D46.4, D46.5, D46.6, D46.7, D46.9, D47.0, D47.1, D47.2, D47.3, D47.4, D47.5, D47.7; nur Formen der Anämie mit kritischer (Pan-)Zytopenie und schwerwiegender Störung der Hämatopoese (D61.-); nur Idiopathische thrombozytopenische Purpura und sonstige Thrombozytopenien bei chronischem Verlauf mit kritisch erniedrigten Thrombozytenwerten (D69.3, D69.4-); nur Störungen der Granulozytopoese nur bei chronischem Verlauf und dem Risiko einer vital bedrohlichen Symptomatik (D70.-, D71, D72.-))

---

[1] Diese Vereinbarung ist als Anlage 7 Bestandteil des BMV-Ä (Nr. **551**).
[2] **Aichberger, Sozialgesetzbuch, Nr. 5.**

e) die Hämophagozytäre Lymphohistiozytose (ICD-10-GM: D76.1).

[2] Tumoren, die nach Operation vollständig reseziert sind und keiner weiteren tumorspezifischen Therapie und Behandlung nach § 4 bedürfen, sind von der Vereinbarung ausgeschlossen.

(3) [1] Im Rahmen einer möglichst umfassenden Behandlung krebskranker Patienten wird eine wohnortnahe ambulante vertragsärztliche Behandlung durch dazu besonders qualifizierte Ärzte angestrebt, denen die Durchführung und Koordination der onkologischen Behandlung gesamtverantwortlich zukommt. [2] Dies umfasst auch eine enge und dauerhafte Kooperation mit anderen an der Behandlung direkt oder indirekt beteiligten Vertragsärzten, einen ständigen Erfahrungsaustausch mit Tumorzentren sowie einer kontinuierlichen onkologischen Fortbildung. [3] Damit soll gesichert werden, dass krebskranke Patienten nach wissenschaftlich anerkannten, dem jeweiligen Stand der medizinischen Erkenntnis entsprechenden Diagnose- und Therapieplänen sowie den geltenden Leitlinien ambulant versorgt werden können.

(4) Onkologisch qualifizierter Arzt im Sinne dieser Vereinbarung ist der Vertragsarzt, der die ambulante Behandlung nicht nur ganz oder teilweise selbst durchführt, sondern zusätzlich die Gesamtbehandlung entsprechend einem einheitlichen Therapieplan – unabhängig von notwendigen Überweisungen – leitet und mit den durch Überweisung zugezogenen Ärzten koordiniert.

(5) [1] Durch die besonderen Anforderungen an die ambulante Behandlung krebskranker Patienten ergeben sich für den onkologisch qualifizierten Arzt erhöhte zeitliche, finanzielle und insbesondere personelle Belastungen. [2] Wegen der sich daraus ergebenden Besonderheiten werden in dieser Rahmenvereinbarung Regelungen für den teilnehmenden Arzt getroffen. [3] Voraussetzung für die Teilnahme an dieser Vereinbarung ist der Nachweis der geforderten Qualifikation sowie die Erfüllung der in dieser Vereinbarung festgelegten weiteren Erfordernisse gegenüber seiner zuständigen Kassenärztlichen Vereinigung.

§ 2 Teilnahme. (1) [1] Die Teilnahme an diesem Vertrag ist bei der Kassenärztlichen Vereinigung schriftlich zu beantragen und ist erst mit Erteilung einer Genehmigung durch die zuständige Kassenärztliche Vereinigung möglich. [2] Dem Antrag sind die Nachweise über die Erfüllung der Qualifikationsvoraussetzung gemäß § 3 beizufügen.

(2) Die Krankenkassen erhalten von der für den Arzt zuständigen Kassenärztlichen Vereinigung eine Mitteilung, dass die Genehmigung erteilt wurde und die jeweils eingereichten Nachweise gemäß § 3 Abs. (1) vorliegen.

(3) Die Teilnahme an dieser Vereinbarung endet

1. mit der Beendigung der vertragsärztlichen Tätigkeit,
2. zu dem Zeitpunkt, zu dem der Vertragsarzt seine Tätigkeit als onkologisch qualifizierter Arzt einstellt,
3. mit der Feststellung der Kassenärztlichen Vereinigung, dass der onkologisch qualifizierte Arzt die Anforderungen nach den §§ 3–8 und 10 dieser Vereinbarung nicht oder nicht mehr erfüllt oder
4. mit der Feststellung der Onkologie-Kommission, dass der onkologisch qualifizierte Arzt die Abrechnungsbestimmungen gemäß Teil A des Anhangs 2 dieser Vereinbarung nicht erfüllt.

(4) Die Teilnahmevoraussetzungen nach § 3 Abs. 4 sind der zuständigen Kassenärztlichen Vereinigung jährlich nachzuweisen.

§ 3 Voraussetzungen zur Teilnahme. (1) [1]Die fachliche Befähigung für die Ausführung und Abrechnung von Leistungen nach dieser Vereinbarung gilt als nachgewiesen, wenn die in den Absätzen 2 bis 8 genannten Voraussetzungen erfüllt und durch Zeugnisse und Bescheinigungen nachgewiesen werden. [2]Die Facharztbezeichnungen richten sich nach der (Muster-)Weiterbildungsordnung der Bundesärztekammer und schließen auch diejenigen Ärztinnen und Ärzte mit ein, welche eine entsprechende Bezeichnung nach altem Recht führen.

(2) Der onkologisch qualifizierte Arzt hat seine fachliche Qualifikation durch eine abgeschlossene Weiterbildung mit dem Schwerpunkt Hämatologie und Onkologie (Weiterbildung Innere Medizin und Hämatologie und Onkologie) oder eine Zusatzweiterbildung „Medikamentöse Tumortherapie" oder eine Facharzt- bzw. Gebietsbezeichnung, die diese Inhalte erfüllt, nachzuweisen.

(3) Der Vertragsarzt hat seine Teilnahme an der Kooperationsgemeinschaft gemäß § 6 dieser Vereinbarung nachzuweisen.

(4) Je nach Fachgruppe ist die Betreuung nachfolgender Patientenzahlen nachzuweisen:

- Fachärzte für Innere Medizin und Hämatologie und Onkologie:
  Betreuung von durchschnittlich 120 Patienten/Quartal und Arzt (in den letzten zwölf Monaten vor Antragsstellung) mit soliden Tumoren oder hämatologischen Neoplasien, darunter 70 Patienten, die mit medikamentöser Tumortherapie behandelt werden, davon 30 mit intravasaler und/oder intrakavitärer und/oder intraläsionaler Behandlung
- andere Fachgruppen:
  Betreuung von durchschnittlich 80 Patienten/Quartal und Arzt (in den letzten zwölf Monaten vor Antragsstellung) mit soliden Tumoren, darunter 60 Patienten, die mit medikamentöser Tumortherapie behandelt werden, davon 20 mit intravasaler und/oder intrakavitärer und/oder intraläsionaler Behandlung.

(5) Bei Durchführung von Hämotherapie sind die Voraussetzungen gemäß den Richtlinien des Transfusionsgesetzes zu erfüllen.

(6) [1]Ab dem 1. Juli 2011 können nur Ärzte zur Teilnahme an dieser Vereinbarung neu zugelassen werden, die dem fachärztlichen Versorgungsbereich angehören. [2]Neu- und Jungpraxen bzw. neu und kürzer als zwei Jahre zugelassene Ärzte sind bei gegebener Qualifikation nach Abs. 1 auch dann zur Teilnahme an dieser Vereinbarung zuzulassen, wenn die entsprechenden Patientenzahlen nach Abs. 4 vor dem Beginn der Teilnahme an dieser Vereinbarung sowie innerhalb der darauffolgenden 24 Monate noch unterschritten werden.

(7) [1]Aus Gründen der Sicherstellung einer flächendeckenden qualifizierten ambulanten Behandlung krebskranker Patienten nach dieser Vereinbarung können die Patientenzahlen nach Abs. 4 modifiziert werden. [2]Soweit dies nicht zur Sicherstellung ausreicht, können an bisherigen Onkologie-Vereinbarungen teilnehmende Ärzte, deren Facharztweiterbildung die Inhalte der Zusatzweiterbildung „Medikamentöse Tumortherapie" nicht vollständig umfasst oder die die Patientenzahlen nach Abs. 4 noch nicht erfüllen – soweit sie

die Voraussetzungen nach Anhang 3 erfüllen –, zur Teilnahme an dieser Vereinbarung zugelassen werden. [3]Bis zum 31. Dezember 2014 gilt dies auch für Ärzte, die sich neu niederlassen. [4]Die Teilnahme der Ärzte nach den Sätzen 2 und 3 ab dem 1. Januar 2015 setzt die Erfüllung der Anforderungen nach den Absätzen 4 und 6 voraus. [5]Die in den Sätzen 3 und 4 genannten Fristen werden ausgesetzt, solange die Partner dieser Vereinbarung einvernehmlich feststellen, dass die mit dieser Vereinbarung angestrebten Qualitätsziele weiterhin erreicht werden. [6]Die neue Fristsetzung hat mit einem Vorlauf von mindestens 6 Monaten zu erfolgen. [7]Für Ärzte, die ab dem 1. Januar 2011 nach Abs. 6 zur Teilnahme zugelassen werden und deren Facharztweiterbildung die Inhalte der Zusatzweiterbildung „Medikamentöse Tumortherapie" nicht vollständig umfasst, sind durch die Partner der Gesamtverträge Abschläge von der Vergütung nach § 9 und Anhang 2 A und B vorzunehmen.

(8) Bestehen trotz der vorgelegten Zeugnisse, Bescheinigungen und Dokumentationen Zweifel an der fachlichen Befähigung, hat sich die Onkologie-Kommission in einem fachonkologischen Kolloquium gemäß den Richtlinien der Kassenärztlichen Bundesvereinigung für Verfahren zur Qualitätssicherung nach § 135 Abs. 2 SGB V[1)] von der Fachkunde des Antragstellers zu überzeugen.

(9) [1]Die Partner dieser Vereinbarung werden die Voraussetzungen zur Teilnahme an dieser Vereinbarung im Hinblick auf die Sicherstellung einer flächendeckenden qualifizierten ambulanten Behandlung krebskranker Patienten nach dieser Vereinbarung jährlich überprüfen und ggf. anpassen. [2]Hierbei wird insbesondere geprüft, inwieweit durch eine Anhebung der Patientenzahlen nach Abs. 4 eine weitere Verbesserung der Versorgungsqualität ermöglicht werden kann.

§ 4 Ärztliche Behandlung. Die ärztliche Behandlung umfasst:

(1) Indikationsstellung, Durchführung und/oder Koordination der Tumorbehandlung als Operation, Strahlentherapie und/oder medikamentöse Tumortherapie nach Maßgabe der in dieser Vereinbarung genannten Grundsätze.

(2) Durchführung und/oder Koordination der weiteren Behandlung, insbesondere:
- Ausarbeitung eines Gesamttherapieplanes sowie Verlaufsbeobachtung zur Kontrolle der Therapie und deren Folgen
- Kontrolle und Dosisanpassung bzw. Therapieumstellung bei medikamentösen Therapien
- Diagnostik und Therapie von Begleit- und Folgekrankheiten, Komplikationen sowie therapiebedingter Nebenwirkungen
- Supportive Therapie (z. B. Schmerztherapie, Transfusionen)
- Punktionen: Knochenmark, Liquor, Pleuraergüsse und Aszites
- Gabe oraler, intrakavitärer (intravesikal, intrapleural, intraabdominal, intrathekal), intravasaler (intravenös/intraarteriell) oder intraläsionaler medikamentöser Tumortherapie.

(3) [1]Durchführung und/oder Koordination von Maßnahmen der medizinischen und sozialen Betreuung sowie Rehabilitationsmaßnahmen, insbesondere:
- Psychosoziale Betreuung des Patienten und seiner Familie
- Intervention bei psychosomatischen Krankheitszuständen

[1)] **Aichberger, Sozialgesetzbuch, Nr. 5.**

- Hinzuziehung externer Dienste
- Häusliche Krankenpflege
- Palliativversorgung, nicht nach § 37b SGB V.[1)]

[2]Die medikamentöse Tumortherapie im Sinne der Kostenpauschalen 86514, 86516 und 86520 umfasst neben unspezifisch zytostatisch wirksamen Medikamenten auch neue Medikamente, die z. B. gezielt bestimmte Stoffwechselschritte blockieren, die für das Tumorzellwachstum wichtig sind oder Mechanismen auslösen, die Tumorzellen immunologisch angreifbar machen. [3]Die medikamentöse Tumortherapie im Sinne der Kostenpauschalen 86514, 86516 und 86520 umfasst nicht Therapien mit ausschließlich hormonell bzw. antihormonell wirksamen Medikamenten (ATC-Klasse L02-Endokrine Therapie).

§ 5 Organisatorische Maßnahmen. (1) Der onkologisch qualifizierte Arzt hat folgende organisatorische Maßnahmen sicherzustellen:

- Ständige Zusammenarbeit mit dem Hausarzt, ambulantem Pflegedienst mit besonderer Erfahrung in der Pflege von Patienten mit onkologischen Erkrankungen, Fachabteilungen benachbarter zugelassener Krankenhäuser mit Fachdisziplinen, die in Abhängigkeit von den in der Praxis betreuten Tumorerkrankungen benötigt werden und einem Hospiz (soweit regional vorhanden), welches die Anforderungen der Rahmenvereinbarung nach § 39a Abs. 1 Satz 4 SGB V[1)] erfüllt. Der Nachweis der Erfüllung der Anforderungen nach § 39a Abs. 1 Satz 4 SGB V durch das Hospiz obliegt nicht dem an dieser Vereinbarung teilnehmenden Arzt.
- Sicherstellung einer 24-stündigen Rufbereitschaft für die von ihm betreuten Patienten für telefonische Beratungen mit dem Ziel der Vermeidung stationärer Notaufnahmen. Die Rufbereitschaft ist auf Facharztniveau durch Kooperation mit anderen onkologischen Schwerpunktpraxen/Fachabteilungen der Krankenhäuser sicherzustellen.
- Einrichtung einer ausreichenden Anzahl spezieller Behandlungsplätze mit angemessener technischer Ausstattung (inklusive programmierbarer Medikamentenpumpen) für intravasale medikamentöse Tumortherapien und Bluttransfusionen, die auch für bettlägerige Patienten erreichbar sind und bei Bedarf auch an Wochenenden und Feiertagen zur Verfügung stehen. Für stark immundefiziente Patienten oder Patienten mit ansteckenden Erkrankungen sind separate Untersuchungs- und Behandlungsräume vorzuhalten.
- Beschäftigung qualifizierten Pflegepersonals. Die ständige Betreuung der Patienten bei Behandlungen in der Praxis durch ausgebildete Gesundheits- und Krankenpfleger/innen mit staatlich anerkannter Zusatzqualifikation zur Pflege onkologischer Patienten besitzen, ist zu gewährleisten. Sofern die Regelungen einzelner Bundesländer diese Qualifikation nicht vorsehen, ist eine mindestens dreijährige Erfahrung in der Pflege onkologischer Patienten in einer onkologischen Fachabteilung nachzuweisen. In begründeten Fällen können als Assistenz Medizinische Fachangestellte hinzugezogen werden. Diese bedürfen einer onkologischen Qualifikation von 120 Stunden, die auch unmittelbar nach der Einstellung aufgenommen und berufsbegleitend erworben werden kann.
- Soweit die Rekonstitution eines Fertigarzneimittels zur parenteralen Tumortherapie, d. h. die Überführung in die anwendungsfähige Form unmit-

---

[1)] **Aichberger, Sozialgesetzbuch, Nr. 5.**

telbar vor Anwendung beim Patienten, in der Praxis des Arztes stattfindet, gelten folgende Voraussetzungen:
- Qualitätsgesicherte, therapiegerechte Zubereitung der parenteralen Tumortherapie durch entsprechendes Fachpersonal (PTA)
- Eine Entsorgung von Arzneimittelabfällen nach den Richtlinien der jeweils zuständigen Behörde
- Gewährleistung und Dokumentation von Sicherungsmechanismen zum Ausschluss von Verwechselungen von Zubereitungen der parenteralen Tumortherapie und Blutprodukten

- Pläne (SOP) für typische Notfälle bei Behandlung von Patienten mit onkologischen Erkrankungen einschließlich der schnellstmöglichen Verlegung auf die Intensivstation oder die operative bzw. interventionelle Fachabteilung eines benachbarten zugelassenen Krankenhauses sowie ständige Verfügbarkeit der für Reanimation oder sonstige Notfälle benötigten Geräte und Medikamente.
- Kostenloses industrieunabhängiges Informationsmaterial für Patienten über deren Tumorerkrankung und Behandlungsalternativen, z. B. „Blaue Reihe" der Deutschen Krebshilfe.
- Zusammenarbeit mit benachbarten Vertragspraxen oder Fachabteilungen benachbarter zugelassener Krankenhäuser, die zeitnah und bei Bedarf täglich die notwendige Labordiagnostik einschließlich mikrobiologischer, zytologischer und histopathologischer Untersuchungen, bildgebende Diagnostik einschließlich CT und MRT und Versorgung mit Blutkonserven ermöglicht.
- Mitgliedschaft in einem interdisziplinären onkologischen Arbeitskreis oder Tumorzentrum.
- Zusammenarbeit mit onkologischen Nachsorgeleitstellen gemäß den Vorgaben der zuständigen Kassenärztlichen Vereinigung.

(2) Der onkologisch qualifizierte Arzt erklärt sich mit der Teilnahme an dieser Vereinbarung damit einverstanden, dass die gemäß § 300 SGB V durch die Krankenkassen geprüften (anonymisierten) versichertenbezogenen Daten arztbezogen an die Onkologie-Kommission gemäß § 10 dieser Vereinbarung zur gezielten Pharmakotherapieberatung weitergeleitet werden.

§ 6 Onkologische Kooperationsgemeinschaft. (1) Es ist eine onkologische interdisziplinäre Kooperationsgemeinschaft zu bilden, in der folgende Kompetenzen vertreten sind:
1. Schwerpunkt Hämatologie und Onkologie
2. Pathologie
3. Radiologie
4. Strahlentherapie
5. Weitere Fachdisziplinen in Abhängigkeit von den in der Praxis betreuten Tumorerkrankungen
6. Palliativmedizin (Ärzte mit Zusatzweiterbildung „Palliativmedizin")[1]

(2) Der Hausarzt wird regelmäßig über die fachonkologische Behandlung im notwendigen Umfang in schriftlicher Form informiert, einschließlich

[1] **Amtl. Anm.:** Ärzte, die bereits vor dem 31.12.2018 eine Genehmigung zur Teilnahme an der Onkologie-Vereinbarung erhalten haben, müssen bis spätestens 28.2.2019 den kooperierenden palliativmedizinischen Arzt an die Kassenärztliche Vereinigung melden.

Empfehlungen für möglicherweise auftretende Notfälle und eines detaillierten Nachsorgeplans nach Abschluss der tumorspezifischen Therapie.

(3) In die Kooperationsgemeinschaft können auch Fachärzte der genannten Disziplinen benachbarter zugelassener Krankenhäuser einbezogen werden, wenn durch vertragliche Vereinbarung sichergestellt ist, dass sie im notwendigen Umfang für die konsiliarische Betreuung der Patienten der Praxis und für Tumorkonferenzen zur Verfügung stehen.

(4) Die Mitglieder der onkologischen Kooperationsgemeinschaft sind der zuständigen Kassenärztlichen Vereinigung namentlich zu benennen.

(5) Der onkologisch qualifizierte Arzt hat sicherzustellen, dass durch die onkologische Kooperationsgemeinschaft folgende Aufgaben erfüllt werden:

1. Einführung und Anpassung wissenschaftlich gesicherter Diagnose- und Therapiepläne
2. Gemeinsame patientenorientierte Fallbesprechungen, in der Regel im Rahmen von Tumorkonferenzen, die regelmäßig für alle durch die Kooperationsgemeinschaft betreuten Tumorerkrankungen stattfinden. Bei Patienten, bei denen eine interdisziplinäre Therapie in Betracht kommt, sind entsprechende Fallbesprechungen unter Beteiligung der notwendigen Fachdisziplinen vor Beginn der Primär- und Rezidivtherapie sowie bei Wechsel des Therapieregimes durchzuführen.
3. Onkologische Konsile
4. Gegenseitige Information bei gemeinsamer Betreuung von Patienten
5. Bei interdisziplinären Behandlungen Festlegung des für die Koordination der Behandlung zuständigen Arztes, der auch für die regelmäßige Information des Hausarztes mit Erstellung eines Nachsorgeplans und die Dokumentation der Behandlung bei Teilnahme an klinischen Studien verantwortlich ist und dem Patienten und seinen Angehörigen als Ansprechpartner regelmäßig zur Verfügung steht.
6. Die Beratung, Früherkennung oder tumorspezifische Behandlung von Patienten mit einer hereditären Krebserkrankung sollten in enger Kooperation mit einem entsprechenden Zentrum durchgeführt werden.

(6) [1] Über die Arbeitsergebnisse der onkologischen Kooperationsgemeinschaften sind Protokolle zu erstellen und der Onkologie-Kommission auf Nachfrage pseudonymisiert zur Verfügung zu stellen. [2] Die Protokolle müssen folgende Daten enthalten:

- Teilnehmer
- Themen
- Zeit
- Ort
- Ergebnisse der Fallberatungen

(7) [1] Es ist durch geeignete Maßnahmen sicherzustellen, dass alle an der Kooperationsgemeinschaft beteiligten Ärzte kurzfristig auf die notwendigen Patientendaten Zugriff haben. [2] Angestrebt wird der gemeinsame EDV-technische Zugriff auf alle für die Patientenbehandlung notwendigen Daten durch die Mitglieder der Kooperationsgemeinschaft. [3] Dabei soll neben der digitalen Patientenakte auch der Zugriff auf die Therapieprotokolle und Leitlinien sowie auf die bildgebende Diagnostik möglich sein. [4] Die Umsetzung des Zieles wird bis zum 1. Januar 2021 angestrebt.

§ 7 Voraussetzungen zur Aufrechterhaltung der Teilnahme. Der onkologisch qualifizierte Arzt hat neben den Anforderungen gemäß §§ 3 und 5, folgende zusätzliche Pflichten zu erfüllen:

1. Kontinuierliche Fortbildung durch regelmäßige Teilnahme an zertifizierten Fortbildungsveranstaltungen und Kongressen onkologischer Fachgesellschaften. Der Nachweis der kontinuierlichen Fortbildung erfolgt in Punkten. Alle am Vertrag teilnehmenden Ärzte haben jährlich 50 Fortbildungspunkte nachzuweisen. Die Fortbildungen müssen von den Ärztekammern anerkannt sein und sich im Schwerpunkt auf onkologische Fortbildungsinhalte beziehen.
2. Teilnahme an mindestens zwei industrieneutralen durch die Ärztekammer zertifizierten Pharmakotherapieberatungen pro Jahr; entsprechende Angebote der jeweiligen Krankenkasse sind zu nutzen. Hierbei sind die Beratungen gemäß § 5 Abs. 2 zu berücksichtigen.
3. Kontinuierliche interne und externe Fortbildung des Praxispersonals. Das Personal muss an jährlich mindestens einer onkologischen Fortbildungsveranstaltung teilnehmen, die von den Ärztekammern oder den Kassenärztlichen Vereinigungen anerkannt ist.
4. Die Nachweise gemäß Nrn. 1. bis 3. müssen jahresbezogen bis zum 31. März des Folgejahres bei der zuständigen Kassenärztlichen Vereinigung eingereicht werden.
5. Die Nachweise der jährlich betreuten Patienten nach § 3 Abs. 4 müssen jährlich bis zum 31. März des Folgejahres bei der zuständigen Kassenärztlichen Vereinigung eingereicht werden.
6. Die für den Arzt zuständige Kassenärztliche Vereinigung teilt den Landesverbänden der Krankenkassen und den Ersatzkassen jährlich mit, welche Ärzte den Nachweis über die Erfüllung der Voraussetzungen gemäß § 7 erbracht haben und welche Ärzte aufgrund der Regelungen nach § 3 Abs. 7 an der Vereinbarung teilnehmen.
7. Abweichend von Nr. 1. Satz 3 und Nr. 2. Satz 1 sind für das Kalenderjahr 2020 aufgrund der COVID-19-Pandemie 30 Fortbildungspunkte und die Teilnahme an mindestens einer industrieneutralen durch die Ärztekammer zertifizierten Pharmakotherapieberatung nachzuweisen. Ist die Teilnahme an einer industrieneutralen Pharmakotherapieberatung im Jahr 2020 – aus nicht durch den an dieser Vereinbarung teilnehmenden Arzt zu verantwortenden Gründen – nicht möglich, ist dies durch den Arzt gegenüber der Kassenärztlichen Vereinigung zu dokumentieren. Zur Sicherstellung der Versorgung der Patienten und zur Aufrechterhaltung der weiteren Teilnahme an der Onkologie-Vereinbarung können die Partner der Gesamtverträge hierfür einvernehmlich regionale Regelungen beschließen.

§ 8 Dokumentation. [1]Der onkologisch qualifizierte Arzt erstellt eine patientenbezogene Dokumentation nach den Vorgaben des Anhangs 1, die eine ergebnisorientierte und qualitative Beurteilung der Behandlung ermöglicht. [2]Dies gilt insbesondere für histologische Befunde, Operationsberichte, Bestrahlungspläne und Protokolle sowie die Dokumentation der medikamentösen Tumortherapie und deren Toxizität.

[3]Bei Teilnahme von Patienten in klinischen Studien ist die Meldung unerwarteter Ereignisse an die Studienleitung und die zeitnahe Dokumentation der

Behandlung gegenüber der Studienleitung zu gewährleisten. [4]Die Krankenkasse ist über die Onkologie-Kommission über die Teilnahme des Patienten an einer Studie zu unterrichten.

§ 9 Abrechnung und Finanzierung. [1]Zur Erstattung des besonderen Aufwandes, welcher durch die onkologische Betreuung der Patienten nach Maßgabe dieser Vereinbarung anfällt, werden dem onkologisch qualifizierten Arzt zusätzliche Kosten entsprechend der in Anhang 2, Teil A dieser Vereinbarung dargestellten Kostenpauschalen erstattet. [2]Die Bewertung der Kostenpauschalen in Anhang 2, Teil A erfolgt regional nach dem in Anhang 2 Teil B beschriebenen Verfahren.

(Fortsetzung nächstes Blatt)

564. Vereinbarung über die Erbringung ärztlich angeordneter Hilfeleistungen in der Häuslichkeit der Patienten, in Alten- oder Pflegeheimen oder in anderen beschützenden Einrichtungen gem. § 28 Abs. 1 Satz 2 SGB V[1] oder in hausärztlichen Praxen (Delegations-Vereinbarung)

In der ab 17.3.2009 geltenden Fassung (DÄBl. 2009 Heft 17 S. A-841)

Geändert mWv 1.1.2015 (DÄBl. 2014 Heft 48 S. A-2131), mWv 1.1.2017 (DÄBl. 2017 Heft 3 S. A-166), mWv 1.1.2019 (DÄBl. 2019 Heft 4 S. A-166), mWv 1.7.2020 (DÄBl. 2020 Heft 37 S. A-1710), mWv 1.7.2020 (DÄBl. 2020 Heft 44 S. A-2136) und mWv 1.1.2021 (DÄBl. 2021 Heft 5 S. A-272)

Vorbemerkungen

Die nachstehende Bezeichnung Praxisassistent wird einheitlich und neutral für nicht-ärztliches Assistenzpersonal verwendet, das die Voraussetzungen des § 7 Satz 2 dieser Vereinbarung zur Erbringung ärztlich angeordneter Hilfeleistungen in der Häuslichkeit der Patienten, in Alten- oder Pflegeheimen oder in anderen beschützenden Einrichtungen in Abwesenheit des Vertragsarztes erfüllt.

Die Vereinbarung ist Grundlage für das Erbringen und Abrechnen von Hilfeleistungen, die nicht-ärztliche Praxisassistenten auf Anordnung von an der hausärztlichen Versorgung teilnehmenden Ärzten erbringen. Die Kassenärztliche Bundesvereinigung und der GKV-Spitzenverband werden die Auswirkungen dieser Hilfeleistungen im Einheitlichen Bewertungsmaßstab auf die Versorgung fortlaufend analysieren.

Abschnitt I. Ziel, Versorgungsinhalt und Geltungsbereich

§ 1 Ziel. [1]Diese Vereinbarung ist eine Maßnahme zur Qualitätssicherung, mit welcher die Qualität bei der Erbringung ärztlich angeordneter Hilfeleistungen nach § 28 Absatz 1 Satz 2 SGB V[2] in der Häuslichkeit der Patienten, in Alten- oder Pflegeheimen oder in anderen beschützenden Einrichtungen sowie in der Vertragsarztpraxis durch den nicht ärztlichen Praxisassistenten gesichert werden soll. [2]Diese Vereinbarung regelt den Geltungsbereich und definiert den Versorgungsauftrag und die Qualifikationsvoraussetzungen für den nicht-ärztlichen Praxisassistenten, der angeordnete Hilfeleistungen in der Häuslichkeit der Patienten, in Alten- oder Pflegeheimen oder in anderen beschützenden Einrichtungen sowie in der Vertragsarztpraxis auch in Abwesenheit des Arztes erbringt.

§ 2 Versorgungsinhalt und -voraussetzungen. [1]Zur Unterstützung von Ärzten gemäß des § 73 Abs. 1a S. 1 Nrn. 1, 3, 4, 5 SGB V[2] erfolgt nach die-

---

[1] Diese Vereinbarung ist als Anlage 8 Bestandteil des BMV-Ä (Nr. **551**).
[2] **Aichberger, Sozialgesetzbuch, Nr. 5.**

ser Vereinbarung die ärztliche Versorgung in Form ärztlich angeordneter Hilfeleistungen anderer Personen nach § 28 Abs. 1 Satz 2 SGB V,[1)] die in der Vertragsarztpraxis oder in der Häuslichkeit der Patienten, in Alten- oder Pflegeheimen oder in anderen beschützenden Einrichtungen erbracht werden. [2]Die Durchführung dieser Vereinbarung richtet sich nach den im Folgenden aufgeführten Bestimmungen.

§ 3 Patientengruppen. (1) [1]Diese Vereinbarung umfasst die Behandlung und Betreuung durch den nicht-ärztlichen Praxisassistenten des Arztes. [2]Dies umfasst einerseits die Tätigkeit in der Vertragsarztpraxis sowie anderseits die Behandlung und Betreuung in der Häuslichkeit der Patienten, in Alten- oder Pflegeheimen oder in anderen beschützenden Einrichtungen.

(2) Die Behandlung in der Häuslichkeit der Patienten, in Alten- oder Pflegeheimen oder in anderen beschützenden Einrichtungen kann erfolgen, sofern folgende Voraussetzungen erfüllt sind:

a) es liegt mindestens eine schwerwiegende chronische Erkrankung gemäß § 2 Abs. 2 der Richtlinie des Gemeinsamen Bundesausschusses zur Umsetzung der Regelungen in § 62 SGB V[1)] für schwerwiegend chronisch Erkrankte vor und der Patient hat in der Regel das 65. Lebensjahr vollendet oder

b) es liegt eine Erkrankung vor, die einer dauerhaften intensiven ärztlichen Betreuung bedarf (insbesondere Patienten mit Alters- und geriatrischen Erkrankungen) und der Patient hat in der Regel das 65. Lebensjahr vollendet oder

c) es liegt eine akute schwerwiegende Erkrankung vor, die einer intensiven ärztlichen Betreuung bedarf; in diesem Fall ist die Erbringung ärztlich angeordneter Hilfeleistungen durch den nicht-ärztlichen Praxisassistenten gesondert zu begründen und

d) der Patient kann die Praxis des Arztes aufgrund seines Gesundheitszustandes nicht oder nur unter erschwerten Bedingungen aufsuchen.

§ 4 Ärzte und nicht-ärztliche Praxisassistenten. (1) Ärzte im Sinne dieser Vereinbarung nehmen ausschließlich an der hausärztlichen Versorgung gemäß § 73 Abs. 1a S. 1 Nrn. 1, 3, 4 und 5 SGB V[1)] teil.

(2) Der nicht-ärztliche Praxisassistent, der arztunterstützende Tätigkeiten in der Vertragsarztpraxis nach § 1a Ziffer 18 BMV-Ä erbringt und/oder gemäß § 28 Abs. 1 Satz 2 SGB V im Auftrag des Arztes angeordnete Hilfeleistungen in Abwesenheit des Arztes in der Häuslichkeit der Patienten, in Alten- oder Pflegeheimen oder in anderen beschützenden Einrichtungen erbringt, muss in der Arztpraxis mit einer regelmäßigen Wochenarbeitszeit von mindestens 20 Stunden angestellt sein und die Qualifikationsvoraussetzungen nach § 7 dieser Vereinbarung erfüllen.

Abschnitt II. Versorgungsauftrag

§ 5 Versorgungsauftrag. (1) [1]Das arztunterstützende Aufgabenprofil des nicht ärztlichen Praxisassistenten kann folgende aufgeführte Hilfeleistungen

---

[1)] **Aichberger, Sozialgesetzbuch, Nr. 5.**

umfassen, soweit sie im Einzelfall vom Arzt angeordnet und nicht durch andere nicht-ärztliche Leistungserbringer erbracht werden:

a) Ausführung von durch den Arzt angeordneten Hilfeleistungen, soweit diese an den nicht ärztlichen Praxisassistenten delegiert werden können,

b) standardisierte Dokumentation der Patientenbeobachtung einschließlich standardisierter Erfassung der verschriebenen und der selbst erworbenen freiverkäuflichen Medikamente und des Einnahmeverhaltens mit dem Ziel der Verbesserung der Patientencompliance,

c) Ermittlung von kognitiven, physischen, psychischen und sozialen Fähigkeiten, Ressourcen und Defiziten von Patienten mithilfe standardisierter Tests (z. B. Durchführung von Uhrentests, von Timed Up-and-go-Test, Esslinger Sturzrisikoassessment),

d) Testverfahren bei Demenzverdacht; Erfassung von Hirnleistungsstörungen mittels standardisierter Testverfahren bei Patienten mit Demenzverdacht (Durchführung von DemTect-Test, Test zur Früherkennung von Demenzen mit Depressionsabgrenzung (TFDD), Syndrom-Kurztest (SKT), Mini-Mental-Status-Tests (MMST),

e) Patientenschulungen,

f) Anlegen einer Langzeit-Blutdruckmessung,

g) Anlegen der Elektroden für die Aufzeichnung eines Langzeit-EKG,

h) Bestimmung von Laborparametern vor Ort (z. B. Glucose, Gerinnung),

i) arztunterstützende Abstimmung mit Leistungserbringern.

[2] Dem Arzt obliegt die Anleitungs- und Überwachungspflicht.

(2) [1] Hilfeleistungen nach dieser Vereinbarung können in der Häuslichkeit der Patienten, in Alten- oder Pflegeheimen oder in anderen beschützenden Einrichtungen erbracht werden. [2] Sie dürfen nur erbracht und abgerechnet werden, wenn der Vertragsarzt die Leistung im Einzelfall in Bezug auf Patienten angeordnet hat, die er zuvor bezüglich derselben Erkrankung selbst besucht oder in seiner Praxis gesehen und eingehend untersucht hat. [3] Leistungen, die Bestandteil des Versorgungsauftrags von Alten- oder Pflegeheimen oder anderen beschützenden Einrichtungen sind, können nicht angeordnet und nicht abgerechnet werden.

Abschnitt III. Genehmigungspflicht und Qualifikationsvoraussetzungen

§ 6 Genehmigungspflicht. [1] Die Ausführung von angeordneten Hilfeleistungen durch den nicht ärztlichen Praxisassistenten sowie die Abrechnung dieser delegierten Leistungen im Rahmen der vertragsärztlichen Versorgung durch die an der vertragsärztlichen Versorgung teilnehmenden Ärzte ist erst nach Erteilung der Genehmigung durch die Kassenärztliche Vereinigung zulässig. [2] Die Genehmigung ist zu erteilen, wenn der Arzt gegenüber der Kassenärztlichen Vereinigung nachgewiesen hat, dass sein nicht ärztlicher Praxisassistent über

a) einen qualifizierten Berufsabschluss gemäß der Verordnung über die Berufsausbildung zur/zum Medizinischen Fachangestellten/Arzthelfer(in) oder dem Krankenpflegegesetz und

b) eine nach dem qualifizierten Berufsabschluss mindestens dreijährige Berufserfahrung in einer hausärztlichen Praxis und

c) eine Zusatzqualifikation gemäß § 7 dieser Vereinbarung

verfügt. [3]Der Nachweis der Berufserfahrung und der Zusatzqualifikation ist durch ärztliche Bescheinigung und eine zertifizierte Kursteilnahme gegenüber der Kassenärztlichen Vereinigung zu führen.

[4]Für die Abrechnung von Leistungen des Abschnitts 38.3 des Einheitlichen Bewertungsmaßstabes kann die Genehmigung abweichend von b) auch erteilt werden, wenn der Arzt gegenüber der Kassenärztlichen Vereinigung nachgewiesen hat, dass sein nicht-ärztlicher Praxisassistent über eine nach dem qualifizierten Berufsabschluss mindestens dreijährige Berufserfahrung in einer fachärztlichen Praxis verfügt. [5]In diesem Fall, ist das Zertifikat der zuständigen Ärztekammer gesondert zu kennzeichnen.

§ 7 Zusatzqualifikation der nicht-ärztlichen Praxisassistenten.

(1) [1]Die Zusatzqualifikation dient dem Erwerb von Kenntnissen, Erfahrungen und Fertigkeiten, die den nicht ärztlichen Praxisassistenten aufbauend auf der jeweiligen Primärqualifikation befähigen müssen, Hilfeleistungen in der Häuslichkeit der Patienten, in Alten- oder Pflegeheimen oder in anderen beschützenden Einrichtungen in Abwesenheit des anordnenden Arztes zu erbringen. [2]Die für den Erwerb der Zusatzqualifikation nachzuweisenden Fortbildungsmaßnahmen müssen eine theoretische Fortbildung zu den Themen Berufsbild, medizinische Kompetenz und Kommunikation/Dokumentation, eine praktische Fortbildung in Form von Hausbesuchen und eine Fortbildung in Notfallmanagement umfassen. [3]Der Umfang der für die Zusatzqualifikation nachzuweisenden Stunden richtet sich nach der Dauer der bisherigen Berufstätigkeit des nicht ärztlichen Praxisassistenten.

(2) Die theoretische und die praktische Fortbildung sowie die Fortbildung in Notfallmanagement gelten als nachgewiesen, wenn der nicht ärztliche Praxisassistent abhängig von der Dauer seiner bisherigen Berufstätigkeit nach dem qualifizierten Berufsabschluss Fortbildungsmaßnahmen in folgendem zeitlichen Umfang nachweisen kann:

Dauer der Berufstätigkeit	Theoretische Fortbildung (Stunden)	Praktische Fortbildung (Stunden)	Notfall management Erweiterte Notfallkompetenz (Stunden)
weniger als 5 Jahre	200	50	20
weniger als 10 Jahre	170	30	20
mehr als 10 Jahre	150	20	20

(3) [1]Die theoretische Fortbildung kann insbesondere durch Teilnahme an Fortbildungsmaßnahmen nach den Fortbildungscurricula der Bundesärztekammer nachgewiesen werden. [2]Sie muss folgende Inhalte umfassen:

a) Die Fortbildung „Berufsbild" (mindestens 15 Stunden) hat das Ziel, das Berufsbild des nicht ärztlichen Praxisassistenten im Kontext des deutschen Gesundheitssystems darzustellen. [3]Sie soll insbesondere folgende Inhalte umfassen:

- rechtliche Grundlagen und Rahmenbedingungen für die Tätigkeit des nicht-ärztlichen Praxisassistenten,
- demografische Entwicklung in Deutschland und deren Einfluss auf die Epidemiologie relevanter Erkrankungen sowie deren Auswirkungen auf die ärztliche Versorgung,
- Verfahrensabläufe und Instrumente im professionellen Handeln des nicht-ärztlichen Praxisassistenten.

b) Die Fortbildung „medizinische Kompetenz“ (mindestens 110 Stunden) dient, aufbauend auf den Grundkenntnissen des nicht ärztlichen Praxisassistenten aus Ausbildung und bisheriger Berufstätigkeit, dem Erwerb von erweiterten und vertieften medizinischen Kenntnissen, Erfahrungen und Fertigkeiten in Bezug auf häufig auftretende Krankheitsbilder und Krankheitsverläufe aus dem hausärztlichen Behandlungsspektrum, insbesondere in Bezug auf
   - nichtinfektiöse, infektiöse, toxische und neoplastische sowie auf allergische, metabolische, ernährungsabhängige und degenerative Erkrankungen, auch unter Berücksichtigung der Besonderheiten dieser Erkrankungen im höheren Lebensalter,
   - die Grundlagen der Tumortherapie und der Schmerzbehandlung von Tumorpatienten,
   - die Begleitung palliativmedizinisch zu versorgender Patienten,
   - geriatrische Syndrome und Krankheitsfolgen im Alter,
   - psychogene Symptome, somatopsychische Reaktionen und psychosoziale Zusammenhänge,
   - ernährungsbedingte Gesundheitsstörungen einschließlich diätetischer Behandlung,
   - die Überwachung physikalischer Therapiemaßnahmen,
   - die Arzneimitteltherapie, deren Interaktionen und Nebenwirkungen, insbesondere bei geriatrischen Patienten,
   - die Früherkennung von Gesundheitsstörungen und häuslichen Gefahrenpotentialen (z. B. Sturzprophylaxe),
   - die Wundpflege, Wundversorgung und Behandlung von Dekubitus und auf
   - die Grundlagen der Vorsorge- und Früherkennungsmaßnahmen

sowie insbesondere in Bezug auf folgende Untersuchungs- und Behandlungsverfahren:
   - Grundlagen der Diabetikerbehandlung einschließlich strukturierter Schulungen,
   - Elektrokardiogramm,
   - Langzeit-EKG,
   - Langzeitblutdruckmessung,
   - Grundlagen der Infusionsbehandlung, enteralen und parenteralen Ernährung.

c) Die Fortbildung „Kommunikation/Dokumentation“ (mindestens 25 Stunden) dient dem Erwerb von Kenntnissen, Erfahrungen und Fertigkeiten zur Erweiterung der Sozialkompetenz des nicht ärztlichen Praxisassistenten, der Fähigkeit zur selbstständigen medizinischen Dokumentation sowie zur Kommunikation mit dem Arzt. [4]Sie soll insbesondere folgende Inhalte umfassen:
   - Wahrnehmung und Motivation von Patienten,

– Kommunikation und Gesprächsführung mit Patienten,
– Patienteninformation und -edukation,
– Kommunikation mit Angehörigen,
– medizinische Dokumentation,
– Kommunikation mit dem Arzt.

[5] Sofern der nicht ärztliche Praxisassistent über einen qualifizierten Berufsabschluss nach dem Krankenpflegegesetz verfügt und in den letzten zehn Jahren vor Antragstellung mindestens vier Jahre in diesem Beruf tätig war, reduziert sich die theoretische Fortbildung auf 80 Stunden.

(4) [1] Die praktische Fortbildung soll den nicht ärztlichen Praxisassistenten zur Anwendung des in der theoretischen Fortbildung Erlernten befähigen. [2] Dazu begleitet der nicht ärztliche Praxisassistent Hausbesuche des Arztes in der Häuslichkeit der Patienten, in Alten- oder Pflegeheimen oder in anderen beschützenden Einrichtungen und übernimmt unter Aufsicht des Arztes Hausbesuche in der Häuslichkeit, in Alten- oder Pflegeheimen oder in anderen beschützenden Einrichtungen bei Patienten mit unterschiedlichen Erkrankungen. [3] Hausbesuche in der Häuslichkeit der Patienten, in Alten- oder Pflegeheimen oder in anderen beschützenden Einrichtungen im Rahmen von Modellvorhaben und im Rahmen von Fortbildungsmaßnahmen nach den Fortbildungscurricula der Bundesärztekammer werden angerechnet. [4] Sind in den letzten 24 Monaten vor Antragstellung bereits selbstständige Hausbesuche in der Häuslichkeit der Patienten, in Alten- oder Pflegeheimen oder in anderen beschützenden Einrichtungen entsprechend GOP 40 240/40 260 bzw. der GOP 38 100/38 105 durchgeführt worden, werden diese mit jeweils 30 Minuten auf die Pflicht zur praktischen Fortbildung angerechnet.

(5) [1] Die Fortbildung in Notfallmanagement umfasst einen Kurs von mindestens 20 Stunden inklusive praktischer Übungen. [2] Der Kurs soll insbesondere auf Notfälle in der Häuslichkeit der Patienten, in Alten- oder Pflegeheimen oder in anderen beschützenden Einrichtungen eingehen. [3] Er soll insbesondere folgende Inhalte umfassen:
– Vitalparameter und deren Bedeutung,
– Bewusstseinsgrade,
– Vorgehen bei Bewusstlosigkeit, Herz- und Atemstillstand,
– Notfallstressmanagement (Selbstkunde, Umgang mit Patienten und Angehörigen),
– Notfallkunde (Wunden, internistische Notfälle, Traumatologie, Schädelhirntrauma, Medikamente, Schock),
– Lagerungsarten,
– Kenntnisse des Rettungsdienstes,
– praktischer Teil mit Übungen am Phantom.

(6) [1] Alle drei Jahre ist eine Fortbildung mit mindestens 16 Stunden Dauer, davon mindestens je 8 Stunden Notfallmanagement, inklusive Übungen am Phantom und mindestens je acht Stunden Fortbildung zur Weiterentwicklung des Berufsbildes des nicht-ärztlichen Praxisassistenten insbesondere in Bezug auf Digitalisierung und Telemedizin nachzuweisen. [2] Die Frist für den Nachweis der Fortbildung nach Satz 1 wird um neun Monate verlängert, sofern die 3-Jahres-Frist im Zeitraum vom 1. Juli 2020 bis zum 31. März 2021 endet.

(7) [1] Die Zusatzqualifikation muss durch erfolgreiche Teilnahme an einer Lernerfolgskontrolle nachgewiesen werden. [2] Die Lernerfolgskontrolle muss

bezüglich der medizinischen Kompetenz (Abs. 3b) in schriftlicher Form erfolgen. [3]Das Qualifikationsangebot muss von der Ärztekammer anerkannt sein.

Abschnitt IV. Genehmigungsverfahren

§ 8 Genehmigungsverfahren. (1) [1]Der Vertragsarzt hat die in § 7 dieser Vereinbarung genannten Voraussetzungen gegenüber der Kassenärztlichen Vereinigung nachzuweisen. [2]Die Nachweise dürfen bei Beantragung der Genehmigung nicht älter als fünf Jahre sein.

(2) [1]Anträge auf Genehmigung zur Ausführung und Abrechnung von ärztlich angeordneten Hilfeleistungen sind an die zuständige Kassenärztliche Vereinigung zu richten. [2]Über die Anträge und über den Widerruf oder die Rücknahme einer erteilten Genehmigung entscheiden die zuständigen Stellen der Kassenärztlichen Vereinigung.

(3) [1]Die Genehmigung ist zu erteilen, wenn aus den vorgelegten Zeugnissen und Bescheinigungen des nicht-ärztlichen Praxisassistenten hervorgeht, dass die in § 7 dieser Vereinbarung genannten Voraussetzungen erfüllt sind. [2]Die Genehmigung ist auch zu erteilen, wenn nachgewiesen wird, dass mit der Fortbildung bereits begonnen wurde und zu erwarten ist, dass sie bis zum 31. März 2021 abgeschlossen sein wird. [3]Im Fall des Satz 2 ist die Genehmigung bis zum voraussichtlichen Abschluss der Fortbildung, maximal auf ein Jahr, zu befristen, längstens bis zum 31. März 2021. [4]Die Regelungen nach Satz 2 und 3 gelten bis zum 31. März 2021. [5]Die Genehmigung wird erteilt, wenn der Kassenärztlichen Vereinigung jährlich durch eine Erklärung der Praxis die Anstellung des nicht-ärztlichen Praxisassistenten angezeigt wird.

(4) Die Genehmigung ist zu widerrufen, wenn die Abrechnungsvoraussetzung der Anstellung des nicht ärztlichen Praxisassistenten bei dem beantragenden Arzt nicht mehr gegeben ist.

(5) Der Arzt hat das Auflösen des Beschäftigungsverhältnisses mit dem nicht ärztlichen Praxisassistenten gegenüber der Kassenärztlichen Vereinigung unverzüglich anzuzeigen.

§ 9 Inkrafttreten, Kündigung. (1) [1]Diese Vereinbarung tritt mit Unterzeichnung in Kraft. [2]Sie wird auf unbestimmte Zeit geschlossen.

(2) [1]Die Vereinbarung kann mit einer Frist von drei Monaten gekündigt werden. [2]Die Kündigung bedarf der Schriftform.

565. Versorgung chronisch niereninsuffizienter Patienten (Anlage 9.1 BMV-Ä)[1), 2)]

Vom 5. April 2002 (DÄBl. 2002 Heft 14 S. A-972; Inkrafttreten: 1.7.2002)

Geändert mWv 9.5.2003 (DÄBl. Heft 19 S. A-1306), mWv 1.4./1.7.2005 (DÄBl. Heft 33 S. A-2267), mWv 1.4.2007 (DÄBl. Heft 8 S. A-518), mWv 1.7.2009 (DÄBl. Heft 28–29 S. A-1476), mWv 1.4.2012 (DÄBl. 2012 Heft 29–30 S. A-1510), mWv 1.1.2014 (DÄBl. 2014 Heft 1–2 S. A-46), mWv 1.7.2018 (DÄBl. 2018 Heft 26 S. A-1297) und mWv 1.7.2020 (DÄBl. 2020 Heft 38 S. A-1780)

Abschnitt 1. Versorgungsinhalt und Patientengruppen

§ 1[3)] **Versorgungsinhalt.** [1]Zur Sicherung der Versorgungsqualität und der Wirtschaftlichkeit der Leistungserbringung erfolgt die nach diesem Vertrag definierte nephrologische Versorgung chronisch niereninsuffizienter Patienten gemäß § 2 Abs. 7 Bundesmantelvertrag-Ärzte. [2]Die Durchführung der Versorgungsaufträge richtet sich nach

- den im Folgenden aufgeführten Bestimmungen,
- den Regelungen der Sonderbedarfsplanung gemäß § 37 Abs. 4 der Bedarfsplanungs-Richtlinie des Gemeinsamen Bundesausschusses,
- der Qualitätssicherungsvereinbarung zu den Blutreinigungsverfahren gemäß § 135 Abs. 2 SGB V[4)] (im Folgenden ‚Qualitätssicherungsvereinbarung' genannt),
- der Qualitätssicherungs-Richtlinie Dialyse des Gemeinsamen Bundesausschusses in der jeweils geltenden Fassung,
- der Regelung der KBV zur Fortbildungsverpflichtung der Vertragsärzte und Vertragspsychotherapeuten nach § 95d SGB V.

§ 2[5)] **Patientengruppen.** (1) Dieser Vertrag umfasst die ärztliche Behandlung und Betreuung folgender Patientengruppen, welche der ärztlichen Behandlung mit Blutreinigungsverfahren bedürfen:

1. akut, akut rezidivierend oder terminal niereninsuffiziente Patienten (Glomeruläre Filtrationsrate < 15 ml/min/1,73 qm), die mit Blutreinigungsverfahren behandelt werden (dialysepflichtige Patienten)
2. Patienten in Krankheitsstadien, welche ohne primär behandlungsbedürftige Nierenschädigung einer sofortigen Nierenersatztherapie bedürfen (z. B. Intoxikationen, kardiale Dekompensation, kardiorenales Syndrom).

(2) Zusätzlich zu Abs. 1 umfasst der Vertrag auch die ärztlichen Maßnahmen zur Vorbeugung einer terminalen Niereninsuffizienz, Vorbereitung auf

---

1) Anlage 9 ist Bestandteil des BMV-Ä (Nr. **551**).

2) Titel geänd. mWv 1.1.2014 (DÄBl. 2014 S. A-46).

3) § 1 Satz 2 2. Spiegelstrich geänd., 4. und 5. Spiegelstrich angef. mWv 1.7.2009 (DÄBl. 2009 S. A-1476), Satz 1 geänd. mWv 1.1.2014 (DÄBl. 2014 S. A-46), Satz 2 2. Spiegelstrich geänd. mWv 1.7.2018 (DÄBl. 2018 S. A-1297).

4) **Aichberger, Sozialgesetzbuch, Nr. 5.**

5) § 2 Fußnote zur Überschr. aufgeh., Abs. 2 Nr. 2 geänd., Abs. 3 angef. mWv 1.7.2009 (DÄBl. 2009 S. A-1476), Abs. 1 Nr. 1 und Abs. 2 Nrn. 2 und 3 geänd. mWv 1.1.2014 (DÄBl. 2014 S. A-46), Abs. 1 Nr. 2 neu gef., Abs. 2 Nr. 6 angef. mWv 1.7.2018 (DÄBl. 2018 S. A-1297).

die Dialyseversorgung sowie der Transplantationsvorbereitung und -nachsorge für folgende Patientengruppen:

1. Patienten mit nephritischem und/oder nephrotischem Syndrom, angeborener und/oder chronisch progredienter Nierenerkrankung
2. Chronisch niereninsuffiziente Patienten (Glomeruläre Filtrationsrate < 40 ml/min/1,73 qm Körperoberfläche)
3. Patienten mit präterminaler chronischer Niereninsuffizienz (Glomeruläre Filtrationsrate < 20 ml/min/1,73 qm Körperoberfläche)
4. Patienten mit chronischer Niereninsuffizienz, die zur Aufnahme in ein Transplantationsprogramm vorgesehen sind
5. Patienten in der Transplantationsnachsorge
6. Lebendspender im Rahmen der Transplantationsvorbereitung und -nachsorge.

(3) Für die nephrologische Versorgung von Kindern umfasst der Vertrag deren Behandlung und Betreuung bei den in der Zusatz-Weiterbildung Kinder-Nephrologie der (Muster-)Weiterbildungsordnung der Bundesärztekammer festgelegten Krankheitsbildern sowie die Durchführung der aufgeführten diagnostischen und therapeutischen Verfahren.

Abschnitt 2. Besonderer Versorgungsauftrag

§ 3[1)] Versorgungsauftrag und Zusammenwirken. (1) [1] Für die nephrologische Betreuung der in § 2 jeweils definierten Patientengruppen wird gemäß dem Stadium der Erkrankung nachfolgender Versorgungsauftrag festgelegt. [2] Der Versorgungsauftrag umfasst eine alle Krankheitsstadien übergreifende und umfassende ärztliche Behandlung und Betreuung sowie eine den medizinischen Erfordernissen und den Möglichkeiten des Patienten angepasste Versorgungsorganisation und -steuerung. [3] Hierzu gehört:

- Zeitgerechte Einleitung der konsiliarischen Kooperation gemäß den Vorgaben in Anhang 9.1.6 durch den behandelnden Arzt bei der in § 2 Abs. 2 Nr. 1 bis 2 definierten Patientengruppe mit einem Arzt, der über einen Versorgungsauftrag gem. Absatz 3 Buchst. a) verfügt oder über einen Versorgungsauftrag nach Buchst. b), soweit dieser Arzt mit einer ermächtigten Einrichtung entsprechend § 14 dieser Vereinbarung zusammenwirkt.
- Zeitgerechte Indikationsstellung zur Dialyse
- Auswahl und Durchführung des für den Patienten individuell geeigneten und wirtschaftlichen Dialyseverfahrens (Peritonealdialyse, Hämodialyse einschließlich Hämofiltration und Hämodiafiltration) und der individuell geeigneten Dialyseform (Zentrumsdialyse, Heimdialyse, Zentralisierte Heimdialyse)
- Durchführung der jeweils indizierten Dialysebehandlung über die medizinisch notwendige Dauer und Frequenz einschließlich umfassender Information und Aufklärung des Patienten über Krankheit, Verlauf und Prognose

---

1) § 3 Abs. 3 Satz 4 angef. mWv 1.7.2005 (DÄBl. 2005 S. A-2267), Abs. 1 Satz 3 1. Spiegelstrich, Abs. 3 Satz 2 und Abs. 5 und 6 neu gef., Abs. 3 Buchst. d geänd., Buchst. e angef. mWv 1.7.2009 (DÄBl. 2009 S. A-1476), Satz 3 1. Spiegelstrich geänd. mWv 1.1.2014 (DÄBl. 2014 S. A-46), Abs. 2 Satz 2 angef., Abs. 3 Buchst. a–e neu gef., Abs. 5 geänd. mWv 1.7.2018 (DÄBl. 2018 S. A-1297).

Anhang 9.1.3:[1)]

Leistungen zur Erfüllung genehmigungspflichtiger Versorgungsaufträge nach § 9 Abs. 5, Abschnitt 3, Anlage 9.1 BMV-Ä

(1) [1] Nach Anlage 9.1 BMV-Ä besteht eine Genehmigungspflicht für die nephrologische Behandlung und Betreuung der in § 3 Abs. 3 Buchstabe a, d und e) definierten Patientengruppen. [2] Die Genehmigung zur Übernahme des jeweiligen Versorgungsauftrages umfasst folgende Leistungen des Einheitlichen Bewertungsmaßstabes (EBM), welche von den Vertragsärzten, ermächtigten Einrichtungen, angestellten Krankenhausärzten und nephrologischen Schwerpunkteinrichtungen, die eine entsprechende Genehmigung erhalten haben, vorzuhalten sind:

1. Für Fachärzte für Innere Medizin mit Schwerpunkt Nephrologie, gemäß Qualitätssicherungsvereinbarung zu den Blutreinigungsverfahren gemäß § 135 Abs. 2 SGB V:
   01 100, 01 101, 01 102, 01 220, 01 221, 01 222, 01 321, 01 410, 01 411, 01 412, 01 413, 01 414, 01 415, 01 430, 01 435, 01 436, 01 440, 01 450, 01 451, 01 510, 01 511, 01 512, 01 600, 01 601, 01 602, 01 610, 01 611, 01 620, 01 621, 01 622, 01 623, 01 630, 01 737, 02 100, 02 110, 02 111, 02 310, 02 311, 02 312, 02 320, 02 321, 02 322, 02 323, 02 330, 02 331, 02 340, 02 341, 02 343, 02 350, 02 402, 13 210, 13 211, 13 212, 13 250, 13 251, 13 252, 13 253, 13 254, 13 256, 13 439, 13 590, 13 591, 13 592, 13 600, 13 601, 13 602, 13 603, 13 610, 13 611, 13 612, 30 980, 30 988, 33 012, 33 020, 33 021, 33 022, 33 040, 33 042 und/oder 33 043, 33 061, 33 072, 33 073, 33 075, 33 091, 33 092, 37 100, 37 102, 37 105, 37 113, 37 120, 38 100, 38 105 sowie entsprechende Leistungen der Kapitel 30.12, 32 und 40.
2. Für Fachärzte für Kinder- und Jugendmedizin mit der Zusatzweiterbildung Kinder-Nephrologie, gemäß Qualitätssicherungsvereinbarung zu den Blutreinigungsverfahren gemäß § 135 Abs. 2 SGB V:
   01 100, 01 101, 01 102, 01 220, 01 221, 01 222, 01 321, 01 410, 01 411, 01 412, 01 413, 01 414, 01 430, 01 435, 01 436, 01 440, 01 450, 01 451, 01 510, 01 511, 01 512, 01 600, 01 601, 01 602, 01 610, 01 611, 01 620, 01 621, 01 622, 01 623, 01 630, 02 100, 02 110, 02 111, 02 310, 02 311, 02 312, 02 320, 02 321, 02 322, 02 323, 02 330, 02 331, 02 340, 02 341, 02 343, 02 350, 02 402, 04 000, 04 030, 04 220, 04 221, 04 230, 04 321, 04 322, 04 324, 04 355, 04 356, 04 370, 04 371, 04 372, 04 373, 04 527, 04 560, 04 561, 04 562, 04 563, 04 564, 04 565, 04 566, 04 567, 32 247, 33 012, 33 020, 33 021, 33 022, 33 040, 33 042 und/oder 33 043, 33 061, 33 072, 33 073, 33 075, 33 091, 33 092, 37 100, 37 102, 37 105, 37 113, 37 120, 38 100, 38 105 sowie entsprechende Leistungen der Kapitel 30.12, 32 und 40.

[1)] Anhang 9.1.3 neu gef. mWv 1.7.2009 (DÄBl. 2009 S. A-1476), Abs. 4 angef. mWv 1.4.2012 (DÄBl. 2012 S. A-1510), Abs. 1 Satz 2 Nr. 2 geänd., Abs. 3 Satz 4 angef. mWv 1.1.2014 (DÄBl. 2014 S. A-46), neu gef. mWv 1.7.2018 (DÄBl. 2018 S. A-1297) und geänd. mWv 1.7.2020 (DÄBl. 2020 Heft 38 S. A-1780).

(2a) Entgegen der Regelung in Absatz 1 sind die nachfolgenden Leistungen nicht vorzuhalten, sondern können im Rahmen einer Überweisung durchgeführt werden:
01611, 02310, 02311, 04322, 30980, 30988, 33012, 33020, 33021, 33022, 33040, 33061, 33072, 33073, 33075, 33091 sowie entsprechende Leistungen des Kapitels 32 (ohne 32039, 32081 und 32247).

(2b) Die Leistungen nach 01450 und 01451 in Absatz 1 Nr. 1 und Nr. 2 können erbracht werden, sind entgegen der Regelung in Absatz 1 jedoch nicht zwingend vorzuhalten.

(3) [1]Bei der Abrechnung der genannten Leistungen sind die Regelungen des EBM grundsätzlich in der jeweils gültigen Fassung anzuwenden. [2]Ermächtigte Ärzte und Einrichtungen können die Gebührenordnungspositionen des Absatzes 1 Nr. 2 berechnen, auch sofern diese nicht in der Präambel 4.1 Nrn. 5 und 7 des EBM genannt werden. [3]Die Allgemeine Bestimmung 2.3 Satz 2 bleibt davon unberührt. [4]Ärztlich geleitete ermächtigte Einrichtungen, die über einen Versorgungsauftrag nach § 3 Abs. 3a) bzw. e) verfügen, erhalten auf Antrag eine Ermächtigung für die Abrechnung der Nrn. 13590 bis 13592 bzw. 04000.

(4) Die Genehmigung zur Übernahme des jeweiligen Versorgungsauftrages umfasst für die unter Absatz 1 Nr. 1 und 2 aufgeführten Fachärzte auf Antrag Leistungen nach § 132e SGB V, soweit diese Leistungen für Patienten gemäß dieser Vereinbarung erbracht werden.

Anhang 9.1.4[1]:

Anforderungen an eine stationäre nephrologische Schwerpunkteinrichtung nach § 11a, Abschnitt 3, Anlage 9.1 BMV-Ä

(1) Folgende Anforderungen an eine stationäre nephrologische Schwerpunkteinrichtung sind zu erfüllen und gegenüber der Kassenärztlichen Vereinigung nach den Vorgaben von Absatz 2 nachzuweisen:

1. Stationäre Diagnostik und Behandlung von Nieren- und Hochdruckerkrankungen.
2. Therapie schwerwiegender Nierenerkrankungen wie z.B. akutes Nierenversagen einschl. intensiv-medizinischer Behandlung.
3. Bereitstellung aller Verfahren der Hämo- und Peritonealdialyse.
4. Verpflichtung zur Übernahme folgender Versorgungsaufgaben für chronisch niereninsuffiziente Patienten anderer Dialysepraxen und -einrichtungen in der Region:
   a) Vorhalten einer Auffangdialyse bei kompliziertem Dialyseverlauf und interkurrenten Erkrankungen.
   b) Ausbildung von Patienten und deren Angehörigen für die Heimdialyse (Hämo- und Peritonealdialyse).
   c) Versorgung infektiöser Dialysepatienten.

---

[1] Anhang 9.1.4 neu gef. mWv 1.7.2018 (DÄBl. 2018 S. A-1297).

d) Anlage von Dialysezugängen (arterio-venöse Shunts, Gefäßprothesen, permanente Venen-Katheter, Peritoneal-Katheter u. a.) in enger Kooperation mit erfahrenen Operateuren und ausreichender Präsenz für Notfälle.

e) Betreuung von Patienten vor und nach einer Nierentransplantation in enger Kooperation mit einem Transplantationszentrum, Möglichkeiten der Behandlung von Komplikationen und Nachsorge.

(Fortsetzung nächstes Blatt)

566. Versorgung im Rahmen des Programms zur Früherkennung von Brustkrebs durch Mammographie-Screening

Vom 12. Dezember 2003 (DÄBl. 2004 Heft 4, Beilage zu Ausgabe A-S. 16)

Zuletzt geändert mWv 25.11.2005 (DÄBl. 2005 Heft 47 S. A-3286), mWv 21.10.2005 (DÄBl. 2006 Heft 36 S. A-2335), mWv 15.6.2007 (DÄBl. 2007 Heft 24 S. A-1774), mWv 6.4.2004/1.5.2006/1.1.2008/29.2.2008 (DÄBl. 2008 Heft 9 S. A-475), mWv 1.6.2008/1.10.2008 (DÄBl. 2008 Heft 37 S. A-1922), mWv 1.1.2009 (DÄBl. 2009 Heft 4 S. A-153), mWv 1.10.2009 (DÄBl. 2009 Heft 45 S. A-2268), mWv 1.9.2010 (DÄBl. 2010 Heft 36 S. A-1715), mWv 1.1.2011 (DÄBl. Heft 7 S. A-350), mWv 1.4.2011 (DÄBl. 2011 Heft 14 S. A-804), mWv 1.1.2012 (DÄBl. Heft 21 S. A-1109), mWv 1.7.2014 (DÄBl. 2014 Heft 26 S. A-1223), mWv 4.8.2015 (DÄBl. 2015 Heft 31–32 S. A-1348), mWv 5.2.2016 (DÄBl. 2016 Heft 5 S. A-200), mWv 3.12.2016 (DÄBl. 2016 Heft 48 S. A-2228), mWv 4.3.2017/5.2.2016 (DÄBl. 2017 Heft 9 S. A-437), mWv 1.10.2018 (DÄBl. 2018 Heft 49 S. A-2319) und mWv 1.6.2020 (DÄBl. 2020 Heft 27–28 S. A-1408)

Inhaltsübersicht

Abschnitt F. Fortbildungskurse

Abschnitt G. Voraussetzungen an die Praxisausstattung und Praxisorganisation

Abschnitt H. Voraussetzungen an die technische Qualitätssicherung

Abschnitt I. Evaluation der Qualitätssicherungsmaßnahmen

Abschnitt J. Zertifizierung durch die Kooperationsgemeinschaft

Abschnitt K. Verfahren

Abschnitt L. In-Kraft-Treten und Übergangsregelungen

Anhänge

und soll sieben Werktage nicht überschreiten. [5]Hat mindestens ein Arzt die Screening-Mammographieaufnahmen gemäß der festgelegten Dokumentation als „auffällig und Abklärungsbedarf" befundet, werden diese Aufnahmen durch den Programmverantwortlichen Arzt in die Konsensuskonferenz nach § 11 eingebracht und zusätzlich beurteilt. [6]Zusätzlich können Fälle in die Konsensuskonferenz eingebracht werden, die von der radiologischen Fachkraft während der Erstellung der Aufnahmen gemäß der festgelegten Dokumentation als „klinisch auffällig" markiert wurden oder deren Screening-Mammographieaufnahmen von mindestens einem Arzt mit „Einschränkung in der diagnostischen Bildqualität festgestellt und Bildwiederholung empfohlen" befundet und dokumentiert wurden.

(5) [1]Soweit Screening-Mammographieaufnahmen im Rahmen der Supervision (§ 25 Abs. 3 Buchst. a und Abs. 4 Buchst. a) befundet werden, gilt Folgendes:

[2]Haben die Befundungen ergeben, dass die drei Ärzte die Screening-Mammographieaufnahmen gemäß der festgelegten Dokumentation als „unauffällig, kein Abklärungsbedarf" befundet haben, teilt der Programmverantwortliche Arzt der Frau das Ergebnis schriftlich mit. [3]Der Zeitraum zwischen der Erstellung der Screening-Mammographie und der Mitteilung des Ergebnisses ist zu dokumentieren und soll sieben Werktage nicht überschreiten. [4]Hat mindestens ein Arzt die Screening-Mammographieaufnahmen gemäß der festgelegten Dokumentation als „auffällig und Abklärungsbedarf" befundet, werden diese Aufnahmen in die Konsensuskonferenz nach § 11 eingebracht. [5]Der Programmverantwortliche Arzt hat sicherzustellen, dass an der Befundung höchstens ein Arzt unter Supervision teilnimmt.

(6) Die Ergebnisse der Befundungen sind gemäß Abschnitt B Anlage VI Nr. 1.2 Krebsfrüherkennungs-Richtlinien[1)] zu dokumentieren.

(7) Die apparative Ausstattung der Röntgendiagnostikeinrichtungen nach § 33 hat derart kompatibel zu sein, dass die unter verantwortlicher Leitung des Programmverantwortlichen Arztes erstellten Screening-Mammografieaufnahmen von allen Ärzten nach Absatz 2 Buchst. b) adäquat und einheitlich befundet werden können.

§ 11[2)] Durchführung der Konsensuskonferenz. (1) [1]Der Programmverantwortliche Arzt ist verpflichtet, in der Regel mindestens einmal in der Woche eine Konsensuskonferenz durchzuführen. [2]Er lädt die Teilnehmer nach Abs. 2 Satz 3 ein und leitet die Konferenz verantwortlich. [3]Der Programmverantwortliche Arzt kann die Konsensuskonferenz als Online-Konsensuskonferenz durchführen. [4]In diesem Fall ist für alle befundenden Ärzte mindestens halbjährlich eine Konsensuskonferenz mit persönlicher Teilnahme durchzuführen. [5]Das Nähere zur Durchführung der Online-Konsensuskonferenz regelt Anhang 14.

(2) [1]In die Konsensuskonferenz werden die Fälle gemäß § 10 Abs. 4 und 5 eingebracht und an Röntgendiagnostik-Einrichtungen gemäß § 33 kollegial beraten. [2]Dabei sind in der Regel geeignete Voraufnahmen aus dem Früherkennungsprogramm einzubeziehen. [3]Teilnehmer der Konsensuskonferenz sind

---

[1)] Nr. **470**.

[2)] § 11 Abs. 1 Sätze 3–5 angef., Abs. 2 Satz 1 neu gef. mWv 1.6.2020 (DÄBl. 2020 S. A-1408).

insbesondere der Programmverantwortliche Arzt und die beiden Ärzte, die an der Doppelbefundung teilgenommen haben.

(3) Ziel der Konsensuskonferenz ist es, eine abschließende und möglichst einheitliche Beurteilung der Screening-Mammographieaufnahmen vorzunehmen.

(4) Bestehen trotz eingehender kollegialer Beratung unterschiedliche Auffassungen, legt der Programmverantwortliche Arzt die abschließende Beurteilung fest.

(5) [1]Ergibt die Konsensuskonferenz, dass die Screening-Mammographie unauffällig ist, teilt der Programmverantwortliche Arzt das Ergebnis der Frau schriftlich mit. [2]Ergibt die Konsensuskonferenz, dass die Screening-Mammographie auffällig ist und Abklärungsbedarf besteht, teilt der Programmverantwortliche Arzt das Ergebnis der Frau mit und lädt sie kurzfristig zur Sprechstunde zur Abklärungsdiagnostik ein. [3]Der Zeitraum zwischen der Erstellung der Screening-Mammographie und der Mitteilung der abschließenden Beurteilung der Screening-Mammographie ist zu dokumentieren und soll sieben Werktage nicht überschreiten. [4]Der Zeitraum zwischen der Mitteilung des Abklärungsbedarfs und des angebotenen Termins zur diagnostischen Abklärung ist zu dokumentieren und soll eine Woche nicht überschreiten.

(6) Durchführung und Ergebnisse der Konsensuskonferenz sind vom Programmverantwortlichen Arzt zu dokumentieren (Anhang 1 Nr. 1).

§ 12[1)] Durchführung der Abklärungsdiagnostik. (1) Der Programmverantwortliche Arzt ist verpflichtet, in der Regel mindestens einmal in der Woche eine Sprechstunde zur Abklärungsdiagnostik durchzuführen.

(2) Ziel der Sprechstunde ist es, die in der Konsensuskonferenz festgestellten auffälligen Befunde durch weitergehende Untersuchungen abzuklären.

(3) Die Sprechstunde zur Abklärungsdiagnostik umfasst folgende Maßnahmen:

a) Information und Aufklärung der Frau
b) Erhebung der weitergehenden Anamnese
c) Indikationsstellung und, soweit erforderlich, Durchführung der klinischen Untersuchung
d) bildgebende Untersuchungen:
   - ergänzende Beurteilung der Screening-Mammographieaufnahmen sowie Indikationsstellung und, soweit erforderlich, Durchführung weitergehender mammographischer Untersuchungen
   - Indikationsstellung und, soweit erforderlich, Durchführung der Ultraschalldiagnostik
   - Indikationsstellung und, soweit erforderlich, Durchführung von kernspintomographischen Untersuchungen.[2)] Kernspintomographische Untersuchungen können vom Programmverantwortlichen Arzt veranlasst werden.

[1)] § 12 Abs. 5 angef. mWv 1.9.2010 (DÄBl. 2010 S. A-1715).
[2)] **Amtl. Anm.:** Entsprechend den Indikationen des bestehenden EBM.

e) Indikationsstellung und, soweit erforderlich, Durchführung einer Stanzbiopsie unter Ultraschall- oder Röntgenkontrolle. Stanzbiopsien unter Röntgenkontrolle können veranlasst werden.

f) Veranlassung der histopathologischen Untersuchung der durch die Biopsie gewonnenen Präparate.

(4) [1] Die Durchführung und Ergebnisse der Maßnahmen zur Abklärungsdiagnostik sind vom Programmverantwortlichen Arzt gemäß Abschnitt B Nr. 4 Buchst. l Krebsfrüherkennungs-Richtlinien[1)] zu dokumentieren. [2] Sollte ausnahmsweise eine Mammographie zur Kontrolle innerhalb eines bestimmten Zeitraums für notwendig erachtet werden, sind die Gründe hierfür zu dokumentieren.

(5) [1] Liegt eine entsprechende Angabe der Frau zu den behandelnden Haus- oder Frauenärzten nach Anlage V Nr. 2 Krebsfrüherkennungs-Richtlinien vor, übermittelt der Programmverantwortliche Arzt in den Fällen, in denen aufgrund einer klinischen oder mammographischen Auffälligkeit eine Abklärungsdiagnostik erfolgte, die relevanten medizinischen Informationen einschließlich der Diagnose an den behandelnden Haus- oder Frauenarzt. [2] Die Übermittlung hat unverzüglich nach abgeschlossener Abklärungsdiagnostik zu erfolgen.

§ 13[2)] Durchführung der multidisziplinären Fallkonferenzen. (1) [1] Der Programmverantwortliche Arzt ist verpflichtet, in der Regel mindestens einmal in der Woche eine präoperative und eine postoperative multidisziplinäre Fallkonferenz durchzuführen. [2] Er lädt die Teilnehmer nach Abs. 2 Buchst. b bzw. Abs. 3 Buchst. b ein und leitet die Konferenzen verantwortlich. [3] Der Programmverantwortliche Arzt kann die Durchführung der multidiziplinären Fallkonferenzen in Form von Online-Bildkonferenzen anbieten. [4] Das Nähere zur Durchführung regelt Anhang 13.

(2) Für die Durchführung der präoperativen multidisziplinären Fallkonferenz gilt Folgendes:

a) Es werden die Fälle eingebracht und kollegial beraten, bei denen der Verdacht auf eine maligne Erkrankung der Brust aufgrund der bildgebenden Untersuchungen (§ 12 Abs. 3 Buchst. d) nicht ausgeräumt werden konnte.

b) [1] Teilnehmer der präoperativen multidisziplinären Fallkonferenz sind insbesondere der Programmverantwortliche Arzt und der Pathologe, der die histopathologische Beurteilung der Präparate vorgenommen hat. [2] Hinzugezogen werden sollen der Operateur, der die Frau ggf. operieren wird, einschließlich der radiologisch und pathologisch tätigen Ärzte, die mit dem Operateur kooperieren, sowie eine radiologische Fachkraft. [3] Liegt eine entsprechende Angabe der Frau zu den behandelnden Haus- oder Frauenärzten nach Anlage V Nr. 2 Krebsfrüherkennungs-Richtlinien[1)] vor, sollen diese vom Programmverantwortlichen Arzt zur Fallkonferenz eingeladen werden. [4] Der Haus- oder Frauenarzt kann auch durch telefonische Zuschaltung teilnehmen. [5] Der Programmverantwortliche Arzt hat ein geeignetes Konferenztelefon oder eine vergleichbare Lösung sowie die technischen Voraussetzungen für die Telekommunikation vorzuhalten.

[1)] Nr. **470**.

[2)] § 13 Abs. 2 Buchst. b Sätze 3–5 und Abs. 3 Buchst. b Sätze 3–5 angef. mWv 1.9.2010 (DÄBl. 2010 S. A-1715), Abs. 1 Sätze 3 und 4 angef. mWv 1.1.2012 (DÄBl. 2012 S. A-1109).

c) Ziele der präoperativen multidisziplinären Fallkonferenz sind,
- zu prüfen, ob die Ergebnisse der bildgebenden Untersuchungen mit denen der histopathologischen Untersuchungen der Präparate der Biopsien übereinstimmen,
- festzustellen, ob die Diagnose einer Krebserkrankung der Brust besteht,
- festzulegen, ob weitere Untersuchungen zur Abklärungsdiagnostik notwendig sind sowie
- Empfehlungen zur operativen Vorgehensweise aufgrund von Art und Umfang der Läsion abzugeben, soweit die Diagnose einer Krebserkrankung der Brust besteht.

Bestehen trotz eingehender kollegialer Beratung unterschiedliche Auffassungen zur Diagnose oder zu ggf. weiteren Untersuchungen zur Abklärungsdiagnostik, entscheidet der Programmverantwortliche Arzt.

d) Der Programmverantwortliche Arzt teilt der Frau das Ergebnis der präoperativen multidisziplinären Fallkonferenz in der mit der Frau vereinbarten Form mit. Der Zeitraum zwischen dem Beginn der diagnostischen Abklärung und der Mitteilung des Ergebnisses ist zu dokumentieren und soll eine Woche nicht überschreiten. Soweit die Diagnose für eine Krebserkrankung der Brust besteht, veranlasst der Programmverantwortliche Arzt die weitere Behandlung und informiert mit Zustimmung der Frau den behandelnden Arzt.

e) Die präoperative multidisziplinäre Fallkonferenz ist vom Programmverantwortlichen Arzt zu dokumentieren (Anhang 1 Nr. 2.1).

(3) Für die Durchführung der postoperativen multidisziplinären Fallkonferenz gilt Folgendes:

a) Es werden die Fälle eingebracht und kollegial beraten, bei denen vom Programmverantwortlichen Arzt aufgrund der Ergebnisse der präoperativen multidisziplinären Fallkonferenz eine Operation veranlasst worden ist.

b) [1] Teilnehmer der postoperativen multidisziplinären Fallkonferenz sind der Programmverantwortliche Arzt und der Pathologe, der die histopathologische Beurteilung der Präparate vorgenommen hat. [2] Hinzugezogen werden sollen der Operateur, der die Frau operiert hat, einschließlich der radiologisch und pathologisch tätigen Ärzte, die mit dem Operateur kooperiert haben. [3] Liegt eine entsprechende Angabe der Frau zu den behandelnden Haus- oder Frauenärzten nach Anlage V Nr. 2 Krebsfrüherkennungs-Richtlinien[1)] vor, sollen diese vom Programmverantwortlichen Arzt zur Fallkonferenz eingeladen werden. [4] Der Haus- oder Frauenarzt kann auch durch telefonische Zuschaltung teilnehmen. [5] Der Programmverantwort-liche Arzt hat ein geeignetes Konferenztelefon oder eine vergleichbare Lösung sowie die technischen Voraussetzungen für die Telekommunikation vorzuhalten.

c) Ziel der postoperativen multidisziplinären Fallkonferenz ist, als interne Qualitätssicherungsmaßnahme zu prüfen, ob die Ergebnisse und Empfehlungen der präoperativen multidisziplinären Fallkonferenz mit den Ergebnissen der Operation übereinstimmen.

d) Die postoperative multidisziplinäre Fallkonferenz ist vom Programmverantwortlichen Arzt zu dokumentieren (Anhang 1 Nr. 2.2).

---

1) Nr. **470**.

§ 14[1] **Ärztliche Aufklärung und Verzicht.** [1]Die Frauen haben einen Anspruch auf persönliche Aufklärung vor der Untersuchung durch eine Ärztin oder einen Arzt des Programms. [2]Mit der Einladung ist die Frau über die Möglichkeit der Inanspruchnahme eines mündlichen Aufklärungsgesprächs zu informieren, wie auch über die Möglichkeit, auf dieses Gespräch zu verzichten. [3]Die Vereinbarung eines Termins für ein Aufklärungsgespräch erfolgt über die Zentrale Stelle. [4]Verzichtet die Frau auf das Aufklärungsgespräch ist die dem Einladungsschreiben beigefügte Verzichtserklärung unterschrieben zur Untersuchung mitzubringen. [5]Der Programmverantwortliche Arzt hat sicherzustellen, dass auf Verlangen der Frau ergänzende Informationen zum Früherkennungsprogramm (z. B. Strahlenschutz, Datenschutz) gegeben werden.

§ 15[2] **Organisation und Durchführung von Qualitätssicherungsmaßnahmen.** (1) Der Programmverantwortliche Arzt ist für die Organisation und Durchführung der Qualitätssicherungsmaßnahmen gemäß Abschnitte B, E und H verantwortlich.

(2) Unbeschadet von Abs. 1 ist der Programmverantwortliche Arzt verpflichtet, an folgenden methodenübergreifenden Verfahren zur Selbstüberprüfung teilzunehmen (interne Qualitätssicherung):

a) Der Programmverantwortliche Arzt teilt dem Referenzzentrum in Abständen von drei Monaten mit:

1. Anteil der Frauen, bei denen die Indikation für die Abklärungsdiagnostik festgestellt wurde und die zur Abklärungsdiagnostik eingeladen wurden,
2. Anteil der Frauen, die zur Abklärungsdiagnostik eingeladen wurden und teilgenommen haben,
3. Anteil positiver Befunde der bildgebenden und der histopathologischen Untersuchungen,
4. Anteil der Karzinome, bei denen vor Veranlassung des Eingriffs eine Stanzbiopsie durchgeführt worden ist,
5. Verhältnis der Stanzbiopsien mit benignem und malignem Befund,
6. Zeit zwischen Feststellung der Indikation für die Abklärungsdiagnostik und der Diagnose,
7. Anteil der Frauen, bei denen ausnahmweise eine Mammographie zur Kontrolle innerhalb eines bestimmten Zeitraums für notwendig erachtet wurde,
8. Anteil der Frauen mit einer Wartezeit von höchstens 7 Werktagen zwischen der Erstellung der Screening-Mammographieaufnahmen und der Übermittlung des Ergebnisses der Screening-Mammographie,
9. Anteil der Frauen mit einer Wartezeit von höchstens einer Woche zwischen der Mitteilung des Verdachts auf eine maligne Erkrankung und dem angebotenen Termin zur diagnostischen Abklärung,
10. Anteil der Frauen mit einer Wartezeit von höchstens einer Woche zwischen dem Beginn der diagnostischen Abklärung und der Mitteilung des Ergebnisses der Abklärungsdiagnostik,

---

[1] § 14 neu gef. mWv 3.12.2016 (DÄBl. 2016 S. A-2228).

[2] § 15 Abs. 2 Buchst. a Nrn. 8–10 angef. mWv 1.9.2010 (DÄBl. 2010 S. A-1715), Abs. 2 Buchst. b Satz 2 eingef. mWv 5.2.2016 (DÄBl. 2016 S. A-200), Abs. 2 Nr. 11 angef. mWv 1.6.2020 (DÄBl. 2020 S. A-1408).

11. Anteil der Frauen mit einer Wartezeit von höchstens zwei Wochen zwischen dem Beginn der diagnostischen Abklärung und der Mitteilung des Ergebnisses der Abklärungsdiagnostik.

b) Der Programmverantwortliche Arzt ist verpflichtet, die Ergebnisse mindestens einmal im Jahr im Rahmen eines kollegialen Fachgesprächs mit dem Referenzzentrum eingehend zu beraten. Zu dem Fachgespräch kann die Kassenärztliche Vereinigung dem Referenzzentrum auch die Fallzahlen des Programmverantwortlichen Arztes und der in der Screening-Einheit tätigen Befunder zur Verfügung stellen. Die Ergebnisse sind vom Referenzzentrum zu dokumentieren und der Kassenärztlichen Vereinigung in jährlichen Abständen vorzulegen.

Abschnitt C. Veranlasste Leistungen

§ 16 Genehmigung für veranlasste Leistungen. (1) [1]Die Ausführung und Abrechnung von Leistungen nach §§ 18, 19 und 20 bedarf der Genehmigung durch die Kassenärztliche Vereinigung. [2]Die Leistungen dürfen nur auf Veranlassung durch den Programmverantwortlichen Arzt erbracht werden.

(2) Die Zahl der Ärzte, die eine Genehmigung erhalten, wird zur Sicherung der Qualität und Wirtschaftlichkeit nach den in Abschnitt B Nr. 4 Krebsfrüherkennungs-Richtlinien[1)] genannten Kriterien begrenzt.

§ 17 Voraussetzungen für die Genehmigung und Leistungserbringung. (1) Die Genehmigung ist mit der Auflage zu erteilen, dass der Arzt sich verpflichtet, die Anforderungen an die Leistungserbringung gemäß den Krebsfrüherkennungs-Richtlinien und den nachfolgenden Bestimmungen (z. B. Kooperation, Dokumentation, Datenübermittlung) zu erfüllen sowie an den in den folgenden Vorschriften festgelegten Qualitätssicherungsmaßnahmen zur Leistungserbringung erfolgreich teilnimmt.

(2) [1]Die Erfüllung der Voraussetzungen ist gegenüber der Kassenärztlichen Vereinigung nachzuweisen. [2]Das Genehmigungsverfahren richtet sich nach Abschnitt K.

(3) Für die erstmalige Genehmigung und den Erhalt der Genehmigung zur Ausführung und Abrechnung der jeweiligen veranlassten Leistungen des Einheitlichen Bewertungsmaßstabes (EBM)[2)] im Rahmen des Früherkennungsprogramms müssen folgende Voraussetzungen vorliegen beziehungsweise erfüllt und nachgewiesen werden:

a) Befundung von Screening-Mammographieaufnahmen (Nr. 233 EBM):
   1. Fachliche Befähigung gemäß § 25
   2. Voraussetzungen gemäß § 18

b) Durchführung von Stanzbiopsien unter Röntgenkontrolle (Nr. 236 EBM):
   1. Fachliche Befähigung gemäß § 27 Abs. 3 und 4
   2. Voraussetzungen gemäß § 19

c) Durchführung von histopathologischen Untersuchungen (Nrn. 237, 238 EBM):

---

1) Nr. **470**.
2) Nr. **765**.

1. Fachliche Befähigung gemäß § 28
2. Voraussetzungen gemäß § 20.

(4) Für die Ermächtigung von angestellten Krankenhausärzten zur Ausführung und Abrechnung von Leistungen (Nr. 239 des Einheitlichen Bewertungsmaßstabes [EBM]) zur Teilnahme an den multidisziplinären Fallkonferenzen (§ 29) sind die in § 21 festgelegten Voraussetzungen zu erfüllen und nachzuweisen.

§ 18 Befundung von Screening-Mammographieaufnahmen. (1) Der Arzt, der auf Veranlassung des Programmverantwortlichen Arztes die Screening-Mammographieaufnahmen befundet, übermittelt die Ergebnisse seiner Befundung an den Programmverantwortlichen Arzt.

(2) Die Ergebnisse der Befundung der Screening-Mammographieaufnahmen sind gemäß Abschnitt B Nr. 4 Anlage VI Nr. 1.2 Krebsfrüherkennungs-Richtlinien[1] zu dokumentieren.

(3) [1] Der Arzt ist verpflichtet, regelmäßig an den vorgeschriebenen Konsensuskonferenzen teilzunehmen. [2] Über die Teilnahme stellt der Programmverantwortliche Arzt eine Bescheinigung in jährlichen Abständen aus (§ 25 Abs. 4 Buchst. c).

§ 19 Durchführung von Stanzbiopsien unter Röntgenkontrolle. (1) Der Arzt, der auf Veranlassung des Programmverantwortlichen Arztes die Biopsie organisiert und durchführt, übermittelt die Angaben zur Biopsie und die durch die Biopsie gewonnenen Präparate an den Pathologen nach § 20.

(2) Durchführung und Angaben zur Biopsie sind gemäß Abschnitt B Anlage VI Nr. 2.5 Krebsfrüherkennungs-Richtlinien[1] zu dokumentieren.

§ 20[2] Durchführung von histopathologischen Untersuchungen. (1) Der Pathologe, der auf Veranlassung des Programmverantwortlichen Arztes die histopathologische Beurteilung organisiert und durchführt, übermittelt die Ergebnisse an den Programmverantwortlichen Arzt.

(2) [1] Nach Aufnahme der Tätigkeit im Rahmen des Früherkennungsprogramms übersendet der Pathologe nach Absatz 1 die Präparate der ersten 50 von ihm beurteilten Fälle zusammen mit seiner Beurteilung an einem im Mammographie-Screening erfahrenen Pathologen, der hierfür vom Leiter des Referenzzentrums benannt wird. [2] Dieser Pathologe beurteilt die Präparate und teilt sein Ergebnis dem Pathologen nach Abs. 1 mit. [3] Dieser übermittelt die beiden Beurteilungen an den Programmverantwortlichen Arzt. [4] Bei unterschiedlichen Beurteilungen entscheidet der Programmverantwortliche Arzt über das weitere Vorgehen.

(3) Die Ergebnisse der histopathologischen Beurteilung(en) sind gemäß Abschnitt B Anlage VI Nr. 2.6 Krebsfrüherkennungs-Richtlinien[1] zu dokumentieren.

(4) [1] Der Pathologe nach Abs. 1 ist verpflichtet, regelmäßig an den vorgeschriebenen multidisziplinären Fallkonferenzen teilzunehmen. [2] Über die

---

[1] Nr. **470**.

[2] § 20 Abs. 2 Satz 1 neu gef. mWv 1.1.2009 (DÄBl. 2009 S. A-153), Abs. 2 Satz 1 neu gef. mWv 1.6.2020 (DÄBl. 2020 S. A-1408).

Teilnahme stellt der Programmverantwortliche Arzt eine Bescheinigung in jährlichen Abständen aus (§ 28 Abs. 2 Buchst. d).

§ 21 Ermächtigung von angestellten Krankenhausärzten – Teilnahme an den multidisziplinären Fallkonferenzen –. (1) [1]Angestellte Krankenhausärzte können auf Antrag zur Teilnahme an den multidisziplinären Fallkonferenzen nach § 29 ermächtigt werden, wenn die dort genannten Voraussetzungen erfüllt sind. [2]Die Zahl der Ärzte, die eine Ermächtigung erhalten, wird zur Sicherung der Qualität und Wirtschaftlichkeit begrenzt.

(2) Der ermächtigte Krankenhausarzt wird auf Veranlassung des Programmverantwortlichen Arztes tätig.

(3) Die ermächtigten Krankenhausärzte sind verpflichtet, der postoperativen multidisziplinären Fallkonferenz zu Zwecken der internen Qualitätssicherung die notwendigen Daten, die im Zusammenhang mit dem vorgenommenen chirurgischen Eingriff erhoben wurden, zur Verfügung zu stellen.

Abschnitt D. Voraussetzungen an wirtschaftliche und qualitätsgesicherte Versorgungsstrukturen

§ 22 Organisationseinheiten. (1) Das Früherkennungsprogramm ist in regionale Versorgungsprogramme gegliedert, wobei die räumliche Gliederung den Gebietsgrenzen der Kassenärztlichen Vereinigungen im Sinne des § 77 Abs. 1 SGB V[1)] in der Fassung des GKV-Modernisierungsgesetzes entsprechen soll.

(2) [1]Ein regionales Versorgungsprogramm ist in einzelne Screening-Einheiten untergliedert. [2]Jeder Screening-Einheit werden ein Programmverantwortlicher Arzt oder zwei Programmverantwortliche Ärzte, die gemäß § 3 Abs. 2 in einer Berufsausübungsgemeinschaft tätig sind, zugeordnet.

(3) [1]Eine Screening-Einheit besteht aus einer oder mehreren Mammographie-Einheiten sowie einer oder mehreren Einheiten zur Abklärungsdiagnostik. [2]In der Mammographie-Einheit werden die Überprüfung nach § 8 vorgenommen und die Screening-Mammographieaufnahmen erstellt (§ 9). [3]Die Mammographie-Einheit kann mobil sein.

(4) [1]Eine Mammographie-Einheit ist mit einem oder mehreren Röntgengeräten zur Erstellung von Screening-Mammographieaufnahmen ausgestattet. [2]Dabei sind die Voraussetzungen an die Praxisausstattung gemäß § 31 Abs. 1 Buchst. a und die apparativen Mindestanforderungen gemäß § 33 Nr. 1 zu beachten.

(5) [1]Eine Einheit zur Abklärungsdiagnostik ist mindestens mit einem Röntgengerät für die Abklärungsdiagnostik, einem Gerät für die Ultraschalldiagnostik und einer Vorrichtung zur Biopsie unter Ultraschallkontrolle ausgestattet. [2]Dabei sind die Voraussetzungen an die Praxisausstattung gemäß § 31 Abs. 2 Buchst. a und die apparativen Mindestanforderungen gemäß § 33 Nr. 1 und § 34 zu beachten.

[1)] **Aichberger, Sozialgesetzbuch, Nr. 5.**

§ 23 Voraussetzungen an wirtschaftliche und qualitätsgesicherte Versorgungsstrukturen. (1) Die Gliederung der Organisationseinheiten nach § 22 wird durch die Kassenärztliche Vereinigung im Einvernehmen mit den zuständigen Verbänden der Krankenkassen auf Landesebene vorgenommen.

(2) [1] Um eine wirtschaftliche und qualitätsgesicherte Versorgung zu gewährleisten, soll eine Screening-Einheit einen Einzugsbereich mit 800 000 bis eine Million Einwohnern umfassen. [2] In begründeten Fällen (z. B. in Gebieten mit geringer Einwohnerdichte) kann von dem in Satz 1 festgelegten Einzugsbereich abgewichen werden.

(Fortsetzung nächstes Blatt)

a) Es muss jeweils mindestens ein Raum zur Anmeldung und als Warteraum für die Frauen sowie ein Raum für die Durchführung der Untersuchungen im Rahmen der Abklärungsdiagnostik vorhanden sein.

b) Diese Räume müssen mindestens einmal pro Woche für die Dauer von mindestens vier aufeinander folgenden Stunden ausschließlich für die Durchführung der Abklärungsdiagnostik zur Verfügung stehen.

§ 32[1)] **Praxisorganisation.** (1) Für die Erstellung der Screening-Mammographieaufnahmen und die Abklärungsdiagnostik muss Personal vorhanden sein, das während der in § 31 festgelegten Zeiten für diese Aufgaben zur Verfügung steht.

(2) [1]Die Erfassung der geforderten Angaben zu den Dokumentationen sowie die Abrechnung der Leistungen mit der Kassenärztlichen Vereinigung müssen EDV-gestützt erfolgen. [2]Die für die Abrechnung verwandte Software muss die Vollständigkeit und Plausibilität der Dokumentation nachweisen und von der Kassenärztlichen Bundesvereinigung zertifiziert sein. [3]Die für die ärztliche Dokumentation und die Dokumentation durch die Zentralen Stellen verwandte Software muss von der Kassenärztlichen Bundesvereinigung zertifiziert und in regelmäßigen Abständen von 24 Monaten rezertifiziert sein, erstmals 2009. [4]Die Zertifizierung bzw. Rezertifizierung erfolgt jeweils zum 1. Oktober. [5]Danach darf über einen Zeitraum von 3 Monaten neben der neu zertifizierten Software die vorherige Version weiter verwendet werden. [6]Die Kassenärztliche Bundesvereinigung verpflichtet sich, die Software innerhalb von 8 Wochen nach Vorlage zu zertifizieren bzw. zu rezertifizieren, sofern im Verlauf des Zertifizierungsprozesses bzw. Rezertifizierungsprozesses keine Mängel festgestellt werden.

(3) [1]Das Nähere zu den erforderlichen Angaben zur Dokumentation und deren Umsetzung bestimmt der Beirat der Kooperationsgemeinschaft in Protokollen, die veröffentlicht werden. [2]Die Zertifizierung und Rezertifizierung nach Absatz 2 Satz 3 umfasst sämtliche in den Protokollen spezifizierte Produkteigenschaften, insbesondere die als obligat für die ärztliche Dokumentation und die Dokumentation durch die Zentralen Stellen gekennzeichneten Parameter. [3]Die verbindliche Grundlage für die Rezertifizierung sind die veröffentlichten Protokolle in ihrer Version vom 1. Februar des Kalenderjahres, in dem die Zertifizierung bzw. Rezertifizierung erfolgen soll.

(4) [1]Im Falle einer Vertretung nach § 32 Abs. 1 Zulassungsverordnung für Vertragsärzte muss der Vertreter für die erstmalige Vertretung im Rahmen des Früherkennungsprogramms die Voraussetzungen nach § 5 Abs. 1 und Abs. 5 Buchst. b–e und h erfüllen und an dem multidisziplinären Kurs zur Einführung in das Früherkennungsprogramm gemäß Anhang 2 Nr. 1 teilnehmen. [2]Für weitere Vertretungen müssen die Voraussetzungen zur Aufrechterhaltung und Weiterentwicklung der fachlichen Befähigung gemäß § 24 erfüllt werden.

[1)] § 32 Abs. 3 eingef., bish. Abs. 3 wird Abs. 4 mWv 29.2.2008 (DÄBl. 2008 S. A-475), Abs. 2 Satz 3 angef., Abs. 3 Satz 2 neu gef. mWv 1.10.2008 (DÄBl. 2008 S. A-1922), Abs. 2 Satz 3 Halbs. und Abs. 3 Satz 3 angef. mWv 1.9.2010 (DÄBl. 2010 S. A-1715), Abs. 2 Satz 4 angef. mWv 1.4.2011 (DÄBl. 2011 S. A-804), Abs. 2 Satz 1 neu gef., Satz 5 angef. mWv 1.1.2012 (DÄBl. 2012 S. A-1109), Abs. 2 Satz 3 geänd., Satz 4 eingef., Abs. 3 Satz 3 geänd. mWv 1.6.2020 (DÄBl. 2020 S. A-1408).

Abschnitt H. Voraussetzungen an die technische Qualitätssicherung

§ 33 Röntgendiagnostik. [1]Die Anforderungen an die technische Qualitätssicherung in der Mammographie sind in der Röntgenverordnung (RöV) und den hierzu erlassenen Richtlinien geregelt. [2]Die darin festgelegten Anforderungen an den Betrieb von Mammographiegeräten werden im Rahmen des Früherkennungsprogramms um die folgenden Anforderungen ergänzt:

1. den Nachweis über die Erfüllung von Anforderungen an die apparative Ausstattung der Röntgendiagnostikeinrichtungen sowie an die Betrachtungsbedingungen gemäß Anhang 6,
2. den Nachweis über die sachgerechte Durchführung von Verfahren zur technischen Qualitätssicherung zur Sicherstellung der Konstanz der Qualität der Screening-Mammographieaufnahmen und Mammographieaufnahmen im Rahmen der Abklärungsdiagnostik gemäß Anhang 7.

[3]Die Nachweise sind Voraussetzung für die Ausführung und Abrechnung von Leistungen zur Erstellung von Screening-Mammographieaufnahmen und Mammographieaufnahmen im Rahmen der Abklärungsdiagnostik.

§ 34 Ultraschalldiagnostik. [1]Im Rahmen des Früherkennungsprogramms dürfen nur Ultraschalldiagnostikgeräte verwendet werden, welche die hierzu festgelegten Anforderungen an die apparative Ausstattung gemäß Anhang 8 erfüllen. [2]Der Nachweis über die Erfüllung dieser Anforderungen ist Voraussetzung für die Ausführung und Abrechnung von Leistungen der Ultraschalldiagnostik im Rahmen des Früherkennungsprogramms.

§ 35 Überprüfung. [1]Der Programmverantwortliche Arzt hat jede Veränderung der zugelassenen Röntgendiagnostikeinrichtungen und Ultraschalldiagnostikeinrichtungen sowie der behördlichen Genehmigungen nach Röntgenverordnung (RöV) unverzüglich der Kassenärztlichen Vereinigung mitzuteilen. [2]Die Kassenärztlichen Vereinigung kann die in Betrieb befindlichen Röntgendiagnostikeinrichtungen und Ultraschalldiagnostikeinrichtungen daraufhin überprüfen oder überprüfen lassen, ob sie den Bestimmungen dieses Vertrages entsprechen. [3]Die Genehmigung für die Ausführung und Abrechnung von Leistungen zur Erstellung von Screening-Mammographieaufnahmen und Mammographieaufnahmen im Rahmen der Abklärungsdiagnostik und von Leistungen der Ultraschalldiagnostik wird nur erteilt, wenn der Arzt in seinem Antrag sein Einverständnis zur Durchführung einer solchen Überprüfung erklärt.

Abschnitt I. Evaluation der Qualitätssicherungsmaßnahmen

§ 36[1)] Qualitätssicherungsmaßnahmen. (1) [1]Die Kooperationsgemeinschaft wertet die Ergebnisse der Qualitätssicherungsmaßnahmen nach Maßgabe von Abs. 3 in jährlichen Abständen aus und legt sie den Partnern der Bundesmantelverträge bis zum 30. Juni des dem Berichtszeitraum folgenden

---

[1)] § 36 Abs. 3 Satz 1 Buchst. f angef. mWv 1.10.2009 (DÄBl. 2009 S. A-2268), Abs. 3 Satz 1 Buchst. e Nrn. 8–10 angef. mWv 1.9.2010 (DÄBl. 2010 S. A-1715), Abs. 3 Buchst. e Nr. 11 angef. mWv 1.6.2020 (DÄBl. 2020 S. A-1408).

Kalenderjahres vor. [2]Die Partner der Bundesmantelverträge prüfen die Ergebnisse und entscheiden unter Berücksichtigung insbesondere der Versorgungssituation, des Aufwandes und des Nutzens der jeweiligen Qualitätssicherungsmaßnahmen über ggf. Änderungen der Maßnahmen.

(2) Die Ergebnisse der Qualitätssicherungsmaßnahmen, der Prüfung der Ergebnisse und der daraus gezogenen Folgerungen durch die Partner der Bundesmantelverträge werden durch diese in Form eines Qualitätsberichts veröffentlicht.[1)]

(3) [1]In die jährlichen Auswertungen nach Abs. 1, die bezogen auf die Teilnehmerin anonymisiert, aber arztbezogen zu erfolgen haben, sind einzubeziehen:

a) Erstellung von Screening-Mammographieaufnahmen (§ 24)
   1. Ergebnisse der Überprüfung der diagnostischen Bildqualität von erstellten Screening-Mammographieaufnahmen nach § 24 Abs. 3 Buchst. a: Anzahl der beurteilten Screening-Mammographieaufnahmen der Stufe I, Stufe II und Stufe III, Anzahl der geprüften Ärzte, Anzahl der Ärzte, die die Überprüfung wiederholt haben, und Anzahl der Ärzte, bei denen die Genehmigung widerrufen wurde,
   2. Anzahl und Anteil der wiederholten Screening-Mammographieaufnahmen aufgrund von Mängeln in der diagnostischen Bildqualität,

b) Befundung von Screening-Mammographieaufnahmen (§§ 24 und 25)
   1. Anzahl der durchgeführten Befundungen von Screening-Mammographieaufnahmen,
   2. Anzahl der befundenen Ärzte unter Supervision,
   3. Ergebnisse der Beurteilung der Fallsammlungen nach § 24 Abs. 1 Buchst. d, Abs. 3 Buchst. e und § 25 Abs. 3 Buchst. b, Abs. 4 Buchst. d Nr. 2: erreichte Sensitivitäten und Spezifitäten, Anzahl der Ärzte, die an der Beurteilung teilgenommen haben, die die Beurteilung wiederholt haben und bei denen aufgrund der Beurteilung die Genehmigung widerrufen wurde,
   4. Anzahl der Ärzte, bei denen die Genehmigung aufgrund der Nichterfüllung von Anforderungen widerrufen wurde,

c) Biopsien (§ 27)
   Anteil der Biopsien, die wiederholt wurden (§ 27 Abs. 2 Buchst. b, Abs. 4 Buchst. b),

d) Angestellte Krankenhausärzte (§ 29)
   1. Anzahl der jeweils durchgeführten Untersuchungen und Behandlungen,
   2. Anzahl der Ärzte, die die Voraussetzungen nach § 29 nicht erfüllt haben,
   3. Anzahl der Ärzte, denen die Ermächtigung entzogen wurde,

e) methodenübergreifende Qualitätssicherungsmaßnahmen (§ 15)
   1. Anteil der Frauen, bei denen die Indikation für die Abklärungsdiagnostik festgestellt wurde und die zur Abklärungsdiagnostik eingeladen wurden,

---

[1)] **Amtl. Anm.:** Protokollnotiz: Die Partner der Bundesmantelverträge streben die Veröffentlichung eines gemeinsamen Berichts mit dem Bundesausschuss der Ärzte und Krankenkassen gemäß Abschnitt B Nr. 4 Buchstabe k Krebsfrüherkennungs-Richtlinien an.

2. Anteil der Frauen, die zur Abklärungsdiagnostik eingeladen wurden und teilgenommen haben,
3. Anteil positiver Befunde der bildgebenden und der histopathologischen Untersuchungen,
4. Anteil der Karzinome, bei denen vor Veranlassung des Eingriffs eine Stanzbiopsie durchgeführt worden ist,
5. Verhältnis der Stanzbiopsien mit benignem und malignem Befund,
6. Zeit zwischen Feststellung der Indikation für die Abklärungsdiagnostik und Feststellung der Diagnose,
7. Anteil der Frauen, bei denen ausnahmsweise eine Mammographie zur Kontrolle innerhalb eines bestimmten Zeitraums für notwendig erachtet wurde,
8. Anteil der Frauen mit einer Wartezeit von höchstens 7 Werktagen zwischen der Erstellung der Screening-Mammographieaufnahmen und der Übermittlung des Ergebnisses der Screening-Mammographie,
9. Anteil der Frauen mit einer Wartezeit von höchstens einer Woche zwischen der Mitteilung des Verdachts auf eine maligne Erkrankung und dem angebotenen Termin zur diagnostischen Abklärung,
10. Anteil der Frauen mit einer Wartezeit von höchstens einer Woche zwischen dem Beginn der diagnostischen Abklärung und der Mitteilung des Ergebnisses der Abklärungsdiagnostik,
11. Anteil der Frauen mit einer Wartezeit von höchstens zwei Wochen zwischen dem Beginn der diagnostischen Abklärung und der Mitteilung des Ergebnisses der Abklärungsdiagnostik.

f) Anzahl und Anteil der histopathologischen Beurteilungen, bei denen in der postoperativen Fallkonferenz eine Diskrepanz zwischen der präoperativen histopathologischen Diagnose und dem endgültigen histopathologischen Befund festgestellt wurde (§ 28 Abs. 2 Buchstabe e i. V. m. Anhang 12 Nr. 5).

[2]Über gegebenenfalls weitere Auswertungen entscheiden die Partner der Bundesmantelverträge.

Abschnitt J. Zertifizierung durch die Kooperationsgemeinschaft

§ 37[1)] Zertifizierung, Rezertifizierung. (1) [1]Die Kooperationsgemeinschaft nach § 6 Abs. 1 überprüft gemäß Abschnitt B Nr. 4 Buchst. m Krebsfrüherkennungs-Richtlinien[2)] im Auftrag der Kassenärztlichen Vereinigung die Screening-Einheiten einschließlich der beteiligten Personen und organisatorischen Strukturen hinsichtlich der Struktur-, Prozess- und Ergebnisqualität. [2]Die Überprüfung erfolgt nach Erteilung der Genehmigung nach § 4 und vor dem Beginn der Übernahme des Versorgungsauftrages gemäß Abs. 2 (Zertifizierung) sowie in regelmäßigen Abständen nach dem Beginn der Übernahme des Versorgungsauftrages gemäß Abs. 3 (Rezertifizierung).

---

1) § 37 Abs. 5a eingef. mWv 5.2.2016 (DÄBl. 2016 S. A-200), aufgeh. mWv 5.2.2016 (DÄBl. 2017 S. A-437).

2) Nr. **470**.

(2) [1]Die Zertifizierung hat sicherzustellen, dass ausreichende Vorkehrungen für die Qualitätssicherung im Rahmen der gesamten Versorgungskette vor dem Beginn der Übernahme des Versorgungsauftrages getroffen werden. [2]Die Zertifizierung erfolgt nach Überprüfung der Realisierung des Konzepts zur Organisation des Versorgungsauftrages gemäß § 5 Abs. 2 sowie nach Überprüfung der Erfüllung der Anforderungen nach Abschnitt B Nr. 4 Krebsfrüherkennungs-Richtlinien und dieses Vertrages auf der Grundlage des Votums des Beirates der Kooperationsgemeinschaft. [3]Die Überprüfung erfolgt durch die Kooperationsgemeinschaft nach Aktenlage, durch Anhörung des Programmverantwortlichen Arztes beziehungsweise der beiden Programmverantwortlichen Ärzte und ggf. durch Besichtigungen vor Ort.

(3) [1]Die Rezertifizierung hat sicherzustellen, dass die vorgeschriebenen Qualitätssicherungsmaßnahmen eingehalten werden und Qualitätsprobleme bereits im Entstehen erkannt und beseitigt werden. [2]Die erstmalige Rezertifizierung einer Screening-Einheit erfolgt sechs Monate nach dem Beginn der Übernahme des Versorgungsauftrages. [3]In regelmäßigen Abständen von 30 Monaten nach Beginn der Übernahme des Versorgungsauftrages führt die Kooperationsgemeinschaft eine weitere Rezertifizierung durch. [4]Die Rezertifizierung erfolgt nach Überprüfung der Erfüllung der Anforderungen nach Abschnitt B Nr. 4 Krebsfrüherkennungs-Richtlinien und dieses Vertrages sowie nach Auswertung der von der Screening-Einheit fristgerecht und vollständig übermittelten medizinischen Daten im Rahmen der Qualitätssicherungsmaßnahmen. [5]Grundlage der Rezertifizierung ist das Votum des Beirates der Kooperationsgemeinschaft. [6]Die Überprüfung erfolgt durch die Kooperationsgemeinschaft nach Aktenlage, durch Anhörung des Programmverantwortlichen Arztes bzw. der beiden Programmverantwortlichen Ärzte und durch Besichtigungen vor Ort.

(4) [1]Das Nähere zur Durchführung der Zertifizierung und Rezertifizierung unter Berücksichtigung der Leistungsindikatoren mit Soll- und Grenzwerten (Anhang 10) auf Grundlage unter anderem der „European guidelines for quality assurance in mammography screening", Third Edition, bestimmt die Kooperationsgemeinschaft in Protokollen, die nach Genehmigung durch den Beirat der Kooperationsgemeinschaft veröffentlicht werden. [2]Hierin werden Anforderungen an die Zertifizierung und Rezertifizierung festgelegt.

(5) Ergibt die Überprüfung nach Abs. 2 oder 3

a) keine Mängel, die eine umfassende und vollständige Erfüllung des Versorgungsauftrages gefährden, wird die Screening-Einheit durch die Kooperationsgemeinschaft zertifiziert bzw. rezertifiziert.

b) Mängel, welche die Erfüllung des Versorgungsauftrages nicht in erheblichem Ausmaß gefährden, wird die Screening-Einheit unter Auflagen, die durch die Kooperationsgemeinschaft festgelegt werden, zertifiziert bzw. rezertifiziert.

c) gravierende Mängel, welche die Erfüllung des Versorgungsauftrages in erheblichem Ausmaß gefährden, ist die Zertifizierung bzw. Rezertifizierung der Screening-Einheit durch die Kooperationsgemeinschaft zu verweigern.

(5a) *(aufgehoben)*

(6) [1]Über das Ergebnis der Überprüfung nach Abs. 2 oder 3 stellt die Kooperationsgemeinschaft ein Zeugnis aus. [2]Bei Erteilung der Zertifizierung bzw. Rezertifizierung sind etwaige Auflagen zu dokumentieren.

Abschnitt K. Verfahren

§ 38 Genehmigungsverfahren. (1) [1]Anträge auf Genehmigung zur Ausführung und Abrechnung von Leistungen des Früherkennungsprogramms sind an die Kassenärztliche Vereinigung zu richten. [2]Die Genehmigung ist mit der Auflage zu erteilen, dass die in § 5 und Abschnitt E, G, H und J genannten Voraussetzungen an die fachliche Befähigung, Organisation und apparative Ausstattung erfüllt werden, dies durch die entsprechenden Zeugnisse und Bescheinigungen nachgewiesen wird und der Arzt sich verpflichtet, die jeweiligen Anforderungen an die Leistungserbringung zu erfüllen.

(2) [1]Die Genehmigung ist zu widerrufen, wenn der Arzt die Anforderungen an die Leistungserbringung nicht erfüllt oder an den vorgeschriebenen Qualitätssicherungsmaßnahmen zur Leistungserbringung nicht erfolgreich teilgenommen hat. [2]Ein erneuter Antrag auf Genehmigung kann frühestens nach sechs Monaten gestellt werden.

(3) Bei der Übernahme des Versorgungsauftrages durch zwei Ärzte im Rahmen einer Berufsausübungsgemeinschaft sind beide Genehmigungen zu widerrufen, wenn die Anforderungen nach Abschnitt G, H oder J von einem oder beiden Ärzten nicht erfüllt werden.

§ 39[1)] Zeugnisse. Der Kassenärztlichen Vereinigung sind zum Nachweis über die Erfüllung der festgelegten Voraussetzungen insbesondere folgende Zeugnisse, Bescheinigungen und Unterlagen vorzulegen:

a) Übernahme des Versorgungsauftrages
   1. Bewerbung auf Übernahme des Versorgungsauftrages (§ 5 Abs. 1)
      1.1 Urkunde über die Berechtigung zum Führen der Gebietsbezeichnung „Diagnostische Radiologie“ oder „Frauenheilkunde und Geburtshilfe“
      1.2 Bescheinigung über die Fachkunde im Strahlenschutz nach § 18a Abs. 1 und 2 RöV
      1.3 Zeugnisse und Bescheinigungen über die Erfüllung der fachlichen Voraussetzungen zur Ausführung und Abrechnung von Leistungen der „kurativen“ Mammographie gemäß der Mammographie-Vereinbarung nach § 135 Abs. 2 SGB V
      1.4 Zeugnisse und Bescheinigungen über die Erfüllung der fachlichen Voraussetzungen zur Ausführung und Abrechnung von Leistungen der Ultraschalldiagnostik der Mamma gemäß der Ultraschall-Vereinbarung nach § 135 Abs. 2 SGB V
   2. Genehmigung für den Versorgungsauftrag (§ 5 Abs. 2)
      2.1 Konzept zur Organisation des Versorgungsauftrages nach § 5 Abs. 2
      2.2 Bescheinigung des Referenzzentrums über die Teilnahme an dem multidisziplinären Kurs zur Einführung in das Früherkennungsprogramm (§ 5 Abs. 2 Buchst. a)

---

1) § 39 Buchst. a Nr. 1.3, Buchst. b Nr. 1.2 geänd. mWv 1.10.2018 (DÄBl. 2018 S. A-2319).

3. Erhalt der Genehmigung vor Übernahme des Versorgungsauftrages (§ 5 Abs. 5)
   3.1 Zulassung gemäß § 25 RöV zur Durchführung der Röntgenuntersuchungen
   3.2 Bescheinigung über die Fachkunde im Strahlenschutz gemäß § 24 Abs. 1 Nr. 2 oder 2 RöV
   3.3 Bescheinigungen des Referenzzentrums über die Teilnahme an den Fortbildungskursen für Programmverantwortlichen Ärzte, zur Befundung von Screening-Mammographieaufnahmen, zur Durchführung von Ultraschalluntersuchungen und zur Durchführung von Biopsien (§ 5 Abs. 5 Buchst. e, § 24 Abs. 1 Buchst. c, § 26 Abs. 1 Buchst. b und § 27 Abs. 1 Buchst. a)
   3.4 Zeugnis über die Tätigkeit in dem Referenzzentrum. Das Zeugnis muss vom Leiter des Referenzzentrums unterschrieben sein und beinhalten, dass die geforderten Tätigkeiten im Einzelnen absolviert wurden (§ 5 Abs. 5 Buchst. h), und der Arzt befähigt ist, die Aufgaben des Versorgungsauftrages als Programmverantwortlichen Arzt selbstständig durchzuführen.
   3.5 Bescheinigung vom Leiter des Referenzzentrums über die Anzahl der selbstständig durchgeführten Ultraschalluntersuchungen der Mamma unter Anleitung sowie die Anzahl der darin enthaltenen Karzinomfälle (§ 26 Abs. 1 Buchst. c)
   3.6 Bescheinigung vom leiter des Referenzzentrums über die Anzahl der selbstständig durchgeführten Stanzbiopsien der Mamma unter Ultraschallkontrolle unter Anleitung (§ 27 Abs. 1 Buchst. b)
   3.7 Bescheinigung des Referenzzentrums über die Teilnahme an der Beurteilung einer Fallsammlung von Screening-Mammographieaufnahmen (§ 24 Abs. 1 Buchst. d)
   3.8 folgende Bescheinigungen über den Nachweis der fachlichen Befähigung der radiologischen Fachkraft:
      a) Erlaubnis gemäß § 24 Abs. 2 Nr. 1 RöV oder Fachkunde im Strahlenschutz gemäß § 24 Abs. 2 Nr. 2 RöV
      b) Bescheinigung des Referenzzentrums über die Teilnahme an dem multidisziplinären Kurs zur Einführung in das Früherkennungsprogramm (§ 24 Abs. 2 Buchst. b) und an dem Fortbildungskurs zur Erstellung von Screening-Mammographieaufnahmen (§ 24 Abs. 2 Buchst. c)
      c) Bescheinigung über die Tätigkeit in dem Referenzzentrum. Die Bescheinigung muss vom Leiter des Referenzzentrums unterschrieben sein und beinhalten, dass die geforderten Tätigkeiten im Einzelnen absolviert wurden (§ 24 Abs. 2 Buchst. d) und die radiologische Fachkraft fachlich befähigt ist, selbstständig Screening-Mammographieaufnahmen zu erstellen.
   3.9 Nachweis der Erfüllung der Anforderungen an die Praxisausstattung und -organisation (§ 5 Abs. 5 Buchst. f)
   3.10 Nachweis zur Erfüllung der Anforderungen an die apparative Ausstattung (§ 5 Abs. 5 Buchst. g)
   3.11 Zeugnis der Kooperationsgemeinschaft über die Zertifizierung (§ 5 Abs. 5 Buchst. j)

4. Erhalt der Genehmigung nach Übernahme des Versorgungsauftrages
   - 4.1 Bescheinigung des Referenzzentrums über die Überprüfung der diagnostischen Bildqualität von erstellten Screening-Mammographieaufnahmen (§ 24 Abs. 3 Buchst. a)
   - 4.2 Bescheinigung des Referenzzentrums über die Teilnahme an der Beurteilung einer Fallsammlung von Screening-Mammographieaufnahmen (§ 24 Abs. 3 Buchst. e)
   - 4.3 Dokumentation des kollegialen Fachgesprächs mit dem Referenzzentrum im Rahmen der Selbstüberprüfung (§ 15 Abs. 2 Buchst. b)
   - 4.4 Dokumentation des kollegialen Fachgesprächs mit dem Referenzzentrum im Rahmen der Selbstüberprüfung (§ 24 Abs. 3 Buchst. b)
   - 4.5 Dokumentation des kollegialen Fachgesprächs mit dem Referenzzentrum im Rahmen der Selbstüberprüfung (§ 27 Abs. 2 Buchst. b),
   - 4.6 Zertifikat über die Teilnahme der radiologischen Fachkraft über die Teilnahme an den Fortbildungsveranstaltungen (§ 24 Abs. 3 Buchst. c)
   - 4.7 Zeugnis der Kooperationsgemeinschaft über die Rezertifizierung (§ 5 Abs. 5 Buchst. j)

b) Befundung von Screening-Mammographieaufnahmen nach § 18

1. Befristete Genehmigung
   - 1.1 Bescheinigung über die Fachkunde im Strahlenschutz nach § 18a Abs. 1 und 2 RöV (§ 25 Abs. 1)
   - 1.2 Zeugnisse und Bescheinigungen über die Erfüllung der fachlichen Voraussetzungen zur Ausführung und Abrechnung von Leistungen der „kurativen" Mammographie gemäß der Mammographie-Vereinbarung nach § 135 Abs. 2 SGB V (§ 25 Abs. 2 Buchst. a)
   - 1.3 Bescheinigung des Referenzzentrums über die Teilnahme an dem multidisziplinären Kurs zur Einführung in das Früherkennungsprogramm und an dem Fortbildungskurs zur Befundung von Screening-Mammographieaufnahmen (§ 25 Abs. 2 Buchst. b und c)
   - 1.4 Bescheinigung über die Tätigkeit des Arztes in dem Referenzzentrum. Die Bescheinigung muss vom Leiter des Referenzzentrums unterschrieben sein und beinhalten, dass die geforderten Tätigkeiten im Einzelnen absolviert wurden (§ 25 Abs. 2 Buchst. d)
2. Unbefristete Genehmigung
   - 2.1 Bescheinigung des Referenzzentrums über die Teilnahme an der Beurteilung einer Fallsammlung von Screening-Mammographieaufnahmen (§ 25 Abs. 3 Buchst. b)
3. Aufrechterhaltung und Weiterentwicklung der fachlichen Befähigung
   - 3.1 Zertifikat über die Teilnahme an den Fortbildungsveranstaltungen (§ 25 Abs. 4 Buchst. b)
   - 3.2 Bescheinigung des Programmverantwortlichen Arztes über die regelmäßige Teilnahme an den Konsensuskonferenzen (§ 25 Abs. 4 Buchst. c)
   - 3.3 Dokumentation über die Ergebnisse des Fachgesprächs zur Selbstüberprüfung (interne Qualitätssicherung) (§ 25 Abs. 4 Buchst. d Nr. 1)

3.4 Bescheinigung des Referenzzentrums über die Teilnahme an der Beurteilung einer Fallsammlung von Screening-Mammographieaufnahmen (§ 25 Abs. 4 Buchst. d Nr. 2)

c) Durchführung von Stanzbiopsien unter Röntgenkontrolle

1. Fachliche Befähigung

1.1 Urkunde über die Berechtigung zum Führen der Gebietsbezeichnung „Chirurgie", „diagnostische Radiologie" oder „Frauenheilkunde und Geburtshilfe"

1.2 Bescheinigung des Referenzzentrums über die Teilnahme an dem multidisziplinären Kurs zur Einführung in das Früherkennungsprogramm und an dem Fortbildungskurs zur Durchführung von Biopsien (§ 27 Abs. 3 Buchst. b und c)

1.3 Bescheinigung vom Leiter des Referenzzentrums über die Anzahl der selbstständig durchgeführten Stanzbiopsien der Mamma unter Ultraschallkontrolle (§ 27 Abs. 3 Buchst. d) und unter Röntgenkontrolle einschließlich Kalibrierungen (§ 27 Abs. 3 Buchst. e)

2. Aufrechterhaltung und Weiterentwicklung der fachlichen Befähigung

2.1 Dokumentation des kollegialen Fachgesprächs mit dem Programmverantwortlichen Arzt im Rahmen der Selbstüberprüfung (§ 27 Abs. 4 Buchst. b)

d) Durchführung von histopathologischen Untersuchungen

1. Fachliche Befähigung

1.1 Urkunde über die Berechtigung zum Führen der Gebietsbezeichnung „Pathologie"

1.2 Bescheinigung des Referenzzentrums über die Teilnahme an dem multidisziplinären Kurs zur Einführung in das Früherkennungsprogramm und an dem Fortbildungskurs zur Beurteilung der histopathologischen Präparate (§ 28 Abs. 1 Buchst. b und c)

1.3 Bestätigung über die Anzahl der selbstständig durchgeführten histopathologischen Beurteilungen (§ 28 Abs. 1 Buchst. f)

2. Aufrechterhaltung und Weiterentwicklung der fachlichen Befähigung

2.1 Zertifikat über die Teilnahme an den Fortbildungsveranstaltungen (§ 28 Abs. 2 Buchst. c)

2.2 Bescheinigung des Programmverantwortlichen Arztes über die regelmäßige Teilnahme an den multidisziplinären Fallkonferenzen (§ 28 Abs. 2 Buchst. d)

e) Angestellte Krankenhausärzte – Teilnahme an den multidisziplinären Fallkonferenzen –

1. Chirurgisch tätige angestellte Krankenhausärzte

1.1 Erhalt der Ermächtigung

a) Urkunde über die Berechtigung zum Führen der Gebietsbezeichnung „Chirurgie", „Frauenheilkunde und Geburtshilfe" oder „Plastische Chirurgie"

b) Bescheinigung des Referenzzentrums über die Teilnahme an dem multidisziplinären Kurs zur Einführung in das Früherkennungsprogramm (§ 29 Abs. 1 Buchst. b)

1.2 Aufrechterhaltung der Ermächtigung
a) Dokumentation über die Anzahl der selbstständig durchgeführten primären Brustkrebsoperationen
b) Bescheinigung des Programmverantwortlichen Arztes über die regelmäßige Teilnahme an den multidisziplinären Fallkonferenzen (§ 29 Abs. 1)

2. Radiologisch tätige angestellte Krankenhausärzte
2.1 Erhalt der Ermächtigung
a) Urkunde über die Berechtigung zum Führen der Gebietsbezeichnung „Diagnostische Radiologie" oder „Frauenheilkunde und Geburtshilfe"
b) Bescheinigung des Referenzzentrums über die Teilnahme an dem multidisziplinären Kurs zur Einführung in das Früherkennungsprogramm (§ 29 Abs. 2 Buchst. b)
2.2 Aufrechterhaltung der Ermächtigung
a) Dokumentation über die Anzahl der selbstständig durchgeführten präoperativen Markierungen

3. Pathologisch tätige angestellte Krankenhausärzte
3.1 Erhalt der Ermächtigung
a) Urkunde über die Berechtigung zum Führen der Gebietsbezeichnung „Pathologie"
b) Bescheinigung des Referenzzentrums über die Teilnahme an dem multidisziplinären Kurs zur Einführung in das Früherkennungsprogramm sowie an dem Fortbildungskurs zur Beurteilung der histopathologischen Präparate (§ 29 Absatz 3 Buchst. b und c)
3.2 Aufrechterhaltung der Ermächtigung
a) Dokumentation über die Anzahl der selbstständig durchgeführten Beurteilungen von primären Mammakarzinomen

Abschnitt L. In-Kraft-Treten und Übergangsregelungen

§ 40 In-Kraft-Treten. Die Vereinbarung tritt zeitgleich mit den Änderungen der Krebsfrüherkennungs-Richtlinien in Kraft.[1]

§ 41[2] Übergangsregelungen.

a)–e) *(aufgehoben)*

f) (weggefallen)

---

[1] **Amtl. Anm.:** Zeitgleich mit dem In-Kraft-Treten der entsprechenden Leistungspositionen im Einheitlichen Bewertungsmaßstab (EBM).

[2] § 41 Buchst. c angef. mWv 1.5.2006, Buchst. d angef. mWv 29.2.2008 (DÄBl. 2008 S. A-475), Buchst. e angef. mWv 1.10.2008 (DÄBl. 2008 S. A-1922), Buchst. f und g angef. mWv 1.1.2009 (DÄBl. 2009 S. A-153), Buchst. h angef. mWv 1.10.2009 (DÄBl. 2009 S. A-2268), Buchst. i angef. mWv 1.1.2011 (DÄBl. 2011 S. A-350), Buchst. h geänd. mWv 1.4.2011 (DÄBl. 2011 S. A-804), Buchst. a–e und g aufgeh., Buchst. h geänd. mWv 1.1.2012 (DÄBl. 2012 S. A-1109), Buchst. j angef. mWv 5.2.2016 (DÄBl. 2016 S. A-200), Buchst. k angef. mWv 4.3.2017 (DÄBl. 2017 S. A-437), Buchst. l angef. mWv 1.10.2018 (DÄBl. 2018 S. A-2319) Buchst. f, h und j aufgeh., Buchst. m und n angef. mWv 1.6.2020 (DÄBl. 2020 S. A-1408).

g) *(aufgehoben)*

h) (weggefallen)

i) Zur Anpassung der Software für den Datenabgleich mit den epidemiologischen Krebsregistern wird die in § 32 Abs. 2 Satz 3 genannte Frist auf den 31.3.2012 verlängert.

j) (weggefallen)

k) Soweit im Rahmen der Rezertifizierung Leistungsparameter nach Anhang 10 Anlage 9.2 BMV-Ä in der ab 5.2.2016 geltenden Fassung nicht erfüllt werden, gelten für Betrachtungszeiträume bis Ende 2016 die Anforderungen nach Anhang 10 Anlage 9.2 BMV-Ä in der Fassung vom 1.1.2012. Vorstehende Regelung gilt rückwirkend zum 5.2.2016.

l) Unabhängig vom Zeitpunkt der Teilnahme an einer Prüfung nach § 24 Abs. 3 Bucht. e) oder § 25 Abs. 4 Buchst. d) Nr. 2 kommen die zum Zeitpunkt der Ergebnisfeststellung gültigen Regelungen gemäß Anhang 5 zur Anwendung.

m) Die Vorgaben bei der Erlangung der Voraussetzungen zur fachlichen Befähigung nach § 5 Abs. 5 Buchst. e) Satz 2 und Abs. 7, § 24 Abs. 2 Buchst. b) Satz 2, c) Satz 2, d) Satz 4, § 25 Abs. 2 Buchst. b) Satz 2, c) Satz 2, e), § 27 Abs. 3 Buchst. b) Satz 2 können im Hinblick auf die Zeitvorgaben und die Vorgabe an die Abfolge flexibel anerkannt werden solange die Fortbildungsangebote der Referenzzentren durch Maßnahmen im Zusammenhang mit der COVID-19-Pandemie Einschränkungen unterworfen sind. Ab 1.1.2021 sind die Fortbildungen wieder nach den festgelegten Vorgaben zu Zeit und Abfolge gemäß Satz 1 zu absolvieren.

n) In den gemäß § 30 durchgeführten Anerkennungsverfahren von Fortbildungskursen kann die Einhaltung der Anforderungen an die Durchführung der Kurse gemäß Anhang 2 der Anlage 9.2 ausgesetzt werden, sofern dies wegen der COVID-19-Pandemie geboten ist, längstens bis zum 31.12.2020.

Anhang 1. Dokumentation der Konferenzen

(Vom Abdruck wurde abgesehen)

Anhang 2. Inhalt und Durchführung von Fortbildungskursen nach § 30

(Vom Abdruck wurde abgesehen)

Anhang 3. Überprüfung der diagnostischen Bildqualität von erstellten Screening-Mammographieaufnahmen nach § 24 Abs. 3 Buchst. a

(Vom Abdruck wurde abgesehen)

Anhang 4. Verfahren zur Selbstüberprüfung der diagnostischen Bildqualität von erstellten Screening-Mammographieaufnahmen nach § 24 Abs. 3 Buchst. b

(Vom Abdruck wurde abgesehen)

Anhang 5. Teilnahme an der Beurteilung einer Fallsammlung von Screening-Mammographieaufnahmen nach § 24 Abs. 1 Buchst. d, Abs. 3 Buchst. e und § 25 Abs. 3 Buchst. b und Abs. 4 Buchst. d Nr. 2

(Vom Abdruck wurde abgesehen)

Anhang 6. Mindestanforderungen an die apparative Ausstattung der Röntgendiagnostikeinrichtungen

(Vom Abdruck wurde abgesehen)

Anhang 7. Konstanz der Qualität von Screening-Mammographieaufnahmen

(Vom Abdruck wurde abgesehen)

Anhang 8. Mindestanforderungen an die apparative Ausstattung der Ultraschalldiagnostikeinrichtungen

(Vom Abdruck wurde abgesehen)

Anhang 9. Datenübermittlung

(Vom Abdruck wurde abgesehen)

Anhang 10. Katalog der Leistungsparameter für die Überprüfung der Screening-Einheiten im Rahmen der Rezertifizierung

(Vom Abdruck wurde abgesehen)

Anhang 11. Überprüfung von Untersuchungen im Rahmen der Abklärungsdiagnostik

(Vom Abdruck wurde abgesehen)

Anhang 12. Verfahren zur Selbstüberprüfung der histopathologischen Befundqualität nach § 28 Abs. 2 Buchstabe e)

(Vom Abdruck wurde abgesehen)

Anhang 13. Organisation und Durchführung von Online-Bildkonferenzen

(Vom Abdruck wurde abgesehen)

Anhang 14. Organisation und Durchführung von Online-Konsensuskonferenzen

(Vom Abdruck wurde abgesehen)

640. Befristete Vereinbarung für abweichende Regelungen zur Umsetzung der Vereinbarungen zur Qualitätssicherung nach § 135 Absatz 2 SGB V, der Vorgaben zur Qualitätssicherung nach der Richtlinie Methoden vertragsärztliche Versorgung und der Anlage 9.2 des Bundesmantelvertrags-Ärzte (Versorgung i. R. des Programms zur Früherkennung von Brustkrebs durch Mammographie-Screening) durch die Kassenärztlichen Vereinigungen im Zusammenhang mit der COVID-19-Pandemie

Vom 26. Juni 2020 (DÄBl. 2020 Heft 33–34 S. A-1581; Inkrafttreten: 1.7.2020)

Art. 1. Abweichungen von Regelungen zur Umsetzung der Vereinbarungen zur Qualitätssicherung nach § 135 Absatz 2 SGB V, der Vorgaben zur Qualitätssicherung nach der Richtlinie Methoden vertragsärztliche Versorgung und der Anlage 9.2 des Bundesmantelvertrags-Ärzte in der gegenwärtigen COVID-19-Pandemie. (1) Wenn und solange der Deutsche Bundestag gemäß § 5 Absatz 1 Infektionsschutzgesetz eine epidemische Lage von nationaler Tragweite festgestellt hat, kann die Kassenärztliche Vereinigung die Umsetzung von Vorgaben zu Fortbildungsmaßnahmen für an der vertragsärztlichen Versorgung teilnehmende Ärztinnen und Ärzte und ihre Praxismitarbeiter oder zu jährlich mindestens durchzuführenden Behandlungen (sogenannte Frequenzregelungen) vorübergehend aussetzen, von diesen abweichen oder diese anpassen, soweit dies durch das Infektionsgeschehen erforderlich und im Hinblick auf eine qualitätsgesicherte Versorgung von Patienten vertretbar ist.

(2) [1] Hat eine Gebietskörperschaft oder eine andere nach dem Infektionsschutzgesetz zuständige Behörde ein auf regional hohe Neuinfektionszahlen reagierendes Beschränkungskonzept erlassen, kann die Kassenärztliche Vereinigung die Umsetzung von Vorgaben zu Fallsammlungsprüfungen in der Mammographie, zu Dokumentationsprüfungen durch Stichproben, zu Präparateprüfungen in der gynäkologischen Zytologie, zu Hygieneprüfungen in der Koloskopie, zu Konstanzprüfungen in der Ultraschalldiagnostik, zur externen Qualitätssicherung in den Laboren, zu messtechnischen Kontrollen in der Hörgeräteversorgung, zu Wartungsprotokollen in der Balneophototherapie, zu fallbezogenen Besprechungen und Konferenzen oder zu Praxisbegehungen vorübergehend für die Geltungsdauer des Beschränkungskonzepts aussetzen, von diesen abweichen oder diese anpassen, soweit dies durch das Infektionsgeschehen erforderlich und im Hinblick auf eine qualitätsgesicherte Versorgung von Patienten vertretbar ist. [2] Wurde ein Beschränkungskonzept nicht für das ganze Land, sondern regional beschränkt, beispielsweise nur für einen Landkreis in einem Land erlassen, kann die Kassenärztliche Vereinigung die Aussetzungen, Abweichungen oder Anpassungen nach diesem Absatz für den gesamten KV-Bezirk vorsehen, soweit dies durch das Infektionsgeschehen erforderlich ist

und im Hinblick auf eine qualitätsgesicherte Versorgung von Patienten vertretbar ist.

(3) Abweichend von Abs. 2 kann die Kassenärztliche Vereinigung zwischen dem 27. März 2020 und dem 30. Juni 2020 abweichend von Vorgaben zur Qualitätssicherung nach der Richtlinie Methoden vertragsärztliche Versorgung Maßnahmen zur Prozess- und Ergebnisqualität aussetzen, von diesen abweichen oder diese anpassen, soweit dies durch das Infektionsgeschehen erforderlich und im Hinblick auf eine qualitätsgesicherte Versorgung von Patienten vertretbar ist.

(4) [1]Die Kassenärztliche Vereinigung kann einen Versorgungsauftrag zur ärztlichen Versorgung von Frauen im Rahmen des Mammographie-Screening-Programms teilweise zeitlich befristet aufheben, wenn der Gemeinsame Bundesausschuss das Einladungswesen zum Mammographie-Screening-Programm gemäß der Krebsfrüherkennungs-Richtlinie (KFE-RL) ausgesetzt hat. [2]Der Versorgungsauftrag bleibt im Hinblick auf die Durchführung der Abklärungsdiagnostik gemäß § 17 KFE-RL bestehen.

(5) [1]Die Kassenärztlichen Vereinigungen informieren die Kassenärztliche Bundesvereinigung einmal pro Quartal über die nach den Absätzen 1 und 4 vorgenommenen temporären Änderungen sowie über die vorgenommenen temporären Änderungen nach Absatz 2 unter Bezugnahme der zugrundeliegenden Beschränkungskonzepte. [2]Die Kassenärztliche Bundesvereinigung informiert hierzu den Spitzenverband Bund der Krankenkassen.

Art. 2. Inkrafttreten, Befristung. (1) [1]Die Vereinbarung tritt am 1. Juli 2020 in Kraft. [2]Sie tritt, ohne dass es einer Kündigung bedarf, spätestens am 31. März 2021 außer Kraft. [3]Die Vertragspartner werden spätestens einen Monat vor Ablauf der Befristung prüfen, ob eine Verlängerung erforderlich ist.

(2) Abweichend von Absatz 1 Satz 1 treten die abweichenden Regelungen zur Richtlinie Methoden vertragsärztliche Versorgung am 27. März 2020 in Kraft.

(3) Die Vereinbarung tritt unbeschadet der Befristung nach Absatz 1 mit der Aufhebung der Feststellung einer epidemischen Lage mit nationaler Tragweite außer Kraft.

(4) Nach Außerkrafttreten der „befristeten Vereinbarung für abweichende Regelungen zur Umsetzung der Vereinbarungen zur Qualitätssicherung nach § 135 Absatz 2 SGB V und der Anlage 9.2 des Bundesmantelvertrags-Ärzte (Versorgung i. R. des Programms zur Früherkennung von Brustkrebs durch Mammographie-Screening) durch die Kassenärztlichen Vereinigungen im Zusammenhang mit der COVID-19-Pandemie" vom 27. März 2020 durchgeführte Überprüfungen zu Leistungen und Vorgaben, die im Geltungszeitraum dieser Vereinbarung erbracht wurden oder beachtet werden sollten, sind weiterhin in Übereinstimmung mit den ausgesetzten, abweichenden oder angepassten Maßnahmen nach Artikel 1 Abs. 1 bis 3 der Vereinbarung vom 27. März 2020 beurteilen.

(5) Nach Außerkrafttreten dieser Vereinbarung durchgeführte Überprüfungen zu Leistungen und Vorgaben, die im Geltungszeitraum dieser Vereinbarung erbracht wurden oder beachtet werden sollten, sind weiterhin in Übereinstimmung mit den ausgesetzten, abweichenden oder angepassten Maßnahmen nach Artikel 1 Absätze 1 bis 4 zu beurteilen.

673. Vereinbarung von Qualitätssicherungsmaßnahmen nach § 135 Abs. 2 SGB V zur kurativen Mammographie (Mammographie-Vereinbarung)

Vom 11. Februar 2011 (DÄBl. Heft 14 S. A-791; Inkrafttreten: 1. April 2011)

Geändert durch Bek. v. 5.1.2015 (DÄBl. 2015 Heft 1–2 S. A-45; Inkrafttreten: 1.1.2015), Bek. v. 11.1.2016 (DÄBl. 2016 Heft 1–2 S. A-42; Inkrafttreten: 1.1.2016), Bek. v. 1.11.2018 (DÄBl. 2018 Heft 49 S. A-2315; Inkrafttreten: 1.10.2018), Bek. v. 25.3.2020 (DÄBl. 2020 Heft 18 S. A-968; Inkrafttreten: 1.4.2020) und Bek. v. 23.9.2020 (DÄBl. 2020 Heft 44 S. A-2142; Inkrafttreten: 1.10.2020)

Abschnitt A. Allgemeine Bestimmungen

§ 1 Ziel und Inhalt. [1]Diese Vereinbarung ist eine Maßnahme zur Qualitätssicherung, mit welcher die Qualität bei der Erbringung von Leistungen der kurativen Mammographie gesichert werden soll. [2]Die Vereinbarung regelt die Anforderungen an die fachliche Befähigung und die apparative Ausstattung und die ärztliche Dokumentation als Voraussetzung für die Ausführung und Abrechnung der Leistungen nach den Nummern 34270 und 34272 des Einheitlichen Bewertungsmaßstabes (EBM).[1)] [3]Daneben sind die einschlägigen gesetzlichen Bestimmungen in der jeweils geltenden Fassung zu beachten. [4]Voraussetzungen für die Ausführung und Abrechnung von Leistungen der Mammographie im Rahmen des Programms zur Früherkennung von Brustkrebs durch Mammographie-Screening sind in den Krebsfrüherkennungs-Richtlinien und Anlage 9.2 BMV-Ä geregelt.

§ 2 Genehmigung. (1) [1]Die Ausführung und Abrechnung von Leistungen der kurativen Mammographie in der vertragsärztlichen Versorgung ist erst nach Erteilung der Genehmigung durch die Kassenärztliche Vereinigung zulässig. [2]Die Genehmigung ist zu erteilen, wenn der Arzt die nachstehenden fachlichen und apparativen Voraussetzungen nach den Abschnitten B und C im Einzelnen erfüllt. [3]Die Genehmigung ist mit der Auflage zu erteilen, dass die in den Abschnitten D und E festgelegten Anforderungen erfüllt werden.

(2) [1]Die Erfüllung der in Absatz 1 genannten Voraussetzungen ist gegenüber der Kassenärztlichen Vereinigung nachzuweisen. [2]Das Verfahren richtet sich nach Abschnitt G i. V. m. der Rahmenvereinbarung für Qualitätssicherungsvereinbarungen gemäß § 135 Abs. 2 SGB V sowie den Richtlinien der Kassenärztlichen Bundesvereinigung für Verfahren zur Qualitätssicherung nach § 75 Abs. 7 SGB V.

Abschnitt B. Genehmigungsvoraussetzungen

§ 3 Fachliche Befähigung. (1) Die fachliche Befähigung für die Ausführung und Abrechnung von Leistungen der kurativen Mammographie gilt als nachgewiesen, wenn folgende Voraussetzungen erfüllt und durch die Vorlage von Bescheinigungen nach § 14 nachgewiesen werden:

[1)] **Amtl. Anm.:** Die nachstehenden Personen- und Berufsbezeichnungen werden einheitlich sowohl für die weibliche als auch für die männliche Form verwendet.

a) Die für den Strahlenschutz erforderliche Fachkunde nach § 47 StrlSchV.

b) Berechtigung zum Führen der Gebietsbezeichnung ‚Radiologie' oder der Gebietsbezeichnung ‚Frauenheilkunde und Geburtshilfe' mit der Zusatzbezeichnung ‚Röntgendiagnostik der Mamma'

c) – Palpation und Inspektion der Mammae unter Anleitung bei mindestens 500 Patientinnen,
– Selbständige Befundung der Mammographien unter Anleitung in mindestens 500 Fällen,
– Persönliche Einstellung des Strahlengangs bei mindestens 100 Patientinnen.

Untersuchungen, Befundungen und Einstellungen des Strahlengangs, die während der Facharztweiterbildung erbracht wurden, werden anerkannt.

d) [1] Erfolgreiche Teilnahme an der Beurteilung von Mammographieaufnahmen einer Fallsammlung nach Abschnitt C. [2] Die Voraussetzung gilt als erfüllt, sofern der Arzt erfolgreich an der Beurteilung einer Fallsammlung von Screening-Mammographieaufnahmen gemäß Anhang 5 der Anlage 9.2 BMV-Ä teilgenommen hat.

(2) Für Ärzte, denen eine Genehmigung erteilt worden ist, bestehen folgende Auflagen zur Aufrechterhaltung und Weiterentwicklung der fachlichen Befähigung:

a) Verpflichtung zur Teilnahme an der Beurteilung von Mammographieaufnahmen einer Fallsammlung nach Abschnitt D,

b) Verpflichtung zur Teilnahme an der Überprüfung der ärztlichen Dokumentation nach Abschnitt E,

c) Verpflichtung zur Aktualisierung der für den Strahlenschutz erforderlichen Fachkunde nach § 48 StrlSchV.

§ 4. Leistungen der kurativen Mammographie dürfen in der vertragsärztlichen Versorgung nur durchgeführt werden, wenn folgende Voraussetzungen erfüllt sind:

a) Vorlage einer Genehmigung zur Mammographie nach § 12 Abs. 1 Nr. 4 StrlSchG oder einer entsprechenden Mitteilung der zuständigen Behörde über die erfolgte Anzeige nach § 19 Abs. 1 des StrlSchG. Wenn keine Mitteilung der zuständigen Behörde vorliegt, erfolgt der Nachweis durch Vorlage der im Rahmen des Anzeigeverfahrens eingereichten Unterlagen bei der Kassenärztlichen Vereinigung und der Erklärung des Arztes, dass eine Aussetzung des Verfahrens oder eine Untersagung des Betriebs durch die Behörde innerhalb der Frist nach § 20 StrlSchG nicht erfolgt ist. Eine spätere Untersagung ist der Kassenärztlichen Vereinigung unverzüglich mitzuteilen. Darüber hinaus kann die Kassenärztliche Vereinigung weitere Unterlagen, z. B. den Prüfbericht zur Sachverständigenprüfung, anfordern. Aus den eingereichten Unterlagen muss eindeutig hervorgehen, dass die Anforderungen an die apparative Ausstattung gemäß Anlage 1 der Richtlinie für die technische Prüfung von Röntgeneinrichtungen und genehmigungsbedürftigen Störstrahlern durch Sachverständige nach dem Strahlenschutzgesetz und der Strahlenschutzverordnung (Sachverständigen-Prüfrichtlinie) vom 1. Juli 2020 und die Anforderungen für die Abnahmeprüfung gemäß der „Qualitätssicherungsrichtlinie nach der Röntgenverordnung" für die Mammographie erfüllt sind.

4. [1]Nachweis der Erfüllung der Anforderungen an die apparative Ausstattung gemäß Anlage 1 der Sachverständigen-Prüfrichtlinie vom 1. Juli 2020 für die Mammographie. [2]Genehmigung nach § 12 Abs. 1 Nr. 4 StrlSchG oder Mitteilung der zuständigen Behörde über die erfolgte Anzeige nach § 19 Abs. 1 StrlSchG. [3]Wenn keine Mitteilung der zuständigen Behörde vorliegt, erfolgt der Nachweis durch Vorlage der im Rahmen des Anzeigeverfahrens eingereichten Unterlagen bei der Kassenärztlichen Vereinigung und der Erklärung des Arztes, dass eine Aussetzung des Verfahrens oder eine Untersagung des Betriebs durch die Behörde innerhalb der Frist nach § 20 StrlSchG nicht erfolgt ist.
5. [1]Nachweis der Erfüllung der Anforderungen an die apparative Ausstattung nach § 4 Buchstabe b). [2]Dieser Nachweis kann durch die Gewährleistung des Herstellers geführt werden.
6. [1]Die Genehmigung nach § 3 Abs. 1 der Röntgenverordnung oder die Betriebserlaubnis (Bauartzulassung des Röntgenstrahlers und Strahlenschutzmaßnahmen) nach § 4 Abs. 1 Nr. 1 der Röntgenverordnung vom 8. Januar 1987. [2]Soweit zum Zeitpunkt der Antragstellung die Betriebserlaubnis nach § 4 Abs. 1 Nr. 1 der Röntgenverordnung noch nicht vorliegt, ist der Arzt verpflichtet, diese unverzüglich nach Erhalt der zuständigen Stelle der Kassenärztlichen Vereinigung vorzulegen.

(3) Die Genehmigung wird nur erteilt, wenn der Arzt erfolgreich an der Beurteilung der Fallsammlung nach § 3 Abs. 1 Buchstabe d teilgenommen hat.

(4) [1]Über die Anträge und über den Widerruf oder die Rücknahme einer erteilten Genehmigung entscheidet die Kassenärztliche Vereinigung. [2]Die Genehmigung ist zu erteilen, wenn aus den vorgelegten Zeugnissen und Bescheinigungen hervorgeht, dass die im Abschnitt B genannten fachlichen und apparativen Voraussetzungen erfüllt sind.

(5) Die Genehmigung ist zu widerrufen, wenn der Arzt die Auflagen zur Aufrechterhaltung und Weiterentwicklung der fachlichen Befähigung nach § 3 Abs. 2 nicht erfüllt.

(6) Der Arzt hat jede Veränderung an der zugelassenen Mammographieeinrichtung sowie Änderungen der in Absatz 2 Nr. 5 genannten behördlichen Genehmigungen bzw. Anzeigebestätigungen und die Aktualisierung der in Absatz 2 Nr. 1 genannten Fachkunde im Strahlenschutz unverzüglich der Kassenärztlichen Vereinigung mitzuteilen.

(7) [1]Die Kassenärztlichen Vereinigungen können die zuständigen Qualitätssicherungskommissionen beauftragen, die apparativen Gegebenheiten in der Praxis daraufhin zu überprüfen, ob sie den Bestimmungen dieser Vereinbarung entsprechen. [2]Die Genehmigung wird nur erteilt, wenn der Arzt in seinem Antrag sein Einverständnis zur Durchführung einer solchen Überprüfung erklärt.

(8) [1]Bestehen trotz der vorgelegten Zeugnisse und Bescheinigungen begründete Zweifel an der fachlichen Befähigung von Ärzten nach § 3, so kann die Kassenärztliche Vereinigung die Genehmigung von der erfolgreichen Teilnahme an einem Kolloquium abhängig machen. [2]Das Gleiche gilt, wenn der antragstellende Arzt im Vergleich zu dieser Vereinbarung eine abweichende, aber gleichwertige Befähigung nachweist.

(9) Das Nähere zur Durchführung des Genehmigungsverfahrens (z. B. Organisation und Durchführung der Kolloquien, Zusammensetzung der Qualitätssicherungskommissionen) regelt die Kassenärztliche Bundesvereinigung in Richtlinien für Verfahren zur Qualitätssicherung nach § 75 Abs. 7 SGB V.

Abschnitt H. Schlussbestimmungen

§ 15 Übergangsregelungen. (1) Ärzte, die auf der Grundlage der Vereinbarung zur Strahlendiagnostik und -therapie vom 10. Februar 1993 oder der Vereinbarung von Qualitätssicherungsmaßnahmen nach § 135 Abs. 2 SGB V zur kurativen Mammographie vom 8.12.2006 über eine Genehmigung zur Ausführung und Abrechnung von Leistungen der kurativen Mammographie verfügen, behalten diese.

(2) Bei Überprüfungen der ärztlichen Dokumentation nach § 12 sind die Beurteilungskriterien nach Anlage IV in der zum Zeitpunkt der Erstellung der zu überprüfenden Mammographieaufnahmen jeweils geltenden Vereinbarkeit anzuwenden.

(3) Abweichend von § 4 Buchstabe b kann, bei Antragstellung bis zum 31. Dezember 2021 die Erfüllung der ergänzenden Anforderungen nach Anlage Ia (Apparative Anforderungen an Mammographieeinrichtungen mit analogem Bildempfänger) für die Genehmigungsverteilung nachgewiesen werden.

(4) Mammographieeinrichtungen mit digitalem Bildempfänger können
- abweichend von Anlage I Nr. 1.4 (Bildformat), wenn sie ein Bildformat von mindestens $18 \pm 1 \times 24 \pm 1$ cm² haben, bzw.
- abweichend von Anlage I Nr. 1.6.2 (Datentransfer), wenn sie die Anforderungen nach Anlage I Nr. 1.6.2 nicht erfüllen,

bei Antragstellung bis zum 31. Dezember 2021 eine Genehmigung erhalten.

(5) Mammographieeinrichtungen
- mit analogem Bildempfänger,
- mit digitalem Bildempfänger, die ein Bildformat von mindestens $18 \pm 1 \times 24 \pm 1$ cm² haben, bzw.
- mit digitalem Bildempfänger, die die Anforderungen nach Anlage I Nr. 1.6.2 nicht erfüllen,

können, wenn sie nach Antragstellung bis zum 31. Dezember 2021 eine Genehmigung erhalten haben, weiter verwendet werden.

§ 16 Inkrafttreten. [1] Diese Vereinbarung tritt am 1. April 2011 in Kraft. [2] Sie ersetzt die Vereinbarung vom 8. Dezember 2006.

Protokollnotiz:

Für Ärzte, die ihre Weiterbildung nach einer Weiterbildungsordnung auf der Grundlage einer früheren (Muster-)Weiterbildungsordnung (vor 2003) absolviert haben, gilt die fachliche Befähigung für die Ausführung und Abrechung von Leistungen der kurativen Mammographie als nachgewiesen, wenn der Arzt nach diesem für ihn maßgeblichen Weiterbildungsrecht zur Durchführung von Mammographien berechtigt ist und dies durch Zeugnisse und Bescheinigungen nachgewiesen hat. Zusätzlich gelten die Anforderungen nach § 3 Abs. 1 Buchstabe a, c und d sowie Abs. 2.

675. Vereinbarung von Qualifikationsvoraussetzungen gemäß § 135 Abs. 2 SGB V[1] zur Durchführung von Untersuchungen in der diagnostischen Radiologie und Nuklearmedizin und von Strahlentherapie (Vereinbarung zur Strahlendiagnostik und -therapie)

Vom 10. Februar 1993 (DÄBl. Heft 7 S. 332)

Zuletzt geändert durch Bek. vom 8.8.2005 (DÄBl. Heft 31–32, S. A-2191; Inkrafttreten: 1.7.2005), durch Bek. vom 19.8.2005 (DÄBl. Heft 33, S. A-2260; Inkrafttreten: 1.8.2005), durch Bek. vom 25.12.2006 (DÄBl. Heft 51–52, S. A-3514), durch Bek. vom 25.9.2009 (DÄBl. Heft 39 S. A-1928; Inkrafttreten: 1.10.2009), durch Bek. (DÄBl. 2015 Heft 1–2 S. A-50; Inkrafttreten: 1.1.2015), durch Bek. vom 7.8.2017 (DÄBl. 2017 Heft 31–32 S. A-1500; Inkrafttreten: 1.10.2017), durch Bek. vom 7.8.2017 (DÄBl. 2017 Heft 31–32 S. A-1502; Inkrafttreten: 1.10.2017), durch Bek. vom 26.3.2019 (DÄBl. 2019 Heft 17 S. A-865, Inkrafttreten: 1.4.2019), durch Bek. vom 9.12.2019 (DÄBl. 2020 Heft 3 S. A-110; Inkrafttreten: 1.1.2020), durch Bek. vom 24.3.2020 (DÄBl. 2020 Heft 18 S. A-969; Inkrafttreten: 1.4.2020) und durch Bek. vom 23.9.2020 (DÄBl. 2020 Heft 44 S. A-2141; Inkrafttreten: 1.10.2020)

Inhaltsverzeichnis[2]

---

[1] **Aichberger, Sozialgesetzbuch, Nr. 5.**
[2] Inhaltsverzeichnis geänd. (DÄBl. 2006 S. A-3514).

A. Allgemeine Bestimmungen

§ 1[1] Inhalt. [1]Diese Vereinbarung regelt die Voraussetzungen für die Ausführung und Abrechnung von Leistungen der diagnostischen Radiologie, der Strahlentherapie und der Nuklearmedizin in der vertragsärztlichen Versorgung. [2]Daneben sind die einschlägigen gesetzlichen Bestimmungen in der jeweils geltenden Fassung zu beachten. [3]Die Voraussetzungen für die Ausführung und Abrechnung von Leistungen der kurativen Mammographie sind in der Mammographie-Vereinbarung nach § 135 Abs. 2 SGB V, die Voraussetzungen für die Ausführung und Abrechnung von Leistungen der Mammographie im Rahmen des Programms zur Früherkennung von Brustkrebs durch Mammographie-Screening sind in der Krebsfrüherkennungs-Richtlinie und Anlage 9.2 BMV-Ä beziehungsweise EKV geregelt. [4]Die Voraussetzungen für die Ausführung und Abrechnung von Leistungen der PET, PET/CT sind in der Qualitätssicherungsvereinbarung PET, PET/CT gemäß § 135 Abs. 2 SGB V geregelt.

§ 2[2] Genehmigungspflicht. [1]Die Ausführung und Abrechnung von Leistungen der diagnostischen Radiologie, der Strahlentherapie und Nuklearmedizin im Rahmen der vertragsärztlichen Versorgung durch die an der vertragsärztlichen Versorgung teilnehmenden Ärztinnen und Ärzte ist erst nach Erteilung der Genehmigung durch die Kassenärztliche Vereinigung zulässig. [2]Die Genehmigung ist zu erteilen, wenn die Ärztin oder der Arzt die nachstehenden Voraussetzungen der fachlichen Befähigung (Abschnitt B) und der apparativen Ausstattung (Abschnitt C) erfüllt.

§ 3[3] Genehmigungsvoraussetzung. [1]Die Erfüllung der Voraussetzung zur fachlichen Befähigung und zur apparativen Ausstattung ist gegenüber der Kassenärztlichen Vereinigung nachzuweisen. [2]Das Verfahren richtet sich nach Abschnitt D dieser Vereinbarung. [3]Das Nähere zur Durchführung des Genehmigungsverfahrens (z.B. Inhalte der Kolloquien, Zusammensetzung der Kommissionen) regelt die Kassenärztliche Bundesvereinigung in den Richtlinien der Kassenärztlichen Bundesvereinigung für Verfahren zur Qualitätssicherung nach § 75 Abs. 7 SGB V.

B. Anforderungen an die fachliche Befähigung

§ 4[4] Diagnostische Radiologie. Den Anforderungen an die fachliche Befähigung für die Ausführung und Abrechnung von Leistungen der diagnostischen Radiologie wird entsprochen, wenn die Ärztin oder der Arzt

[1] § 1 Satz 3 neu gef. (DÄBl. 2006 S. A-3514), Sätze 1 und 2 geänd. mWv 1.4.2019 durch Beschl. v. 26.3.2019 (DÄBl. 2019 S. A-865), Satz 2 und 3 geänd., Satz 4 angef. mWv 1.1.2020 durch Beschl. v. 9.12.2019 (DÄBl. 2020 S. A-110).

[2] § 2 Satz 2 geänd. mWv 1.10.2017 (DÄBl. 2017 S. A-1500), Satz 2 geänd. mWv 1.4.2019 durch Beschl. v. 26.3.2019 (DÄBl. 2019 S. A-865), Satz 1 und 2 geänd. mWv 1.1.2020 durch Beschl. v. 9.12.2019 (DÄBl. 2020 S. A-110).

[3] § 3 Satz 3 geänd. mWv 1.1.2020 durch Beschl. v. 9.12.2019 (DÄBl. 2020 S. A-110).

[4] § 4 Nr. 1 neu gef. mWv 1.4.2019 durch Beschl. v. 26.3.2019 (DÄBl. 2019 S. A-865), geänd. mWv 1.1.2020 durch Beschl. v. 9.12.2019 (DÄBl. 2020 S. A-110).

1. die für den Strahlenschutz erforderliche Fachkunde nach § 47 Strahlenschutzverordnung (StrlSchV) nachweist und
2. eine fachliche Befähigung gemäß den in den §§ 5 bis 8 genannten Anforderungen erworben hat.

§ 5[1] Allgemeine Röntgendiagnostik. (1) Die fachliche Befähigung für die allgemeine Röntgendiagnostik ist nachgewiesen, wenn die Ärztin oder der Arzt berechtigt ist, die Facharztbezeichnung Fachärztin oder Facharzt für Radiologie zu führen.

(2) Soweit eine unter Absatz 1 genannte Facharztbezeichnung nicht erworben wurde, aber eine Weiterbildung in der fachgebietsspezifischen Röntgendiagnostik nach der Weiterbildungsordnung den Erwerb eingehender Kenntnisse, Erfahrungen und Fertigkeiten fordert, gilt die fachliche Befähigung durch die Vorlage ausreichender Zeugnisse als nachgewiesen.

(3) Soweit eine Weiterbildung nach Absatz 1 oder 2 nicht stattgefunden hat, hat die Antragstellerin oder der Antragsteller durch die Vorlage ausreichender Zeugnisse nachzuweisen, daß sie oder er in der diagnostischen Radiologie folgender Organbereiche während der genannten Zeiten unter der Leitung zur Weiterbildung entsprechend ermächtigter Ärztinnen oder Ärzte tätig gewesen ist und in den jeweiligen Organbereichen ausreichende Kenntnisse erworben hat:

a) Für die gesamte Röntgendiagnostik eine mindestens 36monatige ständige Tätigkeit in der Röntgendiagnostik aller Organbereiche. Dabei sind 6 Monate nuklearmedizinische Diagnostik anrechnungsfähig, soweit diese unter der Leitung entsprechend ermächtigter Ärztinnen oder Ärzte absolviert worden sind.

b) Für die Röntgendiagnostik der Thorax-Organe eine mindestens 12monatige ständige Tätigkeit in der entsprechenden Röntgendiagnostik

c) Für die Röntgendiagnostik der Extremitäten eine mindestens 12monatige ständige Tätigkeit in der entsprechenden Röntgendiagnostik

d) Für die Röntgendiagnostik des Schädels eine mindestens 12monatige ständige Tätigkeit in der entsprechenden Röntgendiagnostik

e) Für die Röntgendiagnostik des Harntraktes und/oder der Geschlechtsorgane eine mindestens 12monatige ständige Tätigkeit in der entsprechenden Röntgendiagnostik

f) Für die Röntgendiagnostik des gesamten Skeletts eine mindestens 18monatige ständige Tätigkeit in der entsprechenden Röntgendiagnostik

g) Für die Röntgendiagnostik des Verdauungstraktes und/oder der Gallenwege eine mindestens 12monatige ständige Tätigkeit in der entsprechenden Röntgendiagnostik

h) Für die Röntgendiagnostik eines speziellen Organsystems, das unter a) bis g) nicht genannt ist, eine mindestens 12monatige ständige Tätigkeit in der entsprechenden Röntgendiagnostik

(4) Bei Erwerb der fachlichen Befähigung nach Absatz 3b) bis h) für mehr als einen der genannten Organbereiche, können auf die geforderten Zeiten der weiteren Organbereiche jeweils 6 Monate angerechnet werden.

---

[1] § 5 Abs. 5 geänd. (DÄBl. 2006 S. A-3514), Abs. 1–6 geänd. mWv 1.1.2020 durch Beschl. v. 9.12.2019 (DÄBl. 2020 S. A-110).

(5) Die fachliche Befähigung zur allgemeinen Röntgendiagnostik nach § 5 schließt die fachliche Befähigung zur Mammographie (Mammographie-Vereinbarung nach § 135 Abs. 2 SGB V), Computertomographie (§ 7) und Knochendichtemessung (§ 8) nicht ein.

(6) [1] Ärztinnen und Ärzte, die ihre fachliche Befähigung nach Absatz 3 erworben haben, müssen diese gemäß § 17 Absatz 2 in einem Kolloquium nachweisen. [2] Näheres über Zeugnisse und Kolloquien regeln die §§ 16 und 17.

§ 6[1] *(aufgehoben)*

§ 7[2] **Computertomographie.** (1) Soweit die Weiterbildungsordnung für eine Weiterbildung in der Computertomographie den Erwerb eingehender Kenntnisse, Erfahrungen und Fertigkeiten in der jeweiligen computertomographischen Diagnostik (Ganzkörper, Kopf) vorschreibt, gilt die fachliche Befähigung durch die Vorlage ausreichender Zeugnisse als nachgewiesen.

(2) Soweit eine Weiterbildung nach Absatz 1 nicht stattgefunden hat, hat die Antragstellerin oder der Antragsteller durch die Vorlage ausreichender Zeugnisse nachzuweisen, daß sie oder er während der genannten Zeiten unter der Leitung einer oder eines zur Weiterbildung ermächtigten Ärztin oder Arztes tätig gewesen ist:

a) Für Untersuchungen des Ganzkörpers auch einschließlich des Kopfes und des Spinalkanals
   1. eine mindestens 30monatige ganztägige Tätigkeit in der radiologischen einschließlich neuroradiologischen Diagnostik und
   2. eine mindestens 10monatige ganztägige Tätigkeit in der Computertomographie

b) Für Untersuchungen des Kopfes und des Spinalkanals
   1. eine mindestens 18monatige ganztägige Tätigkeit in der radiologischen einschließlich neuroradiologischen Diagnostik und
   2. eine mindestens 4monatige ganztägige Tätigkeit in der Computertomographie insbesondere des Kopfes und des Spinalkanals

(3) [1] Ärztinnen oder Ärzte, die ihre fachliche Befähigung nach Absatz 2 erworben haben, müssen diese gemäß § 17 Absatz 2 in einem Kolloquium nachweisen. [2] Näheres über Zeugnisse und Kolloquien regeln die §§ 16 und 17.

§ 8[3] **Knochendichtemessung.** (1) Die fachliche Befähigung für die Ausführung und Abrechnung von Leistungen der Knochendichtemessung mittels einer zentralen DXA (Dual-Energy X-ray Absorptiometrie) ist nachgewiesen, wenn die Ärztin oder der Arzt nach dem hier für sie beziehungsweise ihn maßgeblichen Weiterbildungsrecht zur Durchführung von Osteodensitometrien berechtigt ist und die Erfüllung der folgenden Voraussetzungen nachweist:

---

[1] § 6 aufgeh. (DÄBl. 2006 S. A-3514).

[2] § 7 Abs. 1–3 geänd. mWv 1.1.2020 durch Beschl. v. 9.12.2019 (DÄBl. 2020 S. A-110).

[3] § 8 neu gef. mWv 1.10.2009 (DÄBl. 2009 S. A-1928), Abs. 1 und 3 Buchst. a geänd., Abs. 1 Buchst. a, Abs. 2 und 3 Buchst. b neu gef., Abs. 3 Buchst. c aufgeh., bish. Buchst. d und e werden Buchst. c und d, neuer Buchst. c geänd. mWv 1.1.2015 (DÄBl. 2015 S. A-50), Abs. 1–3 geänd. mWv 1.1.2020 durch Beschl. v. 9.12.2019 (DÄBl. 2020 S. A-110).

a) erforderliche Fachkunde im Strahlenschutz nach der Richtlinie „Fachkunde und Kenntnisse im Strahlenschutz bei dem Betrieb von Röntgeneinrichtungen in der Medizin oder Zahnmedizin", und

b) selbständige Durchführung von 50 Untersuchungen unter Anleitung eines nach dieser Vereinbarung in der Knochendichtemessung qualifizierten Arztes mit selbständiger Einstellung des Gerätes und selbständiger Befundung.

(2) Ärztinnen und Ärzte, die bis zum 1.1.2015 über eine Genehmigung zur Ausführung und Abrechnung von Leistungen der Knochendichtemessung mittels einer zentralen DXA verfügen, behalten diese.

(3) Für Ärztinnen und Ärzte, die ihre Weiterbildung gemäß einer Weiterbildungsordnung auf der Grundlage einer früheren (Muster-)Weiterbildungsordnung (vor 2003) absolviert haben, gilt die fachliche Befähigung für die Ausführung und Abrechnung von Leistungen der Knochendichtemessung mittels einer zentralen DXA als nachgewiesen, wenn die folgenden Voraussetzungen erfüllt und durch Zeugnisse und Bescheinigungen nachgewiesen werden:

a) mindestens 12-monatige ständige Tätigkeit in der radiologischen Skelettdiagnostik, auf die eine bis zu 6-monatige ständige Tätigkeit in der nuklearmedizinischen Skelettdiagnostik angerechnet werden kann, und

b) erforderliche Fachkunde im Strahlenschutz nach der der Richtlinie „Fachkunde und Kenntnisse im Strahlenschutz bei dem Betrieb von Röntgeneinrichtungen in der Medizin oder Zahnmedizin", und

c) Erwerb praktischer Erfahrungen in der Knochendichtemessung aufgrund der Durchführung von mindestens 50 Untersuchungen unter Anleitung einer oder eines nach dieser Vereinbarung in der Knochendichtemessung qualifizierten Ärztin oder Arztes mit selbständiger Einstellung des Gerätes und selbständiger Befundung und

d) erfolgreiche Teilnahme an einem Kolloquium nach § 17 Abs. 2.

§ 9[1] Strahlentherapie. (1) Die fachliche Befähigung für die Ausführung und Abrechnung von Leistungen der Strahlentherapie ist nachgewiesen, wenn die Ärztin oder der Arzt berechtigt ist, die Facharztbezeichnung „Fachärztin oder Facharzt für Strahlentherapie" zu führen und die erforderliche Fachkunde nach § 47 StrlSchV nachgewiesen wird.

(2) [1] Ärztinnen und Ärzte, die nicht berechtigt sind, eine Facharztbezeichnung nach Absatz 1 zu führen, müssen für Nahbestrahlungs-, Weichteil-, Orthovolt- und Brachytherapie zusätzlich zur Fachkunde nach § 47 StrlSchV ihre jeweilige fachliche Befähigung in einem Kolloquium nachweisen und dies durch ausreichende Zeugnisse belegen. [2] Näheres über Kolloquien regelt § 17.

§ 10[2] Nuklearmedizin. (1) Die fachliche Befähigung für die Ausführung und Abrechnung von Leistungen der nuklearmedizinischen Diagnostik und Therapie ist nachgewiesen, wenn die Ärztin oder der Arzt berechtigt ist, die Facharztbezeichnung „Fachärztin oder Facharzt für Nuklearmedizin" zu führen und die erforderliche Fachkunde nach § 47 StrlSchV nachgewiesen wird.

---

[1] § 9 neu gef. mWv 1.1.2020 durch Beschl. v. 9.12.2019 (DÄBl. 2020 S. A-110).
[2] § 10 neu gef. mWv 1.1.2020 durch Beschl. v. 9.12.2019 (DÄBl. 2020 S. A-110).

(2) [1] Ärztinnen und Ärzte, die nicht berechtigt sind, eine Facharztbezeichnung nach Absatz 1 zu führen, müssen für diagnostische Verfahren (in-vivo-Diagnostik und in-vitro-Diagnostik) zusätzlich zur Fachkunde nach § 47 StrlSchV ihre jeweilige fachliche Befähigung in einem Kolloquium nachweisen. [2] Näheres über Kolloquien regelt § 17.

C. Anforderungen an die apparative Ausstattung

§ 11[1)] Diagnostische Radiologie. (1) [1] Leistungen der diagnostischen Radiologie dürfen in der vertragsärztlichen Versorgung nur durchgeführt werden, wenn eine Genehmigung nach § 12 Abs. 1 Nr. 4 des Strahlenschutzgesetzes (StrlSchG) oder die Mitteilung der zuständigen Behörde über die erfolgte Anzeige nach § 19 Abs. 1 StrlSchG vorliegt. [2] Wenn keine Mitteilung der zuständigen Behörde vorliegt, erfolgt der Nachweis durch Vorlage der im Rahmen des Anzeigeverfahrens eingereichten Unterlagen bei der Kassenärztlichen Vereinigung und der Erklärung der Ärztin oder des Arztes, dass eine Aussetzung des Verfahrens oder eine Untersagung des Betriebs durch die Behörde innerhalb der Frist nach § 20 StrlSchG nicht erfolgt ist. [3] Eine spätere Untersagung ist der Kassenärztlichen Vereinigung unverzüglich mitzuteilen. [4] Darüber hinaus kann die Kassenärztliche Vereinigung weitere Unterlagen, z. B. den Prüfbericht zur Sachverständigenprüfung, anfordern. [5] Aus den eingereichten Unterlagen muss eindeutig hervorgehen, dass die Anforderungen an die apparative Ausstattung gemäß der „Richtlinie für die technische Prüfung von Röntgeneinrichtungen und genehmigungsbedürftigen Störstrahlern durch Sachverständige nach dem Strahlenschutzgesetz und der Strahlenschutzverordnung (Sachverständigen-Prüfrichtlinie)" vom 1. Juli 2020 für die beantragten Leistungen erfüllt sind.

(2) [1] Bei Bedarf kann die Kassenärztliche Vereinigung den Prüfbericht zur wiederkehrenden Sachverständigenprüfung anfordern. [2] Dies gilt auch für Sachverständigenprüfungen, die aufgrund einer wesentlichen Änderung des Betriebes der Röntgeneinrichtung durchgeführt werden.

(3) Die sachgerechte Durchführung von Röntgenuntersuchungen erfordert die Verwendung von Abbildungssystemen, die die Qualitätsanforderungen der Leitlinien der Bundesärztekammer zur Qualitätssicherung in der Röntgendiagnostik in der jeweils gültigen Fassung erfüllen.

§ 12[2)] Strahlentherapie. (1) [1] Die Anforderungen an die Bestrahlungsgeräte sowie an die Hilfsgeräte in der Strahlentherapie richten sich nach der StrlSchV, der Richtlinie „Strahlenschutz in der Medizin" und nach den auf der Grundlage der StrlSchV erlassenen Richtlinien und Vorschriften der zuständigen Behörden. Für die Erteilung einer Abrechnungsgenehmigung ist die Erfüllung der Anforderungen nachzuweisen durch:

[1)] § 11 Abs. 1 neu gef., Abs. 2 eingef., bish. Abs. 2 wird Abs. 3 und Satz 2 aufgeh. mWv 1.10.2017 (DÄBl. 2017 S. A-1500), Abs. 1 Satz 1 neu gef., Abs. 1 Satz 2 geänd. mWv 1.4. 2019 durch Beschl. v. 26.3.2019 (DÄBl. 2019 S. A-865), Abs. 1 Satz 1, Satz 2 und Satz 5 geänd. mWv 1.1.2020 durch Beschl. v. 9.12.2019 (DÄBl. 2020 S. A-110), Abs. 1 Satz 1 und Satz 2 geänd. mWv 1.4.2020 durch Beschl. v. 24.3.2020 (DÄBl. 2020 S. A-969), Abs. 1 Satz 5 geänd. mWv 1.10.2020 durch Beschl. v. 23.9.2020 (DÄBl. 2020 S. A-2141).

[2)] § 12 neu gef. mWv 1.1.2020 durch Beschl. v. 9.12.2019 (DÄBl. 2020 S. A-110).

- eine Genehmigung nach § 12 Abs. 1 Nr. 1 bzw. Nr. 3 StrlSchG,
- den Prüfbericht zur Sachverständigenprüfung nach § 88 StrlSchV.

(2) [1] Bei Bedarf kann die Kassenärztliche Vereinigung den jeweils aktuellen Prüfbericht zur regelmäßigen Sachverständigenprüfung nach § 88 StrlSchV und den Bericht über die Prüfung der ärztlichen Stelle nach § 130 StrlSchV anfordern. [2] Dies gilt auch für Sachverständigenprüfungen, die aufgrund einer wesentlichen Änderung des Betriebes des Bestrahlungsgerätes durchgeführt werden.

§ 13[1)] Nuklearmedizin. (1) [1] Die Ausstattung und Anforderungen an die Untersuchungsgeräte zur nuklearmedizinischen Diagnostik richten sich nach der StrlSchV, der Richtlinie „Strahlenschutz in der Medizin“ und nach den auf der Grundlage der StrlSchV erlassenen Richtlinien und Vorschriften der zuständigen Behörden. [2] Für die Erteilung einer Abrechnungsgenehmigung ist die Erfüllung der Anforderungen nachzuweisen durch:

- den Bericht der Abnahmeprüfung nach § 115 StrlSchV. Aus dem Bericht müssen der aktuell einwandfreie technische Zustand des Gerätes und die Eignung des Gerätes für die beantragten Leistungen hervorgehen.
- den Nachweis über die erfolgreiche Prüfung durch die ärztliche Stelle nach § 130 StrlSchV. Dieser ist unverzüglich nach der Prüfung vorzulegen. Soweit zum Zeitpunkt der Antragstellung dieser Nachweis noch nicht vorliegt, ist die Ärztin oder der Arzt verpflichtet, eine Kopie der Anmeldung des Gerätes bei der ärztlichen Stelle vorzulegen.
- die behördliche Genehmigung für den Umgang mit radioaktiven Stoffen nach § 12 Abs. 1 Nr. 3 StrlSchG.

(2) [1] Die Kassenärztliche Vereinigung kann den aktuellen Bericht der Prüfung durch die ärztliche Stelle nach § 130 StrlSchV in Verbindung mit der Richtlinie „Qualitätssicherung durch ärztliche und zahnärztliche Stellen“ nach Röntgenverordnung und StrSchV zur regelmäßigen Prüfung anfordern. [2] Dies gilt auch für Abnahmeprüfungen, die aufgrund einer wesentlichen Änderung des nuklearmedizinischen Systems durchgeführt werden.

D. Verfahren

§ 14[2)] Genehmigung und Widerruf. (1) [1] Anträge auf Genehmigung zur Ausführung und Abrechnung von Leistungen der diagnostischen Radiologie, Strahlentherapie und Nuklearmedizin in der vertragsärztlichen Versorgung sind an die zuständige Kassenärztliche Vereinigung zu richten. [2] Über die Anträge und über den Widerruf oder die Rücknahme einer erteilten Genehmigung entscheidet die Kassenärztliche Vereinigung. [3] Vor Erteilung der Genehmigung zur Ausführung und Abrechnung von Leistungen der diagnostischen Radiolo-

---

[1)] § 13 neu gef. mWv 1.4.2019 durch Beschl. v. 26.3.2019 (DÄBl. 2019 S. A-865), Abs. 1 Aufzählungen, Abs. 2 geänd. mWv 1.1.2020 durch Beschl. v. 9.12.2019 (DÄBl. 2020 S. A-110).

[2)] § 14 Überschrift neu gef., Abs. 1 Satz 4 angef. mWv 1.4.2002 (DÄBl. 2002 S. A-886), Abs. 1 Satz 4 aufgeh. (DÄBl. 2006 S. A-3514), Abs. 2 Nrn. 3 und 4 neu gef., Abs. 3 und Abs. 4 geänd. mWv 1.10.2017 (DÄBl. 2017 S. A-1500), Abs. 1 Satz 3, Abs. 2 Nr. 2, 3a, 3b geänd., Nr. 3c angef., Abs. 3 und 4 Satz 1 geänd. mWv 1.4.2019 durch Beschl. v. 26.3.2019 (DÄBl. 2019 S. A-865), Abs. 2 neu gef., Abs. 3 und 4 geänd. mWv 1.1.2020 durch Beschl. v. 9.12.2019 (DÄBl. 2020 S. A-110), Abs. 2 Nr. 3a neu gef. mWv 1.4.2020 durch Beschl. v. 24.3.2020 (DÄBl. 2020 S. A-969), Abs. 2 Nr. 3 Buchst. a geänd. mWv 1.10.2020 durch Beschl. v. 23.9.2020 (DÄBl. 2020 S. A-2141).

gie, der Strahlentherapie und Nuklearmedizin sind die vorgelegten Zeugnisse und Nachweise von der Kassenärztlichen Vereinigung zu überprüfen.

(2) Dem Antrag auf Genehmigung zur Ausführung und Abrechnung von Leistungen der diagnostischen Radiologie, der Strahlentherapie oder Nuklearmedizin sind insbesondere beizufügen:

1. Zeugnisse gemäß § 16 Abs. 1 oder 2 für den Nachweis der fachlichen Befähigung
2. Erforderliche Bescheinigung über Fachkunde im Strahlenschutz (s. Abschnitt B, Anforderungen an die fachliche Befähigung) nach der StrlSchV
3. a) Für die diagnostische Radiologie:
   Nachweis der Erfüllung der Anforderungen an die apparative Ausstattung gemäß der Sachverständigen-Prüfrichtlinie vom 1. Juli 2020 für die beantragten Leistungen. Genehmigung nach § 12 Abs. 1 Nr. 4 StrlSchG oder Mitteilung der zuständigen Behörde über die erfolgte Anzeige nach § 19 Abs. 1 StrlSchG. Wenn keine Mitteilung der zuständigen Behörde vorliegt, erfolgt der Nachweis durch Vorlage der im Rahmen des Anzeigeverfahrens eingereichten Unterlagen bei der Kassenärztlichen Vereinigung und der Erklärung der Ärztin oder des Arztes, dass eine Aussetzung des Verfahrens oder eine Untersagung des Betriebs durch die Behörde innerhalb der Frist nach § 20 StrlSchG nicht erfolgt ist.

   b) Für die Strahlentherapie:
   – Genehmigung nach § 12 Abs. 1 Nr. 1 bzw. Nr. 3 StrlSchG. Soweit zum Zeitpunkt der Antragstellung die Umgangsgenehmigung noch nicht vorliegt, ist die Ärztin oder der Arzt verpflichtet, diese unverzüglich nach Erhalt der zuständigen Stelle der Kassenärztlichen Vereinigung vorzulegen.
   – Prüfbericht zur Sachverständigenprüfung nach § 88 StrlSchV

   c) Für die Nuklearmedizin:
   – Bericht der Abnahmeprüfung, aus dem der einwandfreie technische Zustand des Gerätes und die Eignung des Gerätes für die beantragten Leistungen nach § 13 hervorgehen.
   – Nachweis über die erfolgreiche Prüfung durch die ärztliche Stelle nach § 130 StrlSchV, falls bereits vorliegend, oder Kopie der Anmeldung des Gerätes bei der ärztlichen Stelle. Die Genehmigung wird mit der Auflage erteilt, dass der Nachweis über die erfolgreiche Prüfung durch die ärztliche Stelle unverzüglich nach der Prüfung vorgelegt wird.
   – Behördliche Genehmigung für den Umgang mit radioaktiven Stoffen nach § 12 Abs. 1 Nr. 3 StrlSchG.
4. Die Kassenärztliche Vereinigung prüft, dass aus den eingereichten Unterlagen für die jeweilige beantragte Leistung die erforderliche fachliche Befähigung nach den Nummern 1 und 2 sowie die apparativen Anforderungen nach Nummer 3 hervorgehen.

(3) Die Ärztin oder der Arzt hat jede wesentliche Veränderung an der zugelassenen Röntgeneinrichtung, am Bestrahlungsgerät oder am nuklearmedizinischen System sowie Änderungen der in Absatz 2 genannten behördlichen Genehmigungen unverzüglich der Kassenärztlichen Vereinigung mitzuteilen.

(4) [1]Die Kassenärztlichen Vereinigungen können die Kommissionen für diagnostische Radiologie, Strahlentherapie und Nuklearmedizin beauftragen,

680. Vereinbarung von Qualitätssicherungsmaßnahmen nach § 135 Abs. 2 SGB V zur Ultraschalldiagnostik (Ultraschall-Vereinbarung)

In der Fassung vom 31.10.2008

Geändert durch Bek. vom 26.6.2009 (DÄBl. Heft 26 S. A-1385; Inkrafttreten: 1.7.2009), durch Bek. vom 15.6.2012 (DÄBl. Heft 24 S. A-1277; Inkrafttreten: 1.6.2012), durch Bek. vom 19.10.2012 (DÄBl. Heft 42 S. A-2100; Inkrafttreten: 1.7.2012), durch Bek. vom 21.9.2016 (DÄBl. Heft 38 S. A-1676; Inkrafttreten: 1.10.2016), durch Bek. vom 24.7.2017 (DÄBl. Heft 29–30 S. A-1457; Inkrafttreten: 1.4.2017), durch Bek. vom 3.11.2017 (DÄBl. Heft 44 S. A-2068; Inkrafttreten: 1.10.2017), durch Bek. vom 26.9.2019 (DÄBl. 2019 Heft 50 S. A-2371; Inkrafttreten: 1.10.2019), durch Bek. vom 25.2.2020 (DÄBl. 2020 Heft 16 S. A-847; Inkrafttreten: 1.4.2020) und durch Bek. vom 23.9.2020 (DÄBl. 2020 Heft 44 S. A-2141; Inkrafttreten: 1.10.2020)

A. Allgemeine Bestimmungen

§ 1 Inhalt. [1] Diese Vereinbarung ist eine Maßnahme zur Qualitätssicherung, mit der die Qualität bei der Erbringung von Leistungen der Ultraschalldiagnostik gesichert werden soll. [2] Die Vereinbarung regelt die fachliche und apparativen Voraussetzungen für die Ausführung und Abrechnung dieser Leistungen im Rahmen der vertragsärztlichen Versorgung.[1)]

§ 2 Begriffsbestimmungen. [1] Für die Anwendung dieser Vereinbarung gelten ergänzend zu Definitionen in den einzelnen Vorschriften die nachfolgenden Begriffsbestimmungen:

a) Anwendungsbereich: Ein Anwendungsbereich (AB) umfasst Leistungen der Ultraschalldiagnostik, die mittels eines oder mehrerer bestimmter Arbeitsmodi (z. B. B-Modus) an einem bestimmten Organ bzw. einer bestimmten Körperregion (z. B. Abdomen und Retroperitoneum) an Patienten ggf. näher bestimmter Altersgruppen (z. B. Jugendliche und Erwachsene) durchgeführt werden.

b) Anwendungsklasse: Eine Anwendungsklasse (AK) umfasst Leistungen der Ultraschalldiagnostik, die mit einem Ultraschallsystem durchgeführt werden, für das bestimmte apparative Mindestanforderungen festgelegt sind.

c) Ultraschallsystem: Ein Ultraschallsystem ist ein Gerät zur Ultraschalldiagnostik, das aus Gerätekonsole, Schallkopf, Monitor und Dokumentationseinrichtung besteht. Weitere in der Vereinbarung verwendete medizintechnische Begriffe sind in Anlage IV erläutert.

[2] Geräte zur Ultraschalldiagnostik nach dem Dopplerprinzip zum alleinigen qualitativen Nachweis der Blutströmung und/oder der darauf aufbauenden Druckmessungen sind nicht Gegenstand dieser Vereinbarung.

§ 3 Genehmigung. (1) Die Ausführung und Abrechnung von Leistungen der Ultraschalldiagnostik im Rahmen der vertragsärztlichen Versorgung ist erst nach Erteilung der Genehmigung durch die Kassenärztliche Vereinigung zulässig.

[1)] **Amtl. Anm.:** Die nachstehenden Personen- und Berufsbezeichnungen werden einheitlich sowohl für die weibliche als auch für die männliche Form verwendet.

(2) [1]Die Genehmigung ist für einen oder mehrere Anwendungsbereiche sowie für eine oder mehrere Anwendungsklassen zu erteilen, wenn der Arzt die entsprechenden fachlichen und apparativen Voraussetzungen nach den Abschnitten B und C im Einzelnen erfüllt. [2]Die Genehmigung ist mit der Auflage zu erteilen, dass die in Abschnitt D festgelegten Anforderungen erfüllt werden.

(3) [1]Die Erfüllung der in Absatz 2 genannten Voraussetzungen ist gegenüber der Kassenärztlichen Vereinigung nachzuweisen. [2]Das Verfahren richtet sich nach Abschnitt E i. V. m. der Rahmenvereinbarung für Qualitätssicherungsvereinbarungen gemäß § 135 Abs. 2 SGB V sowie den Richtlinien der Kassenärztlichen Bundesvereinigung für Verfahren zur Qualitätssicherung nach § 75 Abs. 7 SGB V.

B. Anforderungen an die fachliche Befähigung

§ 4 Erwerb der fachlichen Befähigung nach der Weiterbildungsordnung. Die fachliche Befähigung für die Ausführung und Abrechnung von Leistungen der Ultraschalldiagnostik in einem Anwendungsbereich gilt als nachgewiesen, wenn folgende Voraussetzungen erfüllt und durch die Vorlage von Bescheinigungen nach § 14 nachgewiesen werden:

a) Berechtigung zur Durchführung von Leistungen der Ultraschalldiagnostik nach dem für den Arzt maßgeblichen Weiterbildungsrecht.

b) Selbständige Durchführung von Ultraschalluntersuchungen nach Anlage I Spalte 3 unter Anleitung. Die Anleitung hat bei einem nach § 8 Buchstabe b oder c in der Ultraschalldiagnostik qualifizierten Arzt stattzufinden.

§ 5 Erwerb der fachlichen Befähigung in einer ständigen Tätigkeit. [1]Soweit eine fachliche Befähigung in einem Anwendungsbereich nicht nach § 4 nachgewiesen wird, kann diese durch eine ständige Tätigkeit erworben werden. [2]Dabei sind die folgenden Voraussetzungen zu erfüllen und durch die Vorlage von Bescheinigungen nach § 14 nachzuweisen:

a) Mindestens 18-monatige ganztägige oder entsprechende teilzeitliche Tätigkeit in einem Fachgebiet, dessen Kerngebiet den jeweiligen Anwendungsbereich bzw. das jeweilige Organ/die jeweilige Körperregion umfasst.

b) Selbständige Durchführung von Ultraschalluntersuchungen nach Anlage I Spalte 4 unter Anleitung. Die Anleitung hat bei einem nach § 8 Buchstabe b oder c qualifizierten Arzt stattzufinden.

c) Erfolgreiche Teilnahme an einem Kolloquium nach § 14 Abs. 6 nach Erfüllung der vorgenannten Voraussetzungen.

§ 6[1)] Erwerb der fachlichen Befähigung durch Ultraschallkurse. (1) [1]Soweit eine fachliche Befähigung in einem Anwendungsbereich nicht nach § 4 oder § 5 nachgewiesen wird, kann diese durch Ultraschallkurse erworben werden. [2]Dabei sind folgende Voraussetzungen zu erfüllen und durch die Vorlage von Bescheinigungen nach § 14 nachzuweisen:

[1)] § 6 Abs. 1 Buchst. b Nr. 3 Satz 2 eingef., Abs. 2 Buchst. e neu gef. mWv 1.10.2016 (DÄBl. 2016 S. A-1676), Abs. 2 Buchst. e Sätze 1–3 geänd. mWv 1.4.2017 (DÄBl. 2017 S. A-1457), Abs. 1 Buchst. b) Nr. 2 neuer Satz 2 eingef., Buchst. e) geänd., Abs. 3 Buchst. a) neu gef., Abs. 3 Buchst. b) geänd., Satz 2 angef. mWv 1.4.2020 (DÄBl. 2020 S. A-847).

a) Selbständige Durchführung von Ultraschalluntersuchungen nach Anlage I Spalte 4 unter Anleitung. Die Anleitung hat bei einem nach § 8 Buchstabe a oder b oder c qualifizierten Arzt stattzufinden.

b) Erfolgreiche Teilnahme an folgenden Ultraschallkursen, die unter der Anleitung eines nach § 8 Buchstabe c qualifizierten Arztes (Kursleiter) stattfinden:

1. Grundkurs über physikalisch-technische Basiskenntnisse, Indikationsbereich, Basiskenntnisse einer Ultraschalluntersuchung
2. Aufbaukurs zur Vertiefung der Kenntnisse der Ultraschalldiagnostik und Verbesserung der Untersuchungstechnik. Der Aufbaukurs kann als zusammenhängender Kurs oder in einzelnen Modulen durchgeführt werden. Der Aufbaukurs kann durch eine mindestens 4-wöchige ständige Tätigkeit ersetzt werden, die unter Anleitung eines nach § 8 Buchstabe b oder c qualifizierten Arztes durchgeführt wird.
3. Abschlusskurs zur Vervollständigung der Kenntnisse und Fähigkeiten. Voraussetzung für die Teilnahme am Abschlusskurs ist der Nachweis der nach Buchstabe a erforderlichen Ultraschalluntersuchungen in Form von Schrift- und Bilddokumentationen. Der Abschlusskurs kann als zusammenhängender Kurs oder in einzelnen Modulen durchgeführt werden. Bis zu einem Drittel dieser Untersuchungen kann bereits bei der Teilnahme am Aufbaukurs anerkannt werden, wenn die Schrift- und Bilddokumentation den fachlichen Anforderungen genügt. In der Belastungsechokardiographie können nur digitale Bilddokumentationen anerkannt werden.

c) Erfolgreiche Teilnahme an einem Kolloquium nach § 14 Abs. 6 nach Erfüllung der vorgenannten Voraussetzungen.

(2) Für die Durchführung der Ultraschallkurse in den jeweiligen Anwendungsbereichen gelten die Anforderungen nach Anlage II sowie die folgenden Anforderungen:

a) Zwischen Grund- und Abschlusskurs soll ein Zeitraum von mindestens 9 Monaten liegen.

b) Eine Unterrichtsstunde dauert 45 Minuten.

c) Die Kurse müssen praktische Übungen beinhalten. Diese sollen die Hälfte der Kursdauer umfassen.

d) Beim Aufbau- und beim Abschlusskurs dürfen höchstens 5 Kursteilnehmer gleichzeitig pro Ultraschallsystem unterwiesen werden.

e) Das vom Kursleiter auszustellende Zertifikat über die Teilnahme an den Kursen beziehungsweise die vom Kursleiter auszustellende Teilnahmebescheinigung muss Angaben über den Anwendungsbereich und den Kursinhalt beinhalten.

Das Zertifikat über die Teilnahme am Abschlusskurs beziehungsweise die Teilnahmebescheinigung muss insbesondere folgende Angaben enthalten:

- Anzahl der vorgelegten Schrift- und Bilddokumentationen nach Absatz 1 Buchstabe a), die den fachlichen Anforderungen genügen.
- Beurteilung der Befähigung des Antragstellers zur selbstständigen Durchführung von Ultraschalluntersuchungen im jeweiligen Anwendungsbereich.
- Zuordnung ggf. absolvierter Kursmodule zum jeweiligen Anwendungsbereich.

Für den Fall, dass der Aufbau- oder Abschlusskurs in einzelnen Kursmodulen angeboten wird, müssen für die einzelnen Module oder für alle Module zusammen Zertifikate beziehungsweise Teilnahmebescheinigungen ausgestellt werden, aus denen die Erfüllung der genannten Anforderungen hervorgeht.

(3) Für die Durchführung der Ultraschallkurse gelten darüber hinaus folgende spezielle Anforderungen:

a) Für die in Anlage II genannten Anwendungsbereiche AB 3.3, AB 5 und AB 7 können Grund- und Aufbaukurs interdisziplinär durchgeführt werden. Der Abschlusskurs muss sich auf die spezifischen Anwendungsbereiche beziehen.

b) In der Gefäßdiagnostik (Anlage II Anwendungsbereich AB 11, AB 20 und AB 22) muss der Grundkurs interdisziplinär durchgeführt werden. Im Anwendungsbereich AB 23.1 ist der interdisziplinärer Grundkurs alternativ zu einem speziellen Grundkurs für Muskel- und Nervensonographie möglich.

c) Die Ultraschallkurse für die extrakraniellen hirnversorgenden Gefäße (Anlage II Anwendungsbereich AB 20.6) und extremitätenversorgenden Gefäße (AB 20.8) mit dem Duplex-Verfahren können in Kombination mit dem CW-Doppler-Verfahren durchgeführt werden.

§ 7 Erwerb der fachlichen Befähigung durch eine computergestützte Fortbildung i. V. m. Ultraschallkursen. (1) [1]Soweit die fachliche Befähigung in einem Anwendungsbereich durch Ultraschallkurse erworben wird, kann der theoretische Teil des Abschlusskurses nach § 6 Abs. 1 Buchstabe b Nr. 3 durch eine erfolgreiche computergestützte Fortbildung (Tutorial) ersetzt werden, sofern diese angeboten wird. [2]Dazu hat der Arzt fallbezogene Ultraschallaufnahmen aus dem jeweiligen Anwendungsbereich zu beurteilen und fallbezogene Fragen zu beantworten.

(2) [1]Die übrigen Bestimmungen nach § 6 bleiben unberührt. [2]Insbesondere können die erforderliche Anzahl von durchgeführten Ultraschalluntersuchungen nach § 6 Abs. 1 Buchstabe c durch die computergestützte Fortbildung nicht ersetzt werden.

(3) [1]Die computergestützte Fortbildung muss von der Kassenärztlichen Vereinigung anerkannt sein. [2]Voraussetzung für die Anerkennung ist, dass die wichtigsten Organe, die wichtigsten Diagnosen und die entsprechenden Therapiemethoden des jeweiligen Anwendungsbereichs Bestandteile der Fortbildung sind.

(4) [1]Der Anbieter einer computergestützten Fortbildung hat einen Gesamtbestand an Fällen aus dem jeweiligen Anwendungsbereich vorzuhalten. [2]Einzelne Fälle können aus mehreren Ultraschallaufnahmen bestehen. [3]Aus dem Gesamtbestand werden dem Arzt mindestens 20 Fälle nach dem Zufallsprinzip bereitgestellt. [4]Der Gesamtbestand soll mindestens die 10-fache Anzahl an Fällen beinhalten. [5]Bei bestimmten Anwendungsbereichen kann ein geringerer Gesamtbestand an Fällen vorgehalten werden, sofern dies durch Besonderheiten des Anwendungsbereichs (z. B. eingeschränktes Diagnosespektrum, geringe Arztzahlen) begründet ist.

(5) [1]Der Arzt hat die Aufgabe, die bereitgestellten Fälle anhand der fallbezogenen Ultraschallaufnahmen und der geschilderten Anamnese als Normal-

befund oder Pathologie zu klassifizieren. [2] Handelt es sich um einen pathologischen Fall, so beschreibt der Arzt den Befund, stellt die Diagnose und bestimmt das weitere Vorgehen. [2] Liegt hingegen ein Normalbefund vor, sind ultraschallbezogene Fragen zum anatomischen Wissen zu beantworten.

(6) Der Anbieter stellt dem Arzt ein Zertifikat über die erfolgreiche Teilnahme an der computergestützten Fortbildung aus.

§ 7a[1)] Online-basierter Befähigungsnachweis zur systematischen Untersuchung der fetalen Morphologie im Rahmen der Mutterschaftsrichtlinie. Für die Erfüllung der Anforderungen des Anwendungsbereiches 9.1a (AB 9.1a) hat der Arzt gegenüber der Kassenärztlichen Vereinigung einen Nachweis gemäß Anlage VI zu erbringen.

§ 8 Qualifikation der Ausbilder. Qualifizierte Ausbilder im Sinne dieser Vereinbarung sind, je nach Wahrnehmung der Aufgaben nach den §§ 4 bis 6:

a) Ärzte, die die Anforderungen an die fachliche Befähigung im jeweiligen Anwendungsbereich nach dieser Vereinbarung erfüllen.

b) [1] Ärzte, die nach der Weiterbildungsordnung in vollem Umfang zur Weiterbildung im jeweiligen Anwendungsbereich befugt sind. [2] Ist der anleitende Arzt nur teilweise zur Weiterbildung befugt, muss er zusätzlich die Voraussetzungen an die fachliche Befähigung nach dieser Vereinbarung erfüllen.

c) Ärzte, die die folgenden Voraussetzungen kumulativ erfüllen:
   - eine abgeschlossene Weiterbildung zum Facharzt
   - die Erfüllung der fachlichen und apparativen Voraussetzungen nach dieser Vereinbarung für den jeweiligen Anwendungsbereich
   - eine mindestens 36-monatige eigenverantwortliche Tätigkeit im Bereich der Ultraschalldiagnostik
   - die 10-fache Zahl der in Anlage I Spalte 4 für den jeweiligen Anwendungsbereich geforderten Untersuchungszahlen.

C. Anforderungen an die apparative Ausstattung

§ 9[2)] Apparative Ausstattung. (1) [1] Die verwendeten Ultraschallsysteme müssen Mindestanforderungen an die Gerätesicherheit, biologische Sicherheit und technische Leistungsfähigkeit erfüllen. [2] Die Mindestanforderungen richten sich nach Anwendungsklassen gemäß Anlage III. [3] Ärzte, die einen Antrag auf Genehmigung stellen, sind verpflichtet, die in Anlage III Nummern 1 bis 8 aufgeführten Mindestanforderungen nachzuweisen. [4] Die Mindestanforderungen gelten für jeden Arbeitsplatz.

[1)] § 7a eingef. mWv 1.6.2012 (DÄBl. 2012 S. A-1277).

[2)] § 9 Abs. 1 Satz 3 geänd., Abs. 2, 3 und 4 neu gef. mWv 1.10.2016 (DÄBl. 2016 S. A-1676), Abs. 4 Sätze 3 und 4 angef. mWv 1.10.2019 (DÄBl. 2019 S. A-2371).

(2)

a) Für Ultraschallsysteme, die zum Zeitpunkt der Genehmigungserteilung bereits länger als 24 Monate in Betrieb waren („Gebrauchtgeräte"), muss zusätzlich zur Erfüllung der Anforderungen nach Absatz 1 ein Wartungsprotokoll vorgelegt werden, das nicht älter als 12 Monate sein darf. Das Wartungsprotokoll hat die Anforderungen nach § 13 Abs. 9 zu erfüllen.

b) Falls ein Wartungsprotokoll nicht vorgelegt werden kann, muss zur Genehmigungserteilung eine bildbasierte Abnahmeprüfung erfolgen. Als Teil der Abnahmeprüfung ist zur Beurteilung der Leistungsfähigkeit des Ultraschallsystems hinsichtlich der technischen Bildqualität bei Untersuchungen im B-Modus eine aktuelle Bilddokumentation der jeweiligen Anwendungsklasse einzureichen. Die Anforderungen an die Dokumentation gemäß Anlage III Nummer 6 müssen erfüllt sein. Das Organ bzw. die Körperregion muss entsprechend Anlage III Nummer 9.1 abgebildet sein, sofern dies für eine Anwendungsklasse definiert ist. Dabei müssen die in Anlage III Nummer 9.2 genannten charakteristischen Bildmerkmale erkennbar bzw. differenzierbar sein. Die Ultraschallaufnahme soll nicht älter als 3 Monate sein. Aus der Bilddokumentation muss eindeutig hervorgehen, dass die Ultraschallaufnahme mit dem beantragten Ultraschallsystem erstellt wurde. Sofern ein Ultraschallsystem für mehrere beantragte Anwendungsklassen verwendet werden soll, ist eine aktuelle Bilddokumentation einer dieser Anwendungsklassen einzureichen.

(3) [1] Der Arzt muss sich für jedes Ultraschallgerät, das er erstmalig in Betrieb nimmt, anhand der Gebrauchsanweisung sowie beigefügter sicherheitsbezogener Informationen und Instandhaltungshinweise in die sachgerechte Handhabung, Anwendung und den Betrieb des Ultraschallsystems sowie, falls Endosonographiesonden zur Anwendung kommen, basierend auf den Hinweisen zu deren Aufbereitung, einweisen lassen. [2] Die Einweisung darf nur von Personen durchgeführt werden, die auf Grund ihrer Kenntnisse und praktischen Erfahrungen für die Einweisung in die medizintechnische Handhabung des Gerätes geeignet sind. [3] Die Einweisung ist unter Angabe des Namens der einweisenden Person schriftlich zu dokumentieren und auf Verlangen der Kassenärztlichen Vereinigung nachzuweisen.

(4) [1] Vor der erstmaligen Inbetriebnahme von Ultraschallsonden zur Endosonographie durch einen Arzt ist sicherzustellen, dass der Hersteller in der Gebrauchsanweisung Angaben zu mindestens einem wirksamen und materialverträglichen Desinfektionsverfahren mit bakterizider, fungizider und viruzider Wirkung zur Verfügung stellt. [2] Der Nachweis der Wirksamkeit mit anerkannten Methoden muss vom Hersteller durch ein Gutachten belegt sein und wird im Rahmen der Gewährleistungserklärung nachgewiesen. [3] Nach § 8 Abs. 2 Medizinprodukte-Betreiberverordnung wird eine ordnungsgemäße Aufbereitung vermutet, wenn die gemeinsame Empfehlung der Kommission für Krankenhaushygiene und Infektionsprävention am Robert Koch-Institut und des Bundesinstitutes für Arzneimittel und Medizinprodukte zu den Anforderungen an die Hygiene bei der Aufbereitung von Medizinprodukten beachtet wird. [4] Satz 3 gilt auch bei Verwendung alternativer Desinfektionsverfahren.

(5) Der Arzt hat jede Veränderung in der apparativen Ausstattung, die Auswirkungen auf die Bildqualität haben kann, unverzüglich der Kassenärztlichen Vereinigung mitzuteilen.

D. Auflagen

§ 10[1] **Ärztliche Dokumentation.** (1) Der Arzt ist verpflichtet, die Indikation und die Durchführung der Ultraschalluntersuchung zu dokumentieren.

(2) Aus der ärztlichen Dokumentation müssen hervorgehen:

1. Patientenidentität (Name und Alter)
2. Untersucheridentifikation
3. Untersuchungsdatum
4. Fragestellung bzw. Indikation der Untersuchung
5. ggf. eingeschränkte Untersuchungsbedingungen bzw. Beurteilbarkeit
6. organspezifische Befundbeschreibung, außer bei Normalbefunden
7. (Verdachts-)Diagnose
8. abgeleitete diagnostische und/oder therapeutische Konsequenzen und/oder abgeleitetes anderweitiges Vorgehen, außer bei Normalbefund.

(3) [1]Die schriftliche Dokumentation im Rahmen der Schwangerschaftsbetreuung erfolgt entsprechend der Mutterschafts-Richtlinien. [2]Die schriftliche Dokumentation der sonographischen Früherkennungs-Untersuchung der Säuglingshüfte hat gemäß Anlage V zu erfolgen.

(4) Aus der Bilddokumentation müssen mindestens hervorgehen:

1. Die Inhalte nach Anlage III Nummer 6
2. bei Normalbefund: Darstellung von einer oder mehreren geeigneten Schnittebenen zur Belegung des Normalbefunds im Sinne der Fragestellung (nur bei B-Modus)
3. bei pathologischem Befund: Darstellung in 2 Schnittebenen oder – wenn dies nicht möglich ist – in einer Schnittebene (nur bei B-Modus).

§ 11[2] **Überprüfung der ärztlichen Dokumentation.** (1) Die Überprüfung richtet sich auf die Vollständigkeit und Nachvollziehbarkeit der ärztlichen Dokumentation nach § 10 Abs. 2 bis 4.

(2)

a) Die Kassenärztliche Vereinigung fordert jährlich von mindestens 6 Prozent der Ärzte, denen eine Genehmigung erteilt worden ist, die Dokumentationen zu 5 abgerechneten Ultraschalluntersuchungen an (Stichprobenprüfung). Die Auswahl der Dokumentationen erfolgt nach dem Zufallsprinzip durch die Kassenärztliche Vereinigung unter Angabe des Patientennamens und des Untersuchungsdatums. Die KV kann zusätzlich anlassbezogene Stichprobenprüfungen durchführen.
b) Die Partner des Bundesmantelvertrags können Vorgaben für eine schwerpunktmäßige Überprüfung spezifischer Bereiche nach Buchstabe a) für die Dauer von mindestens zwei Jahren treffen. Die Schwerpunkte werden den Kassenärztlichen Vereinigungen mit ausreichendem Vorlauf von mindestens 6 Monaten genannt. Die Vorgaben umfassen bis zu 3% der Genehmigungs-

---

[1] § 10 Abs. 4 Einleitungssatz geänd. mWv 1.7.2009 (DÄBl. 2009 S. A-1385), Abs. 2 Nr. 8 geänd. mWv 25.2.2020 (DÄBl. 2020 S. A-847).

[2] § 11 Abs. 10 angef. mWv 1.7.2012 (DÄBl. 2012 S. A-2100), Abs. 2 bis 7 neu gef. mWv 1.10.2016 (DÄBl. 2016 S. A-1676), Abs. 8 aufgeh. mWv 1.10.2020 (DÄBl. 2020 S. A-2141).

inhaber und können auf den gesamten Prüfumfang gemäß Buchstabe a) angerechnet werden. Erfolgen keine Vorgaben der Partner des Bundesmantelvertrags, so bezieht sich die Überprüfung auf alle Ärzte gemäß Buchstabe a), denen eine Genehmigung gemäß dieser Vereinbarung erteilt wurde.

(3) [1] Jede der eingereichten Dokumentationen ist daraufhin zu beurteilen, ob die nach § 10 Abs. 2 bis 4 geforderten Angaben vollständig und nachvollziehbar sind, und wird auf der Grundlage des Bewertungsschemas der KBV nach den Richtlinien der KBV für Verfahren zur Qualitätssicherung nach § 75 Abs. 7 SGB V von der Qualitätssicherungs-Kommission einzeln anhand folgender Beurteilungskategorien eingestuft:

a) keine Beanstandung

b) geringe Beanstandung

c) erhebliche Beanstandung

d) schwerwiegende Beanstandung

[2] Auf der Grundlage der Einzelbewertungen wird eine Gesamtbewertung aller von einem Arzt eingereichten Dokumentationen durch die Kommission vorgenommen.

(4) Das Ergebnis der Überprüfung der ärztlichen Dokumentation wird dem Arzt durch die Kassenärztliche Vereinigung innerhalb von 4 Wochen mitgeteilt.

a) keine Beanstandung:
Es erfolgt eine Bestätigung, dass die geprüften Leistungen den Qualitätsanforderungen entsprechen.

b) geringe Beanstandung:
Es erfolgt eine schriftliche Mitteilung über festgestellte Mängel und Aufforderung, diese Mängel zukünftig zu vermeiden, gegebenenfalls in Verbindung mit der Auflage für ein Beratungsgespräch oder eine Fortbildungsmaßnahme.

c) erhebliche Beanstandung:
- Es erfolgt eine schriftliche Mitteilung über festgestellte Mängel und Aufforderung, diese Mängel zukünftig zu vermeiden, gegebenenfalls in Verbindung mit der Auflage für ein Beratungsgespräch oder eine Fortbildungsmaßnahme.
- Zusätzlich kann die Kassenärztliche Vereinigung eine oder mehrere der folgenden Maßnahmen durchführen:
  - Nichtvergütung oder Rückforderung bereits geleisteter Vergütungen der beanstandeten Leistungen,
  - Durchführung eines Kolloquiums. Besteht der Arzt das Kolloquium nicht, wird die Genehmigung widerrufen oder gegebenenfalls ein neuer Termin angesetzt. Besteht der Arzt auch das erneute Kolloquium nicht, wird die Genehmigung widerrufen. Die erneute Erteilung der Genehmigung kann frühestens nach 3 Monaten erfolgen und wird von der erfolgreichen Teilnahme an einem Kolloquium abhängig gemacht. Die Genehmigung kann mit Auflagen versehen werden,
  - Praxisbegehung.

d) schwerwiegende Beanstandung:
- Es erfolgt eine schriftliche Mitteilung über festgestellte Mängel und Aufforderung, diese Mängel zukünftig zu vermeiden, in Verbindung mit der

Auflage für ein Beratungsgespräch oder eine Maßnahme (z. B. Fortbildungskurs, Hospitation). Für den Fall, dass die KV ein Kolloquium durchführt, kann das Beratungsgespräch oder die Fortbildungsmaßnahme entfallen.

- Widerruf der Genehmigung, wenn aufgrund der beanstandeten Mängel eine erhebliche Gefährdung von Leben oder Gesundheit des Patienten vorlag.
- Die Kassenärztliche Vereinigung kann zusätzlich eine oder mehrere der folgenden Maßnahmen durchführen:
  - Nichtvergütung oder Rückforderung bereits geleisteter Vergütungen der beanstandeten Leistungen,
  - Durchführung eines Kolloquiums. Besteht der Arzt das Kolloquium nicht, wird die Genehmigung widerrufen oder gegebenenfalls ein neuer Termin angesetzt. Besteht der Arzt auch das erneute Kolloquium nicht, wird die Genehmigung widerrufen. Die erneute Erteilung der Genehmigung kann frühestens nach 3 Monaten erfolgen und wird von der erfolgreichen Teilnahme an einem Kolloquium abhängig gemacht. Die Genehmigung kann mit Auflagen versehen werden,
  - Praxisbegehung.

(5) Zeigt die Dokumentation erhebliche oder schwerwiegende Beanstandungen, fordert die Kassenärztliche Vereinigung aus einem der ersten vier der Ergebnismitteilung folgenden Abrechnungsquartale erneut Dokumentationen zu 5 abgerechneten Ultraschalluntersuchungen an.

(6) [1] Zeigt das Ergebnis der Überprüfung nach Absatz 5 erneut erhebliche oder schwerwiegende Beanstandungen, hat der Arzt die Möglichkeit, innerhalb von 6 Wochen an einem Kolloquium bei der Kassenärztlichen Vereinigung teilzunehmen. [2] Hat der Arzt an dem Kolloquium nicht teilgenommen oder war die Teilnahme an dem Kolloquium nicht erfolgreich, wird die Genehmigung widerrufen. [3] Die Kassenärztliche Vereinigung kann Auflagen für eine erneute Antragstellung nach Absatz 7 festlegen.

(7) [1] Nach Widerruf der Genehmigung kann der Arzt frühestens nach Ablauf von 3 Monaten einen Antrag auf eine erneute Teilnahme an einem Kolloquium stellen. [2] Diesem Antrag ist gegebenenfalls ein Nachweis über die Erfüllung der Auflagen nach Absatz 6 beizulegen. [3] Ist die Teilnahme an dem Kolloquium erfolgreich, erteilt die Kassenärztliche Vereinigung eine neue Genehmigung.

(8) *(weggefallen)*

(9) Die Überprüfung der Dokumentation der sonographischen Untersuchung der Säuglingshüfte (Anlage I Anwendungsbereich AB 10.2) richtet sich nach Anlage V.

(10) Ergebnisse von Überprüfungen der ärztlichen Dokumentation können, wenn dabei keine Mängel festgestellt wurden, für die Beurteilung der Leistungsfähigkeit jeweils eines Ultraschallsystems hinsichtlich der technischen Bildqualität bzw. für die Konstanzprüfung verwendet werden.

§ 12 Auflage zur Aufrechterhaltung der fachlichen Befähigung für die sonographische Untersuchung der Säuglingshüfte. Für Ärzte, denen eine Genehmigung zur sonographischen Untersuchung der Säuglingshüfte (Anlage I Anwendungsbereich AB 10.2) erteilt worden ist, besteht als Auflage zur Aufrechterhaltung der fachlichen Befähigung die erfolgreiche Teilnahme an der regelmäßigen Überprüfung der ärztlichen Dokumentation (Bild- und Schriftdokumentation) gemäß Anlage V.

§ 13[1)] Konstanzprüfung. (1) Der Arzt ist verpflichtet, bei Untersuchungen im B-Modus in regelmäßigen Abständen an einer Überprüfung der Bilddokumentation teilzunehmen (Konstanzprüfung).

(2) [1] Die Konstanzprüfung richtet sich auf die technische Bildqualität. [2] Anhand der in Anlage III Nummer 9.2 für die jeweilige Anwendungsklasse genannten charakteristischen Bildmerkmale soll überprüft werden, ob die Leistungsfähigkeit des Ultraschallsystems hinsichtlich der technischen Bildqualität eine ausreichende diagnostische Sicherheit ermöglicht. [3] Sind für eine Anwendungsklasse keine charakteristischen Bildmerkmale genannt, entfällt insoweit die Verpflichtung zur Teilnahme an der Überprüfung nach Absatz 1.

(3) [1] Die erstmalige Konstanzprüfung findet 6 Jahre nach der Genehmigungserteilung statt, danach werden die Prüfungen in 6-jährigem Abstand durchgeführt. [2] Die Kassenärztliche Vereinigung kann die in einem Kalenderjahr durchzuführenden Konstanzprüfungen innerhalb des Jahres frei verteilen, um das Prüfgeschehen gleichmäßig aufzuteilen. [3] Für die Konstanzprüfung fordert die Kassenärztliche Vereinigung von jedem Arzt eine aktuelle Bilddokumentation jeder genehmigten Anwendungsklasse an. [4] Sofern ein Ultraschallsystem für mehrere Anwendungsklassen verwendet wird, ist eine aktuelle Bilddokumentation einer dieser Anwendungsklassen anzufordern.

(4) Die Anforderungen an die technische Bildqualität der eingereichten Bilddokumentation gelten als erfüllt, wenn die in Anlage III Nummer 9.2 genannten charakteristischen Bildmerkmale differenzierbar bzw. erkennbar sind.

(5) [1] Das Organ bzw. die Körperregion muss entsprechend der Anlage III Nummer 9.1 abgebildet sein. [2] Die Ultraschallaufnahme soll nicht älter als 6 Monate sein. [3] Die Anforderungen an die Dokumentation nach Anlage III Nummer 6 müssen erfüllt sein. [4] Aus der Bilddokumentation muss eindeutig hervorgehen, dass die Ultraschallaufnahme mit dem genehmigten Ultraschallsystem erstellt wurde.

(6) [1] Das Ergebnis der Konstanzprüfung wird dem Arzt durch die Kassenärztliche Vereinigung innerhalb von 4 Wochen nach erfolgter Prüfung mitgeteilt. [2] Der Arzt soll über bestehende Mängel informiert und ggf. beraten werden, wie diese behoben werden können. [3] Werden die Anforderungen an die technische Bildqualität nicht erfüllt, kann der Arzt innerhalb von 3 Monaten nach Mitteilung der Mängel eine weitere Bilddokumentation der jeweiligen Anwendungsklasse einreichen. [4] Wird keine Dokumentation eingereicht oder werden die Anforderungen an die technische Bildqualität erneut nicht erfüllt, ist die Genehmigung – ggf. gerätebezogen – zu widerrufen.

(7) Die Genehmigung ist wieder zu erteilen, wenn eine aktuelle Bilddokumentation eingereicht wird, die die Anforderungen nach § 9 Abs. 2 erfüllt.

[1)] § 13 Abs. 3 neu gef., Abs. 9 angef. mWv 1.10.2016 (DÄBl. 2016 S. A-1676).

(8) [1]Die nach § 12 geforderte Auflage zur Aufrechterhaltung der fachlichen Befähigung für die sonographische Untersuchung der Säuglingshüfte wird als Konstanzprüfung anerkannt. [2]Ebenfalls anerkannt werden Stichprobenprüfungen im Einzelfall nach § 136 SGB V,[1)] wenn sie mindestens die Anforderungen dieser Vereinbarung erfüllen. [3]In Fällen, in denen eine Überprüfung der ärztlichen Dokumentation nach § 11 erfolgt, kann diese organisatorisch mit der Konstanzprüfung verbunden werden.

(9) Wartungsprotokolle können für die Konstanzprüfung anerkannt werden, wenn aus der messtechnischen Kontrolle eindeutig hervorgeht, dass die Leistungsfähigkeit des Ultraschallsystems hinsichtlich der technischen Bildqualität eine ausreichende diagnostische Sicherheit ermöglicht.

E. Verfahren

§ 14[2)] Genehmigungsverfahren. (1) Anträge auf Genehmigung sind an die Kassenärztliche Vereinigung zu richten.

(2) Über die Anträge und über den Widerruf oder die Rücknahme einer erteilten Genehmigung entscheidet die Kassenärztliche Vereinigung.

(3) Dem Antrag auf Genehmigung sind insbesondere beizufügen:

1. a) Bei Erwerb der fachlichen Befähigung nach § 4:
   - Urkunde über die Berechtigung zum Führen der entsprechenden Gebiets- oder Facharztbezeichnung
   - Zeugnisse von dem anleitenden Arzt über die nach § 4 Buchstabe b selbständig durchgeführten Ultraschalluntersuchungen

   b) Bei Erwerb der fachlichen Befähigung nach § 5:
   - Zeugnisse von dem anleitenden Arzt über die nach § 5 Buchstabe a und b absolvierte ständige Tätigkeit in der Ultraschalldiagnostik und die selbständig durchgeführten Ultraschalluntersuchungen

   c) Bei Erwerb der fachlichen Befähigung nach § 6 oder § 7:
   - Zeugnisse von dem anleitenden Arzt über die nach § 6 Abs. 1 Buchstabe a selbständig durchgeführten Ultraschalluntersuchungen
   - Zertifikate beziehungsweise Teilnahmebescheinigungen über die erfolgreiche Teilnahme an den Ultraschallkursen nach § 6 Abs. 1 Buchstabe b
   - ggf. Zertifikat über die erfolgreiche Teilnahme an der computergestützten Fortbildung nach § 7.

   d) Die Zeugnisse nach den Buchstaben a bis c müssen mindestens die folgenden Angaben beinhalten:
   - Überblick über die Zusammensetzung des Krankheitsgutes der Abteilung, in der die Anleitung stattfand.

---

1) **Aichberger, Sozialgesetzbuch, Nr. 5.**

2) § 14 Abs. 3 Nr. 2 geänd., Abs. 3a eingef. mWv 1.10.2016 (DÄBl. 2016 S. A-1676), Abs. 3 Nr. 1 Buchst. c geänd. mWv 1.4.2017 (DÄBl. 2017 S. A-1457).

– Beschreibung der durchgeführten Untersuchungen und angewandten Techniken.
– Zahl der vom Antragsteller selbständig und unter Anleitung erbrachten Untersuchungen und diagnostischen Beurteilungen; Zahl der pathologischen Befunde.
– Beurteilung der Befähigung des Antragstellers zur selbständigen Durchführung von Ultraschalluntersuchungen.

2. Nachweis der Erfüllung der Anforderungen an die apparative Ausstattung nach § 9 und Anlage III. Der Nachweis kann durch die Gewährleistung des Herstellers geführt werden. § 9 Abs. 4 bleibt unberührt.

(3a) [1] Die Kassenärztlichen Vereinigungen überprüfen die vorgelegten Zeugnisse und Dokumente insbesondere daraufhin, ob die Anzahl der für die jeweiligen Anwendungsbereiche (Anlage I) im Einzelnen geforderten organspezifischen Ultraschalluntersuchungen erbracht wurden. [2] Die Genehmigung wird nur erteilt, wenn die geforderten Untersuchungsnachweise vollständig und entsprechend der Vorgaben der einzelnen Anwendungsbereiche aus den eingereichten Dokumenten hervorgehen.

(4) Soll eine fachliche Befähigung für die Ausführung und Abrechnung von Leistungen der Ultraschalldiagnostik in einem Anwendungsbereich an Patienten bestimmter Altersklassen (z. B. Kindern) nachgewiesen werden, muss aus dem Zeugnis hervorgehen, dass die Untersuchungen bei solchen Patienten durchgeführt wurden.

(5) [1] Die Kassenärztlichen Vereinigungen können die Qualitätssicherungs-Kommissionen beauftragen, die in Betrieb befindlichen Ultraschallsysteme daraufhin zu überprüfen, ob sie den Bestimmungen gemäß Anlage III entsprechen. [2] Die Genehmigung wird nur erteilt, wenn der Arzt in seinem Antrag sein Einverständnis zur Durchführung einer solchen Überprüfung erklärt.

(6) Wird die fachliche Befähigung nach § 5, § 6 oder § 7 erworben, darf die Genehmigung nur nach erfolgreicher Teilnahme an einem Kolloquium erfolgen.

(7) Ärzte, die nicht über die Schwerpunktbezeichnung „Spezielle Geburtshilfe und Perinatalmedizin" verfügen und Ultraschalluntersuchungen des fetomaternalen Gefäßsystems (Anlage I Anwendungsbereich AB 22.2) oder des fetalen kardiovaskulären Systems (AB 22.1) mit dem Duplex-Verfahren ausführen und abrechnen wollen, müssen ihre fachliche Befähigung in einem Kolloquium nachweisen.

(8) [1] Bestehen trotz der vorgelegten Bescheinigungen und Dokumentationen begründete Zweifel an der fachlichen Befähigung des Arztes, so kann die Kassenärztliche Vereinigung die Erteilung der Genehmigung von der erfolgreichen Teilnahme an einem Kolloquium abhängig machen. [2] Das Gleiche gilt, wenn der antragstellende Arzt im Vergleich zu dieser Vereinbarung eine abweichende, aber gleichwertige Befähigung nachweist.

(9) Die Genehmigung zur sonographischen Untersuchung der Säuglingshüfte (Anlage I Anwendungsbereich AB 10.2) ist zu widerrufen, wenn der Arzt die Auflagen zur Aufrechterhaltung der fachlichen Befähigung nach § 12 nicht erfüllt.

F. Schlussbestimmungen

§ 15[1)] Auswertung. [1]Die Kassenärztlichen Vereinigungen teilen der Kassenärztlichen Bundesvereinigung jährlich Zahlen und Ergebnisse gemäß Anlage VII der Ultraschall-Vereinbarung mit. [2]Die Partner des Bundesmantelvertrages beraten die Ergebnisse.

§ 16[2)] Übergangsregelungen. (1) Ärzte, die bis zum Inkrafttreten der Fassung vom 1.4.2020 auf der Grundlage der „Vereinbarung von Qualifikationsvoraussetzungen gemäß § 135 Abs. 2 SGB V zur Durchführung von Untersuchungen in der Ultraschalldiagnostik" vom 10. Februar 1993 über eine Genehmigung verfügen, behalten diese.

(2) [1]Ultraschallsysteme, für die vor dem Inkrafttreten der Fassung vom 1.4.2020 eine Genehmigung nach § 3 dieser Vereinbarung erteilt wurde und die die Anforderungen an die apparative Ausstattung nach Anlage III nach Inkrafttreten der Fassung vom 1.4.2020 nicht erfüllen, dürfen weiterverwendet werden. [2]Annular-Array-Schallköpfe, für die vor dem Inkrafttreten der Fassung vom 1.4.2020 eine Genehmigung nach § 3 dieser Vereinbarung erteilt wurde, dürfen bis zum 31.3.2030 weiterverwendet werden.

(2a) Für den Fall, dass vor Inkrafttreten der Fassung 1.4.2020 nachweislich ein Kaufvertrag für ein Ultraschallsystem oder einzelne Komponenten abgeschlossen wurde, aber noch keine Genehmigung erteilt wurde und die Anforderungen an die apparative Ausstattung nach Anlage 3 nicht mehr erfüllt werden, entscheidet die Kassenärztliche Vereinigung über die Genehmigungsfähigkeit.

(3) [1]Für Ärzte mit bestehender Genehmigung zum Inkrafttreten der Fassung vom 1.10.2016 gilt, dass die erste Konstanzprüfung gemäß § 13 Abs. 3 spätestens sechs Jahre nach der vorherigen Konstanzprüfung, bei ausstehender Konstanzprüfung nach der Abnahmeprüfung, stattzufinden hat. [2]Die Verteilung der Konstanzprüfungen bis zur Angleichung des geänderten Prüfzeitraums nach dieser Fassung obliegt der Kassenärztlichen Vereinigung.

(4) Für Ärzte, die ihre Weiterbildung gemäß einer Weiterbildungsordnung auf der Grundlage einer früheren (Muster-)Weiterbildungsordnung (vor 2018) absolviert haben, gilt hinsichtlich der Anforderungen nach §§ 4, 5 und 6 abweichend von Anlage I Anwendungsbereich AB 23.1: 100 Sonographien des zentralen und peripheren Nervensystems und der Muskulatur.

(5) Ultraschall-Abschlusskurse, die vor dem Inkrafttreten der Fassung vom 1.10.2016 in Kursmodulen durchgeführt worden sind, können anerkannt werden, wenn die entsprechenden Anforderungen der Anlage II und die Anforderungen des § 6, insbesondere Abs. 2 Buchstabe e, erfüllt sind und von den Kursleitern bescheinigt werden.

(6) Ultraschall-Aufbaukurse, die vor dem Inkrafttreten der Fassung vom 1.4.2020 in Kursmodulen durchgeführt worden sind, werden anerkannt, wenn die entsprechenden Anforderungen der Anlage II und die Anforderungen des

---

[1)] § 15 neu gef. mWv 1.10.2016 (DÄBl. 2016 S. A-1676).

[2)] § 16 neu gef. mWv 1.10.2016 (DÄBl. 2016 S. A-1676), Abs. 2 Satz 1 geänd. mWv 1.4.2017 (DÄBl. 2017 S. 1457), Abs. 2 Satz 1 geänd. mWv 1.10.2017 (DÄBl. 2017 S. 2068), Abs. 1 geänd., Abs. 2 neu gef., Abs. 2a eingef., Abs. 3 geänd., Abs. 4 neu gef., Abs. 5 geänd., Abs. 6 angef. mWv 1.4.2020 (DÄBl. 2020 S. A-847).

§ 6 in der Fassung nach Inkrafttreten der Fassung vom 1.4.2020, insbesondere Abs. 2 Buchstabe e, erfüllt sind und von den Kursleitern bescheinigt werden.

§ 17 Inkrafttreten. [1]Diese Vereinbarung tritt zum 1. April 2009 in Kraft. [2]Sie ersetzt die „Vereinbarung von Qualifikationsvoraussetzungen gemäß § 135 Abs. 2 SGB V zur Durchführung von Untersuchungen in der Ultraschalldiagnostik" vom 10. Februar 1993.

Protokollnotizen[1]):

1. Die Vertragspartner verständigen sich darauf, anhand der Ergebnisse nach § 15 zu entscheiden, dass unter Berücksichtigung des Aufwandes der Überprüfung der ärztlichen Dokumentation nach § 11, der Konstanzprüfung nach § 13 und der Auswertung nach § 15 die jeweiligen Maßnahmen fortgeführt oder angepasst werden sollen.

2a). [1]Die Partner des Bundesmantelvertrages treffen Vorgaben für schwerpunktmäßige Überprüfungen gemäß § 11 Absatz 2 Buchstabe b. [2]Die Schwerpunkte können sich z. B. auf den Genehmigungsstatus oder gerätebezogene Aspekte beziehen. [3]Es erfolgt eine Festlegung, dass sich mit Inkrafttreten der Fassung vom 1. Oktober 2016 die erste Schwerpunktprüfung ab 2017 mit einem Umfang von 3% auf neu genehmigte Ärzte bezieht. [4]Nach Ablauf von frühestens drei Jahren beschließen die Partner des Bundesmantelvertrags, ob die Schwerpunktprüfung fortgeführt oder ein neuer Schwerpunkt festgelegt werden soll.

2b). Die Partner des Bundesmantelvertrages treffen für die Jahre 2021 und 2022 keine Vorgaben für schwerpunktmäßige Überprüfungen. abweichend von § 11 Abs. 2b Satz 4 wird den Kassenärztlichen Vereinigungen in dieser Zeit freigestellt, weiterhin schwerpunktmäßige Überprüfungen bei neu genehmigten Ärzten durchzuführen, die bis zu 3% der Genehmigungsinhaber umfassen können und auf den gesamten Prüfumfang angerechnet werden. Die Anzahl der schwerpunktmäßigen Überprüfungen ist der Kassenärztlichen Bundesvereinigung jährlich weiterhin über das aktuell gültige Auswertungskonzept mitzuteilen.

Anlage I. Anforderungen an die fachliche Befähigung nach § 4, § 5 und § 6

(Vom Abdruck wurde abgesehen)

Anlage II. Anforderungen an die fachliche Befähigung nach § 6 (Ultraschallkurse)

(Vom Abdruck wurde abgesehen)

Anlage III. Anforderungen an die apparative Ausstattung nach § 9

(Vom Abdruck wurde abgesehen)

Anlage IV. Erläuterungen der verwendeten medizintechnischen Begriffe

(Vom Abdruck wurde abgesehen)

Anlage V. Regelmäßige Überprüfung der ärztlichen Dokumentation bei der sonographischen Untersuchungen der Säuglingshüfte nach § 12, Auflage zur Aufrechterhaltung der fachlichen Befähigung sowie Anforderungen an die Dokumentation

(Vom Abdruck wurde abgesehen)

---

[1]) Protokollnotizen neu gef. mWv 1.10.2016 (DÄBl. 2016 S. A-1676), bish. Abs. 2 wird Abs. 2a und Satz 3 neu gef., Abs. 2b angef. mWv 1.10.2020 (DÄBl. 2020 S. A-2141).

Anlage VI. Befähigungsnachweis zur Erbringung von Leistungen der Ultraschalldiagnostik bei Untersuchungen im Rahmen des Anwendungsbereiches AB 9.1a gemäß den Mutterschafts-Richtlinien

(Vom Abdruck wurde abgesehen)

Anlage VII. Auswertungskonzept

(Vom Abdruck wurde abgesehen)

692. Qualitätssicherungsvereinbarung gemäß § 135 Abs. 2 SGB V zur Diagnostik und Therapie schlafbezogener Atmungsstörungen

Vom 18. März 2005

(DÄBl. 2005 Heft 11 S. A-777; Inkrafttreten: 1.4.2005)

Geändert durch Bek. vom 23.9.2020 (DÄBl. Heft 44 S. A-2142; Inkrafttreten: 1.10.2020)

Abschnitt A. Allgemeine Bestimmungen

§ 1 Ziel und Inhalt. [1]Diese Vereinbarung ist eine Maßnahme zur Qualitätssicherung, mit welcher die Qualität bei der Erbringung von Leistungen der Diagnostik und Therapie schlafbezogener Atmungsstörungen in der vertragsärztlichen Versorgung gesichert werden soll. [2]„Schlafbezogene Atmungsstörungen" im Sinne dieser Vereinbarung sind die obstruktiven und zentralen Schlafapnoe- und Hypopnoe-Syndrome sowie obstruktive Rhonchopathien, die während des Schlafes zu bedrohlichen, Apnoe- oder Hypopnoe-Phasen, Sauerstoffentsättigungen des Blutes, Herzrhythmusstörungen und erheblichen, behandlungsbedürftigen Beeinträchtigungen der Schlafqualität führen können. [3]Die Vereinbarung regelt die fachlichen, organisatorischen und apparativen Voraussetzungen für die Ausführung und Abrechnung von Leistungen der Diagnostik und Therapie schlafbezogener Atmungsstörungen in der vertragsärztlichen Versorgung (Nrn. 30900 und 30901 des Einheitlichen Bewertungsmaßstabes [EBM]). [4]Der Ablauf der Stufendiagnostik ist in der Anlage A Nr. 3 der Richtlinien des Gemeinsamen Bundesausschusses über die Bewertung ärztlicher Untersuchungs- und Behandlungsmethoden gemäß § 135 Abs. 1 SGB V (BUB-Richtlinien) definiert.

§ 2 Genehmigungspflicht. [1]Die Ausführung und Abrechnung von Leistungen der Diagnostik und Therapie schlafbezogener Atmungsstörungen im Rahmen der vertragsärztlichen Versorgung durch die an der vertragsärztlichen Versorgung teilnehmenden Ärzte ist erst nach Erteilung der Genehmigung durch die Kassenärztliche Vereinigung zulässig. [2]Die Genehmigung ist zu erteilen, wenn der Arzt die nachstehenden fachlichen, organisatorischen und apparativen Voraussetzungen gemäß Abschnitt B (Voraussetzungen zur kardiorespiratorischen Polygraphie) oder Abschnitt C (Voraussetzungen zur kardiorespiratorischen Polysomnographie) im Einzelnen erfüllt.

§ 3 Genehmigungsvoraussetzung. [1]Die Erfüllung der in § 2 genannten Voraussetzungen ist gegenüber der Kassenärztlichen Vereinigung nachzuweisen. [2]Das Verfahren richtet sich nach Abschnitt D dieser Vereinbarung. [3]Das Nähere zur Durchführung des Genehmigungsverfahrens (z.B. Inhalte der Kolloquien, Zusammensetzung der Kommissionen) regelt die Kassenärztliche Bundesvereinigung in Richtlinien nach § 75 Abs. 7 SGB V.

Abschnitt B. Voraussetzungen zur kardiorespiratorischen Polygraphie

§ 4[1] Fachliche Befähigung. (1) Die fachliche Befähigung für die Ausführung und Abrechnung von Leistungen der kardiorespiratorischen Polygraphie nach der Nr. 30 900 des Einheitlichen Bewertungsmaßstabes (EBM) im Rahmen der Diagnostik und Therapie schlafbezogener Atmungsstörungen gilt als nachgewiesen, wenn der Arzt berechtigt ist, die Zusatzbezeichnung „Schlafmedizin" zu führen und dies durch eine Urkunde gemäß § 9 Abs. 1 nachgewiesen wird.

(2) Soweit die unter Abs. 1 genannte Zusatzbezeichnung nicht erworben wurde, gilt die fachliche Befähigung als nachgewiesen, wenn folgende Voraussetzungen erfüllt und durch Zeugnisse und Bescheinigungen gemäß § 9 Abs. 2 nachgewiesen werden:

a) Berechtigung zum Führen der Gebietsbezeichnung „Hals-Nasen-Ohren-Heilkunde", „Kinder- und Jugendmedizin" (bzw. „Kinderheilkunde"), „Mund-Kiefer-Gesichtschirurgie", „Neurologie", „Psychosomatische Medizin und Psychotherapie", „Psychiatrie und Psychotherapie" oder der Facharztbezeichnung „Innere und Allgemeinmedizin" (bzw. Gebietsbezeichnung „Allgemeinmedizin") oder der Facharzt- und Schwerpunktbezeichnung „Innere Medizin" und „Pneumologie" oder „Kardiologie".

b) Erfolgreiche Teilnahme an einem Kurs von 30 Stunden Dauer an mindestens fünf Tagen, der während der letzten zwölf Monate vor der Antragstellung und innerhalb von sechs Monaten absolviert sein muss. Der Kurs muss die Vermittlung von Grundlagen der Ätiologie, Pathophysiologie, Diagnostik und Differenzialdiagnostik von schlafbezogenen Atmungsstörungen unter Einbeziehung praktischer Übungen zur Auswertung einfacher Schläfrigkeitstests und zur Registrierung der klinisch relevanten Parameter mit verschiedenen Polygraphie-Systemen beinhalten.

c) Der Kursleiter nach Buchst. b) muss mindestens seit drei Jahren eine Einrichtung zur Diagnostik und Therapie schlafbezogener Atmungsstörungen (nachfolgend „Schlaflabor" genannt) leiten und in diesem Zeitraum Patienten mit schlafbezogenen Atmungsstörungen selbstständig betreut und behandelt haben.

§ 5 Apparative Voraussetzungen. (1) [1]Die sachgerechte Durchführung der Polygraphie nach der Nr. 30 900 des Einheitlichen Bewertungsmaßstabes (EBM) erfordert die Verwendung von Geräten, die geeignet sind, die klinisch relevanten Parameter abzuleiten. [2]Die Geräte müssen so ausgestattet sein, dass mindestens folgende Messungen durchgeführt und die zugehörigen Messgrößen über einen Zeitraum von mindestens sechs Stunden simultan auf einem Datenträger registriert werden können:

1. Registrierung der Atmung (Atemfluss, Schnarchgeräusche)
2. Oxymetrie (Sättigung des oxygenierbaren Hämoglobins)

---

[1] § 4 Abs. 2 Buchst. a geänd. mWv 1.10.2020 durch Beschl. v. 23.9.2020 (DÄBl. 2020 S. A-2142).

3. Aufzeichnung der Herzfrequenz
   (z. B. mittels EKG oder pulsoxymetrischer Pulsmessung)
4. Aufzeichnung der Körperlage
5. Messung der abdominalen und thorakalen Atembewegungen
6. Maskendruckmessung (bei Überdrucktherapie mit CPAP- oder verwandten Geräten).

(2) Die abgeleiteten Rohdaten müssen für eine visuelle Auswertung zur Verfügung stehen.

(3) Die Erfüllung der Voraussetzungen ist gegenüber der Kassenärztlichen Vereinigung nachzuweisen.

Abschnitt C. Voraussetzungen zur kardiorespiratorischen Polysomnographie

§ 6 Fachliche Befähigung. (1) [1]Die fachliche Befähigung für die Ausführung und Abrechnung von Leistungen der kardiorespiratorischen Polysomnographie (einschl. Polygraphie) nach der Nr. 30 901 des Einheitlichen Bewertungsmaßstabes (EBM) im Rahmen der Diagnostik und Therapie schlafbezogener Atmungsstörungen gilt als nachgewiesen, wenn der Arzt berechtigt ist, die Zusatzbezeichnung „Schlafmedizin" zu führen. [2]Dabei sind folgende Voraussetzungen zu erfüllen und durch Zeugnisse und Bescheinigungen gemäß § 9 Abs. 3 nachzuweisen:

1. Eine mindestens sechsmonatige ganztägige oder eine mindestens zweijährige begleitende Tätigkeit in einem Schlaflabor unter Anleitung
2. Selbstständige Durchführung und Dokumentation von mindestens 50 abgeschlossenen Behandlungsfällen bei Patienten mit schlafbezogenen Atmungsstörungen unter Anleitung
3. Selbstständige Indikationsstellung, Durchführung, Befundung und Dokumentation von mindestens 100 auswertbaren Polysomnographien zur Differenzialdiagnostik schlafbezogener Atmungsstörungen unter Anleitung
4. Selbstständige Einleitung der Überdrucktherapie mit CPAP- oder verwandten Geräten bei mindestens 50 Patienten mit schlafbezogenen Atmungsstörungen unter Anleitung
5. Selbstständige Durchführung, Befundung und Dokumentation von 20 MSLT-Untersuchungen (Multipler Schlaflatenz-Test) oder vergleichbarer objektiver psychometrischer Wachheits- oder Schläfrigkeitstests unter Anleitung
6. Die Anleitung nach den Nrn. 1 bis 5 hat bei einem Arzt stattzufinden, der mindestens seit drei Jahren ein Schlaflabor leitet und in diesem Zeitraum Patienten mit schlafbezogenen Atmungsstörungen selbstständig betreut und behandelt hat.

(2) Sofern die Weiterbildungsordnung die Zusatzbezeichnung „Schlafmedizin" nicht vorsieht, gelten die Anforderungen an die fachliche Befähigung für die Ausführung und Abrechnung der kardiorespiratorischen Polysomnographie (einschl. Polygraphie) als erfüllt, wenn die Kriterien nach Abs. 1 Nrn. 1 bis 6 erfüllt und die Befähigung durch die erfolgreiche Teilnahme an

einem Kolloquium gemäß § 9 Abs. 4 vor der Kassenärztlichen Vereinigung nachgewiesen wurde.

§ 7 Apparative, räumliche und organisatorische Voraussetzungen. (1) [1]Die sachgerechte Durchführung der Polysomnographie (einschl. Polygraphie) nach der Nr. 30901 des Einheitlichen Bewertungsmaßstabes (EBM) erfordert die Verwendung von Geräten, die geeignet sind, die klinisch relevanten Parameter ableiten und den Patienten während des Schlafs im Schlaflabor überwachen zu können. [2]Die Geräte im Schlaflabor zur Durchführung von Polysomnographien müssen so ausgestattet sein, dass mindestens folgende Messungen durchgeführt und die zugehörigen Messgrößen über einen Zeitraum von mindestens sechs Stunden simultan auf einem Datenträger registriert werden können:

1. Registrierung der Atmung
2. Oxymetrie (Sättigung des oxygenierbaren Hämoglobins)
3. Elektrokardiographie (EKG)
4. Aufzeichnung der Körperlage
5. Messung der abdominalen und thorakalen Atembewegungen
6. Atemfluss oder Maskendruckmessung (bei Überdrucktherapie mit CPAP- oder verwandten Geräten)
7. Elektrookulographie (EOG) mit mindestens 2 Ableitungen
8. Elektroenzephalographie (EEG) mit mindestens 2 Ableitungen
9. Elektromyographie (EMG) mit mindestens 3 Ableitungen
10. Optische und akustische Aufzeichnung des Schlafverhaltens.

(2) [1]Das Schlaflabor muss über geeignete Räumlichkeiten verfügen. [2]Hierzu sind mindestens folgende Anforderungen zu erfüllen:

1. Für jeden Patienten muss ein eigener Schlafraum zur Verfügung stehen. Der Schlafraum muss räumlich getrennt vom Ableitraum sein, in dem die Aufzeichnungsgeräte stehen.
2. Der Schlafraum muss über eine entsprechend seiner Funktion angemessene Größe, eine Möglichkeit zur Verdunklung und eine Gegensprechanlage verfügen sowie so schallgeschützt sein, dass ein von äußeren Einflüssen ungestörter Schlaf gewährleistet ist.

(3) [1]Während der Polysomnographie muss eine medizinische Fachkraft im Schlaflabor anwesend sein. [2]Während der Einstellung auf eine Überdrucktherapie mit CPAP- oder verwandten Geräten muss bei Notfällen ein Arzt zur unmittelbaren Hilfestellung zur Verfügung stehen. [3]Die Namen des Arztes und der medizinischen Fachkraft sowie die Uhrzeiten der Durchführung der Polysomnographie sind zu dokumentieren.

(4) Die Erfüllung der Voraussetzungen ist gegenüber der Kassenärztlichen Vereinigung nachzuweisen.

Abschnitt D. Verfahren

§ 8 Genehmigungsverfahren. (1) [1]Anträge auf Genehmigung zur Ausführung und Abrechnung von Leistungen der Diagnostik und Therapie schlafbezogener Atmungsstörungen sind an die zuständige Kassenärztliche Vereinigung zu stellen. [2] Über die Anträge und über den Widerruf oder die Rücknahme einer erteilten Genehmigung entscheidet die Kassenärztliche Vereinigung.

(2) Die Genehmigung zur Ausführung und Abrechnung von Leistungen der Diagnostik und Therapie schlafbezogener Atmungsstörungen ist zu erteilen, wenn aus den vorgelegten Zeugnissen und Bescheinigungen hervorgeht, dass die in den Abschnitten B oder C genannten fachlichen, organisatorischen und apparativen Voraussetzungen erfüllt sind.

(3) [1] Die Kassenärztlichen Vereinigungen können die zuständigen Kommissionen beauftragen, die apparativen, räumlichen und organisatorischen Gegebenheiten in der Praxis daraufhin zu überprüfen, ob sie den Bestimmungen dieser Vereinbarung entsprechen. [2] Die Genehmigung für die Ausführung und Abrechnung von Leistungen der Diagnostik und Therapie schlafbezogener Atmungsstörungen wird nur erteilt, wenn der Arzt in seinem Antrag sein Einverständnis zur Durchführung einer solchen Überprüfung erklärt.

§ 9[1)] Zeugnisse und Kolloquien. (1) Der Kassenärztlichen Vereinigung ist für den Nachweis der fachlichen Befähigung gemäß § 4 Abs. 1 die Urkunde über die Berechtigung zum Führen der Zusatzbezeichnung „Schlafmedizin" vorzulegen.

(2) Soweit die fachliche Qualifikation nicht mit einer Urkunde nach Abs. 1 nachgewiesen wurde, sind folgende Zeugnisse und Bescheinigungen gemäß § 4 Abs. 2 vorzulegen:

1. Urkunde über die Berechtigung zum Führen der Gebietsbezeichnung „Hals-Nasen-Ohren-Heilkunde", Kinder- und Jugendmedizin" (bzw. „Kinderheilkunde"), „Mund-Kiefer-Gesichtschirurgie", „Neurologie", „Psychosomatische Medizin und Psychotherapie" „Psychiatrie und Psychotherapie" oder der Facharztbezeichnung „Innere und Allgemeinmedizin" (bzw. Gebietsbezeichnung „Allgemeinmedizin") oder der Facharzt- und Schwerpunktbezeichnung „Innere Medizin" und „Pneumologie" oder „Kardiologie".
2. Bescheinigung über die erfolgreiche Teilnahme an dem zu absolvierenden Kurs gemäß § 4 Abs. 2 Buchst. b mit der Bestätigung über die Erfüllung der festgelegten Anforderungen.

(3) Der Kassenärztlichen Vereinigung sind für den Nachweis der fachlichen Befähigung gemäß § 6 Abs. 1 folgende Zeugnisse und Bescheinigungen vorzulegen:

1. Urkunde über die Berechtigung zum Führen der Zusatzbezeichnung „Schlafmedizin"
2. Zeugnisse, welche von dem anleitenden Arzt unterzeichnet sind und mindestens folgende Angaben beinhalten:
   – Überblick über das Spektrum der Behandlungsfälle der Abteilung, in welcher die Anleitung stattfand
   – Dauer der Tätigkeit im Schlaflabor unter Anleitung
   – Zahl der vom Antragsteller durchgeführten diagnostischen und therapeutischen Maßnahmen gemäß § 6 Nrn. 2 bis 5

[1)] § 9 Abs. 2 Nr. 1 geänd. mWv 1.10.2020 durch Beschl. v. 23.9.2020 (DÄBl. 2020 S. A-2142).

– Beurteilung der fachlichen Befähigung des Antragstellers zur selbstständigen Durchführung der Diagnostik und Therapie schlafbezogener Atmungsstörungen.

(4) Wird die fachliche Befähigung nach § 6 Abs. 2 oder § 10 Abs. 3 erworben, darf die Genehmigung zur Ausführung und Abrechnung von Leistungen der kardiorespiratorischen Polysomnographie nur nach erfolgreicher Teilnahme an einem Kolloquium erfolgen.

(5) [1]Bestehen trotz der vorgelegten Zeugnisse und Bescheinigungen begründete Zweifel an der fachlichen Befähigung von Ärzten nach §§ 4 oder 6, so kann die Kassenärztliche Vereinigung die Genehmigung für die Ausführung und Abrechnung von Leistungen der kardiorespiratorischen Polygraphie bzw. der kardiorespiratorischen Polysomnographie von der erfolgreichen Teilnahme an einem Kolloquium abhängig machen. [2]Das Gleiche gilt, wenn der antragstellende Arzt im Vergleich zu dieser Vereinbarung eine abweichende, aber gleichwertige Befähigung nachweist. [3]Die nachzuweisenden Tätigkeitszeiten und geforderte Anzahl von diagnostischen und therapeutischen Maßnahmen können durch ein Kolloquium nicht ersetzt werden.

Abschnitt E

§ 10 In-Kraft-Treten, Übergangsregelung. (1) Diese Vereinbarung tritt am 1.4.2005 in Kraft.

(2) Polygraphiegeräte, welche die Anforderungen gemäß § 5 Abs. 1 Nrn. 5 oder 6 nicht erfüllen, aber bereits vor dem In-Kraft-Treten dieser Vereinbarung verwendet wurden, dürfen bis zum 30.9.2008 für die (diagnostische) Polygraphie gemäß § 3 Abs. 5 BUB-Richtlinien weiterverwendet werden.

(3) Ärzte, die bis zum In-Kraft-Treten dieser Vereinbarung mindestens sechs Monate in einem Schlaflabor tätig waren und in diesem Zeitraum Patienten mit schlafbezogenen Atmungsstörungen regelmäßig selbstständig betreut und behandelt haben, erhalten eine Genehmigung zur Ausführung und Abrechnung der kardiorespiratorischen Polysomnographie (einschl. Polygraphie) gemäß § 6, wenn sie die Voraussetzungen nach § 6 Nrn. 2 bis 6 und § 7 erfüllen und die Befähigung durch die erfolgreiche Teilnahme an einem Kolloquium gemäß § 9 Abs. 4 vor der Kassenärztlichen Vereinigung nachgewiesen haben.

Protokollnotiz zu § 6:

Die Vertragspartner verpflichten sich, nach In-Kraft-Treten der Weiterbildungsordnungen der Länder zu prüfen, ob die Anforderungen an die fachliche Befähigung gemäß § 6 an deren Inhalte angeglichen werden sollen.

708. Vereinbarung von Qualitätssicherungsmaßnahmen nach § 135 Abs. 2 SGB V zur Balneophototherapie (Qualitätssicherungsvereinbarung Balneophototherapie)

Vom 9. August 2010 (DÄBl. Heft 34–35 S. A-1649;
Inkrafttreten: 1.10.2010)

Geändert durch Bek. vom 29.9.2020 (DÄBl. 2020 Heft 45 S. A-2206; Inkrafttreten: 1.10.2020)

Abschnitt A. Allgemeine Bestimmungen

§ 1[1] **Ziel und Inhalt.** [1]Diese Vereinbarung ist eine Maßnahme zur Qualitätssicherung, mit welcher die Qualität der Leistungen der Balneophototherapie gemäß der Richtlinie Methoden vertragsärztliche Versorgung (Anlage I Nr. 15) mittels Bade-PUVA-Therapie, synchroner oder asynchroner Photo-Sole-Therapie gesichert werden soll. [2]Die Vereinbarung regelt die fachlichen, apparativen, räumlichen und organisatorischen Voraussetzungen für die Ausführung und Abrechnung von Leistungen der Balneophototherapie in der vertragsärztlichen Versorgung (Leistungen nach der Gebührenordnungsposition 10350 des Einheitlichen Bewertungsmaßstabes).[2]

§ 2 Genehmigung. (1) [1]Die Ausführung und Abrechnung eines der in § 1 genannten Verfahren der Balneophototherapie nach dieser Vereinbarung im Rahmen der vertragsärztlichen Versorgung ist erst nach Erteilung der Genehmigung für das betreffende Verfahren durch die Kassenärztliche Vereinigung zulässig. [2]Die Genehmigung ist zu erteilen, wenn der Arzt die nachstehenden allgemeinen und verfahrensbezogenen Voraussetzungen nach den §§ 3 bis 5 für das/die von ihm gewählte(n) und im Genehmigungsantrag benannte(n) Verfahren vollständig erfüllt.

(2) [1]Die Erfüllung der in Absatz 1 genannten Voraussetzungen ist gegenüber der Kassenärztlichen Vereinigung nachzuweisen. [2]Das Verfahren richtet sich nach Abschnitt E in Verbindung mit der Rahmenvereinbarung für Qualitätssicherungsvereinbarungen nach § 135 Abs. 2 SGB V sowie mit den Richtlinien der Kassenärztlichen Bundesvereinigung für Verfahren zur Qualitätssicherung nach § 75 Abs. 7 SGB V.

(3) Die Genehmigung ist mit der Auflage zu erteilen, dass die in § 8 festgelegte Anforderung für das/die von der Genehmigung umfasste(n) Verfahren erfüllt wird.

Abschnitt B. Genehmigungsvoraussetzungen

§ 3 Fachliche Befähigung. Die fachliche Befähigung für die Ausführung und Abrechnung von Leistungen der Balneophototherapie gemäß § 1 gilt als nachgewiesen, wenn folgende Voraussetzungen erfüllt und durch Zeugnisse und Bescheinigungen nach § 9 nachgewiesen sind:

---

[1] § 1 Satz 1 geänd. mWv 1.10.2020 durch Beschl. v. 29.9.2020 (DÄBl. 2020 S. A-2206).

[2] **Amtl. Anm.:** Die nachstehenden Personen- und Berufsbezeichnungen werden einheitlich sowohl für die weibliche als auch für die männliche Form verwendet.

1. Die Berechtigung zum Führen der Facharztbezeichnung „Haut- und Geschlechtskrankheiten“
2. Selbständige Indikationsstellung und Durchführung (ggf. unter Anleitung) von mindestens 20 abgeschlossenen balneophototherapeutischen Behandlungszyklen, davon mindestens 5 zur Photosoletherapie und mindestens 5 zur Bade-PUVA-Therapie
3. Kenntnisse über die Behandlung von akuten Nebenwirkungen der Therapie.

§ 4 Apparative Voraussetzungen. (1) Für die asynchronen Verfahren (asynchrone Photosoletherapie und Bade-PUVA-Therapie) sind jeweils folgende Mindestanforderungen an das Bestrahlungsgerät zu erfüllen und gegenüber der Kassenärztlichen Vereinigung nachzuweisen:

1. Für die asynchrone Photosoletherapie ein UV-B-Breitbandbestrahlungsgerät, ein UV-B-Schmalband-Bestrahlungsgerät (UV-B 311 nm) oder ein Gerät mit selektiver UV-B-Bestrahlung (SUP) bzw. für die Bade-PUVA-Therapie ein UV-A-Breitband-Bestrahlungsgerät (keine selektive UV-A1-Bestrahlung) für die Rundum-Ganzkörperbestrahlung mit homogenem Bestrahlungsfeld, und jeweils:
   a) Eingabemöglichkeit der anzuwendenden Bestrahlungsdosis (z. B. in J/cm^2) oder der Bestrahlungszeit
   b) Festlegungsmöglichkeit einer Höchstbestrahlungsdosis im Bestrahlungsgerät je UV-Strahlenart (UV-B und/oder UV-A)
   c) [1] Permanente Messung der aktuellen UV-Bestrahlungsstärke durch eine im Bestrahlungsgerät integrierte Sensorik (integriertes UV-Messgerät) mit automatischer Anpassung der Bestrahlungszeit.
   [2] Für den Fall, dass im Bestrahlungsgerät keine integrierte Sensorik vorhanden ist, ist ein auf das Emissionsspektrum abgeglichenes UV-Meter („UV-Handmessgerät“ bzw. im Folgenden „Hand-Dosimeter“ genannt) für Kontrollmessungen gemäß § 6 Abs. 3 vorzuhalten.
   d) Automatische Abschaltung aller Leuchtmittel nach Verabreichung der eingegebenen Bestrahlungsdosis oder -zeit oder bei Öffnen der Tür
2. Haltevorrichtung für den Patienten innerhalb der Bestrahlungskabine
3. Möglichkeit für das Personal, den Patienten während der Bestrahlung zu überwachen (z. B. durch Sichtfenster)
4. die Kabine muss von innen durch den Patienten zu öffnen sein
5. [1] Schutzvorrichtung vor den Hochdruckbrennern. [2] Bei Verwendung von Hochdruckbrennern muss zudem für eine ausreichende Belüftung gesorgt werden, um einer zu starken Wärmeentwicklung vorzubeugen.

(2) Für das Verfahren der synchronen Photosoletherapie sind folgende Mindestanforderungen an das Bestrahlungsgerät zu erfüllen und gegenüber der Kassenärztlichen Vereinigung nachzuweisen:

1. UV-B-Schmalband-Bestrahlungsgerät (UV-B 311 nm) unter Verwendung von dafür nach der Medizinprodukte-Betreiberverordnung (MPBetreibV) zugelassenen Behandlungssystemen
   a) Eingabemöglichkeit der anzuwendenden Bestrahlungsdosis (z. B. in J/cm^2) oder der Bestrahlungszeit

b) Festlegungsmöglichkeit einer Höchstbestrahlungsdosis im Bestrahlungsgerät für UV-B

c) [1] Permanente Messung der aktuellen UV-Bestrahlungsstärke durch eine im Bestrahlungsgerät integrierte Sensorik (integriertes UV-Messgerät) mit automatischer Anpassung der Bestrahlungszeit.
[2] Für den Fall, dass im Bestrahlungsgerät keine integrierte Sensorik vorhanden ist, ist ein auf das Emissionsspektrum abgeglichenes Hand-Dosimeter für Kontrollmessungen gemäß § 6 Abs. 3 vorzuhalten

d) Automatische Abgabe von Aufforderungssignalen durch das Gerät, wenn der Patient den für die Rundum-Ganzkörperbestrahlung erforderlichen Positionswechsel zwischen Bauch- und Rückenlage durchführen soll

e) Automatische Abschaltung aller Leuchtmittel nach Verabreichung der eingegebenen Bestrahlungsdosis

2. Schutzvorrichtung vor den Leuchtstoffröhren.

(3) Veränderungen an der technischen Grundausstattung, die Neuanschaffung oder die Stilllegung von Geräten sind der Kassenärztlichen Vereinigung mit einem geeigneten Nachweis unverzüglich anzuzeigen (dies betrifft nicht den Austausch von Leuchtmitteln).

§ 5 Räumliche Voraussetzungen. Folgende Anforderungen an die räumliche Ausstattung sind zu erfüllen und gegenüber der Kassenärztlichen Vereinigung nachzuweisen:

(1) Bei der asynchronen Photosoletherapie bzw. bei der Bade-PUVA-Therapie sollen sich die Räume für Bad und Bestrahlung in unmittelbarer Nähe befinden.

(2) Für alle Verfahren der Balneophototherapie gelten folgende weitere Anforderungen:

a) Freie Zugänglichkeit der Wanne von mindestens zwei Seiten

b) Pro Badewanne eine Umkleidemöglichkeit für den Patienten in oder in unmittelbarer Nähe zu den Behandlungsräumen der Balneophototherapie

c) Patientenliege in oder in unmittelbarer Nähe zu den Behandlungsräumen der Balneophototherapie

d) Patientendusche in oder in unmittelbarer Nähe zu den Behandlungsräumen der Balneophototherapie

e) Ausreichende Lüftungsmöglichkeit der Behandlungsräume der Balneophototherapie

f) Die Anordnung der Räume und Geräte sollen den Schutz der Privatsphäre der Patienten gewährleisten.

§ 6[1)] Organisatorische Anforderungen. (1) Anforderungen an Badelösung und Folie

a) bei synchroner Photosoletherapie:

– 10%ige Sole (Totes-Meer-Salz) bei den Indikationen mittelschwere bis schwere Psoriasis vulgaris und mittelschweres bis schweres atopisches Ekzem,

---

[1)] § 6 Abs. 1 neu gef. mWv 1.10.2020 durch Beschl. v. 29.9.2020 (DÄBl. 2020 S. A-2206).

b) bei asynchroner Photosoletherapie:
- 25%ige Sole (Kochsalz) bei der Indikation mittelschwere bis schwere Psoriasis vulgaris,
- 10%ige Sole (Kochsalz) bei der Indikation mittelschweres bis schweres atopisches Ekzem,

c) bei Bade-PUVA-Therapie: 8-Methoxypsoralenlösung laut arzneimittelrechtlicher Zulassung bei mittelschwerer bis schwerer Psoriasis vulgaris

d) Die Folie muss zur Anwendung am Menschen geeignet sein.

(2) Regelmäßige technische Wartung des Bestrahlungsgeräts entsprechend den Vorgaben des Herstellers, spätestens jedoch nach zwei Jahren.

(3) [1] Leuchtmittelwartung bei allen Geräten mit oder ohne integrierte UV-Messung: Überprüfung der Bestrahlungsstärke der Leuchtmittel („Dosimetrie“) durch ein gemäß MPBetreibV qualifiziertes Wartungsunternehmen nach 200 Betriebsstunden bzw. nach einem Jahr (ausschlaggebend ist das jeweils zuerst erreichte Kriterium). [2] Im Rahmen dieser Wartung ist das bzw. sind die UV-Messgerät(e) (integrierte UV-Messgeräte oder Hand-Dosimeter) der Arztpraxis zu kalibrieren. [3] Zusätzlich bei Bestrahlungsgeräten ohne integrierte UV-Messgeräte vierteljährliche Überprüfung der Bestrahlungsintensität der Leuchtmittel („Dosimetrie“) mittels eines auf das Emissionsspektrum abgeglichenen Hand-Dosimeters.

(4) Patientenaufklärung über Therapieziel und -verlauf, Nebenwirkungen und mögliche Langzeitrisiken der Behandlung, Information über Möglichkeit der Erfassung/Dokumentation der kumulativen Bestrahlungsdosis, der Strahlenart und des Bestrahlungszeitraums für den Patienten (evtl. „UV-Pass“)

(5) Unmittelbarkeit der Bestrahlung nach dem Bad bei asynchronen Verfahren (nach max. 5 Minuten)

(6) Unmittelbare Erreichbarkeit eines Dermatologen

(7) Vorhalten eines Notfallkoffers/Blutdruckmessgerätes

(8) Einweisung des Personals, das für die Bedienung des Bestrahlungsgerätes zuständig ist, in die Gerätebedienung durch den Hersteller oder durch ein vom Hersteller beauftragtes Unternehmen oder durch den Dermatologen (bzw. durch eine vom Dermatologen entsprechend beauftragte und geschulte Person)

(9) Augenschutz für Patienten durch geeignete Brillen (vollständige Absorption von UV-B und UV-A bis 400 nm während der Bestrahlung)

(10) Eine Kommunikation zwischen Patient und Medizinischer Fachangestellter muss während der Behandlung zu jeder Zeit möglich sein

(11) Es dürfen nur die vom Hersteller empfohlenen Leuchtmittel verwendet werden.

Abschnitt C

§ 7[1)] Ärztliche Dokumentation. (1) Unbeschadet der ärztlichen Aufzeichnungspflicht muss die Dokumentation folgende Angaben enthalten:

[1)] § 7 Abs. 1 neu gef. mWv 1.10.2020 durch Beschl. v. 29.9.2020 (DÄBl. 2020 S. A-2206).

1. Diagnose und Indikation für die Balneophototherapie
2. bei Patienten unter 18 Jahren: Ergebnis der Prüfung der zur Verfügung stehenden Therapieoptionen
3. Verlauf und Ergebnis anderer vorangehender therapeutischer Ansätze
4. Ausführlicher Ausgangsbefund
   a) bei der Indikation mittelschwere bis schwere Psoriasis vulgaris mit PASI-Wert (ermittelt anhand einer Rechenanleitung des PASI-Scores). Die zur Errechnung des PASI-Wertes erforderlichen Angaben (Erythem, Infiltration, Schuppung, je nach Schweregrad nach Körperregion [Kopf, Arme Rumpf, Beine] und befallene Fläche je Körperregion) oder ein ausgefüllter PASI-Erhebungsbogen sind nachvollziehbar zu dokumentieren.
   b) bei der Indikation mittelschweres bis schweres atopisches Ekzem mit SCORAD-Wert (ermittelt anhand einer Rechenanleitung des SCORAD-Wertes). Die zur Errechnung des SCORAD-Wertes erforderlichen Angaben (Erythem, Ödem/Papelbildung, Nässen/ Krustenbildung, Hautabschürfung, Lichenifikation sowie Trockenheit nicht befallener Haut), die befallene Körperfläche und die patientenberichtete Erhebung der Symptome Schlaflosigkeit und Juckreiz oder ein ausgefüllter SCORAD-Erhebungsbogen sind nachvollziehbar zu dokumentieren.
5. Durchgeführte Patientenaufklärung
6. Angewendetes Balneophototherapie-Verfahren
7. Angewendete Dosis (z. B. in J/cm²) oder Bestrahlungszeit und Behandlungsdatum
8. Behandlungsverlauf (insbesondere Nebenwirkungen, Überschreitungen der Erythemschwelle und andere Hautreaktionen)
9. Nach Abschluss einer Bestrahlungsserie sind die kumulative UV-Dosis und die Anzahl der Behandlungen festzuhalten.
10. Befund nach Abschluss des Behandlungszyklus mit PASI-Wert (ermittelt anhand der Rechenanleitung des PASI-Scores) bei der Indikation mittelschwere bis schwere Psoriasis vulgaris bzw. Befund nach Abschluss des Behandlungszyklus mit SCORAD-Wert (ermittelt anhand der Rechenanleitung des SCORAD-Scores) bei der Indikation mittelschweres bis schweres atopisches Ekzem

(2) [1] Die ärztlichen Dokumentationen sind der Kassenärztlichen Vereinigung auf Verlangen zur Überprüfung der Vollständigkeit und der Nachvollziehbarkeit vorzulegen. [2] Die Auswahl erfolgt nach dem Zufallsprinzip durch die Kassenärztliche Vereinigung unter Angabe des Patientennamens und des Behandlungsdatums.

Abschnitt D

§ 8[1)] Auflage zur Aufrechterhaltung der Genehmigung. (1) Für Ärzte, denen eine Genehmigung für die Ausführung und Abrechnung von Leistun-

[1)] § 8 Abs. 2 Satz 2 geänd. mWv 1.10.2020 durch Beschl. v. 29.9.2020 (DÄBl. 2020 S. A-2206).

gen der Balneophototherapie in der vertragsärztlichen Versorgung erteilt worden ist, besteht als Auflage zur Aufrechterhaltung der Genehmigung die regelmäßige Wartung der Bestrahlungsgeräte und die regelmäßige Überprüfung der Bestrahlungsstärke der Leuchtmittel gemäß § 6 Abs. 2 und 3.

(2) [1]Die Kassenärztliche Vereinigung führt jährlich Stichprobenprüfungen zum Nachweis der regelmäßigen Wartung der Bestrahlungsgeräte und der regelmäßigen Überprüfung der Bestrahlungsstärke der Leuchtmittel durch. [2]Dabei ist sicherzustellen, dass mindestens 20 Prozent der Ärzte mit einer Genehmigung in diese Stichprobenprüfung einbezogen werden.

(3) [1]Die Kassenärztliche Vereinigung fordert von dem für die Stichprobenprüfung vorgesehenen Arzt für den betreffenden Abrechnungszeitraum aktuell gültige Nachweise oder Bescheinigungen über die Wartung des Bestrahlungsgerätes gemäß § 6 Nr. 2 und über die Überprüfung der Bestrahlungsstärke der Leuchtmittel gemäß § 6 Nr. 3 an. [2]Können die Nachweise vom Arzt nicht innerhalb einer Frist von 3 Monaten erbracht werden, erfolgt eine nochmalige Aufforderung durch die Kassenärztliche Vereinigung. [3]Können die Nachweise auch dann innerhalb einer Frist von einem Monat nicht erbracht werden, ist die Genehmigung zu widerrufen.

Abschnitt E. Verfahren

§ 9 Genehmigungsverfahren. (1) Anträge auf Genehmigung sind an die Kassenärztliche Vereinigung zu richten.

(2) Dem Antrag auf die Genehmigung sind insbesondere beizufügen:

1. Urkunde über die Berechtigung zum Führen der Facharztbezeichnung gemäß § 3 Nr. 1 sowie Nachweise zu den Kenntnissen gemäß § 3 Nr. 2 und 3.
2. Herstellernachweis über das Erfüllen der Anforderungen an das Bestrahlungsgerät gemäß § 4
3. Nachweis über die Erfüllung der räumlichen Voraussetzungen gemäß § 5.

(3) [1]Über die Anträge und über den Widerruf oder die Rücknahme einer erteilten Genehmigung entscheidet die Kassenärztliche Vereinigung. [2]Die Genehmigung ist zu erteilen, wenn

1. aus den vorgelegten Zeugnissen und Bescheinigungen hervorgeht, dass die in § 3 genannten fachlichen Anforderungen erfüllt sind sowie
2. der Arzt die Erfüllung der Voraussetzungen gemäß den §§ 4, 5 sowie § 6 Abs. 2, 3 und 9 nachgewiesen hat.
3. der Arzt sich verpflichtet hat, die weiteren Anforderungen an die Leistungserbringung gemäß § 6 und 7 zu erfüllen.

(4) Die Genehmigung ist zu widerrufen, wenn der Arzt die Auflage nach § 8 nicht erfüllt.

(5) [1]Die Kassenärztliche Vereinigung kann vom teilnehmenden Arzt den Nachweis der in den §§ 4 bis 6 genannten Anforderungen verlangen. [2]Die Kassenärztliche Vereinigung kann die zuständige Qualitätssicherungskommission beauftragen, die Erfüllung der apparativen, räumlichen und organisatorischen Anforderungen in der Praxis daraufhin zu überprüfen, ob sie den Be-

stimmungen dieser Vereinbarung entsprechen. [3]Die Genehmigung wird nur erteilt, wenn der Arzt in seinem Antrag sein Einverständnis zur Durchführung einer solchen Überprüfung erklärt.

(6) [1]Bestehen trotz der vorgelegten Zeugnisse und Bescheinigungen begründete Zweifel an der fachlichen Befähigung von Ärzten nach § 3, so kann die Kassenärztliche Vereinigung die Genehmigung von der erfolgreichen Teilnahme an einem Kolloquium abhängig machen. [2]Dasselbe gilt, wenn der antragstellende Arzt im Vergleich zu dieser Vereinbarung eine abweichende, aber gleichwertige Befähigung nachweist.

(7) Das Nähere zur Durchführung des Genehmigungsverfahrens regelt die Kassenärztliche Bundesvereinigung in Richtlinien für Verfahren zur Qualitätssicherung nach § 75 Abs. 7 SGB V.[1)]

Abschnitt F. Auswertung

§ 10 Auswertung der Qualitätssicherungsmaßnahmen. [1]Die Kassenärztlichen Vereinigungen teilen der Kassenärztlichen Bundesvereinigung für jedes Kalenderjahr bis zum 30. April des Folgejahres Anzahl und Ergebnisse der Überprüfung nach § 8 mit. [2]Die Ergebnisse stehen den Partnern der Bundesmantelverträge zur gemeinsamen Beratung zur Verfügung.

Abschnitt G. Schlussbestimmungen

§ 11[2)] Übergangsregelung, Inkrafttreten. (1) Fachärzte für Haut- und Geschlechtskrankheiten, die vor Inkrafttreten dieser Vereinbarung regelmäßig balneophototherapeutische Leistungen erbracht haben, erhalten eine Genehmigung, wenn sie innerhalb von 6 Monaten nach Inkrafttreten dieser Vereinbarung einen Antrag auf Genehmigung gestellt und folgende Nachweise erbracht haben:

1. 20 abgeschlossene Behandlungszyklen bei Patienten mit Psoriasis innerhalb der letzten 2 Jahre vor Antragstellung
2. Gerät(e), die zur Ganzkörper-Rundumbestrahlung geeignet sind mit Nachweis zur Gerätewartung gemäß § 6 Nr. 2, der nicht älter als 24 Monate ist und mit Nachweis zur Leuchtmittelüberprüfung nach § 6 Nr. 3, der nicht älter als 12 Monate bei Antragstellung ist.
3. Vollständige Nachweise der apparativen Voraussetzungen nach § 4 innerhalb von 2 Jahren nach Antragstellung
4. Nachweise über die Erfüllung der räumlichen Voraussetzungen nach § 5 Abs. 2 Buchstabe a) innerhalb 4 Jahren, nach § 5 Abs. 2 Buchstabe d) und e) innerhalb von 2 Jahren sowie nach § 5 Abs. 2 Buchstabe b) und c) innerhalb von 3 Monaten nach Antragstellung.

(2) Diese Vereinbarung tritt am 1. Oktober 2010 in Kraft.

[1)] **Aichberger, Sozialgesetzbuch, Nr. 5.**

[2)] § 11 Abs. 3 angef. mWv 1.10.2020 durch Beschl. v. 29.9.2020 (DÄBl. 2020 S. A-2206).

(3) Ärzte, die vor Inkrafttreten dieser Vereinbarung in der Fassung vom 1. Oktober 2020 eine Genehmigung zur Abrechnung von Leistungen der Balneophototherapie bei der Indikation mittelschwere bis schwere Psoriasis vulgaris hatten, erhalten auf Antrag die Genehmigung zur Abrechnung von Leistungen der Balneophototherapie bei der Indikation mittelschweres bis schweres atopisches Ekzem.

718. Vereinbarung von Qualitätssicherungsmaßnahmen nach § 135 Abs. 2 SGB V zur intravitrealen Medikamenteneingabe (Qualitätssicherungsvereinbarung IVM)

(DÄBl. 2014 Heft 41 S. A-1765)

Geändert durch Bek. vom 19.5.2017 (DÄBl. Heft 20 S. A-1021; Inkrafttreten: 1.4.2017), Bek. vom 18.9.2019 (DÄBl. 2019 Heft 48 S. A-2270; Inkrafttreten: 1.10.2019) und Bek. vom 17.6.2020 (DÄBl. 2020 Heft 31–32 S. A-1528; Inkrafttreten: 1.7.2020)

Abschnitt A. Allgemeine Bestimmungen

§ 1 Ziel und Inhalt. (1) Diese Vereinbarung ist eine Maßnahme zur Qualitätssicherung, mit welcher die Qualität bei der Erbringung von Leistungen der intravitrealen Medikamenteneingabe bei Vorliegen

1. einer neovaskulären (feuchten) altersabhängigen Makuladegeneration (nAMD),
2. einer Visusbeeinträchtigung infolge eines diabetischen Makulaödems (DMÖ),
3. einer Visusbeeinträchtigung infolge eines Makulaödems (MÖ) aufgrund eines retinalen Venenverschlusses [Venenastverschluss (VAV) oder Zentralvenenverschluss (ZVV)]
4. einer chorioidalen Neovaskularisation (CNV),
5. einer vitreomakulären Traktion (VMT) bei Erwachsenen, auch im Zusammenhang mit einem Makulaloch ≤ 400 Mikrometer (μm) Durchmesser
6. einer nicht infektiösen Entzündung des posterioren Augensegments (Uveitis intermedia und/oder posterior) sowie
7. einer proliferativen diabetischen Retinopathie (PDR)

gesichert werden soll.

(2) Die Vereinbarung regelt die Anforderungen an die fachliche Befähigung, die räumliche und apparativ-technische Ausstattung, die hygienischen Anforderungen und die Dokumentation als Voraussetzung für die Ausführung und Abrechnung von Leistungen der intravitrealen Medikamenteneingabe im Rahmen der vertragsärztlichen Versorgung (Leistungen nach den Nummern 31371, 31372, 31373, 36371, 36372 und 36373 des Einheitlichen Bewertungsmaßstabes [EBM]).[1]

(3) Der Einsatz der optischen Kohärenztomographie (OCT) erfolgt gemäß der Anlage 1 der Richtlinie Methoden vertragsärztliche Versorgung (MVV-Richtlinie) für die Diagnostik und Therapiesteuerung der neovaskulären altersbedingten Makuladegeneration und des diabetischen Makulaödems.

§ 2 Genehmigung. (1) [1]Die Ausführung und Abrechnung von Leistungen der intravitrealen Medikamenteneingabe im Rahmen der vertragsärztlichen

---

[1] **Amtl. Anm.:** Die nachstehenden Personen- und Berufsbezeichnungen werden einheitlich sowohl für die weibliche als auch für die männliche Form verwendet.

Versorgung ist erst nach Erteilung der Genehmigung durch die Kassenärztliche Vereinigung zulässig. ²Die Genehmigung ist zu erteilen, wenn der Arzt die nachstehenden Voraussetzungen nach den §§ 3 und 4 im Einzelnen erfüllt.

(2) ¹Die Erfüllung der in Absatz 1 genannten Voraussetzungen ist gegenüber der Kassenärztlichen Vereinigung nachzuweisen. ²Das Verfahren richtet sich nach Abschnitt D in Verbindung mit der Rahmenvereinbarung für Qualitätssicherungsvereinbarungen gemäß § 135 Abs. 2 SGB V[1)] sowie mit den Richtlinien der Kassenärztlichen Bundesvereinigung für Verfahren zur Qualitätssicherung nach § 75 Abs. 7 SGB V.

Abschnitt B. Genehmigungsvoraussetzungen

§ 3 Fachliche Befähigung. Die fachliche Befähigung für die Ausführung und Abrechnung von Leistungen der intravitrealen Medikamenteneingabe gilt als nachgewiesen, wenn folgende Voraussetzungen erfüllt und durch Zeugnisse bzw. Bescheinigungen nach § 8 Abs. 1 nachgewiesen werden:

1. Berechtigung zum Führen der Gebietsbezeichnung „Augenheilkunde".
2. Selbstständige Auswertung unter Anleitung von mindestens 250 Fluoreszenzangiographien am Augenhintergrund. Die Anleitung hat bei einem Arzt stattzufinden, der nach der Weiterbildungsordnung in vollem Umfang zur Weiterbildung im Gebiet Augenheilkunde befugt ist. Ist der anleitende Arzt nur teilweise zur Weiterbildung befugt, muss er zusätzlich die Anforderungen an die fachliche Befähigung nach dieser Vereinbarung erfüllen.
3. Bei OCT gemäß § 1 Abs. 3 selbstständige Indikationsstellung und Befundung von 100 OCT-Untersuchungen am Augenhintergrund unter Anleitung. Die Anleitung hat bei einem Arzt stattzufinden, der nach der Weiterbildungsordnung in vollem Umfang zur Weiterbildung im Gebiet Augenheilkunde befugt ist. Ist der anleitende Arzt nur teilweise zur Weiterbildung befugt, muss er zusätzlich die Anforderungen an die fachliche Befähigung nach dieser Vereinbarung erfüllen. Die Anforderungen gelten auch dann als erfüllt, wenn der Antragsteller mindestens 200 selbstständig durchgeführte OCT-Untersuchungen am Augenhintergrund nachweist.
4. Selbstständige Durchführung von 100 intraokularen Eingriffen (ohne Lasertherapie).
5. Kenntnisse, Erfahrungen und Fertigkeiten über die Durchführung von intravitrealen Medikamenteneingaben insbesondere zu aktuellen Indikationen, Techniken und dem Komplikationsmanagement.

§ 4 Räumliche, apparativ-technische und hygienische Anforderungen. (1) Bei der Durchführung der intravitrealen Medikamenteneingabe sind die folgenden Anforderungen zu erfüllen:

1. Räumliche Ausstattung
   a) Operationsraum
   b) Personalumkleidebereich mit Waschbecken und Vorrichtung zur Durchführung der Händedesinfektion

---

[1)] **Aichberger, Sozialgesetzbuch Nr. 5.**

c) Raum für die Aufbereitung von Geräten und Instrumenten, Entsorgungsübergaberaum für unreine Güter, Raum für Putzmittel. Eine Kombination dieser drei Räume ist möglich.

d) Räume oder Flächen für das Lagern von Sterilgut und reinen Geräten

e) ggf. Ruheraum/Aufwachraum für Patienten

f) ggf. Umkleidebereich für Patienten

2. Apparativ-technische Voraussetzungen

a) Operationsraum
– Raumoberflächen (z.B. Wandbelag), Oberflächen von betrieblichen Einbauten (z.B. Türen, Regalsystem, Lampen) und Geräteoberflächen müssen problemlos feucht gereinigt und desinfiziert werden können, der Fußbodenbelag muss flüssigkeitsdicht sein
– Lichtquellen zur fachgerechten Ausleuchtung des Operationsraumes und des Operationsgebietes mit Sicherung durch Stromausfallüberbrückung, auch zur Sicherung des Monitorings lebenswichtiger Funktionen oder durch netzunabhängige Stromquelle mit operationsentsprechender Lichtstärke als Notbeleuchtung
– Entlüftungsmöglichkeiten unter Berücksichtigung der eingesetzten Anästhesieverfahren und der hygienischen Anforderungen

b) Wascheinrichtung – Zweckentsprechende Armaturen und Sanitärkeramik zur chirurgischen Händedesinfektion

c) Instrumentarium und Geräte – Instrumentarium zur Reanimation und Geräte zur manuellen Beatnung, Sauerstoffversorgung und Absaugung
– Geräte zur Infusions- und Schockbehandlung
– OP-Tisch/-Stuhl mit fachgerechten Lagerungsmöglichkeiten
– Fachspezifisches operatives Instrumentarium mit ausreichenden Reserveinstrumenten
– ggf. Anästhesie- bzw. Narkosegerät mit Spezialinstrumentarium (kann auch vom Anästhesisten gestellt werden)

d) Arzneimittel, Operationstextilien, Verband- und Verbrauchsmaterial
– Notfallmedikamente zu sofortigem Zugriff und Anwendung
– Operationstextilien bzw. entsprechendes Einmal-Material, in Art und Menge so bemessen, dass ggf. ein Wechsel auch während des Eingriffs erfolgen kann – Infusionslösungen, Verband- und Nahtmaterial, sonstiges Verbrauchsmaterial.

(2) Neben der Anwendung fachgerechter Reinigungs-, Desinfektions- und Sterilisationsverfahren sind insbesondere folgende Vorgaben zur Hygiene einzuhalten:
– Spülung der Augenoberfläche mit 10 ml Povidon-Iod 5%, Abstreichen der Zilien mit Povidon-Iod 10%
– Händedesinfektion, sterile Operationshandschuhe
– Steriler Kittel, OP-Haube, Mundschutz
– Sterile Spritze und Kanüle
– Steriles Abdecktuch
– Steriles Lidspekulum
– Steriler Zirkel
– nach Durchführung der Desinfektion ist jedes Behältnis von Augentropfen oder -salben nur für jeweils einen Patienten zu verwenden.

(3) In Fällen, in denen sterilisierbare Instrumentarien Verwendung finden, ist gegenüber der Kassenärztlichen Vereinigung nachzuweisen, dass ein Sterilisationsgerät eingesetzt wird.

(4) Für das Komplikationsmanagement sind ein passendes Instrumentarium und ein Operationsmikroskop vorzuhalten.

Abschnitt C

§ 5 Dokumentation. (1) [1] Der Arzt ist verpflichtet, die Indikation und die Durchführung der intravitrealen Medikamenteneingabe zu dokumentieren. [2] Unbeschadet der ärztlichen Dokumentationspflicht muss die Patientendokumentation folgende Angaben enthalten:

a) Vor jeder intravitrealen Medikamenteneingabe den bestkorrigierten Visus und den schriftlichen Fundusbefund,
b) bei der Erstindikationsstellung die Aufnahmen der Fluoreszeinangiographie (Ausnahme: Erkrankungen, bei denen zur Indikationsstellung zur intravitrealen Medikamenteneingabe eine Fluoreszeinangiographie nicht zielführend oder aus nachweisbaren Gründen nicht möglich ist),
c) bei der Erstindikationsstellung und zur Therapiesteuerung die zum Entscheidungsgang repräsentative(n) Aufnahme(n) der optischen Kohärenztomographie (OCT) für die Indikationen gemäß § 1 Abs. 3. Die repräsentative(n) Aufnahme(n) muss/müssen jeweils das OCT-Schnittbild und ein Fundusbild, aus dem sich die Schnittlage ergibt, enthalten.
d) bei Uveitis sind die Ergebnisse der Diagnostik bzw. die eingeleitete Diagnostik zu dokumentieren (zum Beispiel Überweisung an Hausarzt bzw. Internisten oder Vermerke zu Befunden in der Karteikarte).

(2) [1] Die bildliche Dokumentation der Fluoreszeinangiographie bei der Erstindikation muss jeweils mindestens eine repräsentative Leeraufnahme sowie ein repräsentatives fluoreszeinangiographisches Bild aus früher (arterieller oder arteriovenöser) und später (länger als drei Minuten nach Injektion) Phase enthalten. [2] Die Qualität der Aufnahmen muss ausreichend sein, um die Indikationsstellung nachvollziehen zu können, es sei denn, die angiographische Dokumentation ist aus nachweisbaren Gründen nicht möglich.

(3) [1] Die bildliche Dokumentation der OCT zur Indikationsstellung bei der Erstbehandlung des Patienten sowie bei mindestens jeder dritten Folgebehandlung muss jeweils mindestens eine bis drei repräsentative Aufnahmen (SD-Technologie oder technische Weiterentwicklungen) enthalten. [2] Bei der Verlaufsbeurteilung ist sicherzustellen, dass möglichst bei allen OCT-Untersuchungsterminen die Schnitte an denselben Lokalisationen mit demselben Scanprotokoll und mit identischen Aufnahmeparametern aufgenommen werden. [3] Die Qualität der Aufnahmen muss ausreichend sein, um die Indikationsstellung nachvollziehen zu können, es sei denn die OCT-Dokumentation ist aus nachweisbaren Gründen nicht möglich.

§ 6 Überprüfung der ärztlichen Dokumentation. (1) Die Überprüfung der ärztlichen Dokumentation richtet sich auf den Entscheidungsgang zur Indikationsstellung für die intravitreale Medikamenteneingabe.

(2) [1]Die Kassenärztliche Vereinigung fordert jährlich von mindestens 10% der Ärzte, die Leistungen gemäß § 1 erbringen und abrechnen, die Dokumentation zur Indikationsstellung von zehn abgerechneten intravitrealen Medikamenteneingaben jeweils unterschiedlicher Patienten an. [2]Die Auswahl der intravitrealen Medikamenteneingaben erfolgt durch die Kassenärztliche Vereinigung unter Angabe des Namens des Patienten und des Behandlungsdatums. [3]Die Dokumentationsprüfungen sind zunächst auf den Zeitraum vom 1. Januar 2015 bis zum 31. Dezember 2021 befristet. [4]Die Partner des Bundesmantelvertrags nehmen bis spätestens zum 30. Juni 2021 Beratungen über eine mögliche Fortführung der Dokumentationsprüfungen ab dem 1. Januar 2022 auf. [5]Abhängig von den Prüfergebnissen wird vereinbart, ob und ggf. in welcher Form die Dokumentationsprüfungen weitergeführt werden.

(3) [1]Der Entscheidungsgang zur Indikationsstellung bei der Erstbehandlung des Patienten sowie bei jeder Folgebehandlung entsprechend der in § 1 aufgeführten Indikationen ist für jeden Patienten individuell nachzuvollziehen. [2] Bei gleichzeitigem Vorliegen von PDR und DMÖ als Indikation für die IVM erfolgt die Prüfung des Entscheidungsganges zur Indikationsstellung für das DMÖ. [3]Die Anforderungen an die sachgerechte Indikationsstellung sind als nicht erfüllt anzusehen, wenn

a) in der Fluoreszeinangiographie keine der in § 1 aufgeführten Indikationen zurErsttherapie nachvollziehbar ist (Ausnahme: Erkrankungen, bei denen zur Indikationsstellung zur intravitrealen Medikamenteneingabe eine Fluoreszeinangiographie nicht zielführend oder aus nachweisbaren Gründen nicht möglich ist),

b) in der OCT keine der in § 1 Abs. 3 aufgeführten Indikationen zur Ersttherapie nachvollziehbar ist,

c) bei einer Indikation nach § 1 Abs. 3 in der OCT
entweder
bei einem maximal 16-wöchigen Abstand zwischen erster und vierter IVM die Indikationsstellung zur Folgetherapie nicht vor einer der letzten vier IVM nachvollziehbar ist
oder
die Indikationsstellung zur Folgetherapie nicht vor einer der IVM innerhalb der letzten 12 Monate nachvollziehbar ist,

d) so schwerwiegende Mängel in der Bildqualität der Fluoreszeinangiographie vorliegen, dass diese nicht verwertbar ist,

e) so schwerwiegende Mängel in der Bildqualität der OCT vorliegen, dass diese nicht verwertbar ist,

f) bei der OCT keine Aufnahmen einer SD-OCT oder technischer Weiterentwicklungen vorgelegt werden,

g) der Visus bei der Indikationsstellung zur intravitrealen Medikamenteneingabe kleiner als 0,05 bzw. 1/20 Metervisus (Ausnahme: Visusabfall durch frische Blutung) oder mindestens 1,0 ist (außer bei aktiver CNV),

h) bei einer intravitrealen Medikamenteneingabe aufgrund des Fundusbefundes, des OCT-Befundes und ggf. der Fluoreszeinangiographie keine Indikation zur intravitrealen Medikamenteneingabe vorliegt. Dies ist z. B. der Fall, wenn ein morphologischer und funktioneller Endzustand der Krankheit vorliegt oder wenn durch eine intravitreale Medikamenteneingabe kein positiver Effekt mehr erwartet werden kann,

i) bei DMÖ als Indikation für die IVM keine foveale Beteiligung vorliegt oder

j) der Abstand zur letzten intravitrealen Medikamenteneingabe nach einer VEGF-Inhibitor-Injektion kleiner als 26 Tage bzw. nach einer Steroideingabe bei einem Medikament gleichen Wirkprinzips kleiner als 12 Wochen bzw. nach einer Steroideingabe bei einem Medikament anderen Wirkprinzips kleiner als 4 Wochen ist.

(4) [1] Das Ergebnis der Überprüfung der ärztlichen Dokumentation wird dem Arzt durch die Kassenärztliche Vereinigung innerhalb von vier Wochen mitgeteilt. [2] Der Arzt wird über bestehende Mängel informiert und ggf. eingehend beraten, wie diese behoben werden können.

(5) Werden die Anforderungen an die sachgerechte Indikationsstellung nach den Kriterien nach Absatz 3 bei allen 10 Dokumentationen erfüllt, wird die Überprüfung der ärztlichen Dokumentationen für diesen Arzt für einen Zeitraum von drei Jahren ausgesetzt.

(6) [1] Werden die Anforderungen an die sachgerechte Indikationsstellung nach den Kriterien nach Absatz 3 bei mehr als zwei Dokumentationen nicht erfüllt, muss der Arzt innerhalb von sechs Monaten an einer erneuten Überprüfung der ärztlichen Dokumentation nach den Vorgaben gemäß Absatz 2 Satz 1 und 2 (möglichst aus dem Zeitraum nach Zugang des Bescheides) teilnehmen. [2] Werden die Anforderungen auch dann nicht erfüllt, hat der Arzt die Möglichkeit, innerhalb von vier Monaten an einem Kolloquium bei der Kassenärztlichen Vereinigung teilzunehmen. [3] Hat der Arzt an dem Kolloquium nicht teilgenommen oder war die Teilnahme an dem Kolloquium nicht erfolgreich, ist die Genehmigung zur intravitrealen Medikamenteneingabe zu widerrufen.

(7) [1] Der Antrag auf Wiedererteilung der Genehmigung kann frühestens nach Ablauf von sechs Monaten nach Widerruf der Genehmigung gestellt werden. [2] Die Wiedererteilung der Genehmigung bestimmt sich nach den §§ 3 und 4. [3] Dabei ist zusätzlich die erfolgreiche Teilnahme an einem Kolloquium bei der Kassenärztlichen Vereinigung zur Indikationsstellung zur intravitrealen Medikamenteneingabe nachzuweisen.

Abschnitt D. Verfahren

§ 7 Genehmigungsverfahren. (1) [1] Anträge auf Genehmigung sind an die Kassenärztliche Vereinigung zu richten. [2] Über die Anträge und über den Widerruf oder die Rücknahme einer erteilten Genehmigung entscheidet die Kassenärztliche Vereinigung.

(2) Die Genehmigung ist zu widerrufen, wenn der Arzt die Anforderungen an die Leistungserbringung nach den Vorgaben dieser Vereinbarung nicht erfüllt.

§ 8 Zeugnisse und Kolloquien. (1) Der Kassenärztlichen Vereinigung sind zum Nachweis über die Erfüllung der festgelegten Anforderungen insbesondere folgende Bescheinigungen vorzulegen:

1. Urkunde über die Berechtigung zum Führen der Gebietsbezeichnung „Augenheilkunde", soweit der Arzt noch nicht als Augenarzt an der vertragsärztlichen Versorgung teilnimmt,

2. Zeugnisse, welche von dem zur Weiterbildung befugten Arzt nach § 3 Nr. 2 Satz 2 oder Satz 3 unterzeichnet sind und mindestens Angaben über die Zahl der vom Antragsteller selbstständig ausgewerteten Fluoreszenzangiographien beinhalten müssen,
3. Zeugnisse, welche von dem zur Weiterbildung befugten Arzt nach § 3 Nr. 3 Satz 2 oder Satz 3 unterzeichnet sind und mindestens Angaben über die Zahl der vom Antragsteller indizierten und befundeten OCT-Untersuchungen am Augenhintergrund beinhalten müssen oder der Nachweis über die Zahl der vom Antragsteller selbstständig durchgeführten OCT-Untersuchungen am Augenhintergrund gemäß § 3 Nr. 3 Satz 4,
4. Nachweis über die selbstständige Durchführung von 100 intraokularen Eingriffen (ohne Lasertherapie) nach § 3 Nr. 4,
5. Nachweis der Erfüllung der Anforderungen nach § 3 Nr. 5 durch
   a) nach dem 1. Januar 2010 erworbene Kenntnisse, Erfahrungen und Fertigkeiten über die Indikationsstellung und Durchführung von intravitrealen Medikamenteneingaben insbesondere zu aktuellen Indikationen, Techniken und dem Komplikationsmanagement oder
   b) die selbständige Durchfürhung von 100 intravitrealen Medikamenteneingaben oder
   c) eine erfolgreiche Teilnahme an einem Kurs von mindestens 4 Stunden Dauer zur intravitrealen Medikamenteneingabe mit aktuellen Indikationen, Techniken und dem Komplikationsmanagement. Der Kursleiter muss mindestens 200 intravitreale Medikamenteneingaben selbstständig durchgeführt und 2000 Fluoreszenzangiographien selbstständig ausgewertet haben.
6. Nachweis der Erfüllung der Anforderungen an die räumlichen, apparativtechnischen und hygienischen Anforderungen nach § 4.

(2) [1] Die Kassenärztliche Vereinigung kann die zuständige Qualitätssicherungskommission beauftragen, die Erfüllung der räumlichen, apparativ-technischen und hygienischen Anforderungen in der Praxis daraufhin zu überprüfen, ob sie den Bestimmungen dieser Vereinbarung entsprechen. [2] Die Genehmigung wird nur erteilt, wenn der Arzt in seinem Antrag sein Einverständnis zur Durchführung einer solchen Überprüfung erklärt.

(3) [1] Bestehen begründete Zweifel an der fachlichen Befähigung, so kann die Kassenärztliche Vereinigung die Erteilung der Genehmigung von der erfolgreichen Teilnahme an einem Kolloquium abhängig machen. [2] Das gleiche gilt, wenn der antragstellende Arzt eine im Vergleich zu dieser Vereinbarung abweichende, aber gleichwertige Befähigung nachweist. [3] Die nachzuweisenden Zahlen von Fluoreszenzangiographien und OCT-Untersuchungen am Augenhintergrund sowie von intraokularen Eingriffen (ohne Lasertherapie) können durch ein Kolloquium nicht ersetzt werden.

Abschnitt E. Schlussbestimmungen

§ 9 Auswertung der Qualitätssicherungsmaßnahmen. (1) [1] Damit die Vertragspartner entscheiden können, ob und in welcher Form die Qualitätssicherungsmaßnahmen nach dieser Vereinbarung fortgeführt werden sollen, teilen die Kassenärztlichen Vereinigungen der Kassenärztlichen Bundesvereinigung für jedes Kalenderjahr bis zum 30. April des Folgejahres Anzahl und Ergebnisse der Überprüfungen mit. [2]Diese Daten stehen den Partnern des Bundesmantelvertrages KV-bezogen zur gemeinsamen Beratung zur Verfügung.

(2) Auszuweisen sind für das Berichtsjahr jeweils

1. die Anzahl der Genehmigungsinhaber mit Stand 31. Dezember des Berichtsjahres und der abrechnenden Ärzte sowie die Anzahl der neu erteilten Genehmigungen und Genehmigungsrückgaben sowie die Anzahl der Genehmigungswiderrufe nach § 6 Abs. 6,
2. die Anzahl und Ergebnisse der Erstüberprüfungen gemäß § 6 Abs. 2 (jeweils differenziert nach der Art der Beanstandungen nach § 6 Abs. 3 a–j),
3. die Anzahl und Ergebnisse der erneuten Überprüfungen gemäß § 6 Abs. 6 (jeweils differenziert nach der Art der Beanstandungen nach § 6 Abs. 3 a–j),
4. die Anzahl und Ergebnisse der Kolloquien nach § 6 Abs. 6 und Abs. 7.

§ 10 Übergangsregelung, Inkrafttreten. (1) Fluoreszenzangiographien am Augenhintergrund, welche von Vertragsärzten vor dem Inkrafttreten dieser Vereinbarung selbstständig erbracht wurden, sind bei entsprechendem Nachweis auf die geforderte Anzahl von ausgewerteten Fluoreszenzangiographien unter Anleitung nach § 3 Nr. 2 Satz 1 anzurechnen.

(2) Die Anforderungen nach § 3 Nr. 2 Satz 1 gelten auch dann als erfüllt, wenn der Vertragsarzt nachweist, dass er vor dem Inkrafttreten dieser Vereinbarung mindestens 500 Fluoreszenzangiographien am Augenhintergrund selbstständig erbracht hat.

(3) Für Ärzte, die vor dem 1. Oktober 2019 über eine Abrechnungsgenehmigung zur Durchführung und Abrechnung der intravitrealen Medikamenteneingabe verfügen, gelten die Anforderungen nach § 3 Nr. 3 als erfüllt.

(4) [1]Ärzte mit der Berechtigung zum Führen der Gebietsbezeichnung Augenheilkunde, die vor dem 1. Oktober 2014 Leistungen der intravitrealen Medikamenteneingabe zu Lasten der Gesetzlichen Krankenversicherung im Rahmen ihrer Teilnahme an (einem) regionalen Vertrag(/Verträgen), (einer) anderweitigen vertraglichen Vereinbarung(en) zur intravitrealen Medikamenteneingabe und/oder der Kostenerstattung gemäß § 13 Abs. 3 SGB V[1)] in einem Operationsraum gemäß § 4 erbracht haben, sind bis zur Entscheidung über den Antrag durch die Kassenärztliche Vereinigung, längstens jedoch bis zum 31. März 2015 zur Durchführung und Abrechnung der Leistungen nach den Nummern 31371, 31372, 31373, 36371, 36372 und 36373 des EBM berechtigt, wenn sie innerhalb von drei Monaten nach Inkrafttreten der Vereinbarung

1. eine Genehmigung bei der Kassenärztlichen Vereinigung beantragen und
2. die Anforderungen nach § 3 und § 4 erfüllen und gegenüber der Kassenärztlichen Vereinigung nachweisen.

(5) Diese Vereinbarung tritt am 1. Oktober 2014 in Kraft.

[1)] **Aichberger, Sozialgesetzbuch Nr. 5.**

Protokollnotizen zum 1. Juli 2020

1. Die Partner des Bundesmantelvertrages prüfen nach Aufnahme der Indikation der proliferativen diabetischen Retinopathie (PDR) zum 1. Juli 2020 ab dem 1. Januar 2023 nach Vorlage von Ergebnissen über die Dokumentationsprüfungen, ob insbesondre in § 6 (Überprüfung der ärztlichen Dokumentation) Anpassungen vorgenommen werden müssen.
2. Die Indikation einer nicht infektiösen Entzündung des posterioren Augensegments (Uveitis intermedia und/oder posterior) nach § 1 Abs. 1 Nr. 6 umfasst auch die IVM zur Prävention einer Rückfalls bei rezidivierender, nicht infektiöser Uveitis, welche den hinteren Augenabschnitt betrifft.

732. Richtlinien zum Inhalt und zur Durchführung der Prüfungen gemäß § 106d Abs. 6 SGB V (Abrechnungsprüfungs-Richtlinien)

Vom 7. März 2018 (DÄBl. 2018 Heft 13 S. A-600; Inkrafttreten: 1.4.2018)

Geändert durch Bek. vom 7.12.2018 (DÄBl. 2019 Heft 3 S. 116; Inkrafttreten: 1.1.2019), Bek. vom 19.12.2019 (DÄBl. 2020 Heft 6 S. A-296; Inkrafttreten: 11.5.2019 und 19.12.2019) und Bek. vom 2.6.2020 (DÄBl. 2020 Heft 31–32 S. A-1525; Inkrafttreten: 1.10.2020)

Die Kassenärztliche Bundesvereinigung und der GKV-Spitzenverband vereinbaren gemäß § 106d Abs. 6 Satz 1 SGB V die nachfolgenden Richtlinien zum Inhalt und zur Durchführung der Prüfungen:

I. Anwendungsbereich und Begriffsbestimmungen

§ 1 Anwendungsbereich. (1) [1]Die Richtlinien finden Anwendung auf die Prüfung der Abrechnungen der an der vertragsärztlichen Versorgung teilnehmenden Ärzte und Psychotherapeuten (zugelassene und ermächtigte Ärzte und Psychotherapeuten) sowie der an der vertragsärztlichen Versorgung teilnehmenden ärztlich geleiteten Einrichtungen (zugelassene medizinische Versorgungszentren, zugelassene Einrichtungen nach § 311 SGB V, zugelassene Krankenhäuser, ermächtigte ärztlich geleitete Einrichtungen). [2]Soweit sich die nachfolgenden Bestimmungen auf Ärzte und ärztliche Leistungen beziehen, schließen sie auch Psychotherapeuten und psychotherapeutische Leistungen ein.

(2) Soweit in den nachstehenden Richtlinien Prüfungen der Abrechnung zugrunde gelegt werden, beziehen sich diese Prüfungen jeweils individuell auf Leistungen abrechnender Vertragsärzte oder Vertragspsychotherapeuten sowie auf Leistungen angestellter Ärzte oder Psychotherapeuten in Arztpraxen oder medizinischen Versorgungszentren, welche unter einer lebenslangen Arztnummer abgerechnet werden (sog. Arztbezug).

(3) [1]Die Richtlinien finden keine Anwendung auf die Prüfung der Abrechnungen der an der vertragsärztlichen Versorgung teilnehmenden Einrichtungen, deren Leistungen unmittelbar von den Krankenkassen vergütet werden (§ 116b: Ambulante spezialfachärztliche Versorgung; § 117 Abs. 2 und 3 SGB V: Hochschulambulanzen an psychologischen Universitätsinstituten und Ambulanzen an Ausbildungsstätten nach § 6 PsychThG; § 120 Abs. 2 Satz 1 SGB V: Hochschulambulanzen, psychiatrische Institutsambulanzen, sozialpädiatrische Zentren und medizinische Behandlungszentren). [2]Vertragliche Regelungen zur Abrechnung und Prüfung durch Kassenärztliche Vereinigungen bleiben unberührt.

(4) [1]Absatz 3 gilt auch insoweit, als ärztliche Leistungen auf der Grundlage von Einzelverträgen nach Maßgabe der §§ 73b sowie 140a SGB V mit den Krankenkassen abgerechnet werden. [2]Die Prüfung der Rechtmäßigkeit der Abrechnung vertragsärztlicher Leistungen in Abgrenzung zu den in den Sonderrechtsbeziehungen erbrachten Leistungen der Vertragsärzte ist dadurch nicht ausgeschlossen.

(5) [1]Sofern der Vertragsarzt an verschiedenen Betriebsstätten und/oder Nebenbetriebsstätten tätig ist, wird für die Beurteilung der Behandlungs- und Verordnungsweise seine Tätigkeit an allen Betriebsstätten einbezogen, auch wenn er im Status der Zulassung und der Ermächtigung nach § 24 Abs. 3 Ärzte-ZV tätig ist. [2]Bei der Tätigkeit im Rahmen eines Anstellungsverhältnisses ist eine Beurteilung der Behandlungs- und Verordnungsweise der anstellenden Arztpraxis bzw. des medizinischen Versorgungszentrums vorzunehmen.

§ 2 Zuständigkeiten. (1) Die Kassenärztliche Vereinigung ist zuständig für die in § 106d Abs. 2 SGB V vorgesehene Durchführung der Prüfung auf sachlich-rechnerische Richtigkeit und die darauf bezogene Plausibilitätsprüfung.

(2) Bei einer Berufsausübung, welche den Bereich einer Kassenärztlichen Vereinigung überschreitet (sog. KV-übergreifende Berufsausübung), gilt § 11 Abs. 2 für die Bestimmung der zuständigen Kassenärztlichen Vereinigungen.

(3) Die Krankenkassen sind zuständig für die in § 106d Abs. 3 SGB V vorgesehenen Abrechnungsprüfungen und Plausibilitätsprüfungen.

§ 3 Gegenstand der Abrechnungsprüfung. (1) [1]Gegenstand der Abrechnungsprüfung ist die Rechtmäßigkeit der Abrechnungen. [2]Die Rechtmäßigkeit der Abrechnung umfasst die rechtlich ordnungsgemäße Leistungserbringung und die formal richtige Abrechnung der erbrachten Leistungen und der geltend gemachten Sachkosten.

(2) [1]Die Prüfung der Rechtmäßigkeit der Abrechnung wird bei der Kassenärztlichen Vereinigung im Verfahren der sachlich-rechnerischen Richtigkeitsprüfung durchgeführt (§ 4). [2]Bestandteil dieser Prüfung ist die Plausibilitätsprüfung in dem in § 7 geregelten Umfang.

(3) In Fällen einer KV-übergreifenden Berufsausübung gilt ergänzend § 11.

(4) Gegenstand der Abrechnungsprüfungen der Krankenkassen sind die in § 106d Abs. 3 SGB V genannten Sachverhalte nach Maßgabe der §§ 14ff. dieser Richtlinien.

§ 4 Gegenstand der Prüfung der sachlich-rechnerischen Richtigkeit. (1) Die Prüfung auf sachlich-rechnerische Richtigkeit der Abrechnung zielt auf die Feststellung ab, ob die abgerechneten Leistungen rechtlich ordnungsgemäß, also ohne Verstoß gegen gesetzliche, vertragliche oder satzungsrechtliche Bestimmungen, erbracht worden sind.

(2) Die Prüfung auf sachlich-rechnerische Richtigkeit der Abrechnung erstreckt sich nicht auf die Prüfung der Wirtschaftlichkeit der Leistungserbringung.

§ 5 Gegenstand und Ziel der Plausibilitätsprüfung. (1) [1]Die Plausibilitätsprüfung stellt ein Verfahren dar, mit dessen Hilfe aufgrund bestimmter Anhaltspunkte und vergleichender Betrachtungen die rechtliche Fehlerhaftigkeit ärztlicher Abrechnungen vermutet werden kann. [2]Anhaltspunkte für eine solche Vermutung sind Abrechnungsauffälligkeiten. [3]Abrechnungsauffälligkeiten sind durch die Anwendung der Aufgreifkriterien mit sonstigen Erkenntnissen aus Art und Menge der abgerechneten ärztlichen Leistungen zu gewinnende Indizien, welche es wahrscheinlich machen, dass eine fehlerhafte Leistungserbringung im Sinne des § 6 zugrunde liegt.

(4) Für die Unterrichtung nach Abs. 3 gelten die folgenden Grundsätze:

1. Eine Übermittlung der Prüfergebnisse erfolgt nur, wenn die zu korrigierenden Leistungen je Betriebsstättennummer, Quartal und Krankenkasse eine Bagatellgrenze in Höhe von 30 € je Datenübermittlung übersteigt.
2. Der gegenseitige Datenaustausch erfolgt über sFTP-Server der jeweiligen Kassenärztlichen Vereinigung.
3. [1] Die Fehlerhaftigkeit ist durch vollständige Eintragungen in das elektronisch gestützte Regelwerk darzustellen. [2] Die Eintragungen müssen in Inhalt und Umfang geeignet sein, dass das Prüfergebnis ohne weitere Sachverhaltsermittlung der Kassenärztlichen Vereinigung in einen Bescheid umgesetzt werden kann.
4. [1] Soweit der Kassenärztlichen Vereinigung Sachverhalte bekannt sind, die zu einer Rechtswidrigkeit des Bescheides führen können, kann die Kassenärztliche Vereinigung dies der Krankenkasse mitteilen. [2] Die Krankenkasse kann hierzu innerhalb von 4 Wochen schriftlich Stellung nehmen. [3] Vor einer Rückmeldung der Krankenkasse oder Fristablauf nach Satz 2 erfolgt keine Umsetzung.
5. [1] Bei der Korrespondenz ist das elektronisch gestützte Regelwerk zu verwenden. [2] Soweit die Krankenkasse einen Dienstleister einsetzt, erteilt sie damit diesem gleichzeitig eine Empfangsbevollmächtigung für die Entgegennahme der Bescheide.
6. [1] Ein Prüfergebnis muss von einer Kassenärztlichen Vereinigung gegenüber dem Arzt dann nicht umgesetzt werden, wenn Vertrauensschutzgesichtspunkte dem Erlass eines Bescheides entgegenstehen. [2] Gleiches gilt in den Fällen, in denen eine Umsetzung des Prüfergebnisses zu einem offensichtlich rechtswidrigen Bescheid führen würde.
7. [1] Im Fall eines Gerichtsverfahrens sind Kosten des Verfahrens, die der Kassenärztlichen Vereinigung in der Kostengrundentscheidung auferlegt worden sind, von der Krankenkasse zur Hälfte zu erstatten, wenn das Gericht das Prüfergebnis der Krankenkasse als rechtswidrig angesehen hat. [2] Eigene Kosten der Kassenärztlichen Vereinigung sind nicht zu erstatten. [3] Die Sätze 1 und 2 finden nur auf Rechtsstreitigkeiten Anwendung, die durch rechtskräftige Urteile beendet wurden und bei denen die Krankenkasse zum Verfahren beigeladen war und ihr keine Kosten auferlegt wurden.
8. [1] Die Datenübermittlung der Krankenkassen an die Kassenärztlichen Vereinigungen soll innerhalb von 13 Monaten nach Versand des Honorarbescheides erfolgen. [2] Das Datum des Versands des Honorarbescheides wird durch die zuständige Kassenärztliche Vereinigung quartalsweise zusammen mit dem Rechnungsbrief an die Krankenkassen übermittelt. [3] Bei unterschiedlichen Versanddaten ist das früheste Versanddatum zu übermitteln. [4] Bei verspäteter Datenübermittlung ist seitens der Krankenkasse eine Begründung anzugeben.

(5) [1] Die Kassenärztlichen Vereinigungen übermitteln den Krankenkassen die Korrekturen durch elektronische Rückmeldung über das elektronisch gestützte Regelwerk. [2] Dies gilt auch für Fälle des Abs. 4 Nr. 6. [3] Eine Schriftform des Bescheides gegenüber der Krankenkasse ist nicht erforderlich.

(6) [1] Macht eine Krankenkasse geltend, dass der Vertragsarzt sie auf den Abrechnungsunterlagen fälschlicherweise als Kostenträger angegeben hat, so ist

weitere Voraussetzung für die Umsetzung des Prüfergebnisses durch die Kassenärztliche Vereinigung, dass die Krankenkasse versichert, dass der zuständige Kostenträger durch eigene kasseninterne Ermittlungen nicht festgestellt werden kann.

[2]Lag der Leistungserbringung eine eingelesene elektronische Gesundheitskarte zugrunde, erfolgt keine Umsetzung des Prüfergebnisses, wenn die Angabe des unzuständigen Kostenträgers nicht im Verantwortungsbereich des Vertragsarztes lag.

IV. Gemeinsame Vorschriften

§ 19 Antragsverfahren. (1) Für das Antragsverfahren nach § 106d Abs. 4 Satz 1 SGB V gelten die nachfolgenden Grundsätze:

1. Für die Antragstellung ist das elektronisch gestützte Regelwerk (Anlage 1) zu verwenden.
2. Der gegenseitige Datenaustausch erfolgt über sFTP-Server der jeweiligen Kassenärztlichen Vereinigung.
3. Die Vorgaben der Anlage 1 sind zu beachten.
4. Eine Prüfung erfolgt nur, wenn glaubhaft gemacht wird, dass die zu korrigierenden Leistungen je Betriebsstättennummer, Quartal und Krankenkasse eine Bagatellgrenze in Höhe von 30 € je Datenübermittlung übersteigen.
5. [1]Die Kassenärztlichen Vereinigungen bescheiden die Anträge durch Rückmeldung über das elektronisch gestützte Regelwerk. [2]Eine Schriftform ist nicht erforderlich.
6. [1]Die Datenübermittlung der Krankenkassen an die Kassenärztlichen Vereinigungen soll innerhalb von 15 Monaten nach Versand des Honorarbescheides erfolgen. [2]Das Datum des Versands des Honorarbescheides wird durch die zuständige Kassenärztliche Vereinigung quartalsweise zusammen mit dem Rechnungsbrief an die Krankenkassen übermittelt. [3]Bei unterschiedlichen Versanddaten ist das früheste Versanddatum zu übermitteln. [4]Bei verspäteter Datenübermittlung ist seitens der Krankenkasse eine Begründung anzugeben. [5]Soweit die Krankenkasse einen Dienstleister einsetzt, erteilt sie damit diesem gleichzeitig eine Empfangsbevollmächtigung für die Entgegennahme der Bescheide.

(2) Das Nähere zur Umsetzung von § 106d Abs. 4 Sätze 1 und 2 können die Vertragspartner der Vereinbarungen gem. § 106d Abs. 5 SGB V regeln.

§ 20 Prüfung aufgrund konkreter Hinweise und Verdachtsmomente.
(1) Außerhalb der regulären Prüfungen wird eine Abrechnung in der vertragsärztlichen Versorgung geprüft, wenn ausreichende und konkrete Hinweise auf Abrechnungsauffälligkeiten bestehen.

(2) [1]Hinweisen wird nachgegangen, wenn die Verdachtsmomente schriftlich oder persönlich vorgetragen werden. [2]Die Landesverbände der Krankenkassen und die Ersatzkassen sowie deren Mitgliedskassen informieren die Kassenärztlichen Vereinigungen in geeigneter Weise über konkrete Hinweise und Verdachtsmomente im Rahmen der vertragsärztlichen Versorgung aufgrund eigener Recherchen und Ermittlungen, bevor sie weitere Maßnahmen ergreifen. [3]Dies gilt auch vor einer beabsichtigten Veröffentlichung.

§ 21 Gemeinsame Bewertung von Prüfungsergebnissen. (1) [1]Zur Durchführung der gegenseitigen Unterrichtung und Abstimmung möglicher Maßnahmen (z. B. Hinweise, Beratungen, Berichtigungen, Disziplinarmaßnahmen, Anträge auf Wirtschaftlichkeitsprüfung) kann die Kassenärztliche Vereinigung mit ihren Vertragspartnern nach § 106d Abs. 5 SGB V eine

Gemeinsame Beratungskommission „Abrechnungsprüfung"

bilden. [2]Die Zusammensetzung regeln die Vertragspartner.

(2) Der Kommission kann die Aufgabe übertragen werden, eine möglichst einvernehmliche Bewertung der Ergebnisse von Plausibilitätsprüfungen der Kassenärztlichen Vereinigung und der Krankenkassen in solchen Fällen herbeizuführen, in denen von der Kassenärztlichen Vereinigung oder einer Krankenkasse Unplausibilität festgestellt worden ist.

(3) Bei Einrichtung einer solchen Kommission können die Verträge nach § 106d Abs. 5 SGB V vorsehen, dass die Unterrichtungspflichten nach § 13 Abs. 3 und § 18 der Richtlinien durch Informationsaustausch in der Kommission ersetzt werden.

V. Inkrafttreten und Übergangsvorschriften

§ 22 Inkrafttreten und Übergangsvorschriften. (1) [1]Diese Richtlinien einschließlich der Anlage 1 treten zum 1. April 2018 in Kraft. [2]Gleichzeitig treten die Richtlinien nach § 106a SGB V in der ab 1. Juli 2008 geltenden Fassung außer Kraft.

(2) [1]Die Richtlinien sind unabhängig vom Abrechnungsquartal auf die nach ihrem Inkrafttreten gestellten Prüfmitteilungen und -anträge der Krankenkassen anzuwenden. [2]Die Anlage 1 ist – mit Ausnahme der Nr. 5 (Satzbeschreibung – Satzart ER106d) – unabhängig vom Abrechnungsquartal auf Prüfmitteilungen und -anträge der Krankenkassen ab dem 1. Januar 2019 anzuwenden; Anlage 1 Nr. 5 ist unabhängig vom Abrechnungsquartal auf Prüfmitteilungen und -anträge der Krankenkassen ab dem 1. Januar 2020 anzuwenden. [3]Abweichend hiervon können Krankenkassen und Kassenärztliche Vereinigungen jeweils individuell vereinbaren, dass die Anlage 1 oder Teile davon bereits vor dem 1. Januar 2019 bzw. 1. Januar 2020 angewandt wird. [4]Für vor dem Inkrafttreten der Richtlinien gestellte Prüfmitteilungen und -anträge gilt die bisherige Fassung der Richtlinien nach § 106a SGB V fort.

(3) [1]Abweichend von Absatz 1 ist § 8 auch auf solche Verfahren anzuwenden, die am 31. Dezember 2014 noch nicht rechtskräftig abgeschlossen waren. [2]Die §§ 8 und 8a der Richtlinien nach § 106a SGB V in der ab 1. Juli 2008 geltenden Fassung finden auf diese Verfahren keine Anwendung.

(4) Die Veröffentlichung der Richtlinien erfolgt durch die Kassenärztliche Bundesvereinigung und den GKV-Spitzenverband.

(5) Die Vereinbarungspartner sehen auch eine geeignete Veröffentlichung in ihren Internetauftritten vor.

§ 23 Kündigung. (1) Diese Richtlinien können von der Kassenärztlichen Bundesvereinigung und dem GKV-Spitzenverband mit einer Frist von sechs

Monaten zum Jahresende, frühestens jedoch zum 31. Dezember 2019, gekündigt werden.

(2) Im Fall einer Kündigung gelten die Regelungen dieser Richtlinie bis zum Inkrafttreten einer Neufassung vorläufig fort.

Protokollnotizen[1)]

1. Protokollnotiz zu § 3:

Bis eine technisch automatisierte Zusetzung der Zuschläge für die von der Termin-Service-Stelle (TSS) vermittelten Fälle erfolgt, erfolgt die Plausibilisierung der extrabudgetären Vergütung der von der TSS vermittelten Fälle aus den Abrechnungsdaten je Arztpraxis (BSNR) mit Daten aus der TSS über den Abgleich der Anzahl der vermittelten Patienten einerseits und der abgerechneten Zuschläge andererseits. Das Ergebnis je Arztpraxis ist den Landesverbänden der Krankenkassen und den Ersatzkassen von der Kassenärztlichen Vereinigung 5 Monate nach Quartalsende in der Satzart PLAUSTSS ab dem 3. Quartal 2019 zur Verfügung zu stellen. Die Umsetzung der Datenübermittlung ist in der Technischen Anlage zum Vertrag über den Datenaustausch (Anlage 6 BMV-Ä) geregelt.

2. Protokollnotiz zum Beschluss des Bewertungsausschusses in seiner 439. Sitzung Teil B, Nr. 1

Bei den folgenden TSVG-Konstellationen gemäß Beschluss des Bewertungsausschusses in seiner 439. Sitzung Teil B, Nr. 1
– Hausarzt-Vermittlungsfall beim Facharzt und
– TSS-Terminfall sowie
– TSS-Akutfall
ist bei der Prüfung gegebenenfalls zu berücksichtigen, dass die Vermittlung im Quartal vor der Behandlung stattgefunden haben kann.

3. Protokollnotiz zu §§ 18 Abs. 4 Nr. 8 und 19 Abs. 1 Nr. 6

a. Die Partner der Abrechnungsprüfungs-Richtlinien sind sich einig, dass die Fristregelungen dazu dienen, der Kassenärztlichen Vereinigung eine Bearbeitung innerhalb der zweijährigen Ausschlussfrist nach § 106d Abs. 5 Satz 3 SGB V zu ermöglichen. Die Nichteinhaltung der Frist darf nicht zu einem automatischen Ausschluss der Annahme der Lieferung führen. Sie gehen zudem davon aus, dass eine Fristüberschreitung bei der Datenübermittlung durch die Krankenkassen nicht der Regelfall ist. Der Ausnahmefall ist deshalb zu begründen.

b. Soweit die Ausschlussfrist nach § 106d Abs. 5 Satz 3 SGB V Quartale betrifft, deren Rechnungsbrief an die Krankenkassen vor Abschluss dieser Vereinbarung übermittelt wurde und daher die Übermittlung eines Versanddatums nicht erfolgte (vgl. §§ 18 Abs. 4 Nr. 8, Satz 2 und 3, 19 Abs. 1 Nr. 6, Satz 2 und 3), ist das Versanddatum den Krankenkassen zeitnah zur Verfügung zu stellen.

(Vom Abdruck der Anlage 1 wurde abgesehen).

---

1) Protokollnotizen 1 und 2 gültig ab Abrechnungsquartal 3/2019, Inkrafttreten: 19.12.2019.

760. Regelung der Kassenärztlichen Bundesvereinigung zur Fortbildungsverpflichtung der Vertragsärzte und Vertragspsychotherapeuten nach § 95d SGB V

Vom 16.9.2016

(DÄBl. 2016 Heft 40 S. A-1775; Inkrafttreten: 1.10.2016), geändert durch Bek. vom 18.5.2020 (DÄBl. 2020 Heft 24 S. A-1226; Inkrafttreten: 1.4.2020) und durch Bek. vom 12.6.2020 (DÄBl. 2020 Heft 29–30 S. A-1463; Inkrafttreten: 1.4.2020)

Die Vertreterversammlung der Kassenärztlichen Bundesvereinigung hat auf der Grundlage von § 95d Abs. 6 SGB V in ihrer Sitzung am 16. September 2016 die nachstehende Regelung beschlossen:

Abschnitt I der nachstehenden Regelung ist im Einvernehmen mit der Bundesärztekammer und der Bundespsychotherapeutenkammer beschlossen worden (§ 95d Abs. 6 Satz 1 SGB V).

I. Umfang der Fortbildungsverpflichtung

§ 1 Angemessener Umfang der Fortbildungsverpflichtung. (1) Vertragsärzte und Vertragspsychotherapeuten genügen ihrer Fortbildungsverpflichtung nach § 95d Abs. 1 SGB V, wenn sie innerhalb des im Gesetz vorgesehenen Fünfjahreszeitraums eine Fortbildung nach Maßgabe der Absätze 2 und 3 durch ein Fortbildungszertifikat der Ärztekammer oder Psychotherapeutenkammer nachweisen.

(2) Das Fortbildungszertifikat muss den Musterregelungen der Bundesärztekammer oder Bundespsychotherapeutenkammer für ein Fortbildungszertifikat entsprechen.

(3)[1] [1] Innerhalb des gesetzlich vorgeschriebenen Fünf-Jahreszeitraums sind insgesamt mindestens 250 Fortbildungspunkte nachzuweisen. [2] Die Kassenärztlichen Vereinigungen können mit den Kammern auf Landesebene Vereinbarungen über die Prüfung, Bewertung und Verwaltung der Fortbildungspunkte – auch wenn sie über andere Fortbildungsnachweise oder sonstige Nachweise gemäß § 3 nachgewiesen werden – treffen.

(4) Für Vertragsärzte oder Vertragspsychotherapeuten beginnt der Fünfjahreszeitraum mit dem Zeitpunkt der Aufnahme der vertragsärztlichen Tätigkeit.

(5) [1] Für ermächtigte Ärzte und Psychotherapeuten sowie für angestellte Ärzte und Psychotherapeuten nach § 32b Ärzte-ZV, § 95 Abs. 1 Satz 2 SGB V und § 311 Abs. 2 SGB V gelten die Absätze 1 bis 3 entsprechend mit

---

[1] Beschluss der KBV vom 18.5.2020 (DÄBl. 2020 Heft 24 S. A-1226):

I. Abweichend von § 1 Abs. 3 der Regelung der Kassenärztlichen Bundesvereinigung zur Fortbildungsverpflichtung der Vertragsärzte und Vertragspsychotherapeuten nach § 95d SGB V sind statt 250 Fortbildungspunkten 200 Fortbildungspunkte nachzuweisen.

II. Die Regelung tritt am 1. April 2020 in Kraft und tritt am 30. Juni 2020 außer Kraft. Die KBV wird spätestens einen Monat vor Ablauf der Befristung prüfen, ob eine Verlängerung erforderlich ist.

Mit Beschluss vom 12.6.2020 (DÄBl. 2020 Heft 29–30 S. A-1463) wurde die Befristung bis zum 30. September 2020 verlängert.

der Maßgabe, dass ab einer Gesamtdauer von Ermächtigungen oder Anstellungen von fünf Jahren und einer zeitlich entsprechenden vertragsärztlichen oder vertragspsychotherapeutischen Tätigkeit der Nachweis über die Fortbildung für den zurückliegenden fünfjährigen Gesamtzeitraum zu führen ist.

[2] Der Nachweis der entsprechenden Fortbildung ist unter Berücksichtigung der gesetzlich geregelten Nachfrist gemäß § 95d Abs. 3 Satz 5 SGB V Voraussetzung der Verlängerung einer befristeten Ermächtigung und der Neuerteilung einer Genehmigung bei Anstellung in einer anderen Praxis.

(6) Verzichtet ein Vertragsarzt oder ein Vertragspsychotherapeut auf seine Zulassung und beantragt diese zu einem späteren Zeitpunkt erneut, so wird der Fünf-Jahreszeitraum für die Zeit der Nichtausübung der vertragsärztlichen Tätigkeit unterbrochen.

(7) Absatz 6 gilt für ermächtigte und angestellte Ärzte und Psychotherapeuten entsprechend.

II. Nachweis der Fortbildung

§ 2 Nachweis der Fortbildung. (1) Die Fortbildung nach § 1 ist ohne Prüfung durch die Kassenärztliche Vereinigung nachgewiesen, wenn der Vertragsarzt oder der Vertragspsychotherapeut die Fortbildung durch ein Fortbildungszertifikat der Ärztekammer oder der Psychotherapeutenkammer nachweist.

(2) Kann der Nachweis durch ein solches Fortbildungszertifikat nicht geführt werden, gilt § 3.

§ 3 Andere Fortbildungsnachweise. (1) Stellt eine Berufskammer, welche für den Arzt oder Psychologischen Psychotherapeuten/ Kinder- und Jugendlichenpsychotherapeuten zuständig ist, Fortbildungszertifikate nicht aus, so kann der Vertragsarzt oder der Vertragspsychotherapeut seine Fortbildung, welche ihm nach § 95d Abs. 1 SGB V obliegt, für den maßgeblichen Fünfjahreszeitraum nach § 1 dieser Regelung auch durch Einzelnachweise belegen, welche in ihrer Summe, ihrer Struktur, ihrer Bewertung und den Bewertungsvoraussetzungen den Bewertungsmaßstäben entsprechen, welche von der Bundesärztekammer oder von der Bundespsychotherapeutenkammer in ihren Musterregelungen für ein auf einer fünfjährigen Fortbildung beruhendes Fortbildungszertifikat ausgewiesen worden sind.

(2) [1] Absatz 1 gilt nicht, wenn der Vertragsarzt oder Vertrags -psychotherapeut ein Fortbildungszertifikat nicht vorlegen kann, weil die für ihn zuständige Kammer die Erteilung wegen Fehlens der Voraussetzungen abgelehnt hat. [2] Absatz 4 bleibt unberührt.

(3) [1] Will der Vertragsarzt den Nachweis über die notwendige Fortbildung durch ein Zertifikat oder eine sonstige Bescheinigung führen, die nicht von einer Ärztekammer oder Psychotherapeutenkammer ausgestellt sind, jedoch die Feststellung enthalten, dass eine Fortbildung im Umfang des § 1 absolviert worden ist, kann dieser Nachweis nur anerkannt werden, wenn die zugrundeliegenden Fortbildungsmaßnahmen in ihrer Summe, ihrer Struktur, ihrer Be-

wertung und den Bewertungsvoraussetzungen den Anforderungen entsprechen, welche die Bundesärztekammer oder Bundespsychotherapeutenkammer in ihren Musterregelungen an die Vergabe eines Fortbildungszertifikats über eine Fortbildung für einen dreijährigen oder fünfjährigen Zeitraum stellen. [2]Die Prüfung obliegt der Kassenärztlichen Vereinigung. [3]Sie kann hierzu grundsätzlich eine gutachterliche Stellungnahme der Ärztekammer oder Psychotherapeutenkammer einholen.

(4) In begründeten Ausnahmefällen kann die Kassenärztliche Vereinigung dem Vertragsarzt oder dem Vertragspsychotherapeuten den Nachweis seiner Fortbildung im Verfahren nach Absatz 1 gestatten.

III. Folgen unzureichender Fortbildung

§ 4 Honorarkürzung. Das Verfahren und die Einzelheiten der Honorarkürzung insbesondere bei gemeinschaftlicher Berufsausübung sowie bei angestellten Ärzten regelt die Kassenärztliche Vereinigung.

§ 5 Nachholen der Fortbildung. [1]Hat ein Vertragsarzt oder ein Vertragspsychotherapeut zum Ende des für ihn maßgeblichen Fünf-Jahreszeitraums ein Fortbildungszertifikat nicht vorgelegt oder auch nicht auf andere Weise die gebotene Fortbildung belegt, ist er von der Kassenärztlichen Vereinigung darauf hinzuweisen, dass die gebotene Fortbildung binnen eines folgenden Zeitraums von höchstens zwei Jahren nachzuholen ist. [2]Zugleich ist er darauf hinzuweisen, dass bei Versäumen dieser Frist die Einleitung eines Zulassungsentziehungsverfahrens vorgesehen ist und die nachgeholte Fortbildung auf den folgenden Fünfjahreszeitraum nicht angerechnet wird.

§ 6 Ermächtigte und angestellte Ärzte. (1) §§ 2 und 3 sowie § 5 gelten im Rahmen des § 95d Abs. 5 SGB V entsprechend für ermächtigte Ärzte und ermächtigte Psychotherapeuten sowie in Medizinischen Versorgungszentren oder bei einem Vertragsarzt oder Vertragspsychotherapeuten angestellte Ärzte und Psychotherapeuten.

(2) § 4 gilt für ermächtigte und angestellte Ärzte oder Psychotherapeuten.

IV. Inkrafttreten

§ 7 Inkrafttreten. [1]Die Regelung tritt am 1.10.2016 in Kraft. [2]Die Regelung vom 1.7.2004 in der Fassung vom 31.3.2009 tritt außer Kraft.

820. Richtlinie des Gemeinsamen Bundesausschusses über die Bedarfsplanung in der vertragszahnärztlichen Versorgung (Bedarfsplanungs-Richtlinie Zahnärzte)

Vom 14. August 2007

(BAnz. Nr. 185 vom 2.10.2007, S. 7673; Inkrafttreten: 1.10.2007)

Geänd. durch Beschl. des G-BA vom 21.8.2008 (BAnz. Nr. 143 vom 19.9.2008, S. 3413; Inkrafttreten: 1.10.2008), durch Beschl. des G-BA vom 17.6.2010 (BAnz. Nr. 136 vom 9.9.2010, S. 3098; Inkrafttreten: 10.9.2010), durch Beschl. des G-BA vom 16.6.2016 (BAnz. AT vom 6.9.2016 B2; Inkrafttreten: 7.9.2016) und durch Beschl. des G-BA vom 20.12.2018 (BAnz. AT vom 19.3.2019 B4; Inkrafttreten: 20.3.2019)

§ 1 Allgemeines. [1] Der Gemeinsame Bundesausschuss strebt eine sprachliche Gleichberechtigung der Geschlechter an. [2] Die Verwendung von geschlechtlichen Paarformen würde aber die Verständlichkeit und die Klarheit der Richtlinie erheblich einschränken. [3] Die in dieser Richtlinie verwendeten Personenbezeichnungen gelten deshalb auch jeweils in ihrer weiblichen Form.

§ 2 Zweck und Regelungsbereich. (1) [1] Die vom Gemeinsamen Bundesausschuss beschlossene Richtlinie nach § 92 Abs. 1 Nr. 9 und § 101 Abs. 1 Satz 1 Nr. 1 des Fünften Buches Sozialgesetzbuch (SGB V)[1)] dient der Bedarfsplanung in der vertragszahnärztlichen Versorgung mit dem Ziele, den Versicherten und ihren Familienangehörigen eine bedarfsgerechte und gleichmäßige zahnärztliche Versorgung, die auch einen ausreichenden Not- und Bereitschaftsdienst umfasst, in zumutbarer Entfernung unter Berücksichtigung des jeweiligen Standes der zahnmedizinischen Wissenschaft und Technik sowie der Möglichkeiten der Rationalisierung und Modernisierung zur Verfügung zu stellen. [2] Die Richtlinie gewährleistet einheitliche und vergleichbare Grundlagen, Maßstäbe und Verfahren über die

- Festsetzung der Planungsbereiche (§ 3),
- Feststellung des Standes der zahnärztlichen Versorgung (§ 4),
- Ermittlung und Beurteilung des allgemeinen bedarfsgerechten Versorgungsgrades in der zahnärztlichen Versorgung (§ 5),
- Feststellung und Beurteilung einer zahnärztlichen Unterversorgung oder einer in absehbarer Zeit drohenden Unterversorgung (§ 6) und
- zahnärztliche Überversorgung (§ 7).

(2) Im Rahmen des Zusammenwirkens von Zahnärzten und Krankenkassen zur Sicherstellung der vertragszahnärztlichen Versorgung stellen die Kassenzahnärztlichen Vereinigungen im Einvernehmen mit den Landesverbänden der Krankenkassen und den Verbänden der Ersatzkassen Bedarfspläne auf, die den Stand und den Bedarf an zahnärztlicher Versorgung darstellen sowie die Kriterien für die Feststellung einer Unterversorgung enthalten.

§ 3 Festsetzung der Planungsbereiche. (1) [1] Im Rahmen des für den Bereich einer Kassenzahnärztlichen Vereinigung oder im Falle des § 12 Abs. 2 Satz 2 der Zulassungsordnung für Vertragszahnärzte (ZV-Z) für den Bereich mehrerer Kassenzahnärztlicher Vereinigungen aufzustellenden Bedarfsplanes

---

[1)] **Aichberger, Sozialgesetzbuch, Nr. 5.**

setzen die Kassenzahnärztlichen Vereinigungen im Einvernehmen mit den Landesverbänden der Krankenkassen und den Verbänden der Ersatzkassen die einzelnen Planungsbereiche fest. 2 Die regionalen Planungsbereiche sollen den kreisfreien Städten, den Landkreisen oder Kreisregionen in der Zuordnung des Bundesamtes für Bauwesen und Raumordnung entsprechen. 3 Bei der Abgrenzung sind Abweichungen zulässig. 4 Es sind Planungsbereiche für die zahnärztliche Versorgung und für die kieferorthopädische Versorgung zu bilden.

(2) 1 Die kleinste Planungseinheit innerhalb des Bereiches einer Kassenzahnärztlichen Vereinigung ist der Planungsbereich für die zahnärztliche Versorgung. 2 Bei seiner Festsetzung ist von der kommunalen Gliederung auszugehen. 3 Die Untergliederung von Gemeinden, insbesondere von Großstädten, ist angezeigt, wenn die örtlichen Verhältnisse dies unter Berücksichtigung der in Absatz 4 gestellten Anforderung notwendig machen. 4 Eine Zusammenfassung von Gemeinden ist möglich, soweit die in Absatz 4 gestellte Anforderung nicht beeinträchtigt wird.

(3) 1 Die nächst größere Planungseinheit innerhalb des Bereiches einer Kassenzahnärztlichen Vereinigung ist der Planungsbereich für die kieferorthopädische Versorgung. 2 Im Regelfall umfasst er den Bereich eines Stadt- oder Landkreises. 3 Eine weitere Untergliederung ist angezeigt, wenn die örtlichen Verhältnisse dies unter Berücksichtigung der in Absatz 4 gestellten Anforderung notwendig machen. 4 Eine Zusammenfassung von Kreisen kann angezeigt sein, wenn der Einzugsbereich von Kieferorthopäden den Bereich eines Stadt- oder Landkreises überschreitet.

(4) Bei der Festlegung der Planungsbereiche nach den Absätzen 2 und 3 ist zu berücksichtigen, dass die zahnärztliche Praxis oder das medizinische Versorgungszentrum für den Patienten in zumutbarer Entfernung liegt.

§ 4 Feststellung des Standes der zahnärztlichen Versorgung. (1) Zum Zwecke der Bedarfsplanung sind von den Kassenzahnärztlichen Vereinigungen umfassende und vergleichbare Übersichten über den Stand der vertragszahnärztlichen Versorgung am 31. Dezember eines jeden Jahres, und zwar jeweils bis zum 30. Juni des folgenden Jahres, zu erstellen.

(2) Inhalt und Form der Übersichten bestimmen sich für die zahnärztliche Versorgung nach den Planungsblättern A und B (Anlagen 1 und 2), für die kieferorthopädische Versorgung nach dem Planungsblatt C (Anlage 3), jeweils einschließlich der dazugehörigen Hinweise.

§ 5 Ermittlung und Beurteilung des Bedarfs an zahnärztlicher Versorgung. (1) 1 Bei der Ermittlung des allgemeinen bedarfsgerechten Versorgungsgrades ist von Verhältniszahlen auszugehen. 2 Sie werden getrennt für die zahnärztliche und für die kieferorthopädische Versorgung festgelegt. 3 Zu diesem Zweck wird die Zahl der Einwohner durch die Zahl der behandelnd tätigen Zahnärzte bzw. der Kieferorthopäden geteilt. 4 Bei der Festlegung der Verhältniszahlen für die kieferorthopädische Versorgung wird berücksichtigt, in welchem Umfang allgemein tätige Zahnärzte an der Versorgung teilhaben. 5 Dabei kann auch eine von dem Berechnungsergebnis abweichende Verhältniszahl festgesetzt werden, wenn eine bedarfsgerechte Versorgung der Versicherten dies erfordert. 6 Soweit es für eine bedarfsgerechte Versorgung erforderlich ist, können für verschiedene Regionen der Bundesrepublik unterschiedliche Verhältniszahlen festgesetzt werden. 7 Dabei sollen die Morbidität, die Bevölkerungs-

Erläuterungen zu den Planungsblättern A, B und C (Anlagen 1, 2, 3)

Planungsblatt A. Strukturdaten

Kopfspalte: Nummer und Name des festgelegten Planungsbereichs

Allgemeiner Hinweis: Falls für die Darstellung der Strukturdaten mehrere Planungsblätter A benötigt werden, ist auf jedem der dem Blatt 1 nachfolgenden Blätter in Zeile 19 jeweils die Summe vom vorhergehenden Blatt aus Zeile 20 als Übertrag aufzuführen.

Sp. 1: Zulassungsstatus
Vollzeitig zugelassene Zahnärzte sind mit dem Faktor 1,0 anzusetzen, hälftig zugelassene mit dem Faktor 0,5

Sp. 2: Gemeinden und Stadtteile innerhalb des in der Kopfspalte aufgeführten Planungsbereichs

Sp. 3: Abrechnungs-Nummer der Zahnärzte des aufgeführten Planungsbereichs in der Reihenfolge der einzelnen Gemeinden und Stadtteile des Planungsbereichs

Sp. 4: vierstelliges Geburtsjahr

Sp. 5: Zahl der angestellten Zahnärzte gemäß § 32b ZV-Z zum jeweiligen Stand.
Genehmigte angestellte Zahnärzte sind nach Maßgabe des konkreten Beschäftigungsumfangs zu berücksichtigen. Für die Berücksichtigung genehmigter angestellter Zahnärzte gelten folgende Anrechnungsfaktoren:
Vertraglich vereinbarte Arbeitszeit
Anrechnungsfaktor
bis 10 Stunden pro Woche 0,25
über 10 bis 20 Stunden pro Woche 0,5
über 20 bis 30 Stunden pro Woche 0,75
über 30 Stunden pro Woche 1,0
Werden Arbeitsstunden pro Monat vereinbart, ist der Umrechnungsfaktor 1/4,2 zur Errechnung der Wochenarbeitszeit anzuwenden.
Für die neuen Bundesländer sind die in den Gesundheitseinrichtungen nach § 311 Abs. 2 SGB V beschäftigten Fachzahnärzte und die vom Zulassungsausschuss genehmigten Zahnärzte anzusetzen.

Sp. 6: Zahl der Entlastungsassistenten gemäß § 32 Abs. 1 ZV-Z,
Zahl der Vorbereitungsassistenten gemäß § 3 Abs. 3 ZV-Z,
Zahl der Weiterbildungsassistenten, soweit nicht bereits bei den angestellten Zahnärzten gemäß § 32b ZV-Z berücksichtigt,
nach dem jeweiligen Stand

Sp. 7–8: Zahl der Abrechnungsfälle im Bereich KONS und Kfo aus dem zuletzt abgerechneten III. Quartal sämtlicher Krankenkassen.
Das Jahr ist im Spaltenkopf anzugeben.

Sp. 9: Praxisbesonderheiten

Sp. 10: Einzelpraxis
Berufsausübungsgemeinschaft
Praxisgemeinschaft
Medizinisches Versorgungszentrum
Einrichtung nach § 311 Abs. 2 SGB V

Planungsblatt B. Zahnärztliche Versorgung

Sp. 3: Aktuelle Einwohnerzahl

Sp. 4: Bereinigte Einwohnerzahl; Einwohnerzahl (Sp. 3) +/– Pendler
Die Ermittlung des Pendlersaldos erfolgt im Einvernehmen zwischen der KZV und den Verbänden der Krankenkassen.

Sp. 5: Feststellung des Zahnarztbedarfs (Versorgungsgrad 100%) aus dem Rechenergebnis:

$$\frac{\text{Bereinigte Einwohnerzahl (Sp. 4)}}{\text{Verhältniszahl}} = \text{Rechnerischer Zahnarztbedarf}$$

(kaufm. auf eine Nachkommastelle gerundet)

gemäß § 5 Abs. 7 der Richtlinie

Sp. 6: Zahl der Vertragszahnärzte zum jeweiligen Stand.
Vollzeitig zugelassene Zahnärzte sind mit dem Faktor 1,0 anzusetzen, hälftig zugelassene Zahnärzte mit dem Faktor 0,5.

Sp. 7: Zahl der angestellten Zahnärzte gemäß § 32b ZV-Z zum jeweiligen Stand. Genehmigte angestellte Zahnärzte sind nach Maßgabe des konkreten Beschäftigungsumfangs zu berücksichtigen. Für die Berücksichtigung genehmigter angestellter Zahnärztegelten folgende Anrechnungsfaktoren:
Vertraglich vereinbarte Arbeitszeit
Anrechnungsfaktor
bis 10 Stunden pro Woche 0,25
über 10 bis 20 Stunden pro Woche 0,5
über 20 bis 30 Stunden pro Woche 0,75
über 30 Stunden pro Woche 1,0
Werden Arbeitsstunden pro Monat vereinbart, ist der
Umrechnungsfaktor 1/4,2 zur Errechnung der Wochenarbeitszeit anzuwenden.
Für die neuen Bundesländer sind die in den Gesundheitseinrichtungen nach § 311 Abs. 2 SGB V beschäftigten Fachzahnärzte und die vom Zulassungsausschuss genehmigten Zahnärzte anzusetzen.

Sp. 8: Zahl der Zahnärzte einschließlich angestellte Zahnärzte (Spalte 6 und Spalte 7)

Sp. 9: Es ist anzugeben, in welchem Umfang Allgemeinzahnärzte kieferorthopädisch tätig sind.
Die Ermittlung erfolgt nach folgender Formel:

$$K \cdot \frac{Z_A}{Z_K} \cdot \frac{F_A}{F_K} \text{ gerundet auf ganze Zahlen}$$

Dabei bedeutet:
K = Zahl der Kieferorthopäden im Kfo-Planungsbereich
Z_A = Zahl der Zahnärzte aus Spalte 8
Z_K = Zahl der Zahnärzte im Kfo-Planungsbereich
F_A = Zahl der Kfo-Fälle aller Allgemeinzahnärzte im Kfo-Planungsbereich
F_K = Zahl der Kfo-Fälle aller Kieferorthopäden im Kfo-Planungsbereich
Soweit das Kfo-Honorarvolumen ermittelt werden kann, ist es zulässig, dieses anstelle der Kfo-Fälle der Berechnung zugrunde zu legen.
Soweit eine Berechnung anhand konkreter Abrechnungswerte noch nicht möglich ist, ist eine Schätzung zulässig.
Soweit in einem Planungsbereich keine Kieferorthopäden tätig sind, sind die Werte für einen vergleichbaren Bereich anzusetzen.

Sp. 10: Zahl der bei der Ermittlung des Versorgungsgrades zu berücksichtigenden Vertragszahnärzte (Zahnärzte-Ist) (Sp. 8–Sp. 9)

Sp. 11: Feststellung des Versorgungsgrades in % als Rechenergebnis aus

$$\frac{\text{Sp. 10}}{\text{Sp. 5}} \times 100$$

Planungsblatt C. Kieferorthopädische Versorgung

Die Erläuterungen zum Planungsblatt B gelten entsprechend, wobei anstelle der Zahnärzte jeweils die zugelassenen und ermächtigten Kieferorthopäden (Spalte 6) bzw. die in Kfo-Praxen angestellten Zahnärzte (Spalte 7) zu berücksichtigen sind.
Die Verhältniszahl bei der Ermittlung des rechnerischen Bedarfs (Spalte 5) beträgt 1 : 4 000.

823. Richtlinie des Gemeinsamen Bundesausschusses über die Verordnung von Heilmitteln in der vertragszahnärztlichen Versorgung (Heilmittel-Richtlinie Zahnärzte/HeilM-RL ZÄ)

In der Fassung vom 15. Dezember 2016

(BAnz. AT vom 14.3.2017 B2; Inkrafttreten: 1.7.2017)

Geändert durch Beschl. des G-BA vom 27.3.2020 (BAnz. AT vom 7.4.2020 B3; Inkrafttreten: 9.3.2020), durch Beschl. des G-BA vom 28.5.2020 (BAnz. AT vom 12.6.2020 B3; Inkrafttreten: 1.6.2020), durch Beschl. des G-BA vom 17.9.2020 (BAnz. AT vom 30.9.2020 B2; Inkrafttreten: 1.10.2020), durch Beschl. des G-BA vom 14.5.2020 (BAnz. AT vom 30.10.2020 B3; Inkrafttreten: 1.1.2021)

Erster Teil

A. Allgemeine Grundsätze

§ 1[1)] Grundlagen. (1) Die vom Gemeinsamen Bundesausschuss gemäß § 92 Absatz 1 Satz 2 Nummer 6 und Absatz 6 in Verbindung mit § 138 des Fünften Buches Sozialgesetzbuch (SGB V) beschlossene Richtlinie dient der Sicherung einer ausreichenden, zweckmäßigen und wirtschaftlichen Versorgung der Versicherten mit Heilmitteln unter Berücksichtigung des allgemein anerkannten Standes der zahnmedizinischen Erkenntnisse und des zahnmedizinischen Fortschrittes.

(2) Den besonderen Belangen psychisch kranker, behinderter oder von Behinderung bedrohter sowie chronisch kranker Menschen ist bei der Versorgung mit Heilmitteln Rechnung zu tragen.

(3) [1] Diese Richtlinie regelt die Verordnung von Heilmitteln im Rahmen der vertragszahnärztlichen Versorgung. [2] Sie gilt nicht für die vertragsärztliche Versorgung.

(4) [1] Die Abgabe von Heilmitteln ist Aufgabe der gemäß § 124 SGB V zugelassenen Leistungserbringer. [2] Der GKV-Spitzenverband veröffentlicht nach § 124 Absatz 2 SGB V eine Liste über die zugelassenen Leistungserbringer mit den maßgeblichen Daten des jeweils zugelassenen Leistungserbringers.

(5) Der GKV-Spitzenverband stellt die nach § 125 SGB V vereinbarten Preise der einzelnen Leistungspositionen in einem elektronisch verarbeitbaren Format bereit.

§ 2[2)] Heilmittel. (1) [1] Heilmittel sind persönlich zu erbringende medizinische Leistungen. [2] Verordnungsfähige Heilmittel in der vertragszahnärztlichen Versorgung sind die in den Abschnitten E und F genannten

---

1) § 1 Abs. 4 neu gef., Abs. 5 angef. mWv 1.1.2021 durch Beschl. v. 14.5.2020 (BAnz. AT 30.10.2020 B3).

2) § 2 Abs. 1 erster Spiegelstr. geänd., zweiter Spiegelstr. neu gef. mWv 1.1.2021 durch Beschl. v. 14.5.2020 (BAnz. AT 30.10.2020 B3).

– einzelnen Maßnahmen der Physiotherapie (§§ 18–22),
– einzelnen Maßnahmen der Sprech-, Sprach- und Schlucktherapie (§§ 23–26).

(2) [1] Heilmittel in der vertragszahnärztlichen Versorgung dienen der Behandlung der krankheitsbedingten strukturellen/funktionellen Schädigungen des Mund- und Kieferbereichs. [2] Zur Erreichung dieser Ziele können erforderlichenfalls auch die anatomisch direkt angrenzenden oder funktionell unmittelbar mit dem craniomandibulären System in Zusammenhang stehenden Strukturen, z. B. der Hilfsmuskulatur des cranio-mandibulären Systems oder der absteigenden Lymphbahnen, mitbehandelt werden. [3] Die Ursache der strukturellen/funktionellen Schädigungen muss im Mund-, Kiefer- oder Gesichtsbereich liegen. [4] Das Nähere ergibt sich aus dem indikationsbezogenen Katalog verordnungsfähiger Heilmittel nach § 92 Absatz 6 SGB V (im Folgenden Heilmittelkatalog ZÄ genannt).

(3) [1] Heilmittel sind nur nach Maßgabe dieser Richtlinie nach pflichtgemäßem Ermessen verordnungsfähig. [2] Der Heilmittelkatalog ZÄ ist Bestandteil dieser Richtlinie. [3] Näheres hierzu regelt § 4. [4] Andere Heilmittel dürfen nicht verordnet werden.

§ 2a[1)] Sonderregelung im Zusammenhang mit der COVID-19-Epidemie. (1) [1] Vor dem Hintergrund der Herausforderungen zur Bewältigung des epidemischen Ausbruchsgeschehens aufgrund des SARS-CoV-2-Virus kann der Gemeinsame Bundesausschuss durch gesonderten Beschluss auf Grundlage von § 9 Absatz 2a seiner Geschäftsordnung (GO) folgende räumlich begrenzte und zeitlich befristete Ausnahmen von den Regelungen dieser Richtlinie zulassen, wenn sie in Abhängigkeit von der Art des Ausbruchgeschehens zur Eindämmung und Bewältigung der Infektionen oder zum Schutz der Einrichtungen der Krankenversorgung vor Überlastung notwendig und erforderlich sind:

1. Erneute Verordnungen können auch nach telefonischer Anamnese ausgestellt und von der Vertragszahnärztin oder vom Vertragszahnarzt postalisch an die oder den Versicherten übermittelt werden, sofern bereits zuvor aufgrund der selben Erkrankung eine unmittelbare persönliche Untersuchung und Verordnung durch die verordnende Vertragszahnärztin oder den verordnenden Vertragszahnarzt erfolgt ist. Diese Regelung gilt nur für Verordnungen, die innerhalb der jeweiligen zeitlichen Befristung der Ausnahme ausgestellt werden. Diese Ausnahmeregelung gilt, sofern die Verordnung von einer Vertragszahnärztin oder einem Vertragszahnarzt mit Sitz in einem der jeweils durch gesonderten Ausnahmebeschluss auf Grundlage von § 9 Absatz 2a GO festgelegten Gebiete ausgestellt wurde oder sich der Wohnort der oder des Versicherten innerhalb eines dieser Gebiete befindet.
2. Die Regelung nach § 15 Absatz 3, wonach Verordnungen ihre Gültigkeit verlieren, wenn die Behandlung länger als 14 Kalendertage unterbrochen wird, wird für den Zeitraum ausgesetzt, für den der regionale Ausnahmebeschluss auf Grundlage von § 9 Absatz 2a GO gilt. Nach dem Ende des Geltungszeitraums des regionalen Ausnahmebeschlusses beginnt die 14-Tage-Frist erneut.

[1)] § 2a neu eingef. mWv 9.3.2020 durch Beschl. v. 27.3.2020 (BAnz. AT 7.4.2020 B3), Satz 1 geänd. durch Beschl. v. 28.5.2020 mWv 1.6.2020 (BAnz. AT 12.6.2020 B3), neu gef. mWv 1.10.2020 durch Beschl. v. 17.9.2020 (BAnz. AT 30.9.2020 B2), Abs. 2 Nr. 1 neu gef. mWv 1.1.2021 durch Beschl. v. 17.9.2020 (BAnz. AT 30.9.2020 B2).

3. Sofern die Behandlungen aus therapeutischer Sicht auch im Rahmen einer telemedizinischen Leistung (Videobehandlung) stattfinden können, ist dies, in Abweichung zu den Regelungen in § 9 zum Ort der Leistungserbringung, unter Einsatz datenschutzkonformer Anwendungen und mit Einwilligung der Patientin oder des Patienten für die nachfolgend aufgeführten Heilmittel möglich, sofern eine persönliche Leistungserbringung aufgrund der aktuellen Pandemielage nicht erfolgen kann und die Leistung insbesondere zur Vermeidung einer Verschlimmerung der Gesundheit erforderlich ist:
   – Sprech-, Sprach- und Schlucktherapie.

2 Diese Ausnahmeregelungen nach den Nummern 2 und 3 gelten, sofern die Praxis der zugelassenen Heilmittelerbringerin oder des zugelassenen Heilmittelerbringers, in der die Heilmittelbehandlung erfolgt, in einem der jeweils durch gesonderten Ausnahmebeschluss auf Grundlage von § 9 Absatz 2a GO festgelegten Gebiete liegt oder sich der Wohnort der oder des Versicherten innerhalb eines dieser Gebiete befindet.

B. Grundsätze der Heilmittelverordnung

§ 3[1)] Voraussetzungen der Verordnung. (1) 1 Die Abgabe von Heilmitteln zu Lasten der Krankenkassen setzt eine Verordnung durch eine Vertragszahnärztin oder einen Vertragszahnarzt voraus. 2 Die Therapeutin oder der Therapeut ist an die Verordnung gebunden, es sei denn in der Richtlinie ist etwas anderes bestimmt.

(2) Heilmittel können zu Lasten der Krankenkassen nur verordnet werden, wenn sie notwendig sind, um
– eine Krankheit zu heilen, ihre Verschlimmerung zu verhüten oder Krankheitsbeschwerden zu lindern,
– eine Schwächung der Gesundheit, die in absehbarer Zeit voraussichtlich zu einer Krankheit führen würde, zu beseitigen,
– einer Gefährdung der gesundheitlichen Entwicklung eines Kindes entgegenzuwirken, oder
– Pflegebedürftigkeit zu vermeiden oder zu mindern.

(3) 1 Die Verordnung von Heilmitteln kann nur erfolgen, wenn sich die behandelnde Vertragszahnärztin oder der behandelnde Vertragszahnarzt von dem Zustand der oder des Versicherten überzeugt hat. 2 Soweit erforderlich, soll sich die behandelnde Vertragszahnärztin oder der behandelnde Vertragszahnarzt bei der oder dem Versicherten über die persönlichen Lebensumstände (Kontextfaktoren) informieren und bisherige Heilmittelverordnungen, sofern ihr oder ihm diese aus der laufenden Behandlung bekannt sind, berücksichtigen. 3 Die Versicherte oder der Versicherte soll die Vertragszahnärztin oder den Vertragszahnarzt im Rahmen ihrer oder seiner Möglichkeiten über vorherige Verordnungen informieren.

(4) Die Indikation für die Verordnung von Heilmitteln ergibt sich nicht aus der Diagnose allein, sondern aus der Gesamtbetrachtung der funktionellen

---

1) § 3 Abs. 3 neu gef., Abs. 4 angef. mWv 1.1.2021 durch Beschl. v. 14.5.2020 (BAnz. AT 30.10.2020 B3).

oder strukturellen Schädigungen und der Beeinträchtigung der Aktivitäten einschließlich der person- und umweltbezogenen Kontextfaktoren.

§ 4[1)] Heilmittelkatalog Zahnärzte. (1) [1]Der Heilmittelkatalog ZÄ ist Zweiter Teil dieser Richtlinie. [2]Der Katalog wird dem allgemein anerkannten Stand der medizinischen Erkenntnisse entsprechend in regelmäßigen Abständen ergänzt oder aktualisiert.

(2) Der Heilmittelkatalog ZÄ regelt:

– die Indikationen, bei denen Heilmittel verordnungsfähig sind,

– die Art der verordnungsfähigen Heilmittel bei diesen Indikationen,

– die Menge der verordnungsfähigen Heilmittel.

(3) [1]Der Heilmittelkatalog ZÄ führt nur die möglichen Indikationen für eine sachgerechte Heilmitteltherapie auf. [2]Bei der Verordnung hat die Vertragszahnärztin oder der Vertragszahnarzt im Einzelfall vorhandene Kontraindikationen zu berücksichtigen.

§ 5[2)] Verordnungsausschlüsse. (1) [1]Maßnahmen, die nicht aufgrund der in § 3 Absatz 2 genannten Voraussetzungen veranlasst und durchgeführt werden, dürfen nicht zu Lasten der Krankenkassen verordnet und durchgeführt werden. [2]Dies gilt auch, wenn die Maßnahmen von nach § 124 SGB V zugelassenen Heilmittelerbringerinnen und Heilmittelerbringern durchgeführt werden. [3]Weiterhin dürfen Heilmittel bei Kindern nicht verordnet werden, wenn an sich pädagogische, heilpädagogische oder sonderpädagogische Maßnahmen zur Beeinflussung der vorliegenden Schädigungen geboten sind (insbesondere Leistungen nach den §§ 46 und 79 des SGB IX). [4]Sind solche Maßnahmen nicht durchführbar, dürfen Heilmittel nicht an deren Stelle verordnet werden. [5]Neben pädagogischen, heilpädagogischen oder sonderpädagogischen Maßnahmen dürfen Heilmittel nur bei entsprechender medizinischer Indikation außerhalb dieser Maßnahmen verordnet werden.

(2) Heilmittel dürfen nicht verordnet werden, soweit diese im Rahmen der Frühförderung nach den § 46 Absatz 1 und 2 und § 79 SGB IX in Verbindung mit der Frühförderungsverordnung vom 24. Juni 2003, geändert am 23. Dezember 2016, als therapeutische Leistungen bereits erbracht werden.

§ 6[3)] Verordnungsfall, orientierende Behandlungsmenge, Höchstmenge je Verordnung. (1) [1]Ein Verordnungsfall umfasst alle Heilmittelbehandlungen für eine Patientin oder einen Patienten auf Grund derselben Indikation und derselben Indikationsgruppe nach Heilmittelkatalog ZÄ. [2]Dies gilt auch, wenn sich innerhalb des Verordnungsfalles die Leitsymptomatik ändert oder unterschiedliche Heilmittel zum Einsatz kommen. [3]Im Rahmen eines Verordnungsfalles können mehrere Verordnungen getätigt werden. [4]Treten im zeitlichen Zusammenhang mehrere voneinander unabhängige Erkrankungen derselben oder unterschiedlicher Indikationsgruppe(n) auf, kann dies weitere

---

[1)] § 4 Abs. 2 dritter Spiegelstr. geänd. mWv 1.1.2021 durch Beschl. v. 14.5.2020 (BAnz. AT 30.10.2020 B3).

[2)] § 5 Abs. 1 Satz 3 neu gef., Abs. 2 geänd. mWv 1.1.2021 durch Beschl. v. 14.5.2020 (BAnz. AT 30.10.2020 B3).

[3)] § 6 neu gef. mWv 1.1.2021 durch Beschl. v. 14.5.2020 (BAnz. AT 30.10.2020 B3).

Verordnungsfälle auslösen, für die jeweils separate Verordnungen auszustellen sind. [5]Ein neuer Verordnungsfall tritt ein, wenn seit der letzten Verordnung ein Zeitraum von 6 Monaten vergangen ist, in dem keine weitere Verordnung für diesen Verordnungsfall ausgestellt wurde.

(2) [1]Die orientierende Behandlungsmenge definiert die Summe der Behandlungseinheiten, mit der das angestrebte Therapieziel in der Regel erreicht werden kann. [2]Die orientierende Behandlungsmenge ergibt sich indikationsbezogen aus dem Heilmittelkatalog ZÄ.

(3) [1]Konnte das angestrebte Therapieziel mit der orientierenden Behandlungsmenge nicht erreicht werden, sind weitere darüber hinausgehende Verordnungen möglich, die demselben Verordnungsfall zuzuordnen sind. [2]In diesem Fall sind die individuellen medizinischen Gründe in die Patientendokumentation der Zahnärztin oder des Zahnarztes zu übernehmen.

(4) [1]Im Heilmittelkatalog ZÄ ist zudem die zulässige Höchstmenge an Behandlungseinheiten je Verordnung festgelegt. [2]Sofern gemäß § 10 Absatz 2 Satz 1 neben dem vorrangigen Heilmittel ein ergänzendes Heilmittel verordnet wird, richtet sich die Höchstmenge des ergänzenden Heilmittels nach den verordneten Behandlungseinheiten des vorrangigen Heilmittels.

(5) [1]Abweichend von Absatz 4 gilt für Versicherte mit einem langfristigen Heilmittelbedarf nach § 7, dass die notwendigen Heilmittel je Verordnung für eine Behandlungsdauer von bis zu 12 Wochen verordnet werden können. [2]Die Anzahl der zu verordnenden Behandlungseinheiten ist dabei in Abhängigkeit von der Therapiefrequenz zu bemessen. [3]Sofern eine Therapiefrequenzspanne auf der Verordnung angegeben wird, ist der höchste Wert für die Bemessung der maximalen Verordnungsmenge maßgeblich. [4]Die orientierende Behandlungsmenge gemäß Heilmittelkatalog ZÄ ist nicht zu berücksichtigen. [5]Soweit verordnete Behandlungseinheiten innerhalb des 12 Wochen Zeitraums nicht vollständig erbracht wurden, behält die Verordnung unter Berücksichtigung des § 15 Absatz 3 ihre Gültigkeit.

§ 7[1)] Langfristiger Heilmittelbedarf: (1) [1]Die Krankenkasse entscheidet auf Antrag der oder des Versicherten darüber, ob ein langfristiger Heilmittelbedarf im Sinne von § 32 Absatz 1a SGB V vorliegt und die notwendigen Heilmittel langfristig genehmigt werden können. [2]Ein langfristiger Heilmittelbedarf liegt vor, wenn sich aus der zahnärztlichen Begründung die Schwere und Langfristigkeit der strukturellen/funktionellen Schädigungen, der Beeinträchtigungen der Aktivitäten und der nachvollziehbare Therapiebedarf der oder des Versicherten ergeben.

(2) [1]Entscheidungen nach Absatz 1 trifft die Krankenkasse – soweit erforderlich unter Einbeziehung des Medizinischen Dienstes der Krankenversicherung (MDK) gemäß § 275 Absatz 1 SGB V – auf der Grundlage

– des Antrages der oder des Versicherten,
– der Kopie einer gültigen und gemäß § 11 Absatz 1 Satz 2 vollständig ausgefüllten Verordnung der Vertragszahnärztin oder des Vertragszahnarztes; die OriginalVerordnung bleibt bei der oder dem Versicherten.

[1)] § 7 aufgeh., §§ 8 bis 12 werden §§ 7–11 mWv 1.1.2021 durch Beschl. v. 14.5.2020 (BAnz. AT 30.10.2020 B3).

[2]Entscheidet die Krankenkasse nicht innerhalb von vier Wochen über den Antrag, gilt die Genehmigung als erteilt. [2]Soweit zur Entscheidung ergänzende Informationen der Antragstellerin oder des Antragstellers erforderlich sind, ist der Lauf der Frist bis zum Eingang dieser Informationen unterbrochen. [3]Die Genehmigung kann unbefristet erfolgen. [4]Eine eventuelle Befristung kann mehrere Jahre umfassen, darf aber ein Jahr nicht unterschreiten. [5]Im Genehmigungsbescheid müssen zumindest die therapierelevante Diagnose und die Indikationsgruppe oder die Indikationsgruppen angegeben werden.

§ 8[1)] Wirtschaftlichkeit. (1) [1]Vor jeder Verordnung von Heilmitteln soll die Vertragszahnärztin oder der Vertragszahnarzt prüfen, ob entsprechend dem Gebot der Wirtschaftlichkeit das angestrebte Behandlungsziel auch durch andere Therapiemaßnahmen (z. B. Arzneimittel) oder eigenverantwortliche Maßnahmen der Patientin oder des Patienten (z. B. Eigenübungsprogramm oder Vermeiden von krankheitsbildbeeinflussenden Gewohnheiten) unter Abwägung der jeweiligen Risiken qualitativ gleichwertig und kostengünstiger erreicht werden kann. [2]Dann haben diese Maßnahmen Vorrang gegenüber einer Heilmittelverordnung.

(2) [1]Die gleichzeitige Verordnung mehrerer unterschiedlicher Heilmittel für dieselbe Indikation ist nur dann ausreichend, zweckmäßig und wirtschaftlich, wenn durch sie ein therapeutisch erforderlicher Synergismus erreicht wird. [2]Das Nähere hierzu wird in den §§ 10 und 11 bestimmt.

(3) [1]Die Verordnungsmenge richtet sich nach dem medizinischen Erfordernis des Einzelfalls. [2]Nicht bei jeder funktionellen oder strukturellen Schädigung ist es erforderlich, die Höchstmenge an Behandlungseinheiten je Verordnung beziehungsweise die orientierende Behandlungsmenge auszuschöpfen.

§ 9[2)] Ort der Leistungserbringung. (1) Heilmittel können, sofern nichts Anderes bestimmt ist,
- als Behandlung in der Praxis der Therapeutin oder des Therapeuten oder
- als Behandlung in der häuslichen Umgebung der Patientin oder des Patienten als Hausbesuch durch die Therapeutin oder den Therapeuten gemäß Satz 2 verordnet werden. Die Verordnung eines Hausbesuchs ist nur dann zulässig, wenn die Patientin oder der Patient aus medizinischen Gründen die Therapeutin oder den Therapeuten nicht aufsuchen kann oder wenn sie aus medizinischen Gründen zwingend notwendig ist. Die Behandlung in einer Einrichtung (z. B. tagesstrukturierende Fördereinrichtung) allein ist keine ausreichende Begründung für die Verordnung eines Hausbesuchs.

(2) [1]Die Behandlung von Kindern und Jugendlichen bis zum vollendeten 18. Lebensjahr, gegebenenfalls darüber hinaus bis zum Abschluss der bereits begonnenen schulischen Ausbildung, ist ausnahmsweise ohne Verordnung eines Hausbesuches außerhalb der Praxis möglich, soweit die Versicherten ganztägig eine auf deren Förderung ausgerichtete Tageseinrichtung besuchen und die Behandlung in dieser Einrichtung stattfindet. [2]Dies können auch Re-

---

[1)] § 8 Abs. 2 Satz 2 geänd., Abs. 3 angef. mWv 1.1.2021 durch Beschl. v. 14.5.2020 (BAnz. AT 30.10.2020 B3).

[2)] § 9 Abs. 1 geänd., zweiter Spiegelstr. neu gef., Abs. 2 neu gef. mWv 1.1.2021 durch Beschl. v. 14.5.2020 (BAnz. AT 30.10.2020 B3).

gelkindergärten (Kindertagesstätten) oder Regelschulen sein. [3]Voraussetzung dafür ist, dass sich aus der zahnärztlichen Verordnung der Heilmittelbehandlung eine besondere Schwere und Langfristigkeit der funktionellen oder strukturellen Schädigungen sowie der Beeinträchtigungen der Aktivitäten ergibt. [4]Dies soll in der Regel bei einem behördlich festgestellten Förderstatus angenommen werden. [5]§ 5 Absatz 1 darf dem nicht entgegenstehen.

§ 10[1)] **Auswahl der Heilmittel.** (1) [1]Die Auswahl der Heilmittel (Art, Menge und Frequenz) hängt bei gegebener Indikation nach § 3 Absatz 4 ab von:
– der Ausprägung und Schwere der Erkrankung,
– den daraus resultierenden funktionellen oder strukturellen Schädigungen,
– Beeinträchtigungen der Aktivitäten und
– den angestrebten Therapiezielen.

[2]Dabei sind die person- und umweltbezogenen Kontextfaktoren zu berücksichtigen. Die konkreten Therapieziele zu den jeweiligen Heilmitteln werden im Heilmittelkatalog ZÄ erläutert. Die Frequenzempfehlung gemäß Heilmittelkatalog ZÄ dient der verordnenden Vertragszahnärztin oder dem verordnenden Vertragszahnarzt zur Orientierung, er oder sie kann hiervon in medizinisch begründeten Fällen ohne zusätzliche Dokumentation auf der Verordnung abweichen.

(2) [1]Soweit medizinisch erforderlich, kann in der Physiotherapie zu einem vorrangigen Heilmittel nur ein weiteres im Heilmittelkatalog ZÄ genanntes ergänzendes Heilmittel verordnet werden (d.h. maximal zwei Heilmittel je Verordnung). [2]Abweichend hiervon können Maßnahmen der Elektrotherapie auch ohne Verordnung eines vorrangigen Heilmittels verordnet werden, soweit der Heilmittelkatalog ZÄ diese Maßnahmen indikationsbezogen als ergänzende Heilmittel vorsieht.

(3) [1]In der Sprech-, Sprach- und Schlucktherapie können je Verordnung verschiedene Heilmittel (Behandlungszeiten) verordnet werden. [2]Dies ist auf dem Verordnungsvordruck zu spezifizieren.

(4) [1]Die gleichzeitige Verordnung von Heilmitteln aus den verschiedenen Abschnitten des Heilmittelkataloges ZÄ (gleichzeitige Verordnung von Maßnahmen der Physiotherapie und Maßnahmen der Sprech-, Sprach- und Schlucktherapie) ist bei entsprechender Indikation zulässig. [2]Werden Heilmittel aus verschiedenen Abschnitten des Heilmittelkatalogs ZÄ verordnet, ist für jede Verordnung je ein Verordnungsvordruck zu verwenden.

(5) [1]Je Tag soll nur eine Behandlung erbracht werden. [2]Eine Behandlung umfasst in der Regel ein vorrangiges Heilmittel und sofern verordnet ein ergänzendes Heilmittel. [3]Ausnahmen regelt der Heilmittelkatalog ZÄ. [4]In medizinisch begründeten Ausnahmefällen kann dasselbe Heilmittel auch als zusammenhängende Behandlung (Doppelbehandlung) verordnet und erbracht werden. [5]Dies gilt nicht für ergänzende Heilmittel. [6]Durch die Verordnung von Doppelbehandlungen erhöht sich die gemäß Heilmittel-Richtlinie zulässige Höchstmenge an Behandlungseinheiten je Verordnung sowie die orientierende Behandlungsmenge nicht.

[1)] § 10 neu gef. mWv 1.1.2021 durch Beschl. v. 14.5.2020 (BAnz. AT 30.10.2020 B3).

§ 11[1)] Verordnungsvordruck. (1) [1]Die Verordnung erfolgt ausschließlich auf dem vereinbarten Vordruck. [2]Der Vordruck muss nach Maßgabe des Absatzes 2 vollständig ausgefüllt werden. [3]Änderungen und Ergänzungen der Heilmittelverordnung bedürfen mit Ausnahme der Regelung nach § 15 Absatz 2 einer erneuten zahnärztlichen Unterschrift mit Datumsangabe.

(2) [1]In der Heilmittelverordnung sind nach Maßgabe des vereinbarten Vordrucks die Heilmittel eindeutig zu bezeichnen. [2]Ferner sind alle für die individuelle Therapie erforderlichen Einzelangaben zu machen. [3]Anzugeben sind insbesondere

a. Angaben zur Krankenkasse, zur oder zum Versicherten und zu der Vertragszahnärztin oder zu dem Vertragszahnarzt nach Maßgabe des Verordnungsvordrucks,
b. Hausbesuch (ja oder nein),
c. Therapiebericht (ja),
d. gegebenenfalls Kennzeichnung eines dringlichen Behandlungsbedarfs,
e. die Verordnungsmenge,
f. das/die Heilmittel gemäß dem Heilmittelkatalog ZÄ,
g. die Therapiefrequenz (Angabe auch als Therapiefrequenzspanne möglich),
h. gegebenenfalls ergänzende Angaben zum Heilmittel (z. B. „KG-ZNS [Bobath]" oder „Doppelbehandlung"),
i. der vollständige Indikationsschlüssel (Indikationsgruppe und gegebenenfalls Leitsymptomatik, z. B. SPZ oder CD1a),
j. die therapierelevante(n) Diagnose(n), ergänzende Hinweise (z. B. Befunde, Vor- und Begleiterkrankungen) sowie gegebenenfalls die Therapieziele, falls sich diese nicht aus der Angabe der Diagnose und Leitsymptomatik ergeben.

§ 12[2)] Verordnung mit erweiterter Versorgungsverantwortung von Heilmittelerbringern („Blankoverordnung"). (1) Bei Verordnungen aufgrund von Indikationen nach § 125a SGB V kann auf folgende Angaben nach § 11 Absatz 2 Satz 3 verzichtet werden:

e. die Verordnungsmenge,
f. das/die Heilmittel gemäß dem Heilmittelkatalog ZÄ,
g. die Therapiefrequenz (Angabe auch als Therapiefrequenzspanne möglich),
h. gegebenenfalls ergänzende Angaben zum Heilmittel (z. B. „KG-ZNS [Bobath]" oder „Doppelbehandlung").

(2) [1]Wenn die Heilmittel-Behandlung nicht gemäß den vorgegebenen Zeiträumen nach § 14 begonnen wird, verliert die Verordnung ihre Gültigkeit. [2]Verordnungen nach Absatz 1 sind maximal 16 Wochen ab Verordnungsdatum gültig.

(3) Sofern wichtige medizinische Gründe vorliegen, die gegen eine Auswahl der Heilmittel gemäß Heilmittelkatalog, der Dauer und Frequenz der

---

[1)] § 11 Abs. 2 Buchst. b aufgeh., Buchst. c bis k werden Buchst. b bis j, neue Buchst. b und c geänd., neue Buchst. d, g und h neu gef., neuer Buchst. i geänd., bish. Buchst. l aufgeh. mWv 1.1.2021 durch Beschl. v. 14.5.2020 (BAnz. AT 30.10.2020 B3).

[2)] § 12 eingef. mWv 1.1.2021 durch Beschl. v. 14.5.2020 (BAnz. AT 30.10.2020 B3).

Therapie durch die Therapeutin oder den Therapeuten sprechen, sind auch bei Indikationen nach § 125a SGB V alle Angaben nach § 11 Absatz 2 zu machen.

C. Zusammenarbeit zwischen Vertragszahnärztinnen und Vertragszahnärzten sowie Therapeutinnen und Therapeuten

§ 13[1)] Grundlagen. [1]Eine ausreichende, zweckmäßige und wirtschaftliche Versorgung mit Heilmitteln, die das Maß des Notwendigen nicht überschreitet, ist nur zu gewährleisten, wenn die verordnenden Vertragszahnärztinnen oder Vertragszahnärzte mit den ausführenden Therapeutinnen und Therapeuten eng zusammenwirken. [2]Dies setzt voraus, dass zwischen den Vertragszahnärztinnen oder Vertragszahnärzten, die bei der Auswahl der Heilmittel definierte Therapieziele zur Grundlage ihrer Verordnung gemacht haben, und den Therapeutinnen oder Therapeuten, die die sachgerechte und qualifizierte Durchführung der verordneten Maßnahme gewährleisten, eine Zusammenarbeit sichergestellt ist. [3]Dies gilt insbesondere für den Beginn und die Durchführung der Heilmittelbehandlung.

§ 14[2)] Beginn der Heilmittelbehandlung. (1) [1]Die Behandlung hat innerhalb von 28 Kalendertagen nach Verordnung durch die Vertragszahnärztin oder den Vertragszahnarzt zu beginnen. [2]Liegt ein dringlicher Behandlungsbedarf vor, hat die Behandlung spätestens innerhalb von 14 Kalendertagen zu beginnen. [3]Dies ist auf der Verordnung kenntlich zu machen.

(2) Kann die Heilmittelbehandlung in den genannten Zeiträumen nach Absatz 1 nicht aufgenommen werden, verliert die Verordnung ihre Gültigkeit.

§ 15[3)] Durchführung der Heilmittelbehandlung. (1) Die Behandlung kann nur zu Lasten der Krankenkassen erbracht werden, wenn auf dem Verordnungsvordruck die nach § 11 Absatz 2 erforderlichen Angaben enthalten oder die Voraussetzungen des § 12 Absatz 1 erfüllt sind.

(2) [1]Die Angaben zur Therapiefrequenz auf der Verordnung sind für die Therapeutin oder den Therapeuten bindend. [2]Eine Abweichung davon ist nur zulässig, wenn zuvor zwischen der Vertragszahnärztin oder dem Vertragszahnarzt und der Therapeutin oder dem Therapeuten ein abweichendes Vorgehen verabredet wurde. [3]Die einvernehmliche Änderung ist von der Therapeutin oder dem Therapeuten auf dem Verordnungsvordruck zu dokumentieren.

(3) [1]Wird die Behandlung länger als 14 Kalendertage ohne angemessene Begründung unterbrochen, verliert die Verordnung ihre Gültigkeit. [2]Begründete Unterbrechungen sind von der Therapeutin oder dem Therapeuten auf der Verordnung zu dokumentieren. [3]Dabei muss sichergestellt sein, dass das Therapieziel nicht gefährdet wird. [4]Das Nähere hierzu regeln die Vertragspartner nach § 125 SGB V.

[1)] § 13 Satz 2 geänd. mWv 1.1.2021 durch Beschl. v. 14.5.2020 (BAnz. AT 30.10.2020 B3).

[2)] § 14 neu gef. mWv 1.1.2021 durch Beschl. v. 14.5.2020 (BAnz. AT 30.10.2020 B3).

[3)] § 15 Abs. 1 geänd., Abs. 2 neuer Satz 1 eingef., bish. Sätze 1 und 2 werden Sätze 2 und 3, neuer Satz 2 geänd., Abs. 3 Satz 3 eingef., bish. Satz 3 wird Satz 4 Abs. 4 Sätze 1 und 2 geänd. mWv 1.1.2021 durch Beschl. v. 14.5.2020 (BAnz. AT 30.10.2020 B3).

(4) [1]Ergibt sich bei der Durchführung der Behandlung, dass mit dem verordneten Heilmittel oder den verordneten Heilmitteln voraussichtlich das Therapieziel nicht erreicht werden kann oder dass die Patientin oder der Patient in vorab nicht einschätzbarer Weise auf die Behandlung reagiert, hat die Therapeutin oder der Therapeut darüber unverzüglich die Vertragszahnärztin oder den Vertragszahnarzt, die oder der die Verordnung ausgestellt hat, zu informieren und die Behandlung zu unterbrechen. [2]Die Vertragszahnärztin oder der Vertragszahnarzt entscheidet über eine Änderung oder Ergänzung des zahnärztlichen Therapieplans, eine neue Verordnung oder die Beendigung der Behandlung.

(5) Sofern die Vertragszahnärztin oder der Vertragszahnarzt für die Entscheidung über die Fortführung der Therapie einen schriftlichen Bericht über den Therapieverlauf nach Ende der Behandlungsserie für notwendig hält, kann sie oder er diesen auf dem Verordnungsvordruck bei der Therapeutin oder dem Therapeuten anfordern.

D. Zahnärztliche Diagnostik

§ 16[1)] Zahnärztliche Diagnostik bei Maßnahmen der Physiotherapie. (1) [1]Vor der erstmaligen Verordnung von Maßnahmen der Physiotherapie ist eine Eingangsdiagnostik notwendig. [2]Bei der Eingangsdiagnostik sind schädigungsabhängig diagnostische Maßnahmen durchzuführen, zu dokumentieren und gegebenenfalls zeitnah erhobene Fremdbefunde heranzuziehen, um einen exakten Befund zu funktionellen oder strukturellen Schädigungen zu erhalten.

(2) [1]Vor weiteren Verordnungen von Maßnahmen der Physiotherapie ist zu prüfen, ob eine erneute schädigungsabhängige Erhebung des aktuellen Befundes erforderlich ist. [2]Dabei können auch Fremdbefunde berücksichtigt werden. [3]Weitere Befundergebnisse können auf dem Verordnungsvordruck angegeben werden, sofern sie für die Heilmitteltherapie relevant sind.

(3) [1]Bei Nichterreichen des individuell angestrebten Therapiezieles ist eine weiterführende Diagnostik erforderlich, die maßgebend ist für die Entscheidung über die Notwendigkeit zur Einleitung anderer Maßnahmen, die Beendigung oder die Fortsetzung einer Therapie. [2]Die Vertragszahnärztin oder der Vertragszahnarzt entscheidet schädigungsabhängig, welche Maßnahmen der weiterführenden Diagnostik sie oder er durchführt beziehungsweise veranlasst.

§ 17[2)] Zahnärztliche Diagnostik bei Sprech-, Sprach- und Schlucktherapie. (1) [1]Vor der erstmaligen Verordnung von Maßnahmen der Sprech-, Sprach- und Schlucktherapie ist eine Eingangsdiagnostik notwendig. [2]Bei der Eingangsdiagnostik sind störungsbildabhängig diagnostische Maßnahmen durchzuführen, zu dokumentieren und gegebenenfalls zeitnah erhobene Fremdbefunde heranzuziehen, um einen exakten Befund zu funktionellen oder strukturellen Schädigungen zu erhalten.

(2) [1]Vor weiteren Verordnungen von Maßnahmen der Sprech-, Sprach- und Schlucktherapie ist die erneute schädigungsabhängige Erhebung des aktuellen Befundes erforderlich. [2]Dabei können auch Fremdbefunde berücksich-

---

[1)] § 16 neu gef. mWv 1.1.2021 durch Beschl. v. 14.5.2020 (BAnz. AT 30.10.2020 B3).
[2)] § 17 neu gef. mWv 1.1.2021 durch Beschl. v. 14.5.2020 (BAnz. AT 30.10.2020 B3).

tigt werden. [3]Weitere Befundergebnisse können auf dem Verordnungsvordruck angegeben werden, sofern sie für die Heilmitteltherapie relevant sind.

(3) [1]Bei Nichterreichen des individuell angestrebten Therapiezieles ist eine weiterführende Diagnostik erforderlich, die maßgebend ist für die Entscheidung über die Notwendigkeit zur Einleitung anderer Maßnahmen, die mögliche Beendigung oder die Fortsetzung einer Sprech-, Sprach- und Schlucktherapie. [2]Die Vertragszahnärztin oder der Vertragszahnarzt entscheidet schädigungsabhängig, welche Maßnahmen der weiterführenden Diagnostik sie oder er durchführt beziehungsweise veranlasst.

E. Maßnahmen der Physiotherapie[1)]

§ 18[2)] Grundlagen. (1) [1]Physiotherapie im Sinne dieser Richtlinie umfasst die Physiotherapeutischen Verfahren der Bewegungstherapie sowie die physikalische Therapie. [2]Physiotherapie nutzt sowohl die aktive selbständig ausgeführte, die assistive, therapeutisch unterstützte, als auch die passive, beispielsweise durch die Therapeutin oder den Therapeuten geführte, Bewegung des Menschen, bei Bedarf ergänzt durch den Einsatz physikalischer Therapien wie Thermo- oder Elektrotherapie. [3]Therapieziel ist das Erreichen der größtmöglichen Funktionsfähigkeit (im Sinne der ICF).

(2) [1]Für bestimmte Maßnahmen der Physiotherapie bedarf es spezieller Qualifikationen, die über die im Rahmen der Berufsausbildung erworbenen Kenntnisse und Fähigkeiten hinausgehen. [2]Solche Maßnahmen, für deren Durchführung eine zusätzliche, abgeschlossene Weiterbildung erforderlich ist, sind im Folgenden mit *) gekennzeichnet.

(3) Zu den Maßnahmen der Physiotherapie gehören die in den §§ 19 bis 22 genannten verordnungsfähigen Heilmittel.

§ 19[3)] Bewegungstherapie. Die Bewegungstherapie umfasst die nachstehend beschriebenen Maßnahmen:

1. Krankengymnastik
   Krankengymnastische Behandlungstechniken dienen z. B. der Behandlung von Fehlentwicklungen, Erkrankungen, Verletzungen, Verletzungsfolgen und Funktionsstörungen des Kiefergelenkes mit mobilisierenden und stabilisierenden Übungen und Techniken sowie der Kontrakturvermeidung und -lösung, der Tonusregulierung, der Funktionsverbesserung bei krankhaften Muskelinsuffizienzen und -dysbalancen.
2. Krankengymnastik zentrales Nervensystem bis zur Vollendung des 18. Lebensjahres (KG-ZNS-Kinder*))
   Zur Behandlung von zentralen Bewegungsstörungen längstens bis zur Vollendung des 18. Lebensjahres, zur Erleichterung des Bewegungsablaufs durch Ausnutzung komplexer Bewegungsmuster, Bahnung von Innervation

---

[1)] Abschn. E Überschr. geänd. mWv 1.1.2021 durch Beschl. v. 14.5.2020 (BAnz. AT 30.10.2020 B3).

[2)] § 18 Abs. 1 neu gef., Abs. 2 Sätze 1 und 2 und Satz 3 geänd. mWv 1.1.2021 durch Beschl. v. 14.5.2020 (BAnz. AT 30.10.2020 B3).

[3)] § 19 Nr. 5 neu gef. mWv 1.1.2021 durch Beschl. v. 14.5.2020 (BAnz. AT 30.10.2020 B3).

und Bewegungsabläufen und Förderung oder Hemmung von Reflexen unter Einsatz der Techniken nach Bobath oder Vojta.

3. Krankengymnastik zentrales Nervensystem nach Vollendung des 18. Lebensjahres (KG-ZNS*))
   Zur Behandlung von zentralen Bewegungsstörungen nach Vollendung des 18. Lebensjahres, zur Förderung und Erleichterung des Bewegungsablaufs durch Einsatz komplexer Bewegungsmuster, Bahnung von Innervation und Bewegungsabläufen und Förderung oder Hemmung von Reflexen unter Einsatz der Techniken nach Bobath, Vojta oder PNF (Propriozeptive Neuromuskuläre Fazilitation).

4. Manuelle Therapie*)
   Zur Behandlung reversibler Funktionseinschränkungen der Gelenke und ihrer muskulären, reflektorischen Fixierung durch gezielte (impulslose) Mobilisation oder durch Anwendung von Weichteiltechniken.

5. Übungsbehandlung
   [1] Bei der Übungsbehandlung werden aktive, aktiv-passive und passiv geführte Übungen eingesetzt. [2] Sie verfolgt als gezielte und kontrollierte Maßnahme das Ziel, Schädigungen der Muskelfunktion (Muskelkraft, -ausdauer, -koordination und -tonus) sowie Schädigungen der Gelenkfunktionen (z. B. der Gelenkbeweglichkeit und -stabilität) zu beseitigen oder zu mindern.

§ 20 Manuelle Lymphdrainage*). [1] Manuelle Lymphdrainage*) (MLD) des Kopfes und des Halses ist verordnungsfähig zur entstauenden Behandlung bei Ödemen im Bereich des craniomandibulären Systems einschließlich der ableitenden Lymphbahnen im Halsbereich bei sekundärer (erworbener) Schädigung des Lymphsystems nach umfangreichen chirurgischen Eingriffen wie tumorchirurgischen Eingriffen sowie deren Nachbehandlung und bei der Behandlung von Traumata sowie deren Nachbehandlung. [2] Entsprechend dem indikationsbezogen unterschiedlichen Zeitbedarf sind verordnungsfähig:

a. MLD-30 Minuten Therapiezeit an der Patientin oder dem Patienten (Teilbehandlung) bei leichtgradigen Lymphödemen, Ödemen oder Schwellungen zur Behandlung des Kopfes und des Halses oder
b. MLD-45 Minuten Therapiezeit an der Patientin oder dem Patienten (Großbehandlung) bei Lymphödemen zur Behandlung des Kopfes und des Halses.

§ 21[1)] Thermotherapie (Wärme- oder Kältetherapie). (1) [1] Sowohl Wärme- als auch Kälteanwendungen wirken je nach Indikation schmerzlindernd, beeinflussen den Muskeltonus. [2] Kälteanwendung wirkt zusätzlich entzündungshemmend.

(2) Die Thermotherapie umfasst die nachstehend beschriebenen Maßnahmen:

1. Kältetherapie mittels Kaltpackungen, Kaltgas, Kaltluft,
2. Wärmetherapie mittels Heißluft, als strahlende oder geleitete Wärme zur Muskeldetonisierung und Schmerzlinderung,

---

[1)] § 21 Überschr., Abs. 2 Nr. 4 geänd. mWv 1.1.2021 durch Beschl. v. 14.5.2020 (BAnz. AT 30.10.2020 B3).

3. Wärmetherapie mittels heißer Rolle, zur lokalen Hyperämisierung mit spasmolytischer, sedierender, schmerzlindernder Wirkung,
4. Wärmetherapie mittels Ultraschall, zur Besserung der Durchblutung und des Stoffwechsels und zur Erwärmung tiefergelegener Gewebsschichten,
5. Wärmetherapie mittels Warmpackungen mit Peloiden (z. B. Fango), Paraffin oder Paraffin-Peloidgemischen zur Applikation intensiver Wärme.

(3) Die Wärme- oder Kälteapplikation kann nur als therapeutisch erforderliche Ergänzung in Kombination mit Krankengymnastik, KG-ZNS, KG-ZNS-Kinder, Manueller Therapie oder Manueller Lymphdrainage verordnet werden.

§ 22[1)] Maßnahmen der Elektrotherapie. (1) [1]Die Maßnahmen der Elektrotherapie wenden galvanische, nieder- und mittelfrequente Stromformen an zur Schmerzlinderung, Durchblutungsförderung, Tonisierung und Detonisierung der Muskulatur. [2]Besondere Stromformen haben entzündungshemmende und resorptionsfördernde Wirkung und vermögen darüber hinaus Muskeln zu kräftigen und gezielt zur Kontraktion zu bringen.

(2) Die Maßnahmen der Elektrotherapie umfassen:
1. Elektrotherapie unter Verwendung konstanter galvanischer Ströme oder unter Verwendung von Stromimpulsen (z. B. diadynamische Ströme, mittelfrequente Wechselströme, Interferenzströme),
2. Elektrostimulation unter Verwendung von Reizströmen mit definierten Einzel-Impulsen nach Bestimmung von Reizparametern (nur zur Behandlung von Lähmungen bei prognostisch reversibler Nervenschädigung).

(3) [1]Die Maßnahmen der Elektrotherapie können als ergänzendes Heilmittel zu den vorrangigen Heilmitteln Krankengymnastik, KG-ZNS, KG-ZNS-Kinder, Manuelle Therapie oder Manueller Lymphdrainage verordnet werden. [2]Die Maßnahmen der Elektrotherapie können ohne Verordnung eines vorrangigen Heilmittels verordnet werden, soweit der Heilmittelkatalog ZÄ die Verordnung als ergänzendes Heilmittel vorsieht.

F. Maßnahmen der Sprech-, Sprach- und Schlucktherapie[2)]

§ 23[3)] Grundlagen. (1) Maßnahmen der Sprech-, Sprach- und Schlucktherapie, die auch Techniken der orofazialen Stimulation umfassen, dienen hier dazu, krankheitsbedingte orofaziale Störungen im Mund- und Kieferbereich oder Störungen der oralen Phase des Schluckaktes zu beseitigen, zu lindern oder eine Verschlimmerung zu vermeiden.

(2) [1]Maßnahmen der Sprech-, Sprach- und Schlucktherapie, sind in Abhängigkeit von der vorliegenden Schädigung und der Belastbarkeit der Patientin oder des Patienten als 30-, 45- oder 60-minütige Behandlung, gegebenenfalls unter Einbeziehung des sozialen Umfelds in das Therapiekonzept,

---

[1)] § 22 Überschr., Abs. 1 Satz 1, Abs. 2, Abs. 3 Sätze 1 und 2 geänd. mWv 1.1.2021 durch Beschl. v. 14.5.2020 (BAnz. AT 30.10.2020 B3).

[2)] Abschn. F Überschr. neu gef. mWv 1.1.2021 durch Beschl. v. 14.5.2020 (BAnz. AT 30.10.2020 B3).

[3)] § 23 neu gef. mWv 1.1.2021 durch Beschl. v. 14.5.2020 (BAnz. AT 30.10.2020 B3).

verordnungsfähig. [2]Die Verordnung erfolgt nach Maßgabe des Heilmittelkataloges ZÄ.

(3) Zu den Maßnahmen der Sprech-, Sprach- und Schlucktherapie, gehören die in den §§ 24 bis 26 genannten verordnungsfähigen Heilmittel.

§ 24[1)] Sprechtherapie. (1) Die Sprechtherapie dient der Wiederherstellung, Besserung und dem Erhalt der koordinierten motorischen und sensorischen Sprechleistung.

(2) Sie umfasst insbesondere Maßnahmen zur gezielten Anbahnung und Förderung der Artikulation, der Sprechgeschwindigkeit, der koordinativen Leistung von motorischer und sensorischer Sprachregion

– des Sprechapparates,
– der Mundatmung,
– der Lautbildung.

§ 25[2)] Sprachtherapie. (1) Die Sprachtherapie dient der Wiederherstellung, Besserung und dem Erhalt der sprachlichen und kommunikativen Fähigkeiten.

(2) Sie umfasst insbesondere Maßnahmen zum/zur

– Anbahnung sprachlicher Äußerungen,
– Ausbildung und Erhalt der Lautsprache zur sprachlichen Kommunikation,
– Artikulationsverbesserung oder Schaffung nonverbaler Kommunikationsmöglichkeiten,
– Normalisierung oder Verbesserung der Lautbildung,
– Aufbau von Kommunikationsstrategien,
– Normalisierung des Sprachklangs,
– Minderung/Beseitigung der Dysfunktionen der Zungenmuskulatur.

§ 26[3)] Schlucktherapie in der oralen Phase. (1) Die Schlucktherapie dient der Besserung oder der Normalisierung des Schluckaktes in der oralen Phase des Schluckvorganges sowie erforderlichenfalls der Erarbeitung von Kompensationsstrategien und der Ermöglichung der oralen Nahrungsaufnahme.

(2) Sie umfasst insbesondere Maßnahmen zum Erreichen therapeutischer Ziele auf Schädigungsebene, wie

– Anbahnung, Wiederherstellung oder Besserung des Schluckaktes in der oralen Phase mit
  – Bewegungstraining der am Schlucken beteiligten Muskeln einschließlich der orofazialen Muskulatur,
  – Modifikationen des Schluckvorgangs durch Haltungsänderungen oder Schlucktechniken,
  – Beratung zu schluckphasengerechten Kostformen sowie den Umgang mit diesen,
– dem Umgang mit speziellen Ess- und Trinkhilfen, um aspirationsfreies Schlucken zu ermöglichen.

[1)] § 24 Abs. 1, Abs. 2 geänd. mWv 1.1.2021 durch Beschl. v. 14.5.2020 (BAnz. AT 30.10.2020 B3).

[2)] § 25 Abs. 1, Abs. 2 geänd mWv 1.1.2021 durch Beschl. v. 14.5.2020 (BAnz. AT 30.10.2020 B3).

[3)] § 26 angef. mWv 1.1.2021 durch Beschl. v. 14.5.2020 (BAnz. AT 30.10.2020 B3).

Anhang
Katalog verordnungsfähiger Heilmittel – Heilmittelkatalog ZÄ

Zweiter Teil
Zuordnung der Heilmittel zu Indikationen

(Heilmittelkatalog Zahnärzte)
Zuordnung der Heilmittel zu Indikationen nach § 92 Absatz 6 Satz 1 Nummer 2 SGB V

Hinweis:[1] Die Verordnungsmenge richtet sich nach dem medizinischen Erfordernis des Einzelfalls. Nicht bei jeder funktionellen oder strukturellen Schädigung ist es erforderlich, die Höchstverordnungsmenge je Verordnung beziehungsweise die orientierende Behandlungsmenge auszuschöpfen.

Inhaltsverzeichnis[2]

Verzeichnis der gebräuchlichen Abkürzungen im Heilmittelkatalog ZÄ[3]

/VO	=	pro Verordnung
&	=	und (zusätzlich)
/	=	oder (alternativ)
z. B.	=	zum Beispiel
ggf.	=	gegebenenfalls
MLD-30	=	Manuelle Lymphdrainage 30 Minuten
MLD-45	=	Manuelle Lymphdrainage 45 Minuten
KG-ZNS	=	Krankengymnastik zentrales Nervensystem nach Vollendung des 18. Lebensjahres
KG-ZNS-Kinder	=	Krankengymnastik zentrales Nervensystem bei Kindern bis zur Vollendung des 18. Lebensjahres

[1] Hinweissatz eingef. mWv 1.1.2021 durch Beschl. v. 14.5.2020 (BAnz. AT 30.10.2020 B3).
[2] Inhaltsverz. mWv 1.1.2021 durch Beschl. v. 14.5.2020 (BAnz. AT 30.10.2020 B3).
[3] Verz. geänd. mWv 1.1.2021 durch Beschl. v. 14.5.2020 (BAnz. AT 30.10.2020 B3).

1[1] Maßnahmen der Physiotherapie

1.1[2] Craniomandibuläre Störungen

Indikationen		Ziel der Therapie	Heilmittelverordnung	
Indikationsgruppen	Leitsymptomatik: Strukturelle/ Funktionelle Schädigung		Heilmittel	Verordnungsmenge je Indikationsgruppe weitere Hinweise
CD1 Craniomandibuläre Störungen mit prognostisch kurzzeitigem bis mittelfristigem Behandlungsbedarf z. B. bei/nach – Kiefergelenk- und/oder Muskelstörungen – Traumata im Zahn-, Mund- und Kieferbereich – orthognathen Operationen – Tumoren	a Schmerzen durch Fehl-/Überbelastungen und Störungen der dynamischen Okklusion	Schmerzreduktion, Funktionsverbesserung der gestörten Unterkieferbewegung	vorrangige Heilmittel: • Krankengymnastik • Manuelle Therapie ergänzende Heilmittel: • Kältetherapie • Wärmetherapie • Elektrotherapie	Höchstmenge je VO: • bis zu 6 ×/VO orientierende Behandlungsmenge: • bis zu 18 Einheiten Frequenzempfehlung: • 1 bis 3 × wöchentlich Ziel: • Erlernen eines Eigenübungsprogramms
	b Muskeldysbalance, gestörte Muskelkoordination (syner- und antagonistischer Muskelgruppen), Muskelinsuffizienz, Muskelhypertrophie, Muskelhyper-/hypotonie, Muskelatrophie	Wiederherstellung der physiologischen Muskelfunktion, Besserung der gestörten Muskelfunktion, Entspannung und Rekoordination der Muskulatur des craniomandibulären Systems		
	c Muskelspannungsstörungen, Verkürzung elastischer und kontraktiler Strukturen	Wiederherstellung/Besserung der gestörten Beweglichkeit		
	d Gelenkfunktionsstörungen, Gelenkblockierungen, Bewegungsstörungen Schmerzen/Bewegungseinschränkung durch Diskusschäden, Gelenkschäden, Verkürzung elastischer und kontraktiler Strukturen	Funktionsverbesserung durch Beeinflussung der Gelenkstellung sowie Besserung der gestörten Beweglichkeit Schmerzreduktion durch Minderung/Beseitigung der Gelenkfunktionsstörungen		

[1] Abschn. 1 Übersch. geänd. mWv 1.1.2021 durch Beschl. v. 14.5.2020 (BAnz. AT 30.10.2020 B3).
[2] Abschn. 1.1 Tab. für Indikationsgruppe CD1 Spalte Heilmittelverordnung neu gef., Indikationsgruppe CD2 geänd., Spalte Heilmittelverordnung neu gef. mWv 1.1.2021 durch Beschl. v. 14.5.2020 (BAnz. AT 30.10.2020 B3).

Indikationen		Ziel der Therapie Heilmittel	Heilmittelverordnung	
Indikationsgruppen	Leitsymptomatik: Strukturelle/ Funktionelle Schädigung		Heilmittel	Verordnungsmenge je Indikationsgruppe weitere Hinweise
CD2 Craniomandibuläre Störungen mit prognostisch längerdauerndem Behandlungsbedarf insbesondere wegen multiplen strukturellen oder funktionellen Schädigungen durch operationsbedingte funktionelle Einschränkungen bei – Tumoren, – schweren Traumata oder mit Beeinträchtigungen alltagsrelevanter Aktivitäten, wie das Kauen und/oder Sprechen und/oder den oralen Schluckvorgang, bei – Fehlbildungssyndromen, – angeborenen Fehlbildungen (z. B. Lippen-, Kiefer-, Gaumenspalten) – chronischer Osteoarthritis des Kiefergelenks	a Schmerzen durch Fehl-/Überbelastungen und Störungen der dynamischen Okklusion	vorrangige Heilmittel: • Krankengymnastik • Manuelle Therapie ergänzende Heilmittel: • Kältetherapie • Wärmetherapie • Elektrotherapie	vorrangige Heilmittel: • Krankengymnastik • Manuelle Therapie ergänzende Heilmittel: • Kältetherapie • Wärmetherapie • Elektrotherapie	Höchstmenge je VO: • bis zu 10 ×/VO orientierende Behandlungsmenge: • bis zu 30 Einheiten Frequenzempfehlung: • 1 bis 3 × wöchentlich Ziel: • Erlernen eines Eigenübungsprogramms
	b Muskeldysbalance, gestörte Muskelkoordination (syner- und antagonistischer Muskelgruppen), Muskelinsuffizienz, Muskelhyper-/hypotonie			
	c Muskelspannungsstörungen, Verkürzung elastischer und kontraktiler Strukturen			
	d Gelenkfunktionsstörungen, Gelenkblockierungen, Bewegungsstörungen Schmerzen/Bewegungseinschränkung durch Diskusschäden, Gelenkschäden, Verkürzung elastischer und kontraktiler Strukturen			

1.2[1] Fehlfunktionen bei angeborenen cranio- und orofazialen Fehlbildungen und Fehlfunktionen bei Störungen des ZNS

Indikationen		Ziel der Therapie	Heilmittelverordnung	
			Heilmittel	Verordnungsmenge je Indikationsgruppe weitere Hinweise
ZNSZ Fehlfunktionen bei angeborenen cranio- und orofazialen Fehlbildungen und Fehlfunktionen bei Störungen des ZNS z. B. bei – Lippen-/Kiefer-/Gaumenspalt-Patienten – Trisomie 21 – Tumor/Trauma mit zentralnervösen Störungen (Störungen ZNS) – Fehlfunktionen der orofazialen Muskulatur bei Patienten mit neuromuskulären Bewegungsstörungen	Pathologische Bewegungsmuster der mimischen Muskulatur sowie der Zungen-, Kau- und Schlundmuskulatur	Funktionsverbesserung, Veränderung des Funktionsmusters Wiederherstellung/Normalisierung der physiologischen Muskelfunktion Wiedererlangung der Muskelbalance im orofazialen System Erlernen/Bahnen physiologischer Bewegungsmuster Orofaziale Stimulation	vorrangige Heilmittel: • Krankengymnastik • KG-ZNS • KG-ZNS-Kinder ergänzende Heilmittel: • Kältetherapie • Wärmetherapie • Elektrotherapie	Höchstmenge je VO: • bis zu 10 ×/VO orientierende Behandlungsmenge: • bis zu 30 Einheiten Frequenzempfehlung: • 1 bis 3 × wöchentlich

[1] Abschn. 1.2 Tab. Spalte Heilmittelverordnung neu gef. mWv 1.1.2021 durch Beschl. v. 14.5.2020 (BAnz. AT 30.10.2020 B3).

1.3[1] Chronifiziertes Schmerzsyndrom

Indikationen		Ziel der Therapie	Heilmittelverordnung	
Indikationsgruppen	Leitsymptomatik: Strukturelle/ Funktionelle Schädigung		Heilmittel	Verordnungsmenge je Indikationsgruppe weitere Hinweise
CZS Chronifiziertes Schmerzsyndrom im Zahn-, Mund- und Kieferbereich z. B. bei – Atypischer Odontalgie, z. B. nach endodontischer Behandlung oder Zahnextraktion – Folgen nach oder bei neuropathischen Erkrankungen im Mund- und Kieferbereich – Primäres (idiopathisches) Mund- und Zungenbrennen – Persistierende Kiefergelenk schmerzen/Kiefermuskelschmerzen	a anhaltende/rezidivierende Schmerzen unterschiedlichen Schmerzcharakters mit und ohne Ausstrahlung	Schmerzlinderung durch Besserung der Beweglichkeit, Entlastung schmerzender Strukturen	vorrangige Heilmittel: • Krankengymnastik • Manuelle Therapie ergänzende Heilmittel: • Kältetherapie • Wärmetherapie • Elektrotherapie	Höchstmenge je VO: • bis zu 6 x/VO orientierende Behandlungsmenge: • bis zu 18 Einheiten Frequenzempfehlung: • 1 bis 3 x wöchentlich Ziel: • Erlernen eines Eigenübungsprogramms
	b Schmerzen durch Muskelspannungsstörungen/Dysbalance der craniomandibulären Muskulatur	Regulierung der schmerzhaften Muskelspannung, der Durchblutung, des Stoffwechsels		
	c schmerzbedingte Bewegungsstörungen/Funktionsstörungen	Schmerzlinderung/Funktionsverbesserung durch Besserung der Beweglichkeit		

[1] Abschn. 1.3 Tab. Spalte Heilmittelverordnung neu gef. mWv 1.1.2021 durch Beschl. v. 14.5.2020 (BAnz. AT 30.10.2020 B3).

1.4[1] Lymphabflussstörungen

Indikationen		Ziel der Therapie	Heilmittelverordnung	
Indikationsgruppen	Leitsymptomatik: Strukturelle/ Funktionelle Schädigung		Heilmittel	Verordnungsmenge je Indikationsgruppe weitere Hinweise
LYZ1 Lymphabflussstörungen im Mund- und Kieferbereich einschließlich der ableitenden Lymphbahnen im Halsbereich mit prognostisch kurzzeitigem Behandlungsbedarf bei sekundärer (erworbener) Schädigung des Lymphsystems bei dauerhafter oder temporärer Unterbrechung der Lymphabflusswege nach – tumorchirurgischem oder chirurgischem Eingriff oder – strahlentherapeutischer Behandlung oder – Trauma im Mund- und Kieferbereich.	schmerzlose oder schmerzhafte, zeitweise lymphatische/lymphostatische Schwellung	Vermeidung der Ausbildung eines chronischen Lymphödems Entstauung/Besserung des Lymphflusses, Besserung des Haut- und Unterhautstoffwechsels, auch zur Vermeidung weiterer Komplikationen Reduktion der Anreicherung von Gewebeflüssigkeit	vorrangige Heilmittel: • MLD-30 ergänzende Heilmittel: • Kältetherapie • Wärmetherapie • Elektrotherapie • Übungsbehandlung	Höchstmenge je VO: • bis zu 6 ×/VO orientierende Behandlungsmenge: • bis zu 12 Einheiten Frequenzempfehlung: • 1 bis 3 × wöchentlich Ziel: • Erlernen eines Eigenübungsprogramms
	Schmerzen, Bewegungseinschränkungen des Unterkiefers durch lokale Schwellung (z. B. Ödem, Hämatom)	Schmerzreduktion/Besserung der Beweglichkeit durch Entstauung/ Verbesserung des Lymphflusses		

[1] Abschn. 1.4 Indikationsgruppe LYZ1 Tab. Spalte Heilmittelverordnung neu gef. mWv 1.1.2021 durch Beschl. v. 14.5.2020 (BAnz. AT 30.10.2020 B3).

Indikationen		Ziel der Therapie	Heilmittelverordnung	
Indikationsgruppen	Leitsymptomatik: Strukturelle/ Funktionelle Schädigung		Heilmittel	Verordnungsmenge je Indikationsgruppe weitere Hinweise
LYZ2 Chronische Lymphabflussstörungen im Mund- und Kieferbereich einschließlich der ableitenden Lymphbahnen im Halsbereich mit prognostisch länger andauerndem Behandlungsbedarf bei sekundärer (erworbener) Schädigung des Lymphsystems bei dauerhafter oder temporärer Unterbrechung der Lymphabflusswege nach – umfangreichem tumorchirurgischem oder chirurgischem Eingriff oder – strahlentherapeutischer Behandlung oder – schwerem Trauma im Mund- und Kieferbereich.	chronisches schmerzloses oder schmerzhaftes, länger bestehendes bzw. dauerhaft manifestes Lymphödem auch mit Sekundärschäden an Haut- und Unterhautgewebe und/oder mit Bewegungseinschränkungen des Unterkiefers, Stauungsdermatosen	Entstauung/Besserung des Lymphflusses, Besserung des Haut- und Unterhautstoffwechsels, auch zur Vermeidung weiterer Komplikationen	vorrangige Heilmittel: • MLD-30 • MLD-45 ergänzende Heilmittel: • Kältetherapie • Wärmetherapie • Elektrotherapie • Übungsbehandlung	Höchstmenge je VO: • bis zu 10 ×/VO orientierende Behandlungsmenge: • bis zu 30 Einheiten Frequenzempfehlung: • 1 bis 3 × wöchentlich Ziel: • Erlernen eines Eigenübungsprogramms

2[1] Maßnahmen der Sprech-, Sprach- und Schlucktherapie

2.1[2] Störungen des Sprechens

Indikationen		Ziel der Therapie	Heilmittelverordnung	
Indikationsgruppen	Leitsymptomatik: Strukturelle/ Funktionelle Schädigung		Heilmittel	Verordnungsmenge je Indikationsgruppe weitere Hinweise
SPZ Störungen des Sprechens z. B. bei/nach – Mund-, Kieferanomalien (z. B. bei offenem Biss, Sigmatismus interdentalis, Sigmatismus addentalis) – orthognathen Operationen – tumorchirurgischen Eingriffen oder strahlentherapeutischer Behandlung im Zahn-, Mund-, Kieferbereich – Anomalien der Zahnstellung, Fehlbildung des Kiefers, fehlerhafter Lagebeziehung der Kiefer zueinander sowie Fehlfunktion/Größe der Zunge	Störungen – der Lautbildung im Mund-, Kiefer-, Gesichtsbereich – des orofazialen Muskelgleichgewichts	Wiederherstellung und Verbesserung der sprachlichen und kommunikativen Fähigkeiten Normalisierung der Lautbildung	• Sprech- und Sprachtherapie 30 • Sprech- und Sprachtherapie 45 • Sprech- und Sprachtherapie 60 30 oder 45 oder 60 Minuten, je nach konkretem Schädigungsbild und Belastbarkeit der Patientin oder des Patienten	Höchstmenge je VO: • bis zu 10 ×/VO orientierende Behandlungsmenge: • bis zu 30 Einheiten Frequenzempfehlung: • 1 bis 3 × wöchentlich

[1] Abschn. 2 Überschr. geänd. mWv 1.1.2021 durch Beschl. v. 14.5.2020 (BAnz. AT 30.10.2020 B3).
[2] Abschn. 2.1 Tab. Spalte Heilmittelverordnung neu gef. mWv 1.1.2021 durch Beschl. v. 14.5.2020 (BAnz. AT 30.10.2020 B3).

2.2 Störungen des oralen Schluckakts

Indikationen		Ziel der Therapie	Heilmittelverordnung	
Indikationsgruppen	Leitsymptomatik: Strukturelle/ Funktionelle Schädigung		Heilmittel	Verordnungsmenge je Indikationsgruppe weitere Hinweise
SCZ Störungen des oralen Schluckakts z. B. bei/nach – Traumata im Zahn-, Mund- und Kieferbereich – Tumor-Operationen im Zahn-, Mund- und Kieferbereich – orthognathen Operationen – operativer Versorgung von Lippen-Kiefer-Gaumenspalten – Zungenfehlfunktion – viszeralem Schlucken	Störungen in der oralen Phase des Schluckakts (motorisch und sensorisch)	Verbesserung bzw. Normalisierung des Schluckakts ggf. Erarbeitung von Kompensationsstrategien Ermöglichung der oralen Nahrungsaufnahme	• Schlucktherapie 30 • Schluck- und Schlucktherapie 45 • Schluck- und Schlucktherapie 60 30 oder 45 oder 60 Minuten mit dem Patienten, je nach konkretem Schädigungsbild und Belastbarkeit der Patientin oder des Patienten	Höchstmenge je VO: • bis zu 10 ×/VO orientierende Behandlungsmenge: • bis zu 30 Einheiten Frequenzempfehlung: • 1 bis 3 × wöchentlich

2.3 Orofaziale Funktionsstörungen

Indikationen		Ziel der Therapie	Heilmittelverordnung im Regelfall	
Indikationsgruppen	Leitsymptomatik: Strukturelle/ Funktionelle Schädigung		Heilmittel	Verordnungsmenge je Indikationsgruppe weitere Hinweise
OFZ Orofaziale Funktionsstörungen z. B. bei/nach – Traumata im Zahn-, Mund- und Kieferbereich – Tumor-Operationen im Zahn-, Mund- und Kieferbereich – orthognathen Operationen – angeborenen cranio- und orofazialen Fehlbildungen – Zahn- und Kieferfehlstellungen während der Wachstumsphase sowie in den in Abschnitt B Nummer 4 Satz 2 und 3 der Richtlinie des G-BA für die Kieferorthopädische Behandlung genannten Ausnahmefällen mit schweren Kieferanomalien, die ein Ausmaß haben, das kombinierte kieferchirurgische und kieferorthopädische Behandlungsmaßnahmen erfordert	Störungen der orofazialen Funktion ohne Beeinträchtigung der Artikulation (des Sprechens), z. B. habituelle Mundatmung, orale Habits	Funktionsverbesserung, Veränderung des Funktionsmusters Wiederherstellung/Normalisierung der physiologischen Muskelfunktion Wiedererlangung der Muskelbalance im orofazialen System	• Sprech- und Sprachtherapie 30 • Sprech- und Sprachtherapie 45 • Sprech- und Sprachtherapie 60 30 oder 45 oder 60 Minuten mit dem Patienten, je nach konkretem Schädigungsbild und Belastbarkeit der Patientin oder des Patienten	Höchstmenge je VO: • bis zu 10 ×/VO orientierende Behandlungsmenge: • bis zu 30 Einheiten Frequenzempfehlung: • 1 bis 3 × wöchentlich

853. Richtlinie zu Auswahl, Umfang und Verfahren der Qualitätsprüfungen nach § 135b Absatz 2 SGB V (Qualitätsprüfungs-Richtlinie vertragszahnärztliche Versorgung, QP-RL-Z)

Vom 21. Dezember 2017

(BAnz. AT vom 13.3.2018 B1; Inkrafttreten: 1.4.2018)

Geänd. durch Beschl. des G-BA vom 22.11.2019 (BAnz. AT vom 19.2.2020 B2; Inkrafttreten: 20.2.2020) und durch Beschl. des G-BA vom 14.5.2020 (BAnz. AT vom 9.6.2020 B5; Inkrafttreten: 10.6.2020)

Präambel

Die Qualität der Leistungen, die im Rahmen der gesetzlichen Krankenversicherung erbracht werden, hat gemäß § 2 Absatz 1 Satz 3 SGB V dem allgemein anerkannten Stand der medizinischen Erkenntnisse zu entsprechen und den medizinischen Fortschritt zu berücksichtigen. Die Versorgung der Versicherten muss entsprechend § 70 Absatz 1 Satz 2 SGB V ausreichend und zweckmäßig sein, darf das Maß des Notwendigen nicht überschreiten und muss in der fachlich gebotenen Qualität sowie wirtschaftlich erbracht werden. Unter Berücksichtigung des Sicherstellungsauftrags der Kassenzahnärztlichen Vereinigungen (KZVen) nach § 72 Absatz 2 SGB V sind nach § 135a Absatz 1 Satz 1 SGB V die Leistungserbringer zur Sicherung und Weiterentwicklung der Qualität der von ihnen erbrachten Leistungen verpflichtet.

Um die Forderung nach einer angemessenen Qualität der erbrachten Leistungen zu flankieren und zu stützen sieht § 135b SGB V zudem eine zentrale Rolle zur Förderung der Qualität bei den KZVen, als primären Partner der Zahnärzte im Rahmen der Versorgung nach dem SGB V.

Förderung und Sicherung der Qualität verbunden mit Qualitätstransparenz sind wesentliche Voraussetzungen für ein leistungsfähiges Gesundheitssystem, mit dem Ziel einer dauerhaft gesicherten patienten- und bedarfsgerechten sowie wirtschaftlichen Versorgung. Eine kontinuierliche Qualitätssicherung ist daher zentrale Aufgabe aller an der Erbringung von Leistungen im Rahmen der gesetzlichen Krankenversicherung Beteiligten. Speziell in der vertragszahnärztlichen Versorgung ist Förderung und Sicherung der Qualität auf die Erhaltung beziehungsweise Wiederherstellung oraler Strukturen unter Berücksichtigung der Patientenerwartungen und Patientenverantwortung (Adhärenz) ausgerichtet. Im Mittelpunkt steht dabei immer die qualitativ angemessene Versorgung der Patientinnen und Patienten.

Im zahnärztlichen Tätigkeitsbereich werden bereits verschiedenartige Maßnahmen zur Qualitätssicherung und auch -förderung erbracht. Diese beruhen zum Teil auf Vorgaben verschiedener Normgeber (zum Beispiel Berufsordnung, Röntgenverordnung, Richtlinien des Gemeinsamen Bundesausschusses (G-BA) oder Vereinbarungen der Bundesmantelvertragspartner).

Der § 135b Absatz 2 Satz 1 SGB V sieht – in Ergänzung der Übernahme des Sicherstellungsauftrags durch die KZVen gemäß § 75 Absatz 1 SGB V – vor, dass die Qualität der in der vertragszahnärztlichen Versorgung erbrachten Leistungen im Einzelfall durch Stichproben zu prüfen ist. Hierzu obliegt dem G-BA gemäß § 135b Absatz 2 Satz 2 SGB V die Aufgabe, in Richtlinien nach

§ 92 Absatz 1 Satz 2 Nummer 13 SGB V Kriterien zur Qualitätsbeurteilung sowie nach Maßgabe des § 299 Absätze 1 und 2 SGB V Vorgaben zu Auswahl, Umfang und Verfahren der Qualitätsprüfungen zu entwickeln.

Dies ist Regelungsgegenstand der folgenden Richtlinie.

Verfahren zur Qualitätsförderung nach § 135b Absatz 2 SGB V

§ 1 Qualitätsprüfung im Einzelfall. (1) [1]Die KZVen vergewissern sich der Qualität der in der vertragszahnärztlichen Versorgung erbrachten Leistungen durch Qualitätsprüfungen im Einzelfall nach § 135b Absatz 2 SGB V. [2]Dabei sind die Dokumentationen von Zahnärztinnen und Zahnärzten zu überprüfen.

(2) Diese Richtlinie gilt für die im Rahmen der vertragszahnärztlichen Versorgung erbrachten ambulanten zahnärztlichen Leistungen einschließlich der belegärztlichen Leistungen und der den gleichartigen Leistungen zugrunde liegenden Regelversorgungen.

(3) Die Richtlinie gilt für alle an der vertragszahnärztlichen Versorgung teilnehmenden Zahnärztinnen und Zahnärzte, zahnärztlich geleiteten Einrichtungen einschließlich Versorgungszentren (sofern diese vertragszahnärztliche Leistungen einschließen) sowie für Krankenhäuser, soweit in ihnen im Rahmen der vertragszahnärztlichen Versorgung ambulante zahnärztliche Leistungen erbracht werden.

(4) [1]Der G-BA legt in der jeweiligen Qualitätsbeurteilungsrichtlinie (QB-RL-Z) die Kriterien und Bewertungsschemata für Einzel- und Gesamtbewertungen fest. [2]Zur Förderung der bundeseinheitlichen Umsetzung der Stichprobenprüfungen, erstellt die Kassenzahnärztliche Bundesvereinigung (KZBV) Empfehlungen für einheitliche Kriterien und Bewertungsschemata für die Einzel- und Gesamtbewertung der Dokumentationen gemäß § 5 Absatz 1, die der G-BA einbeziehen kann. [3]Zusätzlich trifft der G-BA in der jeweiligen QB-RL-Z Festlegungen
- zum Umfang der zu prüfenden Dokumentationen,
- zu den Maßnahmen als Konsequenzen der jeweiligen Bewertungsergebnisse und
- zu problembezogenen Wiederholungsprüfungen bei erheblichen Auffälligkeiten/Mängeln.

[4]Die Durchführung der Qualitätsprüfungen obliegt der KZV. [5]Das Nähere zur organisatorischen Umsetzung dieser Richtlinie regelt die KZBV bundeseinheitlich und vergleichbar in der Qualitätsförderungsrichtlinie der KZBV (KZBV-QF-RL), soweit nicht der G-BA in seinen Richtlinien nach § 135b Absatz 2 in Verbindung mit § 92 Absatz 1 SGB V Regelungen getroffen hat. [6]Hierbei schafft die KZBV insbesondere Regelungen
- zur Transparenz ihrer Regelungen und
- zur Evaluation der Qualitätsprüfungen.

(5) Die vorliegende Richtlinie regelt Auswahl, Umfang und Verfahren der Durchführung aller Qualitätsprüfungen nach den Absätzen 1 bis 4.

§ 2 Qualitätsgremium. (1) [1]Die KZV richtet unterstützend für die Durchführung von Qualitätsprüfungen ein Qualitätsgremium ein. [2]Die KZVen können Qualitätsgremien auch für den Bereich von mehr als einer KZV einrichten.

(2) [1]Das Qualitätsgremium berät die KZV fachlich hinsichtlich der Bewertung der zur Prüfung eingereichten Behandlungsdokumentationen und gibt eine Bewertung an die KZV ab. [2]Auf Basis dieser Bewertung trifft die KZV ihre Entscheidung und ordnet den Bewertungsergebnissen soweit erforderlich die entsprechenden Maßnahmen nach § 5 Absatz 4 zu. [3]Die Entscheidung für die Bewertung durch das Qualitätsgremium wird von den stimmberechtigten Mitgliedern einstimmig gefällt. [4]Wird die Bewertung durch das Qualitätsgremium nicht einstimmig getroffen, hat die KZV bei ihrer Entscheidung das in diesem Fall vom Qualitätsgremium zu erstellende Minderheitenvotum mit einzubeziehen.

(3) [1]Ein Qualitätsgremium setzt sich aus mindestens drei zugelassenen Zahnärztinnen oder Zahnärzten aus den jeweiligen KZVen oder ihren Zusammenschlüssen zusammen. [2]Im Hinblick auf jeweils erforderliche spezielle zahnärztliche Fertigkeiten ist zu gewährleisten, dass mindestens ein Gremiumsmitglied auch in diesen Fertigkeiten besondere Erfahrungen besitzt. [3]Ist ein Gremiumsmitglied befangen oder verhindert, tritt an seine Stelle ein stellvertretendes Mitglied.

(4) [1]Die Mitglieder des Qualitätsgremiums werden von den zuständigen KZVen berufen. [2]Bei Bedarf an erweiterter Fachkompetenz können die zuständigen KZVen Sachverständige ohne Stimmrecht hinzuziehen.

(5) Die Landesverbände der Krankenkassen und die Ersatzkassen können auf ihre Kosten für die Dauer der Amtsperiode des Qualitätsgremiums insgesamt zwei ständige zahnärztliche Vertreterinnen oder Vertreter ohne Stimmrecht benennen.

§ 3 Umfang und Auswahl der Qualitätsprüfungen. (1) [1]Der Umfang der Qualitätsprüfungen muss hinsichtlich der Anzahl der zu überprüfenden, in der vertragszahnärztlichen Versorgung erbrachten Leistungen aussagekräftige Ergebnisse ermöglichen und im Hinblick auf den Aufwand der KZVen vertretbar sein. [2]Zusammen für alle Qualitätsbeurteilungsthemen werden bundesweit jährlich höchstens sechs Prozent aller Vertragszahnärztinnen und Vertragszahnärzte einer Qualitätsprüfung unterzogen. [3]Der G-BA evaluiert diese Höchstgrenze fünf Jahre nach Vorliegen des ersten Berichts nach § 6 Absatz 2.

(2) [1]Zum Zweck der Qualitätsprüfung werden jährlich nach dem Zufallsprinzip per Stichprobe mindestens ein Prozent bis höchstens vier Prozent aller Zahnärztinnen und Zahnärzte ausgewählt, die die zu überprüfende Leistung bei mindestens zehn Patientinnen und Patienten innerhalb von zwölf Monaten abgerechnet haben. [2]Dabei ist durch den G-BA sicherzustellen, dass die Stichprobe repräsentativ ist. [3]Der Umfang der Stichprobe wird in der jeweiligen QB-RL-Z geregelt.

(3) [1]Zahnärztinnen und Zahnärzte, bei denen die Prüfung durch die KZV keine Auffälligkeiten/Mängel ergab, werden für die entsprechende QB-RL-Z für vier auf die Prüfung folgende Jahre aus der Grundgesamtheit der Stichprobe ausgenommen und in diesem Zeitraum nicht erneut geprüft. [2]Zahnärztinnen und Zahnärzte, bei denen die Prüfung durch die KZV geringe Auffälligkeiten/Mängel ergab, werden für die entsprechende QB-RL-Z für zwei auf die Prüfung folgende Jahre aus der Grundgesamtheit der Stichprobe ausgenommen und in diesem Zeitraum nicht erneut geprüft. [3]Sätze 1

und 2 finden auf problembezogene Wiederholungsprüfungen keine Anwendung.

(4) [1]Je gezogener abrechnender Zahnärztin oder je gezogenem abrechnenden Zahnarzt sind nach dem Zufallsprinzip Patientinnen und Patienten zu ziehen, die dem in der jeweiligen QB-RL-Z geregelten Thema zuzuordnen sind. [2]Der Umfang darf nicht unter zehn Patientinnen und Patienten liegen. [3]Soweit nichts Näheres in der jeweiligen QB-RL-Z geregelt ist, kann, um eine aussagekräftige Beurteilung zu ermöglichen, themenspezifisch die Zahl der Patientinnen und Patienten je gezogener abrechnender Zahnärztin oder je gezogenem abrechnenden Zahnarzt erweitert werden. [4]Der G-BA evaluiert den Umfang erstmals fünf Jahre nach Vorliegen des ersten Berichts nach § 6 Absatz 2 und legt danach den Evaluationszeitraum fest.

(5) [1]Der G-BA prüft erstmals drei Jahre nach Inkrafttreten der jeweiligen QB-RL-Z und danach alle zwei Jahre, insbesondere auf Basis der Berichte nach § 6 Absatz 2 eine an den Prüfungsergebnissen orientierte Anpassung des Stichprobenumfangs der jährlich zu überprüfenden Zahnärztinnen und Zahnärzte. [2]Abhängig vom Prüfungsergebnis kann der Stichprobenumfang gesenkt, beibehalten, erhöht oder die Prüfung befristet ausgesetzt werden. [3]Beschlüsse zu der Entscheidung nach den Sätzen 1 und 2 werden in den QB-RL-Z gefasst. [4]Erfolgt kein neuer Beschluss gilt die Anforderung an den Stichprobenumfang der entsprechenden QB-RL-Z. [5]Problembezogene Wiederholungsprüfungen bleiben von Anpassungen des Stichprobenumfangs oder von Aussetzungen des Prüfverfahrens unberührt.

§ 4 Dokumentationen für die Qualitätsprüfungen. (1) [1]Die Qualitätsprüfungen erfolgen auf der Grundlage der Dokumentationen, die die KZV insbesondere gemäß der nach § 1 Absatz 4 festgelegten Kriterien von der Zahnärztin oder dem Zahnarzt anfordert. [2]Die Stichprobenprüfung erfolgt auf Grundlage der dem Thema zuzuordnenden Dokumentationen, die die KZV von der abrechnenden Zahnärztin oder dem abrechnenden Zahnarzt anfordert und bezieht insbesondere ein:

1. schriftliche Dokumentation: Befund, indikationsgerechte Therapie,
2. bildliche Dokumentation: Röntgenbild, Foto,
3. Modelle zur diagnostischen Auswertung und Planung.

[3]Die Übermittlung der Dokumentation gemäß den Nummern 1 und 2 an die KZV kann auch elektronisch erfolgen, wobei dann die Übermittlung verschlüsselt erfolgen muss.

(2) [1]Kommt die Zahnärztin oder der Zahnarzt seiner Verpflichtung zur Einreichung der Dokumentationen innerhalb eines Zeitraumes von vier Wochen nach Zugang der Anforderung nicht nach, erfolgt eine Erinnerung. [2]Werden die Dokumentationen aus Gründen, die die Zahnärztin oder der Zahnarzt zu vertreten hat, innerhalb einer Frist von weiteren vier Wochen nach Zugang der Erinnerung erneut nicht eingereicht, liegt es in der Kompetenz der KZV, die ihr nach § 75 Absatz 2 SGB V in Verbindung mit § 81 Absatz 5 SGB V zustehenden Maßnahmen zu ergreifen. [3]Das davon unabhängige Qualitätsprüfungsverfahren wird damit nicht beendet.

(3) Nach Abschluss des Verfahrens werden die eingereichten Dokumentationen an die Zahnärztin oder den Zahnarzt zur Repseudonymisierung und Aufbewahrung zurückgeschickt.

§ 5 Ergebnisse der Qualitätsprüfungen. (1) [1]Die KZV hält auf Grundlage der Bewertung durch das Qualitätsgremium gemäß § 2 Absatz 2 fest, ob und bei welchen Einzelfällen sich Auffälligkeiten/Mängel hinsichtlich der Qualität der in der vertragszahnärztlichen Versorgung erbrachten Leistungen gemäß Absatz 2 ergeben haben. [2]Bestehen Unklarheiten in der Bewertung der Dokumentation der zu prüfenden Zahnärztin oder des zu prüfenden Zahnarztes gemäß § 4 Absatz 1 sind diese von der KZV mit der beteiligten Zahnärztin oder dem beteiligten Zahnarzt zu klären.

(2) [1]Die Bewertung jeder einzelnen Leistung und die Gesamtbewertung werden in drei Stufen eingeteilt:

A keine Auffälligkeiten/Mängel – Qualitätskriterien erfüllt,

B geringe Auffälligkeiten/Mängel – Qualitätskriterien nicht vollständig erfüllt,

C erhebliche Auffälligkeiten/Mängel – Qualitätskriterien nicht erfüllt.

[2]Die Bewertungen der einzelnen Leistungen werden zu einer Gesamtbewertung zusammengefasst. [3]Die Erstellung und Berechnung einer Gesamtbewertung nach Absatz 2 Satz 2 erfolgt nach bundeseinheitlichen Kriterien und Bewertungsschemata gemäß § 1 Absatz 4.

(3) [1]Die KZV hält die Einzelbewertungen und die Gesamtbewertung der Qualitätsprüfung auf Grundlage der Dokumentation des Qualitätsgremiums gemäß § 2 Absatz 2 schriftlich fest. [2]Dabei sind die beanstandeten Auffälligkeiten/Mängel zu benennen sowie Empfehlungen zur Förderung der Qualität zu geben.

(4) [1]Die KZV entscheidet nach § 75 Absatz 2 SGB V im Rahmen pflichtgemäßen Ermessens über die zu treffenden Maßnahmen zur Förderung der Qualität. [2]Als mögliche Maßnahmen als Folge der Überprüfung kommen im Rahmen der Verhältnismäßigkeit entsprechend der Gesamtbewertung abgestuft in Betracht:

1. schriftlicher Hinweis,
2. mündliche Beratung,
3. Aufforderung zur gezielten Fortbildung,
4. strukturierte Beratung mit Zielvereinbarung,
5. problembezogene Wiederholungsprüfung,
6. Einleitung anderer Verfahren gemäß § 75 Absatz 2 in Verbindung mit § 81 Absatz 5 SGB V.

[3]Die Maßnahmen zu den Nummern 1–3 kommen für geringe Auffälligkeiten/Mängel nach Stufe B gemäß § 5 Absatz 2 und die Maßnahmen zu den Nummern 4–6 für erhebliche Auffälligkeiten/Mängel nach Stufe C gemäß § 5 Absatz 2 in Betracht.

(5) Die KZV teilt der Zahnärztin oder dem Zahnarzt zeitnah in einem Bescheid das Ergebnis der Qualitätsprüfung mit.

(6) [1]Bei Vorliegen von Auffälligkeiten/Mängeln werden diese in dem Bescheid nach Absatz 5 benannt. [2]Außerdem werden die zu treffenden Maßnahmen zur Förderung der Qualität nach Absatz 4 benannt und begründet.

(7) [1]Bei Vorliegen erheblicher Auffälligkeiten/Mängel ist nach zwölf Monaten eine problembezogene Wiederholungsprüfung anzusetzen. [2]Für diese Wiederholungsprüfung gelten § 3 Absatz 4 und §§ 4 und 5 analog. [3]Gemäß § 3 Absatz 4 sind für die problembezogene Wiederholungsprüfung neue Behandlungsfälle per Zufall zu ziehen.

(8) Das Nähere regelt die KZBV gemäß § 1 Absatz 4 Satz 5.

§ 6[1)] Berichterstattung. (1) Im Rahmen der Berichtspflicht nach § 135b Absatz 1 Satz 2 SGB V berichten die KZVen für jedes Kalenderjahr bis zum 30. April des Folgejahres der KZBV über ihre Tätigkeit.

(2) Die KZBV stellt für jedes Kalenderjahr bis zum 30. Juni des Folgejahres dem G-BA einen Bericht zur Verfügung, der die Informationen nach Absatz 1, gegliedert nach KZVen, umfasst.

(3) Der Bericht enthält mindestens folgende Punkte:

1. Fragestellungen/Themen der Qualitätsbeurteilungen,
2. Methodik der Umsetzung (Stichprobengröße, Bewertungskategorien, Raster für Zusammenfassungen der Einzelbewertungen und Ähnliches),
3. Ergebnisse der Qualitätsprüfungen in den einzelnen Kategorien nach Einzel- und Gesamtbewertung,
4. getroffene Maßnahmen gemäß § 4 Absatz 2 und § 5 Absatz 4.

(4) [1] Für das Kalenderjahr 2019 berichten die KZVen abweichend von Absatz 1 bis zum 31. Juli 2020. [2] Für das Kalenderjahr 2019 stellt die KZBV den Bericht abweichend von Absatz 2 bis zum 30. September 2020 zur Verfügung.

§ 7[2)] Datenschutz und Verfahren der Pseudonymisierung. (1) [1] Die in dieser Richtlinie vorgesehene Erhebung, Verarbeitung und Nutzung von personen- oder einrichtungsbezogenen Daten der Versicherten und der Zahnärztinnen und Zahnärzte beruht auf den datenschutzrechtlichen Ermächtigungsgrundlagen des SGB V (insbesondere die §§ 285 und 299 SGB V), des SGB X und des Bundesdatenschutzgesetzes. [2] Bei allen Maßnahmen nach dieser Richtlinie dürfen nur so viele dieser Daten erhoben, verarbeitet und genutzt werden, wie dies zur Erfüllung der jeweiligen Aufgaben erforderlich ist. [3] Die versichertenbezogenen Daten sind von der Zahnärztin oder dem Zahnarzt zu pseudonymisieren. [4] Wenn die Pseudonymisierung einen unverhältnismäßigen Aufwand für die Zahnärztin oder den Zahnarzt zur Folge hat, kann das Verfahren der Pseudonymisierung gemäß § 299 Absatz 2 Satz 3 SGB V auf eine gesonderte Stelle bei den KZVen übertragen werden. [5] Die die Zahnärztin oder den Zahnarzt identifizierenden Daten werden in der jeweiligen KZV pseudonymisiert. [6] Das Verfahren zur Pseudonymisierung hat sicherzustellen, dass das Qualitätsgremium keine versichertenbezogenen Daten erhält. [7] Ebenso ist sicherzustellen, dass das Qualitätsgremium die die Zahnärztin oder den Zahnarzt identifizierenden Daten nicht erhält.

(2) [1] Nach dem Eingang der in der Regel durch die Zahnärztin oder den Zahnarzt pseudonymisierten Behandlungsdokumentationen bei der KZV, erfolgt durch die gesonderte Stelle bei der KZV auf Grundlage der vorgenommenen Behandlungsmaßnahmen, des Zahnbezugs und des Behandlungsdatums sowie der pseudonymisierten Abrechnungsdaten der erforderliche Abgleich, ob die von der Zahnärztin oder dem Zahnarzt eingereichten Dokumentationen mit den angeforderten Dokumentationen übereinstimmen und vollständig vorliegen. [2] Ist die Pseudonymisierung der Behandlungsdokumentationen gemäß Absatz 1 Satz 4 der gesonderten Stelle bei der KZV übertragen, erfolgt der erforderliche Abgleich nach Satz 1 auf Grundlage der durch

---

[1)] § 6 Abs. 4 angef. mWv 10.6.2020 durch Beschl. v. 14.5.2020 (BAnz. AT 9.6.2020 B5).

[2)] § 7 bish. Wortlaut wird Abs. 1, Abs. 1 Sätze 8, 10 und 11 aufgeh., Abs. 2 und 3 angef. mWv 20.2.2020 durch Beschl. v. 22.11.2019 (BAnz. AT 19.2.2020 B2).

die Zahnärztin oder den Zahnarzt in nicht pseudonymisierter Form bei der KZV eingereichten Behandlungsdokumentationen. [3]Stimmen die eingereichten Dokumentationen mit den angeforderten Dokumentationen überein und liegen sie vollständig vor, leitet die KZV die pseudonymisierten Behandlungsdokumentationen für die fachliche Bewertung an das Qualitätsgremium weiter. [4]Stimmen die eingereichten Dokumentationen mit den angeforderten Dokumentationen nicht überein oder liegen sie nicht vollständig vor, gilt § 4 Absatz 2 entsprechend.

(3) [1]Es ist sicherzustellen, dass die betroffenen Patientinnen und Patienten eine qualifizierte und patientenverständliche Information über Art und Umfang der Datenverarbeitung in geeigneter Weise erhalten. [2]Die Information hat durch die Zahnärztin oder den Zahnarzt zu erfolgen. [3]Zu diesem Zweck erstellt und veröffentlicht der G-BA auf seiner Internetseite themenspezifische Patientenmerkblätter. [4]Die Pflicht der Zahnärztin oder des Zahnarztes zur Information nach der Datenschutzgrundverordnung (DS-GVO) bleibt unberührt.

§ 8 Übergangsregelung. [1]Die Durchführung von Qualitätsprüfungen nach dieser Richtlinie beginnt spätestens sechs Monate nach dem Tag des Inkrafttretens der ersten QB-RL-Z gemäß § 1 Absatz 4. [2]Im ersten Jahr nach Inkrafttreten einer QB-RL-Z werden als Folge der Überprüfung keine Maßnahmen gemäß § 5 Absatz 4 getroffen. [3]Die KZV informiert die Zahnärztin oder den Zahnarzt schriftlich über das Ergebnis der Prüfung.

901. Bundesmantelvertrag – Zahnärzte (BMV-Z)*

Vom 25. April 2018; Inkrafttreten: 1.7.2018

Geänd. am 4.2.2019 (Inkrafttreten: 5.2.2019) und am 29.9.2020 (Inkrafttreten: 1.10.2020)

Inhalt

---

* **Amtl. Anm.:** Hinweis: Die im Vertrag stehenden Bezeichnungen „Vertragszahnarzt, Zahnarzt, Kieferorthopäde, Assistent, Gutachter, Obergutachter, Fachberater und Versicherter" werden einheitlich und neutral für Vertragszahnärzte und Vertragszahnärztinnen, Zahnärzte und Zahnärztinnen, Kieferorthopäden und Kieferorthopädinnen, Assistenten und Assistentinnen, Gutachter und Gutachterinnen, Obergutachter und Obergutachterinnen, Fachberater und Fachberaterinnen sowie für Versicherte beiderlei Geschlechts verwendet.

Abschnitt 1. Regelungs- und Geltungsbereich

§ 1 Vertragsgegenstand. (1) [1]Dieser Vertrag regelt den allgemeinen Inhalt der Gesamtverträge über die vertragszahnärztliche Versorgung. [2]Seine Regelungen sind Bestandteil der Gesamtverträge.

(2) Die im Inhaltsverzeichnis gelisteten Anlagen sind Bestandteil dieses Vertrages.

§ 2 Geltungsbereich. Der Vertrag erstreckt sich auf den Geltungsbereich des Sozialgesetzbuches.

Abschnitt 2. Gegenstand und Sicherstellung der vertragszahnärztlichen Versorgung

§ 3 Umfang und Inhalt der vertragszahnärztlichen Versorgung.

(1) Die vertragszahnärztliche Versorgung umfasst insbesondere:

1. die zahnärztliche Behandlung gemäß § 28 Absatz 2 Satz 1 SGB V,
2. die Versorgung mit Zahnersatz und Zahnkronen einschließlich Suprakonstruktionen, soweit sie § 56 Absatz 2 SGB V entspricht,
3. die kieferorthopädische Behandlung gemäß §§ 28 Absatz 2 und 29 SGB V,
4. implantologische Leistungen einschließlich der Suprakonstruktion gemäß § 28 Absatz 2 Satz 9 SGB V,
5. Maßnahmen zur Verhütung von Zahnerkrankungen (Individualprophylaxe) gemäß § 22 SGB V,

6. Früherkennungsuntersuchungen auf Zahn-, Mund- und Kieferkrankheiten gemäß § 26 Absatz 1 Sätze 2 und 3 SGB V,
7. die zahnärztliche Verordnung von Arznei-, Verband-, Heil- und Hilfsmitteln, von Krankentransporten, von Krankenhausbehandlung,
8. die zahnärztliche Beurteilung der Arbeitsunfähigkeit,
9. die Ausstellung von Bescheinigungen und die Erstellung von Berichten, welche die Krankenkasse oder der Medizinische Dienst zur Durchführung ihrer gesetzlichen Aufgaben oder welche die Versicherten für den Anspruch auf Fortzahlung des Arbeitsentgelts benötigen,
10. die in Notfällen ambulant ausgeführten zahnärztlichen Leistungen durch nicht an der vertragszahnärztlichen Versorgung teilnehmende Zahnärzte.

(2) Zur vertragszahnärztlichen Versorgung gehört auch die Versorgung der Versicherten außerhalb der Praxisräume des Zahnarztes, insbesondere die aufsuchende Versorgung von Versicherten, die einem Pflegegrad nach § 15 SGB XI zugeordnet sind, Eingliederungshilfe erhalten und die die Zahnarztpraxis aufgrund ihrer Pflegebedürftigkeit, Behinderung oder Einschränkung nicht oder nur mit hohem Aufwand aufsuchen können (§ 87 Absatz 2i SGB V) sowie die aufsuchende Versorgung von pflegebedürftigen Versicherten in stationären Pflegeeinrichtungen im Rahmen eines Kooperationsvertrags (§ 87 Absatz 2j SGB V).

(3) Bestandteil der vertragszahnärztlichen Versorgung sind auch die zahntechnischen Leistungen.

(4) Vertragsleistungen sind die im Einheitlichen Bewertungsmaßstab für zahnärztliche Leistungen – BEMA – (Anlage A) aufgeführten Leistungen.

(5) [1]Die Vertragsleistungen müssen ausreichend, zweckmäßig und wirtschaftlich sein; sie dürfen das Maß des Notwendigen nicht überschreiten. [2]Leistungen, die nicht notwendig oder unwirtschaftlich sind, können Versicherte nicht beanspruchen, dürfen die Vertragszahnärzte im Rahmen der vertragszahnärztlichen Versorgung nicht bewirken und die Krankenkassen nicht bewilligen.

[3]Der Vertragszahnarzt hat insbesondere darauf zu achten, dass der Behandlungsaufwand in einem sinnvollen Verhältnis zur Prognose und zur erreichbaren Verbesserung des Gesundheitszustandes des Patienten steht.

[4]Qualität und Wirksamkeit der Leistungen haben dem allgemein anerkannten Stand der medizinischen Erkenntnisse zu entsprechen und den medizinischen Fortschritt zu berücksichtigen.

[5]Die zahnärztlichen Leistungen müssen angemessen vergütet werden.

(6) [1]Die vertragszahnärztliche Versorgung umfasst keine Leistungen, für die die Krankenkassen nicht leistungspflichtig sind. [2]Nicht zur vertragszahnärztlichen Versorgung gehören insbesondere:

1. Leistungen, die nach den Richtlinien des Gemeinsamen Bundesausschusses nicht in die Leistungspflicht der gesetzlichen Krankenversicherung fallen,
2. Leistungen, die von anderen Leistungserbringern (z. B. Vertragsärzten oder Heil- und Hilfsmittelerbringern) erbracht werden; dazu gehören vor allem die Behandlung von Mund- und Kieferkrankheiten durch die als Vertragsärzte zugelassenen Ärzte für Mund-, Kiefer- und Gesichtschirurgie, soweit diese über die Kassenärztliche Vereinigung abgerechnet werden, von Vertragsärzten gelegentlich vorgenommene einfache Verrichtungen (z. B.

Zahnextraktion) sowie die Leistungen, die auf Veranlassung von Vertragszahnärzten durch an der vertragsärztlichen Versorgung zugelassene bzw. ermächtigte ärztliche Leistungserbringer ausgeführt werden,

3. Reihen-, Einstellungs- und Tauglichkeitsuntersuchungen, auch wenn sie in Betrieben oder Schulen erfolgen oder für Angehörige bestimmter Berufsgruppen vorgeschrieben sind,
4. Leistungen, für die andere Kostenträger (z. B. Träger der Unfall- oder Rentenversicherung, Sozialhilfeträger) zuständig sind,
5. die Ausstellung von Bescheinigungen, die nicht zur Durchführung von Aufgaben der gesetzlichen Krankenversicherung und nicht für den Anspruch auf Fortzahlung des Arbeitsentgelts erforderlich sind (z. B. sonstige Bescheinigungen für den Arbeitgeber, Bescheinigungen für private Versicherungen).

(7) [1]Die Richtlinien des Gemeinsamen Bundesausschusses sind Bestandteil des Vertrages. [2]Die Krankenkassen informieren ihre Versicherten, die Kassenzahnärztlichen Vereinigungen (im Folgenden KZVen genannt) die Vertragszahnärzte, die Vertragszahnärzte im Einzelfall die Versicherten über den durch die Richtlinien des Gemeinsamen Bundesausschusses geregelten Umfang des Versorgungsanspruchs.

§ 4 Antrags- bzw. Genehmigungsverfahren für vertragszahnärztliche Leistungen, Gutachterwesen. (1) Für das Antrags- bzw. Genehmigungsverfahren sowie das Gutachterverfahren gelten:

a) bei der Behandlung von Verletzungen im Bereich des Gesichtsschädels und Kiefergelenkserkrankungen (BEMA-Teil 2) Anlage 1 Nr. 3 zum BMV-Z,
b) bei kieferorthopädischen Maßnahmen (BEMA-Teil 3) Anlage 4 zum BMV-Z,
c) bei der Behandlung von Parodontopathien (BEMA-Teil 4) Anlage 5 zum BMV-Z,
d) bei der Versorgung mit Zahnersatz und Zahnkronen (BEMA-Teil 5) Anlage 6 zum BMVZ,
e) für implantologische Maßnahmen bei Ausnahmeindikationen gemäß § 28 Absatz 2 Satz 9 SGB V Anlage 7 zum BMV-Z.

(2) [1]Die KZVen, die Landesverbände der Krankenkassen bzw. die Ersatzkassen können Vertragszahnärzte als Gutachter für die Durchführung von vertraglich vereinbarten Gutachten vorschlagen. [2]Die vorgeschlagenen Personen müssen die in Absatz 5 normierten Qualifikationskriterien erfüllen.

(3) [1]Im Einvernehmen mit den Landesverbänden der Krankenkassen bzw. den Ersatzkassen bestellt jede KZV Gutachter und Zahnersatz-Obergutachter in der erforderlichen Anzahl. [2]Die Obergutachter für kieferorthopädische und parodontologische Behandlungsfälle sowie Gutachter und Obergutachter für implantologische Leistungen bestellt die KZBV im Einvernehmen mit dem GKV-Spitzenverband. [3]Das Einvernehmen kann aus wichtigem Grund verweigert werden.

[4]Die Bestellung der Gutachter und Obergutachter erfolgt jeweils für vier Jahre und kann – außer im Falle der erstmaligen Bestellung – nur einvernehmlich widerrufen werden.

§ 15 Bescheinigung von Arbeitsunfähigkeit. [1]Die Beurteilung der Arbeitsunfähigkeit und ihrer voraussichtlichen Dauer sowie die Ausstellung der Bescheinigung dürfen nur auf Grund einer zahnärztlichen Untersuchung erfolgen. [2]Näheres bestimmen die Richtlinien des Gemeinsamen Bundesausschusses.

§ 16 Verordnung von Krankenhausbehandlung. [1]Krankenhausbehandlung darf nur verordnet werden, wenn eine ambulante Versorgung der Versicherten zur Erzielung des Heil- oder Linderungserfolgs nicht ausreicht. [2]Die Notwendigkeit der Krankenhausbehandlung ist bei der Verordnung zu begründen, wenn sich die Begründung nicht aus dem Befund oder den Symptomen ergibt. [3]Die gesetzlichen Vorschriften sind zu beachten.

Abschnitt 6. Inanspruchnahme vertragszahnärztlicher Leistungen

§ 17 Pflichten der Krankenkassen. (1) [1]Die Krankenkassen informieren die Versicherten über die Ansprüche aus diesem Vertrag in geeigneter Weise.

[2]Die Krankenkassen haben die Versicherten in geeigneter Weise zu verpflichten, dem Vertragszahnarzt bei Behandlungsbeginn und bei Fortdauer der Behandlung zu Beginn eines neuen Kalendervierteljahres unaufgefordert die eGK vorzulegen, in dringenden Fällen die eGK spätestens innerhalb einer Frist von 10 Tagen nach der ersten Inanspruchnahme nachzureichen, auf Verlangen des Vertragszahnarztes ihre Identität mit der auf der eGK benannten Person nachzuweisen.

(2) Die Krankenkassen unterrichten im Zusammenhang mit kieferorthopädischen Behandlungen bzw. systematischen Behandlungen von Parodontopathien die Versicherten über die mit der Behandlung übernommenen Pflichten.

(3) [1]Der Versicherte soll den Vertragszahnarzt innerhalb eines Kalendervierteljahres nur bei Vorliegen eines triftigen Grundes wechseln. [2]Bei der Behandlung von Verletzungen im Bereich des Gesichtsschädels und bei Kiefergelenkserkrankungen, bei der kieferorthopädischen Behandlung, der Behandlung von Parodontopathien und der prothetischen Behandlung gilt dies für den kompletten Zeitraum bis zum Abschluss der Behandlung.

(4) Die Krankenkasse wird den Vertragszahnarzt auf dessen Wunsch dabei unterstützen, dass der Versicherte die eGK dem Vertragszahnarzt nachträglich vorlegt.

(5) [1]Für Kosten einer Behandlung, die auf Grund einer vorgelegten falschen eGK oder der unrechtmäßigen Vorlage der eGK statt des Gebrauchs des Leistungsnachweises gem. § 16 Absatz 3a SGB V bei Ruhen der Ansprüche erfolgte, haftet die Krankenkasse dem Vertragszahnarzt gegen Abtretung seines Vergütungsanspruches. [2]Das Nähere regeln die Partner der Gesamtverträge.

(6) Bei kieferorthopädischen Behandlungen bzw. systematischen Behandlungen von Parodontopathien wird der Vertragszahnarzt über das Erlöschen des Leistungsanspruchs unterrichtet.

§ 18 Anspruchsberechtigung und Zahnarztwahl. (1) [1]Anspruchsberechtigt nach diesem Vertrag sind alle Versicherten der Krankenkassen. [2]Der

Versicherte weist seinen Anspruch auf vertragszahnärztliche Versorgung durch Vorlage der eGK nach. [3]Die Vereinbarung zum Inhalt und zur Anwendung der eGK in der jeweils geltenden Fassung ist Bestandteil des Vertrages.

(2) [1]Solange der Versicherte die eGK nicht vorlegt oder die Anspruchsberechtigung auf andere Weise nicht nachweist, darf der Vertragszahnarzt eine Privatvergütung für die Behandlung verlangen. [2]Wird die eGK oder die Anspruchsberechtigung innerhalb einer Frist von 10 Tagen nach der ersten Inanspruchnahme vorgelegt, so muss die entrichtete Vergütung zurückgezahlt werden.

(3) [1]Die Versicherten haben die freie Wahl unter den Vertragszahnärzten und den weiteren in § 6 Absatz 1 dieses Vertrages genannten Leistungserbringern und dürfen hierbei nicht beeinflusst werden. [2]Dies gilt auch, wenn der Vertragszahnarzt und der Versicherte Vereinbarungen nach § 8 Absatz 7 dieses Vertrages schließen.

(4) Die Krankenkassen geben ihren Versicherten die Vertragszahnärzte in geeigneter Weise bekannt.

(5) Versicherte können nach Maßgabe von § 13 Absatz 2 SGB V an Stelle der Sach- oder Dienstleistungen Kostenerstattung wählen.

§ 19 Schriftliche Bestätigung. Die Bestätigung (Stempel und Unterschrift) im Bonusheft für eigene Bemühungen zur Gesunderhaltung der Zähne nach § 55 Absatz 1 Satz 3 bis 6 SGB V sowie für Nachweise von gesundheitsbewusstem Verhalten im Sinne des § 65a SGB V über die Inanspruchnahme einer einmal im Kalenderjahr durchgeführten zahnärztlichen Untersuchung nach Vollendung des 18. Lebensjahres, einer Untersuchung nach § 22 SGB V und einer Früherkennungsuntersuchung auf Zahn-, Mund- und Kieferkrankheiten nach § 26 Absatz 1 SGB V ist Bestandteil der vertragszahnärztlichen Versorgung; ein gesonderter Vergütungsanspruch besteht insoweit nicht.

Abschnitt 7. Vordrucke, Vertragszahnarztstempel

§ 20 Vordrucke. (1) Die zur Durchführung der vertragszahnärztlichen Versorgung erforderlichen Vordrucke – mit Ausnahme der von den KZVen zu schaffenden und von ihnen zu liefernden Vordrucke für die Abrechnung der Vertragszahnärzte – werden zwischen den Partnern dieses Vertrages vereinbart.

(2) Für die Vordrucke sowie die im vertragszahnärztlichen Bereich anzuwendenden Muster aus dem vertragsärztlichen Bereich gelten Anlagen 14a und 14b.

§ 21 Vertragszahnarztstempel. (1) Der Vertragszahnarzt hat einen Vertragszahnarztstempel zu verwenden.

(2) [1]Bei der Ausstellung der Vordrucke kann auf die Verwendung des Vertragszahnarztstempels verzichtet werden, wenn dessen Inhalt an der für die Stempelung vorgesehenen Stelle bereits aufgedruckt ist. [2]Das Nähere über den Vertragszahnarztstempel ist im Gesamtvertrag zu vereinbaren.

(3) Der Vertragszahnarztstempel ist zur Verhütung missbräuchlicher Benutzung sorgfältig aufzubewahren.

Abschnitt 8. Abrechnung vertragszahnärztlicher Leistungen

§ 22 Vergütung der Vertragsleistungen. (1) Die vertragszahnärztliche Versorgung wird auf der Grundlage der Gesamtverträge gemäß den §§ 82, 83 und 85 SGB V vergütet.

(2) Der Vertragszahnarzt hat für Vertragsleistungen nach den BEMA-Teilen 1, 2 und 4 einen Vergütungsanspruch gegen die KZV.

(3) Für Vertragsleistungen nach den BEMA-Teilen 3 und 5 hat der Vertragszahnarzt einen Vergütungsanspruch gegen die KZV in Höhe der Zuschussfestsetzung der Krankenkasse.

§ 23 Abrechnung zwischen Vertragszahnarzt und Kassenzahnärztlicher Vereinigung. (1) [1] Leistungen nach BEMA-Teil 1 und Zuschüsse zur kieferorthopädischen Behandlung (BEMA-Teil 3) hat der Vertragszahnarzt vierteljährlich, Leistungen nach den BEMA-Teilen 2 und 4 und Festzuschüsse zu Zahnersatz und Zahnkronen (BEMA-Teil 5) monatlich zu dem von der KZV bestimmten Termin, getrennt voneinander abzurechnen. [2] Die Abrechnung erfolgt grundsätzlich auf Datenträgern oder im Wege elektronischer Datenübertragung.

[3] Die Abrechnung muss für jede Krankenkasse gesondert und getrennt nach den Personenkreisen Mitglieder (M), Familienangehörige der Mitglieder (F) sowie Rentner und ihre Familienangehörigen (R) aufgestellt werden.

(2) [1] Mit der Abrechnung der BEMA-Teile 1 bis 5 bestätigt der Vertragszahnarzt, dass die abgerechneten Leistungen nach Maßgabe des § 9 dieses Vertrages persönlich erbracht worden sind und dass die Abrechnung sachlich richtig ist.

[2] Die Bestätigung beinhaltet auch, dass

a) die abgerechneten Material- und Laborkosten der gewerblichen Laboratorien tatsächlich entstanden sind und dass er Rückvergütungen, wie Preisnachlässe, Rabatte, Umsatzbeteiligungen, Bonifikationen und rückvergütungsgleiche Gewinnbeteiligungen mit Ausnahme von Barzahlungsrabatten an die Krankenkasse weitergibt,

b) die zahntechnischen Leistungen des Zahnarztlabors tatsächlich von diesem erbracht worden sind.

(3) [1] Grundsätzlich dürfen nur abgeschlossene Leistungen abgerechnet werden, es sei denn, Leistungen können aus Gründen, die der Vertragszahnarzt nicht zu vertreten hat, nicht abgeschlossen werden. [2] Leistungen, die entsprechend den in Absatz 1 genannten Fristen nicht abgeschlossen worden sind, können in einem der nächsten Abrechnungszeiträume abgerechnet werden.

(4) [1] Kommt eine kieferorthopädische Behandlung, eine systematische Behandlung von Parodontopathien, eine prothetische Behandlung, eine Behandlung von Verletzungen im Bereich des Gesichtsschädels oder Kiefergelenkserkrankungen nach diesem Vertrag nicht zur Durchführung, so können die Kosten für diagnostische Leistungen, für die Erstellung eines Behandlungsplans, für die Erstellung eines Parodontalstatus und Maßnahmen zur Beseitigung von Schmerzen nach den Vertragssätzen unabhängig von der Genehmigung des Behandlungsplans abgerechnet werden. [2] Wird die Behandlung abgebrochen oder entfällt die Leistungspflicht der Krankenkasse, so erhält der

Vertragszahnarzt die bis zum Zeitpunkt des Behandlungsabbruchs bzw. des Wegfalls der Leistungspflicht der Krankenkasse entstandenen Kosten, insbesondere die entstandenen Materialkosten und zahntechnischen Leistungen, in voller Höhe vergütet.

(5) Der Vertragszahnarzt kann die bei der KZV eingereichte Abrechnung nur solange ergänzen oder ändern, als sie nicht bereits von der KZV an die Krankenkasse weitergeleitet worden ist.

(6) Versäumt der Vertragszahnarzt den Abrechnungstermin für Leistungen nach den BEMA-Teilen 1 bis 5, so kann die KZV die Abrechnung bis zum nächsten Abrechnungstermin zurückstellen.

(7) Die Abrechnung von vertragszahnärztlichen Leistungen ist nach Ablauf eines Jahres vom Ende des Kalendervierteljahres an gerechnet, in dem sie erbracht worden sind, ausgeschlossen.

Protokollnotiz:

Die Überprüfung von Abrechnungen, für die gegenüber den Krankenkassen bereits Rechnung gelegt worden ist, kann im Rahmen von Verfahren zur Umsetzung der gesetzlichen Aufgaben der KZVen und Krankenkassen zu deren Änderung und/oder Ergänzung führen.

(8) Nicht ordnungsgemäß erstellte Abrechnungen können von der laufenden Abrechnung ausgeschlossen werden.

(9) [1] Die KZV erteilt dem Vertragszahnarzt vierteljährlich einen Bescheid über seinen Honoraranspruch. [2] Der Honorarbescheid steht unter dem Vorbehalt rechtswirksamer Prüfungen insbesondere auf Richtigkeit und Wirtschaftlichkeit. [3] Bis zu diesem Zeitpunkt sind die Zahlungen der KZV an den Vertragszahnarzt aufrechnungsfähige und ggf. rückzahlungspflichtige Vorschüsse.

(10) [1] Bei Tod, Verzug und Aufgabe der Praxis ist die KZV verpflichtet, weitere Zahlungen an den Vertragszahnarzt bzw. dessen Erben ganz oder teilweise so lange auszusetzen, bis festgestellt wird, ob Prüfungen auf Richtigkeit und Wirtschaftlichkeit anhängig oder Schadenersatzforderungen geltend gemacht worden sind. [2] Ist dies der Fall, so hat die KZV den rechtswirksamen Abschluss der Prüfungen oder die Feststellung einer Schadenersatzforderung abzuwarten und nach dem Ergebnis dieser Verfahren die Abrechnung mit dem Vertragszahnarzt bzw. dessen Erben durchzuführen.

(11) Abweichende Regelungen in den Gesamtverträgen sind zulässig.

§ 24 Abrechnung der Kassenzahnärztlichen Vereinigungen. (1) Die KZV überprüft die Abrechnungen der Vertragszahnärzte rechnerisch und gebührenordnungsmäßig und stellt sie richtig.

(2) Neben den gesamtvertraglichen Regelungen gelten die Richtlinien der Kassenzahnärztlichen Bundesvereinigung und des GKV-Spitzenverbandes zum Inhalt und zur Durchführung der Abrechnungsprüfungen der KZVen und der Krankenkassen gemäß § 106d Absatz 6 Satz 1 SGB V in der jeweiligen gültigen Fassung.

(3) Die KZV berichtigt die Honorarforderung des Vertragszahnarztes bei Fehlern hinsichtlich der sachlich-rechnerischen Richtigkeit.

(4) [1] Die KZV übersendet die Abrechnung entsprechend den Vorgaben des Vertrags über den Datenaustausch auf Datenträgern oder im Wege elektronischer Datenübertragung (DTA-Vertrag) an die Krankenkassen. [2] Teilrechnungen und Vorbehaltsvermerke sind unzulässig.

(5) Die in den nachfolgenden Absätzen 6 bis 7 aufgeführten Regelungen finden Anwendung, wenn sich aus den Gesamtverträgen bzw. den Vereinbarungen mit den Ersatzkassen keine abweichenden Regelungen ergeben.

(6) [1]Berichtigungen von Fehlern bei der Anwendung des BEMA, von Rechenfehlern und sonstigen offenbaren Unrichtigkeiten sollen grundsätzlich binnen sechs Monaten nach Eingang der Rechnung bei der Krankenkasse von dieser bei der KZV geltend gemacht werden. [2]Die Abrechnungsprüfung nach § 106d SGB V bleibt unberührt.

[3]Für den Fristbeginn ist der Eingang der Datenlieferungen im vertraglich vereinbarten Umfang bei der Datenannahmestelle der jeweiligen Krankenkasse maßgebend. [4]Die Datenannahmestelle hat spätestens 8 Tage nach Eingang der Daten die Datenlieferung zu bestätigen (ggf. Quittierung der Mehrfertigung des Transportbegleitzettels), anderenfalls beginnt die Frist zwei Wochen nach Versand der Datenlieferung durch die KZV zu laufen.

[5]Wird von der KZV ein Antrag nach Satz 1 nicht innerhalb von sechs Monaten bearbeitet, kann die Krankenkasse einen Betrag in Höhe der sich unter Zugrundelegung des Antrags ergebenden Honorarberichtigung auf die zu zahlende Gesamtvergütung anrechnen.

Protokollnotiz:

Werden von einer Krankenkasse Sammelanträge eingereicht, kann es sachgerecht sein, Musterverfahren zu vereinbaren und die übrigen Verfahren derweil ruhend zu stellen.

(7) [1]Im Falle einer vereinbarten Einzelleistungsvergütung zahlen die Krankenkassen am Ersten jeden Monats an die KZVen eine Abschlagszahlung für die Leistungen des vorangegangenen Monats nach BEMA-Teilen 1 und 3. [2]Die Abschlagszahlung je Monat beträgt 25 v. H. der gesamten Rechnungssumme des entsprechenden Vorjahresquartals.

[3]Ergibt sich bei der Schlussabrechnung des Kalendervierteljahres dennoch eine Überzahlung zu Gunsten der Krankenkasse, so erfolgt ihre Verrechnung bei der nächsten Abschlagszahlung. [4]Die Krankenkassen zahlen den Restbetrag der Vierteljahresabrechnung innerhalb von 10 Tagen nach Eingang der zahlungsbegründenden Unterlagen an die KZVen.

[5]Nach den BEMA-Teilen 2 und 4 abgerechnete Leistungen sowie befundbezogene Festzuschüsse im Rahmen von BEMA-Teil 5 zahlen die Krankenkassen innerhalb von 10 Tagen nach Eingang der zahlungsbegründenden Unterlagen an die KZVen.

[6]Bei Verzug können Verzugszinsen in Höhe von 4 v. H. (§ 246 BGB) gefordert werden.

§ 25 Abrechnungsunterlagen und Datenträgeraustausch. Die Aufbereitung der Abrechnungsunterlagen sowie das Nähere über den Datenaustausch sind im Vertrag über den Datenaustausch auf Datenträgern oder im Wege elektronischer Datenübertragung in seiner jeweils gültigen Fassung geregelt.

Abschnitt 9. Prüfung der Abrechnung und Wirtschaftlichkeit

§ 26 Wirtschaftlichkeitsprüfung. (1) Die vertragszahnärztliche Tätigkeit wird im Hinblick auf die Wirtschaftlichkeit der vertragszahnärztlichen Versorgung durch Prüfungseinrichtungen nach § 106c SGB V überwacht.

(2) Das Nähere regeln die Prüfungsvereinbarungen.

(3) Neben den gesamtvertraglichen Regelungen gelten die Richtlinien der Kassenzahnärztlichen Bundesvereinigung und des GKV-Spitzenverbands nach § 106a Absatz 3 SGB V zum Inhalt und zur Durchführung der Zufälligkeitsprüfungen in der jeweils gültigen Fassung.

§ 27 Abrechnungs- und Plausibilitätsprüfung. Die KZVen und die Krankenkassen führen Abrechnungs- und Plausibilitätsprüfungen gemäß den Richtlinien der Kassenzahnärztlichen Bundesvereinigung und des GKV-Spitzenverbands nach § 106d Absatz 6 SGB V zum Inhalt und zur Durchführung der Abrechnungs- und Plausibilitätsprüfungen nach § 106d Absatz 2 und 3 SGB V sowie nach den ergänzenden gesamtvertraglichen Regelungen durch.

Abschnitt 10. Vertragsverletzungen und Forderungen

§ 28 Vertragsverletzungen. (1) [1]Bei Verstößen gegen vertragszahnärztliche Pflichten finden die Disziplinarbestimmungen der KZVen (§ 81 Absatz 5 SGB V) Anwendung.

[2]Die Möglichkeit des Zulassungsentzugs wegen gröblicher Vertragsverletzungen bleibt unberührt (§ 95 Absatz 6 SGB V).

(2) [1]Die Krankenkassen bzw. Landesverbände der Krankenkassen sind berechtigt, bei der zuständigen KZV die Eröffnung eines Disziplinarverfahrens anzuregen.

[2]Die nach Satz 1 antragstellende Krankenkasse bzw. der antragstellende Landesverband ist über das Ergebnis, ggf. über die Nichteröffnung oder Einstellung des Verfahrens unter Angabe der Gründe zu benachrichtigen.

(3) Die rechtskräftige Anordnung des Ruhens der Zulassung ist der antragstellenden Krankenkasse bzw. dem antragstellenden Landesverband der Krankenkasse binnen zwei Wochen nach Eintritt der Rechtskraft mitzuteilen.

§ 29 Forderungen von Krankenkassen. [1]Forderungen aus diesem Vertrag von Krankenkassen gegen einen Vertragszahnarzt, die durch die KZV bzw. durch das jeweilige Gremium bestandskräftig festgestellt worden sind, werden bei der nächsten Abrechnung von der Krankenkasse gegenüber der KZV abgesetzt.

[2]Forderungen in diesem Sinne können sich insbesondere ergeben aufgrund mangelhafter prothetischer oder kieferorthopädischer Leistung, sachlich rechnerischer Unrichtigkeit der Abrechnung, unwirtschaftlicher Leistungserbringung oder aufgrund eines sonstigen Schadens.

[3]Eine Befriedigung der Forderung über die KZV findet nicht statt, wenn diese belegt, dass sie ohne eigenes Verschulden die Forderung gegen den Ver-

tragszahnarzt nicht durchsetzen kann; in diesen Fällen kann die Krankenkasse ihre Forderung unmittelbar gegenüber dem Vertragszahnarzt geltend machen.

4 Abweichend davon haftet die KZV den Krankenkassen aus der Gesamtvergütung für Forderungen gegenüber einem Vertragszahnarzt aufgrund sachlich-rechnerischer Unrichtigkeit oder unwirtschaftlicher Leistungserbringung, soweit nach Maßgabe der Gesamtverträge ein Erstattungsanspruch für Forderungen aus sachlich-rechnerischer Richtigstellung und Wirtschaftlichkeitsprüfung besteht.

5 Die KZV haftet nicht nach Satz 4, soweit die Gesamtvergütung überschritten wird oder ein Pauschalvergütungsvertrag vorliegt.

6 Gesamtvertragliche Regelungen zur Ausgestaltung des Abwicklungsverfahrens sind zulässig.

Abschnitt 11. Qualität der vertragszahnärztlichen Versorgung

§ 30 Qualitätssicherung in der vertragszahnärztlichen Versorgung. Die vom Gemeinsamen Bundesausschuss erlassenen Richtlinien und Beschlüsse zu Qualitätssicherung und Qualitätsbeurteilung sind zu beachten.

§ 31 Neue Untersuchungs- und Behandlungsmethoden. Die vom Gemeinsamen Bundesausschuss erlassenen Richtlinien und Beschlüsse über die Einführung von neuen und die Überprüfung von bestehenden Untersuchungs- und Behandlungsmethoden sind zu beachten.

§ 32 Arbeitsgemeinschaften. (1) 1 Die Vertragspartner bilden bei Bedarf themenspezifische Arbeitsgemeinschaften. 2 Die Arbeitsgemeinschaften haben die Aufgabe, Entscheidungen in grundsätzlichen Fragen, die für die Durchführung des Vertrages von Bedeutung sind, vorzubereiten.

(2) Die Vertragspartner sollen für jede Arbeitsgemeinschaft eine Geschäftsordnung erstellen, in der insbesondere das Nähere über Zielsetzung, Aufgaben, Besetzung und Verfahren zu regeln ist.

Abschnitt 12. Inkrafttreten und Kündigung

§ 33 Inkrafttreten und Kündigung. (1) 1 Dieser Vertrag tritt am 1.7.2018 in Kraft. 2 Er ersetzt den BMV-Z vom 1.1.1986 und den Ersatzkassenvertrag Zahnärzte (EKVZ) vom 1.1.2005.

(2) 1 Dieser Vertrag kann von jedem der Vertragspartner insgesamt oder in Teilen gekündigt werden. 2 Die Kündigung hat schriftlich unter Einhaltung einer Frist von einem Jahr zum Schluss eines Kalenderjahres zu erfolgen.

(3) Für Anlagen dieses Vertrages können jeweils gesonderte Kündigungsmöglichkeiten mit besonderen Kündigungsfristen vereinbart werden.

Anlage 1. Behandlungsplanung und Erstellung der Abrechnung
(Vom Abdruck wurde abgesehen)

Anlage 2. Vereinbarung nach § 87 Absatz 1a SGB V über die Versorgung mit Zahnersatz
(Vom Abdruck wurde abgesehen)

Anlage 3. Vereinbarung über Maßnahmen zur Verhütung von Zahnerkrankungen (Individualprophylaxe)
(s. **Nr. 910**)

Anlage 4. Vereinbarung über das Antrags- bzw. Genehmigungsverfahren sowie das Gutachterwesen bei der kieferorthopädischen Behandlung
(s. **Nr. 912**)

Anlage 5. Vereinbarung über das Antrags- bzw. Genehmigungsverfahren sowie das Gutachterwesen bei der systematischen Behandlung von Parodontopathien
(s. **Nr. 914**)

Anlage 6. Vereinbarung über das Antrags- bzw. Genehmigungsverfahren sowie das Gutachterwesen bei der Versorgung mit Zahnersatz und Zahnkronen
(s. **Nr. 916**)

Anlage 7. Vereinbarung über das Antrags- bzw. Genehmigungsverfahren sowie das Gutachterwesen bei implantologischen Leistungen
(s. **Nr. 918**)

Anlage 8a. Vertrag über den Datenaustausch auf Datenträgern oder im Wege elektronischer Datenübertragung (DTA-Vertrag)
(Vom Abdruck wurde abgesehen)

Anlage 8b. Technische Anlage zum Vertrag über den Datenaustausch auf Datenträgern oder im Wege elektronischer Datenübertragung (DTA-Vertrag)
(Vom Abdruck wurde abgesehen)

Anlage 8c. Vereinbarung zur Technischen Anlage gemäß § 14 des DTA-Vertrags
(Vom Abdruck wurde abgesehen)

Anlage 9. Vereinbarung zur Einführung der papierlosen Abrechnung
(Vom Abdruck wurde abgesehen)

Anlage 10. Vereinbarung zum Inhalt und zur Anwendung der elektronischen Gesundheitskarte
(Vom Abdruck wurde abgesehen)

Anlage 11. Grundsatzfinanzierungsvereinbarung zur Finanzierung der Maßnahmen nach § 291a Abs. 7b Satz 2 SGB V
(Vom Abdruck wurde abgesehen)

Anlage 12. Vereinbarung nach § 119b Absatz 2 SGB V über Anforderungen an eine kooperative und koordinierte zahnärztliche und pflegerische Versorgung von pflegebedürftigen Versicherten in stationären Pflegeeinrichtungen (Rahmenvereinbarung kooperative und koordinierte zahnärztliche und pflegerische Versorgung von stationär Pflegebedürftigen)
(Vom Abdruck wurde abgesehen)

Anlage 13. Beschluss des Bundesschiedsamtes für die vertragszahnärztliche Versorgung vom 13.12.1993 zur Gewährleistung bei Füllungen und Zahnersatz
(Vom Abdruck wurde abgesehen)

Anlage 14a. Formulare für die vertragszahnärztliche Versorgung
(Vom Abdruck wurde abgesehen)

Anlage 14b Erläuterungen und Ausfüllhinweise zu den Formularen
(Vom Abdruck wurde abgesehen)

Anlage A. Einheitlicher Bewertungsmaßstab für zahnärztliche Leistungen (BEMA)
(Vom Abdruck wurde abgesehen)

Anlage B. *(aufgehoben mWv 1.1.2021)*

910. Vereinbarung über Maßnahmen zur Verhütung von Zahnerkrankungen (Individualprophylaxe) – Anlage 3 zum BMV-Z

Vom 25.4.2018; Inkrafttreten: 1.7.2018

Geänd. am 29.9.2020 (Inkrafttreten: 1.10.2020)

§ 1 Allgemeines. (1) Maßnahmen zur Verhütung von Zahnerkrankungen (Individualprophylaxe) sind nach Maßgabe dieses Vertrages Gegenstand der vertragszahnärztlichen Versorgung.

(2) Für die Durchführung von Maßnahmen der Individualprophylaxe gelten die Individualprophylaxe-Richtlinien des Gemeinsamen Bundesausschusses.

§ 2 Nachweis der Anspruchsberechtigung. (1) Versicherte, die das 6., aber noch nicht das 18. Lebensjahr vollendet haben, haben Anspruch auf Maßnahmen der Individualprophylaxe.

(2) Die Krankenkassen haben die Versicherten und die Erziehungsberechtigten anzuhalten

a) den Vertragszahnarzt während eines laufenden Prophylaxeprogramms nur aus triftigem Grund zu wechseln,

b) dem Vertragszahnarzt das Bonusheft gem. § 3 unaufgefordert vorzulegen.

§ 3 Bonusheft. (1) Das Bonusheft dient dem Versicherten als Nachweis der Inanspruchnahme der Untersuchungen im Sinne von § 55 Absatz 1 Satz 4 SGB V für den Anspruch auf eine Erhöhung der befundbezogenen Festzuschüsse zum Zahnersatz nach § 55 Absatz 1 Satz 3 bis 6 SGB V.

(2) [1]Der Vertragszahnarzt händigt jedem Versicherten, der das 12. Lebensjahr vollendet hat, ein Bonusheft aus. [2]Die Ausgabe des Bonusheftes vermerkt er in den Patientenaufzeichnungen. [3]Bei Versicherten, die das 12. Lebensjahr vollendet haben, trägt er für jedes Kalenderhalbjahr das Datum des Mundhygienestatus (Nr. IP 1) ein. [4]Bei Versicherten, die das 18. Lebensjahr vollendet haben, trägt er jährlich das Datum einer zahnärztlichen Untersuchung im Sinne von § 55 Absatz 1 Satz 4 Nr. 2 SGB V ein. [5]Die Eintragungen sind mit Zahnarzt-Stempel und Unterschrift zu versehen.

(3) [1]Legt der Versicherte das Bonusheft nicht vor, so kann der Vertragszahnarzt dem Versicherten eine Ersatzbescheinigung über die Durchführung des Mundhygienestatus bzw. der zahnärztlichen Untersuchung ausstellen. [2]In die Ersatzbescheinigung sind Name und Vorname des Versicherten einzutragen.

§ 4 Abrechnung. (1) Die Abrechnung der Individualprophylaxe-Leistungen erfolgt quartalsweise nach den für die Abrechnung konservierend-chirurgischer Leistungen geltenden Bestimmungen.

(2) [1]Der erste Behandlungsabschnitt bei Beginn eines dreijährigen Individualprophylaxeprogramms besteht aus der Erstellung des Mundhygienestatus und – soweit angezeigt – aus der Mundgesundheitsaufklärung und ggf. der ersten

Fluoridierung. [2]Die weiteren Behandlungsabschnitte sollen sich in etwa halbjährlichen Abständen anschließen; sie bestehen aus der Erstellung des Mundhygienestatus und – soweit angezeigt – einer Mundgesundheitsaufklärung und ggf. einer Fluoridierung. [3]Um den dauerhaften Erfolg der Individualprophylaxe zu gewährleisten, sollte der Zeitraum zwischen der Erstellung von zwei Mundhygienestatus möglichst vier Monate nicht unterschreiten. [4]Fissurenversiegelungen können auch unabhängig von einem laufenden Individualprophylaxeprogramm erbracht werden.

(3) Die Anspruchsberechtigung eines Versicherten endet mit Vollendung des 18. Lebensjahres.

(4) Wird die Behandlung abgebrochen, können die bereits erbrachten Leistungen abgerechnet werden.

§ 5 Vergütung. [1]Die für die Individualprophylaxe zu entrichtende Vergütung wird von den Krankenkassen mit befreiender Wirkung für den Versicherten und gegenüber dem Vertragszahnarzt an die Kassenzahnärztlichen Vereinigungen (KZVen) gezahlt. [2]Die Abgeltung von Aufwendungen für Arzneimittel zur lokalen Fluoridierung nach der Leistungs-Nr. IP 4 wird durch die Gesamtvertragspartner geregelt.

§ 6 Vordrucke. (1) Das Bonusheft hat die aus der Anlage 14a (Vordruck 8) zum BMV-Z ersichtliche Fassung.

(2) Die Kosten der Vordrucke tragen die Krankenkassen.

(3) Die KZVen halten – bei gegebenem Anlass – die Vertragszahnärzte zu einer wirtschaftlichen Verwendung der Bonushefte an.

918. Vereinbarung über das Antrags- bzw. Genehmigungsverfahren sowie das Gutachterwesen bei implantologischen Leistungen – Anlage 7 zum BMV-Z

Vom 25.4.2018; Inkrafttreten: 1.7.2018

Zuletzt geänd. am 18.12.2019; Inkrafttreten: 1.1.2020

A. Gutachten

1. [1] Vor Beginn der Behandlung ist vom Vertragszahnarzt eine Behandlungs- und Kostenplanung zu erstellen. [2] Dabei sind die vorgesehenen zahnärztlichen Leistungen, das Implantatsystem, der Implantattyp, die Lage der Implantate (Kennzeichnung mit „I" im Heil- und Kostenplan) und die geschätzten Material- und Laborkosten anzugeben. [3] Es ist ein einheitliches Konzept sowohl für die implantologische als auch die prothetische Behandlungsplanung einzureichen. [4] Der Vertragszahnarzt übermittelt die Behandlungs- und Kostenplanung zusammen mit dem Heil- und Kostenplan für die prothetische Behandlung – ggf. über den Versicherten – der Krankenkasse jeweils in doppelter Ausfertigung.

2. [1] Die Krankenkasse muss Behandlungspläne für implantologische Leistungen einschließlich der prothetischen Versorgung zur Abklärung ihrer Leistungspflicht begutachten lassen, wenn eine Ausnahmeindikation nach Abschnitt B Ziffer VII der Richtlinie des Gemeinsamen Bundesausschusses für eine ausreichende, zweckmäßige und wirtschaftliche vertragszahnärztliche Versorgung (Behandlungsrichtlinie) in Betracht kommt. [2] Der Versicherte ist hierüber zu unterrichten. [3] In diesem Fall hat die Krankenkasse ab Antragseingang innerhalb von sechs Wochen zu entscheiden, ob sie die Kosten für die Behandlung übernimmt. [4] Kann die Krankenkasse die Frist nach Satz 3 nicht einhalten, teilt sie dies dem Versicherten unter Darlegung der Gründe rechtzeitig schriftlich mit.
   [5] Die Krankenkasse erteilt einem nach § 4 Absatz 3 BMV-Z bestellten Gutachter einen schriftlichen Auftrag. [6] Die Krankenkasse sendet die Behandlungs- und Kostenplanung des Vertragszahnarztes an den Gutachter.
   [7] Die Krankenkasse unterrichtet den Vertragszahnarzt über den Begutachtungsauftrag durch Übersendung des Vordruckes „Begutachtung von Implantaten einschließlich Suprakonstruktion (Zahnersatz)" gemäß Vordruck 7 der Anlage 14a zum BMV-Z in zweifacher Ausfertigung.

3. [1] Der Vertragszahnarzt hat zur Begutachtung den Vordruck „Begutachtung von Implantaten einschließlich Suprakonstruktion (Zahnersatz)" auszufüllen und zusammen mit den Modellen und Röntgenaufnahmen dem Gutachter vorzulegen. [2] Ergänzend sind Befundberichte zur medizinischen Gesamtbehandlung beizufügen.

4. [1] Der Gutachter ist verpflichtet, die eingehenden Aufträge innerhalb von vier Wochen zu bearbeiten. [2] Die Frist nach Satz 1 wird mit Eingang der Stellungnahme bei der Krankenkasse gewahrt. [3] Eine Verlängerung der Be-

arbeitungsfrist nach Satz 1 kommt nur in begründeten Ausnahmefällen in Betracht und ist der Krankenkasse rechtzeitig, spätestens bis zum Ablauf der Vier-Wochen-Frist mittels schriftlicher Begründung anzuzeigen. [4]Der Gutachter nimmt sowohl zu der implantologischen als auch zu der prothetischen Behandlungsplanung – auch hinsichtlich Zweckmäßigkeit und Wirtschaftlichkeit – Stellung.

[5]Der Gutachter kann vom behandelnden Vertragszahnarzt weitere Auskünfte und Befundunterlagen verlangen.

5. [1]Der Gutachter nimmt Stellung, ob eine Ausnahmeindikation für die Versorgung mit Implantaten nach Abschnitt B Ziffer VII der Behandlungsrichtlinie vorliegt, insbesondere auch, ob bei den Ausnahmeindikationen eine konventionelle prothetische Versorgung ohne Implantate nicht möglich ist. [2]Er kann Änderungen der Behandlungsplanung – auch hinsichtlich der Zweckmäßigkeit und Wirtschaftlichkeit der geplanten Implantate – vorschlagen.
6. [1]Der Gutachter übersendet dem Vertragszahnarzt und der beauftragenden Krankenkasse das Gutachten. [2]Die Krankenkasse trifft unter Berücksichtigung des Gutachtens ihre Leistungsentscheidung gegenüber dem Versicherten. [3]Mit der Behandlung soll grundsätzlich erst begonnen werden, wenn die Leistungszusage der Krankenkasse vorliegt.
7. Die Kosten der Begutachtung trägt grundsätzlich die Krankenkasse.
8. Die KZBV und der GKV-Spitzenverband werten die Gutachten aus.

B. Obergutachten

1. Der Vertragszahnarzt oder die Krankenkasse können ein Obergutachten bei der KZBV beantragen.
2. Abschnitt A gilt entsprechend für das Obergutachterverfahren.
3. Die Kosten des Obergutachtens trägt grundsätzlich der Antragsteller.

C. Gutachtergebühren

1. [1]Die Gebühren für Gutachter und Obergutachter für implantologische Leistungen einschließlich der prothetischen Versorgung betragen
   - bei Gutachten ohne Untersuchung des Patienten: 106,72 EUR
   - bei Gutachten mit Untersuchung des Patienten: 134,45 EUR
   - bei Obergutachten ohne Untersuchung des Patienten: 227,31 EUR
   - bei Obergutachten mit Untersuchung des Patienten: 255,03 EUR

   [2]Diese Beträge sind bei allen Gutachten und Obergutachten anzusetzen, die ab dem 1.1.2020 erstellt werden.

   [3]Daneben können die für die Begutachtung erforderlichen diagnostischen Leistungen (z. B. Röntgenaufnahmen) abgerechnet werden.
2. Die Vertragspartner werden jährlich über eine Anpassung der Gebühren nach Nr. 1 für das Folgejahr verhandeln.
3. Die baren Auslagen werden durch eine Kostenpauschale von 12,20 EUR je Gutachten abgegolten.

1430. Musterberufsordnung der Bundeszahnärztekammer

In der Fassung vom 16. November 2019

Inhaltsübersicht

Gelöbnis

Für jeden Zahnarzt[1] gilt folgendes Gelöbnis:

„Als Mitglied der zahnärztlichen Profession gelobe ich feierlich, mein Leben in den Dienst der Menschlichkeit zu stellen. Die Gesundheit und das Wohlergehen meiner Patientin oder meines Patienten werden mein oberstes Anliegen sein. Ich werde die Autonomie und die Würde meiner Patientin oder meines Patienten respektieren. Ich werde den höchsten Respekt vor menschlichem Leben wahren. Ich werde nicht zulassen, dass Erwägungen von Alter, Krankheit oder Behinderung, Glaube, ethnischer Herkunft, Geschlecht, Staatsangehörigkeit, politischer Zugehörigkeit, Rasse, sexueller Orientierung,

[1] **Amtl. Anm.:** Formelle Bezeichnung gemäß § 6 Abs. 1 Zahnheilkundegesetz; im Interesse einer leichteren Lesbarkeit wird auf die weibliche Form der Berufsbezeichnung verzichtet.

sozialer Stellung oder jeglicher anderer Faktoren zwischen meine Pflichten und meine Patientin oder meinen Patienten treten. Ich werde die mir anvertrauten Geheimnisse auch über den Tod der Patientin oder des Patienten hinaus wahren. Ich werde meinen Beruf nach bestem Wissen und Gewissen mit Würde und im Einklang mit guter medizinischer Praxis ausüben. Ich werde die Ehre und die edlen Traditionen des zahnärztlichen Berufes fördern. Ich werde meinen Lehrerinnen und Lehrern, meinen Kolleginnen und Kollegen und meinen Schülerinnen und Schülern die ihnen gebührende Achtung und Dankbarkeit erweisen. Ich werde mein (zahn-)medizinisches Wissen zum Wohle der Patientin oder des Patienten und zur Verbesserung der Gesundheitsversorgung teilen. Ich werde auf meine eigene Gesundheit, mein Wohlergehen und meine Fähigkeiten achten, um eine Behandlung auf höchstem Niveau leisten zu können. Ich werde, selbst unter Bedrohung, mein (zahn-) medizinisches Wissen nicht zur Verletzung von Menschenrechten und bürgerlichen Freiheiten anwenden. Ich gelobe dies feierlich, aus freien Stücken und bei meiner Ehre."

Präambel

Die Berufsordnung regelt das Verhalten von Zahnärzten gegenüber Patienten, Kollegen, Mitarbeitern und anderen Partnern im Gesundheitswesen. Mit der Festlegung von Berufsrechten und Berufspflichten dient die Berufsordnung dem Ziel,

a) die Freiberuflichkeit des Zahnarztes zu gewährleisten;
b) das besondere Vertrauensverhältnis zwischen Zahnarzt und Patient zu erhalten und zu fördern;
c) die Qualität der zahnärztlichen Tätigkeit im Interesse der Gesundheit der Bevölkerung sicherzustellen;
d) das Ansehen des Zahnarztberufes zu wahren;
e) berufswürdiges Verhalten zu fördern und berufsunwürdiges Verhalten zu verhindern,

um damit dem Gemeinwohl zu dienen.

I. Abschnitt. Allgemeine Grundsätze

§ 1 Geltungsbereich. (1) Diese Berufsordnung gilt für alle Mitglieder der (Landes-)Zahnärztekammer und für alle vorübergehend und gelegentlich im Geltungsbereich dieser Berufsordnung zahnärztlich tätigen Berufsangehörigen und regelt deren Berufsrechte und -pflichten.

(2) [1] Unter zahnärztlicher Berufsausübung ist jede Tätigkeit eines Zahnarztes zu verstehen, bei der zahnärztliche Fachkenntnisse eingesetzt oder mit verwendet werden können. [2] Dies können neben kurativen Tätigkeiten auch nicht kurative Tätigkeiten sein.

§ 2 Berufspflichten. (1) [1] Der Zahnarzt ist zum Dienst an der Gesundheit der einzelnen Menschen und der Allgemeinheit berufen. [2] Der zahnärztliche Beruf ist seiner Natur nach ein freier Beruf; der aufgrund besonderer beruflicher Qualifikation persönlich, eigenverantwortlich und fachlich unabhängig in Diagnose- und Therapiefreiheit ausgeübt wird.

(2) [1] Der zahnärztliche Beruf ist mit besonderen Berufspflichten verbunden. [2] Insbesondere ist der Zahnarzt verpflichtet,

a) seinen Beruf gewissenhaft und nach den Geboten der ärztlichen Ethik und der Menschlichkeit auszuüben,

b) die Regeln der zahnmedizinischen Wissenschaft zu beachten,

c) dem ihm im Zusammenhang mit dem Beruf entgegengebrachten Vertrauen zu entsprechen,

d) sein Wissen und Können in den Dienst der Vorsorge, der Erhaltung und der Wiederherstellung der Gesundheit zu stellen,

e) das Selbstbestimmungsrecht seiner Patienten zu achten.

(3) Der Zahnarzt hat das Recht seiner Patienten auf freie Arztwahl zu achten.

(4) Der Patient ist über den Namen des ihn behandelnden Zahnarztes in geeigneter Weise zu informieren.

(5) [1] Der Zahnarzt kann die zahnärztliche Behandlung ablehnen, wenn

a) eine Behandlung nicht gewissenhaft und sachgerecht durchgeführt oder

b) die Behandlung ihm nach pflichtgemäßer Interessenabwägung nicht zugemutet werden kann oder

c) er der Überzeugung ist, dass das notwendige Vertrauensverhältnis zwischen ihm und dem Patienten nicht besteht.

[2] Seine Verpflichtung, in zahnärztlichen Notfällen zu helfen, bleibt davon unberührt.

(6) [1] Der Zahnarzt ist verpflichtet, die ihm aus seiner zahnärztlichen Behandlungstätigkeit bekannt werdenden unerwünschten Arzneimittelwirkungen der Arzneimittelkommission der deutschen Zahnärzteschaft bei der Bundeszahnärztekammer zu melden. [2] Vorkommnisse, die im Rahmen der Diagnostik oder Behandlung von mit Medizinprodukten versorgten Patienten bekannt werden, sind dem Bundesinstitut für Arzneimittel und Medizinprodukte (BfArM) und der Arzneimittelkommission der deutschen Zahnärzteschaft bei der Bundeszahnärztekammer zu melden.

(7) Dem Zahnarzt ist es nicht gestattet, für die Verordnung, die Empfehlung oder den Bezug für Patienten von Arznei-, Heil- oder Hilfsmitteln sowie Medizinprodukten eine Vergütung oder sonstige vermögenswerte Vorteile für sich oder Dritte versprechen zu lassen oder anzunehmen.

(8) Es ist dem Zahnarzt nicht gestattet, für die Zuweisung und Vermittlung von Patienten ein Entgelt zu fordern oder andere Vorteile sich versprechen oder gewähren zu lassen oder selbst zu versprechen oder zu gewähren.

(9) Vor der Durchführung klinischer Versuche am Menschen u. a. zur Prüfung von Arzneimitteln und Medizinprodukten sowie der epidemiologischen Forschung mit personenbezogenen Daten müssen Zahnärzte eine bei einer (Landes-)Zahnärztekammer, Ärztekammer oder einer Universität errichteten Ethikkommission anrufen, um sich ethisch und rechtlich beraten zu lassen.

§ 3 Kammer. (1) Der Zahnarzt ist verpflichtet, sich über die für die Berufsausübung geltenden Vorschriften zu unterrichten sowie diese und Auflagen der (Landes-)Zahnärztekammer zu beachten.

(2) Die Aufnahme und Änderung zahnärztlicher Tätigkeit ist der (Landes-)Zahnärztekammer unverzüglich anzuzeigen; die (Landes-)Zahnärztekammer kann hierzu Näheres regeln.

(3) Der Zahnarzt hat auf Anfragen der (Landes-)Zahnärztekammer, welche diese zur Erfüllung ihrer gesetzlichen Aufgaben an ihn richtet, in angemessener Frist zu antworten.

(4) Ehrenämter der (Landes-)Zahnärztekammer sind gewissenhaft, unparteiisch und uneigennützig auszuüben.

(5) Verstöße gegen Berufspflichten werden nach Maßgabe der gesetzlichen Bestimmungen geahndet.

§ 4 Haftpflicht. [1] Der Zahnarzt muss gegen Haftpflichtansprüche aus seiner beruflichen Tätigkeit versichert sein. [2] Mit der Meldung bei der Kammer und auf Verlangen der Kammer hat der Zahnarzt seine Berufshaftpflichtversicherung nachzuweisen.

§ 5 Fortbildung. Der Zahnarzt, der seinen Beruf ausübt, ist verpflichtet, sich in dem Umfange beruflich fortzubilden, wie es zur Erhaltung und Entwicklung der zur Berufsausübung erforderlichen Kenntnisse und Fertigkeiten notwendig ist.

§ 6 Qualität. [1] Im Rahmen seiner Berufsausübung übernimmt der Zahnarzt für die Qualität seiner Leistungen persönlich die Verantwortung. [2] Er hat Maßnahmen zur Qualitätssicherung durchzuführen.

§ 7 Verschwiegenheit. (1) [1] Der Zahnarzt hat die Pflicht, über alles, was ihm in seiner Eigenschaft als Zahnarzt anvertraut und bekannt geworden ist, (Berufsgeheimnisse), gegenüber Dritten Verschwiegenheit zu wahren. [2] Gesetzliche Aussage- und Anzeigepflichten bleiben davon unberührt.

(2) Der Zahnarzt ist zur Offenbarung befugt, soweit er von dem Betroffenen oder seinem gesetzlichen Vertreter von der Schweigepflicht entbunden wurde oder soweit die Offenbarung zum Schutze eines höheren Rechtsgutes erforderlich ist.

(3) Ausnahmsweise dürfen Berufsgeheimnisse gegenüber den Praxismitarbeitern sowie sonstigen Personen, die an der beruflichen Tätigkeit mitwirken, offenbart werden, soweit dies für die Inanspruchnahme von deren Tätigkeit erforderlich ist.

(4) [1] Der Zahnarzt hat alle in der Praxis tätigen Personen über die gesetzliche Pflicht zur Verschwiegenheit zu belehren und dies zu dokumentieren. [2] Dies gilt auch für Dritte im Sinne von Abs. 3.

§ 8 Kollegialität. (1) [1] Der Zahnarzt hat gegenüber allen Berufsangehörigen jederzeit kollegiales Verhalten zu zeigen. [2] Herabsetzende Äußerungen über die Person, die Behandlungsweise oder das berufliche Wissen eines Kollegen sind berufsrechtswidrig.

(2) Es ist insbesondere berufsrechtswidrig, einen Kollegen aus seiner Behandlungstätigkeit oder als Mitbewerber um eine berufliche Tätigkeit durch unlautere Handlungen zu verdrängen.

(3) [1] Zahnärzte sind grundsätzlich verpflichtet, sich gegenseitig zu vertreten. [2] Der Zahnarzt darf eine Vertretung, eine Notfall- oder Überweisungsbehandlung oder eine Begutachtung über den begrenzten Auftrag und die notwendigen Maßnahmen hinaus nicht ausdehnen.

(4) Der Zahnarzt darf den von einem anderen Zahnarzt oder Arzt erbetenen Beistand ohne zwingenden Grund nicht ablehnen.

II. Abschnitt. Ausübung des zahnärztlichen Berufs

§ 9 Praxis. (1) Die Berufsausübung des selbstständigen Zahnarztes ist an einen Praxissitz gebunden.

(Fortsetzung nächstes Blatt)